DAS GROSSE LEXIKON DER KÜCHE

Ratgeber für Hobbyköche und Feinschmecker

DAS GROSSE LEXIKON DER KÜCHE

Ratgeber für Hobbyköche und Feinschmecker

4000 Tips, Tricks und Informationen rund um die Küche

NAUMANN & GÖBEL

Das große Lexikon der Küche
Ratgeber für Hobbyköche und Feinschmecker

Autor: Ulrich Kuhn-Hein
Redaktion: Anja Knappertz
Covermotiv: TLC Fotostudio GmbH, Velen-Ramsdorf
Gesamtherstellung: Naumann & Göbel Verlagsgesellschaft mbH
ISBN 3-625-10858-5

Jede Hausfrau und jeder Hobbykoch kennt die verschiedenen Gerichte der eigenen Region sehr genau, denn hierbei handelt es sich um gewachsene Traditonen, die über Generationen weitergegeben werden und den Lebensstil einer Gesellschaft ganz wesentlich mitbestimmen. Aber weiß beispielsweise die Schwäbin, was ein „Hamburger Rundstück" ist, der Holsteiner, was in Köln unter einem „Halven Hahn" verstanden wird oder kennt die Bayerin „Mainzer Handkäs mit Musik"?

Auf all diese Fragen gibt „Das große Lexikon der Küche" Antworten. Die beeindruckende Vielfalt unserer heimischen Gerichte der traditionellen und regionalen Küche wird in zahlreichen Stichworten beschrieben und die Entstehung oder Rezeptur der verschiedenen typischen Speisen erläutert.

Sollte hier einmal ein Gericht aus Ihrer Region nicht so vorgestellt sein, wie Sie es kennen oder gar einer anderen landsmannschaftlichen Küche zugeschrieben werden, so bitten wir um Verständnis, da oftmals mehrere Rezeptversionen und Entstehungsgeschichten verbreitet sind und wir uns für eine entscheiden mußten.

Die Deutschen sind, so sagt uns die Statistik, die Urlaubsnation Nr. 1. Immer wieder bringen wir kulinarische Entdeckungen und Erfahrungen aus fremden Ländern mit nach Hause, über die wir dann Genaueres wissen wollen. Zum Beispiel über die Bouillabaisse, wie sie in Südfrankreich zubereitet wird, oder über Ajo blanco, Fisolen, Haggis, Fugu, Gado-Gado usw.

Die vielen Restaurants, die die Nationalküchen aus China, Indien, Japan, Südamerika oder auch aus dem Balkan, Spanien, Italien oder Frankreich zu uns bringen, machen es uns leicht, die verschiedenen kulinarischen Traditionen kennenzulernen, und erweitern unseren Sprachschatz ständig um neue Begriffe.

So stellt „Das große Lexikon der Küche" neben den Erklärungen der speziellen Gerichte zahlreicher Nationen auch die Grundzutaten in kurzen Einträgen vor. Diese kleine Warenkunde berücksichtigt vor allem viele der exotischen Obst- und Gemüsesorten, die immer häufiger auf unseren Märkten zu finden sind.

Fachbegriffe der Profis, die im Restaurant und in der Küche eine große Rolle spielen, sind ebenso aufgeführt wie Kurzbiographien der bekanntesten, zumeist zeitgenössischen Küchenmeister. Auch die Getränke wurden natürlich nicht vergessen, und so ist viel Interessantes über Bier, Wein und Spirituosen zu erfahren.

Hinweise zur Benutzung:

Die Pfeile ➛ in den Einträgen weisen entweder auf gleichbedeutende Einträge (**Fettbad** ➛ Fritüre), Sammelbezeichnungen (**Honigmelone** ➛ Melone), unter denen dann der jeweilige Begriff erklärt wird, oder auf einen Eintrag hin, der für den erklärten Begriff eine wichtige Ergänzung darstellt (**Flaschengärung** ➛ Champagner).

Bei Begriffen, die bei uns in mehreren Sprachen verwendet werden, wurde derjenige ausgewählt, der am häufigsten in Rezepten und in der Praxis benutzt wird (**Hollandaise** Auch Holländische Sauce). Die Herkunft der Begriffe wird entweder direkt durch einen Hinweis angegeben (**Aiguillettes** Franz. Schnürsenkel) oder erklärt sich von selbst durch die anschließende Beschreibung (**Alcahual** Hellgelber mexikanischer Honig).

Alle, die an der Erarbeitung dieses Nachschlagewerkes beteiligt waren, hoffen, daß „Das große Lexikon der Küche" ein wertvoller Ratgeber sein wird, der die kulinarische Neugier seiner Leser immer wieder aufs neue entzünden kann.

A

A Part Franz. einzeln, extra. Eine Sauce wird à part, also separat zum Gericht serviert.

A point Franz. auf den Punkt. Etwas, das à point gebraten oder gegart wird, ist optimal, gerade richtig zubereitet.

Aachener Printen ➛ Printen

Aal Schlangenähnlicher Knochenfisch mit sehr hohem Fettanteil, der aus dem Atlantik kommend als junger ➛ Glasaal in unsere Flüsse (deshalb auch: Flußaal) wandert. Die Weibchen können bis zu 1,50 m lang und 6 kg schwer werden. Spitzköpfige Sorten sind feiner im Geschmack als breitköpfige. Aal wird bei uns frisch als sog. grüner Aal und vor allem geräuchert angeboten (➛ Räucheraal, ➛ Bundaal). Die etwas schwierige Vorbereitungsarbeit sollte man am besten vom Fischhändler ausführen lassen. Grüne Aale kann man braten oder gekocht mit Dillsauce, Kräutersahnesauce (grün) oder legierter Biersauce (flämisch) servieren. Auch mild gesäuert in Gelee oder ungehäutet im Gemüsesud (blau) werden sie oft angerichtet.

Aalbutt Nordd. ➛ Rotzunge

Aalkraut Nordd. alles Kraut. Gemeint sind alle Kräuter, die man im Garten hat und für Aalsuppen und -saucen benötigt. Die Kräutermischung besteht meist aus Dill, Estragon, Kerbel, Salbei, Lorbeer und Beifuß, manchmal auch Bohnenkraut.

Aalmutter Küstenfisch der Nordsee, dessen Brut jungen Aalen gleicht, wodurch er zu seinem Namen kam. Dieser bis zu 45 cm lange Fisch besitzt wohlschmeckendes Fleisch und zeichnet sich durch eine Besonderheit aus: Seine Gräten färben sich beim Kochen grün.

Aalquappe Auch Aalraupe, Aalrutte, Trusche, Trüsche. Die aalähnliche Dorschfischart lebt im Süßwasser und besitzt im Gegensatz zum Aal leicht verdauliches Fleisch von weißer Farbe. Als schmackhafte Delikatesse wird die Leber der Aalquappe geräuchert oder gebacken angeboten.

Aalraupe ➛ Aalquappe

Aalrutte ➛ Aalquappe

Aalsuppe ➛ Hamburger Aalsuppe

Abacatebirne ➛ Avocado

Abalone Auch Meerohr, Ohrschnecke genanntes Schaltier. Diese Meeresschnecke der amerikanischen und asiatischen Küsten wird sehr groß und besitzt geschmacklich sehr geschätztes Fleisch. Die bei uns fast nur als Konserve erhältliche Schnecke wird oft in fernöstlichen Gerichten verwendet, z.B. in Kombination mit Bambus- und Sojasprossen und chinesischem Rettich.

Abbrennen Eine Teigmasse so lange auf starker Hitze rühren, bis sich der Teig vom Topfboden löst und sich zu einer Kugel formt. Auch gleichbedeutend für ➛ Flambieren.

Abbrühen ➛ Blanchieren

Abdämpfen Gekochtes, abgegossenes Gargut wie Kartoffeln, Gemüse oder andere Beilagen im Topf unbedeckt auf der heißen Herdplatte lassen, bis die restliche Kochflüssigkeit vollkommen verdampft ist.

Abdrehen Verschiedene Gemüse oder auch Kartoffeln mit dem Messer so zurechtschneiden, daß sie ansprechend und gleichmäßig geformt sind, um ein optimales Garergebnis zu erzielen. Auch ➛ Tournieren.

Abflämmen 1. Die letzten kleinen Geflügelfederchen mit einer offenen Flamme ➛ Absengen.
2. Eischneegarnituren kurz unter dem Grill anbräunen. ➛ Omelette Surprise
3. Gleichbedeutend mit ➛ Flambieren.

Abgänge ➛ Parüren

Abgang Begriff der Weinterminologie, der den Nachgeschmack eines Weines kennzeichnet („intensiv im Abgang").

Abhängen Kontrollierte Fleischreifung durch Aufhängen im Kühlhaus oder, bei Wild, an einem kühlen, luftigen Ort.

Ablöschen Auch ➛ Deglacieren. Angeröstetes (Fleisch, Knochen, Gemüse, ➛ Einbrenne) mit einer Flüssigkeit (Wein, Wasser, ➛ Fond etc.) übergießen, um die Röststoffe vom Gefäß zu lösen.

Abon Indonesische Spezialität, bei der vorgekochtes Rindfleisch in Fasern zerrieben und mit vielen Gewürzen mariniert wird. Zum Anrichten wird das Fleisch in Erdnußöl knusprig gebraten.

Abroath Smokies Diese schottische Räucherfischspezialität besteht aus kleineren Schellfischen, die ohne Kopf und ausgenommen, aber nicht aufgespalten, zu zweien zusammengebunden in Lake eingelegt angeboten werden.

Abrösten Die Häutchen von Haselnüssen, Mandeln, Pistazien etc. durch Erhitzen im Backofen trocknen, so daß sie dann mühelos abgerieben werden können.

Abrühren Saucen oder Teige so lange rühren, bis die richtige Beschaffenheit erreicht ist.

Abschäumen Durch das Aufkochen gelöste Eiweißstoffe von Fisch, Fleisch oder Knochen bilden Trübstoffe, die an die Oberfläche der Kochflüssigkeit steigen und in der ersten Kochzeit abgeschöpft werden. Unterläßt man dies, wird die Flüssigkeit trüb. Bei Suppen und Fonds werden die ➛ Aromaten und das Suppengemüse erst nach dem Abschäumen zugegeben.

Abschlagen Das 2. oder 3. Durchkneten von Teigen (z.B. Hefeteig, Strudelteig), bei dem der Teig durch heftiges Aufschlagen auf die Arbeitsfläche besonders weich und feinporig wird.

Abschmälzen Auch Abschmelzen. Fertig gegarte Beilagen (Nudeln, Gemüse, Klöße oder Kartoffeln) mit erhitzter, heller oder brauner Butter begießen. Je nach Gericht werden in der Butter zusätzlich noch Semmelbrösel, Zwiebelwürfel oder gehackte Kräuter kurz angeröstet.

Abschmecken Die geschmackliche Vollendung von zubereiteten Speisen durch würzende Stoffe wie Kräuter, Gewürze, Essenzen etc. Der Profikoch schmeckt heiße Flüssigkeiten dabei nie mit dem Löffel, sondern auf einem kleinen Teller ab, weil sich hier das Aroma viel schneller entfalten kann (und er sich den Mund nicht verbrennt!).

Abschrecken Heißes Gargut mit (eis)kaltem Wasser abkühlen. Die Gründe sind vielfältig: Um den Garprozeß zu unterbrechen (blanchiertes Gemüse), damit Eiweiß oder Stärke nicht verklebt (Reis oder Nudeln) oder um eine knusprig-krosse Oberfläche zu erhalten (z.B. eine Ente im Backofen mit kaltem Wasser begießen).

Abschuppen ➛ Schuppen

Absengen ➛ Abflämmen

Absinth Ein Branntwein, der vor allem aus Wermutöl und verschiedenen Gewürzen hergestellt wird, einen sehr hohen Alkoholgehalt erreicht und deshalb meist mit Wasser verdünnt getrunken wird. In Deutschland und einigen anderen Ländern ist Absinth wegen seiner gesundheitsschädlichen Wirkung verboten.

Abstechen Mit einem oder zwei Löffeln aus einer Masse kleine Portionen abteilen und zu Nocken oder Klößchen formen.

Absteifen ➛ Steif machen

Abstich Auch ➛ Abzug. Neuer Wein produziert Trübstoffe durch Hefe und andere Inhaltsstoffe. Damit der Wein trotzdem klar wird, muß man ihn – je nach Sorte und Kellermeister unterschiedlich oft – durch Umfüllen (Abstechen, Abziehen) in ein neues Faß oder einen neuen Tank filtern.

Abteilikör Klosterlikör aus Kräuteressenz (➛ Bénédictine, ➛ Chartreuse).

Abtreiben Österr. ➛ Abrühren von verschiedenen Zutaten zu einem homogenen Ganzen.

Abwällen ➛ Blanchieren

Abziehen 1. Die Häutchen von Haselnüssen, Mandeln, Pistazien, Tomaten, Pfirsichen etc. mit heißem Wasser kurz überbrühen und dann durch Abreiben entfernen.
2. Eine Flüssigkeit binden. ➛ Legieren

Abzug ➛ Abstich

A.C. ➛ Appellation Contrôlée

Acajou ➛ Cashewnuß

Acapulco-Cocktail Ein erfrischendes Getränk aus zerstoßenem Eis, Läuterzucker, Tequila, Grenadine, Zitronensaft und -schale.

Aceto Ital. Essig. In Italien wird sehr großer Wert auf guten Essig gelegt. Eine reiche Auswahl an Sorten und Qualitäten ist die Folge.

Aceto Balsamico Ital. Balsamessig. Der zweifellos berühmteste Weinessig aus Italien kommt aus der Gegend von Modena, wird zum Teil über Jahrzehnte gelagert, hat eine dunkle bis tiefschwarze Färbung und wird mit zunehmendem Alter immer milder (und teurer).

Aceto dolce Ital. Sauer-süß. Verschiedene, in einem süßsauren Essigsud marinierte Gemüse, die kalt wie Mixed Pickles gegessen werden.

Achant(i)nuß ➛ Erdnuß

Achatschnecke Längliche Schneckenart, die wie ➛ Weinbergschnecken zubereitet wird, aber meist nicht deren Qualität erreicht.

Ackerbohnen ➛ Dicke Bohnen

Ackersalat ➛ Feldsalat

Adega cooperativa Port. Kennzeichnung bei portugiesischen Weinen aus Winzergenossenschaften.

Adelinesalat Blanchierte Schwarzwurzelstücke werden in Öl und Essig mariniert, dann mit einer Mayonnaisesauce angemacht und mit kleinen Gurken- und Tomatenscheiben angerichtet.

Adlonsalat Ein nach dem ehemals berühmten Berliner Hotel Adlon benannter Gemüsesalat, der aus Sellerie-, Rote Rüben-, Kartoffel- und Apfelstreifen besteht, mit Mayonnaise angemacht und mit Feldsalat angerichtet wird.

Admiral Cobbler Klassischer Longdrink. Der Hauptbestandteil Apfelwein wird mit etwas ➛ Grenadine und Zitronensaft abgerundet.

Admirals-Art Garnitur der klassischen französischen Küche (à l'amiral): In Weißwein gedünstete ➛ Edelfische werden mit gebackenen Champignons, Austern, Muscheln und Trüffelscheiben dekoriert. Dazu gehört eine mit Krebsbutter verfeinerte ➛ Normannische Sauce.

Admiralspunsch ➛ Glühwein aus Rotwein und Gewürzen, abpassiert und mit Eigelb verrührt.

Admiralssauce Eine Weißweinsauce, die vor allem zu Seefisch gereicht wird. Hauptbestandteile: Weißwein, gehackte Schalotten, geriebene Zitronenschale, Sardellenbutter und Kapern.

Adstringens Hoher Anteil an Gerbsäure bei jungem Rotwein, der die Schleimhäute zusammenziehen (adstringieren) läßt und einen trockenen, pelzigen ➛ Abgang hervorruft. In der Regel sollte ein solcher Wein länger gelagert werden, bis sich die Inhaltsstoffe zu einem harmonischen Ganzen entwickelt haben.

Advokaat Niederl. ➛ Eierlikör

Adzuki Asiatische Bohnenart mit rötlicher Färbung und süßlichem Geschmack.

Ägyptischer Salat Körnig gekochter, abgekühlter Reis, mit Essig und Öl pikant gewürzt und mit Würfeln von gebratener Geflügelleber, gekochtem Schinken, rohen und gedünsteten Champignons, Artischokkenböden, rotem Paprika und frischen grünen Erbsen gemischt.

Äsche Auch Äschling, Sprengling, Mailing. Ein dem Lachs verwandter Süßwasserfisch, der im Allgäu- und Alpengebiet beheimatet ist. Er hat ein ähnlich schmackhaftes Fleisch wie die ➛ Forelle und wird auch meist genauso zubereitet.

Äschling ➛ Äsche

Affenbrotbaumfrucht Die bis zu 50 cm lange, gurkenförmige Frucht des afrikanischen Affenbrotbaums enthält unter ihrer harten Schale süßliches Fruchtfleisch und sehr fetthaltige Kerne, die ausgepreßt ein hoch erhitzbares Öl ergeben.

Afrikanische Art Garnitur der klassischen Küche (à l'africaine): Gurken- und Tomatenstücke, Scheiben von Auberginen und Steinpilzen werden in Öl gedünstet und zu gebratenem Fisch (mit gebräunten Bananen und ➛ Teufelssauce) oder zu Fleisch und Geflügel serviert.

After Supper Geschüttelter, englischer Cocktail aus den gleichen Teilen Apricot Brandy und Curaçao und etwas Zitronensaft.

Agar-Agar Ein Geliermittel für Süßspeisen und Aspiks, das aus Meeresalgen hergestellt wird und wie Gelatine zu verwenden ist.

Agavenbranntwein ➛ Tequila

Agavenwein ➛ Pulque

Aglianico Italienische Rebsorte, aus der in der italienischen Provinz Potenza an den vulkanischen Hängen des Monte Vulture einer der besten Rotweine Süditaliens, der Aglicanico del Vulture, produziert wird.

Agnelotti Auch Agnolotti. Italienische Teigwarenspezialität. Unterschiedlich gefüllte, halbmondförmige Teigtaschen.

Agnes Sorel Nach einer Geliebten des französischen Königs Karl VII. wurde eine Garnitur der klassischen französischen Küche (à l'Agnes Sorel) zu pochiertem Geflügel benannt: Angeröstete Champignonscheiben werden mit Geflügelsahnefarce in kleinen gesalzenen Tortenböden gebacken und mit Trüffelstreifen garniert.

Agnolini Eine der vielen Nudelvarianten Italiens: Winzig kleine Teigtaschen, zum Ring geformt und mit Fleisch, Käse oder Ei gefüllt.

Agrini Tessiner Käsespezialität aus Ziegenmilch.

Ahlbeere ➛ Johannisbeere

Ahornsirup Diese kanadische Sirupspezialität (Maple Sirup) wird aus dem Baumsaft junger Ahornstämme gewonnen, der stark eingekocht und so haltbar gemacht wird.

Ahr Die steilen Hänge dieses Nebenflusses des Rheins südlich von Bonn stellen das nördlichste Weinanbaugebiet Deutschlands dar. Auf über 400 ha werden etwa 60% mit ➛ Spätburgunder- und ➛ Portugieserreben besetzt, der Rest mit ➛ Riesling und ➛ Müller-Thurgau. Durch diese Vormachtstellung der Rotweinreben hat sich die Ahr vor allem als Rotweingebiet einen Namen gemacht, aber auch die vollen, fruchtigen Rieslingweine sind zu empfehlen.

Aidasalat Ein gehaltvoller Salat mit in Streifen geschnittenen Paprikaschoten, Artischockenböden, Tomaten und hartgekochtem Eiweiß. Angemacht wird diese Mischung mit einer ➛ Vinaigrette auf Senfbasis. Zum Schluß wird das Ganze mit dem verbliebenen hartgekochten Eigelb und etwas gehackter Petersilie bestreut.

Aiguillettes Franz. Schnürsenkel. Dieser etwas respektlose Begriff bezeichnet die Form von in lange, dünne Streifen geschnittenem Fleisch von Rind, Kalb oder Geflügel, das geschmort oder gebraten in viel Sauce angerichtet wird.

Aillade de veau Bei dieser Art der Zubereitung von Kalbfleischwürfeln in Sahnesauce ist der Anteil an Knoblauch (franz. ail) sehr hoch.

Aïoli Auch Ailloli. Diese Knoblauchpaste aus der Provence hat ihren Siegeszug durch ganz Frankreich in die Welt angetreten. Im Original aus Knoblauchzehen, gekochten Kartoffeln, Olivenöl, Zitrone und Gewürzen im Mörser zusammengerieben, ist sie unverzichtbarer Bestandteil der berühmten ➛ Bouillabaisse. Es existiert auch eine Knoblauchmayonnaise unter diesem Namen, die dann meist zu Fritiertem serviert wird.

Airelles Franz., genauer Airelles rouges ➛ Preiselbeeren

Aji-No-Moto Asiatisches Gewürzsalz.

Ajo blanco Diese Landesspezialität aus Spanien wird aus den Hauptbestandteilen Mandeln und Knoblauchzehen hergestellt, die miteinander püriert und mit Olivenöl vermischt werden. Zum Schluß wird die Masse mit Wasser verrührt, gewürzt und mit ➛ Croutons eiskalt angerichtet.

Ajvar Bei dieser jugoslawischen Gemüsepaste werden rote und gelbe Paprikaschoten in Öl so lange vorsichtig gedünstet, bis sie weich sind, dann passiert und so lange eingekocht, bis die Flüssigkeit stark reduziert ist. Dieses Paprikapüree wird als kalter Brotaufstrich und als würzende Beilage zu Grillgerichten verwendet.

Akazienblüten Die jungen Blütendolden dieser Baumart werden in ➛ Bierteig ausgebacken und mit Zimt-Zucker bestreut als süßes Dessert angeboten. ➛ Hollerblüten

Akee Auch Aki, Akipflaume. Dieses karibische Fruchtgemüse, das ursprünglich aus Westafrika kommt, besitzt eine giftige rosagefärbte Schale und ebenfalls giftige Kerne. Das eßbare Fruchtfleisch mit an Pfirsich erinnernden Geschmack wird zu jamaikanischen Fischgerichten als Gemüse zubereitet. Wenn überhaupt, dann ist es bei uns nur als Konserve erhältlich.

Aland ➛ Döbel

Albana Die Weinrebe der Emiglia Romagna (Bologna – Rimini), die einen trockenen Weißwein, den Albana di Romagna, hervorbringt.

Albertine Die klassisch französische Gemüsegarnitur zu gedünstetem und pochiertem Fisch: geschmolzene Tomaten, pochierte Spargelspitzen, dazu eine weiße Champignonsauce mit Trüffelstückchen und Petersilie.

Albertsauce Eine Meerrettichsauce auf der Basis einer hellen Einbrenne, die mit Brühe, geriebenem Meerrettich, Weißbrot und frischer Sahne sämig gekocht und durch englischen Senf, Eigelb und Butter vollendet wird. Die Sauce hat ihren Namen von Prinz Albert von Sachsen-Coburg, besser bekannt als Gatte der englischen Königin Victoria. So wird sie denn auch zu typisch englischen Fleischgerichten wie gekochtem Hammel- und Rindfleisch gereicht.

Albion Diese klassische Consommé-Garnitur gibt es in zwei Versionen:
1. Leicht gebundene Fischconsommé mit Hummerklößchen und Trüffelstreifen;
2. Geflügelconsommé mit Geflügelklößchen, Trüffelstreifen, Spargelspitzen, Gänseleber und Hahnenkämmen.

Albock ➛ Blaufelchen

Albóndigas Die spanische Rindfleischspezialität ähnelt unseren Frikadellen, wird mit Rinderhackfleisch, Speck, Knoblauch und Ei hergestellt, pikant mit Chili gewürzt und in einer Weißwein-Tomatensauce fertiggeschmort.

Albuféra Diese nach einer spanischen Bucht bei Valencia benannte klassische Geflügelgarnitur wird mit Risotto, Trüffel- und Gänseleberstückchen bereitet. Dazu reicht man meist die gleichnamige Sauce: Geflügelrahmsauce vermischt mit ➛ Glace und Paprikabutter.

Albuferas Runde Arraktörtchen aus Mürbeteig mit einem Belag aus gehackten Mandeln, die mit aromatisiertem ➛ Fondant glasiert werden.

Albumin Wissenschaftlicher Begriff für vorwiegend fleischliches Eiweiß. Es ist aber auch in der Milch, in Eiern, Getreide und Kartoffeln enthalten.

Alcahual Hellgelber mexikanischer Honig mit sehr zartem Aroma.

Alcázartorte Die nach der Stadtburg, dem Alcázar, von Toledo benannte, gehaltvolle spanische Mandeltorte wird auf Mürbeteigbasis gebacken, mit Mandeleischnee bedeckt, mit Aprikosenmarmelade überzogen und mit Pistazien garniert.

Al dente Ital. mit Biß. Die Italiener führten diesen Begriff ein, der nur besagt, daß man Nudeln oder Gemüse nicht breiig weich verkocht, sondern so knackig gart, daß man einen kleinen Widerstand beim „Beißen“ bemerkt.

Ale Das englische, kräftige, obergärige Bier gibt es in zwei Varianten: Mild Ale und Pale Ale. Das erste ist weniger kräftig gehopft, das zweite weniger stark gebraut.

Ale Flip Zucker und Eigelb mit Eis vermischen, mit Ale auffüllen und gut verrühren. Stark und gehaltvoll!

Alentejo Genauer Queijo do Alentejo. Ein Schafsmilchfrischkäse aus dem Gebiet von Alentejo in Portugal.

Alexandersalat Klassische Salatmixtur aus Streifen von Gekochtem (Champignons, Sellerie, Schinken) und Rohem (Rote Bete, Chicorée, Äpfel), angemacht mit einer Senfvinaigrette, die mit Mayonnaise oder Crème fraîche gebunden wird.

Alexissalat Ein einfacher, aber geschmacklich sehr interessanter Salat: Bleichsellerie, in dünne Scheiben geschnitten, mit gehackten Walnußkernen in einer Vinaigrette mariniert.

Alfajores Diese spanische Gebäckspezialität besteht aus zwei Teighälften, die mit einer Creme gefüllt werden.

Alfons Bei dieser Beilagengarnitur zu feinen Fleischgerichten werden Artischockenböden und Champignonköpfe in Butter gedünstet. Dazu: eine gehaltvolle Madeirasauce.

Al forno Ital. im Ofen zubereitet. Typische italienische Spezialität: Lasagne al forno.

Alfredo Viele verschiedene, frisch gekochte Teigwaren werden in Italien auf diese Art serviert: mit geriebenem Parmesan und geschmolzener Butter.

Algen Wasserpflanzen, die vor allem in getrockneter Form in der asiatischen Küche als Zutat zu Suppen und Reisgerichten Verwendung finden. Außerdem werden Algen auch in Würzpräparaten wie Seto Fuumi verarbeitet.

Algerische Sauce Eine pikante Tomatensauce mit Streifen von roter Paprikaschote, die gut zu gebratenem Fisch paßt.

Alhambrasalat Dieser nach der Königsburg von Granada benannte Salat enthält in Streifen geschnittenen Chicorée, gewürfelte, gekochte Artischockenböden, Sellerie und Rote Bete. Er wird mit gewürzter Mayonnaise angemacht.

Al horno Span. im Ofen zubereitet.

Alicesalat Scheiben von säuerlichen Äpfeln, Orangen- und Pampelmusenfilets sowie Ananaswürfel werden zusammen mit einigen Nußkernblättchen in einer Essig-Öl-Marinade angemacht.

Aligoté Weißweinrebe, traditionell im Burgund angebaut. Der geschmacklich eher neutrale Wein mittlerer Qualität sollte jung getrunken werden. Eine Besonderheit ist seine Verwendung in der Aperitifkombination mit Cassis, dem ➛ Kir.

Alioli Span., genauer Salsa Alioli. Diese Knoblauchsauce auf Mayonnaisebasis wird zu Gebratenem und Gegrilltem serviert.

Alkohol Auch Weingeist. Beim Gären von Zucker spaltet sich dieser in Äthylalkohol und Kohlensäure. Alkohol ist wichtiger Bestandteil vieler Kulturgetränke wie Wein, Bier und natürlich Branntwein. Er hat bei mäßigem Genuß positive, nämlich anregende und verdauungsfördernde Wirkung. Den Alkoholanteil mißt man üblicherweise in Volumenprozent, wobei 1 Vol.-% ca. 8 g Alkohol/l entspricht.

Deutscher Wein enthält 8-13 Vol.-%, deutsches Bier etwa 4-5 Vol.-%. Da man pro Gramm Alkohol auch noch etwa 28 kJ/7 kcal Energie zu verarbeiten hat, ist in jüngster Zeit der Trend zu alkoholreduzierten und damit „leichteren" Getränken immer stärker geworden. Alkoholfreie Getränke wie Fruchtsäfte, Limonade oder alkoholfreies Bier dürfen einen Restalkohol bis 0,5 Vol.-% enthalten.

Allasch Intensiver, sehr süßer Kümmellikör auf der Basis von Korn- oder Kartoffelbrand, dessen Mindestalkoholgehalt bei 40% liegt.

Allgäuer Auch Allgäuer Emmentaler. Die bekannteste Käsespezialität aus dem Allgäu wird in großen Laiben geliefert, besitzt große Löcher und einen ausgeprägten Nußgeschmack.

Allgewürz ➛ Piment

Allianz-Sauce Die klassische Weißweinsauce zu gebackenem Fisch: Weißwein und Estragonessig wird einreduziert, mit Eigelb und Butter ➛ aufmontiert und mit Zitronensaft, Cayennepfeffer, Salz und gehacktem Kerbel vollendet.

Allumettes Franz. Streichhölzer.
1. In dünne Streifen geschnittene, fritierte Kartoffelstäbchen.
2. Feine, kurze Blätterteigstreifen.

Aloyau ➛ Rinderlendenstück

Alsace ➛ Elsaß

Alsacienne ➛ Elsässer Art.

Alse Auch Maifisch, Finte. Ein mittlerweile eher seltener Heringsfisch, der, wie der Lachs, zum Laichen die Flüsse hinaufzieht, wo er in bis zu 80 cm großen Exemplaren gefangen wird. Sein Fleisch ist zart und schmackhaft.

Alsterwasser Norddeutscher Begriff für die erfrischende Mischung aus Bier und Limonade. ➛ Radler

Al sugo Ital. mit Sauce. Zusatz zu vielen italienischen Nudelgerichten, die dann von einer gehaltvollen Fleisch- oder Gemüsesauce begleitet werden.

Alt Auch Altbier. Kräftig dunkle, obergärige Bierspezialität aus dem Rheinland, die in schmalen Gläsern serviert wird.

Amarelle Auch ➛ Amorelle. Sauerkirschenart mit besonders festem Fruchtfleisch.

Amarena Süßlicher sizilianischer Dessertwein.

Amarena-Kirschen Süßkirschen, entkernt und in ➛ Amarena eingelegt; Bestandteil von italienischen Eisbechern.

Amaretti Kleine italienische Mandelmakrönchen, die gern zum ➛ Espresso gereicht werden.

Amaretto Ein berühmter, italienischer Mandellikör, der auch zum Parfümieren von Desserts und Saucen verwendet wird.

Amaro Bezeichnung für verschiedene italienische Kräuterbitter, die meist als ➛ Digestif Verwendung finden.

Amatriciana Die einfache italienische Nudelsauce, typisch zu ➛ Penne all'amatriciana: Speck- und Zwiebelwürfel, Tomaten, ➛ Peperoncino und Parmesan.

Amazonenmandel ➛ Paranuß

Ambrosia Die gleichnamige Lieblingsspeise der griechischen Götter stand Pate für diesen Obstsalat der klassischen Küche: Gezuckerte Orangen- und Ananasstücke, in Sherry mariniert und mit Mandelblättchen garniert.

Americano Klassischer Longdrink: Auf Eis Vermouth, Campari und Zitronenschale mit Soda mixen. Als Appetitanreger vor dem Essen bewährt.

Amerikaner Konisch rundes Gebäckstück aus Rührteig, dessen glatte Oberseite mit Zucker- oder Schokoladenguß überzogen ist.

Amerikanischer Senf Ein heller Senf von mildem Geschmack, der bevorzugt zu Hotdogs gegessen wird.

Ammerländer Salat Die norddeutsche Region um Oldenburg gab ihren

Namen für folgende, gehaltvolle Salatkomposition: Gebratene Putenbruststreifen sowie Scheiben von Champignons und Tomaten, in Zitronen-Vinaigrette mariniert und mit einer Kräutermayonnaise angemacht. Zum Schluß wird mit Haselnußblättchen und Eierscheiben ausgarniert.

Ammoniumkarbonat ➛ Hirschhornsalz

Amorellen Auch ➛ Amarelle. Sauerkirschensorte mit festem Fruchtfleisch.

Amourettes Franz. Liebeleien. Kleine gehaltvolle Köstlichkeiten der klassischen französischen Küche auf der Basis von Kalbs- oder Rindermark, das mit verschiedenen, meist mehlhaltigen Saucen gebunden und dann ausgebacken wird.

Amuse-gueule Franz. „Gaumenfreude". Kleine Appetithäppchen zum Aperitif, die im Restaurant vor dem eigentlichen Menü, oft noch während des Auswählens serviert werden, um die Vorfreude auf die folgenden Gerichte noch zu steigern bzw. den übergroßen Heißhunger zu befriedigen.

Ananas Die saftige und hocharomatische Tropenfrucht kommt heute frisch mit einem Gewicht bis etwa 3 kg (Baby-Ananas bis 400 g) zu uns. Der weitaus größte Teil wird als Konserve angeboten. In der feinen Küche wird die Ananas in allen möglichen Kombinationen verwendet: Mit warmem Milchreis, mit feinem Eis und Schlagsahne, in Bierteig ausgebacken, mit verschiedenen Früchten, als Gelee- oder Konfitürenbasis, mariniert mit Kirschwasser oder Maraschino, flambiert auf Biskuit, als Bowlenbestandteil, gedünstet als Kaltschale, als Salatbestandteil oder als Grundstoff für Ananaslikör.

Ananasmelone ➛ Zuckermelone

Anbraten Fleisch, Fisch oder Gemüse im Bratgeschirr in etwas Fett so lange erhitzen, bis eine braune Kruste entsteht.

Anbrennen Setzt man ein Gargut zu starker Hitze aus oder fehlt hinzugefügte Flüssigkeit, dann setzt das Gericht am Geschirrboden an bzw. verbrennt dort, wird bitter und ungenießbar. Wenn nicht alles verdorben ist, sollte man den nicht verbrannten Teil in ein neues Bratgeschirr umsetzen und mit etwas Flüssigkeitszugabe fertiggaren.

Anchoiade Südfranzösische Saucenspezialität: Sardellen (franz. anchois), Knoblauch und Gewürze werden mit Öl zu einer aromatischen pastösen Creme vermahlen.

Anchovis ➛ Sardellen

Andalusische Art Bei dieser Garnitur zu Fleisch und Geflügel werden als Beilagen mit Reis gefüllte Paprikaschoten, Auberginenscheiben und Tomatenwürfel gedünstet und ➛ Chipolatas gebraten.

Andarini Italienische Nudelspezialität in abgeflachter Linsenform.

Andorra-Salat Ein Krabben-Mayonnaise-Cocktail, der mit marinierten Gurkenscheiben, Paprikaschotenstreifen und Dill angerichtet wird.

Andouille Pikante französische Wurstspezialität aus Innereien und Bauchfleisch von Schwein und Kalb. In der kleineren Variante, als Andouillette, wird die herzhafte Wurst meist warm zu deftigen Beilagen wie Kartoffelpüree und Sauerkraut (Andouillettes à la strasbourgeoise) serviert.

Andünsten Auch anschwitzen. Mit etwas Fett und/oder wenig Flüssigkeit erhitzen, ohne Farbe nehmen zu lassen. Typisches Beispiel: Zwiebelwürfel glasig andünsten.

Anellini ➛ Agnolini

Angelika Auch Engelwurz genannte Heilpflanze, die in der Küche vor allem zum Färben und Aromatisieren von Likören verwendet wird. Blätter und Blattstiele werden außerdem kandiert als Dekorationsmittel für die Konditorei angeboten.

Angel's Kiss Cocktail-Klassiker aus Apricot-Brandy mit gesüßtem Sahnespritzer obenauf.

Angels on Horseback Engl. Engel auf Pferderücken. Diese englische Spezialität, die auch viele Freunde auf dem Kontinent gewonnen hat, besteht aus pochierten Austern, die mit Frühstücksspeck umwickelt und aufgespießt zu je vier Stück kurz gegrillt werden. Angerichtet werden sie dann auf mit salziger Butter bestrichenem Toast.

Angler Muck Eine friesische Spezialität zum Aufwärmen: ½ Wasser, ½ Rum werden mit Zitronensaft und Zucker aufgekocht und in Groggläsern serviert.

Anglerfisch ➛ Seeteufel

Angostura Dieser Würz- und Aromastoff wird aus der Rinde eines in Trinidad beheimateten Baumes extrahiert. Bestandteile des Angostura Bitter, eines Bitter-Branntweins, sind neben dem Bitterstoff Angosturin Aromaten wie Zimt, Muskatnuß, Nelken und andere Kräuter. Angostura Bitter wird vor allem zur Verfeinerung von Saucen und Cocktails verwandt. Es genügen wenige Spritzer!

Angus Auch Aberdeen-Angus. Die schottische Rinderrasse mit von allen Köchen hochgeschätzter Fleischqualität.

Anis Die hocharomatischen Samenkörner eines Mittelmeergewächses, das in seiner besten Qualität aus Süditalien kommt. Die altbekannte Heil- und Gewürzpflanze findet wegen ihres intensiven süßlichen Geschmacks Verwendung bei der Spirituosenherstellung (Pernod, Raki, Ouzo), bei der Bäckerei (Weihnachtsplätzchen, Brotgewürz) und in der aromatischen Provenceküche zur geschmacklichen Unterstützung von Fischgerichten.

Anisette Französische Anislikörspezialität, enthält u.a. als weitere Zutaten Fenchel und Koriander und besitzt einen Mindestalkoholgehalt von 30 Vol.-%.

Anisgueteli Leichte Schweizer Gebäckplättchen mit hohem Anispulveranteil.

Anisplätzchen Auch Anislaiberl (bayr.). Deutsches Weihnachtsgebäck, bei dem der zähflüssige Anisteig am Vorabend in kleinen Portionen auf das Backblech gesetzt wird. Dann geht die Hausfrau schlafen und hofft, daß die Anisplätzchen am nächsten Morgen „Füßchen" haben, d.h. von einer Haut überzogen und nicht auseinandergelaufen sind. Sie werden dann hell abgebacken.

Anispfeffer Auch Szetschuan-Pfeffer genannte Pfefferbeeren einer chinesischen Pflanze, die in der chinesischen Küche Verwendung finden.

Anjou Das französische Weinanbaugebiet an der Loire um Angers. Die leichten Sommerweine mit hohem Säuregehalt passen hervorragend zu Fischgerichten oder zu einem ➛ Plateau de fruits de mer.

Anke ➛ Blaufelchen

Annakartoffeln Dachziegelartig aufeinandergeschichtete, rohe Kartoffelscheiben werden in meist runden kleinen Portionsförmchen mit etwas flüssiger Butter bestrichen, gesalzen und knusprig hellbraun gebacken. Durch die austretende Stärke kleben die einzelnen Scheiben zu einer Rosette zusammen.

Annone Auch Anone. Diese Flaschenbaumgewächse aus den Tropen werden nur frisch angeboten. Sie kommen in verschiedenen Formen, Größen und Geschmacksrichtungen vor. Eine Cherimoya genannte Frucht erinnert an Ananas, andere, wie die Süße Sobbe, schmecken süß und sahnig.

Anreichern ➛ Chaptalisieren

Anrichten Das Gericht auf der Servierplatte bzw. dem Teller ansprechend einsetzen, ausrichten und dekorieren.

Ansautieren ➛ Steifmachen

Anschovis ➛ Sardeilen

Anschwitzen Auch andünsten. Gemüse, wie Zwiebeln, oder Mehl (➛ Mehlschwitze) mit Fettzugabe leicht erhitzen, ohne Farbe annehmen zu lassen.

Antiber Sauce Die französische Stadt Antibes an der Riviera gab dieser kräftigen kalten Sauce ihren Namen. Sie wird zu Krustentieren gereicht und besteht aus Mayonnaise, die mit Tomatenmark, Sardellenpaste und Estragon verfeinert wird.

Antipasto Dieser italienische Begriff für Vorspeise bezeichnet eine große Anzahl von meist kalten Kleinigkeiten, die vor der Hauptspeise gereicht werden: verschiedene Wurst- und Schinkensorten, eingelegte Gemüse oder Fisch. Meist werden mehrere Vorspeisen „gemischt" als Antipasti misti angeboten.

Anwirken Das Kneten von Teigen, normalerweise gebräuchlich bei Rohmarzipan, das mit Zucker zu gebrauchsfertigem Marzipan angewirkt wird.

Anziehen lassen ➛ Steifmachen

A.O.C. Appellation d'Origine Contrôlée ➛ Appellation Contrôlée

Aperitif Ein erfrischendes, appetitanregendes Getränk, das vor dem Essen angeboten wird. Typische Aperitifs sind meist mit Kräutern aromatisierte Spirituosen, die auch mit

Soda oder Saft aufgegossen werden können.: z.B. Dubonnet, Noilly-Prat, Pernod, Picon, Ricard, Cinzano, Campari, Martini, aber auch Sherry, ➛ Kir oder einfach der Sekt oder Weißwein, den man auch zum Essen nimmt.

Apéro Schweizer Ausdruck für einen trockenen Weißwein, der als Aperitif getrunken wird.

Apfel Das Kernobst wird in unzähligen Sorten, Größen und Geschmacksrichtungen angeboten und ist eine der vielseitigsten Obstarten. Äpfel werden zu Salaten und Nachspeisen genauso verarbeitet wie zu Gelees, Kompott, Konfitüren, Säften und Saucen.

Apfel im Schlafrock Ein im Geschmack kräftiger, geschälter und entkernter Apfel wird mit Zucker, Zimt, Rosinen, etwas Butter und manchmal etwas Marzipan gefüllt. Dann erhält er eine Hülle aus Blätterteig oder Mürbteig und wird knusprig braun im Ofen gebacken.

Apfelauflauf Hierzu gibt es zahlreiche Rezepte. Eins ist z.B.: Gezuckertes Apfelmus wird mit Eigelb und geschlagenem Eiweiß vermischt und in einer eingefetteten Form im Ofen fertiggebacken.

Apfelausstecher Auch Kernhausausstecher. Dieses zylindrische Rundmesser macht es möglich, das Apfelkernhaus zu entfernen, ohne den Apfel aufschneiden zu müssen. Mit diesem Gerät lassen sich aber auch zylindrische Stangen aus rohen Kartoffeln ausstechen, die dann fritiert werden.

Apfelbachis Schweizerische Apfelspezialität, bei der gesüßte Apfelwürfel in einen Eierkuchenteig eingebacken werden.

Apfelbeignets ➛ Apfelkücherl

Apfelbowle Eine der zahlreichen Varianten ist: Geschälte und entkernte Apfelscheiben werden mit Weißwein angesetzt und mit etwas Zucker, Zitronenschale und -saft gewürzt.

Apfelbranntwein Aus Apfelmost destillierter Obstbrand mit bis zu 50 Vol.-% Alkohol. Berühmtester Vertreter: Der französische ➛ Calvados. Wird er noch mit anderem Obst gemischt, dann erhält man als Destillat den bekannten ➛ Obstler.

Apfelchutney Englische Würzpaste zu Hammelbraten auf der Grundlage von Bratäpfeln, Rote-Bete-Saft, Essig, Salz und Cayennepfeffer.

Apfelessig Der Fruchtzucker des Apfels wird über mehrere Stufen zu Essigsäure umgewandelt. Apfelessig ist sehr gesund und in asisatischen Gerichten ein guter Ersatz für Reisessig.

Apfelförtchen Nordd. für ➛ Nonnenfürzchen

Apfelkraut Ein rheinischer Brotaufstrich, der aus stark eingekochtem Apfelsaft besteht und eine tiefdunkle Farbe und sirupartige Konsistenz besitzt.

Apfelkren Österr. für ➛ Apfelmeerrettich

Apfelkücherl Südd.-österr. Begriff für Apfelkrapfen, Apfelchüchli, Apfelbeignets. In Rum marinierte, gezuckerte Apfelscheiben werden durch (Bier-)Teig gezogen und dann im heißen Fett von beiden Seiten ausgebacken. Noch warme Apfelkücherl werden in Zimtzucker gewendet und oft zusammen mit Vanilleeis serviert.

Apfelmeerrettich Geriebener Meerrettich wird mit geriebenem Apfel, Schlagsahne und etwas Zitronensaft, Salz und Zucker vermischt und zu Fisch und gekochtem Fleisch serviert.

Apfelmus Für diese einfache Nachspeise werden reife Äpfel ungeschält mit wenig Flüssigkeit weichgedünstet, passiert und mit Zucker und/oder Zimt abgeschmeckt.

Apfelringe Geschälte, vom Kerngehäuse befreite Äpfel werden in Scheiben geschnitten und, auf Schnüren aufgereiht, getrocknet und so haltbar gemacht.

Apfelsine ➛ Orange

Apfelstrudel ➛ Wiener Apfelstrudel

Apfeltaschen Dreieckige Blätterteiggebäckstücke mit einer Füllung aus gedünsteten Apfelstücken.

Apfelwein Der aus Äpfeln gepreßte Apfelmost wird zu Apfelwein mit etwa 5 Vol.-% Alkohol vergoren. Dieses erfrischende, aber in seiner anregenden Wirkung auf die Verdauung und in seiner alkoholischen Stärke oft unterschätzte Getränk ist eine Spezialität der Region um Frankfurt, wo es „Äppelwoi" genannt wird. Die französische Variante ist der ➛ Cidre.

Apicius Marcus Gavius Apicius war römischer Kochbuchautor und ein berühmter Gourmet der Antike.

Apostelkuchen ➛ Brioche

Appellation Contrôlée Diese A.C. bzw. A.O.C. (Appellation d'Origine Contrôlée) abgekürzte Qualitätsbezeichnung französischer Weine hat seit den 30er Jahren in Frankreich dafür gesorgt, daß das Qualitätsniveau ständig verbessert werden konnte. Es handelt sich um ein ausgeklügeltes Kontrollsystem, das, je nach Region unterschiedlich, die Herkunft der Trauben, die Verarbeitungsmethoden, den Alkoholgehalt und die Erzeugungsmengen beinhaltet. Für den Weinfreund liefert die A.C.-Bezeichnung auf dem Etikett die Sicherheit, daß dieser Wein in dem bezeichneten Gebiet gewachsen ist, hergestellt und abgefüllt wurde und zusätzlich noch einem gewissen Mindestqualitätsanspruch genügen muß. ➛ V.D.Q.S.

Appenzeller Schweizer Käsespezialität aus dem Kanton Appenzell mit kräftigem Geschmack und kleinlöchriger Struktur. Ein ganzer Appenzellerkäse wird in Radform angeboten.

Appetitschnittchen ➛ Canapé

Appetizer Engl. ➛ Vorspeise

Apple fool Englische Dessertspezialität: gesüßte Schlagsahne mit Apfelmus gemischt.

Apple pie Engl. Apfelkuchen. Diese Pastete aus Blätter- oder Mürbeteig mit Apfelfüllung wird im Vereinigten

Königreich in speziellen „Pieformen“ gebacken.

Apple Sauce Engl. Apfelsauce. Dieses verdünnte Apfelmus wird auf der Insel oft zu gebratenem Geflügel serviert.

Apricot Brandy Dieser Aprikosenlikör, der meist aus einer Mischung von Aprikosensaft und Aprikosenbranntwein besteht, schmeckt kräftig süß nach Aprikosen und hat einen Mindestalkoholgehalt von 30 Vol.-%.

Aprikosen Dieses in Österreich „Marillen“ genannte, samthäutige Steinobst des Aprikosenbaums besitzt ein saftiges, goldgelbes Fruchtfleisch von intensivem Aroma. In ganz Europa heimisch, wird aus der ursprünglich aus China stammenden Frucht so ziemlich alles hergestellt, was man aus Steinobst zubereiten kann: Konfitüre, Eingemachtes, Eis, Likör, Branntwein, Kuchen, Sauce, Saft usw.

Aprikose, japanische ➛ Kakipflaume

Aprikosenlikör ➛ Marillenlikör

Aprikosensauce Eine gängige Dessertsauce auf der Basis von Aprikosenkonfitüre zu Eis oder Baisers.

Aprikosenwähe Schweizer Blechkuchenspezialität, bei der Aprikosenhälften in einem Hefeteigboden gebacken werden.

Aprikotieren Kuchen, Torteletts oder Fruchtdesserts werden mit erhitzter, passierter Aprikosenkonfitüre überglänzt. Bei Tortenböden wird aprikotiert, um ein schnelles Aufweichen der Teigböden durch den Belag zu verhindern.

April Shower Dieser Longdrink auf Eis wird aus Bénédictine und Cognac gemixt und mit Orangensaft und Soda aufgefüllt – damit vergißt man jeden Aprilregen!

Apulien Die Weinregion Puglia im Südosten Italiens ist eines der ergiebigsten Anbaugebiete des ganzen Landes. Apulien ist berühmt für kräftige, tiefdunkle Rotweine und für exzellente Rosés. Die Weißweine werden meist zur Wermutproduktion verwendet. Berühmteste Vertreter: Die Rosati und Rotweine aus Castel del Monte.

Aquavit Dieses „Lebenswasser“ (lat. aqua vitae) basiert auf einem unter Verwendung von Kümmeldestillat hergestellten Branntwein mit einem Mindestalkoholgehalt von 38 Vol.-%, der – entsprechend seiner nordischen Heimat – eiskalt aus ebenso kalten Schnapsgläsern getrunken wird.

Arachi(s)nuß ➛ Erdnuß

Arancini Die italienische, süße Knabberspezialität aus kleinen, unreifen, in Scheiben geschnittenen und kandierten ➛ Pomeranzen samt Schale.

Arbuse ➛ Wassermelone

Ardenner Schinken Die würzige Rohschinkenspezialität, oft mit einem starken Wacholdergeschmack, stammt aus dem gleichnamigen Mittelgebirge im Grenzgebiet zwischen Frankreich und Belgien.

Ardenner Suppe Vom Wildreichtum der Ardennen inspirierte Fasanencremesuppe mit Einlage.

Arenenberger Schweizer Vollfettkäsespezialität.

Argenteuiler Art Die französische Stadt Argenteuil bei Paris ist berühmt für ihren Spargel und stand daher Pate für die klassische Garnitur à l'Argenteuil zu hellem Fleisch, Fisch und Geflügel: pochierte Spargelspitzen in Sauce ➛ Hollandaise oder ➛ Weißweinsauce.

Arlesischer Salat Dieser an Provence und Sonne erinnernde Sommersalat hat seinen Namen vom südfranzösischen Arles: In Olivenöl ausgebackene, wieder abgekühlte Auberginen-, Kartoffel- und Tomatenstücke werden mit einer Knoblauchöl-Essig-Marinade angerichtet und mit Zwiebelringen und fein gehackter Petersilie garniert.

Arlesische Sauce Eine Ableitung der Sauce ➛ Béarnaise: mit Tomatenmark und Sardellenpüree angereichert und mit ➛ Tomates concassées garniert.

Armagnac Die Herkunftsbezeichnung für einen berühmten Weinbrand aus dem Weinbaugebiet Armagnac im südwestfranzösischen Département Gers. Die von der Lagerzeit abhängigen Qualitätsstufen sind: Grand, Fin und Petit Armagnac. Obwohl die Herstellung der des ➛ Cognacs gleicht, unterscheidet er sich durch sein etwas süßlicheres Aroma deutlich vom Cognac. Armagnac wird oft zum Aromatisieren von Fruchtsaucen oder zum Einlegen von Früchten verwendet.

Arme Ritter Auch Goldschnitte, rostige Ritter, verlorenes Brot. Eine traditionelle deutsche Nachspeise, bei der abgeriebene, altbackene Brötchen in Vanillemilch getränkt, dann in Ei und Paniermehl gewendet und in Butter goldbraun gebacken werden. Zum Anrichten werden sie mit Zimt-Zucker bestreut und oft mit ➛ Vanillesauce serviert.

Aroma Geruchlicher und/oder geschmacklicher Inhaltsstoff von Lebensmitteln. Das (Frucht-)Aroma eines Weines ist der Geruchsbestandteil, der von der Traubensorte und der Gär- oder Lagerzeit abhängt. ➛ Bukett

Aromaten Beigaben mit intensiven Aromastoffen, wie Kräuter und Gewürze, zur geschmacklichen Verbesserung von Speisen und Getränken.

Arrak Auch Arack, Arrack. Ein asiatischer Branntwein auf Reis-, Zuckerrohr- oder Palmweinbasis, der bis zu 45 Vol.-% Alkohol enthalten kann. Sein intensiver Geschmack erinnert an Rum; deshalb und seiner gelben Farbe wegen wird Arrak oft zum Parfümieren von Desserts und Getränken verwendet.

Arrosieren Küchentechnischer Fachbegriff, der das ständige Begießen (franz. arroser) großer Fleisch- und Geflügelbraten bezeichnet. Das der großen Hitze ausgesetzte Bratenstück erhält durch das Arrosieren mit dem Bratensaft eine knusprige Hülle und trocknet so im Innern nicht aus.

Arrosto Ital. (Rost-)Braten.

Arrowroot Auch Pfeilwurzelmehl. Dieses feine, weiße, geschmacksneutrale Stärkepulver, aus verschiedenen tropischen Knollen extrahiert, hat die hervorragende Eigenschaft, Saucen, Suppen etc. zu binden, ohne sie wie andere Stärkemehle zu trüben. Daher erfreut es sich in der chinesischen und der gesamten asiatischen Küche großer Beliebtheit.

Arroz Valenciana Das berühmte spanische Reisgericht enthält neben der Hauptzutat Reis gekochtes Hühnerfleisch, Schinken- und Paprikaschotenwürfel, Erbsen und Champignons. Gekrönt wird das Ganze mit einer kräftigen Tomatensauce.

Artischocke Die Blütenköpfe dieses Distelgewächses aus dem Mittelmeerraum, die kurz vor der Blüte geerntet werden, können jung roh gegessen werden, ausgewachsen werden Artischocken in mit Zitronensaft versetztem Salzwasser knackig gargekocht und kalt oder warm meist mit einer Vinaigrette serviert. Artischocken genießt man, indem man die Blätter eines nach dem anderen abzupft und den unteren Teil der Blätter auslutscht. Sind alle Blätter verspeist, wird das etwas stachelige Heu auf dem Blütenboden abgeschabt und der beste Teil, der Artischockenboden, kann verzehrt werden. Mittlerweile in der Saison von Dezember bis Juni bei uns frisch zu haben. Ansonsten werden gekochte, konservierte Artischockenböden oder -herzen meist in Salz- oder Essiglake das ganze Jahr über angeboten. Die Artischocke ist ein Liebling der klassischen Haute Cuisine und vielseitig verwendbar.

Artischockenbranntwein Auf der Grundlage von Artischockenherzen wird in Italien ein berühmter Aperitif mit bitterem Geschmack hergestellt. ➤ Cynar

Artois Die gleichnamige Landschaft im Nordosten Frankreichs liefert alle Zutaten für diese klassische Garnitur zu Geflügel und hellem Fleisch: Perlzwiebeln, kleine Karotten und Artischockenböden. Alles wird in Butter gedünstet und zusammen mit Madeirasauce angerichtet.

Asado Dieser spanische Begriff wird vor allem in Südamerika für im Freien gegrillte, große Bratenstücke verwendet.

Asagio Auch Asiago. Italienische Hartkäsespezialität von intensivem, würzigem Geschmack.

Asant Ein indisches Würzharz, das, in Stücken oder als Pulver angeboten, in Indien oft bei Fischgerichten als Salzersatz dient.

Aschkuchen Auch Aschkloß. Eine Thüringer Spezialität, bei der ein Kartoffelteig aus rohen und gekochten Kartoffeln mit Speck und Backpflaumen gemischt und in eine tiefe Pfanne gegeben wird. Dann werden Brötchen mit Eiermilch verquirlt, darüber verteilt und das Ganze im Backofen gebacken.

Aschlauch ➤ Schalotte

Asco Korsische Käsespezialität aus Schafs- und/oder Ziegenmilch mit einem sehr würzigen Geschmack.

Asem Auch Asam. Das Fruchtmus der ➛ Tamarinde. Es ist in chinesischen Fachgeschäften erhältlich und findet in der indischen Reistafel Verwendung.

Ashirai Japanische Dekorationsgemüse, die hauchdünn geschnitten zur Garnitur von asiatischen Gerichten verwendet werden.

Askalonzwiebel ➛ Schalotte

Askanischer Topf In Butter gebratene, flambierte Kalbssteaks auf Bratkartoffeln werden in Portionsförmchen mit Pilzsauce übergossen, fertiggeschmort und so serviert. Ob das deutsche Fürstengeschlecht der Askanier dieses feine Gericht schon seit Urzeiten zelebrierte, ist nicht überliefert.

Aspik 1. Das Gelee, das durch Auskochen von knorpelreichem Fleisch oder Fisch entsteht und oft mit kräftigen Weinen (Portwein, Madeira, Muskateller) aromatisiert wird.
2. Die gebundenen, fertigen Sülzgerichte von Fleisch, Fisch, Geflügel oder Gemüse: Eisbein in Aspik, Sülzkotelett, Aal in Gelee, Poularde in Weingelee, Erbsen und Schinken in Gelee.

Assam Ein sehr intensiver Tee von höchster Qualität aus der nordindischen Provinz Assam. Typische Charakteristika: dunkle Färbung, schwerer, aromatischer Geschmack, intensiver Nachgeschmack.

Assemblage ➛ Cuvée

Assiette anglaise Franz. englischer Teller. Eine kalte Platte mit Schinken-, Braten- oder Wurstaufschnitt.

Asti Die durch ihren fruchtigen Schaumwein bekannte piemontesische Kleinstadt lebt zum größten Teil von ihrem (Asti) Spumante, dem lieblichen, stark moussierenden Wein aus der Traubensorte Moscato.

Astoriasalat Das große Luxushotel aus New York lieh seinen Namen einem Salat aus Birnen- und Pampelmusenwürfeln, gemischt mit Paprikaschotenstreifen und gehackten Haselnüssen, angemacht in einer Öl-Essig-Marinade.

Astorsalat Salatgurke, Paprikaschote, Brunnenkresse und Feldsalat sind die Hauptbestandteile dieses mit einer sauren Sahnesauce angemachten Salates, der nach J.J. Astor, einem erfolgreichen Altunternehmer Amerikas deutscher Herkunft, benannt wurde.

Astri Ital. Sterne. Auch Stellette. Kleine italienische Sternchennudeln aus Hartweizengrieß, meist als Suppeneinlage.

Atjar Atjar Dieses indonesische Dessert besteht aus verschiedenen, meist süßsauer eingelegten Gemüsen (Gurke, Ingwer, Piccalilli) und ist Bestandteil der berühmten indonesischen ➛ Reistafel.

Atlantische Art Herzhafte Garnitur zu Rostbratenscheiben: reduzierte Madeirasauce mit Tomatenvierteln, Maiskölbchen, Okraschoten und Bratkartoffeln.

Attereaux Franz. Spieße. Die aus verschiedenen Innereien, Fleischstückchen, Speck und Gemüse bestehenden, kleinen Spießchen werden paniert und dann gebraten. Diese Spezialität wird meist als Vorspeise gereicht.

Atún Span. ➛ Thunfisch

Au four Franz. im Ofen. Bezeichnungszusatz für im Rohr gebackene Gerichte, wie „poussin au four“ (Stubenküken aus dem Ofen).

Au gratin Franz. überbacken. Bezeichnungszusatz für gratinierte Gerichte wie „homard au gratin“ (überbackener Hummer).

Aubergine Auch Albergine, Eierfrucht, Melanzane. Die dunkelviolette bis weiße, glänzende Frucht eines Nachtschattengewächses wird in verschiedenen Formen angeboten: rund, keulenförmig und länglich. Da sie mittlerweile das ganze Jahr über erhältlich ist, wird sie auch in unseren Breiten immer beliebter. Auberginen können nicht roh verzehrt werden, sondern müssen stets gekocht, ausgebacken, gratiniert oder als Auflauf zubereitet werden. Der geringe Eigengeschmack des grünlichweißen Fruchtfleisches verlangt kräftiges Würzen. Die wohl bekannteste Zubereitung ist das griechische ➛ Mussaka.

Auberginenmus ➛ Patlican Salatasi

Auerhahn Das seltene, größte Federwild in Europa, das bei uns nicht bejagt wird, um das Aussterben dieser Art zu verhindern.

Aufgesetzter Geschmacksintensive Früchte werden mit Zucker vermischt, in Flaschen gefüllt und mit klarem Branntwein aufgefüllt. Dann im dunklen Keller ziehen lassen, bis das Fruchtaroma auf den Alkohol übergegangen ist.

Auflauf Aufläufe existieren in zwei Varianten: Deftige, kompakte Gemüse-, Kartoffel-, Reis-, Nudel- oder Fleischaufläufe, die meist mit Milch und ganzen Eiern gebunden und dann im Backofen, oft mit einer Käsekruste, gratiniert werden oder luftige ➛ Soufflés auf der Basis von steifgeschlagenem Eiweiß, das mit vielfältigen, meist pürierten Geschmackszutaten vorsichtig vermischt wird.

Auflaufform Hitzefeste Backform für Aufläufe, als Portionsförmchen oder Großform meist aus Keramik, Porzellan oder Jenaer Glas.

Auflaufkrapfen ➛ Spritzkuchen

Aufschlagen ➛ Montieren

Aufschnitt Eine gemischte Auswahl von Wurst-, Schinken-, Braten- oder Käsescheiben, die üblicherweise in Deutschland zum Abendbrot gereicht wird.

Aufspriten ➛ Spriten

Aufstoßen lassen Eine dicke Sauce, eine zähflüssige Paste beim Erhitzen einmal aufwallen lassen.

Aufziehen Flüssige Butter und/oder Sahne unter püriertes Gemüse oder pürierte Kartoffeln ziehen.

Augenbohnen Kleine Bohnen von weißer Farbe mit schwarzem oder gelbem „Augen“-Punkt, die vor allem in den amerikanischen Südstaaten gerne als deftiger Eintopf zusammen mit Schweinefleisch gegessen werden. In China werden sie geröstet zu Fischgerichten serviert.

Augsburger Die süddeutsche Wurstspezialität ist eine beliebte Brühwurstsorte, die gut zum Grillen und Braten verwendet werden kann.

Aurorasauce Die klassische Sauce erhielt wegen ihrer rötlichen Färbung den Namen der römischen Göttin der Morgenröte. Eine weiße Grundsauce wird mit etwas Tomatenmark gefärbt und mit Cayennepfeffer und wenig Butter vollendet. Man serviert sie zu hellem Fleisch und Geflügel.

Ausbacken ➛ Fritieren

Ausbackteig ➛ Bierteig, ➛ Weinteig

Ausbau Die Reifung eines Weines nach der Gärung. Typisch: ein Wein wird trocken oder im Eichenfaß ausgebaut (➛ Barrique).

Ausbeinen Auch Auslösen. Mit einem sehr scharfen, dünnschneidigen Messer werden alle Knochen eines geschlachteten Tieres entfernt.

Ausbröseln Auch Ausstreuen, Bestäuben. Eine gefettete Kuchenform mit Semmelbröseln o.ä. ausstreuen, damit der Teig nach dem Backen nicht an der Form haften bleibt.

Ausbuttern ➛ Einfetten

Ausgezogene Süddeutsche Schmalzgebäckspezialität aus leichtem Hefeteig, bei der mit den Händen ein Teigkringel mit wulstigem Rand und hauchdünnem Innern ausgezogen wird. Im heißen Fett schwimmend ausgebacken und mit Zucker bestreut, sollten Ausgezogene ähnlich wie Berliner bzw. Krapfen so frisch wie möglich, am besten noch warm, verzehrt werden.

Auslassen Fetthaltiges wie Speck oder ➛ Flomen erhitzen, damit es flüssig wird.

Auslegeteig Verschiedene Teigsorten zum Auslegen von Pastetenformen.

Auslese Ein Qualitätsprädikat deutscher und österreichischer Weine, das eine besonders sorgfältige Beerenlese verlangt und ein bestimmtes Mindestmostgewicht fordert.

Ausnehmen Entfernen der Innereien. Vor allem im Zusammenhang mit Geflügel verwendet.

Ausrollen Einen Teig mit einem ➛ Nudelholz gleichmäßig plattieren.

Ausstechen 1. Mit verschiedenen Förmchen (Weihnachtsbäckerei) oder Werkzeugen (Apfelausstecher, Parisienneausstecher) Teigen, Gemüsen oder Früchten ein bestimmtes Aussehen verleihen.
2. Fleischstücke aus einem Schmorgericht, meist mit einer Fleischgabel, herausheben, um die zurückbleibende Sauce wieder über die Fleischteile durch ein Sieb zu passieren.

Ausstreichen ➛ Einfetten

Ausstreuen ➛ Ausbröseln

Auster Die berühmteste aller Muscheln kommt mit etwa 3-4 Jahren in den Handel und obwohl mittlerweile das ganze Jahr über erhältlich, wird sie bevorzugt in den Monaten mit „r“, also von September bis April, verzehrt. Da sie meist roh verspeist wird, ist der Verzicht angesichts der hohen Temperaturen und des weniger ausgeprägten Eigengeschmacks im Sommer zu empfehlen. Heute in großen Austernbänken gezüchtet, werden Austern je nach Herkunftsland in verschiedenen Gewichtsstufen angeboten. Weiterhin unterscheiden sie sich wesentlich in der äußeren Form: die einen sind rundlich und flach, die anderen länglich mit mehr oder weniger zerklüfteter Oberfläche.

Typische Handelsbezeichnungen für Austern sind für Frankreich: Fines Claires, Creuses, Belons, Marennes, Cancales, Arcachons; für England: Colchester und Whitestables; für Irland: Galway-Oysters; für Holland: Imperials; für Skandinavien: Limfjords; für die USA: Blue Points und Virginias. Wer das Dutzend Austern traditionell roh essen möchte, darf die festgeschlossenen Muscheln erst unmittelbar vor dem Verzehr mit dem ➛ Austernmesser aufbrechen und dann auf Eis anrichten. Bevor man sie aus der Schale schlürft, beträufelt man sie mit etwas Zitronensaft. Klassisch serviert man dazu gebuttertes Schwarzbrot und einen sehr trockenen Weißwein oder Champagner.

Austernmesser Auch Austernbrecher. Ein stumpfes Messer mit kurzer Klinge, das stark genug ist, die Auster am Scharnier, der Verbindungsstelle zwischen beiden Schalenhälften, aufzubrechen.

Austernpilz Auch Austernseitling. Ein kultivierter Zuchtpilz, der frisch ausgezeichnet zu verarbeiten ist. Er schmeckt leicht nach Anis, ähnlich den Anischampignons, und kann auf Bäumstämmen gezüchtet eine Größe von 20 cm im Durchmesser leicht erreichen.

Austernsauce 1. Einreduziertes Austernwasser mit einer weißen Sauce binden und mit Eigelb und Butter aufschlagen. Zu den dazugehörigen pochierten Austern oder zu Fisch geben.

2. Eine chinesische Würzsauce auf Sojabasis, die bei vielen asiatischen Fischgerichten und -suppen Verwendung findet.

Ausweiden Entsprechend dem ➛ Ausnehmen bei Geflügel bedeutet Ausweiden das Entfernen der Innereien von Fisch und Wild.

Auvergner Suppe Die Landschaft Auvergne in Mittelfrankreich gab ihren Namen für diese herzhafte Suppe mit einfachen Zutaten: Kartoffeln, Zwiebeln, Linsen und Knoblauchzehen mit Gewürzen und Kräutern weichkochen, passieren und mit frischen grünen Kräutern bestreuen.

Avocado Auch Abacatebirne, Aguacato, Alligatorbirne, Avocato. Die birnenförmige Frucht mit grüner bis schwarzer Schale, hellem Fruchtfleisch und großem, dunklen Kern wird bei uns immer beliebter. Der hohe Fettanteil veranlaßte schon die Azteken die „Ahua quatl“, also die

„Butter des Waldes", als leicht bekömmliche und sehr gesunde Nahrungsquelle anzusehen. Reife Avocados haben ein leicht cremiges Fruchtfleisch, das man am besten roh gleich aus der Schale löffelt. Dazu muß man die Frucht waagerecht umschneiden, die beiden Hälften gegeneinander verdrehen und den Kern herauslösen. Vor dem Anrichten werden die Avocadohälften, die oft mit einer ➛ Vinaigrette oder angemachtem Krabbencocktail gefüllt werden, mit Zitronensaft eingerieben, damit die Innenflächen schön hell bleiben.

Avola Eine sizilianische Mandelsorte.

Ayran Die türkische Getränkespezialität aus eiskaltem, dünnflüssigem Joghurt, die auch sehr gut zu ➛ Döner kebab paßt.

B

Baba Russ. Großmütterchen. Auch Aschkuchen, ➛ Savarin. In einer hohen Rundform gebackener, traditioneller Napfkuchen, der mit Rum, Kirschwasser oder anderen alkoholischen Flüssigkeiten getränkt werden kann.

Baby-Steinbutt Jugendform des Steinbutts in Portionsgröße. Wegen des Rückgangs durch zu starkes Abfischen und durch die geringere Geschmacksintensität im Vergleich zum ausgewachsenen Steinbutt in letzter Zeit von einigen Feinschmeckern weniger gefragt.

Bacalao Span. ➛ Stockfisch

Bacardi Klarer und dunkler Rum aus Mittelamerika; der weiße Rum ist Grundlage vieler Mixgetränke.

Bachforelle Sehr verbreiteter Süßwasserfisch aus der großen Familie der ➛ Forellen, lebt in klarem Fließwasser und ist u.a. wegen seiner ständigen Verfügbarkeit einer der beliebtesten Speisefische.

Bachsaibling ➛ Saibling

Backaroma Meist flüssige, synthetisch hergestellte Aromastoffe zum Aromatisieren von Gebäck.

Backen Das Gargut wird durch trockene Hitze im Backofen oder im Fettbad gegart. Gebacken werden neben Kuchen, Brot und Gebäck auch Braten und Pasteten, sowie Fleischstücke in Teighüllen.

Backerbsen Eine Suppeneinlage aus erbsengroßen Brandteigkugeln. Backerbsen sind fertig im Handel erhältlich.

Backesgrumbeere Saarländischer Kartoffelauflauf mit Schweinebauchstücken, der mit saurer Zimtsahne überbacken wird.

Backfett ➛ Fritierfett

Backformen Damit Kuchen oder Pasteten eine bestimmte Form bekommen, benutzt man Backformen, die aus Blech, Keramik, Gußeisen oder Glas hergestellt werden.

Backhefe Treibmittel aus Hefepilzen, das frisch in Würfeln von 42 g abgepackt oder als Trockenpulver erhältlich ist.

Backhendl ➛ Wiener Backhendl

Backobst ➛ Dörrobst

Backpapier Auch Backtrennpapier. Ein Spezialpapier, das auf das Backblech gelegt wird. Das Einfetten des Bleches wird überflüssig, und der Teig backt nicht an.

Backpulver Aus Natron und einem Säureträger bestehendes Treibmittel zum Lockern und Blähen des Backteiges.

Backteig Ein luftiger Teig aus den Hauptbestandteilen Mehl, Fett und geschlagenem Eiweiß zum Einhüllen von Speisen, die darin ausgebacken werden.

Backtreibmittel Sie werden zum Blähen und Lockern von Teig verwendet: Backpulver, Hefe, Hirschhornsalz, Pottasche, Sauerteig.

Bacon Englischer, relativ fetter Rückenspeck, der obligatorisch zum englischen Frühstück gehört.

Baden Berühmtes Weinanbaugebiet am Oberrhein zwischen Bodensee und Tauber. Als Traubensorte herrscht der Müller-Thurgau vor, gefolgt von Spätburgunder, Ruländer und Gutedel, wobei sich der letztgenannte wegen seiner Süffigkeit größter Beliebtheit erfreut.

Bäckerin-Kartoffeln Kartoffelscheiben, Zwiebelringe und gehackter Knoblauch werden lagenweise gewürzt und übereinandergeschichtet, mit Lammbrühe übergossen und geschlossen im Ofen gegart, bis das Gemüse die Flüssigkeit ganz aufgesogen hat. Paßt hervorragend zu Lammfleisch.

Bähen Schweizer Begriff für das Anrösten oder Toasten von Brot, Brötchen oder Kuchenscheiben.

Bäkkeoffe Auch Bäckeofe, Baekaoffa, Bekkeofe. Elsässischer Fleisch- und Gemüseeintopf, der mit Elsässer Wein im traditionellen Keramiktopf geschmort wird. Der Name bedeutet Bäckerofen, da früher die Frauen am Waschtag vor dem Waschen den mit Brotteig verschlossenen Topf beim Bäcker abgaben und nach dem Waschen fertig wieder abholten.

Bärenfang Intensiver Honiglikör mit mindestens 35 Vol.-%.

Bärenschinken Der gepökelte und geräucherte Hinterschinken des Bären taucht heute nur selten in unseren Feinkostgeschäften als Delikatesse auf. Die Gerichte, in denen Bärenschinken als Hauptzutat verwendet wird, stammen aus der Zeit, als es noch reichlich Exemplare vor allem von Braunbären gab. Fast allen Zubereitungen ist gemeinsam, daß der Schinken einige Tage mariniert und dann langsam geschmort wird.

Bärentatzen 1. Ein mit Schokoladekuvertüre überzogenes Mürbteigkleingebäck.

2. Der in Rußland heimische Braunbär steht dort noch ab und zu auf der Speisekarte: Die Tatzen werden in einer stark gewürzten Essigmarinade eingelegt, dann geschmort und entbeint. Das Fleisch wird anschließend in Stücke geschnitten, paniert und gebraten.

Bagatellesalat Möhren- und Champignonstreifen sowie Spargelspitzen in einer Essig-Öl-Marinade.

Bagna Cauda Die italienische Dipsauce wird als Begleitung zu Gemüsestreifen gereicht. Hauptbestandteile: Olivenöl, Butter, Knoblauch, Sardellenpaste und weiße Trüffel.

Bagoong Eine philippinische Krabbenpaste, hergestellt aus gepreßten, gesalzenen und gefärbten Krabben und kleinen Fischen.

Baguette Französisches Weißbrot, dünn und länglich in Stangenform. Wird in Frankreich mindestens zweimal pro Tag gebacken und gekauft.

Bahmi Chinesische Spezialität mit den Hauptbestandteilen Nudeln, Schweinefleisch und Gemüsen.

Bainmarie Fachausdruck für das Wasserbad und den Wasserbadbehälter in der Profiküche.

Baiser Auch Meringe. Süßer Eischnee, der im Backofen mehr getrocknet als gebacken wird.

Baked beans Englisches Gericht mit weißen Bohnen, Tomaten und Speck.

Baklava Intensiv süßer, türkischer Blätterteigkuchen.

Balche ➛ Blaufelchen

Ballaststoffe Nahrungsbestandteile, die bei der Verdauung nicht verwertet werden, z.B. Rohfasern und Cellulose. Als Transport- und Füllstoffe sind sie für die Funktion des Stoffwechsels im Körper wichtig. Getreide, Reis und Kartoffeln enthalten große Mengen von solchen Ballaststoffen, die in den entwickelten Ländern aber immer weniger zur aufgenommenen Nahrung zählen. Ungeschälter Reis oder Vollkornmehl mit hoher Nummer (= hohem Ballaststoffgehalt) im täglichen Speisezettel hilft, Übergewicht oder Verdauungsstörungen vorzubeugen.

Ballotine Fachbegriff für Rollpastete. Typisch ist „Ballotine de volaille", wofür Geflügelkeulen entbeint, gefüllt und dann zusammengebunden werden. So vorbereitet werden sie gebraten und warm oder kalt serviert.

Balsamapfel ➛ Bittermelone

Balsamessig ➛ Aceto Balsamico

Baltimore Egg-Nogg Eine exotische Mischung aus Ei, Zucker, Curaçao, Madeira und Milch.

Bamberger Die süddeutsche Stadt ist Namensgeberin gleich von zwei Spezialitäten:

1. Feine Blätterteighörnchen.
2. Längliche, vorwiegend festkochende Kartoffeln.

Bambussprossen Die Triebe fernöstlicher Bambuspflanzen, die bei uns nur als Konserven im Handel sind und im Geschmack an Spargel erinnern.

Bamias ➛ Okra

Bamie Nudeln aus der indonesischen Küche.

Bamie Goreng Indonesisches Nudelgericht mit Krabben sowie Fleisch- und Gemüsestreifen in Sojasauce. ➛ Nasi Goreng

Banane Die Frucht der palmenähnlichen Pisangpflanze kommt noch grün zu uns und erreicht ihr bestes Aroma, wenn sie goldgelb gereift ist.

In der Küche ist die Banane überaus vielseitig einsetzbar: zu Creme und Eis verarbeitet, in Ausbackteig fritiert, flambiert, in Honig gebraten, in Teig gebacken, als Salat oder Püree sowie in Säften oder Milchmixgetränken.

Bananensplit Eine beliebte Kombination von längs halbierten Bananen mit Vanilleeis, Schlagsahne und Schokoladensauce.

Banderole Aufkleber auf Weinflaschen mit dem Hinweis auf Prämierungen bzw. Steuer- oder Limitierungsnachweis auf ausländischen Spirituosen.

Bandnudeln Breite Langnudeln, wie in ➛ Lasagne.

Bandol In diesem südfranzösischen Anbaugebiet westlich von Toulon wird ein kräftiger Rotwein von hoher Qualität erzeugt, aber auch die für die Gegend typischen, einfachen Rosés wachsen hier.

Baniza Bulgarische Gebäckspezialität mit Schafkäsefüllung.

Bannock Schottische Spezialität: Einfache, trockene, ungesüßte Kuchen als Brotersatz.

Banon Ziegenmilchkäse aus der Provence, der üblicherweise in Blättern eingepackt angeboten wird.

Bar ➛ Wolfsbarsch

Barack Pálinka Ungarische Branntweinspezialität auf Aprikosenbasis.

Baranki Russische gebackene Fastenbrezeln aus Nudelteig.

Bárány paprikás Pikant gewürztes, ungarisches Lammgulasch.

Barbe Eine Karpfenart aus europäischen Gewässern, die sehr schmackhaft ist, aber leider viele Gräten hat. Barben werden gegrillt, geschmort, gebacken oder ➛ blau gekocht.

Barbecue Amerikanischer Begriff für das Grillen von Fleisch oder Würsten im Freien auf einem Rost.

Barbecue-Saucen Kräftige Würzsaucen zum gegrillten Fleisch oder zur Wurst, die in großer Zahl auch als Fertigprodukte erhältlich sind.

Barbera Italienische Rotweinrebsorte, ursprünglich im Piemont und der Lombardei beheimatet, die heute auch in anderen Teilen der Welt angebaut wird.

Barberey Französischer Weichkäse, ähnlich dem Camembert.

Barberie-Ente ➛ Ente

Barbrötchen Appetitlich belegte kleine Schnittchen zum Drink an der Bar.

Barcelonessa Eine kräftige spanische Hammelsuppe.

Barches Auch Berches. Jüdisches Sabbatbrot, hergestellt aus Weizenmehl.

Bardieren Einhüllen (franz. barder) von mageren Fleischstücken mit Speckscheiben, um sie vor dem Austrocknen zu schützen.

Barlöffel Langstieliger Löffel, der beim Zubereiten von Mixgetränken verwendet wird.

Barolo Piemonteser Weinsorte, die aus der Nebbiolo-Rebe hergestellt wird und durch einen hohen Gerbstoff- und Alkoholgehalt auffällt. Seine stark adstringierende Wirkung macht ihn zu einem Wein für Spezialisten, die ihm dann aber eine äußerst große Vielfalt an Aromastoffen und Duftnoten bescheinigen. Grundlage des ➛ Amaro-Bitters.

Baron In einem Stück gebratener Rücken von Rind, Kalb, Hammel oder Lamm.

Barquette Kleines Törtchen in Schiffchenform.

Barrique Der Begriff für das Bordelaiser Eichenfaß, mit einem für Weinbehälter kleinen Fassungsvermögen von 225 Litern, steht heute für den Weinausbau in kleinen Gebinden mit starker Gerbsäurebetonung.

Barsch Auch Anbeis, Egli (schweiz.). Sehr verbreiteter Süßwasserfisch mit weißem Fleisch, der meist gebacken oder gebraten zubereitet wird.

Basilikum Süßlich-pfefferartiges Küchenkraut, vielseitig verwendbar, besonders zum Würzen von Saucen, Fleisch und Tomatengerichten. Grundlage von ➛ Pesto.

Basilikumessig Mit Basilikum aromatisierter Weinessig.

Basilikumhonig Der sehr helle Honig besitzt einen typischen Kräutergeschmack.

Basler Leckerli Schweizer Honigkuchenspezialität, die besonders zu Weihnachten beliebt ist.

Bastardsauce Diese französische Buttersauce ist wirklich ein Mischling (franz. bâtard). Sie vereint die Stabilität der weißen Grundsauce mit der geschmacklichen Raffinesse der ➛ Hollandaise. Eine helle ➛ Einbrenne, mit Wasser abgelöscht, wird mit Butter und Eigelb verfeinert. Paßt zu Fisch und hellem Fleisch.

Batate Auch Süßkartoffel. Eine stärkehaltige Knolle, die in Nordamerika, Südasien und Afrika angebaut wird. Sie schmeckt süßlich und wird wie eine Kartoffel, nur mit weniger Salz, zubereitet.

Batavia-Salat Eine Kreuzung zwischen Kopf- und Eisbergsalat.

Bâton Knuspriges, meist salziges Gebäck in Stangenform (franz. bâton) zum Knabbern.

Bauchspeck Gepökelter und geräucherter, durchwachsener Schweinebauch.

Baudroie ➛ Seeteufel

Bauernbrot Herzhaftes, gut gebackenes Roggenmischbrot aus Sauerteig.

Bauernfrühstück Ein deftiges Rühromelett mit Bratkartoffeln und Speck als herzhaftes Frühstück.

Bauernkarpfen ➛ Karausche

Bauernkartoffeln Rustikales Gericht aus Kartoffeln, Speck, Zwiebeln und Fleischbrühe.

Bauernspeck Kalt geräucherter, mit Wacholderbeersalz gepökelter Schweinebauch aus Tirol.

Bauernsuppe Herzhafte Kartoffelsuppe mit weißen Rüben, Mohrrüben und Porree. Die Suppe wird mit gerösteten Weißbrotwürfeln gereicht.

Baumkuchen Ein Festtagskuchen der feinen Konditorei, der schichtweise auf einer rotierenden Walze über offenem Feuer gebacken wird. Die Form der fertigen Kuchenscheiben ähnelt der von Baumstammscheiben.

Baummelone ➛ Papaya

Baumnuß Schweiz. für ➛ Walnuß.

Baumstachelbeere ➛ Karambole

Baumstamm Meist mit Schokoladencreme gefüllte und überzogene Biskuitrolle, in Frankreich besonders zu Weihnachten als „Bûche de Noël" beliebt.

Baumtomate ➛ Tamarillo

Bavaria blu Deutscher, vollfetter Blauschimmelkäse.

Bayerische Creme Beliebte klassische Süßspeise. Warm aufgeschlagene, aber kalt servierte Creme aus Sahne, Milch, Eigelb, Zucker. Kann mit Vanille, Schokolade und allerlei Früchten verfeinert werden.

Bayerische Leberknödel Beliebtes volkstümliches Gericht aus durchgedrehter Leber und Hackfleisch, kräftig gewürzt, mit Ei und Weißbrot gebunden und zu Knödeln geformt, in Brühe gegart. Kleine Exemplare in Brühe als Einlage oder große als Hauptgericht mit Sauerkraut.

Bayerische Rüben ➛ Weiße Rüben

Bayerischkraut Auch Bairischkraut. Herzhafte, mit Speck, Zwiebeln und Kümmel süßsauer geschmorte Weißkrautstücke.

Bayonner Schinken Mild geräucherte Schinkenspezialität aus Westfrankreich.

Béarnaise ➛ Béarner Sauce

Béarner Sauce Dickschaumig aufgeschlagene weiße Buttersauce auf der Grundlage einer ➛ Estragonreduktion, mit gehacktem Kerbel und Estragon vollendet. Paßt zu Braten, Fisch und Gemüse. Namengeberin der Sauce Béarnaise war nicht, wie nach den vielen falschen Schreibweisen zufolge oft fälschlich vermutet, die Stadt Bern, sondern die französische Landschaft Béarn.

Beaufort Französischer Hartkäse aus Savoyen. ➛ Gruyère

Beaufortsuppe Rustikale Suppe, die als Einlage Hasenfleisch und Scheiben würziger Wurst enthält und mit Sahne gebunden wird.

Beaugency Die klassische Garnitur à la Beaugency besteht aus mit geschmolzenen Tomaten gefüllten Artischockenböden, die mit Markscheiben gratiniert und zu hellem Fleisch serviert werden. Den gleichen Namen trägt eine französische Stadt an der Loire.

Beauharnais-Sauce Eine Ableitung der Sauce Béarnaise, die mit Estragonbutter verfeinert wird.

Beaujolais Einer der wohl bekanntesten Rotweine Burgunds und ganz Frankreichs, der seine weltweite Verbreitung vor allem der werbewirksamen Zelebrierung des Beaujolais Primeur oder Vin Nouveau verdankt. Der alkoholreiche Wein kommt per Gesetz exakt am 3. Donnerstag im November in den Handel, was jedes Jahr eine wahre Kauforgie unter den Primeurliebhabern auslöst. Die höherwertigen Beaujolais-Villages-

Weine besitzen mehr Geschmacksfülle. Alle Beaujolais sollten kühl und jung getrunken werden, damit ihre Frische und Spritzigkeit zur Geltung kommen.

Beaumont Halbfester Kuhmilchkäse aus dem französischen Département Haute-Savoie.

Bebe Schweiz. ➛ Kürbis

Bécasse ➛ Schnepfe

Béchamelkartoffeln Pellkartoffelscheiben in ➛ Béchamelsauce.

Béchamelsauce Klassische helle Grundsauce aus Mehl, Butter, Milch oder Sahne und Gewürzen, die nach Louis de Béchamel, dem Haushofmeister Ludwig XIV., benannt wurde.

Bêche de mer ➛ Trepang

Becherformen Formen zur Herstellung von Portionspastetchen. ➛ Dariole, ➛ Timbal

Becherpasteten In kleinen Becherformen gegarte Ragouts oder Pürees, die nach dem Erkalten gestürzt werden.

Beefsteak Scheibe aus dem Rinderfilet oder aus der Hüfte, die meist nur kurz gebraten oder gegrillt wird.

Beefsteak Tatar ➛ Tatar

Beefsteaksauce Im Handel erhältliche Fertigsauce zu Beefsteaks.

Beefsteak and Kidney Pie Pastetenspezialität, die man in englischen Pubs bekommt, bei der Rindfleisch, Nieren und Pilze mit Teig umhüllt zu einer Pastete verbacken werden.

Beeftea Eine ➛ Consommé double, bei der zusätzliches Rindfleisch zu einer Art Essenz verkocht wird.

Beete ➛ Rote Bete

Beerenauslese Qualitätswein mit Prädikat, der aus überreifen oder edelfaulen Beeren gekeltert wird, hohe Alkohol- und Säurewerte bei gleichzeitiger Süße aufweist und so zum idealen Lagerwein für viele Jahre wird. Diese bernsteinfarbene Spezialität wird meist in kleinen Flaschen abgefüllt und als Dessertwein getrunken.

Beifuß Auch Gänse-, Johannes-, Weiber-, Jungfernkraut, Männerkrieg. Weitverbreitetes, wildwachsendes Kraut, das besonders bei Gänse- oder Entenbraten verwendet wird, da es fette Speisen verdaulicher macht.

Beignets Durch Backteig gezogene Früchte oder Gemüseteile, die im Fett schwimmend ausgebacken werden. Dabei gehen die Teigstücke stark auf, wie die Backe nach einer Ohrfeige (franz. beigne).

Beilagen Auch Beigaben. Sie dienen vor allem zur Sättigung neben Fleisch- oder Fisch. Dazu gehören Kartoffeln, Nudeln, Reis, Klöße usw.

Beinscheibe Die ganze Scheibe von der Rinderwade wird als gutes Suppenfleisch geschätzt.

Beinwell Ein dem ➛ Borretsch verwandtes Kraut, das genau wie dieser als Salatkraut verwendet wird.

Beiried Österreichisch ➛ Roastbeef

Beißkohl ➛ Mangold

Beißlauch ➛ Lauch

Beize Mischungen aus Wasser und Essig, Wasser und Wein oder Wein und Essig sowie Wein pur oder Buttermilch. In die kräftig gewürzten

Flüssigkeiten wird rohes Fleisch eingelegt, das durch das Beizen einen charakteristischen Geschmack bekommt und mürbe wird.

Bekassine ➛ Schnepfe

Bel ami Ein raffiniertes Mixgetränk aus Weinbrand, Apricot Brandy, Sahne und Vanilleeis.

Bel Paese Beliebte halbfeste Käsesorte aus Italien mit zartem Geschmack.

Belegte Brote ➛ Schnittchen

Belgische Suppe Die Basis ist in Brühe weichgekochter Rosenkohl, der püriert und mit Sahne und Eigelb verfeinert wird.

Beli Sir Ein rechteckiger Käse aus Jugoslawien, mit säuerlichem Geschmack, der in einer Salzlake reift.

Belle-Alliance Klassisch französische Garnitur der Haute-Cuisine: Gänseleber- und Trüffelscheiben, Madeirasauce neben Kartoffelpüree zu dunklem Fleisch.

Bellini Frisch gepreßter Pfirsichsaft, mit Pfirsichlikör parfümiert, wird mit Sekt aufgegossen.

Belon Französische ➛ Auster.

Beluga Malossol Milder, russischer ➛ Kaviar mit besonders großen Fischeiern.

Bembel Hessischer Apfelweinkrug aus Steingut.

Bénédictine Kräuterlikör aus der Normandie. Das mindestens 43 Vol.-% Alkohol enthaltende Klosterelixier wurde von einem Benediktinermönch erfunden, von dem der Name und auch der Zusatz D.O.M. (Deo Optimo Maximo – dem besten, größten Gott) herrührt.

Benzoesäure Synthetisch hergestellte Säure zur Konservierung von Nahrungsmitteln.

Berberitze Beerenstrauch mit dunkelroten, herben Beeren, die zur Herstellung von Branntwein, Marmelade und Gelee verwendet werden.

Bercybutter Die nach einem Pariser Vorort benannte Buttermischung besteht aus in Weißwein gekochten Schalotten, Rindermark, Petersilie und Gewürzen.

Bergamotte Zitrusfrucht, die zum Aromatisieren von Tee und bei der Herstellung von Likör verwendet wird.

Bergerac Französisches Weinanbaugebiet am Dordognetal, das leichte Rotweine und unter der Bezeichnung Bergerac sec einfache trockene Weißweine hervorbringt.

Bergilt ➛ Rotbarsch

Bergkäse Vollfetter Hartkäse, dem Emmentaler sehr ähnlich.

Berliner Luft Schaumiges Dessert aus aufgeschlagenem, gezuckertem Eigelb, Zitronenschale und steif geschlagenem Eiweiß, mit Gelatine gebunden, gestürzt und mit Himbeersauce serviert.

Berliner Pfannkuchen Auch Krapfen. Hefeteigkugeln, mit Marmelade gefüllt, in Fett schwimmend ausgebacken und mit Zucker bestreut.

Berliner Weiße Obergäriges, frisches Weizenbier mit einem Schuß Himbeer- oder Waldmeistersirup, das mit einem Strohhalm aus Schalengläsern getrunken wird.

Bermudazwiebeln ➛ Spanische Zwiebeln

Berner Platte Deftige Sauerkrautplatte mit verschiedenen Fleischsorten.

Berner Röschti Auch Rösti. Die weltbekannte Schweizer Spezialität besteht aus in heißer Butter goldbraun gerösteten, geraspelten Pellkartoffeln, die in kleinen Eisenpfannen zu einem runden Kuchen verbacken werden.

Bernitschke ➛ Preiselbeere

Bernykartoffeln Fritierte Mandelkugeln aus getrüffelter, gebundener Kartoffelmasse.

Berrichon Gebäck aus einer Mandel-Eiweiß-Zuckermasse.

Bertramskraut ➛ Estragon

Besan ➛ Kichererbsenmehl

Besenwirtschaft ➛ Straußwirtschaft

Besinge ➛ Heidelbeere

Bestäuben Backform mit Mehl bzw. fertig Gebackenes mit Puderzucker bestreuen.

Bestimmte Anbaugebiete Für Qualitätswein mit und ohne Prädikat gibt es in Deutschland dreizehn „bestimmte Anbaugebiete" (b.A.): Ahr, Baden, Elbe, Franken, Hessische Bergstraße, Mittelrhein, Mosel-Saar-Ruwer, Nahe, Rheingau, Rheinhessen, Rheinpfalz, Saale-Unstrut und Württemberg.

Bete ➛ Rote Bete

Bethmännchen Eine Frankfurter Gebäckspezialität aus mit Mandeln dekorierter Marzipanmasse.

Bette ➛ Mangold

Bettelmann Süße Auflaufspeise aus geriebenem Schwarzbrot, Äpfeln, Rosinen, Nüssen und Ei. Diese Frankfurter Spezialität wird mit ➛ Bischofssauce serviert.

Beugel Österreichische Gebäckspezialität aus Hefeteig, mit Nußmasse gefüllt.

Beurre aux crevettes ➛ Krevettenbutter

Beurre blanc Die leichte, weiße Buttersauce zu pochiertem Fisch ist ein Liebling der Nouvelle Cuisine.

Beurre manié Franz. geknetete Butter. Küchentechnischer Fachbegriff für die Mischung aus Mehl und Butter, die als schnelles Bindemittel für Saucen und Suppen dient.

Beurre noisette ➛ Nußbutter

Beuschel Österreichische Bezeichnung für Innereien, insbesondere für die Lunge von Schlachttieren. Auch für fertig zubereitetes Lungenhaschee gebräuchlich. Bekannt ist besonders die Beuschelsuppe, die aus gekochten Lungenstreifen in kräftiger Brühe besteht.

Bhajia Indische, pikante Teigkrapfen mit unterschiedlicher Füllung.

Bibbeleskäs ➛ Quark

Bibernelle Auch Pimpernelle. Würzkraut, das leicht bitter und gurkenähnlich schmeckt. Es eignet sich zum Würzen von Saucen, Suppen, Gemüsen, Salaten und Fisch.

Bickbeere ➛ Heidelbeere

Bien cuit Franz. gut gekocht. Letzte Garstufe beim Braten von Fleisch, insbesondere von Steaks. Es bedeutet gut durchgebraten, ohne rosa Kern. Englisch: well done.

Bienenhonig ➛ Honig

Bienenstich Hefekuchen mit Vanillecreme gefüllt, mit Zucker und Mandelscheibchen bestreut.

Bier Dieses uralte Kulturgetränk, das in Deutschland nach dem Reinheitsgebot ausschließlich aus Wasser, Gerstenmalz, Hopfen und Hefe hergestellt werden darf (eine Ausnahme bildet Weizenbier) und ohne chemische Zusätze bleiben muß, ist in der ganzen Welt verbreitet und beliebt. Die vielen verschiedenen regionalen Biersorten unterscheiden sich in der Herstellung, je nachdem, ob die Hefe bei der Gärung nach unten sinkt oder nach oben steigt, in untergärige, wie Pilsener oder bayerische Biere und obergärige, wie Kölsch, Weizenbier, Alt oder Malzbier. Für Autofahrer und kalorienbewußte Biertrinker werden in neuester Zeit viele alkoholfreie und alkoholreduzierte Biere angeboten. Der „normale" Alkoholgehalt von Schankbier liegt bei 3-4 Vol.-%. Bei Starkbier (Bock, Märzen) steigt er bis auf fast 6 Vol.-%.

Bierkäse Zu Bier gereichter Käse, der zumeist im Allgäu, in Oberbayern und in Tirol hergestellt wird. ➛ Weißlacker

Bierschinken Die gebrühte Aufschnittwurst besteht aus mageren und fetten Schweine- und/oder Kalbfleischbestandteilen. In einer feingemahlenen Hauptmasse enthält sie als Einlage grobe Schinkenstücke und manchmal ganze Pistazienkerne.

Bierteig Luftiger Teig, der mit hellem Bier als Treibmittel hergestellt und zum Fritieren verwendet wird.

Bierwurst Brühwurst aus Schweine- und Rindfleisch, sowie Speck, geräuchert und gebrüht.

Bifteck ➛ Filetsteak

Bigaradesauce Die klassische Sauce zur Orangenente. Einer Karamelbasis, mit Orangensaft und Entenfond eingekocht, werden blanchierte, hauchdünne Orangen- und Zitronenschalenstreifen zugefügt.

Bigaradie Bitterorange, die nur für Orangeade, Likör oder Marmelade verwendet werden kann.

Bigarrieren Geschmacksverfeinerung von Fleisch durch Spicken mit Speck, Zunge oder Trüffeln.

Bigoli Eine der zahlreichen italienischen Nudelarten; diese hat eine spätzleähnliche Form.

Bigos Polnische Eintopfspezialität aus Sauerkraut, Rindfleisch, Schweinefleisch, Rauchwurst und zahlreichen Gewürzen.

Bihunsuppe Indonesische Hühnersuppe mit Reisnudeln und frischem Paprika. Auch als Fertigprodukt erhältlich.

Bijon Eine asiatische Nudelsorte aus Maisstärke.

Bindemittel Zum Binden von verschiedensten Speisen verwendet man Mehl, Sahne, Butter, Eigelb, Stärke, Agar-Agar, Tapioka, Gelatine u.a.

Binden Auch legieren, abziehen. Mit Bindemitteln einer Flüssigkeit eine festere Konsistenz verleihen.

Bintje Weltbekannte holländische Kartoffelsorte, vorwiegend mehlig kochend.

Bircher-Müsli Von dem Schweizer Arzt Dr. Bircher-Benner entwickelte Pflanzenkost aus Haferflocken, Honig, Rosinen, gehackten Mandeln, geriebenem Apfel, Zitronensaft, mit Milch oder Fruchtsaft übergossen.

Birkenpilz Speisepilz, der vor allem in Birkenwäldern vorkommt.

Birkhuhn Das unserem Haushuhn ähnliche Federwild wird genau wie der ➛ Auerhahn behandelt und ist genauso selten.

Birne Das weitverbreitete Kernobst, sehr beliebt als Dessertfrucht, eignet sich auch als Kuchenbelag sowie zur Herstellung von Kompott und Branntwein. Die wohl berühmteste Sorte ist die aromatische Williams Christbirne.

Birne Helene In Zuckersirup gedünstete Birnenhälften, auf Vanilleeis angerichtet und mit heißer Schokolade überzogen.

Biroldo Ital. ➛ Blutwurst

Bischofssauce Die stark gewürzte, süße Rotweinsauce, die mit ihrem Aroma an Glühwein erinnert, wird mit Speisestärke gebunden und zu Frankfurter ➛ Bettelmann serviert.

Biskotte ➛ Löffelbiskuit

Biskuit Ein wunderbar luftig-leichtes Gebäck aus schaumigem Teig, der aus gesiebtem Mehl, Zucker, Eigelb und steif geschlagenem Eiweiß hergestellt wird.

Biskuitrolle Gerollter, flacher Biskuitkuchen, der aus einer mit Marmelade und Creme gefüllten Teigplatte besteht, die aufgerollt wird.

Biskuitschöberlsuppe Süddeutsche und österreichische Spezialität: Ein salziger, dünner Biskuitteig, manchmal mit Schinkenstücken oder Schnittlauch vermischt, der in Rauten geschnitten als Suppeneinlage verwendet wird.

Bismarckhering In Essig und Gewürzen eingelegte Heringsfilets.

Bisque Die gehaltvolle Cremesuppe, die aus Krustentieren, wie Hummer, Languste oder Krebsen, hergestellt wird.

Bissig Die geschmackliche Aggressivität eines Weines mit sehr stark hervortretender Säure.

Bistecca alla fiorentina Die klassische Zubereitung des Filetsteaks auf Florentiner Art: Gegrillt, gewürzt und mit bestem Olivenöl beträufelt.

Bitki Herzhafte, russische Fleischklößchen aus Rindfleisch, die original mit gedünsteten Zwiebelringen und Bratkartoffeln serviert werden.

Bitterballen Auch Kamangi. Indonesische fritierte Fleischkroketten, die zur ➛ Reistafel gereicht werden.

Bittermandel Diese Zutat für die Marzipanherstellung und die Weihnachtsbäckerei ist wegen der giftigen Blausäure, die bei der Verarbeitung in geringen Mengen entsteht, etwas in Verruf gekommen. Man kann deshalb bei alten Rezepten den Bittermandelanteil durch ungefährliches ➛ Bittermandelöl ersetzen.

Bittermandelöl Öl, das aus der Bittermandel gewonnen wird und als gesundheitsunschädlicher Aromastoff für Backwaren und Liköre dient.

Bittermelone Ein chinesisches Kürbisgemüse mit herbem, erfrischendem Geschmack, das als gedünstete Beilage verwendet wird und bei uns meist als Konserve in den Handel kommt.

Bitterorange ➛ Pomeranze

Bitters Bitterstoffe, die – vor allem aus Limonen oder Orangen gewonnen – in gewürzten Extrakten verarbeitet werden und die bei der Herstellung von Cocktails oder zum Verfeinern von Obstsalaten Verwendung finden.

Bitzler ➛ Federweißer

Blackberry-Brandy Brombeerlikör mit mindestens 30 Vol.-% Alkohol aus Saft und Branntwein von dunklen Brombeeren.

Black Velvet Dieses Mischgetränk aus englischem Porter-Bier und Sekt erinnert an „schwarzen Samt", daher der Name.

Blätterkohl ➛ Grünkohl

Blätterkrokant Ein dünn ausgestrichener ➛ Krokant wird als blättrig geschichtete Füllung für Torten und Pralinen verwendet.

Blättermagen ➛ Pansen

Blätterteig Auch Butterteig. Immer wieder ausgerollter und neu gefalteter (➛ Touren) Teig aus Mehl, Wasser und Salz, der beim Backen in vielen einzelnen Schichtblättern aufgeht. Er wird häufig für Pasteten, Kleingebäck und Torten verwendet.

Blätterteighalbmonde ➛ Fleurons

Blanc de Blancs Französische Weißweine und Schaumweine, die ausschließlich aus weißen Trauben hergestellt werden.

Blanc de Noirs Französische Weißweine und Schaumweine, die aus dem Saft roter Trauben (ohne Schale) hergestellt werden.

Blanc et noir Franz. weiß und schwarz. Eine weiße Sahnesauce mit einer dunklen Morcheleinlage.

Blanchieren Auch abbrühen, abwällen, abwellen. Rohe Lebensmittel, besonders Gemüse, werden kurz in kochendem Wasser gebrüht, um die Färbung zu aktivieren (Spinat), Verunreinigungen zu entfernen (Knochen, Krebse) oder um die Fruchtschalen besser abziehen zu können (Tomaten).

Blancmanger Mandelmilch mit Früchten, Likören u.ä. vermischt und mit Gelatine gebunden.

Blank Bezeichnung für „rein und klar" bei der Weinprüfung.

Blankett Fachbegriff für ein Ragout von hellem Fleisch, das getrennt von der ebenfalls hellen Sauce gekocht wird. ➛ Frikassee

Blattsalat ➛ Kopfsalat

Blau Die erste Garstufe beim Kurzbraten von Fleisch, besonders bei Steaks. Bedeutet außen leicht knusprig, innen fast roh (engl. raw, franz. bleu).

Blaubeere ➛ Heidelbeere

Blaue Zipfel Auch saure Zipfel. Die fränkische Spezialität besteht aus Nürnberger Bratwürstchen, die in einem Essigsud mit vielen Kräutern und Zwiebelringen gegart werden, bis sie schön blau und prall geworden sind. Sie werden mit frisch geschabtem Meerrettich und Sauerkraut serviert.

Blaufelchen Auch Aalbock, Anke, Balchen, Felchen, Renke, Rheinanke, Stubbe(n). Der mit der Forelle verwandte Süßwasserfisch aus den kalten Voralpenseen besitzt schmackhaftes, weißes Fleisch.

Blaufisch ➛ Seelachs

Blaukabis ➛ Rotkraut

Blaukochen Beliebte Zubereitungsart von frischem Fisch, die nur gelingt, wenn man den Schleim auf der Haut vor dem Kochen nicht entfernt. Beim Kochvorgang im gesäuerten Wasser färbt sich nämlich dieser Schleim durch eine chemische Reaktion blau. Vor dem Anrichten mit Butter bepinselt, hält sich die Färbung noch einige Zeit. Zum Blaukochen eignen sich besonders die Süßwasserfische Forelle, Hecht, Karpfen, Schleie oder Aal.

Blaukraut ➛ Rotkraut

Blauschimmelkäse Edelpilzkäse, der mit grünlich-blauen Schimmelpilzadern durchzogen ist: Roquefort, Gorgonzola, Bavaria Blu.

Blei ➛ Brasse

Bleichsellerie Auch Stauden-, Stangensellerie. Als Staude gezüchteter Sellerie; Bleichsellerie genannt, weil er in lichtundurchlässigen Hüllen wächst und dadurch eine sehr helle Färbung annimmt. Zubereitet wird Bleichsellerie gedünstet, gebacken, in viel Sauce geschmort, paniert oder als Salat.

Blend Fachausdruck für eine Teemischung.

Bleu Franz. ➛ blau. Die französische Bezeichnung für Blauschimmelkäse, der dann noch die Provenienz hinzugefügt wird (Bleu d'Auvergne, Bleu de l'Aveyron, Bleu de Bresse, Bleu de Corse, Bleu de Gex, Bleu de Laqueuille, Bleu de Sassenage).

Blindbacken Backen eines Teigbodens ohne Füllung. Damit der Teig sich nicht unregelmäßig wölbt, wird zum Backen der Teigboden mit Backpapier ausgelegt und Erbsen oder Linsen als Beschwerung daraufgegeben.

Blindhuhn Ein westfälischer Gemüseeintopf mit Speck und Apfelschnitzen.

Blinis Kleine russische Pfannkuchen aus Buchweizenmehl, die besonders gut zu Kaviar passen.

Blitzkuchen ➛ Éclair

Blockschokolade Einfache Backschokolade, die in Blöcken angeboten und zum Backen und für Glasuren verwendet wird.

Blockwurst ➛ Plockwurst

Bloder Eine Sauermilchkäsespezialität aus der Schweiz.

Blondieren Leicht anbräunen, vor allem bei Zwiebelscheiben.

Bloody Mary Der klassische Cocktail mit Tomatensaft, Wodka, Worcestersauce, Zitronensaft, Salz und Pfeffer.

Blue Castello Vollfetter Blauschimmelkäse aus Dänemark.

Blume 1. Rundes Fleischstück aus der Rinderkeule.
2. ➛ Bukett beim Wein.
3. Schaumkrone beim Bier.

Blumenkohl Auch Brüsseler Kohl, Käsekohl, Karfiol, Karviol. Eventuell noch vorhandenes Ungeziefer kann man leicht entfernen, indem man den rohen Kohlkopf zunächst in Salzwasser legt. Dann am besten in Salzwasser mit etwas Zitronensaft knackig kochen. Bei diesem wertvollen Kohlgemüse finden vor allem die Röschen vielseitige Verwendung: Gekocht, mit frischer Butter, in Backteig fritiert, als Salat, mit Bröselbutter übergossen, gratiniert, mit ➛ Béchamel oder ➛ Hollandaise, paniert, püriert oder als Becherpastetchen.

Blunze Österr. für Blutwurst.

Blut Das Blut der Schlachttiere wird besonders bei der Wurstherstellung (Blutwurst) verwendet. Aber auch für manche Saucen zu Wildragouts (Rehpfeffer) ist Blut ein wichtiger Bestandteil.

Blutbrot Brot, das mit einem Zusatz von Rinder- oder Schweineblut gebacken wird.

Blutente Die schlachtreife Ente wird so getötet, daß das Blut nicht aus dem Körper läuft, d.h., sie wird erstickt. Bei der Zubereitung wird die kurz geröstete Karkasse und die Leber, wie bei der Ente nach ➛ Rouener Art, in einer Geflügelpresse ausgedrückt, der Blutsaft danach mit Rotwein vermischt und als Sauce über die gebratenen Entenfleischstücke gegeben.

Blutig Die 2. Garstufe für kurzgebratenes Fleisch. Das Steak erhält eine knusprige Kruste mit noch blutigem, aber schon warmem Kern (engl. rare, franz. saignant).

Blutpudding In einer Puddingform gekochte, schwedische Blutpastete (schwed. Blodpudding) mit den Hauptbestandteilen Roggenmehl, Wurstbrät, Blut, Speck und Rosinen.

Blutwurst Auch Rot-, Schwarzwurst. Es gibt sie in vielen Variationen. Sie wird aus Schweineblut mit Speckwürfeln, vielen Gewürzen, auch mit Innereien, wie Zunge, Herz, Niere oder Milz hergestellt, gekocht und/oder geräuchert. Die bekanntesten Spezialitäten sind Thüringer Rotwurst, Berliner Fleischwurst, Blutmagen, Würzburger dunkler Preßsack. Man kann sie auch warm zubereiten, z.B. auf Apfelscheiben mit Kartoffelpüree.

Blutwurstgewürz Eine Mischung aus Majoran, Kardamom, Thymian, Piment, Pfeffer und Salz.

Bobbybohnen Grüne, fadenlose, runde Bohnen, die vor allem aus Ägypten eingeführt werden.

Bockbier Starkbier mit 16-18 % Stammwürze, was einem Alkoholgehalt von etwa 4,5-5,5 Vol.-% entspricht.

Bocksbeutel Die bauchige Flachflasche wird vor allem für hochqualitative Frankenweine verwendet. In die gleiche Flaschenform wird auch noch in Portugal und Italien Wein abgefüllt.

Bockwurst Beliebte Brühwurst aus Rind- und Schweinefleisch. Typische Begleiter: Senf und Kartoffelsalat oder eine Scheibe Brot.

Bocuse, Paul Geboren 1926. Dieser französische Meisterkoch aus Lyon ist nicht nur Inhaber eines weithin berühmten 3-Sterne-Lokals im heimatlichen Collonges-au-Mont-d'Or, nein, Paul Bocuse, Ritter der Ehrenlegion und Träger des in Frankreich hochgeschätzten Titels „Meilleur Ouvrier de France“ (Bester Arbeiter Frankreichs) ist Mitbegründer der kulinarischen Bewegung der Nouvelle Cuisine. Seine leichte Küche mit frischen Saisonzutaten und die schonende, den Eigengeschmack der Produkte unterstreichende Zubereitung à la minute machten ihn zum Vorbild für eine neue Kochgeneration. Als Initiator dieser neuen Kochphilosophie war er auch einer der ersten, der vor unsinnigen Übertreibungen, wie rohen Gemüsepürees u. ä., warnten und der mit einem von ihm jährlich vergebenen Preis den hochbegabten Nachwuchs in seinem Sinne fördert.

Bodega Spanische Weinschenke, die auch nur aus einem einfachen Weinkeller bestehen kann.

Böckser Ein Wein mit dem Geschmack und Geruch von Schwefelwasserstoff.

Böflamot Bayr. Auch Bifflamot(t). ➛ Bœuf à la mode

Bölleflade ➛ Zwiebelwähe

Börschkohl ➛ Wirsing

Bœuf Franz. Rind bzw. Rindfleisch.

Bœuf à la mode Ein in viel Rotweinsauce geschmorter Rinderbraten, der nicht nur in Frankreich, sondern z.B. auch in Bayern (Böflamot) sehr beliebt ist.

Bœuf Stroganoff ➛ Filetspitzen Stroganoff

Boemboe Indonesischer Sammelbegriff für die Gewürze der indonesischen ➛ Reistafel.

Böhmische Knödel Mehlklöße mit gerösteten Semmelwürfeln.

Bohnen Die beliebte, vielseitig verwendbare Hülsenfrucht ist in zahlreichen Variationen und Sorten vorhanden und kann in den verschiedensten Reifestadien verarbeitet werden. Bohnen, die erst gekocht genießbar werden, können als halbreife und ausgewachsene Schoten oder als frische oder getrocknete Bohnenkerne verwendet werden. In Form und Färbung verschieden, werden folgende im Handel angeboten: Gebogene Buschbohnen, grüne, breite Stangenbohnen, gelbe Salat- oder Wachsbohnen, Zuckerbohnen, runde Perlbohnen, kurze, dünne Prinzeß- oder Keniaböhnchen, große, breite Brechbohnen. Bei den Bohnenkernen besteht die gleiche Vielfalt: Getrocknete weiße, rote Kidney-, kleine Lima- oder schwarze Mexikobohnen, braun gesprenkelte Wachtelbohnen und viele mehr. Fast jedes Land hat seine Bohnengerichte und speziellen Bohneneintöpfe, aber auch als Salat oder Pürree finden Bohnen Verwendung.

Bohnenkeimlinge Meist sind die jungen Keime der Mungobohnen gemeint, die als Beilage oder in Salaten Verwendung finden.

Bohnenkraut Auch Aal-, Pfeffer-, Wein-, St.Julianskraut. Die Würzpflanze mit dem pfefferähnlichen Geschmack ist sehr aromatisch und paßt ausgezeichnet zu allen Bohnengerichten.

Bohnenpaste ➛ Dow Saah

Bohnenquark Auch Tofu (jap.). Er wird aus getrockneten Sojabohnen hergestellt, ist in Asien und mittlerweile bei uns ebenfalls sehr beliebt. Wegen seines neutralen Geschmacks läßt er sich in der Küche äußerst variantenreich einsetzen: gebraten, als Suppeneinlage, gegrillt, mariniert oder als Salatbestandteil.

Bohnensprossen ➛ Sojasprossen

Bois ordinaires Bezeichnung für Gebiete, in denen Cognac einfacherer Qualität erzeugt wird.

Bolle(n)fleisch Berliner Hammeleintopf mit vielen Zwiebeln.

Bollito misto Italienisches Suppengericht mit verschiedenen gekochten Fleisch- und Wurstsorten, Gemüse und Wein.

Bolognese Die berühmte italienische Tomaten-Hackfleischsauce, die mit vielen Kräutern und Knoblauch gewürzt wird. Typisch: Spaghetti alla Bolognese.

Bombay Art Ein Fisch- oder Geflügelgericht mit Curryreis und -sauce sowie ➛ Mango-Chutney.

Bombil Ein indisches Würzmittel aus getrocknetem Seefisch.

Bonbel Französischer Butterkäse.

Bonbonne Im Korbgeflecht eingebundene große Glasflasche.

Bonito Kleine Thunfischart aus dem Mittelmeer mit sehr festem, dunkelrotem Fleisch.

Bonitobutter Eine pikante Kräuterbuttermischung, die mit gehackten, gedünsteten Schalotten und Champignons verfeinert und u.a. mit Worcestershiresauce und Tabasco kräftig gewürzt wird.

Bonne femme ➛ Hausmütterchen-Art

Bonnezeaux Die Süßweine dieser Lage im Loiretal sind berühmt. Sie werden zu 100 % aus Chenin Blanc-Trauben hergestellt und gehören zu den begehrten Dessertweinen.

Bonnfoysauce Eine ➛ Beurre blanc mit vielen Kräutern wird mit weißer Grundsauce aufgefüllt und mit Estragon und Butterstückchen vollendet.

Boonekamp Bitterer Likör bzw. Branntwein, der verdauungsfördernd wirkt.

Boquerones Span. ➛ Sardellen

Bordeaux Das berühmte Anbaugebiet erlesener Rot- und Weißweine im französischen Département Gironde hat über 100 klassifizierte Lagen hervorgebracht, die auf Grund der verschiedensten kleinklimatischen Verhältnisse und der unterschiedlichen Bodenstruktur die verschiedensten Weine hervorbringen. Alle haben aber durch die traditionelle Verarbeitung, die Verwendung bestimmter Traubensorten und die Beeinflussung durch das Meeresklima ihren typischen Bordeaux-Charakter erhalten. So bringt diese fruchtbare Weingegend um die Stadt Bordeaux leichte Rotweine für jeden Tag, feinste Rotweinraritäten, trockene, leichte Weißweine und fast likörartig süße, weiße Dessertweine hervor. Bordeaux wird als einfacher ➛ A.C.-Wein, als Bordeaux Supérieur mit höherem Alkoholgehalt und u.a. als Wein der Lagen Côtes und Premières Côtes (rot), St.-Emilion (rot), Médoc (rot), Graves (rot/weiß), Entre-Deux-Mers (weiß) und Sauternes (weiß) angeboten.

Bordelaiser Art Auch Bordeaux-Art. Klassische Garnitur der Haute Cuisine: Scheiben vom Rindermark und Bordelaiser Sauce zu Bratenfleisch.

Bordelaiser Sauce Kräftig gewürzte Rotweinsauce, bei der man aus Rotwein und Schalotten einen einreduzierten Extrakt kocht, der mit Grundsauce aufgefüllt und mit Gewürzen und Scheiben vom Rindermark verfeinert wird.

Bordüre Ringförmige oder ovale Einfassung aus Teig, Reis, Karoffelpüree, Nudeln, Creme, Gelee usw., die mit den dazugehörenden Speisen gefüllt wird.

Bordürenform Ringform zur Zubereitung von Bordüren.

Borretsch Auch Boretsch, Gurkenkraut, Himmelsstern, Liebäuglein. Das Würzkraut mit stark behaarten Blättern und bläulicher Blüte wird hauptsächlich zum Würzen von Blattsalaten, aber auch für Saucen und Gemüse verwendet. Bei warmen Gerichten werden die Blätter nicht mitgekocht. Die Blüten eignen sich gut zur Dekoration, und man kann damit Essig färben.

Borschtsch Russische Suppenspezialität aus roten Rüben, Kohl, Porree, Sellerie, Tomaten und saurer Sahne, mit Rinderbrust und Rauchspeck.

Boskop Säuerlicher Winterapfel mit rauher Schale.

Boston Baked Beans Eine amerikanische Spezialität, bei der in einem süß-sauren Sud Bohnenkerne mit Pökel- und Räucherfleisch mehrere Stunden gekocht werden.

Botargo Diese Fischspezialität aus Sardinien besteht aus gesalzenem und gepreßtem Meeräschenrogen.

Botrytis Dieser Schimmelpilz auf der Beerenhaut ist durch seinen Stoffwechsel dafür verantwortlich, daß Weinbeeren in einem feuchten Herbst Säure und Wasser entzogen werden, worauf sie erwünscht hohe Extrakt- und Zuckerwerte erreichen. Die auf solche Weise entstandenen Trockenbeerenauslesen sind wegen der aufwendigen Lese und des hohen Verlustrisikos bei ungünstigem Wetterwechsel teuer und rar.

Botschafter Art Eine klassische Garnitur zu feinen Fleischgerichten: Frisch geriebener Meerrettich, Herzoginkartoffeln und mit Champignonpüree gefüllte und gratinierte Artischockenböden.

Botwinja Die russische Suppenspezialität für den Sommer aus Spinat, roten Rüben und Sauerampfer, Gurkenstreifen, gehackten Kräutern und russischem Leichtbier wird eiskalt serviert.

Bouchée Franz. Mundvoll. Meist mit Ragout gefülltes, kleines Blätterteigpastetchen, das früher so klein war, daß man es mit einem Biß verzehren konnte, heute genügen zwei Bouchées als Hauptgericht. Man kann sie fertig vorgebacken beim Bäcker kaufen und muß sie dann nur noch im Ofen aufwärmen.

Bouchée à la Reine Franz. ➛ Königinpastete

Boudin de brochet Franz. ➛ Hechtklößchen

Boudin noir Franz. ➛ Blutwurst

Bouillabaisse Berühmte Marseillaiser Fischsuppe, die mit vielen verschiedenen Mittelmeerfischen und Schalentieren, Gemüse, Knoblauch und Wein zubereitet wird. Man ißt sie in zwei Etappen: Zum einen die noch mit Knoblauchcroutons und Sauce Aïoli angereicherte, kräftige Fischsuppe, zum anderen die in großen Stücken in ihr gegarten verschiedenen Fische und Meerestiere.

Bouillon Die einfache ➛ Fleischbrühe wird durch Auskochen (franz. bouillir = kochen) von Fleisch, Knochen, Suppengemüse und Kräutern hergestellt. Sie wird geklärt und entfettet und kann mit den verschiedensten Einlagen kombiniert werden (Nudeln, Ei, Kräuter). ➛ Consommé

Bouillonkartoffeln In Fleischbrühe gegarte Kartoffelstückchen.

Boulette ➛ Frikadelle

Boulette d'Avesnes Kräftiger Käse in Birnenform aus Frankreich.

Boulogner Art Nach Boulogne-sur-Mer, einer Küstenstadt in Nordfrankreich, wurde diese Garnitur benannt: Muschelsauce und Muscheln werden zu Seefisch gereicht, der in Weißwein gegart wird.

Bouquet garni Ein Sträußchen aus frischen Gartenkräutern, das zusammengebunden in Suppen und Saucen mitgegart bzw. nach dem Kochen eingelegt wird. Das klassische Kräuterbündel besteht aus Thymian, Lorbeerblatt und Petersilienstengel. Für weiße Fonds fügt man Lauch, gespaltene Karotte, Sellerie und eine ➛ gespickte Zwiebel hinzu. Für eine ➛ Bouillon werden noch etwas Weißkohl und halbierte, angeröstete Zwiebeln hinzugefügt.

Bourbon Der typische, aus Mais gebrannte amerikanische Whiskey.

Bourbon-Vanille ➛ Vanille

Bourgeoise Franz. bürgerlich. Die klassische Garnitur à la bourgeoise zu Schmorfleisch: Glasierte Kartoffeln, Karotten, Schalotten und gebratene Speckwürfel.

Bourguignonne, à la ➛ Burgunder Art

Bourride Die aromatische Fischsuppe aus der Provence, ähnlich der ➛ Bouillabaisse.

Boursin Französischer Knoblauch-Kräuterfrischkäse aus der Champagne.

Bovril Ein bekannter Fleischextrakt aus Kanada.

Bowle Früchte oder Kräuter werden mit Wein in einem großen Glasgefäß (engl. bowl) angesetzt. Vor dem Servieren gießt man den Ansatz mit Sekt auf. Das Sommergetränk Bowle wird gut gekühlt getrunken. ➛ Sangria

Boysenbeeren Die Kreuzung zwischen Himbeeren, Brombeeren und ➛ Longans wird vor allem zur Zubereitung von Kompott oder Marmelade verwendet.

Brabanter Butter Sardellenbutter mit Kapern, Kräutern und Senf.

Brachse ➛ Brasse

Brägen Nordd. ➛ Hirn

Brägenwurst Norddeutsche Wurstspezialität aus Schweine- und Rindfleisch mit Kalbs- und Schweinehirn. Meist als deftiges Hauptgericht zu Grünkohl.

Brät Fein zerkleinerte Rohmasse aus Fleisch, meist zum Füllen von Würsten oder Pasteten.

Brätling Speisepilz, ähnlich dem ➛ Reizker.

Braisière Französischer Küchenfachbegriff für einen guten Schmortopf, meist oval, aus Gußeisen und gut zu verschließen.

Braisieren ➛ Schmoren

Bramborová polevká Tschechische Kartoffelsuppe, mit einer Einbrenne gebunden und mit Gemüse, Pilzen, Kartoffeln und Speck als Einlage.

Brancolino Eine italienische Käsespezialität aus Ziegenmilch.

Brandade Eine südfranzösische Paste von geriebenem (franz. brandir = rühren) Stockfisch, der mit Öl und Milch gebunden wird.

Brandig Das penetrante Hervortreten von Alkohol im Wein gegenüber den übrigen Geschmacksstoffen.

Brandteig Milch oder Wasser mit Butter aufkochen lassen, Mehl in einem Mal (Sturz) dazugeben und so lange rühren, bis sich der Teig vom Topfboden löst. Abkühlen lassen und so lange Eier unterziehen, bis die Masse gesättigt ist. Aus Brandteig werden z.B. ➛ Windbeutel, ➛ Éclairs und ➛ Backerbsen hergestellt.

Brandteigklöße In Salzwasser gekochte Brandteigbällchen.

Brandteigkrapfen In Fett schwimmend ausgebackene oder im Ofen gebackene Brandteighäufchen.

Brandteigstangen ➛ Éclairs

Brandy Engl. Branntwein. Mit Brandy werden auch Branntweinmischungen mit Fruchtzusätzen, z. B. Cherry Brandy, bezeichnet. Grundlage vieler Mixgetränke.

Brandysauce Eine englische Spezialität: Warme, süße Buttersauce zu ➛ Plumpudding.

Branntwein Hochprozentige Spirituosen, die früher ausschließlich aus Wein gebrannt wurden.

Branntweinessig Essig, der aus vergorenem Branntwein hergestellt wird.

Brantôme-Sauce Eine raffinierte Weißwein-Sahnesauce zu Fisch, die mit Austernsaft, Krebsbutter und Trüffeln verfeinert wird.

Brasilnüsse ➛ Paranüsse

Brasse Auch Brachse, Blei. Ein sehr grätenreicher, aber auch sehr schmackhafter Karpfenfisch der europäischen Gewässer.

Bratapfel Im Ofen gebackener, vom Kernhaus befreiter und mit Marzipan oder Marmelade gefüllter Apfel.

Braten Garmethode für Fleisch, Fisch, Wildbret, Eier usw. entweder auf dem Rost, im Backofen oder in der Pfanne. Vor allem bei Fleisch bewirkt diese Art der Zufuhr von starker Hitze, daß sich die Poren schließen, eine äußere Kruste mit verdauungsfördernden Röststoffen entsteht und im Inneren das Fleisch im eigenen Saft schonend garen kann. Im Gegensatz zum Kochen in Flüssigkeit wird das Gargut nicht ausgelaugt und dadurch zart und saftig; vor allem, wenn man das gebratene Stücke vor dem Anschneiden etwas ruhen läßt, damit sich die Fleischsäfte gleichmäßig verteilen können.

Bratenjus ➛ Brauner Kalbsjus

Bratensatz Beim Braten tritt Fleischsaft aus, der durch die Brathitze am Boden des Bratgeschirrs verkrustet. Der Satz wird mit Wein, ➛ Fond oder Wasser abgelöscht und zu Sauce weiterverarbeitet. ➛ Deglacieren

Bratensauce Beim Braten durch Ablöschen gewonnene Grundsauce, die auch als Extrakt konserviert angeboten wird.

Brathering Ein gebratener, in Mehl gewendeter Hering, der in einer milden Marinade aus Essig, Zwiebeln und Gewürzen eingelegt wird.

Bratkartoffeln Auch Röstkartoffeln. Pellkartoffeln werden ohne Schale in Scheiben geschnitten, in heißem Fett geröstet und in schäumender Butter nachgebraten, bis sie goldgelb sind.

Bratreine Rechteckige, meist emaillierte Metallform für Braten und Aufläufe. Häufig in Bayern anzutreffen.

Bratrost ➛ Grill

Bratwurst Aus fein oder grob gemahlenem Schweinefleisch, Fett und Gewürzen entsteht die rohe Bratwurst, die sich sowohl zum Braten als auch zum Grillen eignet. Sorten und Größen gibt es unzählige: Bratwürstchen aus einer gemischten Füllung mit Rind-, Kalb-, Wild- oder Lammfleischanteilen, die übliche dicke, etwas blasse Bratwurst, kleine dünne, wie die Nürnberger Rostbratwürstchen oder die pikante, algerisch-französisch Merguez, die dicke kleine Salsiccie casalinga oder die lange dünne Luganeghe aus Italien, die ebenfalls längliche englische Cumberland-Bratwurst mit viel Pfeffer oder die Lap Cheong, eine chinesische dünne Bratwurst mit Paprika und Sojasauce als würzenden Zutaten.

Braunbier Dunkles Bier, meist obergärig.

Braundünsten ➛ Poelieren

Braune Butter Butter in der Pfanne schmelzen und unter Rühren braun werden lassen, danach den Satz absieben. Bei der Zubereitung muß sehr aufmerksam vorgegangen werden, da sofort nach dem optimalen Zeitpunkt die Butter schwarz wird, verbrennt und ungenießbar bitter schmeckt.

Braune Grundsauce Die konzentrierte, gebundene Grundsauce wird aufwendig aus Knochen, Rindfleischabschnitten, Röstgemüse, Kräutern, Tomaten und Gewürzen hergestellt: Diesen Saucenansatz in wenig Fett anrösten, mit Mehl bestäuben, mit Wein ➛ deglacieren und mit Wasser aufgefüllt einen Tag durchkochen. Dann passieren und entfetten.

Brauner Fond Im Unterschied zur Braunen Grundsauce werden hier die angerösteten Zutaten ohne Mehlzugabe ausgekocht und ständig abgeschäumt, so daß man am Ende einen klaren, braunen Sud erhält, der als Grundlage für zahlreiche dunkle Saucen dient.

Brauner Kalbsjus Sehr gehaltvoller, klarer Bratensaft von dunkler Farbe, der ähnlich hergestellt wird wie der Braune Fond, nur werden ausschließlich Knochen und ➛ Parüren vom Kalb ➛ deglaciert und mit heller Kalbsbrühe statt mit Wasser ausgekocht.

Brauner Reis Unpolierter Naturreis, bei dem Silberhäutchen und Kleieschicht noch erhalten sind. ➛ Reis

Braunhäubchen ➛ Maronenröhrling

Braunkohl Nordd. ➛ Grünkohl

Braunschweiger Mettwurst Fettes Schweinefleisch und Rindfleisch werden durch den Fleischwolf gedreht, gewürzt und zu einer streichfähigen Rohwurst abgefüllt, die anschließend geräuchert wird.

Bread Sauce Engl. ➛ Brotsauce

Brechbohnen In Stücke gebrochene grüne Bohnen, typisch für Bohnensuppe.

Bregen Nordd. ➛ Hirn

Breislauch ➛ Lauch

Breit Fachausdruck bei der Weinprüfung: Alkoholreicher Wein mit wenig Säure. ➛ Brandig

Breitling ➛ Sprotte

Bremer Klaben Typisch zum Kaffee in Norddeutschland: ein süßes Hefeweißbrot mit Rosinen und Mandeln.

Brennessel Vitaminreiche Pflanze, deren junge Blatttriebe sich als Gemüse und Salat eignen.

Bresse-Huhn Qualitätsgeflügel aus der französischen Region Bresse, das nur mit natürlichem Futter ernährt werden darf und dessen Zucht strengen Kontrollen unterliegt.

Brezel In der typischen Brezelform gebackenes Teilchen, aus Hefe-, Mürbe- oder Blätterteig. Salzige Brezeln werden in Natronlauge getaucht und vor dem Backen mit grobem Salz bestreut. So erhält man die beliebte Laugenbrezel, die oft zu Wein oder Bier, mit Butter bestrichen, verzehrt wird.

Bridieren Fleisch, Geflügel oder Fisch mit Hilfe einer Nadel und Lebensmittelfaden zusammenbinden, um eine bestimmte Form zu erhalten.

Brie Der aus der Landschaft Brie stammende französische Weichkäse ist außen weiß und innen gelblich-cremig. Er wird meist in Tortenform angeboten und mit der Angabe der Herkunft versehen (Brie de Meaux, Brie de Melun, Brie de Provins).

Bries ➛ Kalbsbries

Brik Spezialität aus Tunesien: Mit unterschiedlichem Gemüse und Ei gefüllte Teigtaschen.

Brillat-Savarin, Jean-Anthelme 1755-1826. Französischer Jurist, Schriftsteller und Gourmet, der mit seinem Werk „Physiologie des Geschmacks" wichtige Hinweise über die Grundlagen der Kochkunst lieferte.

Brioche Kleiner, runder Hefekuchen, in der typischen, konischen Rundbackform gebacken, mit einer Teigkugel obenauf.

Bristolsalat Ein gehaltvoller, klassischer Salat mit Mayonnaisedressing aus Apfel-, Gurken-, Tomaten- und Selleriestreifen mit gebratenen Poulardenbruststreifen.

Brißlauch ➛ Lauch

Britische Suppe Kraftbrühe aus Hummerfleisch mit Trüffeln und Eierstich.

Broccio Korsische Ziegenkäsespezialität.

Broccoli Auch Brokkoli, Brokkerln, Bröckelkohl, Spargelkohl. Eine grüne Blumenkohlsorte, von der meist nur die Röschen Verwendung finden.

Brochet Französische Bezeichnung für Hecht, bekannt durch ➛ Quenelles de brochet (Hechtklößchen).

Brochette Franz. Spießchen. Kleiner Bratspieß, auf den alle möglichen Kombinationen von Gemüse, Fleisch oder Fisch aufgesteckt und dann gebraten werden. ➛ Attereaux

Brodetto di pesce Italienische Fischragoutspezialität, bei der Fisch und Gemüse im Fischfond, der mit Tomatenmark angereichert wurde, gegart werden.

Brodino di pesce veneziana Venezianische klare Fischsuppe, meist mit Parmesan und Croutons als Beigabe.

Bröckelkohl ➛ Broccoli

Bröschen ➛ Kalbsbries

Brösel Südd. ➛ Paniermehl

Bröselbutter In Butter angeröstete Brösel, die man über gekochten Blumenkohl (polnisch) oder Nudeln gibt.

Brösmeli Schweiz. ➛ Paniermehl

Brötchen Ein weitverbreitetes, beliebtes Frühstücksgebäck. Die vom Bäcker knusprig gebackenen kleinen Weißbrote werden in verschiedenen Formen angeboten.

Broken Engl. gebrochen. Qualitätsbezeichnung für Tee, dessen Blätter grob gebrochen sind. ➛ Fanning, ➛ Dust

Brokkoli ➛ Broccoli

Brombeeren Auch Rinds-, Kroatzbeere. Wildwachsende und auch veredelt in Gärten anzutreffende schwarzrote Beerenfrucht, die sich für die Herstellung von Gelee, Konfitüre, Saft und Likör hervorragend eignet.

Brot Ein weltweites Grundnahrungsmittel, hergestellt aus verschiedenen Mehlsorten, Wasser, Salz und

Treibmittel, vom Bäcker in zahllosen Formen und unterschiedlichen Gewichten gebacken. Die Hauptbestandteile sind Roggen, Weizen, Mais, Gerste, Soja, Hirse, Hafer oder Reis sowie Hefe oder Sauerteig und viele verschiedene Gewürze, manchmal auch Gemüse, Milch oder Milchprodukte. Typische Brotsorten sind das knusprige, weiße Baguette aus Frankreich, die Sesamfladenbrote aus der Türkei und Griechenland, das Knäckebrot aus den nordischen Ländern und die deutschen dunklen Holzofenbrote oder die Gewürzbrote aus Bayern.

Brotkrume ➛ Mie de pain

Brotsauce 1. englische (bread sauce), zu pochiertem und gedünstetem Fisch: Geriebenes Brot wird mit Milch und Zwiebeln verkocht und mit Sahne, Butter und Gewürzen verfeinert.
2. russische, zu gekochtem und gebratenem Fleisch: Weißbrot wird mit Fleischbrühe, Milch und saurer Sahne verkocht und mit Gewürzen und Kräutern abgeschmeckt.

Brotsuppe Altbackenes Brot wird in Scheiben geschnitten und mit Fleischbrühe übergossen. Bayrisch: mit in reichlich Fett gerösteten Zwiebelringen. Französisch: passiert, legiert und mit pochierten Eiern angerichtet. Italienisch: mit Parmesan und verquirltem Ei gebunden.

Brotzeit Süddeutscher Ausdruck für eine kleine Zwischenmahlzeit oder Vesper.

Brousse Schafs- oder Ziegenkäse aus Korsika.

Bruch Während der Milchgerinnung entsteht bei der Käseherstellung der Bruch, eine halbfeste, quarkähnliche Masse, die unter Wasserentzug zu Käse weiterverarbeitet wird.

Bruckfleisch Österreichische Spezialität aus gedünsteten Innereien vom Rind mit zerkleinertem ➛ Wurzelwerk.

Brühe Die Flüssigkeit, in der Fleisch, Fisch, Geflügel oder Gemüse gegart wurde und die als Saucen- oder Suppengrundlage weiterverwendet werden kann.

Brühen ➛ Blanchieren

Brühkartoffeln ➛ Bouillonkartoffeln

Brühteig ➛ Brandteig

Brühwurst In Darm abgefüllte, meist geräucherte und durch Garziehen in Brühe haltbar gemachte Wurst.

Brüsseler Art Eine klassische Gemüsegarnitur zu geschmortem Fleisch: Chicoréehälften, Rosenkohl und ➛ Schloßkartoffeln dünsten und zusammen mit Madeirasauce anrichten.

Brüsseler Endivie ➛ Chicorée

Brüsseler Kohl ➛ Rosenkohl

Brunch Frühstück (engl. breakfast) und Mittagessen (engl. lunch) werden am späten Vormittag zusammengelegt und verschmelzen zu einer gehaltvollen Mahlzeit.

Brunnello di Montalcino Der italienische Spitzenwein aus der Provinz Siena wird aus einer Abart der Sangiovesetraube hergestellt und präsentiert sich als voller trockener Rotwein, der nach 5 Jahren Lagerung als Riserva angeboten wird.

Brunnenkresse Die in Feuchtgebieten und an Bächen wild wachsende Pflanze mit etwas bitterem, aber pikantem Geschmack wird hauptsächlich als Salat zubereitet.

Brunnenkressesauce Helle Grundsauce wird mit Brunnenkresseblättern püriert und zart abgeschmeckt.

Brunoise Fein gewürfeltes Wurzelgemüse als Suppeneinlage, für Saucen, Fleisch- und Fischgerichte.

Brustspitz(e) Das als Kochfleisch verwendete Vorderteil der Rinder-, Kalbs- oder Schweinebrust.

Bruststreifen Auch Aiguillettes (franz.). Fleischstreifen aus der Brust von gebratenem Geflügel, die längs aufgeschnitten werden.

Brut Kennzeichen für trockene, französische Weine mit einem niedrigen, vorgeschriebenen Restsüßegehalt. ➛ extra brut

Bubenspitzle ➛ Schupfnudeln

Bucatini Italienische lange Röhrennudeln, die meist mit Bratensaft, Öl-, Butter- oder Knoblauchsaucen angerichtet werden.

Buchteln Österreichisches Hefegebäck, das kleinen, ausgestochenen ➛ Dampfnudeln ähnelt.

Buchweizen Auch Heidekorn. Die eiweiß- und stärkehaltige Frucht eines Knöterichgewächses, das hauptsächlich in Nordamerika und Nordeuropa angebaut wird, wird zu Mehl und Grütze verarbeitet und findet vor allem in der Vollwertküche oder beim Backen von ➛ Blinis Verwendung.

Bückling Auch Bücking. Ein heißgeräucherter frischer (grüner) Hering.

Bündner Fleisch Spezialität aus dem Schweizer Kanton Graubünden. Mageres, gepökeltes Rindfleisch wird lange luftgetrocknet und zum Servieren in hauchdünne Scheiben geschnitten.

Bürgermeisterstück ➛ Nuß

Bürzel Der Schwanzansatz beim Geflügel, der die Talgdrüsen zum Einfetten des Gefieders enthält. Man sollte ihn wegen seines penetranten Geschmacks vor der Zubereitung – zumindest bei großem Geflügel – herausschneiden.

Bürzelkraut ➛ Portulak

Büttenkäse Halbfester Käse aus Norddeutschland.

Buffet Auch Büfett, Büffet, Büfet, Bufet. ➛ Kaltes Buffet

Bug Die Bezeichnung des Schulterstücks bei Schlachtfleisch, das als Schmor- und Kochfleisch Verwendung findet.

Bukett Duft- und Aromastoffe, die sich bei Weinen und Destillaten entfalten, wenn diese mit Sauerstoff in Berührung kommen. Sind sie durch den Kellermeister richtig zusammenkomponiert worden, ergeben sie ein harmonisches Ganzes. ➛ Aroma

Bulette Gebratene Hackfleischklopse, als Berliner Spezialität bekannt. ➛ Frikadelle

Bulgur Auch Bulghur, Burgul. Hauptnahrungsmittel im Mittleren

Osten, wo das gekochte Weizenschrot zusammen mit Hammelhackfleisch oder Gemüsen als Hauptgericht zubereitet wird. Im Handel wird es getrocknet, gemahlen angeboten. Typischer Bestandteil von ➛ Tabbouleh.

Bundaal Junge, geräucherte ➛ Aale, die wegen ihrer geringen Größe im Bund von dreien oder vieren angeboten werden.

Buntmesser Spezielles Küchenmesser mit Zickzack- oder Wellenschliff, mit dem Früchte oder Gemüse dekorativ geschnitten werden.

Burgenland Großes österreichisches Weinanbaugebiet, das hauptsächlich Weißweine aller Qualitätsgrade hervorbringt, unter denen der „Grüne Veltliner" der berühmteste ist.

Burgund Das neben Bordeaux zweite große Weinanbaugebiet im Nordosten Frankreichs, zwischen Dijon und Lyon, bringt mit die besten Rot- und Weißweine der Welt hervor: Die berühmten trockenen, weißen Chablis zu Fisch und Meeresfrüchten, die Weine der Côte d'Or, Côte Châlonnaise, die Mâcons und nicht zuletzt die Beaujolais, vom einfachsten Menüwein bis zur wertvollen, lange gelagerten Rarität.

Grundlage für die hohe Qualität sind sicherlich die Rebsorten Chardonnay für die Weißweine und Pinot-Noir bzw. Gamay für die Rotweine sowie die günstige Lage der Weinberge überhaupt. Aber auch eine gute Vermarktungsstrategie und ein ausgeklügeltes Qualitätskontrollsystem haben dafür gesorgt, daß der Preis des Burgunders in den letzten Jahren stetig in die Höhe ging.

Burgunder Fondue ➛ Fondue Bourguignonne

Burgunderpfanne Eine spezielle, hohe Stielpfanne für die Zubereitung von ➛ Fondue Bourguignonne.

Burgundersauce Die klassische Rotweinsauce zu Gebratenem und Geschmortem, die man aus feingehackten Champignonstielen, Schalotten, Burgunder und vielen Kräutern zu einem Extrakt kocht, der dann mit ➛ Kalbsjus aufgefüllt wird. Diese Sauce wird weiter reduziert, passiert, gebunden und abgeschmeckt.

Burgunderschinken Gepökelter Rollschinken vom Schwein, ohne Fett und Schwarte; wird auch heiß mit Burgundersauce als Hauptgericht serviert.

Burrida Italienische Mittelmeerspezialität: Verschiedene, in Fischfond gegarte Fische und Meerestiere werden mit einer würzigen Paste ohne Sud serviert. Die italienische Schwester der französischen ➛ Bouillabaisse.

Buschenschenke Ländliche Weinstube in österreichischen Weinanbaugebieten. Der Winzer steckt als Wirtshauszeichen gut sichtbar einen großen Kiefern- oder Fichtenzweig (Buschen) über die Weinstubentür. ➛ Straußwirtschaft

Busecca Die italienische ➛ Kaldaunensuppe aus der Lombardei wird mit vielen Gemüsen, Gewürzen,

Kräutern, Speck und gebratenen ➛ Kutteln in Fleischbrühe gekocht.

Butifarra Spanische Spezialität: Pikant gewürzte Hartwurst aus Schweinefleisch, gekocht und luftgetrocknet.

Butt Familienbezeichnung für viele schollenartige Plattfische: ➛ Glattbutt, ➛ Steinbutt, ➛ Goldbutt oder ➛ Heilbutt.

Butter Die von der Milch abgerahmte, saure oder süße Sahne wird zu Butter verarbeitet, wobei als „Abfall"-Produkt Buttermilch entsteht. Die entstandene Süß- oder Sauerrahmbutter wird nun entweder natur, schwach oder stark gesalzen angeboten oder zu Buttermischungen weiterverarbeitet. Entfernt man durch Kochen und Klären der Butter die noch enthaltene Molkeflüssigkeit, dann erhält man Butterschmalz, das wesentlich länger haltbar ist.

Buttercreme Das kalorienreiche „Innenleben" vieler Torten. Eine Creme, die auf der Basis von Butter, Eigelb und Zucker hergestellt wird.

Buttererbsen Grüne, frische Erbsen, in Butter gedünstet, die oft kurz vor dem Servieren noch mit gehackter Petersilie bestreut werden.

Butterkäse Milder, halbfester Schnittkäse von gelblicher Farbe.

Butterkartoffeln In Salzwasser gekochte Kartoffelstückchen oder junge Kartöffelchen, die nach dem Garen in Butter geschwenkt werden.

Buttermilch Nebenprodukt bei der Butterherstellung; leicht säuerliche Flüssigkeit mit vielen Nährstoffen.

Buttermischungen Butter wird mit würzenden Zutaten vermischt, z.B. mit Kapern, Knoblauch, Paprika, Senf, Kräutern, Sardellen usw. Als Beilage zu gegrilltem Fleisch, Fisch, als Brotaufstrich und zu Saucen passend.

Buttern Eine Speise vor dem Servieren mit einem Stück Butter verfeinern, z.B. Gemüse, Kartoffeln, gekochten Fisch, Nudeln oder Reis.

Butternockerl Österreichische Teigklößchen, die nach dem Garziehen in Salzwasser mit brauner Butter überzogen werden.

Butternudeln Gekochte, in Butter geschwenkte Nudeln.

Butterpfännchen Kleine Kasserolle, in der zerlassene Butter serviert wird.

Butterpilz Ein gelbfleischiger Röhrling mit angenehmem Geschmack.

Butterreis Körnig gekochter Reis wird unter kaltem Wasser abgespült; nach dem Abtropfen wird Butter untergemischt.

Buttersaucen Die klassischen, mit Butter und Eigelb aufgeschlagenen Saucen, die nicht stark erhitzt werden dürfen, da sie sonst gerinnen. Typischer Vertreter: Sauce ➛ Hollandaise.

Butterschmalz Zum Kochen und Backen gut geeignet, da hoch erhitzbar: Vom Molkeanteil befreites, geklärtes, reines Butterfett.

Butterteig Österr. ➛ Blätterteig, ➛ Mürbeteig

Byrrh Ein Aperitif aus Frankreich, der aus Rotwein und vielen Aromaten hergestellt wird.

C

Cabanossi Eine Brühwurst aus dem Balkangebiet, die kräftig abgeschmeckt und häufig geräuchert angeboten wird.

Cabernet Die vielseitigste aller Rotweintrauben, die Cabernet Sauvignon, ist gleichzeitig die typische Médoc-Traube. Ihre weltweite Verbreitung zeigt, daß sie auf fast jedem Boden gute Ergebnisse bringen kann. Ihr hoher Gerbstoffanteil läßt die Weine sehr alt werden, ohne daß sie Schaden nehmen. Die Trauben besitzen kleine dunkelblaue Beeren, die dem Wein eine kräftige Farbe und ein typisches, an schwarze Johannisbeeren erinnerndes Aroma verleihen. Die verwandte Carbenet Franc-Traube bringt ebenfalls Rotweine von beachtlicher Qualität in Bordeaux (St.-Emilion) und an der Loire hervor.

Caboc Eine säuerliche, in Hafermehl gewendete Käsespezialität aus Schottland, die in zylindrischer Form angeboten wird.

Cabrion Ein südfranzösischer Ziegenkäse mit kräftigem Geschmack.

Cacciucco Die aromatische italienische Fischsuppe auf der Basis eines kräftigen Fischfonds, mit Muscheln, Fischstücken, Tomaten und Knoblauch, die mit vielen Gewürzen und Wein abgeschmeckt wird.

Cachaca Aus Zuckerrohrmelasse gewonnener brasilianischer Branntwein.

Cacik Die türkische Joghurtspezialität mit Gurken, Minze und Olivenöl.

Caciocavallo Ein kegelförmiger, leicht geräucherter süditalienischer Reibekäse aus Schafsmilch.

Caerphilly Ein englischer Schnittkäse mit Buttermilchgeschmack.

Café ➛ Kaffee

Café au lait Franz. ➛ Milchkaffee

Café brûlot In einer Kaffeetasse wird Würfelzucker mit Weinbrand übergossen, flambiert, mit heißem Kaffee abgelöscht und mit Schlagsahne garniert.

Café con leche Span. ➛ Milchkaffee

Café Orange Heißer Kaffee wird mit in Orangenlikör getränkten Zuckerstückchen gesüßt und je nach Geschmack mit einer Sahnehaube vollendet.

Café-de-Paris-Butter Die berühmte Kräuterbuttermischung zu Steaks oder gebratenem Fisch besteht aus pikanten Gewürzen wie Curry und Cayennepfeffer, aromatischen Zutaten wie Sardellenpaste, Senf, Tomatenketchup und Worcestershiresauce, intensivem Cognac und Madeira sowie vielen frischen Kräutern. Diese Zutaten läßt man miteinander marinieren, püriert und passiert die Marinade, bevor man sie mit feiner Butter vermischt.

Cahors Die alte französische Stadt am Fluß Lot ist berühmt für ihren „schwarzen Wein", einen sehr dunklen Rotwein, der seine intensive Färbung durch die Auxerrois-Traube erhält, die hier zu 70% angebaut wird. Dieser lagerfähige Wein wird heute, dem allgemeinen Trend entsprechend, auch leichter und jünger trinkbar hergestellt; die Winzer empfehlen, ihren „Vin noir" relativ kühl zu verkosten.

Caisses Franz. Kästchen. Kalte oder warme Vorspeisen, die in Förmchen aus Glas, Porzellan oder Silber serviert werden.

Cake Englische Bezeichnung für Kekse und Kuchen.

Calabaza Span. ➛ Kürbis

Calamari Ital.➛ Tintenfisch

Caldo español Der gemischte spanische Gemüseeintopf mit Schweinefleisch und ➛ Chorizoscheiben als Einlage.

Calmar ➛ Kalmar

Calvados Der berühmte Apfelbranntwein aus der Normandie: Er wird aus ➛ Cidre hergestellt, hat zwischen 35-50 Vol.-% Alkohol und wird meist nach einer Lagerzeit von 6 Jahren in den Handel gebracht, weil er erst nach dieser Zeit im Eichenholzfaß sein volles Aroma und seinen runden Geschmack entwickelt hat.

Calzone Italienische, unterschiedlich gefüllte Pizzaspezialität, die vor dem Backen zur Hälfte zusammengeklappt wird.

Camaro brasileiro Südamerikanische Spezialität aus einer Hühnerbrühe, die mit Reis, Knoblauch und Lauch gekocht und pikant gewürzt wird. Vor dem Anrichten wird das in Streifen geschnittene Fleisch des Suppenhuhns hinzugefügt.

Camarones Span. ➛ Garnelen

Cambacérès Diese raffinierte Garnitur zu feinen Fischgerichten besteht aus Krebsschwänzen, Champignonscheiben und Trüffelstückchen, die mit einer Sauce aus reduziertem Krebssud und Weißwein serviert werden.

Cambridge-Sauce Die altehrwürdige englische Universitätsstadt gab ihren Namen für diese erfrischende kalte Sauce zu Rindfleisch oder ausgebackenem Fisch. Passiertes, hartgekochtes Eigelb, Kapern, Sardellen, Dill und Estragon werden mit Öl, Essig, Senf, Petersilie und Cayennepfeffer zu einer würzigen Creme verrührt.

Camembert Ein Weichkäse mit weißem Schimmelbelag, der von einer Bäuerin aus der Normandie erfunden wurde. Camembert wird mittlerweile auf der ganzen Welt hergestellt. In frischem Zustand ist er innen ganz weiß und fest, mit zunehmender Reifung verfärbt er sich gelblich, wird cremiger und schmeckt kräftiger und intensiver.

Camembert, gebacken Bei dieser wundervollen, aber nicht unbedingt kalorienarmen Zubereitung wird halbfester Camembert in Ei und Paniermehl gewendet und fritiert.

Als Beilage wird Preiselbeerkompott und häufig auch fritierte Petersilie gereicht.

Camino-Suppe Ein dünnflüssiger Pfannkuchenteig wird mit Parmesan kräfig gewürzt und durch ein Lochsieb direkt in eine kochende ➛ Bouillon gerieben.

Campari Der berühmte italienische Aperitif aus bitteren Kräutern und Wein wird meist mit Soda, Sekt oder Orangensaft gemixt getrunken.

Canapé Auch Appetitschnittchen, Cocktailhappen. Kleine Schnittchen aus Weiß- oder Schwarzbrot werden in verschiedenen Formen ausgestochen, pikant belegt und hübsch verziert. Canapés sind fester Bestandteil jedes ➛ Kalten Buffets.

Canard Franz. ➛ Ente

Canard à l'orange Franz. Orangenente. Ein Klassiker der französischen Haute Cuisine: Eine junge Ente wird im Ofen knusprig braun gebraten, dann mit Orangenscheiben belegt und mit einer Sauce aus entfettetem Entenfond, Orangensaft, Portwein, etwas Karamel und einer Einlage von blanchierten, verzuckerten Orangenschalenstreifchen serviert.

Canard sauvage Franz. ➛ Wildente

Cancha Mexicana Mexikanische Suppenspezialität, die aus gehackten Zwiebeln und Tomaten, Reis, Hühnerbrühe und dem gewürfelten Fleisch des Suppenhuhns hergestellt und pikant gewürzt wird. Vor dem Servieren wird die Suppe mit gehackter Pfefferminze bestreut.

Candle Englische Bezeichnung für heißen Rotwein mit aromatischen Gewürzen.➛ Glühwein

Canederli Aus festem Nudelteig werden kleine Klößchen geformt; eine Spezialität aus Norditalien und Südtirol.

Canehl ➛ Zimt

Canestrato Kräftig schmeckender, gelblicher Käse aus Schafs- und Ziegenmilch, der hauptsächlich auf Sizilien hergestellt wird.

Canestri Ital. Körbe. Eine der vielen italienischen Nudelarten: Kleine, ovale Teigstückchen werden in der Mitte so zusammengedrückt, daß auf beiden Seiten ein Körbchen entsteht. Ganz kleine Exemplare nennt man Canestrini (Körbchen).

Caneton Franz. Jungente. ➛ Ente

Caneton aux navets Mit weißen Rübchen im Ofen geschmorte Jungente.

Cannelieren ➛ Riefen

Cannellinibohnen Diese weißlichen Bohnenkerne haben eine sehr weiche Konsistenz. Sie werden vor allem in der italienischen Küche verwendet, z.B. bei ➛ tonno e fagioli.

Cannelloni Eine Spezialität aus Italien: In einer Auflaufform werden in cremige Béchamel- und Tomatensauce mit Hackfleisch gefüllte Nudelteigrollen gegeben, dick mit Käse überstreut und überbacken. Den gleichen Namen tragen auch hauchdünne Pfannenkuchen aus Eierteig, die u.a. mit ➛ Ricotta, Tomatensauce und Basilikum gefüllt und dann mit ➛ Mozzarella gratiniert werden.

Cannelons Französische Spezialität. Süß oder herzhaft gefüllte Teigröhren. Bei süßer Füllung bestehen sie meist aus ➛ Hippenmasse, bei pikantem Innenleben aus Blätterteig.

Cantal In der Auvergne hergestellter würziger, hellgelber Schnittkäse aus Vollmilch. Er hat eine zylindrische Form und wiegt meist ca. 30-40 kg. Für die Küche ist dieser Käse sehr interessant, da er leicht schmilzt und keine Fäden zieht.

Cantaloup ➛ Melone

Cantina Die italienische Bezeichnung für Weinkellerei; eine „Cantina sociale" entspricht unserer Winzergenossenschaft.

Capelli d'angelo Ital. Engelshaar. Auch Fidelini. Diese dünnen Fadennudeln, die meist in „Nestform" angeboten werden, eignen sich besonders als Suppennudeln.

Caper Sauce Als englische Spezialität wird unter diesem Namen eine ➛ Buttersauce serviert, während man in Amerika unter diesem Begriff eine mit Essig gesäuerte dunkle Kraftsauce versteht. Beide Varianten werden mit Kapern garniert.

Cappelletti Ital. Hütchen. Diese kleinen gefüllten Teigtaschen werden an beiden Enden so zusammengezogen, daß eine runde Hütchenform entsteht.

Capuccino Die italienische Spezialität, bei der geschäumte Milch auf aromatischen Kaffee gegeben und mit Kakao bestäubt wird. Die „deutsche" Version mit Sahnehaube kann sich geschmacklich auf keinen Fall mit dem luftigen Original messen.

Caquelon Feuerfest glasierte Auflaufform aus Ton.

Caracoles à la Catalana Span. Schnecken auf katalanische Art. Das interessante Rezept dieses aromatischen Gerichts: Die Schnecken werden vorgekocht, mit gehackter Petersilie, Knoblauchzehen und Schalotten in Olivenöl kurz gedünstet und mit etwas Thymian gewürzt.

Caraffa Ital. Karaffe. In Italien bekommt man im Restaurant oft einen sehr erfrischenden, offenen Wein in der Karaffe, der dann entweder in einer „Caraffa" mit etwa $^{2}/_{3}$ l oder in einem „Carafino" mit etwa $^{1}/_{4}$ l Inhalt serviert wird.

Carambola ➛ Karambole

Carbonara Ital. alla Carbonara = auf Köhlerart. Auf gebratene Speckstreifen werden die gekochten Nudeln, meist Spaghetti, gegeben und mit einer Eier-Sahne-Parmesan-Mischung übergossen und gut gewürzt. Mit „kohlenschwarzem" Pfeffer bestäubt, werden sie ganz heiß serviert.

Carcavelos Aromatischer Likörwein aus Portugal.

Cardamom ➛ Kardamom

Cardinalsauce ➛ Kardinalsauce

Carême, Antonin 1783-1833. Dieser wichtigste Koch des 18. und 19. Jahrhunderts begann als Patissier und erwarb sich sehr schnell einen sensationellen Ruf wegen seiner spektakulären Tafelaufbauten, bei der damals üblichen, üppigen Art der Garnitur von Gerichten mit Zierspießen und Verzierungen jeder Art. Durch seine wechselnden Stellungen als Chefkoch bei den gekrönten Häuptern seiner Zeit sammelte er viele Erfahrungen, die er dann unter anderem in seinem letzten, am Ende fünfbändigen Werk „L'art de la cuisine française au 19e siècle" 1833 niederlegte. Diese Übersicht über die feine französische Küche entwarf erstmals sinnvolle Speisenfolgen und aufeinander abgestimmte Menüvorschläge, deren Grundsätze auch bis zu Beginn des 20. Jahrhunderts Gültigkeit besaßen.

Carême, à la Diese Garnitur zu Ehren von Antonin Carême ist in zwei Variationen zu kochen. Zu Fleisch: große Oliven, gefüllt mit Schinkenpüree, Kartoffelkroketten und Madeirasauce. Zu Fisch: ➛ Fleurons, Trüffelscheiben, kleine Fischklößchen und weiße Sauce.

Carltonsuppe Die Consommé mit dem Namen des berühmten Hotels enthält als Einlage Kalbsklößchen, Eierstichwürfel, fritierte Backerbsen und Reibkäse.

Carmélite-Sauce ➛ Karmelitersauce

Carmencita Diese Garnitur zu gebratenem Fleisch besteht aus gedünsteten Paprikaschoten und geschmolzenen Tomaten.

Carmensalat Der exquisite Salat mit dem Namen der berühmten Oper von Bizet besteht aus feinen Zutaten: Chicoréescheiben in einem Mayonnaisedressing werden mit gekochten Sellerie- und rohen Apfelscheiben vermischt. Garniert wird mit hartgekochten Eiern und in Scheiben geschnittenen Trüffeln.

Carolines Ein typisches Resultat französischer Haute Cuisine: Kleine, mit feiner Fleisch-, Wild- oder Geflügelfarce gefüllte, ungezuckerte ➛ Éclairs werden mit der passenden Sauce überzogen und mit Gelee glaciert.

Carolinesalat Dieses fruchtige Salatvergnügen besteht aus Bananenscheiben und Pampelmusenfilets auf grünem Salat. Rote und grüne Paprikawürfel werden darüber gestreut, abschließend wird das Ganze mit einer Marinade aus Essig und Öl beträufelt.

Carotte ➛ Möhre

Carottes à la Vichy ➛ Vichy-Karotten

Carpaccio Rohe, hauchdünn geschnittene Fleisch- oder Fischscheiben, die mit einer Marinade aus Essig, Öl und Kräutern beträufelt und mit Kapern und Sardellen garniert werden. Im Ursprungsland Italien wird oft auch nur etwas Zitronensaft, frisch geschroteter Pfeffer und etwas Parmesan als würzende Zutat zu papierdünnen Rinderfiletscheiben verwendet.

Carré ➛ Karree

Carré de l'Est Ein sehr milder französischer Weichkäse, ähnlich dem Camembert, aber mit einem zarten, typischen Geschmack und festerer Konsistenz bei fortgesetzter Reife.

Carusosalat Eine exotische Kombination, die nach dem berühmten italienischen Tenor benannt wurde: Auf Salatblättern werden Ananas- und Tomatenwürfel in Zitronensaft und saurer Sahne mariniert.

Casanova-Art Zu Ehren des italienischen Frauenlieblings eine Garnitur zu Fischgerichten mit aphrodisischen Zutaten: gedünstete Austern und Muscheln in einer Weißweinsauce, mit Trüffelscheiben garniert.

Cashewnuß Auch Acajounuß, Elefantenlaus. Sie kommt aus Westindien und ist ein Fruchtkern des Nierenbaums. Die weißen, gerösteten Cashewnüsse mit ihrem mandelartigen, leicht süßen Geschmack werden hauptsächlich in Müsli oder ➛ Studentenfutter verwendet.

Cassata Die italienische Spezialität, die in einer Eisbombenform gefroren wird, besteht aus vielen Schichten mit verschiedenem Eis, Früchten, Makronen und gemahlenen Nüssen. Sie wird wie eine Torte angeschnitten und stückweise serviert.

Cassave ➛ Maniok

Cassis Aus schwarzen Johannisbeeren hergestellter fruchtiger Likör oder Branntwein. In Frankreich produziert, ist Cassis in der restlichen Welt vor allem als Bestandteil des ➛ Kir bekannt geworden.

Cassolettes Auch Ragoutförmchen. Kleine Näpfchen aus Porzellan, die mit feinen Köstlichkeiten und passenden Saucen gefüllt werden.

Cassoulet Der seit Jahrtausenden bekannte Eintopf aus Schweine-, Gänse- oder Entenfleisch, weißen Bohnen und vielen Kräutern. Diese Spezialität der französischen Gascogne wird im Ofen gebacken und ist mittlerweile auch als Fertigkonserve im Handel erhältlich.

Cavatellucci Eine italienische Nudelform: Kleine, runde Teigstücke werden um ein Stäbchen gewickelt und getrocknet. Sie finden in Eintöpfen und zu dicken Saucen Verwendung.

Cave Französischer Ausdruck für Weinkeller.

Caviar ➛ Kaviar

Cavour, à la Diese Garnitur besteht aus großen Champignons, die mit cremig passierter Hühnerleber gefüllt und mit Parmesan gewürzt werden. Dazu gehört eine kräftig mit Tomatenmark und Marsala abgeschmeckte Sauce aus Kalbsfond. Benannt ist diese Feinschmeckerei nach Graf Cavour, einem berühmten italienischen Staatsmann des 19. Jahrhunderts.

Cavourma Die türkische Ragoutspezialität: Hammelhackfleisch wird mit gebratenen Zwiebelwürfeln gemischt und mit einem ➛ Verlorenen Ei obenauf angerichtet.

Cayennepfeffer Auch Chilipfeffer, spanischer oder roter Pfeffer. Dieses scharfe Pulver stammt nicht von Pfefferkörnern, sondern wird aus kleinen, getrockneten, roten, gelben oder grünen Chilischoten gemahlen. Die in den Tropen wachsenden Schoten nennt man Pepperoni, Chillies oder Chilis. Sie werden als Würzmittel in vielen Nationalküchen Südamerikas und Asiens verwendet. Vorsicht: Cayennepfeffer ist sehr scharf im Geschmack und muß wohldosiert benutzt werden.

Cebolla española In Olivenöl gebräunte Zwiebelwürfel, mit Brühe aufgefüllt, kräftig gewürzt und gegart. Diese spanische Zwiebelsuppe ist sehr gehaltvoll und wird vor dem Servieren mit Weißbrotwürfeln bestreut.

Celery Sauce ➛ Selleriesauce

Célestinesuppe Geflügel- oder Rinderkraftbrühe mit einer Einlage aus geschnittenen, dünnen Pfannkuchen, die ungesüßt und mit Kräutern gewürzt sind. ➛ Flädlesuppe

Célestines Kleine gebackene Köstlichkeiten der klassischen Küche, wie pochierte Gänseleberstückchen in luftiger ➛ Farce, überglänzt mit konzentriertem ➛ Jus und feinem Gelee, garniert mit Trüffelstückchen.

Centerbe Ein aus ca. 100 Kräutern bestehender, bitterer Likör aus Italien.

Cerneaux au verjus Diese Vorspeisenrarität des Frühherbstes wird oft im Elsaß als Menüeröffnung oder als Knabberei zum Wein angeboten: Grüne Walnüsse werden in mit Salz und Pfeffer gewürztem Traubensaft serviert.

Certosa Die italienische Kräuterlikörvariante zum ➛ Chatreuse.

Cervelat Die würzige Rohwurst aus Rind-, Schweinefleisch und Speck, geräuchert, feingemahlen und schnittfest. Sie wird überwiegend, in dünne Scheiben geschnitten, als Brotbelag verwendet.

Cevapčiči Für diese jugoslawische Spezialität werden Rinder- und Kalbshackfleisch mit viel gehackten Zwiebeln und Knoblauch gemischt und pikant gewürzt. Aus dieser Masse werden kleine Röllchen geformt und knusprig braun gegrillt.

Cevenner Art Eine klassische Herbstgarnitur zu geschmorten großen Fleischstücken: Glacierte Kastanien und Champignons werden mit gebundenem, reduziertem Jus als Sauce angerichtet.

Ceviche Gekochte Garnelen, Fisch oder Muscheln werden bei dieser südamerikanischen Spezialität in einer kalten Marinade aus Limonen- und Orangensaft, Zwiebeln, Chilies und frischen Kräutern serviert.

Ceylontang ➛ Agar-Agar

Chabichon Auch Chabichou. Kleiner, zylindrischer Ziegenkäse aus Frankreich, leicht trocken, sehr würzig im Geschmack.

Chablis Aus Nordburgund kommend hat der trockene Weißwein mit dem Namen einer französischen Kleinstadt seinen Siegeszug durch die kulinarische Welt vor allem als Begleiter zu Fisch und Meerestieren angetreten. Die Sortierung ist in aufsteigender Qualitätsstufe: Petit Chablis, Chablis A.C., Chablis Premier Cru, Chablis Grand Cru. Meist wird dieser Wein aus der ➛ Chardonnaytraube jung getrunken. Manche Weinkenner raten aber, wirklich guten Chablis bis zu 10 Jahre reifen zu lassen, um die

Duft- und Geschmacksentwicklung zu einer Vollendung kommen zu lassen, die dann den Ruf des Chablis als einer der weltbesten Weißweine begründet.

Chalonnais ➛ Côte Chalonnaise

Chambertin Der kräftige, lagerfähige Rotwein aus den Lagen von Gevrey. Dieser große Burgunder der Côte d'Or bringt im hohen Alter eine erstaunliche Geschmacksvielfalt auf die Weinkennerzunge, aber leider nur zu einem entsprechend hohen Preis.

Chambéry-Salat Artischockenböden, Lachs und Hummer werden gewürfelt und mit Bohnen und Mayonnaise vermischt in ausgehöhlte, marinierte Tomaten gefüllt.

Chambrieren Einen Wein, besonders Rotwein, langsam von der niedrigen Keller- auf die höhere Zimmertemperatur (Franz. chambre = Zimmer) bringen, damit sich das Bouquet richtig entwickeln kann. Die richtige Trinktemperatur für Rotwein ist 16–18°. (Zu der Zeit, als diese Regelung begründet wurde, waren die Zimmertemperaturen mangels Zentralheizung noch nicht so hoch wie heute.)

Champagner Der sorgfältig hergestellte Schaumwein aus der Champagne, dessen Name international gesetzlich geschützt ist: Nur Wein aus diesem genau abgegrenzten Gebiet darf die Bezeichnung führen. Schaumweine, die nach dem gleichen, aufwendigen Prinzip der Flaschengärung produziert werden, dürfen als Herstellungsart die „méthode champenoise" angeben. Diese spezielle Weinausbaumethode für Champagner besteht im wesentlichen aus einer zweiten Gärung in der Flasche, die durch spezielle Zusätze in Gang gesetzt wird. Die Flaschen befinden sich in dieser Zeit auf einem Rüttelpult, wobei ihre Position täglich leicht verändert wird, so daß sie am Ende senkrecht mit dem Flaschenhals nach unten stehen und sämtliche Trübstoffe sich im Flaschenhals abgesetzt haben. Dieses Depot wird durch ➛ Degorgieren entfernt und durch eine, für jedes Champagnerhaus verschiedene ➛ Dosage ersetzt.

Champagnerkraut In Brühe und Weißwein gedünstetes Sauerkraut wird mit Speck und Zwiebeln gewürzt, die dann vor dem Anrichten entfernt werden. Vor dem Servieren wird das fertig gegarte Kraut mit etwas Champagner aufgekocht.

Champenois Ein französischer Weichkäse, ähnlich dem Brie, in Asche gewälzt.

Champignon Die bekannteste und sehr beliebte Pilzart wächst auf Wiesen und Feldern, wird heute aber überwiegend gezüchtet. Die Pilze sind frisch, getrocknet, gefroren oder in Dosen das ganze Jahr über auf dem Markt. Frische Pilze möglichst weiß und völlig geschlossen zum Kochen verwenden, da diese Champignons festes Fleisch und keine Maden haben. Champignons werden zu klaren und cremigen Suppen verarbeitet, aber auch zu Kroketten, Püree, Ragout oder Salat. Als eigenständige kleine Gerichte werden sie paniert und fritiert, gedünstet und mit Sahne abgelöscht oder als kalte Vorspeise in Olivenöl mariniert.

Chandy Englische Bezeichnung für ein Bier- und Limonadengemisch. ➛ Radler

Chantillycreme Eine mit Zucker und Vanillezucker abgeschmeckte Sahne.

Chantillymayonnaise Mayonnaise wird mit ungesüßter, nicht zu fest geschlagener Sahne vermischt. Sie wird zu kaltem Geflügel, Fisch, Krusten- und Schalentieren serviert.

Chaource Junger, französischer Weißschimmelrindenkäse aus der Champagne.

Chapati Mehl, Öl und Wasser wie Strudelteig verarbeiten und zu einer langen Rolle formen. Davon kleine Stücke abschneiden und zu hauchdünnen Fladen ausrollen. In einer heißen Eisenpfanne unter mehrmaligem Wenden so lange backen, bis sie stark aufgegangen sind. Dünn mit Butter bestrichen, werden sie in Indien anstelle von Brot zu Gemüse oder Süßspeisen gereicht.

Chapel, Alain Geboren 1937. Der perfektionistische Individualist unter den französischen Spitzenköchen. In seinem nach ihm benannten Restaurant in Mionnay bei Lyon zelebriert er mit kreativen Gerichten die Nouvelle Cuisine, ohne aber die regionale Küche zu verleugnen. Der kulinarische Extremist Chapel verlangt von seinen Gästen, sich ganz auf seine Küche einzustellen und seinen kulinarischen Fähigkeiten absolut zu vertrauen: Nachwürzen am Tisch ist tabu.

Charakter Wenn die Lage, Traubensorte, Witterung und die Kunst des Kellermeisters die für einen bestimmten Wein typischen Geschmacks- und Geruchseigenschaften hervorbringen, dann ist das Ergebnis der spezielle Charakter dieses Weines.

Charentais-Melone Eine Melonenart mit hellgrünem Fruchtfleisch und gelbgrün gefärbter Schale aus Frankreich, die geschmacklich an die Zuckermelone erinnert.

Charente Die Weine dieser Region Frankreichs mit genauen Anbauvorschriften dienen vor allem als klassische Brennweine für Cognac.

Charivarisalat Gut gewürzte Mayonnaise mit Würfeln von Roten Beten, Sellerieknolle, Salzgurken, gekochten Kartoffeln, Karotten, Äpfeln, Birnen und Champignons vermischen.

Charlotte Diese ursprünglich einmal englische Süßspeise trägt den Namen von Königin Charlotte. Die glattwandige, zylindrische Charlotte-Form wird mit Löffelbiskuits ausgelegt und mit Eis, Sahne, Cremes oder Obstmus gefüllt. Die erstarrte Masse wird gestürzt und verziert. Die bekannteste unter den zahlreichen Varianten ist wohl die russische Charlotte mit einer Füllung aus bayerischer Creme.

Charolais Diese südburgundische Region um das Städtchen Charolles ist bekannt für die dort heimische, gleichnamige weißhäutige Rinderrasse, die sich durch besonders schmackhaftes und zartes Fleisch auszeichnet.

Chartreuse Der bekannte Kräuterlikör aus Frankreich wird im Chartreuse-Kloster in den französischen Alpen hergestellt. Er besteht aus über 100 Heilkräutern und Gewürzen und existiert in zwei verschiedenen Sorten. Der grüne Chartreuse mit 50 Vol.-% Alkoholgehalt ist würzig und kräftig. Der gelbe Chartreuse ist zart und weich und besitzt einen Alkoholgehalt von 43 Vol.-%. Chartreuse bezeichnet auch eine Reihe von ➛ Kartäusergerichten.

Château Weingut in Frankreich mit eigener Kellerei und Weinbergen. Die Bezeichnung darf nur bei ➛ A.C. und ➛ V.D.Q.S. Weinen geführt werden.

Chateaubriand Das doppelte Lendensteak mit einem Gewicht nicht unter 400 g wird ca. 5 cm dick aus der Mitte des Rinderfilets geschnitten. Es wird von beiden Seiten kräftig angebraten und anschließend gewürzt. Das Filet, das für zwei Personen ausreichend ist, sollte innen immer noch leicht blutig bis rosa sein.

Châteauneuf-du-Pape Der wohl bekannteste Rotwein aus dem südlichen Rhone-Tal, der zum größten Teil aus der Grenache-Traube gewonnen wird. Er ist sehr gehaltvoll und alkoholreich und sollte er in der Regel mindestens 5 Jahre lagern, bevor man ihn genießt. Der geringe Teil an Châteauneuf-du-Pape-Weißweinen kann mittlerweile wesentlich jünger getrunken werden.

Châteauroux Von der Loire kommender, intensiv aromatischer Käse aus Ziegenmilch.

Chaudeau Ein warmer Wein-Sabayon, der im heißen Wasserbad (franz. heiß = chaud, Wasser = eau) aufgeschlagen wird.

Chaudfroid Ein Gericht der klassischen französischen Küche, das heiß (franz. chaud) zubereitet und kalt (franz. froid), mit einer deckenden Sauce überzogen, serviert wird. Zum Beispiel werden pochierte Hühnerbrustteile mit weißer Decksauce oder Rehfiletscheiben mit dunkler Decksauce angerichtet.

Chaudfroidsauce, braun Für dunkles Fleisch und Wild wird stark eingekochte dunkle Sauce mit Kalbs- oder Wildgelee angereichert, mit Madeira abgeschmeckt und bis zum Erkalten gerührt.

Chaudfroidsauce, weiß Bei hellem Fleisch und Geflügel wird eine stark eingekochte helle Sauce mit Kalbs- und Geflügelgelee angereichert, mit Sahne, Kräutern und Sherry gewürzt und kaltgerührt.

Chayote ➛ Eierkürbis

Cheddar Käsespezialität aus England mit hohem Fettgehalt. Der Käselaib hat eine zylindrische Form, der Käse besitzt eine orangegelbe Färbung und einen nußartigen Geschmack.

Cheddarauflauf mit Paprika Milch, Butter, wenig Mehl, geriebener Cheddarkäse und Eigelb werden vermischt und mit Paprika gewürzt. Danach wird Eischnee untergezogen. Eine Auflaufform wird ausgebuttert, die Masse eingefüllt, im Ofen gebacken und sofort serviert.

Cheeseburger Ein flacher Klops aus gut gewürztem Hackfleisch wird von beiden Seiten gebraten und in einem aufgeschnittenen, gewärmten Sandwichbrötchen mit Käse, Tomaten- und Gurkenscheiben, Senf und Ketchup serviert. Diese Fastfood-Spezialität aus den USA wird mittlerweile auch bei uns in den amerikanischen Kettenrestaurants angeboten.

Cheese-Dressing Eine englische Art der Salatmarinade. Mayonnaise wird mit Paprika und Selleriesalz gewürzt und mit geriebenem Parmesankäse vermischt.

Chemisieren Die Wände von Auflaufformen vor dem eigentlichen Füllen mit Gelee oder einer anderen Füllmasse gleichmäßig auskleiden. Diese Technik wird bei Eisbomben, Aspikgerichten, Törtchen und Pasteten angewandt.

Cherbah Orientalische Zwiebelsuppe mit angedünsteten Zwiebeln und Knoblauch als Basis, die mit Brühe aufgefüllt, mit Pfefferminze, Zitronensaft und Gewürzen abgeschmeckt und zum Schluß mit Eigelb legiert wird.

Cherbourger Art Die französische Garnitur mit dem Namen der normannischen Hafenstadt: gedünstete Austern, Muscheln und Garnelen zu ebenfalls gedünstetem Seefisch in stark reduzierter Sauce.

Cherimoya Auch Stachelannone, Zuckerapfel. Tropische Frucht, deren Schale gelb bis grau gefärbt ist und deren Geschmack als zimtartig und fruchtig empfunden wird. Ihre Größe liegt zwischen der einer Orange und der einer großen Kokosnuß. Die Frucht wird für Fruchtsalat oder Mixgetränke verwendet.

Cherry Brandy Süßer Kirschlikör aus Kirschbranntwein und Kirschsaft mit einem Mindestalkoholgehalt von 30 Vol.-%.

Cherry Heering Die dänische Likörspezialität wird auf Weinbrandbasis aus wilden Kirschen hergestellt.

Cherry Sour Zuckersirup, Zitronensaft und Cherry Brandy werden auf Eis geschüttelt, abgeseiht und mit einer Zitronenscheibe garniert.

Chester Der falsche, aber meist benutzte Name für Cheshire Cheese, den ältesten englischen Käse. Er hat eine orangegelbe Farbe, eine zylindrische Form und einen leicht salzigen Geschmack. Chester ist ein vergleichsweise harter Reibekäse.

Chesterschmelzkuchen Die englischen Chester Cakes sind ein berühmtes Käsegebäck: Mehl, Butter und Chesterkäse werden zu gleichen Teilen mit Salz, Cayenne und etwas Wasser vermengt. Aus dem ausgerollten Teig werden Plätzchen ausgestochen und gebacken. Abgekühlt werden je zwei Stücke mit Chestercreme (Béchamel und Chester) zusammengeklebt.

Chesterstangen Ausgerollter Blätterteig wird dick mit geriebenem Chesterkäse bestreut. Nachdem der Teig in Streifen geschnitten und gewürzt wurde, werden die Enden gegeneinander so verdreht, daß Spiralen entstehen, die dann im Backofen gebacken werden. Sehr beliebtes Käsegebäck zu Wein und Bier.

Chevreau Schmackhaftes, hellrotes, fettarmes, junges Ziegenfleisch, das wie Lamm zubereitet wird.

Chèvre Der berühmte Ziegenkäse aus Frankreich. Es gibt viele verschiedene Arten, die alle pikant und aromatisch schmecken. Seine Form kann rund, länglich oder pyramidenförmig, die Rinde gelb, braun, blau oder weiß sein. Er wird mit Asche bestreut oder in Weinblätter gewickelt angeboten. Als Frischkäse ist der Geschmack noch sehr zart und mild; mit zunehmendem Alter wird sein Aroma intensiver und strenger.

Chevreuser Suppe Grieß-Eierstich, Trüffeln und Geflügel werden in Würfel geschnitten und als Einlage in einer Geflügelkraftbrühe verwendet.

Chevrotin Eine Käsespezialität aus Ziegenmilch in Form kleiner Pyramiden mit sehr würzigem Geschmack.

Chianti Der berühmte italienische Rotwein aus der Toskana wird als Tischwein oft in großvolumigen Bastflaschen, als höherwertiger Qualitätswein, wie der Chianti Classico, in der Bordeauxflasche angeboten.

Chicken Broth Die englische Zubereitungsart einer klaren Hühnerbrühe, die mit Huhn (engl. chicken), Kräutern, Lauch, Zwiebeln, Karotten und Sellerie gekocht und mit Reis vervollständigt wird. Das Wurzelgemüse wird gewürfelt, das Huhn in Stücke geschnitten und in der Suppe serviert.

Chicken Maryland Ein entbeintes junges Huhn wird in vier Teile zerlegt, pikant gewürzt, paniert und in Butter goldgelb gebraten. Im Ursprungsland dieses Gerichts, in Nordamerika, werden Meerrettichsahne und gebratene Bananen dazu gegessen.

Chicken Pot Pie Die englische Pastetenzubereitung mit Huhn und Schinken. Eine mit gekochtem Schinken ausgelegte Auflaufform wird mit gekochten Hühnerstückchen, Champignonscheiben und Kartoffelstücken gefüllt, mit Schinken zugedeckt und mit Pastetenteig verschlossen. Anschließend mit Ei bestrichen und im Backofen gebacken.

Chicken à la King Gekochte Hühnerbrustscheiben, gewürzt und mit Sahne beträufelt, werden mit gedünsteten Paprikawürfeln und Champignons gemischt, mit Eigelb und Sahne gebunden und mit Sherry und Cognac abgeschmeckt; wird sehr heiß auf Toast serviert.

Chicorée Diese belgische Gemüsespezialität ist eine Zichorienart, die im Dunkeln gezüchtet eine weißlichgelbe Farbe und eine längliche Kolbenform erhält. Chicorée schmeckt leicht bitter, wird als Salat roh oder als Gemüse gedämpft und geschmort verwendet. Bei französischen Speisekarten daran denken, daß die Franzosen bei Chicorée an Endivie und umgekehrt bei Endive an Chicorée denken. Für Chicorée gibt es zahlreiche Zubereitungsarten: mit Speckwürfeln und Schinkenstreifen geschmort (Ardenner Art), in Fleischbrühe und Rotwein gegart (Burgunder Art), mit gehackter Petersilie, gekochtem Ei und Butterbröseln bestreut (polnisch), gratiniert oder in Schinken eingewickelt geschmort, als Salat mit Mandarinenscheiben oder Krabben in Mayonnaisedressing.

Chiffonade Dünne Streifen (franz. chiffon = Lappen) von Kopfsalat, Chicorée oder Sauerampferblättchen werden in Butter nur wenige Sekunden geschwenkt und als Suppeneinlage verwendet.

Chili Sehr scharfe, kleine, rote Paprikaschoten, frisch, getrocknet und gemahlen und auch eingelegt erhältlich. Bei Saucen, Pasteten, Fleisch, Fisch und vielen anderen Speisen finden die gemahlenen Chillies in Form von Chilipulver Verwendung.

Chili con carne Ein mittelamerikanischer Bohneneintopf mit Rindfleischwürfeln, Zwiebeln und Knoblauch, der mit Salz und Chili sehr pikant gewürzt wird.

Chilisauce Die scharfe, pikante Sauce, die aus Chilischoten sowie anderen Gewürzen und Gemüsearten hergestellt wird, ist fertig in Flaschen erhältlich und dient zum Würzen von gebratenem und gegrilltem Fisch und Fleisch. Die beiden wichtigsten Varianten: Die chinesische Chilisauce schmeckt salzig-scharf, während Chilisauce aus Indonesien eher süßlich-scharf ist.

Chimichurri Diese argentinische Würzsauce zu Grillfleisch besteht aus Chillies, Zwiebeln, Knoblauch und Kräutern in Essig und Öl.

Chinakohl Auch Pekingkohl, Pe-Tsai. Das ursprünglich aus Asien stammende, längliche Kohlgemüse hat eine hellgrüne Färbung. Es kann roh als Salat oder auch als Gemüse zubereitet werden.

Chinarinde Die Rinde des indonesischen Chinarindenbaumes hat einen bitteren, aber erfrischenden Geschmack und eine belebende Wirkung. Sie wurde zu verschiedenen Erfrischungsgetränken hinzugefügt und wird heute meist durch den synthetisch hergestellten Inhaltsstoff Chinin ersetzt.

Chinawürze Ein vor allem nach Lakritz schmeckendes Gewürzpulver der chinesischen Küche, das hauptsächlich aus Anis, Nelken und Fenchelsamen besteht.

Chinesische Eier ➛ Tausendjährige Eier

Chinesische Haselnüsse ➛ Lychees

Chinesische Kastanien ➛ Wasserkastanien

Chinesische Nudeln Die Chinesen nehmen wie die Italiener für sich in Anspruch, die Nudeln erfunden zu haben. Heutzutage gibt es in China vor allem Eiernudeln aus Weizenmehl, Reisnudeln aus Reisstärke und Glasnudeln aus Bohnenmehl. Sie werden als Suppeneinlage verwendet oder dienen knusprig fritiert als Beilage.

Chinesische Quitte ➛ Kaki

Chinesischer Senf Ein sehr scharfer Senf, der aus trockenem Senfmehl und Bier hergestellt wird.

Chinesischer Wein ➛ Sake

Chinois Ein Küchenfachausdruck für ein an chinesische Hüte erinnerndes Spitzsieb.

Chipolata Ursprünglich aus Italien stammende kleine Bratwürste mit feingemahlener Füllung, gewürzt mit Zwiebeln, als Beilage zu Fleischgerichten und Bestandteil vieler Garnituren. ➛ Andalusische Art

Chipolata in Blätterteig Kleine Bratwürste, kurz angebraten und in Blätterteig gehüllt. Im Backofen goldgelb gebacken und sehr heiß serviert.

Chips ➛ Kartoffelchips

Chivrysauce In Weißwein gedünstete Kräuter wie Schnittlauch, Estragon und Kerbel werden abpassiert, der Sud wird auf die Hälfte eingekocht und Geflügelrahmsauce hinzugefügt. Aufgeschlagen mit grüner Kräuterbutter wird die Sauce zu gedünstetem Geflügel serviert.

Chocolaccino Capuccino wird mit Schlagsahne und Schokoladenraspeln verfeinert. Der gehaltvolle Kaffee wird in Italien meist in hohen Gläsern serviert.

Choju ➛ Sojasauce

Chop Suey Spezialität aus China. Hauchdünne Schweinefleischstreifen werden im Wok in Öl angebraten. Dann werden Zwiebeln, Bambussprossen, Champignons, chinesische Pilze und Sojasprossen hinzugefügt. Das Ganze wird gebunden, mit viel Sojasauce abgeschmeckt und mit Reis serviert.

Chorizo Die pikante Knoblauchwurst aus Spanien, scharf gewürzt und meist geräuchert.

Choronsauce Mit Tomatenmark abgeschmeckte Sauce ➛ Béarnaise ohne Kräuter, die zu Fisch, Eierspeisen und Grillfleisch paßt.

Choucroute alsacienne Franz. Elsässisches Sauerkraut. In Schmalz und Elsässer Wein geschmortes Sauerkraut, das, in Schüsseln oder auf Platten serviert, mit Salzfleisch, Rauchfleisch, Wellfleisch und Würsten belegt wird.

Chou farci Franz. gefüllter Kohl. Gemeint ist meist eine mit einer Reis-Gemüse-Mischung gefüllte Kohlroulade.

Chowder Englischer Eintopf mit Fisch, Muscheln, Geflügel, Speck und Kartoffeln.

Chow Mein Chines. gebratene Nudeln. Diese Nudelzubereitung wird als Beilage in vielen verschiedenen Kombinationen verwendet: z.B. zu Fleischresten, Sojasprossen, Frühlingszwiebeln oder Bambussprossen, scharf oder süßsauer gewürzt.

Christmas Pudding ➛ Plumpudding

Christstollen ➛ Stollen

Chutney Indische Hausfrauen bereiten diese kalte und pikante Sauce jeden Tag frisch. Chutney wird aus Kräutern, Gewürzen, Gemüsen und Früchten hergestellt, wobei die Schärfe durch gehackte Chillies erreicht wird. Man serviert Chutney zu gegrilltem und kaltem Fleisch, zu Fondues und auch zur Reistafel. Die bekanntesten Arten sind Apfel-Chutney, Tomaten-Chutney – herzhaft aus grünen Tomaten oder süßlich-aromatisch mit roten Tomaten und Ingwer – sowie Mango-Chutney, das es mild und scharf zu kaufen gibt.

Cidre Der erfrischende Apfelwein aus Frankreich mit etwa 3 Vol.-% Alkoholgehalt wird in den Geschmacksrichtungen brut (herb) und doux (lieblich) angeboten, perlt leicht und ist gut gekühlt das ideale Sommergetränk.

Ciernikis Die aus Osteuropa stammenden, kleinen Quarkteigkuchen werden in kochendem Salzwasser gegart und zum Anrichten mit heißer Butter oder Butterbröseln übergossen.

Cierp de Luchon Trockene, würzige Käsespezialität der Pyrenäen, die aus Kuh- oder Schafsmilch hergestellt wird.

Cinzano Gelblicher oder roter Wermutwein aus Italien, der in allen Geschmacksrichtungen von trocken bis süß angeboten und als Aperitif solo oder mit Eis getrunken wird. Auch zum Mixen wird er gern verwendet.

Citrusfrüchte Auch Zitrusfrüchte. Der Sammelbegriff für Früchte mit Spalteneinteilung wie Zitronen, Limonen, Apfelsinen, Mandarinen, Clementinen, Pampelmusen, Bergamotten oder Pomeranzen.

Civet Die französische Spezialität, die einem Wildpfeffer oder Ragout entspricht und deren Sauce meist mit dem Blut der Tiere gebunden wird, bis sie sämig und dunkel ist. Typisch sind: Civet de chevreuil (➛ Rehpfeffer), Civet de lièvre (➛ Hasenpfeffer), Civet de veau (➛ Kalbsragout).

Clafouti Die französische Kuchenspezialität, bei der in einem leichten Teig dunkle, vollfleischige Kirschen eingebacken werden. Zum Anrichten wird der Kuchen noch heiß und mit Puderzucker bestreut serviert.

Clam Eine Venusmuschelart, die im Mittelmeer und an der Atlantikküste vorkommt. Clams können sowohl roh gegessen als auch gekocht, gebacken, gebraten, mit Schneckenbutter, in der Schale oder gedünstet zubereitet werden.

Clam-Sauce Für diese amerikanische Muschelsauce wird eine helle gebundene Fischsauce mit Muschelsud verkocht, mit Zitronensaft gewürzt und mit Butter aufgeschlagen. Pochiertes Muschelfleisch wird gehackt und darübergestreut.

Clarifizieren ➛ Klären

Classico Eine italienische Zusatzbezeichnung für Weine höherer Qualität.

Clementine Eine meist kernlose Zitrusart mit kleiner, runder Frucht und dünner Schale.

Clivia Eine weit verbreitete Kartoffelsorte, vorwiegend festkochend.

Cloche Ein gewölbter Deckel, eine Haube oder Glocke, oft versilbert, um Braten oder andere Gerichte länger warm zu halten und ansehnlich zu präsentieren.

Club Sandwich Diese berühmte Hotel-Spezialität aus Amerika besteht aus getoasteten Weißbrotscheiben, die zunächst mit Butter bestrichen und anschließend mit einem Salatblatt, gebackenem Frühstücksspeck und Hühnerbrustscheiben belegt werden. Zum Anrichten wird alles mit etwas gewürzter Mayonnaise und einer zweiten Weißbrotscheibe bedeckt. Man kann auch die gleiche Füllung auf mehrere Toastscheiben aufteilen, zu Dreiecksbergen schneiden und mit einem Spießchen zusammenhalten.

Club Steak Eine große, ca. 500 g schwere Scheibe Rindfleisch aus dem Rippenstück. In Nordamerika wird das gut durchwachsene Steak oft mariniert, dann gegrillt und mit gegrillten Tomaten, Folienkartoffeln oder Weißbrot und Barbecuesauce serviert.

Cobbler Ein englischer Sammelbegriff für Getränke, die hauptsächlich aus kleingeschnittenen Früchten und Wein, Sekt oder Mineralwasser bestehen. Cobbler werden oft mit Eis, auf jeden Fall sehr kalt, mit einem Strohhalm und einem Teelöffel serviert.

Cochon de lait Franz. ➛ Spanferkel

Cocido Auch Cozido. Ein typisches Eintopfgericht der Spanier und Portugiesen, das meist aus Fleisch, Gemüsen und ➛ Chorizo besteht.

Cock-a-leekie Auch Cockie leekie. Schottische Suppenspezialität aus Hühnerfleisch, kräftiger Hühnerbrühe und Lauch, die manchmal mit Backpflaumen angerichtet wird.

Cocktail 1. Ein Mischgetränk mit Alkohol, das meist in großvolumigen Gläsern mit Eis serviert wird.

2. Eine kalte Salatmischung aus kleinen Meeresfrüchte- oder Fischstückchen, die in einer kräftigen Sauce meist in Schalengläsern serviert wird (typisch: Krabbencocktail).

Cocktailhappen ➛ Canapé

Cocktailkirsche Die hellrote Sauerkirsche, in Sirup eingelegt, zum Dekorieren von Drinks, Kuchen, Torten oder Desserts.

Cocktailsauce Eine Ableitung der Mayonnaise, die vor allem mit Meerrettich, Senf, Tomatenketchup und Cognac verfeinert wird und zu den unterschiedlichsten kalten Vorspeisen gereicht wird. Heutzutage gibt es sie in großer Auswahl als Fertigprodukt im Handel.

Cocktailwürstchen Kleine Brühwürstchen zum Aus-der-Hand-essen.

Cocotte Feuerfestes Geschirr, Steingut oder Porzellan in verschiedenen Größen und Formen, in dem man Pasteten oder Soufflés gart oder Ragouts und Aufläufe überbäckt und oft auch serviert. In der Gastronomie sind bestimmte Cocottenarten normiert und mit Nummern versehen, so daß der Koch durch die Cocottengröße schnell eine mengenmäßige Übersicht erhält.

Cognac Der berühmteste Weinbrand aus der Gegend um den kleinen Ort Cognac in Westfrankreich. Der Name ist gesetzlich geschützt und darf nur für Weinbrand aus diesem Gebiet verwendet werden. Cognac wird aus dem Verschnitt verschiedener Weine doppelt gebrannt. Vor der Abfüllung in Flaschen lagert er in alten großvolumigen Fässern, bis er die typische goldgelbe Farbe und das milde Aroma hat. Die normale Faßlagerung beträgt ca. 3 Jahre; ist der Cognac wesentlich älter, wird er mit V.S.O.P. (very special old pale) gekennzeichnet. Die Bezeichnungen XO, Extra, Napoleon werden von den einzelnen Cognac-Herstellern nur an die Raritäten vergeben, die nach mehreren Jahrzehnten Lagerung einen milden und besonders harmonischen Geschmack besitzen.

Cointreau Süßer, französischer Likör aus Zitrusfrüchten, wobei Orangen dominieren. Er hat einen Mindestalkoholgehalt von 40 Vol.-%.

Colache Das mexikanische Schmorgericht auf Maisbasis mit vielen Gemüsen, das pikant abgeschmeckt im Ofen gegart wird.

Colbertbutter Die berühmte Kräuterbutter mit dem Namen des französischen Staatsministers unter Ludwig XIV.: Frische Butter wird mit gehackter Petersilie, Pfeffer, Salz und Zitronensaft verknetet und zum Schluß mit Fleischextrakt und gehacktem Estragon vollendet.

Colbertsauce Mit viel Colbertbutter aufgeschlagener, stark reduzierter Fisch- oder Fleischfond.

Colby Ein milder Schnittkäse aus Amerika, ähnlich dem Cheddar.

Cole Slaw Ein spezieller Krautsalat aus Nordamerika: Junges, feingehobeltes Weißkraut wird mit Zwiebelwürfeln gemischt und in einer Mischung aus Salz, Pfeffer, Öl und Essig mariniert.

Collins Ein Longdrink, der nur gerührt wird. Als Dekoration gehört eine Cocktailkirsche in die Mitte, eine Scheibe Zitrone an den Rand und ein Trinkhalm dazu. ➛ Tom Collins

Colombines Eine aufwendige, aber die Arbeit lohnende Beilage: Grieß wird in Fleischbrühe gar gekocht, gewürzt und mit Eigelb und geriebenem Käse gebunden. Portionsförmchen werden mit dem abgekühlten Grießteig ausgestrichen, mit einer würzigen Fleischmasse gefüllt, wieder mit Grießteig bedeckt und schließlich im Backofen überbacken.

Colorieren Farbe annehmen lassen, leicht anbräunen.

Columbiasalat Weintrauben, Bananen, Bleichsellerie und Äpfel werden in kleine Stücke geschnitten und mit Mayonnaise, Zitronensaft und Schlagsahne gebunden.

Columbinesuppe Eine Taubenconsommé wird mit einer Einlage von Taubenbruststreifen, verlorenen Taubeneiern und einer ➛ Brunoise von Frühlingsgemüsen versehen.

Commandaria Der Likörwein der Insel Zypern, sehr süß und aromatisch.

Comté Ein berühmter Hartkäse aus Frankreich mit kleinen Gärblasen, einem leichten Buttergeschmack und etwa 45 % Fett.

Conchiglie Ital. Muschel. Die Bezeichnung für eine muschelförmige Nudel, die in Italien vor allem mit leichten Saucen aus Ricotta oder Tomaten Verwendung findet. Die kleineren Formen, die Conchigliette, dienen als Suppeneinlage.

Condéglasur Eine klassische Verzierung, die aus einer weißen Überzugsmasse aus Eiweiß, Puderzucker und feingehackten Mandeln besteht und zur Dekoration von Kuchen, Torten, Gebäck und sonstigen Süßspeisen benutzt wird.

Conejo con aceitunas Span. Kaninchen mit Oliven. Ein beliebtes spanisches Schmorgericht, das mit Kaninchenteilen, Tomaten, Karotten und Oliven im Ofen zubereitet wird.

Confit Franz. Eingemachtes.

Confit de canard Eingemachte Ente, die, in Stücken im eigenen Saft geschmort und in Steinguttöpfe gefüllt, durch die obenauf schwimmende Fettschicht lange haltbar bleibt. Ebenfalls typisch: Confit d'oie = eingemachte Gans.

Confitüre ➛ Konfitüre

Connaught-Art Diese Garnitur mit dem Namen einer irischen Landschaft wird zu Wildgeflügel verwendet. Ihre Charakteristika sind die Kastanienfüllung des Geflügels, eine gebundene Wildsauce und ein Brunnenkressesalat als Beilage.

Consommé Die französische Fachbezeichnung für Kraftbrühe: Mageres, durch den Fleischwolf gedrehtes Rindfleisch wird mit einfacher Fleisch- oder Knochenbrühe, Wurzelgemüse und Gewürzen aufgesetzt, sanft gekocht, ständig ➛ degraissiert, dann abpassiert und abgeschmeckt. Bei der Consommé double wird die doppelte Menge Klärfleisch verwendet, dadurch ist der Extrakt intensiver. Je nach Grundstoff, der der Kraftbrühe zugrunde liegt, unterscheidet man: Wildkraftbrühe (Consommé de gibier), Geflügelkraftbrühe (Consommé de volaille), Fischkraftbrühe (Consommé de poisson).

Constantia Der Dessertwein vom Kap der Guten Hoffnung.

Contrefilet Flaches ➛ Roastbeef.

Convenience Food Fachbezeichnung für Lebensmittel, die küchen- bzw. gebrauchsfertig sind und in Verbindung mit frischen Zutaten eine zeitsparende Möglichkeit für die Haushaltsküche darstellen.

Cooler Dieses erfrischende Mixgetränk wird aus Zitronensaft, Ginger Ale und verschiedenen Likören gemischt und mit Strohhalm serviert.

Coq au vin Franz. Hahn mit Wein. Die französische Variante des Schmorhähnchens: Poulardenteile werden in einem Schmortopf in Speckbutter angebraten, mit etwas Cognac flambiert und mit Boullion und kräftigem Rotwein begossen. Man läßt das

Hähnchenfleisch so lange im Ofen schmoren, bis es weich ist und das feine Weinaroma aufgenommen hat. Wird das Hähnchen in Riesling geschmort, nennt man es, wie im Elsaß, Coq au Riesling.

Coque au lait Eine kalte Nachspeise aus gesüßter Eiermilchcreme, die mit Armagnac parfümiert wird.

Coquilles Der Sammelname für echte oder aus Keramik nachgeformte Jakobsmuschelschalen, in denen kleine Ragouts überbacken werden.

Coquilles Saint-Jacques ➛ Jakobsmuscheln

Corail Der Rogen von Krusten- und Schalentieren, der in gekochtem Zustand leuchtend orangerot, roh meist grünlich ist.

Cordon bleu Franz. blaues Band.

1. Bezeichnung für einen französischen Meisterkoch.

2. Ein Kalbsschnitzel, das in der Mitte eingeschnitten und mit je einer Scheibe gekochtem Schinken und Käse gefüllt wird. Das Ganze wird paniert und in Butter knusprig braun gebraten.

Corn Amerikanische Bezeichnung für Mais.

Corned beef Rindfleisch, meist argentinisches, das gepökelt, zerkleinert, in Brühe gekocht, geliert und in Konserven haltbar gemacht im Handel angeboten wird.

Cornflakes Eine amerikanische Erfindung, bei der aus besonders vorbereiteten Maiskörnern unter Zusatz von Malz, Zucker und Salz Maisflocken hergestellt werden, die mit Milch, Joghurt, Früchten oder im Müsli zum Frühstück gegessen werden.

Corn Fritters Eine gehaltvolle amerikanische Spezialität: Gekochte Maiskörner werden mit Béchamelsauce und Eigelb gebunden, gewürzt und abgekühlt zu kleinen Kugeln geformt, die dann paniert und fritiert werden.

Corn on the cob Engl. Mais am Kolben. Junge Maiskolben werden, nachdem Blätter und Fäden entfernt wurden, in Salzwasser gekocht und mit Butter und Salz serviert. Diese typisch amerikanische Beilage zu Steaks wird mit der Hand gegessen, wofür jeweils ein Zahnstocher in beide Seiten des Maiskolbens gesteckt wird. Werden die Maiskörner in der Küche vor dem Anrichten vom Kolben abgeschabt, spricht man von Corn off the cob.

Cornichons Auch Pfeffergürkchen. In Würzessig eingelegte kleine Gurken.

Costoletta alla Milanese Die berühmte Mailänder Spezialität hat wegen ihres Wohlgeschmacks schon längst Eingang in die internationale Küche gefunden. Ein Kalbsschnitzel wird in Ei, Paniermehl und Parmesan gewendet, in Öl gebraten und mit einer Zitronenscheibe und Petersilie garniert.

Côte Französische Fachbezeichnung für Rippe, Rippenstück, Kotelett, wie zum Beispiel: Côte d'agneau für

Lammkotelett oder Côte de bœuf für Rinderkotelett.

Côte, Coteaux Diese Bezeichnungen deuten ursprünglich auf die Hanglage bei französischen Weinanbaugebieten hin. Berühmt ist die Côte d'Or mit den Unterbezirken Côte de Beaune und Côte de Nuits oder auch die Côte Chalonnaise, die zusammen die besten Burgunderweine hervorbringen. Die Bezeichnung Côtes du Rhône tragen Weine aus den Gebieten zwischen Lyon und Avignon. Die Rotweine haben einen intensiven Geschmack und sind sehr dunkel. Die Weißweine sind meist von goldener Farbe und kräftigem Geschmack. Die berühmteste Lage: Chateauneuf-du-Pape. Weniger bekannt sind die Coteaux Champenois, ein Begriff, der keine Hanglage definiert, sondern stille, nicht moussierende Weine aus der Champagne.

Cotta Italienische Bezeichnung für Ziegenkäse.

Cottage Cheese Engl. Hüttenkäse. Aus Quark und Sahne hergestellter grobkörniger Frischkäse.

Couleur Auch Zuckerkouleur, Karamelfarbe. Dunkle Zuckerfarbe zum Färben von Speisen.

Coulis Konzentrierter Saft oder Püree von Wild, Fisch, Schalen- und Krustentieren, Früchten oder Gemüsen. Die Konsistenz eines Coulis muß so beschaffen sein, daß er gerade noch fließen (franz. couler) kann.

Coulommiers Der französische Weichkäse aus der Region um Paris mit einer ähnlichen Konsistenz wie der Brie hat einen feinen nußartigen Geschmack, ist etwas kleiner und besitzt eine weiße, feste Oberfläche.

Coupe Glas, Schale oder Becher, worin Eis, häufig mit Früchten, hübsch garniert oder mit Sekt aufgefüllt, serviert wird. Ein Bestandteil vieler Dessertnamen.

Coupe du milieu Beim Fondue-Essen wird oft eine Verdauungspause eingelegt, in der ein Schnaps zur besseren Bekömmlichkeit angeboten wird.

Courbet-Art Nach Art des berühmten französischen Malers Courbet. Champignons und Austern werden in einer Curry-Weißweinsauce zu Fisch gereicht.

Courgettes ➛ Zucchini

Courtbouillon Franz. Kurze Brühe. Ein gewürzter Sud, meist aus Weißwein, Essig, Wurzelgemüsen und Gewürzen, der zum Kochen von Fischen und Meerestieren benutzt wird.

Couscous Diese aus Nordafrika stammende Beilage für verschiedene Fleisch- oder Gemüsegerichte ist schon seit langem fester Bestandteil der französischen Küche. In einem Spezialtopf mit Siebeinsatz, der Couscousière, wird aus angefeuchtetem Hirse-, Weizen- oder Maisgries Couscousgries über Dampf zubereitet.

Couvert ➛ Gedeck

Cozze Ital. ➛ Muscheln

Crabe Franz. Taschenkrebs. Der größte Fleischanteil dieses Meerestiers befindet sich in den Zangen und wird meist in seinem Rückenpanzer angerichtet. Auch kalt, mit Mayonnaise oder Kräutersauce, wird diese Spezialität serviert.

Crabmeat Engl. Krabbenfleisch. Aus den Beinen und Scheren von größeren Tiefseekrabben wird dieses geschmacklich dem Hummer ähnliche Fleisch gewonnen und als Konserve im Handel angeboten. Verwendung findet Crabmeat in Salaten, Saucen, Suppen und maritimen Eintopfgerichten.

Cracker Auch Kräcker. Ursprünglich eine englische Spezialität, ist dieser zarte, kleine, runde Keks mit salziger Würze inzwischen überall eine gerngesehene Knabberei. Er wird als Snack zu Wein und Bier gegessen, dient aber auch als Unterlage für Frischkäse und sonstige würzige Aufstriche.

Cranberry ➛ Preiselbeeren

Creamed Chicken Ein gekochtes Huhn wird enthäutet und entbeint, das Fleisch gehackt und mit süßem Rahm dick einkocht. Diese amerikanische Spezialität wird mit Salz und Paprika gewürzt, mit Sherry abgeschmeckt und auf Toast angerichtet.

Crémant Die französische Bezeichnung für Schaumweine, die nach dem ➛ Champagnerverfahren außerhalb der Champagne hergestellt werden, z.B. Crémant d'Alsace.

Crème Franz. Sahne. Neben dieser direkten Bedeutung wird unter Crème aber auch eine dickflüssige, gesüßte Masse zum Füllen und Verzieren von Gebäck und Torten oder cremiger, süßer Likör verstanden. Auch der Hinweis auf den hohen Sahneanteil einer Sauce oder Suppe ist mit der Bezeichnung Crème verbunden.

Crème double Franz. doppelte Sahne. Dicke, sehr fetthaltige Sahne, die in vielen Bereichen der Küche eingesetzt wird, z.B. für Saucen und Suppen.

Crème caramel Dieses klassische, französische Dessert besteht aus einem Eiermilchflan, der in einem mit dunklem Karamel chemisierten Portionsförmchen im Wasserbad pochiert und nach dem Abkühlen gestürzt wird.

Crème fraîche Franz. frische Sahne. Dicker Sauerrahm, der seinen Aufschwung nahm, als die Nouvelle Cuisine einen Sahneersatz brauchte. Crème fraîche wird in Saucen, Suppen, Süßspeisen und Salaten verwendet.

Crêpes Franz. Gekräuselte. Bei dieser alten bretonischen Spezialität werden aus einem flüssigen Teig Eierkuchen so dünn gebacken, daß sie sich am Rand leicht kräuseln. Die Füllungen sind vielfältig: gezuckerte braune Butter, Früchte wie Ananas oder Äpfel, getränkt in Armagnac oder Calvados. Salzige Crêpes (➛ Galettes) werden mit würzigen Füllungen aus Hackfleisch und/oder Gemüse oder Pilzen vollendet.

Crêpes Suzette Die wohl bekannteste Crêpeszubereitung: In einer Orangensauce aus Butter, leicht karamelisiertem Zucker und Orangensaft werden fertig gebackene Crêpes geschwenkt und dann mit Grand Marnier flambiert.

Crépinette Eine Sammelbezeichnung für verschiedene, runde Kugelwürstchen aus Farce unterschiedlichster Art, mit und ohne Fleischstückchen, die, in ➛ Schweinenetz gewickelt, gebraten werden.

Crevette ➛ Garnele

Crispisalat Ein fruchtiges Salaterlebnis: Orangen-, Pampelmusen- und Avocadostückchen werden mit entsteinten Kirschen in einer Sahnemayonnaise angemacht und zum Anrichten mit gehackten Walnußkernen bestreut.

Croissant Die französischen Blätterteighörnchen, die ungefüllt oder mit verschiedenen süßen Füllungen wie Schokolade oder Marzipan angeboten werden. Das typische zweite oder ausgedehnte Frühstück der Franzosen.

Cromesquis Auch Kromeskis. Die in Brandteig gehüllten Kroketten werden fritiert und als Beilage serviert.

Croquant Franz. knusprig.

Croque Monsieur Französische warme Toastspezialität mit Schinken und Käse.

Croustade Auch Krustade, Krustenpastete. Die warme Portionspastete hat ihren Namen von ihrem „krustigen" Äußeren, einer Hülle aus Blätter-, Brand- oder Mürbeteig, Makkaroni, Kartoffelteig oder Reismasse, die mit einer würzigen Masse gefüllt wird.

Croûtons Weißbrotscheiben werden halbiert oder in Formen geschnitten, in Butter angebräunt und meist als Suppeneinlage oder -zutat verwendet. Sind die Croûtons etwas dicker, ausgehöhlt und noch zusätzlich gefüllt, spricht man von Croûtes.

Cru Diese Angabe auf französischen Weinetiketten weist immer auf eine bestimmte, genau begrenzte Lage hin. Je nach Anbaugebiet und Klassifizierungsvorschrift werden mit den Zusätzen Cru bourgeois, Cru classé, Grand Cru noch hochwertigere Qualitäten angegeben.

Crudités Die französische Bezeichnung für Rohkostsalate, die in Frankreich gerne als Vorspeise gereicht werden.

Crustas Mixgetränke, die eine Zukkerkruste am Glasrand besitzen, tragen diesen Namen, meist mit der Zusatzbezeichnung des Hauptinhaltsstoffes wie: Whisky Crusta, Gin Crusta.

Csipetke Die ungarische Knödelvariante aus einem Eier-Mehl-Teig, die, in Wasser gegart, traditionell zu Gulasch serviert wird.

Cuba libre Die berühmte Kombination aus kubanischem, weißen Rum und Cola.

Cumberlandsauce Eine nach dem Herzog von Cumberland benannte kalte Würzsauce, die besonders gut zu Pasteten, Wild und Wildgeflügel paßt. Die Hauptbestandteile: Johannisbeergelee, Rotwein, Orangensaft und -schale sowie Portwein und Gewürze. Cumberlandsauce wird als Fertigprodukt im Handel angeboten.

Cumquats ➛ Kumquats

Curaçao Von der westindischen Insel Curaçao kommend, wird dieser Fruchtlikör aus Pomeranzenschalen in den Farben rot, weiß, blau, grün und orange angeboten. Curaçao ist fester Bestandteil vieler Mixgetränke geworden.

Curcuma ➛ Kurkuma

Curry 1. Die Bezeichung für die ursprünglich aus Indien stammende Gewürzmischung, die meist als gelblich-braunes und sehr aromatisches Pulver angeboten wird.
2. Vollständige, asiatische Gerichte, die hauptsächlich mit Curry gewürzt werden.

Curryreis Gekochter, gebutterter Reis wird mit ausreichend Curry vermischt, so daß er sich ganz einfärbt.

Currysauce Abhängig von der Provenienz gibt es viele, unterschiedliche Zubereitungsarten. Meist werden Wurzelgemüse, Mehl und Curry in Öl angeschwitzt, Früchte (Bananen, Äpfel, Mangos), Kräuter und Aromaten (Thymian, Knoblauch) oder exotische Zutaten (Kokosmilch) hinzugefügt, mit dem entsprechenden Fisch- oder Fleischfond aufgefüllt und, manchmal noch mit zusätzlicher Sahne, zu einer sämigen, gehaltvollen Sauce langsam verkocht.

Cuvée Vor allem bei der Schaumweinherstellung bedeutet die spezielle Cuvée eines Weinhauses die Mischung verschiedener Ausgangsweine und Jahrgänge zur Herstellung des gewollten, jedes Jahr möglichst gleichen, typischen Schaumweingeschmacks dieses Hauses.

Cynar Ein bitterer Artischockenbranntwein aus Italien, der als Aperitif und Bargetränk meist gemischt getrunken wird.

D

Dämpfen Das Garen im heißen Wasserdampf wird immer beliebter, weil es zum einen das Gargut nicht auslaugt und zum andern die wichtigen Inhaltsstoffe wie Vitamine weitgehend schont. Außerdem gart diese uralte Kochtechnik der Chinesen in Verbindung mit Druck (Dampfdrucktopf) in kürzester Zeit, ohne den Eigengeschmack von Gemüse oder Fisch zu verfälschen.

Dänische Entensuppe Gebratenes, ausgebeintes Entenfleisch wird mit gekochten Artischocken püriert und mit einer Entenconsommé aufgefüllt. Mit Marsala abgeschmeckt und mit Entenfleischklößchen vollendet, wird diese klassische Suppe sehr heiß serviert.

Dänischer Salat Hauptbestandteile dieses Gemüsesalats mit Räucherlachs und gekochten Eiern in einer Kräutermayonnaise sind: Rote Bete, gekochter Knollensellerie und Gewürzgurken.

Dänische Wildsuppe Wildentenconsommé wird mit gekochten Linsen püriert, mit wenig Madeira abgeschmeckt und mit einer Einlage von

Wildentenfleisch und Trüffeln angerichtet.

Dahorp Diese serbische Spezialität besteht aus pikant gewürzten Hammelfleischwürfeln, die mit Zwiebeln und Wurzelgemüse geschmort werden. Gewürzt wird das Ganze mit Paprikapulver und Essig. Als Beilage dienen Djuvečreis und grüne Paprikaschoten.

Daiquiri Der karibische Cocktail aus weißem Rum, Grenadine und Limonensaft war eines von Hemingways bevorzugten Bargetränken.

Dalken Die böhmische Dessertspezialität wird aus runden Hefeteigstücken gebacken, die mit ➛ Powidl gefüllt werden.

Dame blanche Eine helle Sahnesauce vor allem zu Fischgerichten, die mit Trüffelwürfeln verfeinert wird.

Dampferl Auch Dampfl (österr.). Der bayerische Ausdruck für den Hefevorteig, den man für einen Hefekuchen aus etwas warmer Flüssigkeit, Backhefe und wenig Mehl zusammenrührt und auf das doppelte Volumen aufgehen läßt.

Dampfnudeln Auch Germknödel. Die süddeutsche und österreichische Süßspeisenspezialität besteht aus Hefeteighalbkugeln, die meist in einer ➛ Reine auf gesüßter oder gesalzener Milch, mit einem Deckel verschlossen, gedämpft werden, bis die Flüssigkeit ganz verdunstet ist und die Dampfnudeln gut aufgegangen sind. Man ißt diese luftigen Gebilde am besten sofort warm mit Vanille- oder Weinschaumsauce. Aus dem gleichen Teig, in kleinerer Dimension, sind die österreichischen Buchteln.

Dampfrostbraten Die Wiener Art, ein gewürztes Zwischenrippenstück mit Speck, Zwiebeln, Gemüse und Kartoffeln zugedeckt mit etwas Flüssigkeit zu garen müßte genaugenommen Dünstrostbraten heißen.

Damwild Eine kleine, aber wegen ihrer guten Anpassungsfähigkeit sehr verbreitete Hirschart, die zartes und bekömmliches Fleisch liefert.

Danablu Die dänische Vollfettkäsespezialität mit intensivem Geschmack, durchzogen von blauen Adern, hat eine cremige, fast streichfähige Konsistenz.

Danbo Auch Danboe. Eine dänischer, milder Schnittkäse mit leicht säuerlichem Geschmack, der mit oder ohne Kümmel angeboten wird.

Danicheff-Salat Auch Danichew. Ein Gemüsesalat, der mit Mayonnaisesauce angemacht wird und hauptsächlich aus Kartoffel-, Sellerie- und Champignonscheiben besteht. Mit Spargelspitzen, Krebsschwänzen und gekochten Eiern wird er dekoriert.

Danziger Goldwasser Ein klarer, süß-aromatischer Likör auf Kräuterbasis. Auffällig an dieser Spezialität eines Holländers aus dem 16. Jahrhundert sind die kleinen Blattgoldflitter, die in der Flüssigkeit herumschwimmen.

Daon Djeroek Poeroet Zitronenblätter, die in der indonesischen Küche als Gewürz sehr beliebt sind.

Darblaysuppe Eine Kartoffelcremesuppe, die mit leicht angeschlagener Sahne und ➛ Julienne von Karotten, Sellerie und Lauch als Einlage serviert wird.

Dari ➛ Hirse

Dariole Auch Timbals, Becherpasteten. Die gleichnamigen konischen Metallförmchen werden mit Pürees oder Ragouts verschiedenster Art gefüllt, die nach dem Garen bzw. Abkühlen heiß oder kalt gestürzt angerichtet werden.

Darjeeling Die berühmte indische Teespezialität ist mit zartem oder würzigem Aroma im Handel erhältlich und wird vor allem am Fuß des Himalaja angebaut.

Darne de saumon Die französische Fachbezeichnung für das Mittelstück des Lachses.

Dartois Auch D'Artois. Auf eine Blätterteigscheibe wird eine würzige Füllung gestrichen und darauf eine zweite Scheibe gelegt. Das Ganze wird im Ofen gebacken und zum Anrichten in Streifen oder Rauten geschnitten.

Dartoissuppe Eine Cremesuppe auf der Basis von weißen Bohnenkernen mit einer Einlage von gewürfelten Frühlingsgemüsen.

Dash Engl. Spritzer. Ein wichtiger Fachbegriff beim Mixen von Drinks und Cocktails. Profis besitzen sogar eine „Dashbottle", eine Spezialflasche, mit der man den Mixgetränken problemlos immer nur genau einen Spritzer von ➛ Angostura oder ähnlichem hinzufügen kann.

Dasheen Ein Wurzelgemüse aus den USA, das wie die Kartoffel verarbeitet wird.

Datschi Ein vor allem in Österreich und Süddeutschland gebräuchlicher Ausdruck für Hefekuchen mit Obstbelag, z.B. Zwetschgendatschi. Ausnahme : Reiberdatschi, was soviel wie ➛ Kartoffelpuffer bedeutet.

Dattel Die Beerenfrucht der Dattelpalme, die schon mehrere tausend Jahre kultiviert und verzehrt wird; sie kommt meist getrocknet in den Handel. Die pflaumenartigen Datteln sollten dick, prall und weich sein. Sie besitzen wegen ihres hohen Zuckergehaltes einen stark süßen Geschmack, der sie zu einem beliebten Grundstoff in der Konditorei gemacht hat. Datteln lassen sich gut einfrieren und so lange Zeit haltbar machen.

Dattel, schwarze ➛ Lotospflaume

Dattelpflaume ➛ Kaki

Dattelwein Eine stark alkoholhaltige Spezialität auf der Basis von Saft aus Dattelsprossen.

Daube Ein altes provencalisches Schmorgericht, bei dem unter Luftabschluß Fleisch oder Fisch im eigenen Saft gegart wird. Im Orginal wird ein spezielles Tongeschirr mit sämtlichen Zutaten gefüllt und der Deckel mit einem Rand aus Brotteig verschlossen. So im Ofen geschmort, entfalten die traditionellen Gerichte wie Daube de bœuf (Rinderschmorfleisch) oder Daube de congre (Geschmorter Seeaal) beim Öffnen bei Tisch ihr wunderbares Aroma.

Dauerwurst Eine lange haltbare Rohwurst, die besonders aufwendig hergestellt wird und erst nach ausgedehnter Trockenreifung in den Handel kommt.

Daumontsauce Eine getrüffelte Ableitung der Sauce ➛ Hollandaise zu Seefisch, die mit etwas Zitronensaft und Austernwasser gemischt und mit gewürfeltem Austernfleisch und gedünsteten Champignons vollendet wird.

Dauphin-Kartoffeln Franz. Kronprinz-Kartoffeln. Dünne Kartoffelscheiben werden, ähnlich den ➛ Annakartoffeln, in eine mit Knoblauchbutter eingefettete Backform gegeben und nach Zugabe von Milch, Gewürzen und Reibkäse im Ofen knusprig braun gebacken.

Dauphine-Kartoffeln Franz. Kronprinzessin-Kartoffeln. $^3/_4$ ➛ Duchessemasse wird mit $^1/_4$ ➛ Brandteig gut verknetet, gewürzt, aus einem Spritzbeutel als kurze, kleine Würstchen in heißes Fritierfett gedrückt und goldgelb ausgebacken.

Daurade ➛ Meerbrasse

Debrecziner Die ungarische Stadt Debreczin gab ihren Namen einer Wurst mit grober, pikanter Füllung, die als Roh- oder Brühwurst angeboten wird.

Debrecziner Gulasch Bei diesem ungarischen Gulasch werden zuerst dicke Zwiebelscheiben in viel Schmalz angebraten, mit reichlich Paprikapulver gewürzt, mit Brühe abgelöscht und aufgefüllt. Dann wird die gleiche Menge Rindfleischwürfel hinzugefügt, mit Knoblauch und Kümmel gewürzt und auf kleiner Hitze gargeschmort. Zum Anrichten gibt man noch grobe Stücke von Gewürzgurken hinzu und serviert das Ganze sehr heiß.

Deglacieren Ein sehr wichtiger Fachausdruck, der Ablöschen und Auflösen bedeutet. Meist werden Bratensatz, Mehlschwitze, geröstete Fleisch-, Fisch- oder Wurzelgemüsestücke mit Wasser, Brühe, Wein, Crème fraîche oder Sahne begossen, damit sich die Röst- und Aromastoffe lösen und in die Bratensauce übergehen.

Degorgieren 1. Das Entfernen eines Hefepropfens im Flaschenhals durch kurzes Eintauchen in eine Gefrierlösung. Die Heferückstände gefrieren und werden durch die Schaumweinkohlensäure herausgedrückt. Ein wichtiges Verfahren bei der Champagnerherstellung. Das durch das Degorgement verlorene Volumen wird durch die sogenannte ➛ Dosage ersetzt.

2. Wässern von bluthaltigen Innereien.

Degraissieren Franz. dégraisser = entfetten. Der geläufige Fachausdruck bezeichnet das Abziehen von Fett an der Oberfläche von Flüssigkeiten wie Suppen oder Saucen mit einer Suppenkelle oder saugfähigem Papier.

Degustation Die Bezeichnung für das Verkosten, Probieren und Prüfen von Wein bei der Weinprobe.

Deka Die österreichische Maßzahl Dekagramm entspricht 10 g und wird vor allem in Kuchenrezepten häufig verwendet.

Dekantieren Franz. décanter = klären. Bei altem Wein bildet sich meist ein Bodensatz, der nicht mitgetrunken wird. Um den Wein von diesen Rückständen zu trennen, wird er vorsichtig vor einer Kerzenflamme in eine Karaffe abgegossen, bis der Satz im Flaschenhals erscheint. Der meist positive Nebeneffekt: Der Wein wird stärker dem Sauerstoff ausgesetzt und fängt an zu „atmen", d.h. er entfaltet sein Bukett.

Dekorieren ➛ Garnieren

Delfter Salat Nach der niederländischen Stadt wurde ein Salat benannt, der aus geschälten Garnelen und gekochten Eiern besteht, die in einem Mayonnaise-Kräuterdressing mariniert und auf Salatherzen serviert werden.

Délice Das Beste einer Zutat wird bei diesem Gericht serviert, wie zum Beispiel : Délices de sole = Seezungenfilets.

Delikater Salat Würfel von Ananas und Tomaten werden mit Orangenfilets in einem Dressing aus Crème double und Zitronensaft angerichtet.

Delikateß Eine Zusatzbezeichnung von Lebensmitteln, die auf ihre hohe Qualität hinweisen soll: Delikateßbohnen sind besonders zarte, dünne, grüne Bohnen, Delikateßgurken sind feine Gewürzgurken und Delikateßheringe sind verschieden eingelegte Heringsfilets.

Delmonicokartoffeln Pellkartoffelwürfel werden in eine dicke Sahnesauce gegeben, mit geriebener Weißbrotkrume bestreut und, mit Butter beträufelt, im Backofen gratiniert.

Delmonicosalat Säuerliche Äpfel und ebenso viel gekochter Knollensellerie werden in Würfelchen geschnitten, mit Zitronensaft beträufelt und in Sahnemayonnaise angerichtet.

Del-Monte-Salat Eine exotische Salatkomposition aus dünnen Apfelscheiben, kleinen Ananasstücken, in feine Streifen geschnittenem Staudensellerie und gehäuteter, grüner Paprikaschote. Das Ganze wird mit einer Sauce aus Zitronensaft, Mayonnaise, Senf und Sardellenpaste angemacht.

Delrichesuppe Eine Geflügelconsommé mit einer Einlage aus ganz dünnen, gebrochenen Nudeln, Ochsenmarkscheiben und Croûtonwürfeln.

Demestica Eine griechische Weinspezialität, die als meist trockener Rot- und Weißwein zum Essen gereicht wird, oft sehr alkoholreich ist und manchmal leicht harzig schmeckt.

Demi-deuil ➛ Poularde en demideuil

Demidoff-Sauce Auch Demidowsauce. Eine Kraftsauce wird mit Madeira und Trüffelessenz verkocht und mit gehobelten, halbierten Trüffelscheiben angerichtet.

Demiglace Auch Kraftsauce. Braune Grundsauce wird mit Kalbsfond verkocht, stark einreduziert und kräftig abgeschmeckt. Demiglace ist eine der meist verwendeten Grundsaucen der feinen klassischen Küche.

Demi-sec Auch Demi-doux. Die französische Bezeichnung für einen mittleren Restsüßegehalt zwischen ➛ doux bzw. ➛ sec und ➛ brut. Sie wird vor allem bei Sekt oder Champagner verwendet.

Demi-sel Leicht gesalzen; bei Butter oder Frischkäse.

Demoulieren Französischer Küchenfachbegriff für: das Gargut aus seiner Back- oder Gelierform stürzen.

Denominación de Origen Abgekürzt: D.O. Die amtliche Herkunftsbezeichnung für Weine bestimmter Anbaugebiete in Spanien, die kontrollierte Produktionsmengen und Verarbeitungsverfahren garantieren.

Denominazione Origine Controllata Abgekürzt: D.O.C. Die amtliche Herkunftsbezeichnung für Weine bestimmter Anbaugebiete in Italien, die kontrollierte Produktionsmengen und Verarbeitungsverfahren garantieren. Zusätzliche Angaben wie Classico, Superiore oder Riserva weisen auf eine besonders gute Lage, einen höheren Alkoholgehalt oder eine besonders lange Lagerung hin. Eine ergänzende Klassifizierung ist die D.O.C.G., die Denominazione di Origine Controllata e Garantita. Dieses Supplement zur D.O.C. dient ebenfalls als Herkunftsbezeichnung für die besten Weine Italiens mit der Garantie von kontrollierten Produktionsmengen und Verarbeitungsverfahren. Unglücklicherweise stellt sich beim Nachprüfen all dieser italienischen Kontrollinstanzen heraus, daß die besten Weinhäuser des Landes ihre Spitzenprodukte als einfachen Vino da tavola, also Tafelwein anbieten müssen, da die traditonellen und sehr eng gefaßten D.O.C.-Regeln keinerlei Innovation zulassen.

Depot Dieser Fachausdruck aus der Weinkunde bezeichnet den durch lange Lagerung entstandenen Bodensatz in Weinflaschen, der keine Qualitätsminderung bedeutet, aber beim Servieren durch ➛ Dekantieren vom Wein getrennt wird.

Descartes Kleine Blätterteigpasteten werden mit einer mit Trüffelfarce gefüllten Wachtel besetzt und gebacken. Eine delikate Meistergarnitur der französischen Küche zu feinen Wildgeflügelgerichten, die nach dem berühmten französischen Philosophen Descartes benannt wurde.

Désirée Die weitverbreitete, vorwiegend mehlig-kochende Kartoffelsorte mit zartem Geschmack.

Deslignac-Suppe Eine kräftige, klare Rindsconsommé mit einer Einlage aus Eierstichscheibchen und mit Kalbsfarce gefüllten Kopfsalatblättern, bestreut mit gezupftem Kerbel.

Dessert Auch Nachtisch. Der gute Abschluß eines Essens, der aus verschiedenen Süßspeisen, Eis, Obst oder einer Käseplatte bestehen kann.

Dessertweine ➛ Süßweine

Destillation Dieses wichtige Verfahren bewirkt bei der Weinbrandherstellung die Trennung von Wasser und Alkohol. Durch zweifaches Brennen, also Erhitzen und Abkühlen, wird der Rohbrand hergestellt, der dann als Grundlage für die weitere Verarbeitung, den Verschnitt und die Lagerung dient.

Deutsche Art Die traditionelle Garnitur zu großen Braten: in Butter geschwenkte Nudeln, Kartoffelpüree und gebundener Bratensaft. Zu Fisch: gebundene, helle Kapernsauce, montiert mit Sardellenbutter.

Deutscher Salat Deftiger Heringssalat auf der Basis von gewürfelten Matjesfilets, Gewürzgurken, Roten Beten, Pellkartoffeln, Äpfeln und Zwiebeln, angemacht mit einer Senfsauce und bestreut mit gehacktem Ei und Petersilie.

Deutsche Sauce Auch franz. sauce allemande. Die helle gebundene Sauce der französischen Haute Cuisine: Eigelb wird mit Champignonfond und klarer Kalbsbrühe aufgeschlagen und mit weißer Grundsauce gebunden. Die cremige Sauce zu hellem Fleisch und Fisch wird mit Muskatnuß, Zitronensaft, Sahne und wenig weißem Pfeffer abgeschmeckt und mit etwas Butter vollendet.

Deutsches Beefsteak Auch Bulette, Fleischpflanzerl, Frikadelle, Hacksteak. Dieses populäre und beliebte Fleischgericht wird in verschiedenen Varianten zubereitet. Gemeinsame Basis in den meisten Fällen: gemischtes Schweine- und Rinderhackfleisch, altbackene, eingeweichte Brötchen, Eier und angedünstete Zwiebelwürfel, gut gemischt, würzig abgeschmeckt und zu abgeplatteten Klopsen geformt. Die Klopse werden in Schmalz oder Öl knusprig braun gebraten und mit Brot, Senf und Gewürzgurken serviert. Die amerikanische Version, der Hamburger, besteht aus reinem Rindfleisch und wird mit vielerlei Belag in den Restaurants der Fastfoodketten serviert.

Deutsche Suppe Eine kräftige Consommé mit Rotkrautstreifen und Bockwurstscheiben als Einlage.

Devonshire-Sauce Eine englische Ableitung der ➛ Deutschen Sauce mit einer Einlage aus gepökelter Zunge, die in Würfelchen geschnitten wurde.

Dextrose ➛ Traubenzucker

Diät Das kalorien- und reizarme Ernähren durch unzählige Arten von Spezialkost bei Krankheiten oder zur Gewichtsabnahme.

Diamanti Eine italienische Nudelsorte, die die Form von länglichen flachen Rauten hat.

Dianapastetchen Blätterteigpasteten nach Art der Jagdgöttin Diana werden aufgebacken und mit einem Ragout aus Champignons und Wildgeflügelstücken in einer gebundenen dunklen Wildsauce gefüllt und angerichtet.

Dianasauce Eine raffinierte Sauce zu gebratenem Wild und Wildgeflügel: Kräftige Pfefferrahmsauce wird mit Trüffelstückchen und gekochtem, gehacktem Eiweiß gemischt und pikant abgeschmeckt.

Dianasuppe 1. Eine Wildconsommé auf Fasan- oder Rebhuhnbasis wird mit Madeira abgeschmeckt und erhält Trüffelstücke und Wildfarcenocken als Einlage.
2. Die gleiche Suppe wird gebunden und hat anstatt der Nocken Wildgeflügelbruststreifen als Einlage.

Dicke Bohnen Auch Ackerbohnen, Pferdebohnen, Puffbohnen, Saubohnen. Die schmackhaften Früchte einer Wickenpflanze haben einen hohen Nährwertgehalt und werden vor allem in Frankreich als Gemüsebeilage (franz. fèves) sehr geschätzt. Die jungen, zarten Früchte erkennt man am weißen Keimfleck; sie werden meist gekocht mit Zwiebelwürfeln, verschiedenen Kräutern und reichlich Butter angerichtet. Die älteren Exemplare sind vollkommen grün und werden zu Püree weiterverarbeitet.

Dickmilch Auch Sauermilch. Geronnene, gedickte Vollmilch, die als erfrischendes Sommergetränk oder als Vorstufe zur Käse- und Quarkherstellung Verwendung findet.

Diepper Sauce Die feine Ableitung einer Weißweinsauce mit dem Namen der französischen Hafenstadt wird vor allem zu Seefisch serviert. Die Grundsauce wird mit einer Reduktion aus Muschelsud und Weißwein verfeinert, mit Butter aufmontiert und mit pochierten Muscheln und Garnelen vollendet.

Diepper Suppe Eine gebundene, mit Sahne verfeinerte Fischsuppe, die als Einlage Lauchstückchen, Champignons, Muscheln und geschälte Garnelen enthält und mit einer Sahnehaube serviert wird.

Digestif Franz. verdauungsfördernder Schnaps. Die verschiedenen klaren Schnäpse, Bitter, aber auch Cognac, Calvados oder Armagnac, die zur besseren Verdauung und zur Anregung nach dem Essen serviert werden.

Dijoner Salat Ein Kartoffelsalat wird mit Gewürzgurkenscheiben und Selleriestreifen gemischt und mit Mayonnaise und ein wenig Dijon-Senf angemacht.

Dijon-Senf Die außerhalb Frankreichs bekannteste Senfspezialität aus dem Burgund: Er wird aus dunklen Senfkörnern hergestellt und hat einen sehr pikanten Geschmack. Dijonsenf wird zu kurzgebratenem Fleisch gereicht oder zu kalten und warmen Senfsaucen verarbeitet.

Dill Auch Däll, Dill-, Hexen-, Gurkenkraut. Frischer Dill wird als Salatkraut, zum Würzen von Fischgerichten oder als Einlegekraut für Gurken verwendet. Die getrockneten Blätter und Samen sind von intensiverem, aber auch sehr strengem Aroma.

Dillgraved lax Die schwedische Lachsspezialität, bei der in die Beize große Mengen Dill gemischt werden. Serviert wird dieser rohgebeizte Fisch dann mit einer kräftigen ➛ Senap-Sauce.

Dillkartoffeln Pellkartoffeln werden in einem hellen, gebundenen Kalbsfond mit glasigen Zwiebelwürfeln und Crème fraîche erhitzt und kurz vor dem Anrichten mit gehacktem, frischem Dill abgeschmeckt.

Dillsauce Die deutsche Sauce zu gekochtem Fisch und Fleisch: Einer hellen Sahnesauce, die mit dem Fond des jeweiligen Gargutes hergestellt wird, fügt man kurz vor dem Servieren den gehackten Dill zu, der nicht kochen darf, weil er sonst einen bitteren, schalen Geschmack abgibt.

Dim Sum Chinesische Teigtaschen, die man als Einlage in Suppen oder als Hauptgericht serviert, werden in Bambuskörbchen über Dampf gegart oder in heißem Fritieröl ausgebacken.

Dinkel Die sehr alte Weizenart, die zwar geringere Erträge bringt, aber dem Backgut einen angenehm nussigen Geschmack verleiht. Erntet man den unreifen Dinkel und dörrt ihn anschließend, dann erhält man ➛ Grünkern.

Dip Engl. eintauchen. Diese ursprünglich angelsächsische Spezialität hat sich international eingebürgert. Gemüsestäbchen, Salzgebäck, Fonduefleisch und vieles mehr taucht man in kalte, würzige Saucen, die meist auf Mayonnaisebasis hergestellt werden und auch als Fertigprodukte zu haben sind.

Diplomatenpudding Auch Kabinettpudding. Ein altes, klassisches Nachspeisenrezept für einen schweren, gekochten Pudding auf der Basis von Biskuitbröseln, Vanille, Eiern, Milch, Sultaninen und verschiedenen eingelegten Früchten. Nach dem Stürzen wird er meist mit Vanillesauce gereicht.

Diplomatensalat Diese gehaltvolle Salatkomposition aus Apfel-, Bananen-, Champignon-, Ananas- und Pellkartoffelscheiben wird mit ➛ Chantillymayonnaise angemacht und mit gehobeltem Trüffel dekoriert.

Diplomatensauce Eine Ableitung der ➛ Normannischen Sauce zu feinem Edelfisch, die mit Hummerbutter aufmontiert wird und als Einlage Hummerfleisch- und Trüffelstückchen erhält.

Distelkohl ➛ Karde

Distelöl Auch Safloröl. Wird aus den Samen einer Distelart gewonnen und im Handel als hochwertiges Salatöl oder als Fritieröl angeboten.

Divasuppe Eine gehaltvolle Consommé vom Huhn mit einer Einlage aus Hühnerfarcenocken sowie mit Hummerfleisch und Trüffelstückchen angereichertem Eierstich.

Divinesauce Auch Göttliche Sauce. Eine Ableitung der Sauce ➛ mousseline, die mit stark einreduziertem Geflügel- oder Spargelfond aromatisiert wird.

Djahe Frische Ingwerknolle als Aromazutat der indonesischen Küche.

Djelou Khabab Bei dieser iranischen Spezialität wird Hammel- bzw. Lammrückenfilet ➛ plattiert, kräftig mit Salz, Pfeffer und Kurkuma gewürzt, in Stärke paniert und über dem Grill stark geröstet. Gekochter persischer Reis, mit Butter vermischt, wird zum Anrichten über das Fleisch gegeben.

Djintan Auch Djenten. Indonesische Bezeichnung für Kreuzkümmel.

Djuveč Auch Dschuwec, Duveç. Der jugoslawische Begriff bezeichnet eine Reisbeilage, bei der Reis zusammen mit Kräutern, Gemüsen und Gewürzen weich geschmort wird.

Döbel Auch Aland, Alant, Nerfling. Ein europäischer Süßwasserfisch mit schmackhaftem, aber grätenreichem Fleisch. Er kommt an den typischen Karpfenstandorten vor und wird auch wie dieser behandelt.

Döner kebab Die ursprünglich türkische Spezialität ist auch außerhalb der Türkei wegen ihres würzigen Geschmacks schnell beliebt geworden: Lammschnitzel werden geklopft, gewürzt, senkrecht übereinander auf einen Drehspieß gesteckt und von einem Seitenfeuer her gegrillt. Die gerösteten Randteile werden mit einem großen Messer abgehobelt und mit Knoblauchjoghurt, Tomatenscheiben und Weißkraut angerichtet. Oft wird das Fleisch zum Mitnehmen in ein aufgeschnittenes, kleines Fladenbrot gefüllt. ➛ Gyros

Dörren Eine uralte Methode, Obst, Pilze oder auch Fleisch durch Wasserentzug haltbar zu machen. Früher wurden Apfelscheiben oder geputzte Pilze an dünnen Schnüren im Sommer an der Luft getrocknet. Heutzutage stellt man Dörrobst genauso gut auf dem Backrost im Heißluftherd bei niedriger Temperatur her.

Dörrfleisch Auch bayr. Wammerl. Ein südwestdeutscher Ausdruck für gepökelten, geräucherten Bauchspeck.

Dolce Ital. süß. Eine Angabe auf dem Etikett italienischer Weine und Schaumweine. Die deutsche Entsprechung ist lieblich.

Dôle Einer der wenigen Schweizer Weine, die man im Ausland bekommen kann, da die Eidgenossen normalerweise ihre guten Tropfen schon im eigenen Land genießen. Der erstklassige Rotwein wird an der Rhône angebaut und kommt als geringere Qualität mit dem Namen Goron in den Handel.

Dolmades Auch türk. Dolmas. Die griechische Spezialität ist auch bei uns beliebt: Angekochter Reis wird mit würzigem Hammel- oder Lammhackfleisch in Weinblätter gewickelt und gargezogen.

Dolores-Suppe Diese raffinierte Geflügelconsommé erhält als Einlage Streifen von gekochter Hühnerbrust und mit Safran gefärbten Reis.

Dominosteine Das traditionelle Weihnachtsgebäck besteht aus würfligen, in Schichten geschnittenen Honigkuchenstücken, die mit verschiedenen Konfitüren und Marzipan gefüllt und mit Kuvertüre oder Fettglasur überzogen werden.

Don Juan-Art Diese klassische Füllung für Pasteten als Beilage zu großem Geflügel besteht aus kleingewürfeltem Geflügelragout, mit Champignons und Trüffelstückchen verfeinert und mit einer kräftigen, gebundenen Grundsauce vollendet.

Doppskov Bei dieser schwedischen Spezialität werden Braten- und Schinkenwürfel in einer Zwiebelsahnesauce kurz geschmort und mit Pellkartoffelstücken vermischt. Vor dem Servieren gibt man auf jede Portion ein Spiegelei.

Dorade ➛ Meerbrasse

Doria-Art Diese Garniturbezeichnung bedeutet, daß geschälte Salatgurkenstücke in Butter ➛ sautiert und, mit etwas Dill, Petersilie und Salz abgeschmeckt, zu gedünstetetem Fisch serviert werden.

Dornhai Auch Dornfisch, Seeaal, Steinaal. Der räuberische Atlantikfisch besitzt einen schlanken, glänzenden Körper, der ihn wie einen richtigen Hai aussehen läßt. Frisch angeboten werden vom Dornhai nur die gehäuteten Rückenteile. Die abgetrennten, geräucherten Bauchlappen sind die beliebten ➛ Schillerlocken und die panierten, in Öl ausgebackenen Portionsteile bilden in England den Fischbestandteil von ➛ fish 'n' chips. Ansonsten kann Dornhai auch gedünstet, gekocht oder gebraten werden.

Dorsch ➛ Kabeljau

Dorschleber ➛ Kabeljau

Dortmunder Die Bezeichung für das untergärige Bier aus der deutschen Stadt gleichen Namens gilt mittlerweile für eine ganze Reihe anderer Biere internationaler Herkunft, die nach dem gleichen Geschmacksvorbild schwach gehopft hergestellt werden.

Dosage Auch Dosierung. Bei der Schaumweinherstellung wird dem vergorenen Wein eine zuckrige „Likör"-Mischung zugesetzt, die dem Schaumwein den typischen Hausgeschmack des Produzenten verleihen soll. Durch richtige Anwendung der Dosage können so unterschiedliche Geschmacksqualitäten der verschiedenen Jahrgänge ausgeglichen werden. Champagner mit der Bezeichnung Brut de brut enthält keinerlei Dosage.

Dost ➛ Oregano

Dotterpilz ➛ Pfifferling

Douglassalat Kopfsalatherzen werden mit Tomatenscheiben belegt und mit einer Vinaigrette, der noch etwas Tomatenketchup hinzugefügt wurde, beträufelt. Vor dem Anrichten wird gehacktes Ei darüber gestreut.

Douro Die Weingegend um den portugiesischen Fluß Douro bringt vor allem die Basisweine für den berühmten ➛ Portwein hervor.

Doux Franz. süß. Diese Bezeichung findet man auf den Etiketten französischer Schaumweine. Sie kennzeichnet einen besonders hohen Zuckergehalt und entspricht der deutschen Geschmacksbezeichnung lieblich.

Dow Saah Auch Rote Bohnenpaste. Ein in der chinesischen Küche beliebtes Färbemittel für Saucen und Suppen aus eingedickten Sojabohnen.

Doyensuppe Eine Geflügelsahnesuppe, die mit frischem Erbsenpüree gebunden und mit einer Einlage von Geflügelnocken und frischen grünen Erbsen angerichtet wird.

Drachenauge ➛ Longan

Drachenblut Rotwein und Sekt wird zu gleichen Teilen gemischt und gut gekühlt serviert.

Drachenkraut ➛ Estragon

Drachenkopf ➛ Rascasse

Drambuie Der Name eines bekannten, schottischen Likörs auf der Basis von Whisky, Honig, Gewürzen und Kräutern.

Dreikönigs-Kuchen Die französische Kuchenspezialität wird am 6. Januar, dem Dreikönigstag, gebacken und ist in Frankreich an diesem Tag bei jedem Bäcker zu erhalten. Wer die eingebackene Bohne in seinem Stück findet, ist für diesen Tag „Bohnenkönig".

Dresdener Weihnachtsstollen ➛ Stollen

Dressieren ➛ Anrichten

Dressing Die amerikanische Bezeichnung hat sich international für gebundene Salatsaucen durchgesetzt. Typisch ist das ➛ Thousand-Islands-Dressing.

Dry Engl. trocken. Die englische Kennzeichnung auf den Etiketten von Export-Schaumweinen oder Vermouthsorten bedeutet einen niedrigen Zuckergehalt. ➛ extra dry

Dubarry-Art Eine noch sehr gebräuchliche Garnitur mit dem Namen der berühmten Mätresse Ludwig XV. zu hellem Fleisch: Gegarte Blumenkohlröschen werden mit ➛ Mornaysauce gratiniert. Weitere Beilagen sind ➛ Schloßkartoffeln und, je nach Fleischsorte, der gebundene Bratensaft.

Dubarrysuppe Eine gebundene Blumenkohlsuppe, die Blumenkohlröschen als Einlage enthält und oft noch zusätzlich mit geschlagener Sahne verfeinert wird.

Dubonnet Ein süßer französischer Kräuterlikör, der als Aperitif Verwendung findet.

Duchessekartoffeln ➛ Herzoginkartoffeln

Duchessemasse Ausgedampfte Pellkartoffeln werden passiert, gewürzt und mit Eigelb gebunden. ➛ Herzoginkartoffeln

Duchesses Als kalte Vorspeise beliebte Brandteigkrapfen, die mit verschiedenen pikanten Füllungen versehen und oft mit Aspik überglänzt werden.

Dünkirchener Suppe Eine gebundene, helle Gemüsepüreesuppe mit knusprigen, in Butter gebratenen ➛ Croutons obenauf.

Dünsten In wenig Flüssigkeit mit geringer Fettzugabe werden empfindliche Nahrungsmittel wie Fische, hochwertige, kleine Fleischteile und vor allem Gemüse zugedeckt bei mittleren Temperaturen in einem Topf oder einer hohen Pfanne schonend gegart.

Dünstragout Auch Dunstgericht, Estouffade. Eine alte Zubereitungsart von Schmorfleischwürfeln, die mit Zwiebeln, Gemüsen, Gewürzen und Kräutern zuerst kräftig angebraten werden, dann mit Fleischfond und Wein abgelöscht, aufgefüllt und schließlich gut abgedeckt langsam bei mäßiger Hitze im Ofen fertiggegart werden.

Düsseldorfer Rippchen Die rheinische Spezialität besteht aus einer Mischung von gehacktem Kalbfleisch, Champignons, Petersilie und Zwiebeln, die, kräftig gewürzt, mit Eigelb gebunden und in Kotelettform gebracht wird. Man läßt dieses „Rippchen" kurz im Kühlschrank ruhen, um es dann zu panieren und goldbraun in heißer Butter zu braten.

Dumas-Salat Dieser klassische Gemüsesalat, benannt nach dem berühmten, französischen Schriftsteller, besteht aus Roten Beten, Tomaten, Gurken und Pellkartoffeln, wird mit Mayonnaise und Sardellenpaste gewürzt und mit Gurkenscheiben, gehackten Kräutern und gekochten, geteilten Eiern dekoriert.

Dumont-Suppe Die kräftige Rindsconsommé wird mit einer Julienne-Einlage von Champignons, Weißkraut und gekochter, gepökelter Rinderzunge vervollständigt.

Dunantsauce Eine getrüffelte Ableitung der Sauce ➛ Hollandaise, die mit Hummer- oder Langustenbutter aufmontiert und mit Schlagsahne vollendet wird.

Dunlop Eine schottische Cheddarsorte, die einen milden Geschmack aufweist und von festem Schnitt- bis zu Hartkäse angeboten wird.

Durchschlag Dieser Begriff bezeichnet ein kräftiges, großes Metallsieb mit großen Löchern, durch das in der Profiküche vor allem Saucen und Brühen durchgeschlagen, d.h. abpassiert werden.

Durchschwenken ➛ Schwenken

Durchwachsen Der Fachausdruck für ein Stück Schlachtfleisch mit sichtbaren Fettstreifen, die das Fleisch beim längeren Garen saftig erhalten.

Durian Auch Durione, Stinkfrucht, Zibetfrucht. Die äußere Schale dieser asiatischen Frucht, die in ihren Ursprungsländern als Delikatesse geschätzt wird, umschließt ein cremigweißes Fruchtfleisch mit angenehm süßlichem Geschmack, aber auch einem – zumindest für mitteleuropäische Nasen – extrem unangenehm stechenden, stinkenden Geruch. Dadurch ist die Durian kaum mit einer anderen Fruchtsorte zu verwechseln.

Duse-Art Die aufwendige klassische Zubereitung von pochiertem, edlem Seefisch nach Art der berühmten italienischen Schauspielerin wird immer noch angeboten: Der Fisch wird auf einem Pilawreissockel angerichtet, mit gehobelten Trüffelscheiben belegt und mit ➛ Mornaysauce gratiniert. Zum Servieren wird die Platte mit in Butter geschwenkten Garnelen ausgarniert.

Dust Engl. Staub. Die Bezeichnung für die zu kleinsten Blatteilen zerbrochenen Teeblätter, die meist für Teebeutel verwendet werden. ➛ Broken

Duxelles Eine der meistverwendeten Massen zum Ausstreichen von Pasteteninnenseiten oder als zusätzlicher Belag großer Fleischstücke. Duxelles-Masse besteht aus gehackten Champignons, die mit Schalotten und Petersilie in Butter gedünstet und trockengedämpft werden. Duxelles-Sauce entsteht, wenn Duxelles-Masse mit einer ➛ Reduktion aus Kräutern und Weißwein vermischt und mit brauner Grundsauce aufgefüllt wird.

E

Earl Grey Eine mit Bergamotte-Parfüm aromatisierte schwarze Chinateemischung, die meist in England produziert wird.

Eau-de-vie Franz. Wasser des Lebens. Die vor allem in Frankreich gebräuchliche Bezeichnung für, vor allem klaren, Schnaps.

Eberesche Die rote Vogelbeere mit süßen und bitteren Früchten, aus denen Likör, Branntwein und auch Marmelade hergestellt wird.

Eberraute ➛ Zitronenmelisse

Éclair Brandteigmasse wird mit einem Spritzbeutel in Streifen aufgetragen, gebacken und – in der süßen Version – mit Schlagsahne, Vanillecreme oder ➛ Konditorcreme gefüllt und, mit Zuckerguß glasiert, als süßes Dessert angeboten. Die pikanten Varianten können mit Käsecreme, Fleischfarce oder Gänseleber-masse gefüllt werden.

Écrevisse Franz. ➛ Krebs

Edamer Der berühmte Käse, ursprünglich aus der holländischen Stadt Edam, der außen mit einer roten Wachs-Paraffin-Schicht überzogen ist. Er ist mild im Geschmack und wird meist in Kugel- oder Laibform mit einem Gewicht von 2-10 kg angeboten.

Eddysalat Ein Obstsalat aus Ananaswürfeln, Pampelmusenachteln, Apfelscheibchen, Weintrauben und gehackten Nüssen, der mit einer Mayonnaisesauce gebunden wird.

Edelfische Fische, die im Geschmack besonders fein und in der Fleischstruktur angenehm sind. Auch Edelfische sind der Mode unterworfen, und so kann sich ein „Normalfisch", der durch Überfang seltener wird, mit der Zeit zum teuren Edelfisch entwicklen. Bei uns fällt in diese Kategorie alles, was gut, selten und teuer ist: Steinbutt, Seezunge, Seeteufel u.a.

Edelkastanien ➛ Eßkastanien

Edelpilzkäse Ein mit Schimmelpilzadern durchzogener Weichkäse, der meist aus Kuhmilch hergestellt wird.

Edelzwicker Der trockene, einfache Weißwein aus dem Elsaß, der aus verschiedenen Rebsorten verschnitten wird und sich gut als Tischwein eignet.

Egalisieren Aus Gründen der Optik wird Gemüse in der Profiküche auf gleiche Länge und Form geschnitten.

Egerlinge Die dunkleren Geschwister der Champignons, die mit der braunen Pilzkappe oft auch einen etwas würzigeren Geschmack mitbringen.

Egg-Noggs Mixgetränke aus Milch und Ei, die anschließend noch mit verschiedenen Spirituosen parfümiert werden können.

Egli ➛ Barsch

Ei Unter dieser Bezeichnung versteht man immer das ➛ Hühnerei, das in den meisten Kulturen seit ewigen Zeiten sehr beliebt und verbreitet ist. Aber auch die Eier anderer Geflügelarten sind eßbar: ➛ Gänseei, ➛ Entenei, ➛ Möwenei oder ➛ Wachtelei.

Eibischfrucht ➛ Okra

Eichblattsalat Diese beliebte und im Geschmack leicht bittere Salatsorte mit grünen Stielen und bräunlich gefärbten Blatträndern, wird vorzugsweise im Winter angeboten.

Eier, gebackene In einer Pfanne wird ausreichend Öl erhitzt, die Eier werden portionsweise aufgeschlagen und hineingegeben, dann auf beiden Seiten gebacken, so daß das Eiweiß schon fest und das Eigelb noch weich ist. Auf Haushaltspapier entfettet, sind sie bekömmlicher.

Eier, gekochte Eier werden je nach Größe 8-10 Minuten (hart), 5-6 Minuten (wachsweich) und 2½-4 Minuten (weich) in siedendem Wasser gekocht und anschließend kurz mit kaltem Wasser abgeschreckt. Die Kochzeit beginnt mit dem erneuten Sprudeln des Wassers, nachdem die Eier hineingegeben wurden. Eier sollte man nie länger als 10 Minuten kochen lassen, da sich sonst das Eigelb grünlich verfärbt.

Eier im Glas Eier weichkochen, abschrecken und vorsichtig abpellen. In einem Glas anrichten und nach Belieben mit Salz, Pfeffer, Senfsauce, Würzsauce, Reibekäse oder Kräutern würzen.

Eier, pochierte Auch verlorene Eier. Nur ganz frische Eier werden in eine Suppenkelle einzeln aufgeschlagen, vorsichtig in ganz leicht kochendes, ungesalzenes Essigwasser gegeben, darin gegart und mit einem Schaumlöffel wieder herausgehoben. Das Eigelb sollte noch weich sein. Pochierte Eier werden oft mit Spinat kombiniert und dann mit verschiedenen Saucen übergossen. Klassisch: Mit Sauce ➛ Mornay gratiniert.

Eier, russische ➛ Russische Eier

Eier, verlorene ➛ Eier, pochierte

Eierbier Malzbier, Zucker und Ei im Wasserbad schaumig schlagen und warm servieren.

Eierfrucht ➛ Aubergine

Eierhaber Eine badische Spezialität: In Stücke gezupftes Omelett, das u.a. gerne zu Spargel serviert wird.

Eierkuchen Auch Palatschinken, Pfannkuchen. Milch, Mehl und Eier werden zu einem glatten Teig verrührt, mit einer Prise Salz gewürzt und portionsweise in eine gefettete Pfanne gegossen. Mit viel Schwung oder mit einem Schaber gewendet, werden sie auf beiden Seiten goldbraun gebacken. Es gibt die vielfältigsten Arten von Eierkuchen, z.B. mit Apfelmus, Ahornsirup, Vanillezucker, heißer Schokoladensauce, Eis oder einfach mit Zimt und Zucker.

Eierkürbis Auch Chayote, Chayotte. Eine längliche Gurkenfrucht mit hellgrün gestreifter Schale, die gefüllt, gebacken oder geschmort werden kann. Püriert und, mit Geflügelrahmsuppe aufgefüllt, gegart, ergibt sich eine feine, gehaltvolle Suppe.

Eierlikör Auch Advokaat. Ein traditionsreicher Likör aus frischem Eigelb, Zucker, Farbstoffen und Branntwein. Er ist sehr dickflüssig und hat einen Alkoholgehalt von mindestens 20 Vol.-%. Er wird gerne zum Nachmittagskaffee gereicht, zur Aromatisierung spezieller Kuchen verwendet oder als Sauce zu gekochten Puddings oder Eis angeboten.

Eiermann, Lothar Geboren 1945. Nach seiner Ausbildung im Schwarzwald arbeitete der ehrgeizige Badener in den Topküchen der Europäischen Hotelgastronomie. Seit 1973 leitet er in Personalunion Küche und Hotel des Wald- & Schloßhotels in Friedrichsruhe und machte es dank seiner Fähigkeiten zu einer der ersten Gourmetadressen. Obwohl von der klassischen Küche beeinflußt, ist Eiermann einer der kompetenten Verfechter der Neuen Deutschen Küche ohne modischen Firlefanz, dafür aber mit den frischen Naturprodukten dieser daran so reichen Landschaft.

Eiermilch Milch wird mit zerlassener Butter, Eigelb, Zucker und Vanille verrührt und als Belag auf Gebäckstücke gegeben.

Eiernudeln ➛ Nudeln

Eierpunsch Rot- oder Weißwein wird mit Eiern erwärmt, schaumig aufgeschlagen, mit Weinbrand parfümiert und warm serviert.

Eiersauce Für die französische Sauce zu pochiertem oder gekochtem Seefisch werden Petersilie und hartgekochte Eier grob gehackt und mit ➛ Béchamelsauce vermischt.

Eierschmarrn Fertig gebackene Pfannkuchen werden in kleine Stücke gerissen, dann entweder mit Zucker bestreut und mit Kompott angerichtet oder salzig mit einem herzhaften Salat serviert. Dieses Sommergericht kommt ursprünglich aus Bayern.

Eierschwamm ➛ Pfifferling

Eierstich Die gewürzte Eiermasse wird in der Fachsprache Royale genannt: Frische Eier, verschlagen, gewürzt und mit etwas Fleischbrühe verrührt, werden in Formen oder Plastikdärme gegossen und im Wasserbad gegart. Je nach Bedarf kann der Eierstich mit Gemüsesäften auch gefärbt werden. Man verwendet ihn als Einlage für klare Suppen.

Eigelb ➛ Hühnerei

Eiklar ➛ Eischnee

Einback Ein längliches, duftig-weiches Gebäck aus süßem Hefeteig. Der Name rührt daher, daß bei wiederholtem Backvorgang aus Einback Zwieback wird.

Einbrenne ➛ Mehlschwitze

Einfetten Auch ausbuttern, ausstreichen. Backbleche, Kuchenformen oder Pfannen mit Fett bepinseln oder bestreichen.

Einfrieren ➛ Tiefkühlen

Einkochen 1. Auch reduzieren. Die Flüssigkeitsmengen von Saucen oder Fonds durch Kochen und Verdampfen verringern.
2. Auch einmachen. Obst und Gemüse in Gläsern durch Kochen sterilisieren und so haltbar machen.

Einlage Dieser Begriff bezeichnet die zusätzlichen Zutaten, die einer fertigen Suppe hinzugefügt werden, wie z.B. Eierstich, Fleisch- oder Fischstücke, Gemüseteilchen und Nudeln in verschiedenster Form.

Einlaufsuppe Milch, Mehl und Ei verrühren und langsam in eine leicht kochende Hühnerbrühe tropfend hineinlaufen lassen.

Einmachzucker Ein heller, grobkörniger Zucker zum Einkochen von Früchten, dessen große Kristalle die Schaumbildung beim Einkochvorgang verhindern helfen.

Einmehlen Auch mehlieren. Arbeitsflächen oder -geräte werden mit Mehl bestäubt, damit der Teig nicht kleben bleibt. Die Bezeichnung wird auch für das Wälzen von Fisch, Fleisch oder Gemüse in Mehl verwendet.

Eintopf Diese Spezialität der ländlichen Küche ist meist eine dicke Suppe mit verschiedenen Gemüsen, Kartoffeln, Nudeln oder Hülsenfrüchten. Alle Zutaten werden in einem Topf gegart und können mit oder ohne Fleisch serviert werden.

Einweichen ➛ Quellen

Eis ➛ Speiseeis

Eisbecher Ein mit Früchten, Spirituosen, Nüssen, Gebäck, ➛ Meringen oder Sahne angerichtetes Speiseeis, das in breiten Dessertgläsern serviert wird.

Eisbein Auch Surhaxe (bayr.). Die gepökelte, hintere Schweinehaxe wird in einem gewürzten Sud gekocht und als Berliner Spezialität zusammen mit Sauerkraut, Senf, Salzkartoffeln und Erbsenpüree serviert.

Eisbergsalat Auch Eissalat, Krachsalat. Ein Salat mit festen, knackigen Blättern. Der Kopf ist, dem Weißkohl ähnlich, fest geschlossen und hält sich sehr lange frisch.

Eisbiskuit Eine klassische Speiseeiszubereitung in einer Schichtform, die meist drei bis vier geschmacklich und farblich verschiedene Schichten hat.

Eisbombe Die klassische Präsentation von Speiseeis für ein großes Buffet: Verschiedene Schichten von Sahne- oder Fruchteis werden nacheinander in einer Halbkugelform dick ausgestrichen und gefroren. Das Herz dieser Eisbombe besteht aus einer in unzähligen Variationen aromatisierten Bombenmasse. Zum Anrichten wird die Eisbombe aus ihrer Form gestürzt und ansprechend dekoriert.

Eisbrecher ➛ Eismühle

Eischnee Das Eiweiß von frischen Hühnereiern wird erst langsam, dann schneller und stärker geschlagen. Wenn man ein Messer durch die Masse zieht und der Schnitt sichtbar bleibt, ist die richtige Konsistenz für sogenannten schnittfesten Eischnee erreicht.

Eiscremesoda Bei der ursprünglich amerikanischen Spezialität werden meist Fruchtsirup, Sahne und Eis in ein hohes Glas gefüllt und mit Sodawasser übergossen, aber nicht miteinander vermischt.

Eisenkraut Dieses in ganz Europa verbreitete Kraut wird getrocknet angeboten und meist zu Kräutertee verarbeitet.

Eisflunder ➛ Rotzunge

Eiskaffee Diese Spezialität – halb Erfrischungsgetränk, halb Eisbecher – ist im Sommer sehr beliebt: In ein hohes Glas wird Vanilleeis gegeben, starker, kalter Kaffee zugegossen und das Ganze mit Schlagsahne gekrönt. Dazu werden immer Löffel und Strohhalm serviert. Bei der holländischen Variante würzt man noch zusätzlich mit Nußbröseln und Eierlikör.

Eiskümmel Sehr süßer Kümmellikör mit Zuckerkristallen und einem sehr hohen Alkoholgehalt.

Eismaschine ➛ Speiseeis

Eismühle Auch Eisbrecher. Ein Zerkleinerungsgerät für Eiswürfel. Die kleinen Eisstücke, auch Crash-Eis genannt, werden meist für Cocktails und Longdrinks oder als Unterlage von Meeresfrüchten und Kaviar verwendet.

Eisparfait Speiseeis in vielen Variationen. Grundsätzlich gilt, daß Eigelb und Läuterzucker im Wasserbad aufgeschlagen, mit Sahne aufgefüllt und mit vielen verschiedenen aromatischen Zutaten parfümiert werden. Dann läßt man diese Masse gut durchfrieren und nimmt sie zum Anrichten einige Minuten vorher aus der Kühlung, damit die sie schön cremig wird.

Eistee Unter dieser Bezeichnung findet man zwei Varianten: Einmal eine Zubereitung wie für Eiskaffee, bei dem der Kaffee durch Tee ersetzt wird. Zum zweiten erhält man in jedem amerikanischen Restaurant den erfrischenden Icetea, einen milden schwarzen Tee, der gut gekühlt mit Eiswürfeln serviert wird.

Eiswein Diese kostbare Weinrarität ist ein süßer und gehaltvoller Wein, der meist in halben Flaschen abgefüllt wird. Die Besonderheit ist, daß die Weinlese erst bei mindestens –8°C beginnen darf und somit das Verlustrisiko für den Winzer und damit der Preis für den Weinliebhaber relativ hoch ist. Durch die Lese bei diesen niedrigen Temperaturen wird eine hohe Konzentration des Zuckers und anderer Inhaltsstoffe erzielt, die den Wein geschmacklich so intensiv werden lassen.

Eiszäpfchen Kleine Rettiche in schmaler, langer Form und weißer Färbung.

Eiweiß Auch Eiklar. Dieser Begriff bezeichnet im engeren Sinn das Eiklar im Hühnerei, im weiteren Sinn ist aber der Grundnährstoff gemeint, den der Mensch täglich zu sich nehmen muß. Es existiert tierisches Eiweiß in Fleisch, Milch, Fisch und Eiern oder auch pflanzliches Eiweiß in Kartoffeln, Getreide, Sojabohnen oder Hülsenfrüchten.

Eiweißglasur Zum Verzieren der Oberfläche von Gebäck, Torten und Süßspeisen wird rohes Eiweiß mit Puderzucker vermengt und gut durchgerührt.

Elainesalat Rote Paprikaschote, Birne und Grapefruit werden in Würfel geschnitten und mit einer Marinade aus Öl und Essig angemacht.

Elbo Der milde Schnittkäse aus Dänemark ist mit kleinen Löchern durchzogen und weist Trockenfettgehalte um 40 % auf. Auch eine Variante mit Kümmel wird angeboten.

Elch Die Hirschart in Skandinavien oder Nordamerika. Elchfleisch wird ganz selten bei uns angeboten; wenn doch, wird es wie das des heimischen Rothirschs zubereitet, also als Rücken, Keule oder als geräucherter und gepökelter Schinken.

Elefantenlaus ➛ Cashewnuß

Elfenbeinsauce Die cremige Elfenbeinfarbe bei dieser Sauce zu Geflügel wird durch das Mischen von dunklem, einreduziertem Bratensaft und heller Geflügelrahmsauce erreicht.

Eliche Italienische Spiralnudeln, die besonders viel Sauce aufnehmen können.

Elisenlebkuchen Die bekannte deutsche Lebkuchenspezialität wird auf Oblaten gebacken und mit Kuvertüre oder Glasur überzogen. Der schwere, süße Teig enthält einen großen Teil Mandeln oder Nüsse.

Elsässer Art Diese Garnitur aus dem französischen Grenzland (à l'alsacienne) besteht aus ➛ Torteletts, die mit Geflügel- oder Fleischscheibchen auf Sauerkraut belegt und gebacken werden. Die ländliche Version läßt die Torteletts weg und fügt noch Würste und Salzkartoffeln hinzu. Eine dritte, sehr edle Beilagengarnitur gleichen Namens besteht aus hausgemachten Bandnudeln, die in getrüffelter Gänselebersauce geschwenkt werden.

Elsässer Milchfladen Apfelscheiben werden gedünstet und in eine mit ➛ geriebenem Teig ausgelegte Backform gelegt. Anschließend wird Eiermilch darübergegossen und alles im Ofen knusprig gebacken.

Elsässer Tüten Für diese raffinierte Spezialität wird Nudelteig dünn ausgerollt, in Quadrate geschnitten und zu kleinen Tüten geformt. Diese werden paniert, ausgebacken und mit feinen Füllmassen, wie z.B. Gänseleberpüree, gefüllt.

Elsässische Sauce Eine traditionelle kalte Sauce aus den Hauptbestandteilen gegartes Kalbshirn- und Zwiebelpüree, Öl, Essig, Zitronensaft, Salz, Senf und Pfeffer.

Elsaß Franz. Alsace. Das berühmte Weinanbaugebiet an den Hängen der Vogesen bringt sowohl einfache Weine, wie den ➛ Edelzwicker, als auch höherwertige Weine, die dann mit Prädikats-Medaillen oder dem Etikettzusatz Grand Cru gekennzeichnet sind, hervor. Die Weine aus dem Elsaß erkennt man auf dem Etikett sofort daran, daß sie im Unterschied zu den anderen französischen Weinen nicht die Lage, sondern die Traubensorte, also Silvaner, Riesling oder Pinot noir, und den Produzenten als Angabe führen.

Élysee-Art Diese Garnitur mit dem Namen des französischen Präsidentenpalastes in Paris besteht aus Kalbsbriesscheibchen, die paniert, in Butter gebacken und mit Champignons und Sauce ➛ Béarnaise zu hellem Fleisch oder Geflügel serviert werden.

Émincé Auch Blätterfleisch. Bei dieser speziellen französischen Art von Geschnetzeltem wird bereits gegartes Fleisch eminciert, d.h. in hauchdünne Scheiben geschnitten und in Sahnesauce mit weiteren, feinen Zutaten angerichtet. Dieses Sahnefleisch wird auf vielerei Arten und mit verschiedenen Fleischsorten wie Lamm, Rind, Wild, Schwein, Geflügel oder Kalb zubereitet.

Emmasalat In eine Marinade aus Essig und Öl und den Kräutern Dill, Kerbel und Borretsch werden gehobelte Gurkenscheiben gegeben und mit Tomatenwürfeln angerichtet.

Emmentaler Der weltberühmte Schweizer Hartkäse mit dunkler Rinde wird aus Kuhmilch hergestellt, hat kirschgroße Löcher, die Laibform eines großen Rades und einen milden, nussigen Geschmack. Er läßt sich hervorragend für ➛ Fondues und Toasts, aber auch, in Stücke geschnitten, paniert und fritiert verwenden.

Empanadas Spanische Bezeichnung für Teigtaschen mit den verschiedensten Füllungen, die gebacken, aber auch fritiert zubereitet werden.

Endivie Auch Eskariol, franz. Chicorée, Frisée. Die Endivie ist eine Zichorienart mit gekräuselten, buschigen Blättern, die als Salat und Gemüse Verwendung finden. Der Geschmack ist leicht bitter. Die meist als Frisée angebotene Endivie zeichnet sich durch hellgelbe Innenblätter, einen milderen Geschmack und eine zartere Konsistenz aus.

Endiviensuppe Endivienblätter werden blanchiert und zusammen mit einigen gekochten Kartoffeln durch ein Sieb passiert, anschließend gewürzt und mit Sahne und Eigelb verfeinert.

Engadiner Nußtorte Bei der Schweizer Tortenspezialität werden der Boden und Rand einer Springform mit Mürbeteig ausgelegt. Ein Karamel wird mit Nüssen, Sahne und Honig vermischt und auf den Teig geben. Zum Schluß wird das Ganze mit einem dünnen Teigdeckel abgeschlossen und im Backofen knusprig braun gebacken.

Engelshaar Feine, dünne Nudelnester, die erst kurz vor dem Anrichten in die heiße Suppe gegeben werden und sofort weich sind.

Engelwurz ➛ Angelika

Englisch ➛ Garstufen

Englische Butter Die feine Kräuterbuttermischung besteht aus frischer Butter, die mit Petersilie, Estragon und Kerbel vermischt und mit englischem Senf und Worcestersauce gewürzt wird.

Englische Buttersauce Die einfache Sauce, bei der Mehl mit Butterschmalz hell angedünstet, mit Brühe abgelöscht und mit Butter und Zitronensaft verfeinert wird.

Englische Creme Die berühmte französische Crème à l'anglaise entspricht im wesentlichen einer hausgemachten Vanillesauce als Begleitung zu feinen Süßspeisen: Vanillemilch wird mit Eigelb und Zucker im Wasserbad zu einer dickflüssigen Creme aufgeschlagen und anschließend kaltgerührt. Je nach Verwendungszweck wird die Englische Creme mit den verschiedensten Alkoholika parfümiert bzw. mit den unterschiedlichsten Früchten kombiniert.

Englische Meerrettichsauce Diese im Original als Horseradish Sauce bezeichnete Sauce zu gekochtem Fleisch ist eine mit geriebenem Meerrettich, englischem Senf und Essig abgeschmeckte ➛ Englische Buttersauce.

Englische Pastete Bei den berühmten englischen Pies wird eine Füllung aus Fleisch, Fisch, Geflügel oder auch Obst meist in ovale, tiefe Schüsseln gegeben, mit einem Teigdeckel abgeschlossen, im Ofen gebacken und warm in der Form serviert.

Englische Sauce Eine flüssigere Version der ➛ Englischen Creme, die mit etwas angeschlagener Sahne vermischt wird.

Englischer Kuchen Eine gehaltvolle Ergänzung zur Teatime: Ein mit vielen kandierten Früchten gebackener Sandkuchen.

Englischer Sellerie ➛ Bleichsellerie

Englischer Senf Ein ziemlich scharfer Senf für Saucen und zu kurzgebratenem Fleisch. Etwas beigefügter Gelbwurz gibt ihm eine intensive Färbung. Profiköche verwenden die Bezeichnung auch oft für englisches Senfmehl, ein pikantes Senfpulver, zu dem noch Cayennepfeffer hinzugefügt wurde und das, noch nicht angerührt, zur Würzung verschiedener Gerichte dient.

Entbarten Den Bart einer Muschel erkennt man als schwarze Linie am inneren Muschelrand. Bei der lebenden Muschel filtert er die Nahrung, zum Verzehr ist der Muschelbart eher ungeeignet. Man entfernt ihn daher meist nach dem Kochen aus der geöffneten Muschel.

Entbeinen ➛ Ausbeinen

Ente Das beliebte Geflügel, das nicht älter als ein Jahr sein soll, wenn man es zubereitet. Die verschiedenen regionalen Züchtungen unterscheiden sich in Körperbau und Fleischverteilung: die Rouenaiser-Ente, die Hamburger, die Nanteser, die Aylesbury-Ente oder die Barbarie-Ente. Letztere kommen aus Frankreich auf unseren Küchentisch und sind hier sehr begehrt. Man kann die Enten braten, schmoren, füllen oder ungefüllt auf die verschiedensten Arten zubereiten. ➛ Blutente, ➛ Pekingente, ➛ Orangenente

Entenei Das Entenei ist größer und vom Geschmack her etwas öliger als das Hühnerei. Da diese Eier an meist schmutzigen Orten gelegt werden, ist die Gefahr des Salmonellenbefalls ziemlich groß. Deshalb muß man Enteneier vor dem Verzehren in 10–15 Minuten hartkochen. Eine spezielle Zubereitung stellen die ➛ Tausendjährigen Eier dar.

Entenleber Diese Delikatesse wird wie Hühnerleber meist gebraten zu Salaten oder für die Pastetenzubereitung verwendet.

Entenstopfleber Hier ist die Verwendung ähnlich der der ➛ Gänsestopfleber.

Entfetten ➛ Degraissieren

Entgräten Bei Rundfischen halbiert man den gesamten Fisch in der Längsachse, dann werden die Bauchhöhlengräten herausgeschnitten und die restlichen „Wirbel"gräten mit der Pinzette entfernt. Bei Plattfischen ist alles viel einfacher: Die Tiere werden gehäutet und die fleischigen Filets von den dicken Gräten geschnitten.

Entre-Deux-Mers Der einfache, trockene Weißwein aus dem süd-östlichen Bordeaux liegt nicht zwischen zwei Meeren, wie der Name vermuten lassen könnte, sondern zwischen den Flüssen Dordogne und Garonne. Er wurde in den letzten Jahren immer häufiger zu Meeresfrüchten und Fischgerichten angeboten und ist jetzt bekannter und wohl auch beliebter geworden.

Entrecôte Auch Zwischenrippenstück. Die internationale Bezeichnung für eine Scheibe Fleisch aus dem Zwischenrippenstück oder dem Roastbeef eines Schlachtrindes. Die Doppelscheibe für zwei Portionen nennt man Entrecôte double. Das Entrecôte wird entweder in der Pfanne gebraten oder auf dem Grill geröstet. Es läßt sich mit vielen kalten und warmen Saucen, frischen Pilzen und Gemüsen, aber auch Rindermark oder Speck- und Zwiebelscheiben kombinieren.

Entrée Das Zwischengericht der klassischen Speisefolge bei großen Menüs, das warm oder kalt sein kann. Meist sollen kleine, gefüllte Pasteten oder feine Ragouts, in letzter Zeit aber auch immer öfter Sorbets, den Appetit des Gourmets für die folgende Hauptgerichtplatte anregen.

Entremets Kleine Gemüsegerichte, Eierspeisen oder Käsegerichte, die als Zwischengericht bei großen, klassisch aufgebauten Menüs zwischen Braten und Dessert gereicht werden. Da heute kaum noch solch umfangreiche Speisenfolgen aufgetischt werden, tragen auch die Süßspeisen, Früchte und der Kaffee am Ende des Festmahls diesen Namen.

Entremeses Die spanische Bezeichnung für Vorspeisen.

Enzian 45–55 Vol.-% Alkohol enthält der Branntwein, den man aus den Wurzeln des gelben Enzians herstellt. Die bayerische Spezialität hat einen bitteren Geschmack und wird gerne als Verdauungsschnaps getrunken.

Epigramm Bei dieser Fleischzubereitung wird Lamm- und Kalbfleisch, vor allem Brustfleisch, entbeint und gekocht, dann gepreßt, in bestimmte

Formen geschnitten und paniert ausgebacken.

Epikureersauce Eine aufgeschlagene Buttersauce wird mit Weinessig, ➛ Duxelles und Cayennepfeffer pikant gewürzt. Bei der kalten Variante wird Gurkenpüree mit Mayonnaise, Chutney und Sardellenpaste abgeschmeckt.

Eppich ➛ Sellerie

Erbsen Die in Schoten gehüllten Kugeln sind ein beliebtes, eiweißreiches Gemüse, das frisch, getrocknet, in Dosen oder als Tiefkühlkost im Handel ist. Bei den jungen Zuckererbsen ist alles (franz. mange-tout), also auch die Schote, eßbar. Es gibt grüne und gelbe Erbsen. Die grüne Sorte hat einen feineren Geschmack. Die gelben Erbsen werden meistens getrocknet angeboten und müssen vor dem Kochen eingeweicht werden. ➛ Kichererbsen

Erbsenpüree Gequollene, gelbe Trockenerbsen werden gekocht und durchpassiert. In England wird das Püree mit Ei und Butter verfeinert, in Österreich werden geröstete Zwiebelringe darübergestreut.

Erbswurst Die ursprünglich Berliner Spezialität besteht aus einer gepreßten Masse aus gemahlenen Erbsen, Gewürzen, Zwiebeln und Speck. Sie wird in Wurstform im Handel angeboten. In Wasser aufgelöst, wird daraus schnell eine Erbsensuppe, sie kann aber auch zum Binden von Saucen verwendet werden.

Erdäpfelteig ➛ Kartoffelteig

Erdapfel ➛ Kartoffel

Erdbeeren Die beliebten runden, roten Früchte schmecken frisch am besten. Wegen ihrer hohen Druckempfindlichkeit sind sie nur sehr begrenzt haltbar. Sie werden frisch als Belag für Tortenböden verwendet oder zu Gelees, Konfitüre oder Kompott verarbeitet. Die kleine wildwachsende Walderdbeere besitzt das intensivste Aroma, weshalb man sie gern für Erdbeerbowle verwendet. Viele verschiedene Desserts oder Eisnachspeisen werden mit frischen Erdbeeren verfeinert. Im Handel sind Erbeeren auch in Dosen konserviert oder tiefgekühlt zu haben.

Erdbirne ➛ Topinambur

Erddistel ➛ Artischocke

Erdkirsche ➛ Physalis

Erdnuß Auch Achanti-, Arachis, Erdpistazie, Kamerunnüsse oder engl. Peanuts. Die Frucht einer ursprünglich brasilianischen Pflanze kommt heutzutage meist aus Indien, USA, Westafrika oder China. Die Nüsse wachsen im Boden und werden nach der Ernte getrocknet und geröstet. Sie sind bei uns mit oder ohne Schale, geröstet und gesalzen im Handel. In den Anbauländern wird die Erdnuß vor allem zur Ölproduktion genutzt. In Amerika sehr beliebt ist die Verarbeitung zu „Erdnußbutter", einem cremigen Brotaufstrich.

Erdnußöl Hochqualitatives, hellgelbes Öl aus ausgepreßten Erdnußkernen, das sehr hitzebeständig ist, ein feines Aroma besitzt und aus der chinesischen Küche nicht wegzudenken ist.

Erdnußsauce In Indonesien recht beliebte Sauce in vielen Variationen. Die Nüsse werden zerstampft und mit Erdnußöl, Zwiebeln, Knoblauch, braunem Zucker, Sojasauce, Kokosmilch oder Chilischoten vermengt.

Erzeugerabfüllung Eine deutsche Bezeichnung für Weine, die vom Winzer aus eigener Ernte produziert und in Flaschen abgefüllt werden.

Erzherzogsauce Eine klassische, mit Champagner eingekochte und dann noch einmal aufgeschlagene Geflügelcremesauce zu hellem Geflügel.

Escalope Die französische Bezeichnung für eine Fleischscheibe; im engeren Sinne entspricht dies unserem Schnitzel.

Escargot Franz. ➛ Weinbergschnecke

Eschlauch ➛ Schalotten

Escoffier, Georges Auguste 1846 bis 1935. Der überragende französische Küchenmeister des beginnenden 20. Jahrhunderts durchlief bei seiner Karriere die Küchen der Könige und Kaiser Europas, bis er zuletzt als Küchendirektor der Londoner Grandhotels Savoy und Carlton tätig war. Er beeinflußte mit seiner Devise, alles so natürlich wie möglich und dem Eigengeschmack der Grundsubstanzen annähernd zu verarbeiten, Kochgenerationen bis in unsere Tage. So führte er u.a. in seinem Hauptwerk, dem 1902 erschienenen „Guide culinaire“, die Regeln ein, daß alle Garnituren eßbar sein müßten und sich Gewürze der Hauptzutat anzupassen hätten. Seine berühmteste Kreation ist das bekannte Eisdessert Pfirsich Melba.

Eskariol ➛ Endivie

Espresso Die italienische Bezeichnung für einen im speziellen Druckfilterverfahren zubereiteten starken Kaffee, den man gerne zwischendurch oder nach dem Essen zur Anregung trinkt.

Esrom Der milde, halbfette Schnittkäse aus Dänemark wird mit und ohne Kümmel angeboten. Er wird im Ursprungsland oft für das ➛ Smørgåsbord verwendet.

Essenz Ein Konzentrat aus stark reduzierter Brühe aus Fleisch, Geflügel, Wild, Fisch, Pilzen usw., das meist als Saucen- oder Suppengrundlage verwendet wird.

Essig Der würzig-saure, handelsübliche Essig wird überwiegend aus Branntwein hergestellt, dem Essigkulturen zugesetzt werden und der so vergoren wird. Er wird als Konservierungsmittel für Gurken und Mixed Pickles verwendet oder mit Öl, Gewürzen und Kräutern zusammen als Marinade für Salate verwendet. Es gibt eine große Anzahl verschiedener Sorten, die sich durch hinzugefügte Aromatisierungsstoffe, unterschiedliche Schärfe oder Lagerzeit unterscheiden: Obstessig, Weinessig, Kräuter- oder Gewürzessig. Aus Italien kommt der berühmte ➛ Aceto Balsamico, ein nicht gerade preiswerter Balsamessig, der jahrelang reift und dadurch ein volles Aroma und sanfte Schärfe erhält.

Essigfrüchte Süßsauer eingekochte Früchte, wie Pflaumen oder Birnen, die mit Gewürzen, Zucker und Weinessig aromatisiert wurden und zu Fleisch oder als Beilage zu kalten Platten Verwendung finden.

Essiggemüse ➛ Mixed Pickles

Essiggurken Auch Gewürzgurken. Mit Essig, Gewürzen, z.B. Senfsaat und Pfefferkörnern, und Kräutern wie Dill eingemachte Portions- oder Minigurken. ➛ Cornichons

Essig-Öl-Sauce Die gängige, einfache Grundmarinade ohne weitere Bindung für Salate. Salz und Pfeffer werden gut in Essig eingerührt. Dann wird die zwei- bis dreifache Menge Öl dazugerührt, bis sich die Zutaten homogen verbunden haben.

Eßkastanien Auch Edelkastanien, Maronen, Maroni. Die Früchte des Kastanienbaumes kommen meist aus den Mittelmeerländern zu uns und werden vor allem zu Saisonbeginn, gegen Herbstende, an speziellen Ständen als heiße Maronen zum Aus-der-Hand-Essen angeboten. Das ganze Jahr über kann man geschälte, gekochte Eßkastanien als Konserve erhalten. In der Küche dienen sie hauptsächlich als feine Beilage zu Wildgerichten. Außerdem werden sie als gesüßtes Püree für Füllungen und Kuchen verwendet.

Estaingsuppe Die raffinierte ➛ Fisch-Samtsuppe auf der Basis von Krabbenpüree, mit Krabbenklößchen und Streifen von Seezungenfilets als Einlage.

Esterelsuppe Eine gehaltvolle, pikant gewürzte Gemüsepüreesuppe, die aus weißen Bohnenkernen, Kürbis und Brühe gekocht wird und der manchmal als Einlage zum Schluß noch Fadennudeln beigegeben werden.

Esterhàzy rostélyos Auch Rostbraten Esterhazy. Die ungarische Spezialität hat schon lange den Einzug in die internationale Küche gehalten: Eine Entrecôtescheibe wird gewürzt, angeröstet und dann mit ➛ Julienne von Möhren, Sellerie und Zwiebeln in etwas Brühe fertiggeschmort. Als Garnitur werden manchmal noch Zitronenscheiben, Kapern und etwas saure Sahne hinzugefügt.

Estouffade ➛ Dunstgericht

Estragon Auch Drachenkraut, Dragun, Dragonbeifuß, Bertramskraut, Kaisersalat, Schlangenkraut. Das mehrjährige Kraut hat kleine schmale Blättchen und wächst anspruchslos fast überall. Die Blätter, frisch verarbeitet, würzen Salate, Saucen, Fleisch- und Fischgerichte oder Essige. Estragon ist unverzichtbarer Bestandteil der berühmten Sauce ➛ Béarnaise.

Étamine Die französische Fachbezeichnung für ein durchlässiges Tuch, das, über den ➛ Durchschlag gelegt, zum Klären und Durchseihen von Saucen, Suppen oder Brühen benutzt wird.

Eukalyptushonig Diese australische Honigsorte wird in hellen und dunklen Varianten angeboten, wobei seine geschmackliche Vielfalt von zart süß bis stark süß und aromatisch schwer reicht. Er ist in Europa bislang noch selten zu finden.

Euter Die Milchdrüse der Kuh, die gewässert und gekocht, in rustikalen Gerichten oft paniert und in Butter gebraten zubereitet wird. Meist wird sie aber wie viele Innereien „unsichtbar" verwurstet.

Evaporieren Einer Flüssigkeit durch Verdampfen Wasser entziehen und diese – wie bei der zusätzlich gesüßten Kondensmich – konzentrieren.

Excelsior Salat Tomaten-, Paprika- und Bleichselleriestreifen werden in einer Marinade aus Zitronensaft und Öl eingelegt. Vor dem Servieren wird der Salat mit einer frischen Mayonnaise gebunden und mit gehackten Trüffeln bestreut.

Exotische Früchte Eine Bezeichnung für das seltene und teure Obst, das aus den Tropen zu uns kommt.

Exportbier Das bekannte Vollbier mit heller Färbung, untergärig gebraut und mit einem Mindestalkohlgehalt von etwa 4 Vol.-%, ist in Deutschland sehr beliebt.

Extra dry Engl. sehr trocken. Auch franz. extra sec, extra brut. Die Bezeichnung auf den Etiketten von Schaumwein kennzeichnet einen sehr trockenen Wein mit extrem niedrigen Zuckergehalt.

Extrawurst Die österreichische Brühwurstspezialität wird aus Schweine- oder Rindfleisch hergestellt, fein gewürzt und geräuchert angeboten.

F

Façonnieren Franz. in Form bringen. Auch zurichten. Der französische Fachbegriff bezeichnet das Zuschneiden und Binden mit Küchengarn von Fleisch, Gemüse usw., damit eine bestimmte Form entsteht bzw. erhalten bleibt.

Fadennudeln Auch ital. Vermicelli, Fidelini. Sehr dünne, fadenähnliche Nudeln, die meist als Suppeneinlage verwendet werden.

Fächermuschel ➛ Jakobsmuschel

Falafel Auch Falefel. Ein traditionelles arabisches Gericht, bei dem Kichererbsenmehl, Eier, Salz, Pfeffer und Paprika gemischt, zu Klößchen geformt und diese dann in Öl goldbraun gebraten und auf Salatblättern angerichtet werden.

Falerno Zu Zeiten der Römer der beliebteste italienische Wein (Falernum) aus dem Grenzgebiet zwischen Latium und der Campania, vollmundig und trocken. Der kräftige Rotwein paßt gut zu gebratenem Geflügel oder großen Braten, der säurearme Weißwein schmeckt angenehm zu gegrilltem Fisch.

Falscher Hase Diese alte deutsche Hausmannskost ist ein meist mit gekochten Eiern gefüllter ➛ Hackbraten.

Falsches Filet Auch Bug-, Schulterfilet, falsche Lende. Ein dickerer Muskelstrang an der Rinderschulter, ideal zum Schnetzeln.

Falsches Kotelett Eine zur Rolle gebundene Schweinebauchscheibe wird pikant gewürzt, paniert und in Fett gebraten.

Fanchettesalat Gebratene Hühnerbrust, Chicoree und rohe Champignons werden in Streifen geschnitten, in einer Essig-Öl-Marinade angemacht und mit gehackter Trüffel bestreut.

Fanchonettes Kleine Blätterteigtörtchen werden mit Mandelcreme gefüllt, mit ➛ Meringenmasse bestrichen, abgebacken und mit Johannisbeergelee überzogen.

Fannings Kleine Teilchen von gebrochenen Teeblättern, die ausgesiebt und vom noch feineren Staub (dust) getrennt werden.

Farbzucker ➛ Zuckercouleur

Farce Auch Füllsel, Füllung. Die Farce dient zum Füllen von Pasteten, Galantinen, Geflügel, Fisch, Gemüse usw. und wird aus der meist feinpürierten Masse von Fleisch, Fisch, Krustentieren oder Gemüse hergestellt. Je nach Verwendungszweck wird diese Masse dann mit Ei, Sahne oder Butter gebunden oder mit eingeweichtem Weißbrot gelockert und mit vielerlei Gewürzen abgeschmeckt.

Farcewürstchen Bei dieser französischen Spezialität handelt es sich um aus einer Fleischfarce geformte kleine Würstchen, die fritiert oft als Vorspeise angeboten werden.

Farcieren Franz. farcir = füllen. Der französische Fachbegriff bezeichnet das Füllen oder Bestreichen mit Farce.

Farfalle Kurze, italienische Nudeln, deren From an Schmetterlinge erinnert. Sie werden in vielen Farben und auch als Minischleifchen (Farfalline) angeboten. Besonders gut passen sie zu leichten Kräutersaucen.

Farinzucker Auch Rohzucker. Der ungereinigte, würzig schmeckende Zucker mit gelbbrauner Färbung wird vor allem in der Weihnachtsbäckerei für Lebkuchen und dunkle Plätzchen verwendet.

Fasan Das farbenprächtige Federwild, das mittlerweile in ganz Europa gezüchtet wird und von Jägern und Wildhändlern angeboten wird. Den jungen Fasan, der im Fleisch sehr zart ist, erkennt man an dem biegsamen unteren Brustbein und an den langen, spitzen Sporen. Die älteren Exemplare mit abgerundeten Sporen und verknöchertem Brustbein sind nur für Suppen, Schmorgerichte oder Farcen zu verwenden. Fasane sollen vor der Verarbeitung wenige Tage im Federkleid im kühlen und luftigen Raum abhängen, damit das Fleisch sich entspannt und mürbe wird. Keinesfalls aber läßt man sie heute noch „faisandieren", d.h., bis zum streng nach Verwesung riechenden ➛ Hautgout ablagern. Diese Unsitte war mehr auf mangelnde Kühlmöglichkeit in der Vergangenheit als auf kulinarische Qualitätsansprüche zurückzuführen. Fasan kann gebraten und geschmort, mit verschiedenen Beilagen wie Äpfeln, Maronen,

Perlzwiebeln, Sellerie, Champignons, Orangen und zahlreichen Sahnesaucen angerichtet werden. Fasaneneier sind blaßrosa, haben eine ähnliche Größe wie Wachteleier und werden auch wie diese verwendet.

Fasanenfarce Fein püriertes Fasanenfleisch wird wie andere Farcen zubereitet, mit Weinbrand oder Madeira abgeschmeckt und oft auch mit Trüffeln verfeinert.

Fasanenfondant Die Wildspezialität der klassischen Küche besteht aus in Fett ausgebackenen Bällchen aus getrüffelter Fasanenfarce, die mit reduzierter weißer Grundsauce gebunden wurde.

Fasanenhaschee Geschmortes Fasanenfleisch wird entbeint, zerkleinert, und mit verschiedenen Sahnesaucen gebunden und abgeschmeckt.

Fasanensuppe Ein kräftige Consommé aus Fasanenfleisch und -knochen, die als Einlage Fasanenbruststreifen und knusprig braungeröstete Croutons enthält.

Fasanensuppe Lukullus Fasanenrahmsuppe mit Gänseleberpüree, Fasanenklößchen und Trüffelperlen. Dazu reicht man mit Fasanenpüree gefüllte Blätterteigpastetchen.

Faschieren Entbeintes Fleisch, Wild oder Geflügel fein hacken oder durch den Fleischwolf drehen.

Faschiertes Österr. ➛ Hackfleisch

Faß Der tradionelle Lager- und Reifebehälter aus Eichenholz für die Herstellung von Qualitätsweinen und -spirituosen. In der modernen Kellereitechnik werden Fässer immer häufiger durch Stahl- oder Plastiktanks ersetzt.

Fast-Food Diese aus den USA importierte Sitte, fertig zubereitete Nahrungsmittel, die fast zu jeder Zeit in den weitverbreiteten Lokalen der Fastfoodketten erhältlich sind, möglichst schnell und unkompliziert zu verzehren, ist aus ernährungswissenschaftlicher Sicht nicht zu empfehlen. Auch für Gourmets dürfte der Lustgewinn bei einem schönen Festmenü mit viel Zeit und individuell gewählten Begleitgetränken wesentlich höher sein als beim Verzehr der hungerstillenden Lückenbüßer für die Mittagspause.

Faubonne-Suppe Eine gehaltvolle Suppe aus pürierten Bohnen mit einer Einlage aus Julienne von Karotten, Sellerie und Lauch, die mit gezupftem Kerbel garniert wird.

Faustkäse Von Hand in Faustgröße geformter Sauermilchkäse.

Favoris Ein Mürbe- oder Brandteiggebäck, das mit verschiedenen Cremes gefüllt und mit Dekorkirschen garniert wird.

Feccia Ein italienischer Hefeschnaps, der praktisch als Nebenprodukt bei der Weinherstellung entsteht.

Fechser ➛ Meerrettich

Federweißer Auch Bitzler, Rauscher, Sauser, Sturm. Kurz nach der ersten Lese wird dieser alkohlreiche junge Wein, der genaugenommen Most auf dem Gärungshöhepunkt ist – früher nur in den Weinanbaugebieten, heute jedoch überall – als spritzig-frische, leicht moussierende Spezialität angeboten. Wer diesen Wein nicht kennt, sollte Vorsicht walten lassen, denn allzu leicht wird seine starke Wirkung auf Verdauung und Geist unterschätzt.

Federwild Alle zum jagdbaren Wildgeflügel gehörenden Arten wic Fasan, Wildente, Rebhuhn, Schnepfe, Wachtel, Auer-, Birk,- Haselwild, Schneehuhn, Wildtaube, -schwan oder -gans. Federwild ist heute zum Teil geschützt und manches daher auf den Speisekarten nicht mehr zu finden.

Feengespinst Zuckersirup wird erhitzt und mit einer Gabel schnell durch die Luft gezogen. Dadurch entstehen feine „Zuckerspinnweben", die, zu kleinen Nestern gedreht, als Dekoration für raffinierte Desserts dienen.

Fehlrippe ➛ Entrecôte

Feige Die süße Frucht des Feigenbaumes ist birnenförmig, blau-grün gefärbt und kommt meist aus dem Mittelmeerraum oder weiter entfernten, tropischen Gegenden. Frische Feigen, die reif sehr aromatisch duften und schmecken, verderben sehr schnell, weshalb sie in unseren Breiten vor allem getrocknet oder gepreßt angeboten werden. Die Früchte sind sehr traubenzuckerhaltig, was auf getrockneten Feigen als weißer Belag sichtbar ist.

Feigenkaktus ➛ Kaktusfeige

Feigenkuchen Die griechische Spezialität besteht aus gepreßten Platten, die hauptsächlich aus getrockneten Feigen, Nüssen, Pistazien, Mandeln und Honig hergestellt werden.

Feigendessert Frische Feigen werden aufgeschnitten, mit Cognac, Curaçao und Portwein beträufelt und mit Puderzucker bestreut.

Feijoa Auch Ananasguave. Die tropische Frucht kommt meist aus Neuseeland zu uns, hat eine grüne Schale, weißes aromatisches Fruchtfleisch und wird gerne in Fruchtsalaten verwendet.

Feinbrot Ein helles Hefespezialbrot, das hauptsächlich mit Weizenmehl gebacken wird.

Feinkost Dieser Begriff bezeichnet besonders hochwertige und meist auch teure Lebensmittel, die in Spezialgeschäften angeboten und zum Teil auch als fertig zubereitete Gerichte verkauft werden.

Feinschmecker-Art Zu gebratenem Fleisch und Fisch wird diese gehaltvolle und raffinierte Garnitur immer wieder angeboten: gedünstete Artischockenböden, Trüffelscheiben, Champignons und eine Madeirasauce.

Feinschmeckerhappen Auch Gourmandise. Ideal für kalte Platten und Büfetts sind diese kleinen, aber feinen Stückchen in zahlreichen Varianten, z.B. garnierter Räucherfisch, Kaviar, gebratenes Wildfilet, Entenbrust oder allerlei exquiste Salate in Schinkentütchen.

Feinschmeckerpastetchen In Blätterteigpastetchen werden Kalbsbrieswürfel mit Champignons, Artischockenböden und Spargelspitzen in einer gebundenen, gehaltvollen Sahnesauce angerichtet.

Feinschmeckersauce Für diese kräftige klassische Sauce wird eine dunkle Grundsauce mit Champagner und zusätzlicher Fleischglace verkocht und pikant mit Cayennepfeffer und Madeira abgeschmeckt.

Fejioada Der brasilianische Eintopf besteht aus Fleisch, Bohnen, Zwiebeln und Knoblauch. Er wird stundenlang geköchelt, pikant gewürzt und mit Reis serviert.

Felchen ➛ Blaufelchen

Feldhuhn ➛ Rebhuhn

Feldsalat Auch Ackersalat, Mausohr oder Rapunzel. Der Wintersalat mit den kleinen runden Blättern hat einen kräftigen, oft leicht metallischen Geschmack und wird gern in einer Essig-Öl-Marinade mit gerösteten Speck- und Weißbrotwürfeln angerichtet. Auch gebratene Geflügelleber findet in Feldsalat den geeigneten Begleiter.

Felinetti Eine feine, kleine Salamiart aus der Gegend um Parma in Italien, die mit Weißwein, Knoblauch und Pfefferkörnern gewürzt wird.

Felixsauce Eine unkomplizierte, aber geschmacklich sehr interessante Kombination: Braune Grundsauce wird mit Butter aufmontiert und mit Zitronensaft abgeschmeckt.

Fenchel Diese ursprünglich aus dem Mittelmeerraum stammende Kulturpflanze ist ein sehr vielseitiges Gewächs mit leichtem Anisgeschmack: Fenchelsamen sind beliebt als Back- und Einmachgewürz oder Teeaufguß. Fenchelöl ist ein altbewährtes Hustenmittel. Das Fenchelgemüse wird in verschiedenen Varianten zubereitet: in Streifen geschnitten roh als Salat, gekocht in Backteig fritiert, gebacken, auf griechische Art in Weißwein pochiert, mit vielerlei Saucen kombiniert, gratiniert, usw. Das zarte Fenchelgrün wird ähnlich wie frischer Dill zum Würzen von Salaten und Marinaden verwendet.

Fenchelsalat Für diesen gehaltvollen Salat werden gekochte Fenchel- und Sellerieknollen in Streifen geschnitten und in Zitronensaft mariniert. Vor dem Anrichten bindet man das Ganze mit würziger Chantillymayonnaise. Fenchelsalat muß sofort serviert werden, damit kein Wasser austritt und den Salat verwässert.

Fenchelsauce Die englische „fennel sauce" zu gekochtem Fisch hat als Basis eine ➛ Englische Buttersauce, unter die feingehacktes Fenchelgrün gemischt wird und die mit Zitronensaft abgeschmeckt wird.

Fendant Der kräftige Weißwein aus dem Kanton Wallis ist einer der wenigen hochwertigen Weine, die die Schweizer exportieren.

Fenelar Eine norwegische Spezialität: Eine Hammelkeule wird süßsauer gebeizt, geräuchert und dann luftgetrocknet.

Fennel Sauce ➛ Fenchelsauce

Fennich ➛ Hirse

Feodora Cobbler Weinbrand, Rum und Curaçao werden zu gleichen Teilen gemischt und mit Bananenwürfeln und Mineralwasser aufgefüllt.

Féra ➛ Blaufelchen

Feritti Eine der unzähligen italienischen Nudelarten. Diese hier hat eine wellige Form.

Fernet Branca Der berühmte italienische Magenbitter wird auf der Basis verschiedener Kräuter und vieler besonders extraktreicher Auszüge hergestellt.

Feta Der griechische Weichkäse wird meist aus einer Mischung aus Schafs-, Ziegen- und Kuhmilch hergestellt und reift in einem Salzlakenbad.

Fett Der energiereichste Nährstoff mit wichtigen Vitaminen für den menschlichen Körper. Der tägliche Fettbedarf des Menschen liegt bei etwa 1 g/kg Körpergewicht. Man unterscheidet hauptsächlich zwischen tierischen und pflanzlichen Fetten, wobei die letzteren auch sämtliche Pflanzenöle umfassen, die besonders hochwertig sind, wenn sie ➛ kaltgepreßt werden.

Fettammern Auch Ortolanen. Kleine Finkenvögel, die sich im Sommer in Nordfrankreich fettfressen. Auf ihrem Zug nach Süden werden sie hauptsächlich in der Provence gefangen. Fettammern werden meist mit Gänseleber, Trüffeln oder auch Früchten gefüllt und dann am Spieß zubereitet.

Fettbad ➛ Fritüre

Fettgebackenes Alle in Fett schwimmend ausgebackene Speisen, von Pommes frites bis Krapfen.

Fett i.Tr. Da die verschiedenen Käsesorten unterschiedliche Mengen Wasser enthalten, hat man sich für die Kennzeichnung der Fettstufe in der Trockenmasse, also nach Wasserentzug, entschieden. Für den jeweiligen Käse heißt dies im Normalfall, daß der Käse wesentlich weniger Fett enthält, als das die Angabe auf der Verpackung suggeriert. ➛ Käse

Fettleber ➛ Gänseleber

Fettucelle Etwa 6 mm breite Bandnudeln aus Italien, die oft mit Käse- oder Sahnesaucen angerichtet werden.

Fettuccine Auch Lasagnette. Die italienischen Bandnudeln, die bis zu 8 mm breit sind, gibt es gefärbt oder ungefärbt. Sie werden für alle möglichen Nudelgerichte und natürlich zu Tomaten- und Fleischsaucen verwendet.

Feuerbohne Auch Prunkbohne. Die schwarz gemusterte Bohnenfrucht mit einem großen rötlichen Kern wird gerne zu leichten Bohneneintöpfen verarbeitet.

Feuertopf Diese chinesische Art des ➛ Fondues ist sehr bekömmlich und durch die guten Vorbereitungsmöglichkeiten ideal für mehrere Gäste: Dünne Streifen von Fleisch, Fisch oder Gemüse werden in einer kräftigen Brühe in dem Spezialfeuertopf gegart. Nachdem alles gesotten wurde, kann noch die dann sehr gehaltvolle Brühe als Suppe gegessen werden.

Feuerzangenbowle Über den in einer feuerfesten Bowlenform erhitzten und gewürzten Rotwein wird ein mit Rum getränkter Zuckerhut gesetzt. Dieser wird angezündet und tropft langsam in die Bowle. Nach diesem Genuß sollte man sich für den nächsten Tag nicht so viel vornehmen!

Feuilletage ➛ Blätterteig

Fève de marais ➛ Dicke Bohne

Feyjar mechada Die brasilianischen Fladen werden aus eingeweichten, gekochten Bohnen, Zwiebeln, Fleischbrühe und Mehl hergestellt und in Öl ausgebacken.

Fiakergulasch Die österreichische Kombination aus Gulasch, Ei und Würstchen hat ihren Namen von den Fiakern, was in Wien soviel wie Kutscher bedeutet.

Fiasco Eine nicht mehr sehr gebräuchliche, dickbauchige, mit Bast umwickelte Flasche für Chiantiwein.

Ficellieren Franz. ficeller = schnüren. Ein Fleischstück mit Garn umwickeln und binden.

Fidelini ➛ Fadennudeln

Figarosalat Bei diesem kräftigen Salat werden Kopfsalat, Bleichsellerie, gekochte rote Rüben und in Streifen geschnittene Pökelzunge mit einer Mayonnaise angemacht und mit Sardellenfilets dekoriert.

Filderkraut ➛ Spitzkohl

Filet Franz. Faden. Der längliche, schmale Muskelfleischstrang unterhalb des Rückenmuskels zu beiden Seiten des Rückgrats liefert das feinste, aber auch teuerste Fleischstück beim Schlachtfleisch. Das Filet teilt sich in das Kopfstück, aus dem man ➛ Chateaubriand oder Steaks schneidet, das Filetherz, aus dem Steaks und ➛ Tournedos geschnitten werden und schließlich die Filetspitze, die man zu ➛ Filet mignons oder Filetspitzen verarbeitet. Unter Geflügelfilets versteht man die von den Brustknochen gelösten Brüste, Fischfilets sind die von den Gräten geschnittenen seitlichen Fleischteile. Filets kann man auf zahlreiche Arten zubereiten: Aber ob nun eine gespickte Rinderlende in Rotwein, Hechtfilet in Sahnesauce oder Entenbrustfilets in Pfeffersauce gegart werden: Immer bedeutet Filet, das Feinste vom Feinen.

Filetieren Mit einem Filetiermesser werden die Filets vorsichtig aus Knochen oder Gräten geschnitten.

Filet mignon ➛ Filet

Filet Wellington Ein Rinderfilet wird von allen Seiten knusprigbraun angebraten, dann mit ➛ Duxellesmasse dick eingestrichen und in Blätterteig gehüllt gebacken.

Filetspitzen Stroganow Nach dem Grafen Stroganow aus einer alten russischen Handelsfamilie wurden die berühmten Rinderfiletwürfel benannt, die pikant gewürzt, mit reichlich Zwiebeln in Butter goldgelb gebraten, mit Mehl bestäubt und kurz mit Fleischbrühe aufkocht werden. Aus diesem Fond wird mit Senf, Essig, Zitronensaft und Crème fraîche eine Sauce bereitet und zu den Filetspitzen serviert.

Filetsteak Auch Beefsteak, Lendensteak, Bifteck, Rinderschnitte. Das Steak aus der Mitte des Rinderfilets, ca. 2 cm dick und etwa 150–200 g schwer, ist ein unbestrittener Hochgenuß. Gourmets braten ein Filetsteak höchstens so lange, bis es innen noch rosa ist, und lassen es dann einige Minuten ruhen, damit der feine Geschmack und die butterweiche Konsistenz auch richtig zur Geltung kommen. Berühmt sind als Steakzubereitungen das Pariser Pfeffersteak oder auch das italienische Bistecca alla fiorentina.

Filieren ➛ Filetieren

Finanziers-Art Auch Finanzmann-Art. Diese klassische Garnitur aus dem letzten Jahrhundert kommt in der einen oder anderen Version heute noch vor: Hahnenkämme, Hühnernierchen, blanchierte grüne Oliven, Champignonköpfe, Trüffelscheiben, Geflügel- oder Kalbsklößchen und eine starke, mit Trüffelfond verfeinerte Bratensauce werden zu hellem Geflügel oder Kalbsbries serviert.

Finanzierssuppe Eine gehaltvolle Schnepfensahnesuppe, die mit Gänseleberpüree angereichert und mit gerösteten Weißbrotwürfelchen garniert wird.

Fines herbes Franz. feine Kräuter. Die international bekannte französische Mischung aus den gehackten Kräutern Basilikum, Bibernelle, Bohnenkraut, Estragon, Kerbel, Petersilie, Rosmarin, Schnittlauch, Thymian, Zitronenmelisse und Oregano bzw. Majoran. Sie wird meist getrocknet, neuerdings aber auch tiefgefroren angeboten. Kocht man aus diesen Kräutern einen Auszug und vermischt ihn mit einer Weißweinsahnesauce, erhält man die extraktreiche Kräutersauce „Sauce aux Fines Herbes".

Fingerbiskuit ➛ Löffelbiskuit

Finnlandskaja Auch Finnische Suppe. Eine kräftige Rinderbouillon enthält als typische Einlage aus dem finnisch-russischen Raum runde Pfannkuchen, die, auf Toastbrot gelegt, mit geriebenem Käse überstreut und dann gratiniert werden.

Fino Die trockene Sherryspezialität aus Spanien mit etwa 16 Vol.-% Alkoholgehalt, die sich durch hohe Qualität und einen kräftigen, herben Geschmack auszeichnet, wird besonders gerne als Aperitif vor einem großen Menü getrunken.

Finocchi fritti Ital. fritierte Fenchel. Kleine oder halbierte Fenchelknollen werden, gekocht und gut abgetropft, durch einen Backteig gezogen und im Fett schwimmend ausgebacken. Am besten schmecken die Finocchi mit Knoblauchmayonnaise.

Finte ➛ Alse

Fiora d'alpe Ein bekannter italienischer Alpenlikör. Der klare, extrem süße Likör kristallisiert an einem Zweig, der in die Flasche gegeben wurde.

Fiore sardo Der würzige, trockene Schafkäse mit dem intensiven Aroma kommt aus dem sonnigen Sardinien.

Fipsklöße ➛ Brandteigklöße

Firne Ein Wein firnt, wenn er deutlich nach Übergang und Alter schmeckt. Der heutige Trend zu jungen, frischen Weinen hat die früher vor allem bei den Engländern beliebte Geschmacksrichtung völlig vom Markt verdrängt.

Fisceboller Dän. Fischklößchen. Auch Fiskeboller. Die Zubereitung von gebundenem Fischfleisch zu ➛ Fischklößen ist in Skandinavien sehr beliebt. Meist werden helle Saucen, wie z.B. Kapern- oder Sardellensauce, dazu serviert.

Fische Die im Wasser lebenden Wirbeltiere mit einer ungeheuren Artenvielfalt haben einiges gemeinsam: Das meist weiße Fleisch ist besonders gut verdaulich, hat einen hohen Eiweißgehalt und enthält wichtige Spurenelemente und Mineralstoffe. Da Fische wegen ihres hohen Wassergehalts leicht verderben, werden sie gekühlt, oft aber auch tiefgefroren, gesalzen, getrocknet, geräuchert, mariniert und in Dosen oder Gläsern konserviert. Frische Fische erkennt man an den klaren, hervorstehenden Augen, den hellroten Kiemen, den festsitzenden Schuppen und vor allem am angenehmen Geruch, leicht salzig nach Meer oder frisch nach See und Fluß. Keinesfalls darf Fisch einen unangenehmen Ammoniakgeruch um sich verströmen. Grundsätzlich sollte man darauf achten, nur ganz frischen Fisch zu verwenden. So wie es Meer- und Flußfische, fette und magere oder auch Portions- und Riesenfische gibt, so lassen sie sich auch auf vielerlei Arten kochen, dünsten, braten oder grillen.

Fischauflauf Gedünsteter Fisch wird püriert, mit Béchamelsauce gebunden, gewürzt, mit etwas steifgeschlagenem Eiweiß gelockert und in einer Backform überbacken.

Fischbrühe ➛ Fischfond

Fischcocktail Die kalte mexikanische Cocktailspezialität besteht aus gedünstetem Seefisch, der mit Kräutern, Zwiebeln, Olvienöl, Orangensaft und Tabasco pikant abgeschmeckt wird.

Fisch-Consommé Auch Fischkraftbrühe. Ein kräftiger Fischfond wird mit feingehacktem Fischfleisch und leicht angeschlagenem Eiweiß zusammen mit Wurzelgemüse leicht aufgekocht, kurz ziehen gelassen und dann durch ein Tuch vorsichtig abpassiert. So wird der Fischgeschmack noch intensiver und die Brühe gleichzeitig von allen Trübstoffen befreit und klar. Für die doppelte Fisch-Consommé nimmt man die doppelte Menge Fischfleisch zum Klären.

Fischersauce Diese kalt aufgeschlagene Sauce wird aus zermahlenen Krevetten und feinem Öl hergestellt, anschließend mit etwas Salz, weißem Pfeffer und Zitronensaft abgeschmeckt.

Fischessenz Sehr aromatischer, eingekochter ➛ Fischfond.

Fischfarce Rohes Fischfleisch wird entgrätet, stark gekühlt, im Blitzhacker püriert und mit Sahne oder Weißbrot, Gewürzen und Aromaten zu einer homogenen Masse verarbeitet, die man für Fischpasteten und -füllungen verwendet.

Fischfilets Die Seitenteile von Rund- und Plattfischen, die auf jeder Seite ein oberes und unteres Filet ergeben. Hebt man, vor allem bei Rundfischen, je eine Seite auf einmal ab, so muß man die senkrecht in der Mitte sitzenden Gräten noch mit der Pinzette herauszupfen.

Fischfond Gräten und gewässerte Abfälle von Fischen werden mit etwas Wein, Wurzelgemüse, Zwiebelwürfeln, Champignonabschnitten, Petersilienstielen, Thymian und Pfefferkörnern in leicht gesalzenem Wasser aufgekocht. Man läßt das Ganze maximal 25 Minuten köcheln und passiert es dann. Bei zu langem Kochen lösen sich Bitterstoffe, die den Fischfond im Geschmack beeinträchtigen.

Fischgelee Wird ein Fischfond nur aus Plattfischen zubereitet und zusätzlich noch einreduziert, dann wird er beim Erkalten von selbst fest. Ist der Fond zu dünn oder aus Süßwasserfischen, kann man sich mit Gelatine behelfen. In dieses Gelee kann man nun kleine Fischteile eingießen, wie bei Aal in Gelee oder Hering in Aspik, bzw. große Fischplatten eines Kalten Buffets mit gewürfeltem Fischgelee ausgarnieren.

Fischglace Ein würziges, beim Abkühlen erstarrendes, natürliches Fischgelee.

Fischkartoffeln Rohe Kartoffeln werden längs geviertelt, in Salzwasser gegart und mit gehackter Petersilie und zerlassener Butter zu gekochtem Fisch angerichtet.

Fischkessel ➛ Fischtopf

Fischklöße Aus gebundener, gewürzter Fischfarce werden mit nassen Löffeln Nocken abgedreht und zum Garziehen in einen kräftigen Fischfond gegeben. Berühmt sind die Quenelles de brochet (franz. Hechtklößchen), die meist in einer Sahnesauce angerichtet werden.

Fischkraftbrühe ➛ Fisch-Consommée

Fischmilch Auch Fischmilcher. Sperma von Fischen, meist von Hering und Karpfen. Karpfenmilch ist sehr begehrt. Mit Fischmilch kann man Fischsaucen anreichern, sie pochiert als Garniturbeilage verwenden oder eine Heringssalatsauce damit ergänzen.

Fischragout Kabeljau oder anderer großer Seefisch und Zwiebeln werden in Würfel geschnitten, in Butter angeröstet, mit rohen Kartoffelwürfeln aufgefüllt und mit Weißwein verfeinert. Dann läßt man das Ganze leise köcheln und vollendet das Ragout mit einer Sahnesauce.

Fischsuppe, gebunden Auch Fischrahmsuppe. Fischfleisch wird in Butter angedünstet, mit dünner Béchamelsauce verkocht und mit Fischbrühe aufgefüllt. Anschließend wird die Suppe abpassiert, kräftig gewürzt und mit Sahne verfeinert.

Fischrissolen Feingewürzte Fischfarce wird in halbkreisförmige Blätterteigtaschen gehüllt und schwimmend im Fett ausgebacken.

Fischrogen Diese Spezialität aus Neptuns Reichs sind Fischeier, die meist eingesalzen oder geräuchert in den Handel kommen. Weltbekannt ist der russische ➛ Kaviar vom Stör.

Fischsalat ➛ Heringssalat

Fisch-Samtsuppe Als Grundlage dient gedünstetes, entgrätetes Fischfleisch, das mit ➛ Fischvelouté aufgefüllt, verkocht und abpassiert wurde. Anschließend kann die Samtsuppe mit Eigelb und Sahne verfeinert werden.

Fischstäbchen Die industriell verarbeiteten, länglichen Fischformstücke sind fertig paniert, tiefgefroren und schnell in Friteuse oder Pfanne zubereitet. Da sie keine Gräten enthalten, sind sie besonders bei Kindern beliebt.

Fischsud ➛ Courtbouillon

Fischtopf Auch Fischkessel. Langer, schmaler Kochtopf mit Sieb- oder Locheinsatz und Deckel. Auf dem Einsatz werden die Fische über Wasserdampf gegart.

Fischvelouté Eine helle Einbrenne wird mit Fischfond aufgefüllt und mit Kräutern und ➛ gespickter Zwiebel gewürzt. Dann läßt man das Ganze gut durchkochen, passiert ab und würzt noch einmal nach.

Fish 'n' chips Engl. Fisch und Pommes frites. Diese wirklich typisch englische Spezialität wird aus fritierten Fischstücken hergestellt, die durch einen Ausbackteig gezogen wurden. Das Fischfleisch kann zuvor auch mit Eigelb oder Kartoffelmasse gebunden werden. Dazu gehören ebenfalls frisch fritierte Pommes frites, die meist noch mit Essig gewürzt werden. Zum Aus-der-Hand-Essen oder auch im englischen Pub am Tisch sehr beliebt.

Fishmonger's Soup Die amerikanische Fischhändlersuppe enthält neben Kabeljau und Fischfond Zwiebeln, Speck, Sellerie und grüne Paprikaschoten, die zusammen gekocht und deftig gewürzt werden. Zum Anrichten kann man zerdrückte Käsecräcker darüberstreuen.

Fiskkaggen Dieser norwegische Fischkuchen wird aus Fischfleisch und geriebenem Brot sowie Ei, Butter und Gewürzen zubereitet und in einer Auflaufform gebacken. Nach dem Abkühlen wird der Kuchen gestürzt und kalt gegessen.

Fisolen Österr. für grüne Bohnen.

Fizz Die erfrischenden Mischgetränke bestehen aus Zitronensaft und Mineralwasser oder Soda und einer weiteren Zutat, die der Bezeichnung dann vorgestellt wird. Berühmt ist der Gin Fizz.

Flachbrot ➛ Knäckebrot

Fladenbrot Das flache, rundliche Brot, z.B. aus Maismehl oder mit Sesamsamen bestreut wie ➛ Pita, wird meist ohne Treibmittel im Steinofen frisch gebacken.

Flädle Auch schweiz. Flädli, Frittaten, Célestine. Die schwäbische Spezialität besteht aus sehr dünn gebackenen Pfannkuchen, die entweder gefüllt oder solo gegessen werden. In Streifen geschnitten, ergeben sie die berühmte Suppeneinlage für die Flädlesuppe.

Flämische Art Die beliebte Garnitur zu rustikalen Gerichten: Kleine Weißkohl- oder Wirsingköpfe, Karotten, weiße Rüben, Knoblauchwurst und gekochter Speck werden gargeschmort und mit Bratenfond und Salzkartoffeln angerichtet.

Flämische Sauce Die Ableitung einer einfachen Buttersauce, die mit Zitronensaft und Senf verfeinert und mit gehackter Petersilie vollendet wird.

Flämmen ➛ Abflämmen

Flageolets Die grünen, unreifen Bohnenkerne werden bevorzugt als Gemüse verwendet und nur kurz blanchiert.

Flambales Auch Dessertfrüchte. Früchte, die in hochprozentigem Alkohol eingelegt sind und die man – ähnlich wie Rumtopffrüchte – zusammen mit ihrer Marinade erhitzt und flambiert. Vorzugsweise werden sie zu kalten Desserts serviert.

Flambieren Auch Abbrennen, Abflämmen. Sehr alkoholhaltige, aromatische Branntweine wie Weinbrand, Aquavit, Kirschwasser, Rum oder Whisky werden in einer schweren, meist kupfernen Flambierpfanne erhitzt, entzündet und brennend über das Flambée, das zu flambierende Gericht, gegossen. Hierbei verbrennt der Alkohol und die Aromastoffe dringen in die Speisen ein. Natürlich ist dies auch ein beeindruckendes Schauspiel, das bei Dunkelheit besonders gut wirkt. Man sollte allerdings nie die Brandgefahr dabei vergessen.

Flamiche Bei dieser französischen Lauchpastete werden angedünstete Lauchstücke in einer Eimasse auf einem Mürbeteig goldbraun gebacken.

Flammkuchen Auch Flammekuchen. Diese bekannte elsässische Spezialität besteht aus hauchdünnen Brotteigfladen, die unterschiedlich, z.B. mit Zwiebeln, Speck, Käse oder Knoblauch, belegt werden und in fast jeder Elsässer Weinstube im Steinbackofen knusprig braun gebacken werden.

Flammeri Der traditionelle Pudding aus Grieß, Reis, Kartoffelmehl, Sago oder Grütze wird mit Zucker in Wasser oder Weißwein gekocht und mit Eigelb und Eiweiß verfeinert. Danach wird er in Formen gefüllt und nach dem Erkalten mit Früchten, Sirup oder Vanillesauce angerichtet.

Flan ➛ Crème caramel

Flaschengärung Das Verfahren, bei hochqualitativem Schaumwein eine zweite Gärung in der Flasche stattfinden zu lassen, trägt den Begriff „methode champenoise". Nur ➛ Champagner selbst verzichtet auf diesen Hinweis, und im Elsaß darf sich flaschenvergorener Schaumwein Crémant nennen. Von diesen Ausnahmen abgesehen wird jeder Hersteller den kostenaufwendigen Vorgang deutlich als Herstellung im Champagnerverfahren kennzeichnen.

Flavour Die allgemein übliche Bezeichnung für den Duft eines Tees.

Fleck ➛ Kutteln

Fleckerl Aus Österreich kommen die kleinen Nudelteigquadrate mit dem lustigen Namen; sie werden als Suppeneinlage verwendet.

Fleckhering Längs gespaltener, aufgeklappter und geräucherter Hering.

Fleisch Das Muskelgewebe von Schlachttieren, Wild und Geflügel liefert dem Menschen das für die vollwertige Ernährung benötigte tierische Eiweiß. Schlachtfleisch sollte trocken, stark rötlich gefärbt und mit feinen Fettadern durchzogen sein. Diese Marmorierung des Fleisches hält es beim Bratvorgang saftig und unterstreicht den Fleischgeschmack. Je nach Fleischsorte und Verwendungszweck muß das geschlachtete Tier zur Fleischreifung wenige Tage (Schwein/Geflügel) oder bis zu drei Wochen (Teile von Rindfleisch) abhängen, wodurch das Fleisch mürbe und besser verträglich wird.

Fleischauszug ➛ Glace

Fleischbällchen ➛ Fleischklößchen

Fleischbrühe Auch Bouillon. Kochrindfleisch wird in kaltem Wasser aufgesetzt, zum Kochen gebracht und abgeschäumt, bis keine Verunreinigungen mehr an die Oberfläche steigen. Dann werden Suppengemüse und Gewürze hinzugefügt. Während der drei- bis vierstündigen Kochzeit wird immer wieder abgeschäumt. Zum Schluß wird die Brühe abpassiert und, wenn nötig, entfettet. Größere Mengen Fleischbrühe immer im offenen Topf, der leicht schräg gestellt wird, abkühlen lassen. Keinesfalls abdecken, da die Brühe sonst sauer werden kann.

Fleischextrakt Die auf den Grad eines gelierenden Bratensafts konzentrierte Fleischbrühenpaste wird industriell hergestellt und stellt im täglichen Gebrauch die Grundlage vieler Suppen, Saucen und Fleischgerichte dar.

Fleischfarce Auch Fleischfüllung, -füllsel. Hackfleisch, meist aus Schweinefleisch, wird mit Sahne, Weißbrot und Eiern gebunden und mit Gewürzen zu einem Fleischteig verarbeitet. Die Masse wird meist zu Klopsen oder Füllungen verarbeitet.

Fleischgelee Kräftige, klare Fleischbrühe mit Kalbsfüßen einkochen oder mit Gelatine binden. Beim Erkalten entsteht eine starre Masse.

Fleischkäse Ein fein gemahlener Fleischteig aus Rind- und Schweinefleisch wird in meist brotlaibähnlichen Formen im Ofen gebacken und noch warm oder auch kalt in Scheiben geschnitten und mit Brot und Senf gegessen.

Fleischklöße ➛ Deutsches Beefsteak

Fleischpflanzerl Bayr. ➛ Deutsches Beefsteak

Fleischsaft ➛ Jus

Fleischsalat Brat- oder Kochfleisch, aber auch Leber- oder Fleischkäse, wird in Streifen geschnitten, mit Gurken und Zwiebeln vermischt und mit Essig, Öl, Salz und Pfeffer angemacht.

Fleischspeck Durchwachsener, geräucherter fetter Speck.

Fleischsülze Auch Fleischsulz. Gewürztes ➛ Aspik wird über gekochtes Fleisch, aber auch Schweinefüßchen oder Bauchspeck gegossen.

Im Sommer ist dies zusammen mit Bratkartoffeln ein beliebtes Gericht.

Fleischvögerl Auch Fleischvogel. ➛ Roulade

Fleischwolf Die meist elektrisch betriebene Fleischmaschine, mit der man Fleisch und Gemüse zerkleinern oder sogar fein mahlen kann.

Fleischwurst ➛ Lyoner

Fleurons Franz. fleurir = schmükken. Das berühmte Blätterteiggebäck, das, in Halbmond- oder Dreiecksform ausgestochen, zum Garnieren von verschiedenen, meist stark saucenhaltigen Gerichten dient.

Fleurysuppe Eine gehaltvolle Geflügelkraftbrühe wird mit einer Einlage von grünen Erbsen und kleinen Geflügelklößchen vervollständigt.

Fliederbeeren ➛ Holunder

Fliederkaltschale Bei dieser originellen Nachspeise wird eine mit Vanille und Zimt gewürzte, heiße Milch durch frische Holunderblüten aromatisiert, dann wieder abpassiert, gebunden und erkaltet angerichtet.

Flip Bei dieser englischen Mixvariante werden stets Eigelb, Zucker und der geschmackgebende Alkohol gemischt. Flip-Flap z.B. enthält außer Ei und Zucker noch Zitronensaft und Sherry; nach dem Mischen wird das Ganze mit Sekt aufgefüllt.

Flocken ➛ Haferflocken

Flöte ➛ Sektglas

Flomen Das in kleine Häutchen eingeschlossen Fett, aus dem Schmalz gewonnen wird.

Florentiner Rundes, flaches, fladenähnliches Mandelgebäck, dessen Unterseite mit Kuvertüre bestrichen wird.

Florentiner Art Auch Florenzer Art. Diese wichtige Garnitur wird im Restaurant sehr häufig zu Fisch gereicht: Auf einem Sockel von gedünstetem Blattspinat werden die Fischteile angerichtet, mit ➛ Mornaysauce überzogen und gratiniert.

Florentiner Salat Auch Florenzer Salat. Ein frischer Salat aus rohem Spinat, Streifen von Bleichsellerie, roter Paprikaschote und Brunnenkresse in einer Essig-Öl-Marinade.

Florenzer Suppe Bei dieser klassischen Geflügelkraftbrühe werden helle, rötliche und grünliche Geflügelklößchen als Einlage verwendet. Die Färbung erzielt man durch Sahne, gerötete Pökelzunge und Spinatpüree.

Floridasalat Der fruchtige Salat von der Südküste der USA besteht aus Ananas-, Bananen- und Grapefruitscheibchen, die mit Sahnemayonnaise angemacht und mit Walnußkernen bestreut werden.

Flott Nordd. ➛ Sahne

Flunder Auch Flet. Der schollenähnliche Plattfisch mit der hellen Unterseite kommt in allen europäischen Küstengewässern vor und wird in der Küche genauso wie Scholle und Seezunge verarbeitet.

Flush Beim Teestrauch versteht man unter diesem englischen Begriff den jüngsten, obersten Trieb mit zwei Blättern und der Knospe, der bei der Tee-Ernte separat gepflückt wird und eine sehr hochwertige Qualität ergibt.

Flußaal ➛ **Aal**

Flußbarsch ➛ Barsch

Flußkrebs ➛ Krebs

Flûte Auch Flöte. Das lange, dünne Stangenweißbrot aus Frankreich, das mindestens zweimal pro Tag beim Bäcker gebacken wird. Flûte wird – genauso wie das etwas dickere Baguette – gebrochen, nicht geschnitten, und ist frisch außen schön knusprig und innen flaumigweich.

Föderalsuppe Die simple und doch geschmackvolle Kombination von Eierstich- und Trüffelscheiben als Einlage in einer Geflügelkraftbrühe wird pikant mit etwas Cayennepfeffer vollendet.

Försterin-Art Nach Art der Försterin bedeutet immer, daß Waldpilze, meist gedünstete Morcheln, mit Speck, Kräutern und einer kräftigen dunklen Sauce als Garnitur zu dunklem Fleisch Verwendung finden.

Försterinsalat Pellkartoffelscheibchen und gedünstete Morchelscheiben werden in Speckvinaigrette mariniert und mit Petersilie bestreut.

Försterinsauce Eine mit Sherry verfeinerte ➛ Demiglace, der als Einlage Morchelscheiben hinzugefügt wurden.

Fogosch Auch Fogas, Fogasch. Diese ungarische Zanderart wird nur im Plattensee gefangen und dort auch an Ort und Stelle für die Küche verarbeitet.

Foie gras Franz. ➛ Gänsestopfleber

Foncieren Franz. den Boden bereiten. Dieser Küchenfachbegriff bezeichnet das Auslegen von Backformen mit Teig, Speckscheiben oder Gemüsen.

Fond Franz. Basis. Die Flüssigkeit mit allen Geschmacksstoffen, die beim Kochen, Dünsten oder Braten austritt, nennt man Fond. Er wird als Grundlage für jede gute Suppe oder Sauce auch aus Knochen, Gräten oder Putzabfällen als Essenz herausgezogen, meist noch einreduziert und dadurch intensiver.

Fondant Die Schmelzglasur besteht aus einer stark gesättigten Zuckerlösung, die mit Branntwein, Likör, Schokolade oder Kaffee aromatisiert wird und noch weich und lauwarm auf Gebäck oder Kuchen aufgestrichen wird.

Fondantkartoffeln ➛ Schmelzkartoffeln

Fond d'artichaut Die französische Bezeichnung für einen Artikschokkenboden, der z.B. mit Spinat oder ➛ Duxellesmasse gefüllt und mit ➛ Mornaysauce gratiniert werden kann.

Fondu au Marc Diese besonders milde Käsespezialität aus Savoyen wird in einer Hülle aus Weintraubenkernen angeboten.

Fondue Franz. geschmolzen. Dieses traditionsreiche Schweizer Gericht, das am besten mehrere Personen gemeinsam genießen, ist schon lange ein Hit in der internationalen Küche. Das Käsefondue, ursprünglich aus Neuchâtel, wird mit geschmolzenem

Greyerzer und Emmentaler, Weißwein, Gewürzen und Kirschwasser in einem speziellen Fonduetopf zubereitet, in den jeder seine Fonduegabel mit einem Weißbrotstückchen hineintaucht. Die italienische Version, die Fonduta, wird mit Fontinakäse und zusätzlich mit Eigelb und Trüffeln zubereitet. Beim Fleischfondue, dem Fondue Bourguignonne, werden würfelig geschnittene Fleischstückchen in heißem Öl gesotten. Dazu reicht man verschiedene würzige Dipsaucen, aber auch Mixed Pickles und Weißbrot.

Fontainebleau Ein milder Frischkäse mit dem Namen des berühmten Schlosses bei Paris, der gerne mit Früchten kombiniert serviert wird.

Fontangesuppe Eine leichte Püree-Sahnesuppe aus grünen Erbsen mit gehacktem Sauerampfer und Kerbel obenauf.

Fontina Der berühmte zartweiche Käse aus dem Aostatal in Italien, der sich gut schmelzen läßt und deshalb gerne für Fondue bzw. Fonduta verwendet wird.

Forelle Der wohl verbreitetste Süßwasserfisch aus der gleichen Familie wie der Lachs. Die Forelle liebt kühle, klare Gewässer und wird von Portionsgewicht (250–300 g) bis zu 5 kg schwer. Es gibt eine Reihe verschiedener Arten, von denen die Bachforelle mit ihrem wohlschmekkenden Fleisch die begehrteste ist. In Fischgeschäften und Restaurants werden heute meist die robusteren Regenbogenforellen angeboten, deren Geschmack aber dem der Bachforellen nicht gleichkommt. Forellen werden auf viele unterschiedliche Arten serviert: gebraten, gebacken, gedünstet, in Folie, pochiert oder kalt in Gelee. Die wohl bekanntesten Zubereitungsarten sind die in Mehl gewälzte und in Butter gebratene Forelle Müllerin und die im gesäuerten Sud pochierte Forelle blau. Zu besonderer Schmackhaftigkeit verhilft man den filetierten Forellen durch Heiß- oder Kalträuchern im Wacholderrauch.

Fourme d'Ambert Ein herzhafter französischer Blauschimmelkäse, der aus der Region Haute-Savoie stammt.

Fourniture Franz. Zutat. Salatkräuter wie Kresse, Kerbel, Pimpernelle, Schnittlauch, Petersilie und Schalotten werden vorbereitet, gehackt und als Kräutermischung für die Salatsauce bereitgestellt.

Fou-Young Ein chinesisches Gericht, bei dem Eier mit Streifen von Fleisch, Schinken, Geflügel, Gemüse, Pilzen und Garnelen in Butter gebacken werden.

Foyotsauce Die Ableitung der Sauce Béarnaise, die mit Fleischextrakt verfeinert und abgeschmeckt wird.

Fraisa Auch Fraisia. Ein französischer Erdbeerlikör.

Framboise Franz. Himbeere. Die Bezeichnung für einen Elsäßer Himbeerschnaps, der gerne als ➛ Digestif getrunken wird.

Francillonsalat Geputztes Muschelfleisch, das in Weißwein mariniert wurde, wird mit warmem Kartoffelsalat in einer Essig-Öl-Marinade angemacht und mit Trüffelscheibchen dekoriert.

Francillon-Suppe Diese raffinierte Suppe erregt mit Sicherheit Aufsehen: Man spritzt Geflügelfarce kranzartig auf einen hitzebeständigen Teller, gibt in die Mitte ein rohes Ei und gart das Ganze im Ofen leicht vor. Zum Anrichten wird der Teller mit heißer Geflügelkraftbrühe auffüllt.

Frangipanecreme Diese Füllcreme wird bei der Torten- und Dessertherstellung verwendet: Eine ➛ Konditorcreme wird mit grob gemahlenen Makronen und etwas Butter vermischt.

Franken Der trockene bis halbtrockene Wein aus dieser östlichen Weingegend Deutschlands wächst an den südlichen Mainhängen und wird traditionell in den gedrungenen Bocksbeutelflaschen abgefüllt.

Frankfurter Bettelmann ➛ Bettelmann

Frankfurter Grüne Sauce Goethes Lieblingssauce zu Pellkartoffeln und kaltem Braten sollte mindestens aus sieben Kräutern, z.B. Petersilie, Dill, Schnittlauch, Estragon, Kresse, Borretsch, Pimpernelle, Kerbel oder Liebstöckel bestehen. Die Kräuter werden fein gehackt unter eine kräftige Eiermayonnaise gemischt.

Frankfurter Klöße Ein halbfester Butterteig wird mit Muskat und Zitronenschale gewürzt und mit gerösteten Semmelwürfeln gemischt. Dann werden Klöße abgestochen, im Salzwasser gegart und nach dem Abtropfen mit brauner Butter beträufelt.

Frankfurter Kranz Der berühmte, in einer Ringform gebackene Biskuitkuchen wird waagerecht mehrmals durchgeschnitten, mit Buttercreme gefüllt und überzogen. Abschließend wird er dick mit Krokant bestreut und mit Cocktailkirschen auf Sahnespritzern dekoriert.

Frankfurter Suppe Eine kräftige Rinderbouillon wird mit Wacholderbeeren gewürzt und erhält als Einlage Rotkohlstreifen und Scheiben von Frankfurter Würstchen. Vor dem Anrichten wird die Suppe mit Reibkäse bestreut.

Frankfurter Würstchen Die weltbekannten Frankfurter Würstchen werden aus Schweinefleisch und Speck hergestellt, gebrüht und leicht geräuchert.

Franklinsuppe Die nach dem amerikanischen Staatsmann benannte Suppe besteht aus einer gehaltvollen Rinderkraftbrühe mit kleinen Karotten- und weißen Rübenkugeln, winzigen Backerbsen und verschiedenen Eierstich-Würfeln als Einlage.

Franziskanersauce Madeirasauce mit Gänseleberpüree, die mit Trüffelscheiben garniert wird.

Franziskanertopf Für diesen feinen Fleischtopf werden gebratene, gewürzte Kalbssteaks in heißen Keramiktöpfchen angerichtet und mit verschiedenen, in Butter geschwenkten Gemüsen belegt; dazu gehören

Buttertoast und verschiedene, kleine Häppchen wie Räucherlachs, Krabben, Kräuterkäse, Eierscheiben usw.

Franz-Josef-Sauce Eine Ableitung der ➛ Jägermeistersauce, die zusätzlich mit Champagner verfeinert und einreduziert wird.

Französische Marinade Eine pikante Salatsauce aus Öl, Essig, gehacktem Ei, Petersilie, Estragon, Kerbel, Salz und Pfeffer.

Französische Sahnesauce Auch Sauce fleurette. Eine Ableitung der Sauce ➛ Hollandaise, die mit geschlagener Sahne noch luftiger gemacht wird.

Französische Sauce Die bekannte Ableitung der Sauce ➛ Béarnaise mit reduziertem Fischfond erhält durch Tomatenpüree eine hellrote Färbung.

Französischer Senf Der bekannteste, sehr scharfe französische Senf kommt aus Dijon. Aber auch das Bordeaux und die Provence liefern aromatischen Senf, der zum Teil nur halb gemahlen und mit Wein und Kräutern abgeschmeckt ist.

Frappés Diese Eisgetränke bestehen meist aus einer Mischung aus Fruchtsaft und Alkohol. Läßt man sie noch stärker gefrieren, so erhält man ein ➛ Sorbet.

Frappieren Franz. frapper = abkühlen. Eine Speise oder ein Getränk rasch mit Eis abkühlen.

Frascarelli Diese spezielle Art der ➛ Gnocchi wird aus Brandteig hergestellt.

Frascati 1. Die Garnitur zu großen Fleischplatten, die in einem um die Jahrhundertwende berühmten Restaurant gleichen Namens in London kreiert wurde, besteht aus Spargelspitzen, Champignons, Trüffeln, gebratenen Gänseleberscheiben und Herzoginkartoffeln.

2. Der helle D.O.C.-Weißwein mit zum Teil delikater Blume aus Frascati im Süden Roms wird von trocken (secco) bis süß (dolce) angeboten.

French Dressing Engl. französische Salatsauce. Dieses weltweit beliebte Dressing wird aus Öl, Essig, Salz, Pfeffer und ein wenig französischem Senf zusammengerührt und paßt zu vielen Blatt- und Mischsalaten.

French Pousse Café Grüne Chartreuse, Maraschino, roter Cherry Brandy und Kümmelbranntwein ergeben einen ziemlich „gehaltvollen" Drink. Die Zutaten werden in der angegebenen Reihenfolge vorsichtig in ein Glas gegossen und nicht umgerührt, damit sich ein schönes Schichtenbild ergeben kann.

Freneusesuppe Kartoffeln und weiße Rüben werden gekocht, püriert, mit Milch aufgegossen und abgeschmeckt.

Fressure ➛ Innereien

Fressure d'Anjou Ein feines Ragout aus Lamminnereien, die mit Speck, Zwiebeln und Kräutern in Weißwein geschmort werden.

Friands Kleine Blätterteigtorteletts werden mit deftigem oder süßem Belag versehen. Kleine Leckerbissen allgemein heißen Friandises.

Fricandeau ➛ Frikandeau

Fricassée ➛ Frikassee

Friese Nagelkaas Niederl. Friesischer Nelkenkäse. Dieser würzige Schnittkäse aus Friesland ist kräftig mit Gewürzen abgeschmeckt.

Friesischer Pfannfisch Für dieses norddeutsche Fischgericht wird gewürfelter Seefisch mit vielen Zwiebeln gebraten und kräftig mit Salz und Senf gewürzt. Dann werden die Fischstücke auf Salzkartoffelscheiben gelegt und mit einer weiteren Schicht Kartoffelscheiben bedeckt. Das Gericht wird in Butter knusprig gebraten und mit Petersilie angerichtet.

Frijoles Mexikanische schwarze Bohnenkerne.

Frikadelle ➛ Deutsches Beefsteak

Frikandeau Ein Teilstück der Kalbskeule, das sich gespickt besonders zum Braten und Schmoren eignet.

Frikassee Das klassische Ragout aus weißem Fleisch in heller Sauce, oft in Begleitung von Blumenkohl oder Spargel.

Frischkäse Ein junger, ungereifter Käse mit leicht säuerlichem Geschmack und unterschiedlichen Fett- oder Verarbeitungsstufen wie Quark, Schichtkäse, Doppelrahm-Frischkäse oder Hüttenkäse. Ausländische Spezialitäten sind der französische, sehr fetthaltige Petit-Suisse, der philippinische Kesong Puti aus Büffelmilch, der Ziegenfrischkäse Jupneh aus Saudiarabien oder der Queso blanco aus Südamerika.

Frischling Auch franz. Marcassin. Ein junges Wildschwein, weniger als ein Jahr alt und bis zu 30 kg schwer, ist ein Leckerbissen auf der Wildbretkarte. Besonders schmackhaft sind Rücken, Koteletts und Keule.

Frisée Französische Endivienart mit hellgelben Blättern im Innern des Salatkopfes, die ähnlich wie der Löwenzahn gezackt sind.

Friteuse Meist elektrisch beheizbarer Fritiertopf, in dem Gerichte im Fett schwimmend fritiert, d.h. ausgebacken werden.

Fritieren ➛ Friteuse

Fritot Marinierte und gewürzte Lebensmittel wie Fleisch, Geflügel, Fisch oder Gemüse werden durch Backteig gezogen und in der heißen Friteuse ausgebacken.

Frittaten ➛ Flädle

Fritters Bei dieser amerikanischen Spezialität werden Stücke von verschiedenen Früchten in Pfannkuchenteig getaucht und schwimmend ausgebacken.

Fritto misto Ital. gemischtes Gebackenes. Im Original werden Scheibchen von Kalbsinnereien, aber auch Poulardenbrustfleisch oder edles Gemüse paniert und in Öl ausgebacken. Bekannter ist aber das Fritto misto di pesce, bei dem marinierte Meeresfrüchte und Fischstückchen in Mehl gewendet und in heißem Öl fritiert werden.

Friture Auch Fritüre, Fettbad. Die Bezeichnung gilt für das Fritierfett zum Ausbacken ebenso wie für die Friteuse selbst.

Fromage du Curé Der kleine, bretonische Weichkäse fällt durch sein zartmildes Aroma auf.

Fromages assortis Diese Bezeichnung auf einer Menükarte bedeutet, daß auf den Gast eine feine Käseplatte mit verschiedenen, ausgesuchten Käsesorten wartet.

Froschschenkel Die Delikatesse aus den Hinterkeulchen des braunen Grasfrosches oder des grünen Wasserfrosches sind seit Mitte der siebziger Jahre in Verruf gekommen, weil indonesische Importeure die Tiere auf grausamste Weise töten. Die europäischen Frösche werden schon seit Jahrhunderten meist im Spätsommer und Herbst gefangen, so schnell und schmerzlos wie möglich getötet und dann frisch, auf Spießchen gereiht, angeboten. Man kann daraus ein zartes Frikassee, im Backteig ausgebackene Keulchen oder sogar Souflées herstellen.

Fruchtauflauf Milch und Zucker werden aufgekocht und mit Mehl gebunden. Eigelb, Eiweiß und Fruchtstücke werden in die Masse eingearbeitet, im Backofen in einer Auflaufform braun gebacken und danach meist mit Puderzucker bestäubt.

Fruchtbranntwein ➛ Obstbranntwein

Fruchteis Die verschiedenen Fruchtaroma-Speiseeissorten werden immer nach dem gleichen Verfahren zubereitet: Fruchtpüree und/oder -saft wird mit etwas Zitronensaft und Zuckersirup gemischt, in die Eismaschine gefüllt und kurz vor dem Erstarren mit geschlagener Sahne verfeinert.

Fruchtjoghurt Mit Früchten vermischter Joghurt, der mindestens 6 % Frischfrucht enthalten muß.

Fruchtkaltschale Eine aus Früchten, Saft und Geliermittel bestehende Süßspeise, die einer Götterspeise ähnelt.

Fruchtkroketten Kleine ➛ Beignets aus Obststückchen.

Fruchtpastete Eine klassische große Blätterteigpastete, die mit in Aprikosensauce gebundenen und mit Kirschwasser parfümierten Früchtewürfeln gefüllt ist und gerne bei großen Kalten Buffets als Dessert serviert wird.

Fruchtsaft Der aus frischen Früchten gepreßte, unvergorene Saft.

Fruchtsalat ➛ Obstsalat

Fruchtsauce Frische pürierte Früchte werden mit Zucker und Weißwein erhitzt, gerührt und mit Zitronensaft und Likör oder Branntwein abgeschmeckt.

Fruchtwein Aus Fruchtsäften vergorene Süßweine, wie Heidelbeer- oder Johannisbeerwein, mit einem relativ hohen Alkoholgehalt.

Fruchtzucker Auch Fructose. Neben der Glucose (Traubenzucker) der wichtigste in Früchten vorkommende Zucker, der vom Körper relativ langsam aufgenommen wird.

Früchtebrot Vornehmlich in der Adventszeit werden kleine Würfel von Trockenfrüchten, gehackte Mandeln und Nüssen in einem süßlichen Roggenteig in der Form eines Brotlaibs gebacken.

Frühlingspastetchen Frühlingsgemüse wie z.B. Frühlingszwiebeln, junge Möhren, Sellerie und Petersilienwurzeln, aber auch Spargel und junger Porree werden mit frischen, jungen Erbsen in Butter gedünstet, in heller Grundsauce gebunden und in kleinen Blätterteigpastetchen angerichtet.

Frühlingsrolle Auch Lumpia, Loempia. Dünne Reis- oder Eierteigpfannkuchen werden mit Gemüse, Fleisch, Fisch oder einfachen Sojabohnenzubereitungen gefüllt, gerollt und in der Friteuse ausgebacken. Eine bekannte Vorspeise im chinesischen Restaurant, die oft mit Sojasauce und ➛ Sambal oelek serviert wird.

Frühlingssauce Eine Ableitung einer kräftigen Kalbsvelouté, die mit Kräuterbutter aufschlagen und mit kleinem, in Butter geschwenktem Frühlingsgemüse zu hellem Fleisch serviert wird.

Frühlingsschnittchen Ein erfrischender Menübeginn: Mit Kräuterbutter bestrichener, dünner Toast, der mit Kresse und gehacktem Eigelb belegt wird.

Frühlingssuppe Eine leichte Geflügelkraftbrühe mit Frühlingsgemüse als Einlage.

Frühlingszwiebeln Auch Lauchzwiebeln. Eine Zwiebelart mit kleiner, weißer Knolle und langem, grünem Zwiebellauchanteil, die sehr zart, ähnlich wie junger Lauch, schmeckt und ebenso zubereitet wird.

Frühstück Das „Stück" Brot, das in der „Frühe" gegessen wird, ist in Deutschland ein relativ wichtiger Teil der täglichen Nahrungsaufnahme. In Italien, Frankreich und Spanien z.B. nimmt man am frühen Morgen außer einem Kaffee nur wenig zu sich. In China beginnt man das Frühstück mit einer Suppe, in England mit ausgedehnten Eiergerichten, Speck und Würstchen und in Amerika kann man vom Pfannkuchen bis zum Hamburger zum Frühstück eigentlich alles bekommen.

Frühstücksspeck ➛ Bacon

Frutti di mare Ital. Meeresfrüchte. Unter diesem blumigen Begriff versteht man: Scampi, Muscheln, Austern, Hummer, Langusten, Tintenfische und kleine Fische. Sie werden entweder in Öl und Zitronensaft mariniert als Salat oder kalte Platte oder im Backteig fritiert angeboten.

Fuchsbeeren ➛ Preiselbeeren

Füllsel ➛ Farce

Fünfminutengulasch In kleine Würfel geschnittene Rinderfiletspitzen werden gewürzt, mit Zwiebelwürfeln in Butter gebraten, mit brauner Grundsauce verkocht und mit Madeira und Gewürzen abgeschmeckt.

Fürstliche Sauce Eine sehr edle Ableitung einer Weißweinsauce, die mit Krebsbutter verfeinert und mit gewürfeltem Krebsfleisch und Trüffeln angerichtet wird.

Fürst-Pückler-Eis Drei unterschiedliche Sorten Sahneeis werden zuerst mit geriebenen Makronen und dann schichtweise mit Maraschino, Erdbeerpüree und geriebener Schokolade vermischt, bevor sie zur Eisbombe gefroren werden.

Fugu Auch Fugo. Diese japanische Fischspezialität offenbart ihren Reiz erst nach dem Verzehr: Der wohlschmeckende Kugelfisch, dessen Innereien, allen voran die als Delikatesse geschätzte Leber, hochgiftig sind, wird nur durch geschulte Köche zum ungefährlichen Gaumenschmaus. Man sollte sich also gut mit seinem Küchenchef verstehen!

Ful medames Überall im Mittleren Osten werden Pasteten aus der Saubohnenart mit dem eigenartigen Namen hergestellt. In Ägypten gibt es ein gleichlautendes Nationalgericht, in dem diese Bohnen mit weiteren Zutaten zubereitet werden.

Fumé Franz. geräuchert.

Fumet Ein gebräuchlicher Begriff für Fischfond oder Essenz.

Fundador Ein bekannter Weinbrand aus dem Süden Spaniens.

Fusilli Die italienischen Spiralnudeln, die sich gut als Beilage zu Gerichten mit viel Sauce eignen.

Fynbo Ein dem Gouda ähnlicher, einfacher, zylindrischer Schnittkäse aus Dänemark mit einem milden Geschmack.

G

Gabelbissen Matjesstückchen als Vollkonserve werden mit vielen Kräutern und Gewürzen süß-sauer mariniert.

Gabelfrühstück Ursprünglich österreichische Bezeichnung für eine Zwischenmahlzeit am Vormittag.

Gabrielle-Suppe Eine französische Geflügelkraftbrühe, in die rohes Eigelb gerührt wird. Krebsschwänze und Eierstichwürfel dienen als Einlage.

Gado-Gado Ein indonesisches Gemüsegericht, bei dem Bohnen, Sojasprossen, Kohl, Kartoffeln und Möhren knackig gekocht und zusammen mit hartgekochten Eiern und Erdnußsauce auf Kresse angerichtet werden.

Gänsebrust Die Gänsebrust wird rund zu einer festen Wurst gebunden, gepökelt und geräuchert. In hauchdünne Scheiben geschnitten, mit gehacktem Madeiragelee serviert, ist sie eine Delikatesse für das Kalte Buffet.

Gänseeier Etwa 150–200 g schwere Eier, die, ähnlich wie Enteneier, leicht ölig schmecken und nur ganz frisch verwendet werden sollten.

Gänsefett ➛ Gänseschmalz

Gänsehals, gefüllt Franz. Cou farci périgourdin. Eine französische Spezialität aus dem Périgord: Eine Farce von Schweinefleisch, Gänseleber und Trüffeln wird in einen umgestülpten Gänsehals gefüllt, der dann gebraten wird.

Gänseklein Auch Gänsegeräusch. Für dieses Restegericht werden Hals, Herz, Flügel, Kopf, Magen und eventuell die Füße mit kleingeschnittenem Wurzelgemüse gargekocht, mit heller Einbrenne, Sahne und Eigelb gebunden, gewürzt und zu Salzkartoffeln serviert.

Gänsekraut ➤ Beifuß

Gänseleber Auch Gänsestopfleber, franz. Foie gras. Durch eine spezielle Mästung wird die sogenannte Stopf- oder Fettleber von jungen Gänsen bis zu drei Pfund schwer. Die helle, blaßgelbe Gänseleber kommt aus dem Elsaß, Südfrankreich oder aus Ungarn und wird frisch oder in Dosen bzw. in Terrinen im Handel angeboten. Sie eignet sich vorzüglich für Vorspeisen, feine Pürees und Pasteten, gibt aber auch zahlreichen anderen Gerichten ein unvergleichliches Aroma. Als besondere Spezialität gilt die Verbindung von Gänseleber und Trüffeln, die sich im Aroma gegenseitig ergänzen und unterstützen. Die auch als Konserve im Handel erhältliche getrüffelte Gänseleber wird in Scheiben geschnitten und zu kräftigem Weißwein serviert.

Gänselebernocken Gänseleber und Geflügelfleisch werden püriert und mit Ei, geriebenem Weißbrot, Sahne, Butter und Gewürzen zu einer cremigen Masse verarbeitet. Davon werden Nocken abgestochen und in Hühnerbrühe pochiert.

Gänseleberparfait Gänseleber und Schweinefleisch werden fein gemahlen, zu einer sahnigen, meist getrüffelten Creme verarbeitet und in kleine Formen gefüllt.

Gänseleberpastete Sie gilt als die „Königin" der Pasteten. Die edle Stopfleber wird mit Fleisch, Speck und aromatischen Périgordtrüffeln gemahlen, gewürzt und zu einer Pastete verarbeitet. Im Handel ist sie in kleinen Steinguttöpfchen erhältlich. Einen besonders guten Namen hat die Gänseleberpastete aus Straßburg, die bereits seit dem 18. Jahrhundert von dort aus in alle Welt verschickt wird.

Gänsepfeffer Kleingewürfeltes Gänsefleisch wird stark angebraten und dann mit Pilzen, Zwiebeln, Gewürzen, Rotwein und Kräutern fertiggeschmort. Gegen Ende der Garzeit wird das Ganze noch mit Sahne verfeinert.

Gänseschmalz Ausgelassenes Körperfett von Gänsen, das sich vorzüglich zum Schmoren von Gemüse, vor allem von Sauerkraut und Rotkohl, aber auch als Brotaufstrich eignet.

Gänseschwarzsauer Ein traditionelles Gericht aus Pommern, das die Hausschlachtung voraussetzt. Gewaschene Teile der Gans, wie z.B. Hals, Herz, Flügel, Kopf und Magen, Wurzelgemüse, Essig, Zwiebeln und Gewürze werden miteinander verkocht. Das Ganze wird nach dem Garen mit Gänseblut und Lebkuchen gebunden.

Gänseweißsauer Ein eher seltenes, kaltes Gänsegericht, bei dem Gänsefleisch mit Kalbsfüßen, Wurzelgemüse, Kräutern und Gewürzen in Wasser unter ständigem Abschäumen gekocht wird. Die abpassierte Brühe wird mit Essig und Gewürzen abgeschmeckt und zusammen mit dem Gänsefleisch portionsweise zum Gelieren kalt gestellt.

Gärtnerin-Art Diese beliebte Garnitur zu hellem Fleisch besteht aus blanchiertem jungem Saisongemüse und Blumenkohlröschen, die zusammen mit einer Sauce ➛ Hollandaise angerichtet werden.

Gärtnerinsalat Der frische Gemüsesalat besteht aus gegarten Karotten- und Selleriewürfeln, grünen Bohnen, grünen Erbsen und Blumenkohlröschen, die mit einer Essig-Öl-Sauce oder einer leichten Mayonnaise angemacht und mit Brunnenkresse und Eierscheiben dekoriert werden.

Gaillac Die südwestfranzösische Stadt wurde vor allem durch ihren kräftigen, meist trocken ausgebauten, frischen Rotwein bekannt, der jung getrunken werden sollte.

Gaisburger Marsch Die berühmte schwäbische Eintopfspezialität, die aus kräftiger Bouillon, gewürfeltem Fleisch, Gemüse, Kartoffeln und Spätzle besteht.

Galantine ➛ Ballontine

Galette 1. Eine französische Pfannkuchenspezialität aus Buchweizenmehl, in die ein Würstchen gewickelt wird.

2. Ein Fachbegriff für flache Kuchen, aber auch für kleine Kartoffeltaler aus Mehl-Kartoffelteig als Beilage.

Galgant Auch Siam-Ingwer. Thailändisches, ingwerähnliches Gewürz für Kräuterliköre, Lebkuchen oder Currys.

Galia-Melone Eine der vielen Arten der ➛ Zuckermelonen.

Gallatisalat Ein edler Salat aus gekochten Spargelspitzen und Champignonscheiben in einer zarten Essig-Öl-Sauce. Dazu passen Toast und Butter.

Gallert Auch Gallerte. ➛ Aspik

Gallertschüssel ➛ Sulzgericht

Galliano Ein italienischer Kräuterlikör, mit dem gern Cocktails gemixt werden.

Gallische Suppe Die seltene, traditionelle Geflügelkraftsuppe mit Hahnenkämmen und -nieren und Schinken-Eierstich-Würfeln oder Schinkennocken als Einlage.

Gallischer Salat Ob dieser Kartoffelsalat dem Gourmet Kräfte wie Asterix verleiht, ist nicht bewiesen, ein geschmackliches Erlebnis ist er sicher: Kartoffelscheiben, Champignons, Artischockenböden und Trüffeln läßt man vor dem Anrichten in einem Mayonnaisedressing etwas ziehen.

Galotiri Der gelbliche, griechische Ziegenkäse, der in verschiedenen Reifestufen angeboten wird.

Galuschel ➛ Pfifferling

Gambas Span. ➛ Garnelen

Gambaretti Ital. ➛ Garnelen

Gambetta-Art In Butter gedünstete Tomaten und kleine, gefüllte Auberginen werden bei dieser klassischen Garnitur mit Madeirasauce zu Gebratenem oder Gegrilltem serviert.

Gambettasalat Der raffinierte Salat aus marinierten Artischockenböden- und Trüffelscheiben wird in einer würzigen Estragonmayonnaise angemacht.

Gambo ➛ Okra

Gammelost Auch Gamalost. Der aus Norwegen stammende Sauermilchkäse reift relativ schnell und entwickelt einen besonderen Edelschimmel auf der Rinde, der durch wiederholte Pressung während der Reifung auch dem dunklen Käseinneren einen aromatisch scharfen Geschmack verleiht.

Gams Auch Gemse. Eine ziegenartige Antilopenart, die als Jungtier sehr schmackhaft ist. Diese Wildtiere der Alpen werden meist ähnlich wie Rehe oder Damwild zubereitet. Bei älteren Tieren muß das Fleisch – Keulen und Rücken werden besonders geschätzt – einige Tage mariniert werden, bevor es mit vielen Kräutern zubereitet, meist geschmort, wird.

Gancia Ein bekannter italienischer Wermutwein, der als Aperitif getrunken wird.

Gans Die Gans ist eine sehr alte Haustierart, die gerne traditionell an Feiertagen wie St.Martin oder Weihnachten zubereitet wird. Mit Hafer gemästete Gänse schmecken am besten. Die Toulouser Gans liefert die feine Foie gras, die Gänsestopfleber, die Straßburger Sorte eignet sich hervorragend für das berühmte Confit d'oie, das in Gänseschmalz eingemachte, entbeinte Gänsefleisch. Das günstigste Schlachtgewicht liegt etwa zwischen 3–5 kg, wobei die Gans nicht älter als ein 1 Jahr und nicht zu fett sein sollte. Die klassischste aller Zubereitungsarten ist das Braten im Ofen, wofür die Gans mit Bratwurst- oder Semmelmasse, Äpfeln und Maronen gefüllt wird. Dazu serviert man meist Blaukraut und Kartoffelknödel.

Ganslsuppe Die österreichische Suppenspezialität auf der Basis einer gebundenen Geflügelbrühe wird mit Markklößchen, Blumenkohlröschen und gewürfeltem Gänsefleisch als Einlage serviert.

Gaperon Ein kugeliger Ziegenkäse mit pikant würzigem Aroma.

Garbanzos a la Andaluza Die spanische Version einer Suppe auf der Basis von Garbanzos oder ➛ Kichererbsen, die in Brühe weichgekocht, passiert und mit Safran und Cayennepfeffer pikant gewürzt werden.

Garbure Der französische Gemüseeintopf, der mit Gänsefleisch und Speck gekocht, und anschließend in einer Auflaufform in groben Stücken oder püriert im Ofen überbacken wird. Meist wird Stangenweißbrot dazu serviert.

Gardemanger Der Fachbegriff für den Koch oder auch die Küchenabteilung der Kalten Küche. Dort ist man zuständig für das küchenfertige Vorbereiten von Schlachtfleisch, Geflügel, Fisch usw., hauptsächlich aber für die Anfertigung von kalten Gerichten, Salaten oder ganzen Kalten Buffets.

Gareis ➛ Karausche

Garibaldisalat Für den würzigen Salat mit dem Namen des italienischen Freiheitskämpfers werden Äpfel, rote Paprikaschoten und Bleichsellerie in Scheiben geschnitten und mit einem Mayonnaisedressing angemacht.

Garibaldisauce Die raffinierte Ableitung der ➛ Demiglace, die mit Senf, Knoblauch und Cayennepfeffer gewürzt und mit Sardellenbutter aufgeschlagen wird.

Garnelen Auch Krabben, Crevettes (franz.), Shrimps/Prawns (engl.), Gambas (span.), Gamberi/Gamberetti (ital.). Die unterschiedlich großen zehnfüßigen Meereskrebse zeichnen sich durch einen fleischigen, wohlschmeckenden Schwanz aus. Sie werden im flachen, sandigen Meeresgrund mit Schleppnetzen gefischt und, da sie relativ rasch verderben, meist bereits an Bord der Fangschiffe gekocht. Durch das Kochen erhalten die eigentlich graubraunen Tiere auch ihre rötliche Farbe. Frische Garnelen werden vergleichsweise teuer und selten angeboten. Eine akzeptable Alternative sind Konserven und Tiefkühlprodukte. Garnelen können auf zahlreiche Arten zubereitet werden: kalt als Salat und Cocktail oder warm als Hauptgericht und Saucen- oder Suppeneinlage.

Garnelenbutter Auch Crevettenbutter. Diese feine, aromatische Buttermischung wird aus ganzen, zermahlenen Garnelen, Butter und etwas Salz hergestellt. Vor dem Anrichten wird die Masse durch ein Sieb getrieben, um die harten, nicht eßbaren Schalenteile zurückzuhalten.

Garnelenfarce Man stellt sie genauso her wie Garnelenbutter, wobei allerdings die Butter durch Sahne ersetzt und das Ganze mit Cognac, Salz und Pfeffer abgeschmeckt wird.

Garnelensalat Geschälte Garnelenschwänze werden kurz in Cognac mariniert und dann mit rohen Champignonscheiben in einer Mayonnaise oder Cocktailsauce angemacht.

Garnelensauce Diese raffinierte rötliche Sauce zu gedünstetem Fisch ist eine Ableitung der ➛ Fischvelouté, die mit Garnelenbutter aufgeschlagen wird und geschälte Garnelenschwänze als Einlage erhält.

Garnelensuppe ➛ Normannische Garnelensuppe

Garnieren Aus dem Französischen (garnir = ausstatten) stammender Fachbegriff, der seit ➛ Escoffier bedeutet, daß ein Gericht mit eßbaren Zutaten ansprechend dekoriert wird.

Garnitur Die klassischen Garnituren sind definitiv festgelegte Beilagenanordnungen zu Fisch, Fleisch, Gemüseplatten, aber auch Desserts. Die Bezeichnung enthält oft Namen von Städten, Nationen oder berühmten Persönlichkeiten, die in irgendeiner Weise mit der Art der Speisedekoration in eine Beziehung gebracht werden können. Eine Garniturbezeichnung kann bei verschiedenen Gerichten unterschiedliche Bedeutungen haben: Auf Burgunder Art bedeutet bei Fisch das Pochieren in Rotweinsauce, bei Fleisch das Braten und Anrichten mit Rotweinsauce, Perlzwiebeln, Speckwürfeln und Champignons.

Garstufen Das exakte Braten von Kurzbratfleisch nach dem Wunsch des Gastes hat in Frankreich und Amerika große Tradition. Dabei bedeuten:

Blau (franz. bleu, engl. raw): Das Fleisch ist innen noch roh, wenig erhitzt und hat eine braune, dünne Kruste.

Blutig (franz. saignant, engl. rare): Eine knusprig-braune Hülle mit einem rosa, innen noch blutigen, aber erwärmten Kern.

Rosa (franz. à point (anglais), engl. rare medium): braune Kruste und innen vollständig rosa durchgezogen.

Halb durch (franz. demi-anglais, engl. medium): Das Fleisch ist außen knusprig-braun gebraten, hat eine gräuliche Außenzone und einen rosa Kern.

Durch (franz. bien cuit, engl. well done): Die dunkelbraune Kruste umhüllt einen grau-braunen Fleischteil ohne irgendeinen rosa Anteil.

Durch exaktes Garen können Meister ihres Faches auch ein durchgebratenes Filetsteak saftig halten. Läßt man es aber nur kurze Zeit zu lange „durchgrillen", dann erhält man die berühmte ausgetrocknete, schuhsohlenartige Fleischplatte, und das teure Filet ist unwiederbringlich verdorben.

Gartenkresse Diese kleinblättrige Kressenart ist heutzutage das ganze Jahr über frisch, in Schälchen gezogen, zu bekommen. Sie wird als Würzkraut für Salate, Buttermischung, Saucen und Suppen verwendet. ➛ Brunnenkresse

Gartenmelde Auch Spanischer Spinat. Ein würziges Gemüse, das spinatähnlich schmeckt und wie dieser zubereitet wird.

Gartenraute Auch Weinkraut, Weinraute. Das leicht säuerliche Gewürzkraut wird vor allem als Salatkraut und für kalte Saucen verwendet.

Gartner, Gerhard Geboren 1939. Gartner war schon früh ein erfolgreicher Küchenchef, der in seiner Laufbahn viele gastronomische Höhepunkte organisierte, wie z.B. das Hochzeitsmenü der Königin der Niederlande, bevor er in Aachen seine Kochkunst in eigener Regie vielbeachtet den Besuchern des dortigen Spielcasinos offerierte, was er bis heute mit großem Erfolg als Inhaber der dortigen Casino-Gastronomie fortführt.

Garverfahren Zu den neuesten Verfahren, durch zugeführte Energie Nahrungsmittel bekömmlich und zum Teil erst genießbar zu machen, zählen: Infrarotgaren, bei dem durch Infrarotstrahlen sehr hohe Temperaturen entstehen; Mikrowellengaren, bei dem durch elektromagnetische Wellen der Wasseranteil im ganzen Gargut erhitzt wird und so eine extrem kurze Garzeit erreicht wird und das Garen im Konvektomaten. Vor allem bei Halbfertiggerichten und Tiefkühlprodukten wird dieses Umluftgaren eingesetzt.

Garziehen ➛ Pochieren

Gaskognische Sauce Für diese aromatische Sauce werden frische Kräuter in Weißwein eingekocht, mit einer leichten Kalbsvelouté gebunden und mit Sardellenbutter aufgeschlagen.

Gaskognische Suppe Dic würzige Püreesuppe wird aus reifen Tomaten und Zwiebeln hergestellt und erhält als Einlage gewürfeltes Gänseconfitfleisch.

Gaspacho ➛ Gazpacho

Gasteiner Strudel Die österreichische Spezialität besteht aus einem Hefestrudelteig, der hauptsächlich mit Rosinen und Zitronat gefüllt und dann halb abgebacken wird. Anschließend wird er mit Vanillemilch begossen, fertig gebacken und mit zusätzlicher Vanillesauce serviert.

Gastronomie Nach ➛ Escoffier: Die Kunst und Pflege des Essens und Trinkens und die Lehre vom richtigen Handhaben der Nahrungsmittel. In Deutschland versteht man unter diesem Begriff eher die Gruppe der Restaurants, Hotels und Wirtschaften, also der nahrungs- und genußmittelverarbeitenden Betriebe.

Gastronomensuppe Eine kräftig gewürzte, klassische Suppe aus Geflügelbrühe und Maronen, die als Einlage Trüffelstreifen, Morcheln und pochierte Hahnenkämme erhält.

Gastrosoph Der Anhänger der Gastrosophie, der Lehre von der Weisheit im Genuß der Tafelfreuden, ist ein philsophischer Feinschmecker, der es genießt, über Sättigung und Genuß hinaus, die besonderen Finessen der großen Küche mit Gleichgesinnten zu diskutieren und zu würdigen.

Gattinara Der italienische, trockene Rotwein aus Piemont wird nur selten exportiert, obwohl er zu den besten Gewächsen des Landes gehört.

Gazpacho Auch Gaspacho, Gaspazo. Die eiskalte, andalusische Gemüsesuppe wird in verschiedenen Varianten serviert. Bei der klassischen Zubereitung werden Tomaten mit Knoblauchzehen fein püriert, mit etwas Paniermehl gebunden und mit Gewürzen abgeschmeckt. Als Einlage werden Würfel von Tomaten, Salatgurken und rotem Paprika, die zuvor in Olivenöl mariniert wurden, hinzugegeben. Schließlich wird die Suppe noch mit Wasser verdünnt, mit Essig gewürzt und dann einige Stunden gekühlt.

Gebackenes ➛ Fritot

Gebrochen Die Fachbezeichnung für einen Wein, der durch Lufteinwirkung trüb geworden ist.

Gedeck Ital. Pane e coperto, franz. Couvert. In italienischen und französischen Restaurants übliche Bezeichnung für das Bereitstellen von Geschirr, Gläsern, Servietten und Brot, was meist auch extra berechnet wird.

Geelchen ➛ Pfifferling

Geest ➛ Hefe

Geflügel Zahmes Geflügel wie Huhn, Gans, Ente, Truthahn, Taube im Gegensatz zu Wildgeflügel.

Geflügelbrühe Ein würzig abgeschmeckter ➛ Geflügelfond.

Geflügelconsommé ➛ Geflügelkraftbrühe

Geflügelessenz Konzentrierter ➛ Geflügelfond.

Geflügelfarce Durch den Fleischwolf gedrehtes, gewürztes Geflügelfleisch wird mit Ei oder Brot gebunden und zu Klößchen, Nocken oder Füllungen verarbeitet.

Geflügelfond Die wichtige Grundlage für viele Saucen und Suppen der gesamten Küche: Ein Suppenhuhn und/oder Geflügelklein werden mit Wurzelgemüse und Gewürzen langsam gekocht, immer wieder abgeschöpft, gewürzt, entfettet und passiert.

Geflügelgelee Eine geklärte, kräftige Hühnerbrühe wird mit ausreichend Gelatine versetzt, bis sie erstarrt und sich in beliebige Formen schneiden läßt.

Geflügelglace Dick eingekochter Geflügelfond, der zum Verfeinern von Saucen dient.

Geflügelklein Auch franz. Abats, Abattis. Alle vom Rumpf des Bratgeflügels abgetrennten Teile wie Hals, Flügel, Haut, Füße, Kopf sowie die Innereien Herz, Magen, Nieren und Leber. Geflügelklein wird meist gekocht oder gedünstet als Restegericht, als Geflügelfondbasis oder als einfaches, preiswertes Ragout verarbeitet.

Geflügelklößchen In Geflügelfond pochierte, zu Nocken abgedrehte ➛ Geflügelfarce.

Geflügelkraftbrühe Auch Geflügelconsommé. Für diese dunkel-kräftige Kraftbrühe wird Rindfleischbrühe mit angerösteten Geflügelknochen und Geflügelabfällen verkocht und anschließend geklärt. Eine doppelte Geflügelkraftbrühe erhält man durch Verdoppelung der zum Klären notwendigen Menge gehackten Geflügelfleisches.

Geflügelpilaw Ein traditionelles, orientalisches Gericht aus grob gewürfeltem Geflügelfleisch, das mit Zwiebeln angebraten und danach mit Reis, Gewürzen, kleingeschnittenen Paprikaschoten und Kräutern in Geflügelbrühe gegart wird.

Geflügelpresse Ein oft versilbertes Küchen- und Servicegerät zum Auspressen von Blut und Fleischsaft aus dem Geflügelgerippe. Man benötigt sie für die klassische Zubereitung der Sauce zur ➛ Blutente.

Geflügelrahmsauce Eine Geflügelvelouté wird mit Geflügelfond, Champignonfond und süßer Sahne verkocht, gewürzt, mit Butterflöckchen verfeinert und passiert. Man serviert sie häufig zu Hühnerfrikassee, Kalbsbriesgerichten, Eierspeisen und Gemüseplatten.

Geflügelrahmsuppe Eine Pürresuppe aus Geflügelbrühe und gekochtem Geflügelfleisch, die mit Béchamelsauce gebunden und passiert wird. Anschließend verdünnt man sie wieder mit der Kochbrühe und vollendet sie mit süßer Sahne.

Geflügelsalat Gekochte oder gebratene Geflügelbrust wird in Streifen geschnitten und in zahlreichen Kombinationen mit Früchten, Gemüsen oder Blattsalaten in Mayonnaise- oder Sahnedressing angerichtet.

Geflügelsamtsuppe Bei dieser gehaltvollen Geflügelsuppe wird eine Geflügelrahmsuppe noch zusätzlich mit Eigelb gebunden und verfeinert.

Geflügelreissuppe Bei dieser deftigen Suppenzubereitung wird Geflügelfleisch zusammen mit Reis in Brühe gekocht, püriert, passiert, gewürzt und mit Butterflöckchen vollendet.

Geflügelvelouté Äußerst wichtig als Grundsauce für viele helle Saucen und Suppen: Diese weiße Geflügelsauce wird aus einer weißen Mehlschwitze mit Geflügelfond und einigen Champignonabfällen langsam gekocht, leicht gewürzt und passiert.

Gefrieren ➛ Tiefkühlen

Gehacktes➛ Hackfleisch

Gehaltvoll Ein charakteristischer Fachbegriff für einen Wein, der reich an Inhaltsstoffen ist.

Geheimratskäse Ein kleiner, mit einer roten Wachsschicht überzogener Edamerkäselaib.

Gehirn ➛ Hirn

Geiß Schweiz. ➛ Ziege

Geißbart ➛ Ziegenbart

Geklärte Butter ➛ Butterschmalz

Gelatine Der farb- und geschmacklose Knochenleim wird in Blatt- oder Pulverform angeboten, kalt aufgelöst, warm angerührt und zum Festigen von Cremes, ➛ Aspik und anderen kalten Gerichten verwendet.

Gelbe Bohnenpaste Die als Konserve erhältliche Paste wird hauptsächlich in der asiatischen Küche zur Herstellung von Saucen verwendet.

Gelbe Erbsen ➛ Erbsen

Gelbe Rüben ➛ Möhren

Gelbling ➛ Pfifferling

Gelbwurst Die in Bayern sehr beliebte Brühwurst aus feingemahlenem Kalb-, Rind- und Schweinefleisch und Speck wird in gelbgefärbten Därmen abgefüllt. Man erhält sie mit und ohne Petersilie.

Gelbwurz ➛ Kurkuma

Gelee 1. ➛ Aspik
2. Ein Fruchtgelee aus Fruchtsaft, das als Brotaufstrich oder als Süßspeise, evtl. mit Wein oder Likör aromatisiert, gegessen wird.

Geleespeise Auch Götterspeise, Wackelpudding. Ein Fruchtsaftpudding, der mit Gelatine oder Pektin zum Erstarren gebracht wird.

Gelierzucker Eine Spezialzuckermischung, die mit Zitronensäure und natürlichen, pflanzlichen Pektinen angereichert ist und hauptsächlich zum Kochen von Marmelade und Gelee verwendet wird.

Gemse ➛ Gams

Gemüse Die kultivierten Nutzpflanzen, die, roh oder gekocht, neben Obst, Getreide und Gewürzen in der Küche eine große Rolle spielen. Gemüse ist aufgrund seines hohen Gehalts an Mineralstoffen und Vitaminen ein unverzichtbarer Bestandteil der menschlichen Ernährung. Wir unterscheiden folgende Gemüsearten: Blattgemüse, Blütengemüse, Frucht- und Samengemüse, Salatgemüse, Stengel- und Sprossengemüse, Wurzel- und Knollengemüse und Zwiebelgemüse. Schließlich gibt es noch einige Wildsorten wie Sauerampfer oder wilden Spargel und sogenannte Gewürzgemüse, die wie Küchenkräuter verwendet werden.

Gemüsebananen ➛ Kochbanane

Gemüsekürbis ➛ Zucchini

Gemüsepaprika ➛ Paprikaschoten

Gemüsesaft Vitaminreicher Saft, der frisch aus Möhren, Kürbis, Rote Beten, Spargel, Tomaten usw. mit dem Entsafter gepreßt wird.

Gemüsesalat Viele Bestandteile von Kalten Buffets werden mit Gemüsesalat gefüllt, der aus Würfeln von gekochten Mohrrüben, weißen Rüben, Pellkartoffeln, grünen Erbsen und Bohnenstückchen und vielen anderen frischen Gemüsen bestehen kann und in Mayonnaise angemacht wird.

Gemüsesuppe Grundsätzlich wird bei fast allen Gemüsesuppen angedünstetes Gemüse püriert, dann mit Brühe, Kalbsvelouté oder Béchamel gebunden, gewürzt und wahlweise mit Eigelb und/oder süßer Sahne vollendet.

Gemüsestreifen ➛ Julienne

Gemüsesuppe, italienische ➛ Minestrone

Gemüsevelouté Die mit einer weißen Mehlschwitze gebundene Gemüsebrühe wird mit Kräutern und Gewürzen aromatisiert, langsam gekocht, gewürzt und passiert.

Generalssauce Diese Ableitung der Demiglace ist etwas für Spezialisten, die starkes Aroma bevorzugen: Zitronenschale, Zitronensaft, Estragonessig, Madeira und passierter Knoblauch ergeben eine interessante Geschmackskombination.

Genever Niederländischer bzw. belgischer Getreidebranntwein mit zartem Wacholdergeschmack, der sowohl klar und kräftig als Jonge als auch gelblich und zart im Geschmack als Oude angeboten wird.

Genfer Sauce Diese raffinierte Sauce zu Fisch wird aus in Butter gedünstetem Wurzelgemüse sowie Fisch- und Champignonabfällen, Kräutern und Gewürzen in Rotwein zubereitet, dann passiert, mit Demiglace aufgefüllt und mit Sardellenpaste und frischer Butter vollendet.

Genfer Schnittchen Kleine, dünne Weißbrotscheiben werden mit Sardellenbutter bestrichen, mit feingehacktem gekochten Schinken und Ölsardinenfilets belegt und mit gehacktem Ei und Petersilie garniert.

Genoise Auch Wiener Masse. Ein Biskuitteig, bei dem am Schluß flüssige Butter eingearbeitet wird.

Genueser Brot Diese Konditoreispezialität ist ein mit Rum, Grand Marnier und Marzipan angereicherter Biskuitkuchen.

Genueser Sauce Eine berühmte, schwere Sauce zu kaltem Fleisch: Mandel- und Pistazienpüree werden mit Zitronensaft und Eigelb verrührt, mit Öl zu einer Mayonnaise verarbeitet, gewürzt und mit frisch gehackten Kräutern vollendet.

Genußmittel Lebensmittel wie Kaffee, Tee, alkoholische Getränke usw., die ihrer wegen angenehm anregenden Wirkung konsumiert werden und im Übermaß genossen schädlich sein können.

Georgettesalat Ein Reissalat mit Mayonnaisedressing, der mit Würfeln von Artischockenböden, Gurken, gekochten Rote Beten und Trüffeln gemischt wird.

Gerbstoffe Auch Bitterstoffe. Diese Inhaltstoffe des Weines sind für die Haltbarkeit und Geschmacksharmonie, vor allem bei Rotweinen, wichtig. Sie stammen aus den Beerenhäuten, den Kernen und den Stielen, aber auch aus dem Faßholz (Barrique). Bei jungen Weinen mit hohen Gerbstoffwerten bewirken diese einen harten, den Gaumen zusammenziehenden Beigeschmack, der sich mit zunehmendem Alter des Weines mit den restlichen Geschmacksstoffen wie Zucker oder Säure harmonisiert. Die Gerbstoffe setzen sich auch zum Teil als ➛ Depot am Flaschenboden ab.

Geriebener Teig Auch franz. Pâte brisée. Ein trockener Mürbeteig, bei dem die Butterwürfel schnell mit kalten Händen mit dem Mehl zusammengerieben werden. Auf keinen Fall darf der Teig lange geknetet werden, weil sonst die Butter durch die Handwärme schmilzt.

Geriebenes Weißbrot Auch franz. Mie de pain. Frisches Kastenweißbrot wird von der Rinde befreit, durch ein Drahtgitter gerieben und als Brösel zum Gratinieren oder als Bestandteil von Füllungen oder Farcen verwendet.

Germ Österr. ➛ Hefe

Germaine-Suppe Die kräftige Geflügelconsommé erhält eine Einlage aus pochierten Hühnerklößchen und Eierstichwürfeln.

Germinal-Suppe Eine mit Geflügelklößchen, Spargelspitzen und Frühlingsgemüsen angereicherte Rindsconsommé, die mit Estragon kräftig aromatisiert wird.

Germknödel Die böhmisch-österreichische Variante der Dampfnudeln: Klöße aus aufgegangenem Hefeteig werden mit Powidl, einem gewürzten Pflaumenmus, gefüllt, über dampfendem Salzwasser gegart, dann abgetropft und mit flüssiger Butter bepinselt. Schließlich werden sie in einer Zucker-Mohn-Mischung gewälzt und, manchmal mit Vanillesauce, heiß serviert.

Gérome Der runde Weichkäselaib ist außen rötlich gefärbt und ähnelt in Konsistenz und Geschmack stark dem ➛ Munster.

Gerste Die vielseitige Getreideart, die schon seit Urzeiten zur Malzgewinnung für die Bierherstellung genutzt wird. Vor allem in Notzeiten wurde daraus jedoch auch Malzkaffee hergestellt. Die moderne Vollwerternährung greift auf die gehaltvolle Gerste in Form von Grütze und Graupen, z.B. als Suppeneinlage, wieder öfter zurück.

Gerstensuppe Gerste wird mit Kalbsvelouté oder Brühe langsam verkocht, passiert, mit Sahne aufgegossen und abgeschmeckt.

Gervais Ein bekannter, industriell hergestellter Doppelrahm-Frischkäse mit hohem Fettgehalt und cremiger Konsistenz.

Geschmacksverstärker Zusatzstoffe wie Glutamat, die in geringen Mengen den Eigengeschmack von Lebensmitteln verstärken, werden oft in der asiatischen Küche verwendet.

Geschmolzene Tomaten Franz. Tomates concassées. Reife Tomaten werden gehäutet, entkernt, in Würfel geschnitten und mit wenigen Schalottenwürfeln in Butter musigweich gedünstet und zart gewürzt.

Geschnetzeltes Die aus der Schweizer Stadt Zürich stammende Art der Fleischzubereitung: Dünne Kalbfleischstreifen und gehackte Zwiebeln werden nacheinander getrennt in Butter oder Öl gebraten und gewürzt. Die Zwiebeln werden dann mit Mehl bestäubt und mit Weißwein und Sahne abgelöscht. Kurz vor dem Anrichten werden die Fleischstreifen zum Erwärmen wieder in die Sauce gegeben. Zum Schluß wird das Gericht noch mit gehackter Petersilie bestreut und mit körnig gekochtem Reis als Beilage serviert.

Geschwollene Auch Wollwurst, Nackerte. Die bayerische Spezialität besteht aus geformtem Kalbsbrät, das so fest ist, daß man keine Darmhülle benötigt. Man legt die Wurst vor dem Braten in Milch, damit sie eine schöne, braune Farbe beim Braten bekommt.

Geselchtes Auch Selchfleisch. Schweinerippchen oder Bauchspeck werden gepökelt, geräuchert und meist gekocht zu Sauerkraut serviert.

Gesinka Für die aus Polen stammende Graupensuppe werden zunächst gewürfelte Wurzelgemüse, Zwiebeln und Pilze in Butter angedünstet und mit Fleischbrühe gekocht. Die Suppe wird passiert und mit saurer Sahne, Eigelb und Zitronensaft abgeschmeckt. Zuletzt gibt man die separat gekochten Graupen zur Suppe und rührt sie gut durch.

Gespickte Zwiebel Auch Spickzwiebel. Einer geschälten Zwiebel wird mit zwei Nelken-Nägeln ein Lorbeerblatt aufgeheftet. So wird die ganze, gespickte Zwiebel als Aromaträger zu Kochbrühen oder Sauerkraut gegeben. Man kann sie nach dem Kochvorgang problemlos wieder herausfischen, wodurch man das Risiko vermeidet, beim Essen auf die Nelken zu beißen.

Gespritzter 1. In Österreich, Bayern oder der Pfalz ein Weißwein, der mit süßer oder saurer Limonade gemischt wird.
2. Im Saarland bezeichnet der oder das Gespritzte ein Bier, das mit Cola gemischt wird.

Gest ➛ Hefe

Gestovt Norddeutscher Ausdruck für gedämpft.

Getrüffelte Gänseleberpastete ➛ Gänseleberpastete

Gewiegtes ➛ Hackfleisch

Gewürze Aromatische Pflanzenteile, die einen typischen, stark ausgeprägten Geschmack haben und dazu dienen, den meist schwachen Eigengeschmack der Nahrungsmittel zu erhöhen, den Appetit anzuregen und die Verdauung zu fördern. Sie müssen trocken, kühl, dunkel und luftdicht gelagert werden, da Wärme und Feuchtigkeit ihre Würzkraft stark herabsetzt. Gewürze werden in Mühlen (Pfeffer) oder auf der Reibe (Muskatnuß) zerkleinert. Spezialisten bevorzugen jedoch den Mörser und rösten die Gewürze, je nach Verwendungszweck, vor dem Mahlen kurz trocken an, damit das Aroma ganz intensiv hervortritt.

Gewürzessig In einen Weinessig werden Gewürze eingelegt und geben nach und nach ihr Aroma an die Flüssigkeit ab.

Gewürzgurken Auch Essig-, Delikateßgurken. Diese Gurken werden mit Kräutern und Gewürzen in Essig eingelegt und konserviert.

Gewürzkörner ➛ Piment

Gewürzkuchen ➛ Lebkuchen

Gewürznelken ➛ Nelken

Gewürzsalz Salz wird zusammen mit anderen Gewürzen, wie z.B. gemahlenem Pfeffer, als Mischung angeboten.

Gewürztraminer Eine aromatische Weißwein-Traubensorte mit geringem Ertrag, die aber sehr beliebte, hochwertige Weine entstehen läßt.

Gex Ein im Geschmack kräftiger Blauschimmelkäse aus Frankreich.

Gibelotte Die französische Version eines ➛ Kaninchen- oder Hasenpfeffers mit viel Rotwein und langer Schmorzeit.

Gibletsauce Aus Geflügelklein (engl. giblet) wird mit Zwiebeln und Geflügelfond eine dunkle, gebundene Sauce hergestellt, die dann mit Sherry parfümiert wird und als Einlage gewürfelte Hühnerleber und -mägen erhält, die separat gegart bzw. geschmort wurden.

Gichtbeere ➛ Schwarze Johannisbeere

Gigot Franz. ➛ Keule

Gimblettes Brandteigkringel.

Gin Ursprünglich aus Irland stammender Getreidebranntwein, der mit Wacholder und anderen Gewürzen parfümiert wird und wesentlicher Bestandteil vieler Cocktails und Longdrinks geworden ist.

Gin Fizz Gin wird mit Zitronensaft, Zucker, Eiswürfeln und Mineralwasser gemixt und abgeseiht.

Gin-Tonic Aus England stammender erfrischender Longdrink: Gin wird mit Tonic-Water aufgefüllt.

Ginan ➛ Ginko-Pflaume

Ginger-Ale Englisches Ingwer-Bier, das gesüßt ist und nur wenig Alkohol enthält.

Gingerbeer Die englische Leichtbierspezialität, mit Ingwer gewürzt, gärt noch in der Flasche nach und ist, ähnlich wie Weizenbier, erfrischend und spritzig.

Ginger-Bread Englischer Ingwer-Gewürzkuchen, der sehr stark aromatisiert ist.

Ginkopflaume Auch Bahk gwoah, Ginan, Ginnan, weiße Nuß, Silberaprikose. Die ostasiatische Frucht, die bei uns meist nur in Dosen erhältlich ist, schmeckt süß und ähnelt unseren Pflaumen. Sie wird in der asiatischen Küche als Beilage zu Geflügel oder zu gebratenem Fisch gereicht und als Suppeneinlage gegessen. Die nußartigen Kerne werden als Gewürz oder geröstet zum Knabbern verwendet.

Ginsengwurzel Die koreanische Heilwurzel wird in der asiatischen Küche als süßliches Suppengewürz benutzt.

Gioddu Aus Italien stammendes Ziegenmilchgetränk, das eine geringe Menge Alkohol enthält.

Gironder Sauce Eine Ableitung der Sauce ➛ Hollandaise, die mit Senf verfeinert wird.

Giros Auch Gyros. Die griechische Spezialität hat sich mittlerweile auch in unseren Städten durchgesetzt: Eingelegte Schweine- oder Lammfleischscheiben werden auf einen senkrecht stehenden Drehspieß gesteckt und gegrillt. Die türkische Version: ➛ Döner kebab

Gitzi Schweiz. ➛ Zickel

Givrieren Das Aushöhlen und Füllen von Zitrusfrüchten, wozu meist Sorbet-Eis verwendet wird.

Glasaal Junger, wohlschmeckender ➛ Aal vor der Geschlechtsreife.

Glace 1. Die dick eingekochte Brühe oder der reduzierte Fond, die nach dem Auskühlen so fest werden, daß sie schnittfähig sind. Aufgelöst wird sie als Glasur für Fleischstücke oder in Saucen und Suppen verwendet, um den Geschmack zu intensivieren.

2. Die aus dem Französischen stammende Bezeichnung für verschiedene Sorten Speiseeis.

Glacieren Auch Glasieren, Überglänzen.

1. Das Überziehen von Fleisch, Wild, Fisch oder Gemüse mit einer glänzenden Schicht, die entweder aus dem ausgetretenen Bratensaft oder einer extra angefertigten Glace besteht.

2. Das sekundenlange Gratinieren von Überzugsaucen wie der ➛ Hollandaise unter dem ➛ Salamander, um eine glänzende Oberfläche zu erhalten.

3. Das Überglänzen mit Aspik von kleinen und größeren Fleisch- und Fischarrangements, hauptsächlich bei Kalten Buffets.

4. Backwaren werden mit Aprikosenmarmelade, Torten- oder Zuckerguß überzogen.

Glacierte Maronen Geschälte Eßkastanien werden in einer Mischung aus Zucker und Geflügelbrühe so lange gekocht, bis die Flüssigkeit verdampft ist, der Zucker von den Kastanien aufgenommen wurde und die Früchte gegart und glänzend sind.

Glacierter Schinken Gekochter Schinken wird vor dem Anrichten mit Puderzucker bestäubt und unter dem Grill karamelisiert, so daß er schön glänzt.

Glahrke ➛ Rotzunge

Glasaal Die Bezeichnung für einen jungen Aal, der aus dem Atlantik kommend die Flüsse hinaufschwimmt.

Glasierte Früchte Durch Sirup gezuckerte Früchte, die mit einer dünnen, harten Glasur überzogen als Dekoration von Kuchen und Speisen dienen bzw. auf Jahrmärkten als Süßigkeit angeboten werden.

Glaskirsche Eine Kirschart mit hellem, säuerlichen Fleisch und „glas"-klarem Fruchtsaft.

Glasnudeln Hauchdünne asiatische Nudeln aus Reis- oder Sojamehl, gemahlenen Mungobohnen oder Meeresalgen, die in trockenem Zustand weißlich und spröde sind, beim Kochen aber durchsichtig und schleimig werden. Glasnudeln werden heiß in Suppen und kalt in Salaten verarbeitet.

Glasur Der zuckerhaltige Überzug für Süßspeisen, Kuchen und Torten besteht aus mit Wasser angerührtem, feinem Zucker, Bindemitteln wie Eiweiß und Geschmacks- bzw. Farbträgern wie Spirituosen oder Kakao.

Glattbutt Auch Tarbutt. Dieser Plattfisch ist etwas schmaler als der Steinbutt, dem er sonst sehr ähnelt und kommt meist aus der Nord- und Ostsee auf unseren Tisch. Sein Geschmack liegt zwischen Scholle oder Steinbutt, er wird wie diese zubereitet.

Gleichgepreßter Österr. für ➛ Roséwein.

Gletscherwein Eine Schweizer Weinspezialität. Kräftiger Weißwein aus dem Wallis wird in Weinkellern unter dem Gletscher gelagert. Wie die meisten Schweizer Weine ist er selten, teuer und kaum außerhalb der Landesgrenzen erhältlich.

Gliesche ➛ Rotzunge

Globussalat Auch Globesalat. Ein raffinierter Fruchtsalat aus Mandarine, Ananas, Apfel und Pampelmuse, die mit grünen Oliven gemischt und in einer einfachen Vinaigrette angemacht werden.

Gloucester Auch Double Gloucester. Ein Vollfettkäse, der ursprünglich aus der Milch der Kühe der südwestenglischen Grafschaft Gloucester hergestellt wurde. Die zylindrischen Käselaibe unterschiedlicher Größe sind cremig hell und mild im Geschmack. Er ist ideal für Saucen, Sandwiches oder Salate.

Gloucestersauce Eine würzige, kalte englische Sauce auf der Basis von Mayonnaise, die mit englischem Senf, Worchestershiresauce, saurer Sahne und gehacktem Fenchelkraut oder Dill gewürzt wird.

Glucose Auch Glukose, Traubenzucker. Der wichtige Energielieferant in süßen Früchten oder Honig, der direkt und schnell vom menschlichen Stoffwechsel genutzt werden kann.

Glühwein Engl. Candle. Heiß getrunkener, mit Zucker, Zitronenschale, Gewürznelken und Zimt gewürzter Rotwein, der erhitzt, jedoch nicht gekocht wird.

Glumse ➛ Quark

Glutamat ➛ Geschmacksverstärker

Gnocchi Die italienische Beilage, meist zu Fleischgerichten: Kleine geformte Klößchen, abgestochene Nocken oder ausgestochene Schnittchen aus Grießteig (Gnocchi alla Romana), Maisgrieß (Gnocchi di polenta), Kartoffelteig (Gnocchi di patate) oder Brandteig (Frascarelli), die in Salzwasser gekocht oder gebacken und meist mit frisch geriebenem Parmesan überstreut angerichtet werden.

Gobelinsalat Ein kräftiger Gemüsesalat, der aus Scheiben von Pellkartoffeln, Champignons, Artischockenböden, Sellerie, Trüffeln und Spargelspitzen besteht, mit Zitronensaft und gehacktem Estragon gewürzt und in einem Mayonnaisedressing angerichtet wird.

Godardsauce Diese kräftig-würzige Sauce wird aus gebräunten Schinkenabfällen, Champignonstielen, Zwiebel- und Wurzelgemüsewürfeln hergestellt, mit Weißwein abgelöscht und mit Demiglace aufgefüllt. Nochmals gut verkocht, wird sie zum Anrichten passiert und abgeschmeckt.

Goela Djawa Indon. Brauner Palmen-Zucker

Götterspeise ➛ Geleespeise

Göttliche Sauce ➛ Divinesauce

Golatsche ➛ Kolatsche

Goldbarsch ➛ Rotbarsch

Goldbrasse Auch Dorade royale. Die feinste aller Brassenarten erkennt man an den großen Augen und den goldfarbenen Seiten. Das magere, weiße Fleisch ergibt schöne, feste Filets. Wenige Gräten und große Schuppen sind weitere Vorteile dieses Fisches. Er wird bevorzugt entweder im ganzen im Ofen gebraten oder filetiert mit Kräutern und Gewürzen gedämpft.

Goldbutt ➛ Scholle

Golden Fizz Ein beliebtes Mixgetränk aus Gin, Zitronensaft, Eigelb und Zucker, das mit Mineralwasser aufgefüllt wird.

Goldforelle ➛ Saibling

Goldorange ➛ Kumquat

Goldschnitte ➛ Arme Ritter

Golfinsauce Eine pikante Weißweinsauce, die als Einlage Streifen von Pökelzunge und Gewürzgurken erhält.

Golubzy po Litowskyj Russ. Kohlrouladen auf Litauische Art. Diese deftige Spezialität besteht aus blanchierten Weißkrautblättern, die mit einer kräftig gewürzten Masse aus Zwiebeln, Hammelhackfleisch und Reis gefüllt werden. Sie werden in Brühe gargeschmort, mit Sauerrahm übergossen und mit gehacktem Dill gewürzt.

Gomasio Diese japanische Gewürzmischung aus schwarzem Sesam, grobem Salz und Glutamat wird in der asiatischen Küche verwendet.

Gombos ➛ Okras

Gomolga Eine ungarische Käsespezialität aus gekochter Milch.

Gomser Fondue- und Raclettegenießer kennen den fetten Schweizer Hartkäse aus dem Wallis, der ideal zum Schmelzen geeignet ist.

Gooseberry pie Engl. Stachelbeerkuchen. Bei dieser englischen Spezialität werden gesüßte Stachelbeeren in einer Pieform mit Mürbeteig abgedeckt und im Backofen gebacken. Das Ganze wird mit Cotted Cream, einer festen, fast butterähnlichen Sahne serviert.

Gordales ➛ Oliven

Goreng Indon. gebacken. Bestandteil der Namen vieler indonesischer Gerichte, wie z.B. Nasi Goreng (Reis, gebacken).

Gorgonzola Der berühmteste italienische Edelpilzkäse ist einer der besten der Welt. Die Schimmelpilzadern sind meist mehr grün als bläulich. Er ist sehr weich, voll und süßlich im Geschmack und läßt sich hervorragend in Salatdressings einreiben.

Gose Aus Leipzig und Halle stammendes helles, obergäriges Bier mit Kräutern und leicht säuerlichem Geschmack.

Gouda Auch niederl. Goudse Kaas. Weltberühmt ist dieser holländische Schnittkäse, der so erfolgreich wurde, weil sich sein Geschmack, abhängig von Alter und Reifung, von mild (jung) bis pikant (alt) entwickelt.

Gouffé-Suppe Eine besonders raffinierte Geflügelconsommé, die als Einlage Hühnerfleisch-, Ochsenzungen- und Trüffelstreifen erhält, mit ➛ Tapioka gebunden und mit gehacktem Eigelb bestreut wird.

Gounodsuppe Eine cremige Püreesuppe aus frischen Erbsen, die mit Hühnerbrustwürfeln, gerösteten Croutons und gehacktem Kerbel verfeinert wird.

Gourmand Ein alles verzehrender Schlemmer, der im Gegensatz zum ➛ Gourmet nicht so sehr auf die Raffinessen des kulinarischen Genusses achtet, sondern sich mehr an großen Mengen des Angebotenen berauschen kann.

Gourmandises Franz. ➛ Feinschmeckerhappen

Gourmet Der französische Begriff für einen Feinschmecker, der ein Kenner der Zubereitung und Inhaltsstoffe feiner Gerichte ist und dem die höchsterreichbare Qualität weit wichtiger ist als der Quantitätsanspruch eines ➛ Gourmand.

Gourmet-Dressing Die gehaltvolle Sauce zu Blatt- und Gemüsesalaten auf Mayonnaisebasis wird mit Tomatenketchup, Chilisauce und Zitronensaft gewürzt und mit gehackten grünen Pfefferschoten, gekochten Eiern und frischer Petersilie vollendet.

Gourmetsauce Die edle Ableitung einer reduzierten Rotweinsauce, die mit Fischessenz verkocht, mit Hummerbutter aufgeschlagen und mit Hummer- und Trüffelwürfeln als Einlage verfeinert wird.

Gowjadina Stroganow Russ. ➛ Filetspitzen Stroganow

Graciasalat Eine Salatkombination aus in Streifen geschnittenen Äpfeln, Sellerie, roten und grünen Paprikaschoten, die in einer Mayonnaisesauce angemacht werden.

Grahambrötchen Kräftige Weizenschrotbrötchen ohne Salz-, Hefe- oder Sauerteigzusatz, die sehr ballaststoffreich und daher gut verdaulich sind.

Gramatka Die polnische Variante einer süßlichen, gehaltvollen Brotsuppe: Wein und Bier werden mit Zucker und Zimt aufgekocht, mit frisch geriebenem Brot gebunden und sofort serviert.

Grambeeren Auch Krähen-, Rauschbeeren. Die Skandinavier ernten die wildwachsenden roten und schwarzen Beeren, um sie als Kompott, Fruchtwein oder Likör zu verarbeiten.

Grammeln ➛ Grieben

Gramolata Auch Granita. Diese italienische, flüssige Durstlöscher-Version eines Sorbets besteht aus zerkleinertem Eis, Fruchtsaft und Fruchtstückchen. Das gut gemischte Getränk wird in hohen Gläsern serviert.

Grana ➛ Parmesan

Granadilla ➛ Maracuja

Granäsche ➛ Meeräsche

Granat ➛ Kaisergranat

Granatapfel Die orangengroße Frucht des tropischen und subtropischen Granatapfelbaumes besitzt eine dünne, harte Schale und viele, kleine, mit geleeartigem Saft gefüllte Fruchtfleischkerne. Die berühmte Grenadine, ein Granatapfelsirup, wird aus dem ausgepreßten Fruchtsaft hergestellt, ebenso wie viele Mixgetränke, Süßspeisen oder Fruchtsaucen.

Granatapfelsaft ➛ Grenadine

Grand Cru Das Qualitätsprädikat für die Spitzenweine bestimmter französischer Weinlagen bzw. Weingüter (Château). Die Vergabekriterien für die verschiedenen Prädikatsklassen sind je nach Gebiet unterschiedlich und werden peinlich genau überprüft. Für den Weinliebhaber bedeutet es auf jeden Fall, daß er mit einem Château Grand Cru Classé einen qualitativ sehr hochwertigen Wein besitzt, was er allerdings sicherlich schon am Preis bemerkt hat.

Grandeln ➛ Preiselbeeren

Grand Marnier Der weltbekannte Orangenlikör, der aus Weinbrand und karibischen Bitterorangen hergestellt wird. Das französische Qualitätsprodukt ist in der klassischen Küche, vor allem für viele Desserts wie Crêpes Suzette, als Aromastoff unverzichtbar geworden.

Granita ➛ Gramolata

Granité Ein gefrorenes, beim Gefrieren auskristallisierendes, sparsam gesüßtes Dessert auf der Basis von trockenem Rot- oder Weißwein und verschiedenen Obstsorten.

Granvillesauce Eine cremige Weißweinsauce, die als Einlage geschälte Garnelenschwänze, gewürfelte Champignons und kleine pochierte Trüffelchen enthält.

Grapefruit Die Kreuzung aus Orange und Pampelmuse, deren Fruchtfleisch je nach Sorte gelb bis rötlich gefärbt ist, enthält viele Vitamine. Ihr leicht bittersüßer Geschmack macht die Grapefruit zum idealen Bestandteil von Fruchtsalaten, z.B. in Kombination mit Ananas und Erdbeeren. Auch auf dem exklusiven Frühstückstisch ist die halbierte, vorgeschnittene Grapefruit nicht mehr wegzudenken. Aus der Verbindung mit Sellerie oder Chicorée ergeben sich erfrischende Salatkombinationen.

Grappa Der spezielle italienische Tresterbranntwein, der aus den bei der ➛ Maischepressung zurückbleibenden Traubenrückständen gebrannt wird und in vielen verschiedenen Qualitäts- und Altersstufen angeboten wird. Sein Geschmack richtet sich hauptsächlich nach der Traubensorte, aus der er gebrannt wurde.

Grappe ➛ Graupe

Graslauch ➛ Schnittlauch

Gratin Ein unter dem Grill oder im Backofen überbackenenes Gericht, wobei oft Reibkäse, Béchamelsauce oder Paniermehl über die eigentliche Hauptzutat gegeben werden, um eine knusprige Kruste zu erhalten.

Gratinieren Auch überbacken, überkrusten. Ein Gericht starker Oberhitze durch einen Grill oder ➛ Salamander aussetzen, bis es eine knusprig-braune Kruste bekommt.

Gratinpfanne Eine oft stiellose Spezialpfanne aus Kupfer oder anderem hitzebeständigem Material, in der das Gericht gratiniert und oft auch serviert wird.

Gratinsauce Die zum Überbacken von Fisch geeignete, dicke Sauce wird aus einer ➛ Reduktion aus Weißwein und Fischfond mit gehackten Schalotten hergestellt, die man mit ➛ Demiglace und ➛ Duxellesmasse vermischt, würzt und mit frisch gehackter Petersilie verfeinert.

Graubrot Ein einfaches, mit Hefe gebackenes Mischbrot aus Roggen- und Weizenmehl.

Graubutt ➛ Flunder

Graukäse Der Tiroler Sauermilchkäse hat durch seine dicke Schicht Edelpilzschimmel einen kräftig-würzigen Geschmack.

Graukappe ➛ Trichterling

Graupen Gerste wird geschält, poliert und dann meist als stark quellende Suppeneinlage verwendet.

Graupensuppe Diese gehaltvolle Suppe wird meist auf der Basis einer Schinkenbrühe mit Suppengemüse gekocht, in der die blanchierten Graupen gargekocht werden. Eine beliebte Suppe bei großen Mengen, da Graupen, wenn sie lange in Flüssigkeit liegen, stark quellen und die Suppe sich so gut „strecken" läßt.

Graute Baunen mit Speck Eine deftige Beilagenspezialität aus Westfalen auf der Basis von Dicken Bohnen und geräuchertem Bauchspeck, die mit Bohnenkraut gewürzt und mit einer Einbrenne gebunden wird.

Gravad Lax Auch Graved Lax. Dieses ursprünglich aus Skandinavien stammende Konservierungsverfahren für Lachsfilet erhält den feinen Fischgeschmack und die zarte Konsistenz des Filets besser als das Räuchern: Die entgräteten, aber nicht enthäuteten Lachsseiten werden in einer Trockenbeize aus Zucker, Salz, Senf-

und Pfefferkörnern und Dill mariniert. Angerichtet wird Graved Lax genauso wie Räucherlachs, nämlich hauchdünn aufgeschnitten mit einer kräftigen ➛ Senapsauce.

Graves Die Bordeauxregion südlich des Medoc ist berühmt für ihre Weißweine, die in immer stärkerem Maße trocken bis halbtrocken ausgebaut werden. Die Rotweine entfalten sich recht schnell, sind bukettreich und haben es in der illustren Umgebung des Bordeaux relativ schwer. Die Ausnahme: Château Haut-Brion.

Gremolata Die frische italienische Würzbeigabe für Schmor- und Bratgerichte wird aus feingehacktem Knoblauch, Petersilie, Orangen- und Zitronenschale zusammengestellt.

Gren ➛ Meerrettich

Grenadine Der mit Läuterzucker gesüßte Granatapfelsaftsirup wird für Desserts und Drinks verwendet.

Grenadins Kleine runde, auch rundgebundene und gespickte Fleischscheiben, die gebraten auf gerösteten Weißbrotscheiben angerichtet und oft mit feinem, kleinen Gemüse garniert werden.

Greyerzer ➛ Gruyère

Gribichesauce Für die berühmte kalte Mayonnaisesauce, die man vor allem zu Räucherfisch serviert, werden hartgekochtes Eigelb, frische Gartenkräuter, Gewürzgurken und Kapern gehackt, gemischt und pikant gewürzt.

Grieben Auch Grammeln, Grieven, Krammeln. Extra ausgebratene, knusprige Speckstücke oder geröstete Häutchenreste beim Auslassen von Flomen zu Griebenschmalz, das oft noch mit kleingehackten Apfelschnitzen, Salz und Kräutern gewürzt wird.

Griechischer Salat Dieser gesunde, gehaltvolle Sommersalat ist auch bei uns mittlerweile sehr beliebt: Dicke Scheiben von Tomaten, Salatgurken, Paprika und milden Zwiebeln, grüne und schwarze Oliven und Schafkäsestücke werden frisch mit einer einfachen Essig-Olivenöl-Marinade angemacht und mit gewürztem Fladenbrot serviert.

Griese Grete Eine westfälische süße Brotsuppe, die mit Wasser, dunklem und hellem Brot, braunem Zucker und Rosinen aufgekocht und mit frischer Buttermilch verfeinert wird.

Grieß Das kleinkörnig gemahlene Getreideprodukt wird entweder als Hartweizengrieß, vor allem für die italienische Nudelherstellung, als normaler Grieß oder Weichweizengrieß für die Suppen- und Puddingküche oder als fein zerkleinerter Maisgrieß für die Polentazubereitung verwendet.

Grießflammeri ➛ Flammeri

Grießnocken Von gequollenem Grießteig, der aus Weizengrieß, Butter, Eigelb, Salz und Muskatnuß zusammengerührt wurde, sticht man kleine Nocken ab, gart sie in Salzwasser und gratiniert sie, mit Käse und Butter belegt, im heißen Ofen.

Grießschmarren Bei dieser österreichischen Spezialität wird ein mit Butter, Eiern, Zucker und Grieß hergestellter Teig in der Pfanne gebacken und vor dem Anrichten mit zwei Gabeln wieder aufgerissen.

Grießsuppe Die beliebte Suppe, die auch empfindlichen Mägen bekommt: Man gießt in Butter hell angeschwitzten Grieß mit Hühnerbrühe auf, läßt das Ganze leicht köcheln und bindet vor dem Servieren nach Belieben mit Eigelb und/oder Sahne ab.

Grieven ➛ Grieben

Grill Jeder kennt den Bratrost, der zum kurzen Garen von Fleisch und Fisch, im Sommer über Holzkohlenglut, im Winter über Elektro- bzw. Gasstrahlen, dient. Meister des Grillens können durch die erhitzten Metallstäbe schöne Muster in Steaks oder Fischfilets brennen, ohne den Geschmack zu beeinträchtigen. Waagerechte Drehgrills sind für größere Bratenstücke, Geflügel oder ganze Schlachtiere wie Spanferkel notwendig, der senkrechte Drehgrill dient zur Herstellung von Döner kebap bzw. Gyros. Die Amerikaner nennen das Grillen im Freien, das bei ihnen sehr beliebt ist und eine lange Tradition hat ➛ Barbecue.

Grilladen Auf dem Grill geröstete Speisen, hauptsächlich kurzgebratene Fleischstücke.

Grillmarinaden Scharfe oder milde, unterschiedlich aromatisierte Marinaden aus hocherhitzbarem Öl, Salz, Gewürzen und Kräutern, in die das Grillgut einige Zeit vor dem Grillen eingelegt und womit es während des Grillens immer wieder bestrichen wird.

Grillpfanne Auffangschale für Bratensaft und Fett, die während des Grillens vom Rost tropfen.

Grillsaucen ➛ Barbecuesaucen

Grissini Die kleinen italienischen Weißbrotstöckchen umwickelt man mit Parmaschinken als kleine Vorspeise oder man knabbert sie zum Wein.

Gröstl ➛ Tiroler Gröstl

Grog In einem zu $^{3}/_{4}$ mit heißem Wasser gefüllten Grogglas wird Würfelzucker aufgelöst und anschließend mit hochprozentigem Rum aufgefüllt. In Norddeutschland, wo man den Grog vor allem im Winter gerne trinkt, wird manchmal allerdings über das richtige Mischungsverhältnis gestritten.

Grosse pièce In der alten, klassischen Menüfolge war dieses große Stück, meist ein mächtiger Braten, der Mittelpunkt des Festmahls.

Große Pilgermuschel Eine große Art der ➛ Jakobsmuschel, die im Handel auch oft mit dieser verwechselt wird. Dies ist kein Schaden, denn man bereitet sie genauso wie die etwas kleinere „Schwester" zu.

Großer Gelbfuß Auch Kuhmaul. Ein Blätterpilz mit gelber, schleimiger Haut, die nicht mitverarbeitet wird.

Großjägermeistersauce Die klassische und sehr beliebte Sauce Grandveneur (franz.), eine hauptsächlich zu Wildbraten, wie z.B. Rehrücken, gereichte Pfeffersauce, die kurz vor dem Anrichten mit Wildblut gebunden wird, wodurch sie eine kräftige, dunkle Farbe erhält.

Großjägermeistersuppe Eine interessant gewürzte, sehr edle Rahmsuppe auf der Basis einer kräftigen Fasanenconsommé, die mit Sherry und Cayennepfeffer abgeschmeckt wird und als Einlage Trüffelscheiben erhält.

Großmutters Art Die traditionelle Garnitur zu Bratfisch: Frische, in Butter geschwenkte Perlzwiebeln und olivengroß ausgestochene Kartoffeln werden in brauner Butter mit etwas Zitronensaft und frisch gehackter Petersilie sautiert.

Grotta Ein einfacher, italienischer Weinkeller, der gleichzeitig als Weinausschank und meist auch als Probierstube genutzt wird.

Grümmel Auch Coffee Sugar. Zerkleinerter brauner Kandiszucker, der bei Teetrinkern sehr beliebt ist.

Gründling Auch Gründel, Grundel, Greßling, Kresse. Der kleine Süßwasserfisch besitzt delikates, mageres Fleisch, aber leider auch viele Gräten. Er wird meist nur in der Miniform fritiert und als Knabbervorspeise und Beilage angeboten.

Grüne Bohnen Die unreifen, frischen Bohnen können im ganzen, gebrochen, in Streifen oder in Rauten geschnitten in Salzwasser gekocht oder in Butter gedünstet werden. Frische Bohnen leiden stark im Geschmack, wenn man sie zu lange schmort oder gar im Wasser kocht. Die im Handel angebotenen tiefgefrorenen Bohnen sind von erstaunlicher Qualität.

Grüne Bohnen, Birnen und Speck Eine alte Hamburger Eintopfspezialität, bei der Speck oder Schweinebacke, Kartoffeln, grüne Bohnen, harte, ungeschälte Birnen, Bohnenkraut und Petersilie zusammen gekocht und mit Senf serviert werden.

Grüne Bohnenkerne ➛ Flageolets

Grüne Erbsen ➛ Erbsen

Grüne Kräutersauce ➛ Frankfurter Grüne Sauce

Grüne Mandeln ➛ Pistazien

Grüner Hering Der frische, küchenfertige Hering, weder gesalzen noch geräuchert, der meist gebraten wird.

Grüner Pfeffer ➛ Pfeffer

Grüner Salat ➛ Kopfsalat

Grüner Speck Frischer, ungeräucherter Vollspeck, der oft zum Auslegen von Terrinen oder als Bestandteil von Pasteten- oder Wurstfarcen verwendet wird.

Grüner Tee Aus Asien und Nordafrika stammender, unfermentierter, aromatischer Tee mit einem kräftigen Geschmack. Manchmal wird er mit Jasmin oder Orangenschale parfümiert. Die Handelssorten sind Gunpowder, Chun Mee oder auch die Oolong-Tees.

Grüne Sauce ➛ Frankfurter Grüne Sauce

Grüne Zwiebeln ➛ Frühlingszwiebeln

Grünkern Ein sehr altes Getreideprodukt, für dessen Herstellung unreifer Dinkel geerntet, dann gedörrt und geschält wird. Kurz bevor er ganz in Vergessenheit geriet, erlebte Grünkern als vollwertiges Getreide einen neuen Aufschwung in der modernen Küche, wo er gerne als Suppengrundlage oder als fleischloser Klops verarbeitet wird.

Grünknochen ➛ Hornhecht

Grünkohl Auch Blätterkohl, Braunkohl, Krauskohl, Winterkohl. Eine Winterkohlart, deren gekräuselte Blätter den ersten Frost erleben müssen, um nicht bitter zu schmecken. Frisch zubereitet hat er eine relativ lange Garzeit und begleitet besonders im Norden Deutschlands deftige Fleischgerichte und verschiedene Würste wie ➛ Pinkel oder Brägenwurst als Beilage.

Grünling Auch Grünreizger oder echter Ritterling. Der Speisepilz des Spätherbstes mit grauem Hut und gelbem Stiel findet in vielen Pilzgerichten Verwendung.

Grütze Geschälte, geschrotete Getreidekörner, meist aus Buchweizen, Gerste oder Hafer, werden in der regionalen, ländlichen Küche als Quell- und Bindemittel für vielerlei Suppen, Breie, Süßspeisen und auch als Füllstoff für einige Wurstspezialitäten verwendet.

Grütze, rote ➛ Rote Grütze

Grützwurst Die Füllungen von Würsten mit geräuchertem Fleisch, Blut- oder Leberwürsten, werden mit Grütze vermischt und als regionale Spezialitäten, wie z.B. Pinkel, entsprechend gekennzeichnet.

Grummbeer Pfälz. für Kartoffel.

Grummet Zerstoßener brauner Kandis.

Grundsaucen Die Basis der Saucenküche sind die oft in größeren Mengen hergestellten Grundsaucen, die in sogenannten Ableitungen durch die Zugabe verschiedener Zutaten immer wieder verfeinert und dem jeweiligen Gericht angepaßt werden. Typische Vertreter sind die Braune und Weiße Grundsauce, die Sauce Béchamel oder auch die Sauce Hollandaise, zu denen es unzählige Ableitungen gibt.

Gruyère Auch Greyerzer. Der in Frankreich und der Schweiz produzierte, feinporige, halbfeste Käse besitzt eine dunkelbraune Rinde und einen kräftigen Geschmack. Er ist ein beliebter Dessertkäse, aber auch als Reibkäse für die Fondue-Küche sehr begehrt, da er beim Schmelzen keine Fäden zieht.

G'schwellti Schweiz. ➛ Pellkartoffel

Guacamole Aus Mexico, dem Land der Avocado, stammendes Avocadopüree, das mit Tomaten, Zwiebeln, Chilischoten, Koriander, Limettensaft, Salz und Gewürzen verrührt und zu Salaten oder als Dipsauce zu Meerestieren serviert wird.

Guave Auch Guava. Die Frucht des subtropischen Guavenbaums besitzt einen intensiven, süß-säuerlichen Geschmack, eine gelbe Schale und rötliches Fruchtfleisch. Sie wird meist als Kompott, Gelee oder Marmelade verarbeitet.

Guérard, Michel Geboren 1933. Als Meister seines Faches hatte sich Guérard in Paris schon lange einen Namen gemacht und Auszeichnungen wie den „Meilleur Ouvrier de France" (bester Arbeiter Frankreichs) gesammelt, als er durch die Kreation seiner „Cuisine Minceur" im französischen Kurort Eugénie-les-Bains weltberühmt wurde. Diese Küche, die kalorienarm, schmackhaft und von höchster küchentechnischer Perfektion geprägt ist, verbindet die hohen Ansprüche der Gourmets mit den Gesundheitsvorstellungen der Ärzte und den Schlankheitsforderungen vieler seiner Gäste.

Güggeli Schweiz. ➛ Hähnchen

Güster Ein eher seltener Süßwasserfisch, der in Teichen oder langsam fließenden Gewässern lebt und meist ähnlich wie der Karpfen verarbeitet wird.

Güvec Eine türkische Eintopfspezialität, die mit verschiedenen Gemüsearten und groben Fleischstücken in einem abgeschlossenen Tontopf im Rohr geschmort wird.

Gugelhupf Diese Bezeichnung hat ein Napfkuchen vor allem in Süd- und Südwestdeutschland sowie im Elsaß. Er wird aus schwerem Hefeteig mit oder ohne Rosinen, gehackten Mandeln und Guß in einer speziellen Gugelhupfform aus Gußeisen oder Keramik gebacken.

Guisado Ein spanisches Fleischragout aus Hammel- oder Rindfleisch, das pikant gewürzt wird.

Gulasch Ung. Gulyás. Das in vielen Variationen existierende ungarische Fleischgericht, das international bekannt ist, aber nicht immer mit der notwendigen Sorgfalt zubereitet wird. Für die klassische Zubereitung wird grobgewürfeltes Rind- oder Hammelfleisch mit der gleichen Menge Zwiebeln, etwas Mehl, Salz, Pfeffer und Paprika im eigenen Saft langsam geschmort.

Gulaschsuppe Auch ung. Gulyásleves. Im ungarischen Original werden grobe Rindfleischwürfel mit gedünsteten Zwiebeln in Schweineschmalz mit vielen Gewürzen, darunter natürlich Paprika, braun geschmort. Dann werden Paprikaschoten, Tomaten und Kartoffeln hinzugefügt und mit Brühe bzw. Wasser aufgefüllt.

Gumbo ➛ Okra

Gumbu Ein deftiger brasilianischer Suppeneintopf, der je nach Marktlage mit Hähnchen, Meeresfrüchten oder Fisch als Hauptzutat zubereitet, mit verschiedenen Gemüsen wie Paprika, Tomaten, Zwiebeln, Auberginen, Kichererbsen vervollständigt, mit Brühe aufgefüllt, behutsam geköchelt und pikant abgeschmeckt wird.

Gumpoldskirchener Aus Niederösterreich kommt dieser beliebte, kraftvolle, hauptsächlich halbtrocken bis lieblich ausgebaute Weißwein mit meist hellgelber Färbung.

Gundermann Die jungen Spitzen dieses an schattigen Waldplätzen wachsenden Wildkrauts werden zum

Würzen von Suppen und Salaten verwendet.

Gurken Das ursprünglich aus Ostindien stammende Kürbisgewächs ist schon lange bei uns heimisch und wird als Gemüse auf vielfältige Weise verarbeitet: Die länglichen Salatgurken werden frisch, mit oder ohne Schale, dünn gehobelt oder in Stücke geschnitten und in verschiedenen Salatsaucen angerichtet. Die kleineren, dafür aber dickeren Gemüse- oder Schmorgurken müssen schon ganz reif sein, wenn sie als Schmorgemüse ihr feines Aroma entwickeln sollen. Bei allen Sorten sind die Freilandgurken in letzter Zeit wieder stärker begehrt als die zwar preiswerteren, aber viel geschmacksärmeren Treibhausgurken. Den größten Anteil des Angebots stellen die vielen Sorten eingelegter Gurken dar, die sich gut zu kalten Platten und Tellern, als Saucen- oder Salatbestandteil eignen: Cornichons, Essig-, Pfeffer-, Salz- oder Senfgurken. In der Küche werden Gurkenstücke entweder in Butter gedünstet, in Sahne oder Tomatensauce geschmort, in Brühe, Salzwasser oder Hammelfond gekocht, mit Hackfleisch, pochiertem Fisch oder Reis gefüllt, im Ofen überbacken oder kalt mit verschiedenen Salaten gefüllt. Die beliebtesten Gurkenkräuter sind Dill und Borretsch.

Gurkenkraut ➛ Borretsch

Gurkensauce Geschälte, gedünstete Gurkenstücke werden mit einer Kalbsvelouté verkocht, passiert und kräftig gewürzt. Als Einlage dienen Julienne von Gewürzgurken, gehackte Petersilie und Dill.

Guß Der cremig-dickflüssige Tortenüberzug, der den Kuchen vor dem Austrocknen bewahrt und mit dem man zusätzliche optische Akzente setzten kann.

Gutenbergsuppe Die Rindsbouillon mit dem Namen des Mainzer Buchdruckermeisters erhält eine delikate Einlage aus Frankfurter Würstchen, Frühlingsgemüsewürfeln und Spargelspitzen.

Gutsherrenspieß Eine weitverbreitete Fleischspießkombination, die vor allem in Balkan-Restaurants angeboten wird: Kalbs-, Rind- und Schweinemedaillons werden an einen Spieß gesteckt, gebraten und kräftig gewürzt. Sollen alle drei Medaillons gleichzeitig optimal gebraten sein, ist diese Brattechnik gar nicht so einfach. Meist werden noch Scheiben von gebratenem Räucherspeck und eine kräftige Demiglace mit Champignon- und Paprikaeinlage dazu serviert.

H

Haarsieb Ein haarfeines Kunstfasersieb für empfindliche Speisen, deren Geschmack bei Metallkontakt leiden könnte.

Haarwild Jagbares Wild wird grob in Haar- und Federwild eingeteilt, wobei zum ersteren die typischen

Wildarten mit Fell wie Hirsch oder Reh gehören.

Habichtspilz Auch Rehfelchen. Der Speisepilz mit dichten Borsten und Schuppen muß vor dem Zubereiten durch Quellen in heißem Wasser von seinen starken Bitterstoffen befreit werden.

Hachée ➛ Hackfleisch

Hachse Auch Haxe, bayr. Haxerl, Hax`n, Hesse. Der untere Teil des Beins von Rind, Kalb und Schwein. Die hinteren Hachsen sind wesentlich schwerer und vollfleischiger als die vorderen. Je nach Fleischart werden sie in Scheiben geschnitten und als Suppen- oder Schmorfleisch oder unzerteilt als Grillhachse angeboten. Gepökelt und gekocht serviert man sie als Eisbein.

Hackbraten Für dieses traditonelle, gutbürgerliche Gericht wird ein Fleischteig aus gemischtem Hackfleisch, Brötchen, Zwiebeln und Eiern geknetet, pikant gewürzt, zu einem großen Laib geformt und im Backofen gebacken. Aus dem Bratensatz wird eine dunkle Sauce hergestellt, meist gebunden und mit etwas Sahne verfeinert. Wenn man zusätzlich noch in die Mitte des Bratens hartgekochte Eier einlegt, kann man ihn als „Falschen Hasen“ anbieten.

Hackepeter Die in Norddeutschland sehr beliebte Spezialität besteht aus ganz frisch durch den Fleischwolf gedrehtem Schweinefleisch, das mit Zwiebeln, Salz und Pfeffer kräftig abgeschmeckt und roh auf Brötchen gegessen wird.

Hacken Auch österr. faschieren, haschieren. Kräuter, Zwiebeln, Fleisch oder auch Fisch werden mit dem scharfen, schweren Hack- oder dem zweigriffigen Wiegemesser in feine, kleine Stückchen geschnitten. Dabei muß die Klinge immer sehr scharf sein, damit z.B. Zwiebeln nicht zerquetscht, sondern geschnitten werden.

Hackfleisch Auch Gehacktes, Haschée, Hachée, Hachis, Faschiertes. Rohes, stark zerkleinertes, meist durch den Fleischwolf gedrehtes Rind- und Schweinefleisch. Wo es als Haschée angeboten wird, wird es oft noch mit einem großen Hackmesser gehackt. Durch die stark vergrößerte Oberfläche ist Hackfleisch sehr empfindlich gegen Bakterien, so daß es bei uns einer strengen Hygieneverordnung, der sogenannten Hackfleischverordnung unterliegt, die in Metzgereien und Restaurants von den Ämtern streng überprüft wird.

Hacksteak Auch Hackstück. ➛ Deutsches Beefsteak

Haeberlin, Paul Geboren 1924. Die weltbekannte „Auberge de l'Ill“ in der Nähe von Straßburg ist der Arbeitsplatz des Elsässers Paul Haeberlin, der, zusammen mit seinem Bruder Jean, seit 1950 einen Stern am gastronomischen Himmel geschaffen hat. Zahlreiche seiner Gerichte, wie z.B. der soufflierte Lachs oder der Froschschenkelschaum, die gleichzeitig Tradition, Region und moderner Küchenphilospie verpflichtet sind, wurden zu Klassikern der französischen Küche. Daß das Restaurant und auch Haeberlin selbst mit allen nur denkbaren Ehrungen und Auszeichnungen bedacht wurden, ist nach dieser Leistung für die französische moderne Küche nur die selbstverständliche Folge. Sein Sohn Marc führt die Familientradition dieser so überaus erfolgreichen Gastronomenfamilie ambitioniert weiter.

Häckerle Auch Heringshäckerle. Ein Heringssalat auf schlesische Art, der aus Salzheringen, gekochten Eiern, geschälten Äpfeln und Zwiebeln besteht, die gehackt und in einer gewürzten Sauce aus saurer Sahne angemacht werden.

Häferlkaffee Auch Haferlkaffee. Eine der vielen österreichischen Arten, Kaffee zuzubereiten: Im Topf wird Kaffeemehl mit Wasser aufgekocht, abgeseiht und in großen Tassen, sogenannten Haferln, serviert.

Hähnchen Auch schweiz. Güggeli. Mast- oder Brathähnchen sind gemästete Junghühner mit einem Gewicht von etwa 1200 g. Poularden, die auch oft als Hähnchen angeboten werden, sind Jungtiere besonders fleischreicher Zuchtsorten, die meist ab etwa 1500 g geschlachtet werden. Hähnchen kann man auf zahlreiche Arten zubereiten, z.B. in Wein schmoren, mit gedünsteten Äpfeln oder mit Kräutern im Tontopf garen. Am beliebtesten ist wohl das gegrillte Hähnchen oder auch das fritierte ➛ Wiener Backhendl.

Härdöpfel Schweiz. ➛ Kartoffeln

Häuptlsalat Österr. ➛ Kopfsalat

Hafer Die europäische Getreideart war jahrhundertelang eines der wichtigsten Grundnahrungmittel. Vor allem die geschälten und geschroteten Haferflocken erfreuen sich bis heute als Müsli-, Gebäck-, Süßspeisen-, Suppen- und Breizutat großer Beliebtheit. Da Haferflocken sehr reizarm sind, werden sie gerne als feingemahlenes Hafermark oder Hafermehl für Schleimsuppen oder den englischen Frühstücksbrei „Porrigde“ als Schonkost verarbeitet.

Hagebutte Auch Hägen, Hahnebutte, Rosenäpfel. Die roten, kleinen runden Scheinfrüchte verschiedener Heckenrosenarten mit hohem Vitamin-C-Gehalt und erfrischend schmeckendem Fruchtfleisch werden gerne zu Saucen, Konfitüren oder Obstwein verarbeitet.

Hagebuttensauce Aus den gewässerten Früchten wird in Weißwein ein Hagebuttenpüree gekocht, leicht gesüßt, mit Zitronensaft abgeschmeckt, passiert und – falls notwendig – mit Speisestärke gebunden. So erhält man eine gesunde und beliebte Fruchtsauce zu herbstlichen Desserts oder auch zu Wildgerichten.

Hagelzucker Eine spezielle Zuckersorte mit grober Körnung, die meist zum Verzieren von Gebäck verwendet wird.

Haggis Die schottische Nationalspezialität, die immer bei den berühmten Hochlandfesten serviert wird. Ein vorgegarter Schafsmagen wird mit einer Farce aus Hammel- und Lamminnereien, Zwiebeln, Gewürzen und Hafermehl gefüllt und dann noch einmal in Wasser gekocht. Dazu werden „neeps and nips" gereicht, kleine, weiße Rüben und Schlückchen (vom feinen Hochlandwhisky).

Hahn Auch franz. Coq. Sie sind älter und schwerer als Hähnchen, wiegen etwa 1,5–2,5 kg, haben einen intensiveren Geschmack und werden wegen einer noch größeren Fleischausbeute kastriert als Kapaune angeboten. Sind diese Hähne aber älter geworden, dann sind auch sie nur noch als Suppenfleisch oder für Frikassés zu verwenden. Die Verwendung junger Masthähne ist genauso vielfältig wie die von Hähnchen und geht von gefülltem, in Teig gebackenem Hahn über den berühmten Coq au vin bis zur Zubereitung einzelner Fleischteile wie Brust, Flügel oder Keulen.

Hahn in Wein ➛ Coq au vin

Hahnebutten ➛ Hagebutten

Hahnenkämme 1. Die roten Wülste auf dem Kopf des männlichen Hahnes, die aus der klassischen französischen Küche als besonders delikate Zutat zu vielen Gerichten nicht wegzudenken sind. Die gehäuteten, gewässerten Kämme werden kurz pochiert, um dann, z.B. mit Trüffeln gespickt, in einer Teighülle ausgebacken oder einfach als feine Ragoutzutat verwendet zu werden.
2. Ein kleines, meist mit Nußmasse gefülltes Blätterteiggebäck, das an einer Seite ein paarmal eingekerbt wird, so daß es sich beim Backen spreizt und eine den Hahnenkämmen ähnliche Form annimmt.

Hahnenkammkoralle ➛ Ziegenbart

Hahnennieren Die früher begehrte Zutat zu klassischen Vorspeisen, Garnituren und Ragouts. Eine einfache Zubereitung der heute kaum noch angebotenen Spezialität: Die Nieren werden gewässert, pochiert, paniert und fritiert.

Haie Die torpedoförmigen Raubfische kommen in den Weltmeeren in vielen, unterschiedlich großen Sorten vor. Der Heringshai hat ein festes, dem Kalbfleisch ähnliches Fleisch, das meist gegrillt oder gebraten zubereitet wird. Das ebenfalls schmackhafte Fleisch der kleineren Arten wird als Ragout, Suppeneinlage oder auch geräuchert, wie beim ➛ Dornhai, angeboten.

Haifischflossensuppe Die chinesische Suppenspezialität wird aus getrockneten Flossen des Katzenhais, Wein, Geflügel- und Schinkenbrühe, asiatischen Gemüsen und exotischen Gewürzen zubereitet und ist als Vollkonserve bei uns im Handel erhältlich.

Hakusai ➛ Chinakohl

Halászlé Die ungarische Fischsuppe wird auf der Grundlage eines starken Fischfonds mit vielen Zwiebeln und Filets von Wels, Zander und Karpfen als Einlage gekocht und mit Paprika kräftig abgeschmeckt.

Halbblätterteig Ein schnell herzustellender Blätterteig, für den Mehl und Butter im Verhältnis 2:1 gemischt werden. Er wird nur kurz ausgerollt und mit wenigen ➛ Touren versehen.

Halb durch ➛ Garstufen

Halbgefrorenes Diese Eisspezialität auf Sahne- oder Fruchtmarkbasis wird ununterbrochen geschlagen bzw. gerührt, bis sie zu einer cremigfesten, formbaren Masse gekühlt worden ist.

Halbmondpastetchen ➛ Rissolen

Halbstück Eine gängige Weinfaßgröße für alle deutschen Weinanbaugebiete mit einem Fassungsvermögen von 600 l.

Halbtrauersalat Der Hinweis Halbtrauer deutet immer auf die Zugabe von Trüffelscheiben in einem Gericht hin. Der raffinierte Salat besteht aus Pellkartoffel- und Trüffelscheiben, die abwechselnd angerichtet und mit einer kräftigen Senfsahnesauce beträufelt werden.

Halbtrauersauce Eine Ableitung der Kalbsvelouté, die mit Trüffelfond reduziert wird und Trüffelscheiben als Einlage erhält.

Halbtrocken Der deutsche Begriff für einen bestimmten Restzuckergehalt im Wein. Der amtlich zugelassene Wert für die Qualität zwischen trocken und lieblich liegt zur Zeit bei höchstens 18 g/l. Halbtrockener Wein ist wegen seiner Ausgewogenheit von Säure und Fülle in Deutschland der bevorzugte Wein, obwohl auch hier die Nachfrage nach trockenen Weinen immer stärker wird.

Half om Half Niederl. Halb und Halb. Der ursprünglich aus Holland stammende Fruchtaromalikör wird auf der Basis von Apfelsinen- und Pomeranzenschalen produziert.

Hallimasch Der beliebte hellbraune Speisepilz, der im Frühherbst in lichten Nadelwäldern wächst und als junger Pilz gerne für Beilagen und zum Einlegen verwendet wird.

Halsgrat Bayr. ➛ Kamm

Halsschleife Das schmale, bandförmige Weinetikett am Flaschenhals, oft mit Angabe von Jahrgang und Prädikatshinweisen.

Haluschka Die böhmische Schmalzgebäckspezialität wird fritiert und dann mit süßem oder salzigem Belag vollendet.

Halva Auch Helva, Halwa. Die türkische Spezialität, die in den mittlerweile zahlreichen orientalischen Geschäften erhältlich ist, besteht aus einer sehr süßen Mischung von Honig, Sesamsamen und Zucker.

Halver Hahn Der in Köln beliebte Snack besteht aus einem dick mit Käse belegtem Brötchen, das oft noch mit Senf bestrichen wird.

Ham and eggs Engl. Schinken und Eier. Zum typisch englischen Frühstück gehören auch Spiegel- oder Rühreier, die mit knusprig gebratenem Frühstückspeck angerichtet werden.

Hamburger Die amerikanische Frikadellenversion besteht im Gegensatz zu unserer germanischen Variante aus reinem Rindfleisch, das, kräftig gewürzt, zu runden Fleischplatten geformt und knusprig braun gegrillt wird. Anschließend wird sie mit süßsauren Gurken- und Tomatenscheiben, Ketchup, Senf und Salatblatt zwischen zwei luftigen Brötchenhälften aus Weizenmehl angerichtet.

Hamburger Aalsuppe Frischer Aal wird gehäutet, in Portionsstücke geteilt und in einer würzigen Brühe gegart. In einem ebenfalls kräftigen Fond aus Schinkenknochen werden Backpflaumen, harte Birnen und Wurzelgemüse mit verschiedenen Aromaten gekocht. Die Kochflüssigkeiten werden abgeseiht und mit einer hellen Einbrenne gebunden. Diese Brühe wird über das Gemüse, das Obst und den Fisch gegeben und nochmals kräftig mit vielen Kräutern gewürzt.

Hamburger Gekochte Die herzhafte Kochstreichwurst wird aus Schweinefleisch hergestellt.

Hamburger Krabbensuppe Geschälte Nordseekrabben werden mit Suppengrün in Butter angedünstet und mit der Brühe aus den ausgekochten Schalen aufgegossen. Mit Mehl, Sahne, Weißwein und Krebsbutter gebunden, erhält diese feine Suppe als Einlage neben den Krabben noch Spargelspitzen. Sie wird mit etwas Cayennepfeffer und Zitronenschale delikat abgeschmeckt.

Hamburger Küken ➛ Vierländer Stubenküken

Hamburger National Ein deftiger Eintopf aus Steckrüben und Kartoffeln, die mit gewürfeltem Schweinebauch gekocht, kräftig gewürzt und mit angerösteten Zwiebel- und Speckwürfeln serviert werden.

Hamburger Plockfinken Bei dieser norddeutschen Hausmannskost werden gewürfelte Karotten mit geräuchertem Speck in Brühe gegart und, mit einer Einbrenne gebunden und kräftig abgeschmeckt, als Hauptgericht serviert.

Hamburger Rundstück Auch Rundstück warm. In Hamburg die Bezeichnung für ein Brötchen, das früher meist am Montag als Resteessen vom feinen Sonntagsschweinebraten zuhause serviert wurde. Heute natürlich an allen Wochentagen erhältlich, wird es aufgeschnitten mit Bratenscheiben belegt und mit der erhitzten Sauce übergossen angerichtet.

Hamiltonsauce Eine raffinierte Sauce zu kalten Wildplatten: Frisch geriebener Meerrettich wird mit Weißwein, entsteinten Sauerkirschen und Johannisbeergelee vermischt und kräftig, vor allem mit Senf und Worchestershiresauce, gewürzt.

Hammel Der meist schon in seiner Jugend wegen der höheren Fleischausbeute kastrierte Mastschafbock liefert mageres, aromatisches Fleisch mit einer kräftigen Fettschicht. Bei uns im wesentlichen durch das mildere Lamm verdrängt, wird das ausgewachsene Tier und seine Innereien im Orient, aber auch in Frankreich und England sehr geschätzt, wobei Schmorgerichte aus Keule und Rücken oder Ragout bevorzugt werden. Die Zubereitungen sind so vielfältig wie die Länder, in denen Hammelfleisch zubereitet wird: gegrilltes

Hammelragout, pikant gewürztes Hammelcurry mit viel Knoblauch auf Reis, mit Kartoffeln, grünen Bohnen und Mohrrüben geschmortes, gewürfeltes Hammelfleisch oder Hammelsuppe.

Hammelfett Auch Hammeltalg. Da der Schmelzpunkt bei etwa 40°C liegt, also über unserer Körpertemperatur, müssen Hammelgerichte stets sehr heiß serviert werden, damit sie nicht extrem schwer verdaulich sind. Hammelfett wird u.a. für traditionelles englisches Weihnachtsgebäck verwendet.

Hammelfilets Hier sind eigentlich Rückenfilets, also die entbeinten Kotelettstränge gemeint, die vor allem kurzgebraten verarbeitet werden.

Hammelsuppe, schottische ➛ Mutton Broth

Handkäse Auch Harzer Roller. Diese ursprünglich Mainzer Spezialität ist ein zu Rollen geformter Sauermilchkäse von relativ trockener, gläserner Konsistenz, der meist mit Kümmel und „Musik“, d.h. einer Zwiebel-Essig-Öl-Marinade serviert wird. Übrigens: Die „musikalischen Werte“ zeigen sich, wenn überhaupt, erst bei der späteren Verdauungsphase.

Hangerl Österr. Begriff für Küchenhandtuch.

Hansa Eine beliebte Kartoffelspezies, die sich als vorwiegend festkochende Sorte gut für Salate eignet.

Hard Drink Diese englische Charakterisierung für Drinks verwendet hart im Sinne von alkoholreich.

Hard Sauce Diese warme Buttersauce mit erheblichem Brandyanteil wird gerne zum berühmten ➛ Plumpudding gereicht.

Hareng Franz. Hering. Er wird bei unseren Nachbarn meist als geräucherte (fumé) oder gebeizte (mariné) Variante angeboten.

Harissa Auch Hrissa. Die pikante tunesische Gewürzsauce ist unverzichtbarer Bestandteil des berühmten Couscous und wird aus Chilischoten und vielen verschiedenen orientalischen Gewürzen hergestellt.

Harlekinsuppe Die feine Nudelsuppe auf der Basis einer Rindsconsommé hat ihren Namen von den bunten Geflügelfarcenocken als Einlage, die vor dem Abkochen durch Tomatenmark, Spinatmatte und Safranpulver gefärbt wurden.

Harmonisch Diesen Begriff aus der Weincharakteristik verwendet man für einen Tropfen, dessen Hauptgeschmacksbestandteile wie Säure, Zucker oder Alkoholgehalt geschmacklich ein optimal homogenes Ganzes ergeben. Dabei zeigt sich die Kunst des Kellermeisters, der schon im Frühstadium der Weinbereitung erkennen muß, wie sich die einzelnen Komponenten eines Weines bis zum Höhepunkt der Geschmacksentfaltung entwickeln werden und wie er deren Verhältnis zueinander beeinflussen muß.

Harrach Eine cremige Weichkäsespezialität, die hauptsächlich in Österreich und Ungarn hergestellt wird.

Hartkäse Die meist in großen, zylindrischen Formen angebotenen Käse, sind vom größten Teil ihres Wassers, d.h. der Molke, getrennt worden und haben eine entsprechend harte, ja manchmal trockene Konsistenz. Dadurch wird meistens auch ein relativ intensiver Geschmack erreicht. Berühmte Hartkäse sind der ➛ Parmesan, der ➛ Schabziger oder der ➛ Pecorino.

Hartweizen Unter der Bezeichnung Grano duro hat der italienische Hartweizen in Grießform als Bestandteil der beliebten italienischen Pasta Weltruhm erreicht. Sein großer Kleberanteil macht es möglich, Teigwaren ganz ohne Eier herzustellen.

Hartwurst Ähnlich der Dauerwurst wird diese Wurstart lange getrocknet, oft auch gesalzen und geräuchert, um sie besonders haltbar zu machen. Durch den Flüssigkeitsentzug wird die Wurst mit zunehmendem Alter immer härter.

Harveysalat Ein klassischer Salat aus ➛ Chiffonade von Chicorée und grünem Salat, der in einer einfachen Vinaigrette, die mit Harveysauce gewürzt wurde, angemacht wird.

Harveysauce Ein britisches Fertigprodukt, das als Tafelsauce zum Nachwürzen von Speisen auf den Tisch gestellt wird.

Harzer Roller ➛ Handkäse

Harzer Schmorwurst Eine regionale Brühwurstspezialität aus magerem Schweinefleisch und Speck, die geräuchert und mit Kümmel gewürzt angeboten wird.

Harzwein ➛ Retsina

Haschee Franz. hacher = hacken. Das Hackfleischgericht aus feingehacktem, gebratenem oder gekochtem Fleisch, Fisch, Geflügel usw. in einer meist gebundenen Sauce.

Haschieren ➛ Hacken

Hase Der graubraune Hase ist ein zwischen 3 und 6 kg schweres Nagetier, das schon seit ewigen Zeiten in den Kochtopf der Feinschmecker wandert. Das begehrte Haarwild, das vom Kaninchen durch die längeren Ohren gut zu unterscheiden ist, hat sich in den letzten Jahren etwas rar gemacht, da eine Seuche den Bestand stark verringert hat. Hasen werden noch auf der Jagd ausgenommen und sollen 2–3 Tage in einem kühlen Raum in der Decke, also noch im Fell, hängen. Ältere Exemplare werden nur zu Ragouts und Schmorgerichten verwendet. Junge Hasen, bei denen man ganz leicht den Rand der Löffel, wie die Ohren in der Jägersprache heißen, einreißen kann, werden ganz gebraten oder in Teilen, wie z.B. den Keulen oder dem Rücken in allen möglichen Varianten zubereitet. Gebratenes, kaltes Hasenfleisch kann auch als Zutat für Aspikgerichte Verwendung finden.

Hasenpfeffer Dieses Hasenragout aus Westfalen wird aus geschmorten Hasenteilen zubereitet, die mit einer Blutsauce angerichtet und meist mit Rotkohl und Klößen serviert werden.

Hasensuppe auf Ostfriesische Art Hasenklein oder ältere Hasen werden gehackt, mit Speck angebraten und mit Schinkenschwarten, Gemüsen, gespickter Zwiebel und Gewürzen gekocht. Vor dem Anrichten wird die Suppe noch mit Rotwein verfeinert, abgeschmeckt und eventuell mit etwas Sahne gebunden.

Haselhuhn Auch Rothuhn. Dieses eher selten angebotene Wildgeflügel besitzt mageres, wohlschmeckendes Fleisch. Wegen des geringen Fettgehaltes wird das Haselhuhn meist in Speckscheiben gehüllt, bevor es behutsam gebraten oder geschmort wird.

Haselnuß Die beliebte Frucht des Haselnußstrauches wird zu vielerlei Konditoreiprodukten, Torten und Cremes verarbeitet. Da sie einen hohen Fettgehalt aufweisen, kann aus den Früchten auch das aromatische Haselnußöl, das gerne als Salatöl verwendet wird, gepreßt werden.

Haselnußcreme Feingehackte und geröstete Haselnüsse werden mit Milch verkocht. Dann läßt man sie ziehen, bis das Nußaroma auf die Milch übergegangen ist. Abschließend wird die passierte Flüssigkeit mit Zucker gesüßt, mit Gelatine gebunden und mit geschlagener Sahne verfeinert.

Haselnußöl ➛ Haselnuß

Haselnußsauce Eine raffinierte Ableitung der Sauce ➛ Hollandaise, die mit zerkleinerten, angerösteten Haselnüssen verfeinert wird.

Hasenblut Das beim Aufbrechen eines frisch geschossenen Hasen aufgefangene Blut wird mit einem Schuß Essig verquirlt, damit es nicht gerinnt. Eine wichtige Zutat für viele Wildsaucen und unerläßlich für einen richtigen Hasenpfeffer.

Hasenfilets Auch Hasenlendchen, Hasenrückenfilets. Die ausgelösten Fleischstränge des Hasenrückens werden meist kurzgebraten und in Wintersalaten oder als Pasteteneinlage verarbeitet. Man kann sie auch als Hauptgericht, z.B. in Kombination mit Apfelscheiben und einer Cognac-Cidresauce als normannische Spezialität zubereiten.

Hasenkeulen auf deutsche Art Die Deutschen lieben die gespickten Hinterkeulen, die mit etwas Rotwein, aromatischen Wildgewürzen und Wildfond geschmort werden. Der Bratfond wird mit saurer Sahne gebunden, kräftig gewürzt und zu Rotkohl und Spätzle angerichtet.

Hasenklein Ähnlich wie beim bekannteren Gänseklein sind das all die Teile, die beim Zurichten eines Hasenbratens übrig bleiben wie Kopf, Hals, Bauchlappen und Innereien. Sie werden als Ragout oder einfach als Saucengrundlage verarbeitet.

Hasenkoteletts Diana Bei dieser traditionellen Zubereitungsart wird entbeintes, durch den Fleischwolf gedrehtes Hasenfleisch mit frisch geriebenem Weißbrot, ein wenig weicher Butter und Gewürzen zu einer festen Masse verarbeitet, die dann zu Koteletts geformt und gebraten wird. Nach dem Entfetten werden die Koteletts mit Maronenpüree und ➛ Dianasauce angerichtet.

Hasenläufe Auch Hasenvorderläufe. Die Vorderbeine des Hasen, die einen geringeren Fleischanteil als die Keulen besitzen, werden genau wie diese, meist geschmort, zubereitet.

Hasenlendchen ➛ Hasenfilets

Hasenpfeffer Die berühmteste Zubereitung von Hasenklein, das meist mit den Keulen und Vorderläufen aufgewertet wird. Das in Rotwein geschmorte Ragout wird abschließend mit Hasenblut gebunden, wodurch man eine sehr dunkle Farbe und einen kräftigen Geschmack erzielt.

Hasensuppe Eine kräftige, mit Sahne gebundenen Wildhasensuppe, die aus angeröstetem Hasenklein und Wurzelgemüse sowie vielen Gewürzen und Kräutern zubereitet wird. Das braune Röstgut wird mit Wildfond oder Wasser aufgegossen, gut durchgekocht, passiert und schließlich mit Sherry oder Madeira vollendet.

Hasenterrine Für dieses feine Gericht entbeint man einen Junghasen und umwickelt die Filets dünn mit geräuchertem Schinkenspeck. Dann wird das Fleisch für mehrere Stunden in eine Beize aus Pastetensalz, Kräutern und etwas Cognac gelegt. Das restliche Hasenfleisch wird mit Kalbfleisch, Schweinefleisch und grünem Speck durch den Fleischwolf gedreht und mit Gewürzen, Eigelb und etwas Sahne zur Farce verarbeitet. Die Farce wird in eine ausgelegte Terrinenform, mit den Filets als Einlage, eingefüllt und im Backofen bei milder Hitze gebacken.

Häuptelsalat Österr. ➛ Kopfsalat

Hauer Ein österreichischer Ausdruck für den Winzer.

Hausen ➛ Stör

Hausfrauensauce Auch Hausmütterchensauce, franz. Sauce bonne femme. Die klassische, gutbürgerliche Sauce aus gehackten Schalotten, die in Weißwein und Fischfond gedünstet werden. Die meist passierte Sauce wird dann mit Eigelb und Sahne legiert und zu gedünstetem Fisch serviert.

Haushofmeisterbutter Eine traditionelle Buttermischung, die als einfache Kräuterbutter auch heutzutage viele Liebhaber findet: Gehackte Petersilie und weiche Butter werden vermischt, gesalzen und gepfeffert, mit Zitronensaft abschmeckt und in verschiedenen Formen gekühlt. Man serviert sie zu Steaks, gebratenem Fisch und vielem anderen.

Haushofmeistersauce Eine raffinierte Ableitung der ➛ Bastardsauce, die mit Zitronensaft und gehackter Petersilie verfeinert wird.

Hauskaninchen ➛ Kaninchen

Hausmarke Vor allem bei Schaumwein werden für die Gastronomie die Flaschen einer Abfüllung mit dem Hausetikett versehen, um den Imageeffekt für das Restaurant oder Hotel zu erhöhen. Über die Qualität des Produktes wird dadurch nichts ausgesagt.

Haussulz Österr. ➛ Sülze

Hautgout Franz. haut goût = hoher Geschmack. Der durch längere Lagerung entstandene, intensive Geschmack und Geruch des abgehangenen Fleisches. Diese meist bei Wild und Wildgeflügel angewandte Methode, das erlegte Tier einige Tage in der Decke bzw. dem Federkleid abzuhängen, bewirkt eine geschmacksverstärkende Fleischreifung, die, wird sie nicht zu lange ausgedehnt, von Vorteil für Konsistenz und Geschmack des Stückes ist. Durch mangelnde Tiefkühlmöglichkeiten früher eine Notwendigkeit, wird diese Prozedur dank Tiefkühltruhe und moderner Konservierungsmethoden heute eher selten angewandt.

Havanna-Salat Dieser von Südamerika inspirierte Salat besteht aus geschälten Scampischwänzen und pochierten Spargelspitzen, die mit einer hellgrünen Gurkenmus-Mayonnaise, meist auf Eissalat, angerichtet werden.

Havarti Die dänische Tilsiterart ist ein lockerer, halbfester Schnittkäse mit einem leicht säuerlichen, würzigen Aroma.

Hawaii-Art Diese so beliebte Garnitur von der pazifischen Inselgruppe, die aus einer Kombination von Ananasstücken mit kleinen Steaks oder Toasts besteht, paßt eigentlich nicht in unsere mitteleuropäische Gerichtelandschaft, wird aber dennoch mit allem, was sich nicht wehrt, fleißig kombiniert.

Haxe ➛ Hachse

Hecht Franz. Brochet. Der bekannteste Raubfisch der mitteleuropäischen Seen und Flüsse, der sehr alt und bis zu 30 kg schwer werden kann, wird in der Küche als Edelfisch geschätzt. Seinen besten Geschmack entwickelt er in der kalten Jahreszeit, also im Herbst und Winter, das ideale Gewicht liegt bei 2 kg. Man kann den Hecht füllen und braten, filetieren und in Sahnesauce dünsten, pürieren und zu feiner Fischfarce für Pasteten und Füllungen verarbeiten und schließlich als Hechtklößchen, den berühmten Quenelles de brochet, in den verschiedensten Saucen anrichten.

Hechtbartsch ➛ Zander

Hechtdorsch ➛ -Seehecht

Heckenbeere ➛ Stachelbeere

Hefe Auch nordd. Gest, österr. Germ. Das natürliche Treibmittel, das einen Teig aufgehen läßt, weil die Hefezellen sich bei entsprechender Temperatur extrem stark vermehren, Zucker spalten und dabei Gärgase entstehen lassen, die die Teigmasse blähen. Die Hefe ist als konservierte Trockenhefe oder als frischer Bäckerhefewürfel von 42 g erhältlich, der dann je nach Backwerk für etwa 500 g Mehl ausreicht.

Hefeklöße ➛ Schlesische Hefeklöße

Hefeknödel ➛ Dampfnudel

Hefevorteig ➛ Vorteig

Heidekorn ➛ Buchweizen

Heidekrauthonig Eine Honigsorte, die vorwiegend aus dem Nektar von Besenheide gesammelt wird und sich vor allem in England großer Beliebtheit erfreut.

Heidelbeere Auch Bickbeere, Blaubeere, Schwarzbeere. Die kleinen schwarzblauen Beeren mit dem süßlich-bitteren Geschmack stammen von einem Krautgewächs, das bei uns vor allem in Wald- und Heidegebieten wächst. Die saftigen, vitaminreichen Früchte werden zu Kompott, Pfannkuchenbelag, Konfitüre, Gelee, Fruchtsaucen, Saft, Sirup, Wein und Likör verarbeitet.

Heidelbeeren auf Schweizer Art Bei diesem einfachen Dessert werden frische, gewaschene, gut abgetropfte Heidelbeeren mit Rum aromatisiert, mit Vanillezucker gesüßt und mit Schlagsahne angerichtet. Etwas kalorienhaltig, aber in dieser Idealkombination vielleicht eine Sünde wert.

Heidelbeergeist Der fruchtige, relativ seltene Branntwein wird aus frischen Heidelbeeren gebrannt.

Heidemehl Auch Heidenmehl. ➛ Buchweizenmehl

Heidesand Kleines, rundes Teegebäck, das aus Mürbeteig hergestellt wird, der mit brauner Butter angerührt, zu einer Rolle geformt und in Scheiben geschnitten im Ofen gebacken wird.

Heidschnucken Die gedrungenen Schafe aus der Lüneburger Heide besitzen ein zartes, durch die vielen Kräuter im Futter geschmacklich hochwertiges Fleisch.

Heilbutt Der große Plattfisch der nördlichen Meere und des Atlantik, der über 200 kg schwer werden kann, wird in großen Mengen gefischt und meist in Scheiben geschnitten oder als Filet angeboten. Das weiße, schmackhafte Fleisch wird gekocht, aber auch gebraten zubereitet.

Heißwecken Auch Hedwigs. Die Bremer Gebäckspezialität besteht aus einem runden Hefegebäck, das Rosinen enthält und mit Eigelb bestrichen im Backofen gebacken wird.

Helder-Art Diese raffinierte Garnitur ist nach einer kleinen niederländischen Hafenstadt benannt und besteht aus gedünstetenen Artischockenböden, die mit Spargelspitzen gefüllt werden und zusammen mit geschmolzenen Tomaten, kleinen Kartoffeln und Sauce ➛ Béarnaise traditionell zu Medaillons oder anderen kleinen Fleischstücken serviert werden.

Helene ➛ Birne Helene

Helenensalat Diese edle Salatkombination wird ihrer Namenspatin, der griechischen Göttertochter Helena, sicherlich gerecht: In einer milden mit etwas Cognac verfeinerten Vinaigrette werden gekochte Spargelspitzen, Paprikaschotenstreifen, Mandarinenspalten und Trüffelscheiben kurz mariniert und angerichtet.

Helgoländer Ein Cocktail in den Farben der Insel Helgoland aus grüner Chartreuse und rotem Cherry Brandy. Beides wird vorsichtig übereinander in ein hohes Kelchglas gegossen und nicht miteinander vermischt. Eine zweite Version besteht aus Pfefferminzlikör, Anisette und Curaçao sec.

Helgoländer Steak Eine mehr optisch als geschmacklich überzeugende Kreation: Ein nicht zu kleines Filetsteak wird gewürzt, gegrillt und dann mit einem dreifachen Saucenmantel aus grünlicher Kräutersauce, heller Sauce Hollandaise und roter Tomatensauce so überzogen, daß man die Inselfarben grün, weiß, rot wiedererkennen kann.

Hellbraun dünsten ➛ Poêlieren

Helle Sauce Die einfachste, hellgefärbte Sauce auf Mehlbasis: Eine helle Einbrenne wird mit Brühe, Fond oder Wein abgelöscht, gut durchgekocht, gewürzt und mit Sahne und Butter vollendet.

Hendl Bayer. und österr. ➛ Hähnchen

Hendljunges Österr. ➛ Hühnerklein

Henriettensalat Ein Gemüsesalat aus würfelig geschnittenen, gekochten Möhren, Blumenkohlröschen und weißen Bohnen, die in einer kräftig gewürzten Vinaigrette mariniert und zusätzlich mit gehackten Schalotten und Estragon verfeinert werden. Vor dem Anrichten werden noch hauchdünne Trüffelscheiben darübergehobelt.

Herbadox Dieser gehaltvolle Würzextrakt aus Weinessig, Schalotten, Kräutern, Pfeffer, Fleischextrakt, und vielem mehr wird zum Würzen von Fischgerichten, Frikassees, weißen Saucen, Salaten und auch zum Nachwürzen bei Tisch als Tafelsauce verwendet.

Herbes de Provence Die beliebte ➛ provenzalische Kräutermischung wird oft unter ihrem französischen Namen angeboten.

Herbstblattel ➛ Trichterling

Herbstlorchel Auch Krause Lorchel. Franz. Morille de moine. Der vor allem in Frankreich sehr beliebte Speisepilz fällt durch den faltigen Hut und Stiel auf und wird in der Küche als Ersatz für Morcheln verwendet.

Hering Der bekannte Seefisch kommt aus dem Atlantik und wird in großen Mengen gefangen. Sein schmackhaftes, fettes Fleisch besitzt einen sehr hohen Nährwert. Er eignet sich zum Marinieren, Räuchern oder Braten. Hering wird eingesalzen oder als Fischkonserve, z.B. in Aspik, angeboten. Heringe kann man nach verschiedenen Kriterien klassifizieren: nach Alter bzw. Größe: in kleine Kronsardinen (winzige Exemplare) oder Matjes (fette, jungfräuliche Heringe); nach der Laichzeit: in den Vollhering vor dem Laichen und Leerhering danach; nach dem Geschlecht: in Milchner, den männlichen Hering mit Spermasäckchen, und Rogner, die weiblichen Tiere mit Eiern. Bücklinge sind geräucherte, grüne Heringe.

Hering-Apfel-Salat Geschälte, gewürfelte Äpfel und gut gewässerte Salzheringe werden mit Zwiebelringen in einer Vinaigrette angerichtet.

Heringe auf Calaiser Art Grüne, vom Rücken her entgrätete Heringe werden mit einer kräftig gewürzten Farce aus Heringsmilch, Schalotten,

Champignons, Petersilie, Butter und Gewürzen gefüllt, in gebutterte Folie eingewickelt und im Backofen gebacken. Die Folie erst am Tisch öffnen, damit das feine, aufsteigende Aroma richtig zur Geltung kommt.

Heringe in Senfsauce Grüne, eingeschnittene Heringe werden paniert und in Butter gebraten. Währenddessen wird aus der pürierten Heringsmilch, Senf und etwas Butter eine kräftige Sauce hergestellt und zum fertiggegarten Fisch serviert.

Heringshäckerle ➛ Häckerle

Heringshai Auch Kalbfisch. Das Fleisch dieser Haiart ist rosafarben und ähnelt in seiner Konsistenz dem Kalbfleisch. Meist wird es deshalb auch in Scheiben geschnitten und wie Fleisch gegrillt.

Heringskartoffeln ➛ Prinzeßkartoffeln

Heringskönig ➛ Petersfisch

Heringsmilch Das weiße Sperma der männlichen Vollheringe, die vor dem Ablaichen gefangen werden. Aus der pürierten Milch werden Saucen und kleine, meist überbackene Gerichte hergestellt.

Heringssalat Gewürfelte Pellkartoffeln, Knollensellerie, Essiggurken, Zwiebeln, Äpfel und gut gewässerte Salzheringe werden in einer Marinade aus pürierter Heringsmilch, Öl, Essig und Gewürzen einige Stunden vor dem Servieren angemacht und zum Anrichten mit Eierscheiben, Gewürzgurkenfächern und Petersilie dekoriert. Bei anderen Zubereitungsarten von Heringssalaten werden auch gekochtes Rindfleisch, Schinken, Mayonnaise, Sardellenfilets, Kapern, gekochte Rote Bete oder Walnußkerne verwendet.

Heringsstip Gewässerte Salzheringe werden filetiert, gehäutet und in einer Marinade aus pürierter Heringsmilch, Zwiebelringen, Gurkenscheiben und Gewürzen einige Tage eingelegt und dann mit Pellkartoffeln angerichtet.

Herlitzen Auch Dürlitzen, Kornellen, Kratzbeeren. Die ovalen Steinfrüchte eines Hornstrauchgewächses werden im Vorderen Orient und einigen Gebieten Osteuropas zu Kompott, Saft oder auch zu Eis verarbeitet.

Hermine-Salat Gebratenes Hähnchenbrustfleisch, geschälte Pellkartoffeln, Chicorée und Staudensellerie werden in ➛ Julienne geschnitten und in kräftig mit Salz, Zitronensaft und weißem Pfeffer abgeschmeckter Mayonnaisesauce angemacht.

Hermitage Auch Ermitage. Diese Weinlage an der Rhône zwischen St. Joseph und Cornas ist berühmt für den tiefdunklen, fruchtigen Rotwein aus der Sorte Syrah. Er wird auf 4/5 der Fläche angebaut, der Rest der Talhänge wird mit den Traubensorten Roussanne oder Marsanne bebaut, aus denen meist ein hervorragender, lagerfähiger Weißwein entsteht.

Herrgardsost Die schwedische Käsespezialität reift im Salzmantel und wird mit großen Gärlöchern, ähnlich dem Emmentaler, und mit kleinen, nach Art des englischen Cheddars, hergestellt.

Hervé Ein belgischer Weichkäse, der in biergetränkten Tüchern reift und wie der Romadour in Würfel- oder Stangenform angeboten wird.

Herz Dieses wichtige innere Organ der Schlachttiere versorgt uns reichlich mit Vitaminen und wird meist als Schmorgericht zubereitet. Schweine- und Rinderherzen werden meist verwurstet, Kalbs- oder Lammherzen werden gerne gesäubert, gewässert und in Scheiben geschnitten gegrillt.

Herzdrigger Auch Herzdriggerte. Die saarländischen „Herzdrücker" sind gehaltvolle Kartoffelklöße mit einer Füllung aus kräftig gewürztem Hackfleisch. Nachdem die Klöße in Salzwasser gekocht wurden, werden sie mit Schnittlauchröllchen bestreut und mit brauner Butter übergossen serviert. Wenn es dann nach zwei bis drei „Gefillten", wie diese Kalorienbomben auch noch genannt werden, zu stark drückt, wird die Wirkung meist durch einen Cognac gemildert.

Herzkirsche Eine große, leicht herzförmige Süßkirschenart, deren festes Fruchtfleisch gern für Torten, Kompott oder auch als Sauceneinlage verwendet wird.

Herzkotelett Diese Bezeichnung hat nichts mit dem Herzen zu tun, sondern bezeichnet besonders vollfleischige Koteletts, die vom Nierenstück der Kalbsrippen geschnitten werden.

Herzmuschel Diese Muschelfamilie mit zahlreichen Arten hat ihren Namen vom herzförmigen Aussehen, das die Muscheln, von der Seite her betrachtet, bei geschlossenem Zustand haben. Die vor allem bei Italienern und Franzosen beliebten kleinen, gerippten oder flachschaligen Muscheln leben am Sandboden von Nordsee, Atlantik und Mittelmeer. Fangfrisch sind sie roh eine Delikatesse, ansonsten werden sie gekocht in Salaten, Nudelgerichten oder zu Fischgerichten serviert.

Herzogin-Art Die traditionelle Garnitur „à la duchesse" der klassischen französischen Küche wird in zwei Versionen angeboten.

1. Zu Medaillons und anderem Kurzgebratenem werden Herzoginkartoffeln und Madeirasauce gereicht.

2. Bei gedünstetem Fisch wird die Herzoginmasse dekorativ auf den Plattenrand gespritzt, der Fisch auf pochierten Spargelspitzen arrangiert, mit Krebsschwänzen garniert und mit Fischvelouté begossen. Kurz vor dem Servieren wird das Ganze im Rohr noch gratiniert. Nicht unbedingt ein Diätessen, aber geschmacklich voller Fülle und Raffinesse.

Herzoginkartoffeln Auch Duchessekartoffeln. Frisch zubereiteter Kartoffelbrei von gut trockengedampften Kartoffeln wird mit Butter, Salz, Pfeffer, Ei und wenig Milch zu einer zähen Masse verarbeitet. Vor dem Anrichten werden mit einem Spritzbeutel mit Sterntülle Rosetten gespritzt, mit Eigelb bestrichen und im Backofen gratiniert.

Herzoginpastetchen Für diese gehaltvolle warme Vorspeise wird gebratenes Hühnerfleisch püriert und mit Spargelspitzen angereichert. Die Masse wird mit Cognac abgeschmeckt, mit Geflügelvelouté vermischt und in vorgebackene Blätterteighüllen gefüllt. Vor dem Anrichten werden die Pastetchen im Ofen vorsichtig erwärmt.

Hesse Eine Bezeichnung für die ➛ Hachse selbst oder das entbeinte Wadenfleisch von Rind und Kalb, das sich hervorragend für Schmorgerichte wie z.B. Gulasch eignet.

Hessler, Doris Katharina Geboren 1948. Die junge, charmante Aufsteigerin am kulinarischen Himmel hatte keinen leichten Weg. Bis sie sich als perfekte Sterneköchin mit dem Spezialgebiet der gesunden, vollwertigen Küche Ruhm, Ehre und Bekanntheit erkocht hatte, waren viele Hindernisse zu überwinden. Ihr mittlerweile in Feinschmeckerkreisen bekanntes Restaurant mußte sich von einer Diskothek zum Gourmettempel, die Autodidaktin zur anerkannten Profiköchin hocharbeiten. Ihre Leistung als eine der wenigen erstklassigen weiblichen Gastronomen war die Beseitigung einer falschen, aber in manchen Köpfen herrschenden Einstellung in der Gourmetküche: Was gesund ist (wie z.B. ihre feinen Sprossensalate), kann nicht auch noch hervorragend schmecken. Sie hat mit ihrer Küche erfolgreich den Gegenbeweis angetreten.

Heuriger Der in Österreich so beliebte junge Wein, der im ersten Jahr seines kurzen Daseins getrunken wird. Der Heurige wird meist in Gartenlokalen oder in speziellen Weinwirtschaften ausgeschenkt und darf von seiner berauschenden Wirkung her nicht unterschätzt werden.

Heuschreckenkrebs ➛ Languste

Hibiskusfrüchte ➛ Okra

Hickorynüsse ➛ Pecanüsse

Highballs Diese Bezeichnung tragen alle Mixgetränke, die aus Mineralwasser und Wermut oder Branntwein gemischt und mit Eiswürfeln und Zitronenachteln angerichtet werden.

Highgrown Engl. hoch gewachsen. Stark aromatische Ceylontees, die auf besonderen Hochlagen angebaut werden, tragen diese Bezeichnung.

Himalayatorte ➛ Vacherin

Himbeere Die süße, aromatische rote Frucht des Himbeerstrauches, der als Wildpflanze ursprünglich aus Nordeuropa stammt. Die Früchte der Kulturpflanze werden bei uns frisch oder auch tiefgefroren angeboten und zu Süßspeisen, als Bowleeinlage, zu Cremes, Eis, Gelee, Kompott, Branntwein, Likör, Kaltschalen, Konfitüre, Fruchtsaucen, Saft und Baisers verarbeitet.

Himmel und Erde Bei dieser berühmten rheinischen Spezialität werden gebratene Blutwurstscheiben mit Apfelmus und Kartoffelpüree serviert.

Himmelreich ➛ Schlesisches Himmelreich

Himmelsziege ➛ Schnepfe

Himmlische Sauce Die berühmte Sauce divine ist eine Ableitung der Sauce ➛ Hollandaise, die mit Geflügelglace und Schlagsahne verfeinert wird.

Hindenburg-Steak Diese raffinierte und gleichzeitg deftige Steakvariante besteht aus gewürztem, mit Senf bestrichenem Filetsteak, das kurz angebraten wird. Es wird mit einer Rindfleischfarce bedeckt, in Krautblätter eingewickelt und in einer Bratensauce fertiggeschmort.

Hippe Auch Hohlhippe. Feine, dünne Plätzchen werden aus einem süßen Teig, der sogenannten Hippenmasse, gebacken und vor dem Erkalten über Holzstäbe zu Tüten gerollt. Sie dienen zur Dekoration bei süßen Nachspeisen.

Hirn Auch Brägen, Bregen, Gehirn. Der im Kopf befindliche Teil des Nervensystems. Die grauweiße Hirnmasse befindet sich im Schädel, ist von weicher Konsistenz, vitaminreich und sehr fetthaltig. Hirn wird für kleine Gerichte, Vorspeisen oder Pasteten verwendet, aber auch zu Wurst verarbeitet. Das feine Kalbshirn wird, nachdem es gut gewässert wurde, gebacken, zu Suppe verkocht, als Suppen- oder Pfannkucheneinlage, aber auch als Saucenbestandteil verwendet.

Hirnschöberl Diese feine süddeutsche und österreichische Suppeneinlage besteht aus einem pfannkuchendick ausgestrichenen und gebackenen Teig, der in Rauten geschnitten und in die Suppe gegeben wird. Die Teigzusammenstellung variiert, besteht aber meist aus gewässertem Kalbshirn, eingeweichten Brötchen, Zwiebeln, Eiern, Milch, geschlagenem Eiweiß und verschiedenen Kräutern.

Hirsch Auch Rothirsch. Der majestätische Herrscher des Waldes ist zwar die Zierde jedes Jagdreviers, aber gastronomisch gesehen liefern das Reh und das Wildschwein eine bessere Qualität. Besonders wohlschmeckend sind die Keulen und der Rücken der zwischen 35 und 45 kg schweren Hirsche, der Rest wird zu Ragouts, Farcen oder Hirschgulasch verarbeitet. Je nach Art der Zubereitung wird das Fleisch vor dem Braten einige Tage mariniert.

Hirschhornsalz Das schon lange verwendete Backtriebmittel für dünne Gebäcke, besonders für Lebkuchen, besitzt einen leichten Ammoniakgeruch und wurde früher in einem speziellen Verfahren aus Gehörnen und Klauen hergestellt.

Hirschkeule Die in Bratstücke zerteilten Keulen werden gehäutet, gespickt, gebeizt und dann meist geschmort. Zusammen mit einer Sauce auf Rotwein- oder Sahnebasis wird die Hirschkeule gern mit Rotkraut und Spätzle oder Knödeln serviert.

Hirschrücken Der ganze Rücken wird meist nur für große Buffets rosa gebraten und kalt aufgeschnitten angerichtet. Normalerweise werden aus diesem Stück Hirschkoteletts oder aus den ausgelösten Rückenfilets Medaillons geschnitten.

Hirschsteak Cumberland Ein mit Speck gespicktes Medaillon von etwa 150 g wird in Butter gebraten, mit einer Sauce auf Portwein-Sahnebasis angerichtet und mit Kartoffelkroketten und Cumberlandsauce serviert.

Hirse Auch Fennich. Die winzigen Körner einer alten Rispenart, die in geschältem Zustand gelbbraun gefärbt sind, haben seit der stärkeren Berücksichtigung ernährungswissenschaftlicher Gesichtspunkte in der Küche wieder häufiger Verwendung gefunden. Dari, eine afrikanische Hirsesorte, ist besonders bekannt. Unverzichtbar ist Hirse bei den Couscous-Gerichten Nordafrikas, bei denen die eingeweichte Hirse unter Dampf gegart wird.

Hirtengulasch Ein deftiger Eintopf aus groben, angerösteten Fleischstücken aus der Rinderhachse, die mit Zwiebeln, Möhren, Kartoffeln und manchmal auch Graupen fertiggeschmort werden.

H-Milch Hocherhitzte Trinkmilch mit einer Haltbarkeitsdauer von sechs Wochen.

Hobelspäne Auch Räderkuchen. Schmale Mürbeteigstreifen werden ineinander verschlungen und schwimmend im Fritierfett ausgebacken.

Hochepot Auch Hotchpotch. Dieser flämische Suppentopf hat die Besonderheit, daß die Einlage und die Suppe nacheinander getrennt gegessen werden können. Der deftige Eintopf wird aus Schweinefüßen und -ohren, Rinderkochfleisch, Schweinswürstchen, Hammelschulter, Pökelfleisch und groben Stücken von Zwiebeln, Möhren, Lauch, Kartoffeln und vor allem Weißkraut gekocht und in Suppenterrinen serviert.

Hochfrequenz-Kochen ➛ Mikrowelle

Hochrippe Auch Hohe Rippe. Der beim Rind zwischen Hals und Nierenstück liegende Bereich etwa zwischen der 6. und 12. Rippe wird zu Bratenfleisch, Rumpsteak oder Entrecôte verarbeitet.

Höbes ➛ Thüringer Klöße

Hörnchen Auch Kipfeln. Die österreichische Gebäckspezialität in der Form von kleinen Halbmonden, die die Wiener Bäcker aus Freude über den Sieg über die Türken seit jener Zeit backen.

Ho fun Chin. ➛ Reisnudeln

Hohe Rippe ➛ Hochrippe

Hohlhippe ➛ Hippe

Hohlnudeln ➛ Makkaroni

Hohlpastete ➛ Vol-au-vent

Hoisinsauce ➛ Pekingsauce

Holder ➛ Holunder

Holländer Käse Eine gängige Bezeichnung für Käse aus den Niederlanden. Gemeint sind meist Edamer oder Gouda.

Holländischer Salat Gewürfelte, gekochte Kartoffeln, ebenfalls gewürfelter, geräucherter Lachs und feingehackte Zwiebeln werden vermischt, in einer Sauce aus Zitronensaft, Öl und Gewürzen mariniert und vor dem Anrichten mit Kaviar und Schnittlauchröllchen dekoriert.

Hollandaise Auch Holländische Sauce. Die berühmteste aller Buttersaucen, die warm, im Wasserbad, aus Eigelb und etwas Flüssigkeit aufgeschlagen wird, erhält ihre Samtigkeit von der großen Menge geklärter flüssiger Butter, die mit der aufgeschlagenen Eiermasse vorsichtig verrührt wird. Abgeschmeckt wird die Sauce Hollandaise mit etwas Salz, weißem Pfeffer, Zitronensaft und vielleicht etwas Worcestershiresauce. Diese Grundsauce wird in vielen Ableitungen variiert und paßt zu unzähligen Gerichten mit Fisch, Meeresfrüchten, Bratfleisch oder edlem Gemüse. Die etwas schwierige Zubereitungsart, bei der das zu stark erhitzte Eigelb gerinnen oder die Sauce in Butter und Eimasse zerfallen kann, verführt viele dazu, Instant-Produkte mit dem gleichen Namen zu verwenden, die aber bei weitem nicht an die geschmackliche Qualität einer frisch zubereiteten Hollandaise heranreichen.

Hollandse Biefstuk Die niederländische Steakspezialität besteht aus einem schweren Hüftsteak, das, stark gepfeffert, in geklärter Butter rosa gebraten wird. Meist werden dazu Erbsen, kleine Champignons und Pommes frites serviert.

Holler ➛ Holunder

Holsteiner Katenschinken Eine Schinkenspezialität aus dem Norden Deutschlands: Knochenschinken aus der ganzen Hinterkeule des Schweines wird in kleinen Räucherhäusern, den sogenannten Räucherkaten, langsam geräuchert.

Holsteiner Schnitzel Die falsche, aber meistens verwendete Bezeichnung für das klassische Kalbsschnitzel Holstein, das nicht nach der Landschaft, sondern nach dem Diplomaten Friedrich von Holstein benannt wurde. Es wird gebraten und dann mit einem Spiegelei und Kapern belegt. Dazu serviert man meist drei verschiedene Croûtons, belegt mit Sardellenfilets, Räucherlachs und kleinen Sardinen.

Holunder Auch Fliederstrauch, Holder, Holler. Der Strauch, der sehr groß werden kann, liefert gleich zweimal verwertbare Produkte: Einmal die gelblichweißen, stark duftenden Blütendolden, die, durch Bierteig gezogen, im Fritierfett ausgebacken und mit Zucker und Zimt bestreut, als feines Dessert angeboten werden. Zum anderen die dunklen, fast schwarzen Holunderbeeren, die zu Nachspeisen, Saft, Fruchtwein, Gelee oder Fruchtsaucen verarbeitet werden.

Holzkohle Dieses normalerweise zum Grillen im Freien verwendete Brennmaterial wird im sogenannten Meiler unter eingeschränkter Luftzufuhr meist aus Buchenholz hergestellt. Der Köhler sorgt bei dieser Art kontrolliertem Schwelbrand dafür, daß die meisten schädlichen Rückstände der schwarzen Holzkohle entzogen werden.

Holzofenbrot Ein kräftiges Brot meist aus Sauerteig, das in einem steinernen Bäckerofen, der mit Holz beheizt wird, gebacken wird.

Holzohr ➛ Mu-Err

Hominy Diese Spezialität kommt aus den USA und wird aus Maisgrieß mit Milch und Butter gekocht. Als Frühstücksbestandteil wird dieser Brei dann noch nach Geschmack gesüßt und mit Sahne verfeinert.

Honey Moon Ein beliebter Cocktail in zwei Versionen:

1. Aus Rum, Honig, Zitronensaft und Eiweiß wird ein kräftiges Mischgetränk im Shaker geschüttelt und in ein Cocktailglas abgeseiht.
2. Eiswürfel, Curaçao Orange, Orangensaft, Bénédictine und Calvados werden im Shaker kräftig gemischt und in einem Cocktailglas serviert.

In beiden Fällen darf man die Wirkung auf Geist und Gemüt nicht unterschätzen!

Honig Die klebrige, aromatische Flüssigkeit, die die Bienen aus gesammeltem Blütennektar herstellen, ist ein hochwertiger Süßstoff und Brotaufstrich mit einem großen Anteil an Trauben- und Fruchtzucker sowie vielen wertvollen Enzymen. Je nach Jahreszeit und der Art der Pflanzen um den Bienenstock herum sind die Honigsorten hellgelb bis rotbraun und von dünnflüssiger bis zähfester Konsistenz. Fester Honig läßt sich durch leichtes Erhitzen verflüssigen. Industriell hergestellter Kunsthonig muß als solcher gekennzeichnet werden und sollte bei der Vielfalt natürlicher Honigarten eigentlich nur im Notfall Verwendung finden. In der Weiterverarbeitung wird Honig als natürliches Süßmittel z.B. Essigen, alkoholischen Getränken, Weihnachtsgebäck oder Müslis zugesetzt.

Honigkuchen Der mit Honig gesüßte Lebkuchen ist sehr lange haltbar und wird gerne als Bindemittel für süßsaure Bratensaucen, wie z.B. zu Sauerbraten, verwendet.

Honigkuchengewürz ➛ Lebkuchengewürz

Honiglikör ➛ Bärenfang

Honigmelone ➛ Melone

Honigpilz ➛ Hallimasch

Hontaka Eine in der japanischen Küche verwendete rote, dünne Pfefferschote, die sehr scharf ist und als Würzmittel verwendet wird.

Hoorige Die saarländische Kloßvariante aus rohen und gekochten Kartoffeln, eingeweichtem Brötchen und etwas Mehl wird in Salzwasser gekocht und mit Sahnesauce oder brauner Butter serviert.

Hopfenkäse Die westfälische Spezialität ist ein mit Kräutern gewürzter Sauermilchkäse, der zum Reifen in Hopfenblättern eingeschlagen wird.

Hopfensprossen Auch Hopfenspargel. Die in Bayern wieder sehr beliebte Gemüseart aus den Hopfentrieben, die von März bis Mai Saison hat, wird in Salzwasser mit Zitronensaft gekocht und ähnlich wie Spargel weiterverarbeitet.

Hoppelpoppel Die Berliner Hausmannskost wird oft in der Pfanne serviert und besteht meist aus Bratkartoffeln, Bratenwürfeln und Gewürzgurkenstücken, die mit gewürzter Eiersahne übergossen werden. Das Ganze läßt man dann im Ofen stocken und serviert es sehr heiß.

Hornhecht Auch Grünknochen. Der grätenreiche Hochseefisch besitzt ein sehr schmackhaftes Fleisch und wird meist als Suppenfisch verwendet. Eine Besonderheit: Die Gräten färben sich beim Räuchern, der zweithäufigsten Zubereitungsart, grün.

Hors d'oeuvres Der französische Begriff für raffinierte Menüvorspeisen hat sich neben Appetizers (engl.), Antipasti (ital.) oder Entradas (span.) als allgemein üblich durchgesetzt. Kalte und warme appetitanregende Köstlichkeiten werden zu Anfang oder nach der Suppe gereicht und sollen auf das folgende Festmahl kulinarisch einstimmen und neugierig machen. Dies bedeutet, daß auf die Herstellung dieser edlen Kleinigkeiten große Sorgfalt verwendet werden muß und daß sie nichts von dem, was im Menü noch als Hauptgang folgt, vorwegnehmen dürfen.

Horseradishsauce Die englische Variante einer gebundenen Meerrettichsauce zu gekochtem Rindfleisch: Geriebener Meerrettich wird mit englischem Senf, Salz, Zucker, mildem Essig und Worcestershiresauce gewürzt, mit Sahne aufgefüllt und mit geriebenem Weißbrot gebunden.

Hot dog Dieses amerikanische Produkt der Fastfood-Küche besteht aus einem länglichen, angewärmten Brötchen, in das ein Brühwürstchen auf einem Bett von Ketchup und Senf eingebaut wird. Nicht nur in USA, sondern mittlerweile auch bei uns sehr beliebt.

Hotpot 1. ➛ Feuertopf
2. Die englische, gehaltvolle Eintopfspezialität aus Hammelfleisch, -innereien, Möhren, Pilzen und Kartoffeln. Alles zusammen wird mit etwas Brühe im Backofen zugedeckt geschmort und vor dem Anrichten offen noch ein wenig gebräunt.

Hox you Die dickflüssige Sojasauce, die mit pürierten Austern gemischt wird, ist mittlerweile auch als Fertigprodukt erhältlich. Sie ist in der chinesischen Küche relativ wichtig und hält sich gekühlt sehr lange.

Hrissa ➛ Harissa

Hubertuspastetchen Für diese Pastetchen zu Ehren des Schutzheiligen aller Jäger wird Wildbratenpüree mit Weinbrand aromatisiert, mit stark gebundener Wildsauce vermischt, in Blätterteigpastetchen gefüllt und erhitzt.

Hühnerbrühe ➛ Hühnerfond

Hühnerbrüstchen ➛ Poulardenbrust

Hühnercurry Für dieses „europäische" Curryrezept werden grobe Hühnerfleischwürfel mit Currypulver gewürzt, angebraten, mit Hühnerbrühe und Kokosmilch gekocht und mit Zitronenschale, Meerrettich, Salz und Pfeffer pikant gewürzt.

Hühnerei In Rezepten, im Handel und auch allgemein in der Küchensprache ist mit dem „Ei" immer das

Hühnerei gemeint. Bei anderen Eiern müssen die Namen des Geflügels mitgenannt werden, z.B. Gänseei, Wachtelei oder Entenei. Das Ei ist energie-, cholesterin-, vitamin-, fett-, ballaststoff- und eiweißreich. Es ist ein bedeutender Vitamin-D-Lieferant und mineralstoffreich.

Das Hühnerei wird nach Gewicht und Güte in Klassen eingeteilt, wobei bei der Qualität nur Klasse A in den offenen Handel gelangt. Auf den Verpackungen ist immer das Abpackdatum angegeben, was aber leider keine exakten Rückschlüsse auf den Legezeitpunkt zuläßt. Ein frisches Ei zeigt aufgeschlagen einen erhabenen Eidotter und ein fest zusammenhängendes, ovales und glasklares Eiweiß. Sollte ein frisch gekauftes Ei beim Öffnen unangenehm riechen, sollte man es sofort zum Händler zurück bringen, der sicherlich Ersatz leisten wird.

Hühnerfarce Die leichte Masse für Füllungen wird aus püriertem Hühnerbrustfleisch hergestellt, das mit rohem, gekühltem Eiweiß vermischt, gewürzt, mit Cognac oder Sherry aromatisiert und mit Sahne vorsichtig verrührt wird.

Hühnerfond Auch Hühnerbrühe. Für diese Grundbrühe aller Geflügelsuppen benötigt man Hühnerklein oder, wenn man das gekochte Fleisch weiterverwenden will, ein ganzes Suppenhuhn. Die Teile werden gut gewaschen, eventuell noch mit Kalbsknochen angereichert, mit Suppengemüse in reichlich Wasser lange gekocht und ständig abgeschäumt. Nach der Garzeit wird die Suppe abgesiebt, entfettet, gewürzt und für eine einfache Geflügelsuppe mit frischen Gemüsen oder verschiedenen Einlagen wieder aufgesetzt.

Hühnerfrikassee Geschnetzeltes vom Huhn wird in Butter angedünstet, mit Mehl bestäubt und in Hühnerbrühe fertiggedünstet. Aus dem passierten Fond wird mit Sahne und Eigelb, Gewürzen und je nach Gericht verschiedenen zusätzlichen Einlagen wie z.B. Champignons oder Perlzwiebelchen eine dicke Sauce hergestellt, die vor dem Anrichten über die warmgestellten Fleischstücke gegossen wird.

Hühnerkeulchen Die Keulen von Poularden oder Brathähnchen eignen sich hervorragend zum Füllen. Sie werden vorsichtig, ohne die Haut zu verletzen, ausgebeint und mit einer gut gewürzten Farce gefüllt. Wieder zugenäht oder -gesteckt, können sie geschmort, gebraten oder gedünstet zubereitet werden.

Hühnerkeulchen Garibaldi Hier ist die raffinierte Füllung das Interessante: Kalbfleisch- und Hühnerfarce werden gemischt und mit Würfeln von Pökelzunge und Trüffeln verfeinert. Die Keulen werden gewürzt, gefüllt, gebraten und meist mit einer Tomatensauce angerichtet.

Hühnerklein Auch Hendljunges. Die vom bratfertigen Hähnchen abgetrennten Parüren wie Gurgel, Herz, Magen, Hautteile und Flügelspitzen.

Hühnerkroketten Ein eher schweres, aber schmackhaftes Gericht der klassischen Küche, das sich auch zur Resteverwertung eignet: Gekochtes, abgekühltes Hühnerfleisch wird zerkleinert, kräftig gewürzt, mit Eigelb und Geflügelvelouté vermischt, zu Kugeln oder Rollen geformt und in geriebenem Weißbrot gewendet. Nach einer kurzen Ruhezeit werden diese Kroketten, denen man auch noch Kräuter, Champignons, Trüffel etc. hinzufügen kann, im Fritierfett goldbraun ausgebacken.

Hühnerleber Die gereinigte Hühnerleber eignet sich in gebratenem Zustand hervorragend als Beilage zu Wintersalaten. Püriert, mit Ei, Butter und Sahne vermischt, wird sie zur idealen Füllmasse für kleines Geflügel und Pasteten.

Hühnermayonnaise Hinter dieser eher irreführenden Bezeichnung verbirgt sich ein Geflügelsalat aus gekochten Hühnerfleischstücken, die mit Mayonnaise angemacht und mit Kapern, Sardellenstreifen, Eierscheiben und Oliven auf Salatblättern angerichtet werden.

Hühnerrahmsuppe Diese cremige, gehaltvolle Suppe wird meist als Geflügelrahmsuppe angeboten und besteht aus einer Hühnerconsommé, die mit püriertem Hühnerkochfleisch, Sauce Béchamel und Sahne verkocht und gebunden wird.

Hülsenfrüchte Sammelbezeichnung für die Trockensamen aus den Schoten von Erbsen, Bohnen, Linsen, Kichererbsen etc., die neben ihrer Haltbarkeit als weiteren Vorteil einen sehr hohen Eiweißgehalt aufweisen. Vor der Verwendung, z.B. für Eintöpfe, werden die Trockensamen meist eingeweicht, um den Kochvorgang abzukürzen.

Hüttenkäse Auch Cottage Cheese. Ein Frischkäse, der in einem Stadium der Gerinnung gewonnen wird, in dem bereits grobe Käsekörner entstanden sind. Er wird vor allem als frischer, kalorienarmer Brotaufstrich, als Salatzutat oder zusammen mit Früchten und Konfitüre als Frühstücksbestandteil verwendet.

Huevos rancheros Eine scharfe, mexikanische Spiegeleierversion, bei der die Eier auf Tortillas gegeben und von einer scharfen Tomatensauce begleitet werden.

Huhn Der Sammelbegriff für das überall in der Welt gehaltene Hausgeflügel. Das fettarme, zarte Fleisch und die Tatsache, daß Hühner noch zusätzlich Eier legen, hat für diese weite Verbreitung gesorgt. Gemeinsam ist den unzähligen Spezialsorten die Einteilung in ➛ Küken, ➛ Masthuhn, ➛ Kapaun, ➛ Brathuhn und ➛ Suppenhuhn.

Huhn im Topf Jeder Franzose sollte sonntags sein „Poule-au-pot", sein Huhn im Topf haben, meinte der französische König Heinrich IV. Die heutige Version dieses kräftigen Hühnereintopfs besteht aus einer Geflügelconsommé, die eine Einlage aus Wurzelgemüse und Hühnerfleisch erhält und meist – der Tradition entsprechend – in einem schönen Topf serviert wird.

Humbertsalat Eine Salatkomposition aus roten Paprikaschoten und Tomaten, die in Würfel geschnitten und in einer Vinaigrette angemacht werden.

Hummer Das berühmteste aller Krustentiere und Symbol des Luxus überhaupt wird in den letzten Jahren, ähnlich wie der Lachs, in immer größeren Mengen zu halbwegs erschwinglichen Preisen auch bei uns frisch und tiefgefroren angeboten. Der teure Hummer der europäischen Meere wird, genauso wie sein Artgenosse aus Amerika (Maine-lobster), bis zu 12 kg schwer. Er besitzt die charakteristischen, großen Scheren, mit denen er gefährlich fest zukneifen kann, weshalb sie auch während des Transports meist mit Gummibändern verschlossen gehalten werden. Hummer hungern während der Gefangenschaft, weshalb man nur frisch eingeführte Exemplare kaufen und diese nicht lange lagern sollte. Lebende Hummer sind tiefblau bis braun. Sie werden durch Eintauchen in sprudelnd kochendes Wasser in Sekunden getötet, wobei sie sich in das leuchtende Hummerrot färben. Der köstliche Hummer wird kalt, warm und auch zerteilt als Bestandteil vieler klassischer Gerichte in der feinen Küche verwendet. Manche Vorbehalte gegen Hummer entstehen aus der Unsicherheit, nicht genau zu wissen, wie man ein solches Tier, das einem womöglich im ganzen auf dem Teller serviert wird, denn nun richtig ißt. Zum einen sind heutzutage fast alle Restaurants dazu übergegangen, den Hummer schon in der Küche verzehrfertig vorzubereiten. Zum anderen macht ein Hummeressen, das ein eher rustikales Vergnügen mit großen Servietten, Zangen und viel Handarbeit ist, sehr viel Spaß und ist bei weitem nicht das elitäre Gericht, als das es manchmal dargestellt wird.

Hummer auf amerikanische Art Die Namensgebung ist etwas irreführend, denn der „Homard à l'américaine" war wahrscheinlich ursprünglich ein französischer „Homard à l'armoricaine" und hat nur aus sprachlichen Gründen die amerikanische Herkunftsbezeichnung erworben. Armorica ist die alte Bezeichnung für die Bretagne, in der sowohl der Hummer als auch seine Zubereitung in der Art eines Meereseintopfs heimisch sind: Der zerteilte Hummer wird kräfig angebraten, mit Cognac flambiert und mit Wurzelgemüse und Fischfond verkocht. Weißwein, Tomatenfleischwürfel und Estragon werden hinzugefügt und durchgekocht. Die Sauce wird aus dem Fond mit Hummerbutter, Fleischglace und Gewürzen zubereitet und über die angerichteten Hummerstücke gegeben. Eines der besten Gerichte der klassischen Küche.

Hummer Newburg Eine berühmte klassische Zubereitung, die sich auf allen feinen Menükarten findet: Hummerfleisch wird gewürfelt, gewürzt, in Butter gedünstet und anschließend mit Sherry und Weißwein abgelöscht. Die Sauce wird mit Eigelb und Sahne legiert und das Ganze wird mit feinem Butterreis angerichtet.

Hummer Thermidor Die bekannteste aller klassischen Hummerzubereitung, die nach einem Monat im ehemaligen französischen Revolutionskalender benannt ist. Dazu wird ein Hummer längs geteilt, das Fleisch ausgebrochen und in Scheiben geschnitten, kurz in Cognac mariniert und wieder in die gesäuberten Schalen zurückgegeben. Eine Sauce aus Schalotten, englischem Senf, Wein, etwas Sauce Mornay und Gewürzen wird darübergegeben und das Ganze mit etwas Käse bestreut unter dem Grill kurz gratiniert.

Hummerbutter 1. Zerkleinerte Hummerschalen werden mit Butter verrieben, durch ein Sieb gestrichen und gekühlt.
2. Feine Butter wird mit der rohen, grünlichen Masse der Eierstöcke aus dem Brustteil des Hummerkörpers verknetet und dann bei Tisch als grüne Masse in eine vorbereitete, erhitzte Sauce gerührt. Der Showeffekt daran ist, daß sich der Rogen, wie der ganze Hummerpanzer, beim Erhitzen knallrot färbt und so die Sauce in eine appetitliche, strahlend rote Creme verwandelt.

Hummercocktail Gekochtes Hummerfleisch wird gewürfelt, in Cocktailschalen auf Salatblättern angerichtet und mit Cocktailsauce darüber kalt serviert.

Hummerkrabbe Franz. Crevette, engl. Shrimp, Prawn, span. Gamba. Die falsche, aber auch im Handel noch übliche Bezeichnung für die Riesen ➛ Garnele, die nicht, wie der Kaisergranat oder Scampo, zur Hummerfamilie gehört.

Hummerparfait Rohes Hummerfleisch wird püriert, mit Ei und Sahne gebunden, gewürzt und zusätzlich noch mit Einlagen wie z.B. Trüffelwürfeln verfeinert. Die Masse wird in Förmchen gegeben, pochiert, gestürzt und kalt dekorativ angerichtet.

Hummerrogen ➛ Corail

Hummersauce Eine Ableitung der ➛ Normannischen Sauce, die mit püriertem Hummerfleisch verfeinert wird.

Hummersuppe ➛ Bisque

Hundeblume ➛ Löwenzahn

Husaren-Art Diese verbreitete Garnitur zu vielen deftigen Fleischgerichten besteht aus mit Zwiebelpüree gefüllten Kartoffeln, Auberginen oder Champignons, die geschmort werden.

Husarenfleisch Die österreichische Zubereitungsart, die Braten und Schmoren verbindet. Dünne Schweine-, Rinder- und Kalbsschnitzel werden kräftig mit Paprika gewürzt, angebraten und in ➛ Husarensauce fertig geschmort.

Husarensauce Eine sehr gehaltvolle, würzige Decksauce für Fleischgerichte: Wurzelgemüse und Zwiebeln werden gewürfelt und zusammen mit vielen Kräutern angeröstet, mit Weißwein abgelöscht, einreduziert, mit ➛ Demiglace aufgefüllt und gut durchgekocht. Die abpassierte Sauce wird mit geriebenem Meerrettich abgeschmeckt und mit gewürfeltem Kochschinken und gehackter Petersilie vollendet.

Husarensteak Eine spezielle Version des Rinderhacksteaks, die nicht jedermanns Geschmack sein dürfte, Liebhaber aber ins Schwärmen versetzt: Rinderhackfleisch wird mit Zwiebelwürfeln, Eiern und Rosinen vermischt und stark gewürzt. Daraus werden Klopse geformt, knusprig braun gebraten und mit gewürzter Tomatensauce übergossen.

Hütes ➛ Thüringer Klöße

Hutzel Eine ganze, gedörrte Trokkenbirne, deren Schale durch das Trocknen ganz verhutzelt, zerknittert ist.

Hutzelbrot Ein in Süddeutschland noch verbreitetes Gebäck, das sehr gehaltvoll ist und meist nur in kleinen Stücken verzehrt wird. Man genießt es vor allem in der Weihnachtszeit. Gehacktes Dörrobst, Rosinen und Haselnüsse werden mit Mehl, Zucker und Backpulver vermischt, mit vielen Weihnachtsgebäckgewürzen und Kirschwasser gewürzt und in einer Kastenform gebacken.

Hutzucker ➛ Zuckerhut

Hymetus Eine aromatische, griechische Honigsorte von hoher Qualität mit einem unverwechselbaren Aroma, das an Thymian oder Majoran erinnert.

I

i.Tr. Diese Abkürzung für „in der Trockenmasse" kann man auf fast jeder Käseverpackung lesen. Sie bezeichnet den Fettgehalt der um den Wasseranteil verminderten Trockenmasse der jeweiligen Käsesorte. Die angegeben Prozentzahlen wirken oft erschreckend hoch. Man muß allerdings dabei bedenken, daß im Normalfall z.B. ein Schnittkäse mit 45 % i.Tr. in der Regel in seiner „natürlichen" Form (mit Wasseranteil) etwa nur 25 % Fett enthält.

Ihlen Ein Fachbegriff für eingesalzene Leerheringe. ➛ Hering

Ikan Terie Die indonesische Spezialität besteht aus winzig kleinen Trockenfischen, die fritiert als Bestandteil der Indonesischen ➛ Reistafel Verwendung finden.

Ilonacreme Diese feine Suppe wird aus gegarten, pürierten Erbsen und einer kräftigen Geflügelrahmsuppe hergestellt. Sie wird mit einem Sahneklecks versehen und mit Paprika bestäubt, bevor sie in kleinen Tassen angerichtet wird.

Imam Bayildi Dieses türkische Auberginengericht wird aus geschmorten Auberginen, die mit einer Mischung aus Knoblauch und Gemüsen, manchmal auch mit Reis gefüllt sind, zubereitet. Es wird meist kalt gegessen.

Imbata Auch Imtaba. Das aromatische Ragout aus dem Orient wird mit Hammelfleischstücken, Zucchini, Zwiebeln, Knoblauch und Joghurt zubereitet und mit orientalischen Gewürzen leicht süßlich abgeschmeckt.

Imperial 1. Ein fetthaltiger Frischkäse aus Frankreich, der in kleinen Vierecken angeboten wird.
2. Eine holländische ➛ Austernsorte.

Indian Bayr. ➛ Pute

Indianerkrapfen Österr. ➛ Mohrenkopf

Indischer Punsch Im Prinzip ist dieses Heißgetränk ein Glühwein auf Teebasis, der mit Zitronenschale, Zucker, Rotwein, Cognac und Rum verfeinert und mit geriebener Muskatnuß gewürzt wird.

Indischer Salat Für diesen besonders gehaltvollen und würzigen Reissalat werden Mango-, Apfel-, Zwiebel- und Tomatenwürfeln gemischt, in Mayonnaise angemacht und mit Curry, Zitronensaft und -schale sowie Ketchup oder dicker saurer Sahne abgeschmeckt. Das Ganze durchziehen lassen und vor dem Anrichten mit Julienne von roter Paprikaschote dekorieren.

Indische Sauce Diese in vielen Varianten existierende Sauce wird aus einer Basis von Zwiebelwürfeln, Curry und Kokosmilch hergestellt, die dann mit einer Velouté aus dem Fond des dazugehörenden Hauptgerichtes (Schlachtfleisch, Geflügel, Fisch) vorsichtig verkocht wird, bis die typische, dickliche Konsistenz erreicht ist. Abschließend wird dann noch mit Zitronensaft, Salz, vielen Gewürzen und etwas Sahne verfeinert.

Indisches Gewürz ➛ Curry

Indisches Reisfleisch Das gehaltvolle Schmorgericht besteht aus Zwiebeln und Kalbfleischwürfeln, die, mit Paprika gewürzt, angebraten werden. Dann wird der Reis hinzugefügt, mit Brühe aufgegossen und alles langsam gargeköchelt.

Indonesische Reistafel ➛ Reistafel

Infantenpastetchen Ein alte, klassische warme Vorspeise, benannt nach der offiziellen Bezeichnung der spanischen Thronfolger. Als Füllung für gewärmte Blätterteighohlpastetchen werden Pökelzunge, Hahnenkämme und -nieren, Champignons und Sellerie gegart, pikant abgeschmeckt und mit weißer Grundsauce angerichtet.

Infusion Auch Auszug. Gewürz- und Kräutermischungen werden mit kochender Flüssigkeit überbrüht und abpassiert. Dadurch nimmt die Flüssigkeit das Aroma des Übergossenen an.

Ingwer Die Wurzelknollen einer Staudenpflanze aus den Tropen werden bei uns frisch, als Pulver oder kandiert angeboten. Der aromatische Geruch und der strenge, kräftige Geschmack machen Ingwer zu einem unverzichtbaren Bestandteil der asiatischen Küche. Die Briten verwenden den Ingwer ihrer ehemaligen Kolonien zur Bierwürzung, als Liköraroma oder, wie wir für unser Weihnachtsgebäck, als Backwürzmittel.

Ingwersstücke werden in gesättigten Kandierlösungen verzuckert und als Süßspeisenbestandteil oder in der Pralinenherstellung verwendet.

Ingwerbier ➛ Ginger-Ale

Inländerrum Ein künstlich hergestelltes Produkt aus Österreich, das gefärbt und mit ebenfalls künstlichem Rumaroma parfümiert im Handel angeboten wird.

Innereien Auch Abats, Fressure, Gekröse, Geschlinge. Die verwertbaren inneren Bestandteile von Tieren, zu denen neben den am häufigsten zubereiteten Stücken wie Herz, Leber, Nieren, Lunge etc. auch Bries, Euter, Hoden, Magen, Kutteln, Mark oder Zunge gehören können. Innereien sind überreich an Vitaminen und Mineralstoffen und stellen bei maßvollem Genuß eine wertvolle Ergänzung der täglichen Ernährung dar.

Instant Engl. Augenblick. Praktische, weil schnell verfügbare Lebensmittel in Pulverform, die sich, mit Flüssigkeiten angerührt, auflösen und sofort verwenden lassen. Typisches Beispiel sind die Instant-Suppen und -Saucen, Brühwürfel oder Fertig-Kaffees, die in der feinen Küche nur in „Notfällen" Anwendung finden dürfen.

Invertzucker Dieses spezielle Zukkerprodukt besteht aus einer Mischung aus Frucht- und Traubenzucker und wird zur Weiterverarbeitung in der Süßwarenherstellung und der Marmeladenproduktion verwendet. Das bekannteste Produkt ist der Kunsthonig, der mit der offiziellen Bezeichnung Invertzuckercreme benannt werden muß.

Involtini Die italienische Version der Rouladen wird aus dünngeklopftem Kalbfleisch gerollt und mit unterschiedlichen Mischungen, z.B. aus Schinken, Zwiebeln, Kräutern oder Käse, gefüllt, gebraten und meist mit einer leichten Weißweinsauce angerichtet.

Irish Coffee Die genußvolle irische Art, Kaffee zu genießen, ist auch bei uns mittlerweile so beliebt, daß komplette Sets mit sämtlichen notwendigen Utensilien angeboten werden. Im feuerfesten Spezialglas werden über einer kleinen Flamme Zucker und irischer Whisky erhitzt, dann kurz abgebrannt und mit heißem Kaffee abgelöscht. Das Getränk versteckt man dann unter einer dicken Schlagsahnehaube und serviert es sofort ganz heiß.

Irish Mist Ein bekannter Likör, der auf der Basis von irischem Whisky hergestellt wird.

Irish Stew Engl. irisches Geschmortes. Das bekannteste irische Nationalgericht ist ein Hammeleintopf mit großem Gemüseanteil: Hammelschulter wird gewürfelt und mit Weißkohl-, Kartoffel- und Zwiebelscheiben aufgekocht und kräftig gewürzt. Dann läßt man alles für mehrere Stunden schwach köcheln, wobei es sich zu einem gehaltvollen Stew entwickelt.

Irmasuppe Hauptcharakteristikum dieser klassischen Rinderkraftbrühe mit Spargelspitzen ist das Gewürz

Curry. In der klaren Version wird es der Brühe, in der als Geflügelvelouté mit Sahne gebundenen Version der zweiten Einlage, den Geflügelfarcenocken, zugesetzt.

Irmgard Eine beliebte, vorwiegend mehlig kochende Kartoffelsorte.

Isabellasalat Die ideale Vorspeise zu einem kleinen Menü: ein feiner Kartoffelsalat, der mit rohen Champignons, Bleichsellerie und gekochten Artischockenböden verfeinert wird. Angemacht wird der vorsichtig gewürzte Salat mit Essig und Öl. Mit Trüffelscheiben und gehacktem Kerbel vollendet man ihn.

Isard Eine Gamsart, die in den französischen Pyrenäen zuhause ist.

Isignysauce Eine interessante Ableitung der ➛ Hollandaise, die mit Crème double verfeinert wird.

Isländische Kammuschel Die der Jabkobsmuschel ähnliche Tiefwasser-Kammuschel wird hauptsächlich vor Neufundland geerntet, ist aber über die arktischen Meere bis in die japanischen Küstenzone hin verbreitet.

Islim kebabi Die türkische Kombination von Lammfleischwürfeln und Auberginenscheiben, die zusammengewickelt, festgesteckt und in Tomatensauce geschmort werden.

Istanbul pilavi Eine türkische Reismischung, bei der Geflügelleber, Erbsen, Mandeln und Pistazien zusammen mit Pilawreis gekocht werden.

Italian dressing Diese „italienische Salatsauce" wird auf der Basis von passiertem Gorgonzola und einer Mayonnaisemarinade zubereitet. In der amerikanischen Version werden Paprika, Tomaten, Zucker, Salz und gepreßter Knoblauch gemischt.

Italienische Maultaschen ➛ Ravioli

Italienische Nocken ➛ Gnocchi

Italienische Sauce Eine Ableitung der Duxellessauce, die mit gekochtem italienischem Schinken verfeinert wird. Sie wird zu gebackenem Gemüse serviert.

Italienischer Salat Diese klassische Kombination ist die Edelversion des einfachen, italienischen Salates, den man in jeder Pizzeria bekommen kann. Gebratenes Kalb- oder Geflügelfleisch wird ebenso wie Salamischeiben, Tomaten, Äpfel und gekochter Sellerie in Streifen geschnitten und in einem Mayonnaisedressing angemacht. Die Einzelportionen werden dann mit Kapern, Zwiebelchen, Sardellenfilets, Eier- und Tomatenachteln dekoriert.

Italienischer Taschenkrebs Eine Spezies der Steinkrabben, die vorwiegend im Mittelmeer vorkommt und sich durch große Scheren auszeichnet.

Izmir köfte Die türkische Bezeichnung für kleine Fleischbällchen nach Art der Stadt Izmir, die vorwiegend aus Hammelhackfleisch, eingeweichtem Brot, Eiern, Kräutern und Gewürzen bereitet und in Öl knusprig braun gebraten werden. Angerichtet werden sie meist in einer Tomatensauce, die mit dem Bratenfond verkocht und dann pikant abgeschmeckt wird.

J

Jackfrüchte Die großen, ursprünglich aus Indien stammenden Brotbaumfrüchte besitzen eine harte, bräunliche Schale, unter der sich süßliches, zartviolettes Fruchtfleisch und ein brauner Kern verbergen. Das Fruchtfleisch wird gekocht, gebraten oder roh verzehrt, die Samen kann man wie Eßkastanien rösten.

Jacksonsuppe Die nach einem ehemaligen Präsidenten der USA benannte Gemüsepüreesuppe wird aus grünen Bohnenkernen und Kartoffeln hergestellt und mit einer Einlage von Lauchjulienne versehen.

Jacquelinesuppe Diese klassische Suppe wird in zwei Versionen angeboten:

1. Gebunden als Fischrahmsuppe, für die Fischvelouté mit Fischfond verkocht und mit Eigelb und Sahne legiert wird. Als Einlage enthält sie Spargelspitzen, frische Erbsen und ausgestochene Möhrenperlen sowie Reis.
2. Klare Geflügelconsommé wird mit der gleichen Einlage und zusätzlichem Eierstich angereichert und mit gezupftem Kerbel garniert.

Jäger-Art Bei dieser traditionellen Garnitur wird der Bratensatz des Hauptgerichts mit Weißwein abgelöscht, mit ➛ Jägersauce verkocht und über die Fleischstücke gegossen.

Jägerinsauce Eine konzentrierte Wildrahmpfeffersauce wird mit gehacktem Trüffel und Eiweiß verfeinert.

Jägerkohl Diese niederrheinische Spezialität besteht aus gehobeltem, geschmortem Weißkohl, der mit Hackfleisch vermischt, kräftig gewürzt und gegen Ende der Garzeit mit Kartoffelscheiben vervollständigt wird.

Jägermeistersauce Ähnlich wie bei der Jägerinsauce wird hier eine Pfeffersauce mit Wildfond eingekocht. Zum Binden wird allerdings statt der Sahne Hasenblut verwendet.

Jägersalat Ein einfacher Salat aus Würfeln von gebratenem Wildfleisch, Pilzen, Tomaten, Zwiebeln und Kartoffeln, die in einer Vinaigrette mariniert werden. Angemacht wird der marinierte Salat mit einer Mayonnaise, die mit Tomatenmark gefärbt wurde.

Jägersauce Die grundlegende Sauce, die zu jedem Wildfleisch, aber auch zu großen Rinderbraten gern gereicht wird: Ein Gemisch aus Champignons, Schalotten, Tomaten und Aromaten wird angedünstet, mit ➛ Demiglace verkocht, durchpassiert und mit Estragon und Kerbel abgeschmeckt.

Jägerschnitte Dünne Schwarzbrotscheiben mit Senfbutter bestreichen, mit Wildbraten belegen und mit Gewürzgurke, gehacktem Eigelb, Sardellenfilets und Kapern garnieren; obenauf ein halbes Ei, gefüllt mit Remoulade.

Jägerschnitzel Diesem unter die Räder einer verwahrlosten gutbürgerlichen Küche geratenen Gericht wird in der täglichen Praxis viel Unrecht getan. Das Original ist wirklich eine Delikatesse: Ein dünnes Kalbsschnitzel wird in Butter kurz goldbraun gebraten, aus der Pfanne genommen und warmgestellt. Währenddessen werden Schalotten gedünstet, mit Weißwein abgelöscht und mit ➛ Demiglace verkocht. Separat werden Champignons, Pfifferlinge und Morcheln gebraten, der gewürzten Sauce hinzugefügt und zusammen mit dem Kalbsschnitzel serviert.

Jägersuppe Eine kräftige Wildkraftbrühe wird mit Portwein abgeschmeckt und erhält als Einlage Champignons sowie mit Wildfarce gefüllte Brandteigkrapfen. Vor dem Anrichten wird noch gezupfter Kerbel über die Suppe gestreut.

Jagdwurst Eine als Aufschnittwurst in Deutschland sehr beliebte, leicht geräucherte Brühwurst aus grob gehacktem Rind- oder Kalbfleisch mit gewürfeltem Schweinefett, Speck oder Schinkenstückchen.

Jahrgang Die Angabe des Jahrgangs, also des Produktionsjahres, ist für Weinkenner ein wichtiges Indiz für die Qualität des Weines. Das stark wechselnde, kontinentale Mikroklima vieler Weinlagen verändert sich in seiner Summe von Jahr zu Jahr sehr stark, so daß weniger gute und exquisite, sogenannte Jahrhundertjahrgänge, enstehen. In besonders guten Jahren geben sogar die Schaumweinproduzenten einen sogenannten Jahrgangsschaumwein heraus, obwohl Schaumwein normalerweise aus den verschiedenen Weinqualitäten mehrerer Jahre verschnitten wird.

Jahrhundert-Art Eine in Frankreich (à la centenaire) beliebte Garnitur zu Fleisch, bei der Kopfsalatbällchen mit Duxellesfüllung geschmort und zu einer gebundenen Kalbsjussauce sowie Kartoffelkroketten gereicht werden.

Jahrhundertende-Salat Ein umfangreicher Gemüsesalat, der in Mayonnaise angemacht wird, meist aus den Würfeln von Knollensellerie, Artischockenböden, Roten Beten sowie grünen Bohnen und Spargel besteht und mit Eischeiben und Spargelspitzen dekoriert wird.

Jakobsmuscheln Auch franz. Coquille St.Jacques, engl. Scallop, Fächer-, Kamm-, Pilgermuschel. Ihren Namen bekam diese große Atlantikmuschel, als im 9. Jahrhundert Tausende von Gläubigen an das angebliche Grab des Apostels Jakobus nach Compostela in Spanien pilgerten. Die dort verbreiteten Muscheln wurden bald zum Zeichen der Pilger. Die schmackhafte Muschel, deren eßbare Teile aus dem weißen Schließmuskel, der sogenannten Nuß, und dem rotorangenen Rogen bestehen, wird auf vielerlei Arten zubereitet. In der Saison von Ende Herbst bis Anfang Frühling kann man die Muscheln einfach, wie die Bretonen, auf dem Herd in der eigenen Schale kochen. Das fertig geputzte Muschelfleisch ist auch tiefgefroren oder als Konserve erhältlich. Die Jakobsmuschel ist in unzähligen Zubereitungsvarianten, die vom roh Marinieren bis zum Dämpfen reichen, in der leichten Nouvelle Cuisine genauso zu Hause wie in der klassischen Küche, die sie mit Vorliebe zu gehaltvollen Ragouts verarbeitet, mit feinen Saucen bedeckt und dann gratiniert in den Schalen serviert.

Jakobszwiebel Auch Jacobszwiebel, Johannislauch, Winterzwiebel. Eine besondere Zwiebelsorte, die im Herbst und Winter wächst und im Frühjahr geerntet werden kann.

Jalebi Eine süße indische Gebäckspezialität aus Hefeteig. Spiralförmige Kringel werden fritiert und mit aromatisiertem Zuckersirup gesüßt.

Jam Engl. ➛ Konfitüre

Jamaikapfeffer ➛ Piment

Jamaikasalat Ein feiner Obstsalat aus Orangen, Bananen, Grapefruit und Kirschen, der, in Mayonnaise angemacht, in Bananenschalen oder halbierten Kokosnüssen angerichtet wird. Zum Servieren wird er oft noch mit gehackten Hasel- oder Pekannüssen bestreut.

Jambalaya Auch Jambalaja, Yambalaya. Das kreolische Gericht ist vor allem in den USA sehr beliebt. Es besteht hauptsächlich aus Hähnchenfleisch, Schweinefleisch, Schinken, Zwiebeln und Reis, die in einer tiefen Schmorpfanne garen. Gegen Ende der Garzeit werden die Gewürze und – je nach Verfügbarkeit – noch weitere Zutaten wie spezielle Würstchen oder Hummerfleisch hinzugefügt.

Jambon de Bayonne ➛ Bayonner Schinken

Jambon persillé Eine der vielen französischen Schinkenspezialitäten: Ein milder Kochschinken, der in gewürztem Petersiliengelee angeboten wird.

James Cocktail Ein starker Cocktail aus gleichen Teilen Chartreuse, Gin und Weinbrand, der gut geschüttelt wird.

Jamswurzel Eine Erdknolle, die in den Tropen die Bedeutung unserer Kartoffel hat und auch ähnlich verwendet wird.

Janinsuppe Eine leichte, pürierte Gemüsesuppe, die aus Möhren, Lauch und weißen Bohnen zubereitet und mit Croûtonwürfeln garniert wird.

Japangurke ➛ Uri

Japanische Aprikose ➛ Kaki

Japanische Art Mit ➛ Stachys in weißer Grundsauce gefüllte Blätterteigtorteletts, Kartoffelkroketten und gebundener Bratensaft zu Fleisch oder Geflügel.

Japanische Orange ➛ Kumquat

Japanische Pflaume Auch Susine. Eine ursprünglich aus Japan stammende, mediterrane Pflaumenart, deren gelblich-rote Früchte meist frisch verarbeitet werden.

Japanische Suppe Eine Suppe aus pürierten ➛ Stachys, die mit Sahne verfeinert und mit gerösteten Croûtonwürfeln vollendet wird.

Japanischer Rettich In Japan wird dieser in einer gezuckerten Sojasauce eingelegte, geschälte Rettich meist zu Fischgerichten angeboten.

Japanischer Salat Eine für Europäer ungewöhnliche, interessante Salatkombination aus Ananas, Orange und Tomate, die mit Crème double, Mayonnaise, Orangen- und Zitronensaft angemacht und mit Salz und Paprika abgeschmeckt wird.

Japanischer Wein ➛ Sake

Japanknollen ➛ Stachys

Japanperlen ➛ Tapoika

Jarlsberg Eine Käsespezialität aus Norwegen, die in runden Laiben mit gelber Wachshaut angeboten wird, runde Gärblasen enthält und einen nußartigen Geschmack besitzt.

Jasmin Aus den äußerst aromatischen Blüten des Jasminstrauchs, eines Ölbaumgewächses, wird ein Öl extrahiert, das als Parfümgrundstoff oder als Gewürz für asiatische Gerichte dient. Auch als Teezusatzstoff werden die stark duftenden Blüten verwendet und bei Jasmintee mit feinem chinesischem Tee gemischt.

Jasmintee ➛ Jasmin

Jause Dieser österreichische Ausdruck bedeutet soviel wie Zwischenmahlzeit und wird auch auf die rustikale Vesper auf einer Berg- oder Wanderhütte angewandt.

Jeannettesalat Ein feiner Gemüsesalat aus Blumenkohlröschen und zarten grünen Bohnen, der mit einer einfachen Vinaigrette mit vielen Kräutern angemacht wird.

Jeannettesuppe Eine helle Schwarzwurzelsuppe, die auf der Basis einer Kalbsvelouté mit pürierten Schwarzwurzeln hergestellt wird und Geflügelfleisch und Reis als Einlage erhält.

Jeffersonsalat Eine interessante Salatkombination aus in Julienne geschnittenem Ananasfruchtfleisch, roten Paprikaschoten, Bleichsellerie und Romanasalat. Die Zutaten werden gemischt und in einer Roquefortsauce angemacht.

Jeh fooh mien Aus China kommende, bräunliche Fadennudeln, die in der dortigen Küche vielfältige Verwendung finden.

Jelly Sauce Eine in den USA sehr beliebte, warme Johannisbeersauce auf der Basis von pikant gewürztem Johannisbeergelee.

Jerez Die südspanische Stadt, die durch die Produktion von ➛ Sherry weltbekannt wurde und deren Name als Originalbezeichnung neben Xeres ebenfalls auf den Sherryflaschen zu finden ist.

Jeromekäse Ein milder, cremiger Käse mit trockener, würziger Rotschmierrinde, der in Österreich sehr beliebt ist.

Jerusalem-Artischocke ➛ Topinambur

Jettinger Rüben ➛ Navets

Jigger Engl. Barbecher. Ein Meßbecher, meist aus Edelstahl, der aus zwei am Boden aufeinandergesetzten, verschieden großen Bechern besteht.

Jockey-Club-Salat Grüner Spargel wird mit Trüffeln, manchmal auch noch durch Champignons ergänzt, in einer einfachen Vinaigrette eingelegt und dann in einer Mayonnaisesauce angerichtet.

Joghurt Auch Yoghurt. Dieses bei uns so beliebte Fertigprodukt aus mit speziellen Joghurt-Bakterien gesäuerter Milch stammt ursprünglich aus dem türkischen Raum, wo es aus Schafsmilch hergestellt wurde und wird. Der heutige Joghurt aus Kuhmilch wird in vielen Fettstufen und mit unterschiedlichen Früchten, Gelees oder auch Müslibestandteilen gemischt angeboten. Da Joghurt deutlich fettärmer als Sahne ist, wird er gerne anstatt dieser zu Cremes, Kuchenfüllungen, Eis und anderen Süßspeisen verarbeitet.

Joghurtsauce Auch Terebiye. Eine türkische Spezialität zu gebratenem Gemüse, die aus gewürztem Joghurt besteht, der mit angerührter Speisestärke gebunden, aufgekocht, abgekühlt und eiskalt serviert wird.

Johannisbeere Auch Ahlbeere, Ribisel. Die in roter, schwarzer und weißer Färbung vorkommende Frucht wird entweder roh gegessen, zu Kompott, Marmelade und Gelee verarbeitet oder als Bestandteil eines Rumtopfs verwendet. Schwarze Johannisbeeren besitzen roh einen strengen Geschmack und werden deshalb meist zu Saft oder Likör, dem ➛ Cassis, weiterverarbeitet.

Johannisbeergelee Für dieses als Brotaufstrich oder Wildsaucenbestandteil begehrte Gelee wird Johannisbeersaft gefiltert, mit Gelierzucker verkocht, heiß in Gläser abgefüllt und verschlossen.

Johannisbeerlikör ➛ Cassis

Johannisbeersauce Johannisbeeren werden zu Saft verkocht, passiert, mit Stärke gebunden und mit Zucker gesüßt, um dann z.B. als Fruchtsauce für viele Eisdesserts zu dienen.

Johannisbeerwein Ein aus Johannisbeersaft vergorener Obstwein, den man in seiner alkoholischen Stärke nicht unterschätzen darf.

Johannisbrot Auch Carobe, Karobe, Karube. Dunkelbraune, längliche, mit einer harten Schale versehene Schotenfrucht eines Mittelmeerbaumes. Johannisbrot wird roh und getrocknet als Gelierpulver verwendet.

Johanniskraut ➛ Beifuß

Johannislauch ➛ Winterzwiebel

Jordanischer Salat Ein Reissalat mit gewürfelten Tomaten und Bananenstücken wird zunächst mit Zitrone, Essig und etwas Öl gesäuert, dann in Tomatenmayonnaise angemacht und abschließend mit Mandelsplittern bestreut.

Josephinesuppe Eine Geflügel- oder Rindsconsommé wird mit pürierten grünen Erbsen und Perlsago vermischt und mit blanchierter Gemüsejulienne garniert. Sago dient als Einlage.

Jostabeere Diese relativ neue Züchtung ist eine Kreuzung aus Stachelbeere und schwarzer Johannisbeere. Sie wird meistens versaftet oder als Konfitüre weiterverarbeitet.

Joule Die neue Maßeinheit für den Energiegehalt der Nährstoffe. Viele Verbraucher rechnen allerdings immer noch lieber in Kalorien (ähnlich den PS und Kw bei der Motorstärke), wobei 1 kcal 4,186 kJ entspricht.

Judasohr-Pilz ➛ Mu-err

Judenkirschen ➛ Kornellen

Judicsalat Dieser nach einer berühmten französischen Schauspielerin benannte Gemüsesalat besteht aus gekochten Karotten, Rote Beten, Kartoffeln, grünen Bohnen und Blumenkohlröschen. Zunächst wird alles in Essig und Öl mariniert und dann in einer Mayonnaise mit vielen Kräutern angemacht.

Jujube Auch chinesische, rote Dattel, ital. Giuggiole. Die aus Asien stammende, heute im Mittelmeerraum wachsende rötlich-braune Frucht ähnelt äußerlich einer Olive und besitzt ein sehr süßlich schmeckendes Fruchtfleisch. Sie ist vielseitig verwendbar: frisch, getrocknet oder zu Konfitüre verarbeitet.

Julep Diesen Zusatz tragen Cocktails, die aus verschiedenen alkoholischen Getränken gemixt werden und sich durch einen deutlich hervortretenden Pfefferminzgeschmack auszeichnen.

Julienne Die Profiköche verwenden diesen Begriff, wenn Gemüse, Obst, Zitrusschalen, Teigwaren, Kräuter oder auch Fleisch in feine, dünne Streifen geschnitten werden und als Einlage, Garniturbestandteil oder Beilage dienen sollen.

Juliettesalat Für diese interessante Gemüsesalatkombination werden grüne Bohnen, Selleriescheiben und Artischockenböden in Julienne geschnitten und in einer Mayonnaisesauce angemacht.

Jungfernbraten Dieser helle Schweineschmorbraten wird gerne in Österreich angeboten: Gespickte Schweinerückenfilets werden angebraten und auf einem Gemüsebett fertiggeschmort. Damit das Ganze nicht anbrennt, werden Brühe und saure Sahne hinzugefügt. Gegen Ende der Garzeit wird die Sauce mit etwas Essig abgeschmeckt.

Jungfernöl Die Bezeichnung für ein sehr hochwertiges Olivenöl, das aus der ersten, kalten Pressung ohne Wärmezufuhr und mit nur sanftem Druck gewonnen wurde.

Jungfernsauce Diese etwas altertümlich klingende Bezeichnung benennt eine Ableitung der Sauce ➛ Béchamel, die man mit Schlagsahne und winzigen Würfeln von Artischockenböden vervollständigt. Sie wird hautpsächlich zu Geflügel serviert.

Junggans Eine etwa halbjährige Mastgans, die besonders zart ist und relativ wenig Fett enthält.

Jungschweinerücken ➛ Schweinskarree

Jus Auch Fleischsaft. Einreduzierter Bratensaft, der oft neben dem eigentlichen Braten aus Knochen und Fleischabschnitten gekocht wird, ist eine wertvolle Grundlage vieler Saucen. Reduziert man den Jus weiter, läßt ihn erkalten und befreit ihn vom Fett, so erhält man die gelierende, extraktreiche Glace. Mittlerweile wird Wild-, Fisch- oder Kalbjus auch als Fertigprodukt im Handel angeboten.

Juvianuß ➛ Paranuß

K

Kabeljau Der in Ostsee, Nordsee und Nordatlantik stark verbreitete Seefisch besitzt einen großen Kopf mit kleinen Bartfäden und eine grünbraune bis graue Färbung mit einer gebogenen weißen Seitenlinie. Der beliebte Speisefisch wird meist in der Gewichtsklasse zwischen 5 und 10 kg angeboten, kann jedoch wesentlich schwerer werden. Den jungfräulichen Kabeljau von etwa 1 kg Fanggewicht nennt man Dorsch. Der Kabeljau wird frisch meist nur in Teilen angeboten: Schwanzstück, Koteletts oder Filets. Nach der Weiterverarbeitung kommt er gesalzen, getrocknet, geräuchert und unter der Bezeichnung Seelachs „getarnt" als Lachsersatz auf den Markt. Die Dorschleber, in nördlichen Ländern eine begehrte Delikatesse, wird bei uns zu dem nicht ganz so beliebten Stärkungsmittel Lebertran verarbeitet. Kabeljau kann man auf alle für Fisch möglichen Arten zubereiten: pochieren, dünsten, backen, braten, grillen. Aufgrund dieser vielfältigen Einsatzmöglichkeiten und des gemäßigten Preises ist Kabeljau bei uns eine der meistverkauften Fischsorten.

Kabinett Die erste Stufe der Prädikatsweine mit vorgeschriebenen Mindestanforderungen, die meist leicht und erfrischend sind und keinesfalls qualitativ den teureren Spät- und Auslesen unterlegen sein müssen.

Kabinettpudding ➛ Diplomatenpudding

Kabis Schweiz. für ➛ Weißkohl

Kabulsauce Eine aus Rußland stammende, süßliche Würzsauce, die als Fertigprodukt im Handel erhältlich ist.

Kacang goreng Indon. geröstete Erdnüsse. Sie spielen in vielen asiatischen Gerichten eine Rolle.

Kaddigbeeren ➛ Wacholderbeeren

Kadinbudu Franz. Kadine Bouton. Die türkische Hackfleischspezialität aus Hammel- oder Rinderhackfleisch wird mit Zwiebelwürfeln, Ei, Salz, Pfeffer, Piment und Petersilie zubereitet, in Ei gewendet und in Fett knusprig ausgebacken.

Kälberzähne ➛ Graupen

Käse Neben Butter und Sahne ist der Käse das dritte wichtige Milchprodukt, das weltweit in unzähligen Varianten aus Kuh-, Schaf-, Ziegen- oder Büffelmilch, aber auch aus Milch von Kamelen, Eseln, Zebus, Yaks oder Rentieren durch Gerinnen hergestellt wird. Die Notwendigkeit der Käseproduktion ergab sich historisch aus den unzureichenden Konservierungsmöglichkeiten von frischer Milch, die durch die Umwandlung in Käse lagerfähig wurde. Beim Herstellungsprozeß scheiden sich nach dem Gerinnen die flüssige Molke und eine quarkartige Masse, der nun immer weiter Flüssigkeit entzogen wird. In diesem Stadium setzen die verschiedenen Behandlungsmethoden ein, die eine so unerschöpfliche Artenvielfalt hervorbringen: Man kann den Käse pressen, salzen, mit Kräutern und Gewürzen verfeinern, in Formen zwängen und dann anschließend unterschiedlich lange lagern. Die Käsereifung läßt u.a. die Löcher enstehen, die durch Gärblasen hervorgerufen werden. Viel wichtiger ist aber, daß aufgrund der Konsistenz, des aromatischen Pilzbewachses und der Art der Rinde die für jede Käseart charakteristischen Geschmacksbestandteile entstehen. Besondere Spezialitäten sind Koch- oder Schmelzkäse oder die mit Schimmelpilzen geimpften Schimmelkäse. Für Käse gibt es in der Küche unübersehbare Einsatzmöglichkeiten: Man kann ihn für Fondues, Aufläufe, Gebäck, als Brotbelag, für Pizza, Kuchen, Toasts oder Suppen verwenden. Käse sollte immer kühl und dunkel gelagert werden. Die Käseklassifizierung wird nach verschiedenen Kriterien vorgenommen: nach Art des Gerinnungsmittel in Sauer- (Milchsäurebakterien) und Süßmilchkäse (Labenzym), nach Reifestadium in Frisch-, Weich-, Schnitt- und Hartkäse, nach Fettgehalt in der Trockenmasse (➛ i.Tr.) in Magerstufe ($<$10%), Viertelfettstufe ($\geq$ 10 %), Halbfettstufe ($\geq$ 20 %), Dreiviertelfettstufe ($\geq$ 30 %), Fettstufe ($\geq$ 40 %), Vollfettstufe ($\geq$ 45 %), Rahmstufe ($\geq$ 50 %) und Doppelrahmstufe ($\geq$ 60 %).

Käseauflauf ➛ Käsesoufflé

Käsebällchen ➛ Roqueforttrüffel

Käsebutter Für diesen Brotaufstrich wird würziger Weichkäse bzw. feingeriebener fester Käse mit frischer Butter kräftig verknetet.

Käsecreme Geschmolzener Käse wird kräftig gewürzt und mit Milch oder Sahne zu einer cremigen Konsistenz verührt.

Käsefondue ➛ Fondue

Käsehobel Auch Käseroller. Ein breites, entfernt an eine Tortenschaufel erinnerndes Gerät mit einem Schlitz mit Schneide, durch den dünne Scheiben von Schnittkäsen gleichmäßig abgehobelt werden können.

Käsekrapfen Österreichische und süddeutsche Bezeichung für ➛ Windbeutel mit Käsefüllung.

Käsekroketten Ein typisches Gericht der traditionellen, eher schweren klassischen Küche: Man streicht eine dickflüssige ➛ Mornaysauce auf einer Platte fingerdick aus und läßt sie abkühlen. Nach dem Erkalten werden verschiedene Formen ausgestochen oder geschnitten, paniert und fritiert.

Käsekuchen Auf einen Mürbteigboden wird ein Belag aus Schichtkäse oder Magerquark, vermischt mit Eigelb, Zucker, Zitronensaft und -schale, Sahne, Vanillepuddingpulver und, je nach Geschmack, Sultanien gegeben und im Backofen goldgelb gebacken. Beim Abkühlen stellt man den Kuchen kopfüber auf das Kuchengitter, damit der Kuchen eine schöne Form erhält und nicht in der Mitte zusammensinkt.

Käseküchlein Auch schweiz. Chas-Chuechli. Das in der Schweiz sehr beliebte Käsegebäck besteht aus einem Blätterteigboden in einem Förmchen, der mit allerlei Deftigem wie Schinken, Zwiebeln, Speck, Tomaten, Sardellen etc. belegt, mit einer Eier-Käse-Milch übergossen und im Backofen gebacken wird.

Käsenocken Ein deftiges Mehlspeisengericht, bei dem aus Butter, Eiern, Salz und Mehl ein fester Teig geknetet wird, von dem man einzelne Nocken absticht und in Salzwasser kocht. Sind die Nocken gegart, werden sie in einer Gratinierpfanne mit Reibkäse oder Parmesan bestreut und überbacken.

Käseplatte Ein Arrangement verschiedener Käsesorten ist ein idealer Weinbegleiter, rundet das Ende eines Festmahls optimal ab oder bildet einen Glanzpunkt des Kalten Buffets. Mindestens drei verschiedene Arten werden auf einem Brett oder einer Platte schön garniert angerichtet und mit knusprigem Baguette serviert.

Käsesauce ➛ Mornaysauce

Käsesoufflé Auch Käseauflauf. Frisch geriebener Käse wird mit Milch, Mehl, Butter, Eigelb und Gewürzen verrührt. Steifer Eischnee wird untergehoben und das Ganze im Ofen ohne Luftzug zu einem luftigen Auflauf gebacken, der sofort serviert werden muß, damit er nicht in sich zusammensinkt.

Käsespätzle Auch österr. Kasnocken. Die im bayrischen, schwäbischen und österreichischen Raum sehr beliebte Kombination von gekochten Spätzle und Reibkäse, die, gut vermischt, mit angebräunten Zwiebeln und mit brauner Butter übergossen angerichtet werden.

Käsestangen Ein raffiniertes Knabbergebäck aus Blätterteigstreifen, die mit den verschiedensten Reibkäsesorten und zusätzlich mit Kümmel, grobem Salz oder Paprika bestreut werden können. Dann werden die Streifen zu Spiralen gedreht, im Backofen knusprig braun gebacken und am besten noch warm serviert.

Käsesteak Eine deftige Zubereitungsart für Steaks oder Entrecôtes: Die von beiden Seiten geröstete Fleischscheibe wird mit Käse belegt und gratiniert.

Käsesuppe Eine in Holland sehr beliebte Suppe, bei der Gouda in eine Rinderbouillon gerieben wird. Man kocht sie kurz auf und legiert sie dann mit Crème fraîche, Butter oder Sahne.

Käswähe Die Schweizer Version eines deftigen Käsekuchens mit Hefe- oder Mürbteigboden, der regional unterschiedlich mit verschiedenen Käsesorten und mit Zwiebeln, Paprika und Eiersahne verfeinert im Ofen gebacken wird.

Kaffee Auch Café. Der Name des bei uns so beliebten schwarzen Getränks kommt aus seiner Ursprungsregion Kaffa in Afrika. Das Kaffeepulver, das aus gerösteten und gemahlenen Kernen eines Kaffeestrauchs, den Kaffeebohnen, entsteht, wird mit heißem Wasser aufgegossen und gefiltert, durchgekocht oder mit heißem Dampf unter Druck ausgepreßt. Das Ergebnis der ersten Zubereitungsart nennt man dann Filterkaffee, das der zweiten türkischen Mokka und das der dritten Espresso. Die dem Kaffee nachgesagte anregende Wirkung stammt von dem Inhaltsstoff Coffein. Der spezifische Geschmack ist abhängig von der Auswahl der Kaffeesorten und dem Grad des Röstens. Schwarze, stark gebrannte Kaffeebohnen haben einen intensiven, strengen Charakter, helle, nur schonend geröstete Sorten schmecken mild. Die wichtigsten Produktions- und Handelsländer für Kaffee, dessen Qualitätskriterien neben der Herkunft auch noch die Größe und die Beschaffenheit darstellen, sind heute Brasilien, Kolumbien, Guatemala, Costa-Rica, Mexiko, Nicaragua, Haiti, Kuba, Java, Sumatra und einige Staaten von Ostafrika.

Kaffeebuttercreme Eine ➛ Buttercreme, die mit starkem, abgekühltem Kaffee parfümiert und gefärbt wird. Man verwendet sie meist für Tortenfüllungen.

Kaffee-Ersatz Grundstoffe, die mit ihrem bitteren Aroma dem Geschmack der echten Kaffeebohnen nahekommen, werden zum einen als coffeinfreier Ersatz für Kaffee verwendet oder dienen als Kaffeezusatzstoff, um diesen zu strecken oder zu färben. In früheren Not- und Kriegszeiten waren sie die einzigen erreichbaren Grundstoffe für diesen Zweck. Die bekanntesten Sorten sind Malzkaffee und Zichorienkaffee. Es werden aber auch aus Zuckerrüben, Feigen, Bucheckern und Datteln kaffeeähnliche Getränke hergestellt.

Kaffee-Essenz Dieses Konzentrat aus stark einreduziertem Kaffee wird abgekühlt zum Parfümieren von Desserts, Saucen oder auch ➛ Kaffeebuttercreme eingesetzt.

Kaffee-Extrakt Das meist gefriergetrocknete Produkt wird auch als Instant-Kaffee angeboten und besteht aus pulver- bzw. granulatförmigen Substanzen, die den Vorteil haben, sich in Sekundenschnelle in heißem Wasser aufzulösen. Was Aroma und Geschmack anbelangt, können sie sich aber nicht mit dem aufwendigeren Aufbrühverfahren von frischgemahlenem Kaffee messen.

Kaffeelikör Diese Likörspezialität besteht größtenteils aus Kaffee-Extrakt, Alkohol und Zucker und wird oft zum Parfümieren von Dessertsaucen verwendet.

Kaffeesatz Das nach dem Aufbrühen oder Aufkochen zurückbleibende Kaffeemehl.

Kai Fan Ein chinesisches Hühnergericht, bei dem ein in Knoblauchsalz und Austernsauce mariniertes Huhn gekocht und mit Reis und verschiedenen Dipsaucen serviert wird.

Kaiser-Art Eine der vielen klassischen Garnituren, die sich bis heute in Frankreich erhalten hat. „A l'empereur" bedeutet, daß ein Fleischgericht mit Trüffelsauce und ➛ Parmentierkartoffeln als Beilage und einer gerösteten Tomatenhälfte, Rindermark und Spargelspitzen als Dekoration serviert wird.

Kaiserfleisch Ursprünglich aus Österreich stammend, hat sich diese leicht geräucherte Pökelfleischspezialität vom entbeinten Schweinskarree auch bei uns viele Freunde erobert. Man läßt das Fleischstück entweder langsam im Wasser, ähnlich dem Kasseler, garziehen oder brät es wie einen Schweinebraten. Stilecht werden dazu natürlich Kraut und Knödel serviert.

Kaisergranat Auch Tiefseekrebs, ital. Scampo (Pl. Scampi), franz. Langoustine, span. Lagostino. Dieser sehr kleine Vertreter aus der Familie der Hummer, der auch mit den nicht zugelassenen Bezeichnungen Kaiserkrebs, Tiefsee-, Troll-, Schlank- oder Kaiserhummer angeboten wird, kommt in den europäischen Gewässern vom Nordkap bis ins westliche Mittelmeer vor. Da nur das Schwanzfleisch von kulinarischem Interesse ist, wird meist auch nur dieser Teil gekocht oder roh, frisch, als Konserve und tiefgefroren angeboten. Eine Verwechslung mit den Riesengarnelen kann man vermeiden, wenn man die verschiedenen Schwanzformen beachtet: Kaisergranate haben gerade, gleichmäßig zulaufende Schwänze, während Garnelenschwänze gebogen sind und zum Ende hin spitz zulaufen.

Kaiserinsauce Die feine Sauce zu hellem Fleisch hat als Basis eine ➛ Deutsche Sauce, die mit Trüffelfond, Geflügelglace und Schlagsahne verfeinert wird.

Kaiserkrebs ➛ Kaisergranat

Kaiserlaibl Eine luftige Baisermasse wird mit kräftig gerösteten Haselnüssen vermischt, in kleinen Portionen abgebacken und in Österreich gerne zum Kaffee gereicht.

Kaiserliche Art Eine der verschwenderischsten Garnituren der klassischen Küche, die heute nur noch selten angeboten wird, aber durch die angebotene Vielfalt höchster Köstlichkeiten in einer einzigen Dekorationsbeilage, die mit Geflügel kombiniert wurde, erwähnenswert ist: Hahnenkämme, Kalbsbries, Trüffel, Gänsestopfleber und Champignons werden zusammen mit einer Madeirasauce serviert.

Kaiser-Melange Eine der Kaffeehaus- und K.u.K.-Tradition Österreichs entsprungene Kreation aus heißem Mokka, Eigelb, Cognac, Zucker und geschlagener Sahne.

Kaiserschmarrn Der weltbekannte österreichische Riesenpfannkuchen aus Eiern, Mehl, Rosinen und Zucker, der gebacken und in Stücke zerrissen, nochmals mit Zucker überstreut, angerichtet wird. Im Original wird dazu

Zwetschgenröster, ein Pflaumenkompott, serviert.

Kaiserschoten Auch Zuckerschoten, Kefen, Schnee-, Zuckererbsen, franz. Mangetouts. Eine besondere, sehr zarte Schotensorte, die so jung wie möglich zubereitet werden soll. Bei uns haben Kaiserschoten im Juni und Juli Saison, was man nutzen muß, da sie sich nicht zum Einfrieren eignen.

Kaisersemmel Eine ursprünglich aus Österreich stammende, traditionelle Brötchenform, bei der in runde, helle Brötchen gebogene, sternförmig angeordnete Einkerbungen eingedrückt werden.

Kakao Die länglichen Samenkörner einer gurkenähnlichen, tropischen Pflanze werden vom Fruchtfleisch getrennt, fermentiert, getrocknet, gereinigt, geröstet und zu einer zähflüssigen Masse zermahlen. Diesem Brei wird das Fett entzogen. Der verbleibende Rest wird zu Kakaopulver, der Basis für Kakao-Getränke, vermahlen.

Kakaobutter Ein „Abfall"-Produkt der Kakaoherstellung: Ein wertvolles Öl, das bei der Schokoladeproduktion Verwendung findet.

Kakkavia Der Name dieser griechischen Fischsuppe stammt von dem Tongeschirr, der Kaccavia, in dem die Fischer in früheren Zeiten den Fisch kochten. Die mit vielen Kräutern und Gewürzen aromatisierten Fischsuppe, der verschiedene, grob zerteilte Fischsorten, Kartoffeln, Zwiebeln, Sellerie und Knoblauch hinzugefügt werden, wird in unterschiedlichen Varianten gekocht.

Kaki Auch Chinesische Quitte, Japanische Aprikose, Götter-, Dattelpflaume, Kakifeige, -frucht, -pflaume, -dattel. Die an Tomaten erinnernden Beerenfrüchte entstammen heute im wesentlichen einer orientalischen und einer amerikanischen Züchtung. Die reife Frucht ist sehr weich, empfindlich und wird wegen ihres süßlich-herben Geschmacks gerne frisch in Salaten und Obstsalaten, als Kompott und getrocknet verwendet. Getrocknet wird sie meist unter der Bezeichnung Kakifeige angeboten.

Kaktusfeige Auch Tuna, Kaktusfrucht. Früchte verschiedener tropischer Kakteenarten mit grüner oder gelber bis rötlicher, fester Schale mit unangenehm stechenden Stacheln und süßlich-aromatischem Geschmack. Entweder wird das köstliche, saftige Innere der gefährlich stacheligen Hülle roh gegessen oder geschält zu Obstsalat und gekocht zu Kompott verarbeitet.

Kalabrische Suppe Eine feine Püreesuppe aus Sauerampfer und weißen Bohnen mit Reiseinlage.

Kalakukko Die finnische Pastetenspezialiät wird in einer Art Brotteig aus Roggen- und Weizenmehl gebacken und zuvor mit einer Füllung aus Fischwürfeln und fettem Schweinespeck versehen.

Kalb Kalb ist nicht gleich Kalb. Ein ganz junges Milchkalb, das im Freien aufwächst, produziert eine wesentlich andere Fleischqualität als ein älteres Mastkalb mit Spezialfutter im engen, dunklen Stall. Das erstgenannte bringt rosafarbenes, mit Fettadern marmoriertes Fleisch hervor, das zweite produziert blasses, fettarmes und damit in gegartem Zustand trockenes Fleisch. Begehrte Teile sind die ausgelöste Keule, die Haxe und der Rücken, bei Liebhabern natürlich auch das Kalbsbries und der Kalbskopf.

Kalbfisch ➛ Heringshai

Kalbsbeuschel Die österreichische Variation des süddeutschen Kalbslüngerls.

Kalbsblankett Auch Weißgericht. Ein helles Ragout aus Kalbfleischwürfeln in Sahnesauce mit Gemüse oder Pilzen.

Kalbsblatt ➛ Kalbsschulter

Kalbsbrät Durch den Fleischwolf gedrehtes oder im Blitzhacker zermahlenes Kalbfleisch, das zum Füllen von Würsten oder als Bestandteil von Farcen verwendet wird.

Kalbsbraten Ein schöner, saftiger Kalbsbraten wird meist aus der Keule oder dem Karree geschnitten und im Ofen vorsichtig, durch ständiges Übergießen vor dem Austrocknen bewahrt, gebraten.

Kalbsbries Auch Brieschen, Briesel, Bröschen, Milken, Milch, Midder, Schweser. Die vitaminreiche und leicht verdauliche Thymusdrüse des Kalbs, die beim Jungtier für die Wachstumssteuerung zuständig ist und sich deshalb beim ausgewachsenen Tier zurückgebildet hat, besitzt eine zarte Konsistenz. Vor der Weiterverarbeitung wird sie gewässert, blanchiert, enthäutet und gepreßt. Danach schneidet man sie meist in Scheiben und kombiniert sie mit gedünstetem Gemüse, mit Spinat und Sahnesauce, paniert mit Madeirasauce, gewürfelt mit einer Dillrahmsauce, mit Morcheln und Kartoffeln oder paniert und fritiert als Unterlage für Kaviar.

Kalbsbrust Die beliebte Art des gefüllten Kalbsbrustbraten setzt einige Vorarbeit voraus: Meist befreit der Metzger die Kalbsbrust schon von den Knochen und schneidet eine Tasche ein, die man dann mit einer deftigen Farce aus Brät, Gewürzen, Brot und Zwiebeln füllt. Die Tasche wird zugenäht und das Ganze entweder gekocht und mit Meerrettichsauce serviert oder im Ofen knusprig braun gebraten und mit dem gebundenen oder klaren Bratensatz angerichtet.

Kalbsbug ➛ Kalbsschulter

Kalbseuter Eine außerhalb Bayerns selten angebotene Spezialität, die zwar ihre Liebhaber hat, ansonsten aber meist verwurstet wird. Das Euter wird in Scheiben geschnitten und gebraten oder gebacken. Vor der Zubereitung muß es allerdings ausgiebig gewässert, gebrüht, enthäutet oder in einer hellen Brühe weichgekocht werden.

Kalbsfilet Die beiden länglichen Muskeln der Innenseite des Rückens gelten wie bei anderen Schlachttieren auch beim Kalb als die edelsten Fleischstücke. Das Filet wird meist in

Scheiben geschnitten, die dann als Medaillons, Nüßchen oder Lendchen gebraten, geschmort, gegrillt oder auch pochiert in den verschiedensten Varianten zubereitet werden.

Kalbsfond Aus Kalbsknochen, ➛ Parüren, Wurzelgemüsen, Kräutern und Gewürzen wird ein kräftiger Sud gekocht. Abpassiert, entfettet und einreduziert stellt er als Saucen- und Suppengrundlage einen wichtigen Ausgangsstoff der guten Küche dar.

Kalbsfrikandeau Einer der vier Teile, die aus einer Kalbskeule geschnitten werden, besitzt eine längliche Form und wird, ähnlich wie Filets, meist in Fleischscheiben, den sogenannten Grenadins, angeboten und gebraten oder geschmort zubereitet.

Kalbsfrikasse Das aufgrund einer häufig unfachmännischen Zubereittung leicht in Verruf geratene Kalbfleischgericht kann eine wunderbare Offenbarung sein. Fleischwürfel werden hell angedünstet, mit einem kräftigen Fond aufgegossen und weichgeschmort. Aus der Schmorflüssigkeit wird eine würzige, mit Eigelb und Sahne legierte helle Sauce zubereitet und mit dem Fleisch zusammen angerichtet. Meist werden noch helles Gemüse oder helle Pilze als Beilage mit in dieses Gericht eingebaut.

Kalbsfüße Bei uns meist nur als Bestandteil von Geleebrühen oder kräftigen Fonds bekannt, werden Kalbsfüße andernorts aber auch gespalten, entbeint, gefüllt oder paniert und gebraten als deftiges Hauptgericht oder in dünne Scheiben geschnitten sogar als Salat angeboten.

Kalbsgekröse Diese Innereien sind eine Delikatesse für ihre Liebhaber: Teile von Magen und Darm werden, in der Regel vom Metzger, gewässert, gekocht, und mit gespickter Zwiebel und Gewürzen in gesäuertem Wasser weichgekocht. Zur Weiterverarbeitung werden sie in Julienne geschnitten und dann vielfältig zubereitet, meist paniert und fritiert.

Kalbsgeschnetzeltes ➛ Geschnetzeltes

Kalbsglace Stark eingekochter, gelierender Kalbsfond, der als Grundlage vieler Saucen Verwendung findet.

Kalbsgrenadin Auch Kalbsschnittchen. Die den Medaillons beim Filet ähnlichen Fleischscheiben werden aus dem Frikandeau der Kalbskeule geschnitten und gebraten, geschmort oder gebacken.

Kalbsgulasch Kalbswürfel werden wie ➛ Gulasch zubereitet.

Kalbshachse Auch Kalbshaxe, Kalbshesse. Der Fleischteil mit dem großen Röhrenknochen, der sich zwischen Kalbfuß und -keule befindet, enthält wertvolles, mit Fett gut durchzogenes Fleisch und wird sowohl im ganzen gebraten oder gekocht, als auch in sogenannte Beinscheiben geschnitten, die als Suppen- oder Schmorfleisch (➛ Osso bucco) in vielen Ländern gern verwendet werden.

Kalbshals Diesen Teil sieht man relativ selten in den Fleischtheken. Meist wird der Hals schon vom Metzger entbeint und das Fleisch für Rollbraten, Gulasch oder Ragouts verwendet.

Kalbshaxe ➛ Kalbshachse

Kalbsherz Gedünstet, gekocht oder geschmort, häufig gespickt, aber auch gegrillt oder als Ragout eine geschätzte Spezialität. Das Herz als stark durchbluteter Muskel muß gut gewässert und von anhaftendem Blut befreit werden, bevor es gefüllt, in grobe Schmorstücke geteilt oder in dünne Längsscheiben zum Grillen geschnitten wird.

Kalbshesse ➛ Kalbshachse

Kalbshirn Auch Kalbsbrägen, Kalbsbregen. Das Gehirn der Schlachttiere, das wegen seiner guten Verträglichkeit sehr beliebt ist, wird gewässert, von Häutchen befreit und entweder in einem gewürzten Sud pochiert, um anschließend gebacken oder gebraten zu werden oder roh als Bestandteil von Eierspeisen oder feinen Farcen verarbeitet.

Kalbsjus Auch Kalbssaft. Der klare, dunkle Fleischsaft, der als wichtigste Basis für schnelle klare und gebundene Saucen verwendet wird. Er wird aus Knochen, ➛ Parüren, Wurzelgemüse, Kräutern und Gewürzen hergestellt, die im Gegensatz zum Kalbsfond kräftig angebraten werden, bevor sie mehrere Stunden ausgekocht werden, wobei die Flüssigkeit ständig abschäumt werden muß.

Kalbskarree Auch Kalbsrippenstück. Es handelt sich um den Teil des längs halbierten Kalbsrückens, von dem die Rippen ausgehen und aus dem man die Koteletts schneidet. Im ganzen zubereitet, wird das Stück meist geschmort oder gebraten.

Kalbskeule Das große Fleischstück der hinteren Läufe wird in abgeschlossene Muskelteile zerlegt, die sich zum Teil als Ganzes, zum Teil in Scheiben oder Schnitzel geschnitten verwenden lassen: Die Hinterhachse, die Oberschale, das Frikandeau, die Blume oder Huft und die Nuß oder Kugel.

Kalbskopf Franz. Tête de veau. Die vor allem in Frankreich beliebte Spezialität hat auch bei uns unter den Feinschmeckern große Verehrer; im allgemeinen wird dieser Teil aber meist verwurstet. Die sogenannte Maske, also das Haut-, Schwarten- und Muskelgewebe wird vom Kalbsschädel abgezogen und gewässert, dann mit Zitronensaft mariniert in Mehlwasser gekocht. So vorbereitet, kann sie paniert und gebacken, säuerlich als Salat angemacht oder nach dem berühmten klassischen Rezept „à la tortue“ (franz. auf Schildkrötenart) zubereitet werden: Mit zahlreichen feinen Zutaten wie Trüffeln, Oliven, Kalbszunge und vielen Kräutern wird er in Madeirasauce geschmort.

Kalbskotelett Auch Kalbsrippe. Das feine Kotelett aus dem Kalbskarree, das schonend kurzgebraten eine

Delikatesse ist, aber leider meist zu lange geschmort oder gebraten wird und dann relativ schnell austrocknet.

Kalbsleber Die milde Kalbsleber ist hellbraun gefärbt und wird als Delikatesse gehandelt. In Scheiben geschnitten wird sie oft in Butter rosa gebraten oder als Farcenbestandteil feiner Pasteten oder Würste verwendet.

Kalbslendchen ➛ Kalbsmedaillons

Kalbslüngerl Auch österr. Kalbsbeuschel. Die süddeutsche Spezialität mit der ihr eigenen Charakteristik scheidet die Gourmets in Liebhaber und Feinde: Gewässerte Kalbslunge wird mit ➛ gespickter Zwiebel gekocht, dann meist in Julienne geschnitten und mit einer gebundenen hellen Sauce, oft etwas gesäuert, angerichtet.

Kalbsbmedaillons Auch Kalbslendchen, Kalbsnüßchen. Diese aus dem Kalbsfilet geschnittenen, mindestens daumendicken Scheiben gehören zu den edelsten Fleischteilen, die es gibt. Die einzelnen Scheiben werden in der Profiküche oft mit Küchengarn gebunden, damit sie beim Braten ihre runde Form behalten. Kalbsmedaillons werden wegen ihrer geringen Größe gern mit Artischockenböden, Ananas oder ausgestochenen Toastscheiben angerichtet und mit edlen Saucen wie Béarnaise, Sherry- oder auch Madeirasauce kombiniert. Bei Kalten Buffets findet man sie oft auf großen Schauplatten angerichtet.

Kalbsmilch Auch Kalbsmilken. ➛ Kalbsbries

Kalbsnieren Frische Nierchen vom Kalb werden wie alle Innereien dieses jungen Schlachttieres von den Gourmets sehr geschätzt. Sie werden gewässert, von Fett und Haut befreit und, meist in Scheiben geschnitten, kurz und kräftig geröstet. Auf keinen Fall darf man Kalbsnierchen lange braten, denn dann werden sie hart und verlieren ihre zarte Konsistenz. Man findet Gerichte, in denen Kalbsnieren in Teig ausgebacken, mit Gemüse kombiniert oder in saurer Sahne gedünstet werden; berühmt ist die Zubereitung in einer Dijonsenfsauce.

Kalbsnierenbraten Der ausgelöste Kalbsrücken wird gewürzt, mit Nierchen gefüllt, gerollt und gebunden. Der Braten wird dann meist geschmort und mit Pilzen oder gebutterten Gemüsen in verschiedenen, kräftigen Saucen angerichtet.

Kalbsnüßchen ➛ Kalbsmedaillons

Kalbsnuß Einer der vier Muskelteile der ➛ Kalbskeule, der, in seinen großen und kleinen Teil getrennt, im ganzen geschmort oder in Scheiben zu Schnitzel geschnitten gebraten wird.

Kalbsragout Normalerweise wird Ragout aus Brust und Hals zubereitet. Man kann aber auch aus der Schulter grobe Würfel schneiden, die mit Wurzelgemüse angebraten, kräftig gewürzt und mit Wein oder Fond aufgegossen gargeschmort werden. Je nach Zubereitungsart werden Pilze, verschiedene Gewürze oder auch Sahne hinzugefügt. Als Beilagen eignen sich Reis, Gries oder Teigwaren, die viel Sauce aufnehmen können.

Kalbsrippe ➛ Kalbskotelett

Kalbsrippenstück ➛ Kalbskarree

Kalbsröllchen ➛ Kalbsrouladen

Kalbsrouladen Auch Kalbsröllchen, Kalbsvögel. Plattierte, dünne Fleischscheiben aus der Nuß oder der Hachse werden gewürzt, mit Farce, Speckscheiben, Kräutern oder Gemüse gefüllt, gerollt und mit Küchengarn gebunden. Dann werden sie angebraten, gargeschmort und in verschiedenen, würzigen Saucen angerichtet.

Kalbsrücken Auch Kalbssattel. In klassischen Rezepturen wird der Kalbssattel noch im ganzen verwendet. Auch bei großen Kalten Buffets trifft man den garnierten Kalbssattel noch an. Im Normalfall wird er jedoch in Kalbskarree und -koteletts geteilt oder es werden die Rückenfilets herausgeschnitten und die Knochen für die Saucenherstellung verwendet. Ein typisches Bespiel der traditionellen Zubereitung ist der berühmte Kalbsrücken Orlow, der geschmort wird, bevor die Rückenfilets herausgetrennt, in Scheiben geschnitten und wieder eingelegt werden. Zum Schluß werden Trüffelscheiben zwischen die Scheiben gesteckt und das Ganze mit einer Mischung aus Sauce Mornay und Zwiebelpüree bedeckt und gratiniert.

Kalbssaft ➛ Kalbsjus

Kalbssattel ➛ Kalbsrücken

Kalbsschäuferl ➛ Kalbsschulter

Kalbsschnittchen ➛ Kalbsgrenadin

Kalbsschulter Auch Kalbsblatt, -bug, -schäuferl. Dieser Fleischteil des jungen Rindes wird entweder in Scheiben geschnitten und geschmort oder vom Knochen befreit, gefüllt, gerollt und als Schmortbraten zubereitet.

Kalbsschwanz Dieser Teil des Kalbes wird wie Ochsenschwanz als Ragout oder Suppenfleisch verwendet und ist im Geschmack etwas milder als dieser.

Kalbsstelze ➛ Kalbshachse

Kalbsvelouté ➛ Velouté

Kalbsvögel ➛ Kalbsrouladen

Kalbszunge Diese Innerei wird wie die Schweine- oder Rindszunge lange gekocht, von ihrer Haut befreit und in Stücke geschnitten. Dann wird sie entweder im würzigen Wurzelsud oder klassisch in gebundenen Madeira- oder Sherrysaucen angerichtet. Es existieren auch Rezepte, in denen die gekochte Kalbszunge, in Scheiben geschnitten, gegrillt oder paniert und ausgebacken wird.

Kaldaunen ➛ Kutteln

Kale Brose Ein deftiges schottisches Eintopfgericht, das zu der kargen, harten Landschaft der Highlands paßt: Rinderfüße werden gekocht, ausgelöst und passiert, in einer kräftigen Rindsbouillon mit geschnittenem Kohl und geröstetem Hafermehl verkocht, bis alles eine sämige Konsistenz hat. Man serviert dieses Gericht kochend heiß mit Croûtons.

Kalia Die aus Polen stammende Version einer leicht säuerlichen Hühnerkraftbrühe, die mit dem Einlegesaft von sauren Gurken gewürzt wird und als Einlage gekochtes Hühnerfleisch und Gemüse wie Sellerie, Karotten und Petersilienwurzel erhält.

Kalifornische Weine Diese Weine, die mittlerweile an Vielfalt und Qualitätsstufen in nichts ihren europäischen Konkurrenten nachstehen, werden nach dem Vorbild der Bordeauxklassifizierung in verschiedene Crus eingeteilt, um die Orientierung zu erleichtern.

Kalifornischer Salat Ein Gemüsesalat aus Blumenkohl und feinen grünen Bohnen wird mit Orangenfilets und Ananasstücken in Mayonnaisedressing angemacht und gekühlt serviert.

Kalifornische Sauce Eine kalte Salatsauce, die hauptsächlich aus Tomatenketchup und Crème double besteht und sehr pikant mit Tabasco, Worcestershiresauce, Paprikapulver und Zitronensaft abgeschmeckt wird.

Kalmar Auch Calmar. Der schlanke, zehnarmige Kopffüßler lebt in den gemäßigten Meereszonen und stellt einen wichtigen Bestandteil der gesamten Mittelmeerküche dar. Frisch oder tiefgefroren kommen Kalmare bereits ausgenommen in den Handel; geputzt als weiße, gehäutete Röhren, die man füllen oder in Ringe schneiden und in Bierteig fritieren kann (Calamari fritti) oder noch mit der rosafarbenen Haut überzogen und dem Kopfstück mit den Fangarmen, das gekocht als Salatbestandteil, in Meeresfrüchtegerichten oder in Fischsuppen Verwendung findet. Kleinere Kalmare können pochiert, gegrillt und gebraten werden. Wichtig ist, daß man beim Vorbereiten das plastikähnliche Fischbein aus dem Kalmarkörper entfernt, bevor man ihn in Ringe schneidet oder füllt.

Kalmück ➛ Pollack

Kalmus Auch Magenwurz, Ackerwurz. Die würzige Wurzel eines ursprünglich indischen Aronstabgewächses, die getrocknet und zu Pulver gemahlen ein Bestandteil von Gewürzmischungen ist, die man aber auch wie Muskatnuß verwenden kann. Man erhält sie auch in Zuckersirup gekocht und in Honig eingelegt.

Kalorien Auch Calorien. Diese mit cal bzw. kcal abgekürzte Maßeinheit, mit der der Energiebedarf des Menschen gemessen wird, ist gleichzeitig die Meßlatte für die Größenordnung seiner Ernährungsmenge. Je nach Tätigkeit setzt man für den täglichen Energiebedarf eines Menschen zwischen 2000 und 4000 kcal an. Im Gegensatz zu Deutschland wird international die Maßeinheit ➛ Joule bevorzugt.

Kalte Ente Eine traditionelle, einfache Bowle, die aus Weißwein und spiralförmig abgeschälter Zitronenschale gemischt wird. Das Ganze läßt man ein paar Stunden gekühlt ziehen und gießt es dann mit Sekt oder Mineralwasser auf.

Kalte Knoblauchsauce ➛ Aïoli

Kalte Knoblauchsuppe ➛ Ajo blanco

Kalte Kräutersauce ➛ Ravigote-Sauce

Kalte Küche Das Reich des ➛ Gardemangers, jenes Kochs, dessen Hauptaufgabe die Herstellung der kalten Gerichte, die gebrauchsfertige Vorbereitung von Fisch und Fleisch für die „warme" Küche und, vor allem in großen Restaurants und Hotels, die Anfertigung von Kalten Platten oder ganzen Kalten Prachtbuffets ist. Typische Produkte der Kalten Küche sind z.B. Canapés, Aspiks, kalte Saucen oder Pasteten.

Kalter Hund Eine bei Kindern sehr beliebte Süßspeise, die sich zudem noch schnell herstellen läßt. Butterkekse und eine Art Schokofettglasur werden in eine Kastenform schichtweise eingelegt. Das Ganze dann im Kühlschrank erstarren lassen und in Scheiben schneiden.

Kaltes Buffet Auch Bufet, Büfet, Büfett, Büffet. Große Kalte Buffets waren und sind die Höhepunkte feiner Küchenkreationen. Zu Silvester und Weihnachten, bei Staatsempfängen oder an hohen Feiertagen, eben zu besonderen Anlässen werden diese Ansammlungen edel zusammengestellter Schauplatten mit dem Feinsten, was die Küche zu bieten hat, auf festlich dekorierten Tafeln erst bestaunt und dann gestürmt. Aufgrund der guten Vorbereitungsmöglichkeiten wird diese Art der Edelselbstbedienung auch in der häuslichen Küche immer beliebter. Im einzelnen können die kalten Platten aus vielerlei Salaten, eingelegtem Gemüse, überglänztem Fleisch, gefüllten Geflügelteilen, pochiertem Fisch und natürlich auch Desserts, von der Mousse au chocolat bis zu einer großen Eisbombe, bestehen. Die Anzahl und Art der Platten richtet sich nach der Personenzahl, dem Anlaß und natürlich dem persönlichen Geschmack des Gastgebers.

Kaltgepreßtes Öl ➛ Jungfernöl

Kaltmarinade Bestimmte Lebensmittel, die hitzeempfindlich sind, wie z.B. Fisch oder manches Gemüse, werden in einer abgekühlten, gewürzten Beize eingelegt, die einen besonderen Geschmack abgibt und gleichzeitig – wenn auch nur begrenzt – konserviert. Typisches Beispiel: Rollmops.

Kalträuchern ➛ Räuchern

Kaltschale Diese relativ alte Zubereitungsart von Obst ist etwas in Vergessenheit geraten: Flüssiges Obstkompott wird mit Stärke gebunden, nach Geschmack mit Spirituosen oder Wein parfümiert und mit Sahne oder Eischnee verziert angerichtet.

Kaltteig ➛ Mürbeteig

Kamaboko Eine japanische Fischwurst, die, wenn überhaupt, nur als Konserve bei uns angeboten wird.

Kamelfleisch Bei uns praktisch unbekannt, wird in Nordafrika neben Hammelfleisch das Kamelfleisch oft zu Couscousgerichten verarbeitet.

Kameruner Fritiertes, süßes, knuspriges Gebäck in verschiedenen Formen, das meist aus Hefeteig hergestellt wird.

Kamerunnüsse ➛ Erdnuß

Kamille Die wildwachsende gänseblümchenähnliche Pflanze, aus deren getrockneten Blüten man Kamillentee zubereitet.

Kamin Ein kleines, aber wichtiges Utensil in der Pastetenbäckerei: Ein Pergamentpapierröllchen wird in eine ausgestochene Öffnung im Deckel einer Teigpastete gesteckt, damit der Dampf, der sich beim Backen aus der inneren Füllung entwickelt, entweichen kann, ohne als Wassertropfen die Oberfläche der Pastete unansehnlich zu machen.

Kamm Auch Halsgrat, Nackenstück. Zwischen Hals und Rücken befindet sich dieses gut durchwachsene Fleischstück, das sich ideal als Braten zum Schmoren und in Scheiben geschnitten zum Grillen eignet.

Kammuschel Hunderte verschiedener Arten dieser großen Tiefseemuscheln kommen in den unterschiedlichen Weltmeeren vor. Die berühmteste Vertreterin ist die ➛ Jakobsmuschel, mit ihrem kräftigen, hellen Muskelfleisch und dem leuchtend orangeroten Corail.

Kamtschatkakrabbe ➛ Königskrabbe

Kamtschatkasalat Königskrabbenfleisch wird in mundgerechte Stücke geteilt und zusammen mit Mandarinenspalten in einer mit Meerrettich, Tomatenketchup, Paprika, Pfeffer und Salz gewürzten Mayonnaisesauce angemacht.

Kanapee ➛ Canapé

Kandieren Früchte, Fruchtschalen, Blüten oder Wurzeln werden in übersättigtem Zuckersirup eingelegt, bis sie die Zuckerlösung ganz in sich aufgenommen haben, wodurch sie sehr haltbar werden. Sie werden hauptsächlich bei der Pralinenherstellung oder zur Dekoration von Süßspeisen verwendet.

Kandiszucker Auch Zuckerkand. In Zuckerlösungen werden große Zukkerkristalle gezüchtet, die als weiße Kluntjes, als gelblicher Krustenkandis oder als brauner Würfelkandis vor allem zum Süßen von Tee oder Grog Verwendung finden.

Kanditen Österr. für kandierte Früchte.

Kaneel ➛ Zimt

Känguruhschwanzsuppe Wohl nur in Australien frisch herzustellende Suppenspezialität aus dem Schwanzfleisch der Känguruhs. Bei uns nicht oder nur ganz selten erhältliche Dosenkonserve, die ihren fragwürdigen Reiz vor allem ihrer Exotik verdankt.

Kaninchen Dieses weitverbreitete hasenähnliche Nagetier kommt bei uns als Wildkaninchen mit relativ dunklem, würzigem Fleisch und als zahmes Hauskaninchen mit weißem, zarten, hühnerfleischähnlichen Fleisch vor. Junge Tiere, die man daran erkennt, daß man die sogenannten Löffel leicht einreißen kann, werden gebraten, gebacken oder als Ragout verarbeitet. Aus älteren Tieren kocht man Suppen oder verwendet sie für

Pasteten, Füllfarcen oder lang geschmorten Ragouts.

Kaninchenpfeffer Auch franz. Gibelotte. Diese Ragoutart wird genauso zubereitet wie ➛ Hasenpfeffer.

Kannelieren ➛ Riefen

Kantaloupe ➛ Melone

Kantwurst Österreichische Hartwurstsorte, die aus Schweine- und Rindfleisch sowie Speck hergestellt wird und durch Lufttrocknung haltbar gemacht wird.

Kanzler-Art Diese klassische französische Garnitur (à la chancelier) existiert in zwei Varianten: Zu Fleischgerichten werden kleine, gedünstete Perlzwiebelchen mit Pariser Kartöffelchen und einer ➛ Demiglace gereicht, zu gedünstetem Fisch eine Sauce ➛ Hollandaise, die mit Kaviar verfeinert wurde.

Kapama Dieses bulgarische Ragout besteht aus grobgewürfeltem Lammfleisch, das gewürzt, in Mehl gewälzt und in Fett stark angeröstet wird. Zusammen mit Lauchzwiebeln und Knoblauch wird es im Lammfond weichgeschmort. Kurz vor dem Anrichten werden Spinatblätter und saurer Rahm hinzugegeben.

Kapaun Auch Kapphahn, franz. Chapon. Junger, kastrierter Masthahn, der heutzutage mit einem Gewicht von etwa 2 kg geschlachtet wird. In früheren Zeiten wurde er noch wesentlich schwerer gemästet. Sein Fleisch schmeckt ähnlich dem der Poularden und wird für viele klassische Gerichte, vor allem in Frankreich, verwendet.

Kapern Die grünlich-grauen, sehr aromatischen Blütenknospen des mediterranen Kapernstrauches werden in Essig-, Salz- oder Ölmarinaden angeboten und finden in unserer Küche vielfältige Verwendung als aromatische, würzende Zutat. Das typische deutsche Gericht mit Kapern sind die ➛ Königsberger Klopse. In Frankreich sind sie auch sehr beliebt zu gedünstetem oder gebratenem Fisch, wie z.B. bei Rochenflügeln mit Kapernbutter. Sie werden in fünf Größen unterschieden: Von den kleinsten Nonpareilles über Surfines, Fines, Mifines bis zu den größten, den Communes.

Kaperkraut ➛ Dill

Kapernsauce Eine Ableitung der ➛ Bastardsauce, die mit Kapern und ein wenig ihrer Einlegeflüssigkeit verfeinert wird.

Kapoköl Aus den Samen des Wollbaumes gewonnenes Speiseöl.

Kappes Die rheinische Bezeichnung für ➛ (Weiß)kohl. Rotkohl heißt dort entsprechend „Rude Kappes".

Kapphahn ➛ Kapaun

Kapstachelbeere ➛ Physalis

Kapusniak Auch Kapustnik. Russischer Sauerkrauteintopf mit Speck, Schweinefleisch und Würstchen.

Kapuziner Österreichisches Kaffeegetränk. Heißen, starken Kaffee mit Schlagsahne bedecken und etwas Kakao oder Zimt darüberstäuben bzw. flüssige Sahne einrühren, bis eine hellbraune Farbe erreicht wird.

Kapuzinerkresse Die feinherbe Kresseart, deren junge Blätter als

Salat verwendet werden. Das Besondere sind allerdings die farbenfrohen, eßbaren Blüten, die mittlerweile auf vielen Gourmet-Salaten zufinden sind.

Kapuzinerpilz ➛ Birkenpilz

Karambole Auch Carambola, Sternfrucht, Baumstachelbeere. Die zitronengelbe, sternförmige Beere einer tropischen Strauchpflanze besitzt einen säuerlichen Geschmack. Sie wird, in Scheiben geschnitten, zur Dekoration von Desserts oder Getränken benutzt. Die Chinesen verwenden die unreifen, kleinen Früchte eingelegt als eine Art Mixed Pickles zu pikanten Gerichten.

Karamel Die gelblich-braune Masse, die durch Erhitzen von geschmolzenem Zucker entsteht. Karamel wird zum Ausgießen von Formen für Puddings und Cremes, für andere Süßspeisen und, mit Wasser verdünnt, zum Färben von Saucen als sogenannter Zuckercouleur verwendet. Mit Milch oder Sahne vermischt werden aus der halbweichen, erstarrenden Masse Karamelbonbons geschnitten.

Karamelcreme ➛ Crème caramel

Karausche Auch Schneider- oder Bauernkarpfen, Giebel, Gareisl. Mittel-, vor allem aber osteuropäischer karpfenartiger Süßwasserfisch, der ähnliche Ausmaße wie ein Karpfen annehmen kann und auch wie dieser zubereitet wird.

Karbei ➛ Kümmel

Karbonade Entweder die Bezeichnung für Kotelett oder die entbeinte Version ohne Knochen. Die Karbonade wird vor- und zubereitet wie ein Kotelett: gebacken, geschmort, paniert und gebraten.

Karbonadenfisch ➛ Seewolf

Kardamom Auch Cardamom. Dieses Gewürzpulver wird aus den Samen eines asiatischen Ingwergewächses gewonnen. Da die winzigen Samen sehr teuer sind, wird meist die Schale mitgemahlen, was ein helleres Pulver ergibt und auf der Verpackung angegeben werden muß. Kardamom wird vorwiegend zum Würzen von Brot, Gebäck, Wurst und Marinaden verwendet und ist wichtiger Bestandteil der Gewürzmischung Curry.

Karde Auch Cardy, Kardi, Kardonen, Spanische Artischocke, Distelkohl. Bei diesem in Südeuropa angebauten, artischockenähnlichen Gewächs werden die dickfleischigen Blattstiele verwertet. Die harten Fasern werden vor dem Kochen abgezogen und dann, ähnlich wie Stangensellerie, weiterbehandelt: So können sie z.B. mit Zitronensaft abgerieben, in Mehlwasser gekocht und dann, je nach Rezept, gedünstet, püriert, in verschiedenen Saucen geschmort oder gebacken werden.

Kardinalsauce Auch Cardinalsauce. Eine der bekanntesten klassischen Saucen, die aus einer Ableitung der Sauce ➛ Béchamel besteht, die mit Fischfond, Trüffelsud, Sahne und Hummerbutter verfeinert wird.

Kardinalspunsch Ein heller Glühwein, der aus Weißwein, weißem

Rum, Zitronensaft, Zucker und vielen Gewürzen zubereitet wird.

Karfiol Auch Karviol. Österreichische Bezeichnung für ➛ Blumenkohl

Kari Ind. ➛ Curry

Karkasse Das von den Fleischteilen befreite Gerippe von Geflügel, das zusammen mit Wurzelgemüse angebraten und ausgekocht die Grundlage für viele Fonds und Saucen bildet.

Karlsbader Oblaten Als Kaffeegebäck sehr beliebte, runde, hauchdünne Waffeln mit einer Füllung, die vorwiegend aus Vanille, Mandeln und Zucker besteht.

Karmelitersalat Ein würziger Kartoffelsalat, der mit würfelig geschnittenen, gekochten Eiern, Roten Beten, kleingehackten Sardellen und Zwiebeln vermischt wird und den man mit einer einfachen Vinaigrette anmacht.

Karmelitersauce Auch franz. Sauce Carmélite. Eine gehaltvolle Ableitung der ➛ Burgundersauce, die mit Schinkenjulienne und kleinen, glasierten Perlzwiebelchen verfeinert wird.

Karobe ➛ Johannisbrot

Karolinareis Eine Qualitätsreissorte, die aus den USA exportiert wird und sich leicht körnig kochen läßt.

Karotten Diese besondere Möhrensorte besitzt einen intensiven, süßlichen Geschmack und ist als kurze, rundliche Wurzel mit hellroter Farbe ideal als Beilagegemüse geeignet. Die Zubereitungsarten sind vielfältig. Karotten kann man in Butter mit Salz und Zucker dünsten, einfach in Salzwasser blanchiert mit Butter anrichten, in Fond gekocht mit Zucker glasieren, mit grünen Erbsen kombinieren, zu einer vitaminreichen Suppe verkochen, in Sahnesauce servieren oder frisch geraspelt als Rohkostsalat verwenden.

Karpfen Der beliebte Süßwasserfisch aus Teichen oder ruhig dahin fließenden Gewässern, dessen ideales Schlachtgewicht zwischen 2 und 3 kg liegt, existiert in drei Sorten. Der Lederkarpfen besitzt überhaupt keine Schuppen, der Spiegelkarpfen hat auf jeder Seite eine Reihe großer, blinkender Schuppen und der Schuppenkarpfen ist ganz mit Schuppen bedeckt. Regional ist auch die Karpfenmilch, das Sperma der männlichen Tiere, eine begehrte Spezialität, die pochiert, ausgebacken oder gebraten wird. Traditionell als Weihnachts- oder Neujahrsgericht wird der Karpfen in vielen Varianten zubereitet: Er wird blau gekocht, in Bier gesotten, halbiert, durch Bierteig gezogen und ausgebacken, geräuchert, in einer würzigen, mit Karpfenblut gebunden Sauce geschmort oder in Öl mit vielen Kräutern gebraten.

Karree Auch Carré. Der Teil des Schlachttierrückens zwischen Nacken und Nierenstück, von dem die Rippen ausgehen und aus dem die Koteletts geschnitten werden können.

Karthäusergericht Franz. Chartreuse. Diese nach dem Klosterorden der Karthäuser benannten feinen Aufläufe werden in kleinen Förmchen im Wasserbad gegart. Sie bestehen meist aus einem Rand aus Gemüse, in den feine Fleischfarcen eingefüllt werden. Nach dem Stürzen werden sie mit Saucen warm angerichtet bzw. abgekühlt als kalte Gerichte serviert.

Karthäuserklöße Eine traditionelle Nachspeise, die aus altbackenen, abgeriebenen Milchbrötchen hergestellt wird, die kurz eingeweicht, dann paniert und gebacken, mit Zimtzucker überstreut werden und oft zusammen mit Vanillesauce serviert werden.

Kartoffel Auch Erdapfel, pfälz. Grumbeer. Die unterirdische Knolle eines Nachtschattengewächses, das erst vor etwa 400 Jahren aus Südamerika zu uns gekommen ist und sich in den letzten beiden Jahrhunderten schnell zu einem der wichtigsten Grundnahrungsmittel entwickelte. Es gibt zahlreiche Sorten von Kartoffeln, die sich in Form, Farbe, Festigkeit, Größe sowie Reifezeit unterscheiden, wobei die Speisekartoffeln einen niedrigeren Stärkegehalt als die Wirtschafts- oder Industriekartoffeln haben. Frühreife Kartoffeln eignen sich für den Sofortverbrauch, spätreifende zum Einlagern. Als Salat- oder Bratkartoffel werden festkochende Kartoffeln, wie die Sorte Sieglinde, bevorzugt. Salzkartoffeln lassen sich am besten aus vorwiegend festkochenden Kartoffeln, wie z.B. der Sorte Clivia, zubereiten. Aus den mehligfestkochenden Kartoffeln, wie z.B. der Sorte Bintje, stellt man am besten Kartoffelteige für Pürees, Knödel oder Puffer und sämige Suppen her.

Kartoffelausstecher ➛ Parisienne-Ausstecher

Kartoffelbrei ➛ Kartoffelpüree

Kartoffelchips Das bei uns im Handel als Fertigprodukt erhältliche Kartoffelprodukt wird aus hauchdünnen Kartoffelscheiben hergestellt, die in Fritierfett schwimmend ausgebacken, gesalzen und mit verschiedenen Gewürzen bestreut werden.

Kartoffelklöße Auch Kartoffelknödel. Diese traditionelle, regional unterschiedlich hergestellte Kartoffelbeilage wird aus geriebenen rohen oder gekochten Kartoffeln oder aus einem aus rohen und gekochten Kartoffeln gemischten Teig zubereitet. Mit Kartoffelstärke, Mehl oder Ei zusätzlich stabilisiert, gewürzt und zu runden Kugeln geformt werden die Klöße in Salzwasser gargekocht. Sie können auch mit kleinen, gerösteten Weißbrotwürfeln, Speck, Kräutern oder, als süße Variante, mit Dörrobst gefüllt werden. Als Fertigprodukte werden im Handel Instantpulver angeboten, die man nur kurz anrühren und quellen lassen muß, bevor man daraus Kugeln formt und abkocht.

Kartoffelkroketten Aus Kartoffelteig werden zylindrische Rollen oder Kugeln geformt, paniert oder auch in Mandelhobeln gewälzt und fritiert.

Kartoffelmehl ➛ Speisestärke

Kartoffeln Berny ➛ Bernykartoffeln

Kartoffelnester In Julienne geschnittene Kartoffeln werden in die untere Schale eines Doppelsiebes gegeben, mit der oberen Schale bedeckt und im Fritierfett ausgebacken. In den fertigen Nestern können dann Gemüse, aber auch Kartoffelkugeln angerichtet werden.

Kartoffelnocken ➛ Gnocchi

Kartoffelnockerl Fester Kartoffelteig wird mit Reibkäse vermischt und gewürzt. Davon werden Nocken abgestochen, in kochendem Salzwasser gegart und abgetropft mit Käse bestreut auf einem Backblech im Ofen gratiniert. Man kann sie als Hauptgericht oder Beilage servieren.

Kartoffelpüree Auch Kartoffelbrei, Kartoffelmus. Salzkartoffeln werden gekocht, abgeschüttet und ausgedampft. Dann werden sie püriert oder gestampft, mit Milch oder Sahne und etwas Butter verrührt und mit Salz und frisch geriebenener Muskatnuß gewürzt. Das als Fertigprodukt angebotene Instantpulver kann sich in Qualität und Geschmack mit dem in dieser Weise frisch hergestellten Kartoffelpüree in keiner Weise messen.

Kartoffelpuffer Auch Reibekuchen, Reiberdatschi. Die überall in Deutschland sehr beliebte Kartoffelspezialität, die aus kleinen, pfannkuchenähnlichen Gebilden besteht, die aus rohem, gewürztem Kartoffelteig geformt und in der Pfanne gebraten werden. Sie werden je nach Region oder Küchenniveau mit Räucherlachs und Kaviar, Kalbries oder getrüffelter Gänseleber kombiniert, aber auch auch zusammen mit Gemüsesuppe, Hasenbraten, Sauerkraut oder sogar Spargel serviert. Man kann sie auch mit Zucker bestreut, zu Heidelbeerkompott, Rübenkraut oder Apfelmus anrichten.

Kartoffelsalat Hier streiten sich die Kartoffelsalatfans, ob die würzige Variante mit Brühe, Speck, Zwiebeln und Senf die richtige Version dieser in Scheiben geschnittenen Pellkartoffeln ist oder etwa die „saure" Version mit Essig, Öl und Gewürzen oder gar eine der vielen anderen Arten auf der Basis von Mayonnaise oder Joghurt, mit Nüssen oder Apfelscheiben. Wegen der besseren Bekömmlichkeit und des ansonsten fehlenden Aromas ist es auf jeden Fall wichtig, den Kartoffelsalat nie eiskalt zu servieren.

Kartoffelsoufflé ➛ Kartoffelauflauf

Kartoffelsuppe Diese in unseren Breiten überall gleichermaßen beliebte Gemüsesuppe besteht hauptsächlich aus Salzkartoffeln, die in Fleischbrühe sämig weichgekocht und, oft mit gewürfelten Mohrrüben und etwas Lauch kombiniert, kräftig abgeschmeckt werden. Vollenden läßt sich die Kartoffelsuppe mit Sahne, Butter, Kräutern, Würstchen, Speck oder auch geräucherten Lachsstreifchen.

Kartoffelteig Eine mit Ei, Mehl oder Speisestärke und Gewürzen gemischte Kartoffelmasse, die zu Kroketten, Klößen oder Füllungen weiterverarbeitet wird.

Karube ➛ Johannisbrot

Karutsche ➛ Karausche

Kaschar Eine türkische Schnittkäsespezialität aus Schafs- oder Kuhmilch oder einer Mischung daraus, die meist als Hartkäse angeboten wird.

Kaschunuß ➛ Cashewnuß

Kasnockerl Österr. für ➛ Käsespätzle

Kasseler Diese würzige Fleischspezialität aus Schweinefleisch, benannt nach einem Berliner Metzger namens Cassel und nicht etwa nach der hessischen Stadt, wird je nach Verwendungszweck aus Rippenstück, Schulter, Kamm oder auch Bauch geschnitten, dann gepökelt und geräuchert. Früher wurde das Rippenstück am Spieß gegrillt, was zu der Bezeichnung „Rippenspeer" führte. Diese Zubereitungsart findet man heute eher selten. Meist wird Kasseler gekocht, gebraten oder geschmort und mit deftigen Beilagen wie Kartoffelpüree und Sauerkraut angerichtet.

Kasserolle Dieser französische Begriff bezeichnet die halbhohe Pfanne mit Deckel, die besonders zum Schmoren oder Braten geeignet ist.

Kassia ➛ Zimt

Kaßler ➛ Kasseler

Kastanien, chinesische ➛ Wasserkastanien

Kastanien ➛ Eßkastanien

Kastellanensuppe Eine feine Wintersuppe, die als eine gebundene Schnepfensuppe auf Wildfondbasis gekocht und mit Schnepfenpüree, Julienne von Schnepfenbrustfleisch, gehacktem Eigelb und Eierstich mit Linsen als Einlage verfeinert wird.

Kastenbrot Vor allem Weißbrote, aber auch dunklere Brotsorten werden in Kastenformen gebacken, wo sich nur an der Oberseite harte Krusten entwickeln können.

Kastenpickert Ein kräftiger, westfälischer Hefeteigkuchen, der aus rohem Kartoffelteig, Eiern, Rosinen und Gewürzen besteht und in einer Kastenform gebacken wird. Vor dem Anrichten wird der fertig gebackene Kuchen in Scheiben geschnitten, in Butter gebraten und mit verschiedenen Brotaufstrichen kombiniert.

Kastorzucker Ein besonders reiner Kristallzucker mit feiner Körnung.

Katalanische Suppe Die kräftige Rinderbrühe erhält eine Einlage aus gewürfeltem Tomatenfleisch, Reis und Julienne von grünen Paprikaschoten.

Katenrauchwurst Eine grobkörnig gefüllte Rohwurst aus Schweinefleisch, die langsam und lange geräuchert wird, wodurch sie sehr haltbar wird und einen herzhaften Geschmack erhält. Katenschinken wird nach dem gleichen Prinzip geräuchert. Die Schinkenstücke werden allerdings vor dem Räuchergang noch einer aufwendigen Trockenpökelung unterzogen.

Katerfrühstück Nach einer durchzechten, alkoholreichen Nacht sollen sauer marinierter Fisch und ebensolche Gemüse die Lebensgeister wieder wecken und den Kater vertreiben.

Katfisch ➛ Seewolf

Katsuobushi Getrockneter japanischer Thunfisch, der als Würzmittel verwendet wird.

Katharinchen Auch Thorner Katharinchen. Ein altdeutsches Weihnachtsgebäck, das ähnlich wie Lebkuchen mit viel Honig zubereitet wird.

Katharinensuppe Diese kräftige Fischrahmsuppe erhält eine feine Einlage aus frischen grünen Erbsen und gekochten, geschälten Garnelen.

Katjang Ind. für geröstete Erdnüsse.

Katzengeschrei Die bayerische Hausmannskost verbirgt in einem Omelett kleingeschnittenes Fleisch oder Bratenreste vom Vortag.

Katzenzungen Ein Formgebäck aus einem leichten, sahnehaltigen Teig oder Schokoladenstäbchen in Zungenform.

Kaukasischer Salat Ein geschmortes Gemüseragout aus Tomaten, Zucchini, Auberginen, Paprika, Knoblauch, Gewürzen und Öl, das im Ofen noch mit Käse überbacken wird, läßt man abkühlen, um es dann kalt als gehaltvollen Gemüsesalat zu verzehren.

Kaulbarsch Auch Pfaffenlaus. Meist als wohlschmeckender Suppenfisch verwendet, ist dieser bei uns nicht so häufig zubereitete Süßwasserfisch vor allem in Osteuropa eine begehrte Spezialität.

Kavalierssuppe Eine klassische, mit Trüffel- und Pökelzungenjulienne aufgewertete Hühnercremesuppe.

Kaviar Auch Caviar. Diese Köstlichkeit aus dem Meer hatte schon immer ihren hohen Preis, den die Liebhaber dieses mit Salz konservierten Fischrogens aber gern bezahlen. Die verschiedenen Störarten liefern die kleinen Perlchen; das „übrig bleibende“, hervorragende Störfleisch wird geräuchert. Der Rogen wird entfettet, gesiebt, gewaschen und mild gesalzen (russ. malossol), um ihn zu konservieren. Die verschiedenen russischen Kaviarsorten, die neben den iranischen zu den besten gehören, verweisen durch ihre Namen auf die Fische, von denen sie stammen. Der bekannteste, großkörnige, blasse ist der Beluga, der mittelgroße, feste trägt die Bezeichnung Osietra und der Sevruga liefert die kleinsten, würzigen Kaviarkörner. Orangeroter Lachskaviar stammt aus unterschiedlichen Gebieten und besitzt meist große, saftige Körner, die beim Daraufbeißen aufplatzen. In Deutschland beliebt ist auch der Forellenkaviar, der meist ebenso gefärbt angeboten wird wie der Seehasenkaviar, der zur Dekoration auf Buffets oder bei „Russischen Eiern“ Verwendung findet. In der klassischen Version serviert man Kaviar im Originalglas auf Eis; dazu gibt es frisch gerösteten Toast, Crème fraîche, gehacktes Eiweiß, Eigelb, Schalotten und Zitronenachtel. Als Begleitung empfiehlt sich Champagner, Krimsekt, trockener Weißwein oder – wenn man trinkfest genug ist – Wodka.

Kaviarbutter Butter und Kaviar werden zu einer würzigen Buttermischung verarbeitet, durch ein Sieb gestrichen und gut gekühlt wie Kräuterbutter verwendet.

Kaviarsauce Eine delikate Ableitung der Sauce ➤ Hollandaise, in die kurz vor dem Servieren echter Kaviar in die nicht mehr ganz heiße Sauce eingerührt wird.

Kayennepfeffer ➤ Cayennepfeffer

Kebab Auch Kebap. Die türkische Grillspezialität besteht meist aus Hammelfleischstücken, die an einem Spieß gegrillt werden. Bei uns am bekanntesten ist der senkrechte Drehspieß, der ➤ Döner kebab.

Kefalotyri Ein in Griechenland verbreiteter Hartkäse, der als Reibkäse vielfältige Anwendung in der regionalen Küche findet.

Kefen Schweiz. für Erbsenschoten. ➤ Erbsen

Kefir Ursprünglich aus dem Kaukasus stammende Sauermilchspezialität, die heute fast überall aus Kuhmilch durch die Vergärung mit bestimmten Bakterienkulturen gewonnen wird. Kefir beinhaltet ein wenig Alkohol, schmeckt erfrischend und soll sehr gesund sein.

Kefta Die aus Marokko kommenden Grillspießchen werden mit Lammhackfleisch bestückt, das sehr aromatisch mit Koriander, Minze, Kreuzkümmel und Cayennepfeffer abgeschmeckt wird.

Kefthedes Die griechische Version unserer Frikadellen werden aus Rind- oder Lammfleisch hergestellt und kräftig mit Knoblauch, Zwiebeln, Minze und Reibkäse abgeschmeckt, bevor sie gegrillt oder gebraten werden.

Keiler Das ausgewachsene, männliche Wildschwein, das sehr alt werden kann, im Alter von 2–3 Jahren für die Küche aber am wertvollsten ist.

Keka Ein einfacher jugoslawischer Slibowitz, der nur einmal gebrannt wird.

Keks Auch engl. Cake. Wahrscheinlich für ihre weiten Seefahrten erfanden die Briten dieses haltbare, feine Gebäck, um an allen Orten etwas zum Tee servieren zu können. Heutzutage gibt es unzählige Kekssorten, von denen die meisten industriell hergestellt und in großen Stückzahlen verkauft werden.

Kekunori Die japanischen Chrysanthemenblätter werden getrocknet als Würze für unterschiedliche Gerichte verwendet.

Keltern Einer der ersten und wichtigsten Vorgänge bei der Weinherstellung: Das Pressen der zu Maische zerkleinerten Weinbeeren in einer Kelter, so daß der Beerensaft am unteren Ende des Gefäßes herausläuft.

Keniabohne Die besonders feine, kleine grüne Bohnensorte wird gern in Speckhüllen zu Bündeln gerollt angerichtet.

Kerbel Auch Körbel-, Suppen-, Kuchelkraut. Das petersilienähnliche Küchenkraut mit seinem süß-aromatischen, fenchelähnlichem Geschmack wird meist frisch zum Würzen von kalten Kräutersaucen, Suppen, Salaten, Fischgerichten und Buttermischungen verwendet.

Kerbelrübchen Auch Erdkastanien, Knollenknobel. Die selten angebotenen, wildwachsenden Knollen besitzen einen leicht süßlichen Geschmack und werden vor dem Zubereiten blanchiert und geschält.

Kesaracha Bathe Die indische Reisspezialität wird als Süßspeise angerichtet und kurz vor dem Servieren mit Mandeln, Zucker und Safran abgeschmeckt.

Kesselfleisch Auch Wellfleisch. Frischer Schweinebauch wird in einem großen Kessel noch am Schlachttag gekocht und ist wesentlicher Bestandteil des Schlachtfestes.

Kesselgulasch Österreichische Gulaschspezialität aus Rindfleisch, Kartoffeln und Zwiebeln, die zusammen geschmort und in Gasthäusern oft sogar portionsweise in kleinen Kesselchen dem Gast serviert werden.

Ketakaviar Auch Lachs-, Kettkaviar. Unter diesen Bezeichnungen wird der frische oder geräucherte, rötliche Rogen von Lachsen oder Lachsforellen, der eine große Körnung aufweist, angeboten. ➛ Kaviar

Ketchup Auch Catsup, Catchup, Cetchup. Ursprünglich aus Ostindien stammende Würzsauce mit grünen Walnüssen oder Pilzen in Tomatenmark. Heutzutage vor allem für Kinder und Jugendliche eine unverzichtbare Ergänzung zu Pommes frites oder Hamburgern.

Ketjap asin Indon. ➛ Sojasauce

Keulen Auch franz. Gigots. Die muskulösen Hinterbeine der Schlachttiere und des Haarwilds werden zu vielerlei Braten, zu feinen Schinken, aber auch gekocht oder geräuchert verarbeitet. Sie werden selten im ganzen zubereitet, sondern meist in kleinere Muskelpartien aufgeteilt.

Keulenpilz ➛ Ziegenbart

Kichererbsen Auch Platterbsen, span. Garbanzos. Die gelbbraunen, erbsengroßen Hülsenfrüchte aus dem Mittelmeergebiet können als Beilage wie Erbsen, z.B. zu Couscous, zubereitet werden. Sie werden aber auch geröstet, püriert oder als Mehl angeboten. Kichererbsen sind reich an wertvollen Vitaminen, Mineralstoffen und Eiweiß und deshalb in der modernen Vollwertküche sehr beliebt.

Kidney-Bohnen Die berühmte Nahrung der amerikanischen Cowboys: dunkelrote, nierenförmige Bohnen, die gekocht für Salate und zusammen mit Speck als Beilage oder Hauptgericht verwendet werden. Als Bestandteil von ➛ Chili con carne wurden sie weltberühmt.

Kiebitzeier Sehr schmackhafte, dunkel gefleckte Eier eines seltenen Wattvogels. Früher eine Delikatesse, ist heute das Sammeln dieser Eier bei uns verboten, weil die Kiebitze mittlerweile vom Aussterben bedroht sind.

Kielbasa Eine polnische Schweinefleischwurst, die mit Knoblauch und Pfeffer gewürzt wird.

Kieler Sprotten Eine besonders zarte, saftige und sehr kleine Sprottenart aus der Ostsee, die frisch geräuchert in Holzkistchen verpackt überall ihre Liebhaber findet.

Kilkis Norwegische Sardellen, die in Salzlake und Gewürzen mariniert und so haltbar gemacht werden.

Kingstonkäse Ein goudaähnlicher Vollfettkäse, der aus Mittelengland stammt.

Kipferl Auch Kipfeln. Österr. für ➛ Hörnchen

Kipper Ein in England zum Frühstück sehr beliebter Fisch, der auseinandergeklappt und gut geräuchert wurde. Kipper sind meist dick und saftig und eignen sich daher auch zum Schmoren oder Grillen.

Kir Trockener Weißwein wird mit wenig ➛ Crème de Cassis vermischt. Diese würzige Kombination ist als Apéritif mittlerweile weltweit bekannt.

Kir Royal Die gleiche Zubereitung wie bei Kir, nur wird Weißwein durch Champagner ersetzt.

Kirchweihnudel ➛ Ausgezogene

Kirsch Auch Kirschbranntwein. ➛ Kirschwasser

Kirschen Die weltweit wachsenden Steinfrüchte, die frisch gegessen, zu Saft, Gelee, Marmelade, Kompott oder Kirschwasser verarbeitet, für Desserts, Aufläufe, Bowlen oder als Kuchenbelag verwendet werden. Im Handel sind Kirschen auch als Konserve erhältlich. Man unterscheidet Süßkirschen, Sauerkirschen, Morellen und Marasken. Die letzteren sind der Grundstoff für den weltbekannten Maraschino.

Kirschen auf Schwarzwälder Art Bei diesem gehaltvollen und köstlichen Dessert werden entsteinte, gezuckerte Kirschen kurz gedünstet, mit Kirschwasser aromatisiert und mit Schlagsahne und Haselnüssen angerichtet.

Kirschenknödel Die österreichische Spezialität aus Kartoffel- oder Hefeteig, die wie ➛ Zwetschgenknödel zubereitet wird, doch anstatt einer Zwetschge ein paar Kirschen als Füllung erhält.

Kirschenmichel Auch Kerscheplotza, Kirschenplotzer. Ein süddeutscher Kirschauflauf, bei dem saftige Kirschen in einem Teig aus Milch, Grieß, Zucker und Eischnee versinken.

Kirschenkaltschale Für diese traditionelle kalte Süßspeise werden Sauerkirschen, Zucker und Weißwein verkocht und abgekühlt serviert.

Kirschsauce Eine Fruchtsauce aus vorzugsweise vollfleischigen, dunklen Sauerkirschen wird mit etwas Zucker und Aromaten in Rotwein verkocht und passiert. Serviert wird die dunkelrote Sauce zu Desserts oder Wildgerichten.

Kirschstrudel Die österreichische Spezialität wird wie ➛ Wiener Apfelstrudel zubereitet, jedoch im Gegensatz zu diesem mit Kirschen, Zucker, abgeriebener Zitronenschale und evtl. mit gerösteten Brotwürfelchen gefüllt.

Kirschtorte ➛ Schwarzwälder Kirschtorte

Kirschwasser Auch Kirsch. Ein sehr beliebter Obstbranntwein mit mindestens 40 Vol.-% Alkohol, der aus vergorenen Kirschen ohne jeglichen Zuckerzusatz hergestellt wird.

Kisselj Die russische Süßspeise ähnelt im Aussehen Roter Grütze. Sie wird aus gekochten, passierten Beeren zubereitet, mit Stärkemehl gebunden und eiskalt mit Milch oder Sahne serviert.

Kitte Österr. für ➛ Quitte

Kitz Auch Zickel. Die junge Ziege besitzt äußerst zartes, hochwertiges Fleisch, das gerne zu Ostern gegessen und wie Lamm zubereitet wird. Das Rehkitz wird wie Reh verarbeitet.

Kiwi Auch Chinesische Stachelbeere. Die ursprünglich aus Neuseeland kommende, mittlerweile auch im Mittelmeerraum angebaute, eierförmige Frucht mit grünem Fruchtfleisch besitzt einen erfrischenden, leicht säuerlichen Geschmack und einen sehr hohen Vitamin-C-Gehalt. Sie wird meist roh ausgelöffelt oder für Gelee, Kompott, als Torten- und Kuchenbelag sowie als Beilage zu Süßspeisen und Käse verwendet.

Klaben ➛ Klöben

Kladderadatsch Dieses traditionelle, quadratische Hefegebäck wird mit einer Zimtglasur überzogen.

Klären Auch abklären, klarifizieren. Hier ist das Entfernen sämtlicher Trübstoffe aus Suppen, Säften, Butter, Gelees usw. gemeint, das man durch Einrühren von Eischnee in die heiße Masse erreicht. Durch weiteres Erhitzen gerinnt das Eiweiß, bindet die Trübstoffe an sich und setzt sich ab. Nun kann die klare Flüssigkeit abgegossen werden.

Klärfleisch Eiweiß, Hackfleisch, Wurzelgemüse und Aromaten werden miteinander vermischt, in der zu klärenden Brühe aufgesetzt und wieder abpassiert. Wenn man besonders viel mageres Klärfleisches dazu nimmt, wird die entstehende Brühe besonders gehaltvoll, so daß man sie Consommé double oder doppelte Kraftbrühe nennen darf.

Klarer Der glasklare Branntwein ohne zugesetzte Aroma- oder Geschmacksstoffe wird oft in Form von einfachem (Weizen-) Korn angeboten.

Klarettwein ➛ Rosé

Kleberbrot Ein spezielles Brot mit einem hohem Eiweißanteil und geringem Kohlehydratgehalt, das daher ideal für Diäten und Diabetiker ist.

Kleehonig Der weitverbreitete Honig mit zartem Aroma ist hellgelb und flüssig.

Kleinkürbis ➛ Zucchini

Kleinragout ➛ Salpicon

Klementine ➛ Clementine

Kletzenbrot Ein in Österreich und Süddeutschland beliebtes Weihnachtsgebäck aus hellem oder dunklem Hefe- oder Brotteig, der mit Kletzen, also getrockneten Birnen, und anderem Dörrobst zubereitet, mit vielen Gewürzen abgeschmeckt und dann zu einem gehaltvollen Kuchen gebacken wird.

Kliebensuppe Die traditionelle pommersche Mehlsuppe, die mit heißer Milch gekocht, mit Ei gebunden und mit Zimt gewürzt wird, ist eine komplette, gehaltvolle Mahlzeit.

Kliesche ➛ Rotzunge

Klink, Vincent Geboren 1949. Der Sternekoch Klink ist ein vielseitiger Mann, der, hätte er nun nicht den Weg der Küchenlaufbahn gewählt, genauso gut Musiker, Maler oder vielleicht Schriftsteller hätte werden können. Zum Glück für alle Gourmets hat er sich aber so entschieden und erfreut seine Gäste im Stuttgarter Restaurant Wielandshöhe mit einer naturnahen, modernen Küche, die ihre Entwicklung aus der klassischen Küche aber nicht verleugnet.

Klippfisch ➛ Stockfisch

Klöben Ein norddeutsches Traditionsgebäck in Form eines Halbmondes, das aus einem gehaltvollen Hefeteig mit Zitronat, Korinthen und Mandeln hergestellt wird.

Klöße Auch Klopse, südd./österr. Knödel, Knödl. Die mehr oder weniger rund geformten Beilagen zu saftigen Braten mit viel Sauce, die aus Brötchen, Paniermehl, Hefeteig, Mehl, Grieß oder Kartoffeln hergestellt werden, kennt jeder bei uns. Den gleichen Namen tragen aber auch feine Nocken (franz. Quenelles), die aus Fleisch-, Innereien-, Fisch-, Geflügel- oder Wildfarce gemischt, geformt und dann gegart werden.

Klöven ➛ Zwiebeln

Klopferbrot Ein Spezialbrot, das u.a. durch die extrem feine Zerkleinerung des Getreides besonders leicht verdaulich ist.

Klops Die im Norden und Osten Deutschlands gebräuchlichere Bezeichnung für Fleisch- und Fischklöße, die meist gekocht zubereitet werden. Das berühmteste Beispiel sind die ➛ Königsberger Klopse.

Klosski Die gehaltvollen Klöße aus der russischen Küche werden aus einem schweren, fett- und eierhaltigem Mehlteig hergestellt, in den noch gekochter Schinken, Zwiebeln, Weißbrot und Gewürze eingearbeitet werden, bevor die Klöße dann in Salzwasser gekocht und mit Schmand, also dicker saurer Sahne, übergossen angerichtet werden.

Klosterbeere ➛ Stachelbeere

Klosterkäse Dieser in Österreich gebräuchliche Begriff bezeichnet meist einen Weichkäse mit Rotschmiere-Rinde.

Klosterlikör Die nach geheimen Klosterrezepturen hergestellten Kräuterliköre wie z.B. Benedictine, Chartreuse oder auch der Ettaler Klosterlikör.

Klostersalat Ein einfacher Kartoffelsalat, der mit in Scheiben geschnittenen Gurken gemischt und mit einer einfachen Vinaigrette angemacht wird.

Klüten Kleine, norddeutsche Mehlklöße, die in Wasser gekocht meist als Suppeneinlage Verwendung finden.

Kluft Auch Blume, Schwanzstück, Tafelspitz. Der Teil der Rinderkeule, aus dem sich besonders gut Hüftsteaks schneiden lassen.

Kluftsteak Auch Huft-, Hüftsteak. Aus der Kluft geschnittene Fleischscheibe, die sich hervorragend zum Grillen eignet.

Kluntje Nordd. für ➛ Kandis

Knackwurst Die dicke, kurze Wurst aus vorgepökeltem, feingemahlenem Rind- und Schweinefleisch im Naturdarm ähnelt im Geschmack dem bekannteren Wiener Würstchen.

Knäckebrot Ursprünglich aus den nordischen Ländern stammend, hat dieses dünne, trockene und lange haltbare Brot bei uns seit langem viele Liebhaber. Die Sorten- und Formenvielfalt ist mittlerweile ebenso groß wie bei den anderen Brotarten.

Knäkente Die kleine, in unseren europäischen Jagdgebieten noch reichlich vorkommende Wildentenart wird wie die Stockente zubereitet und hat ihre Hauptsaison im Herbst und Winter.

Knetteig ➛ Mürbeteig

Knickebein Ein seit langem bekanntes Getränk aus Vanillelikör, der mit Eigelb und Branntwein nur wenig vermischt wird.

Knickei Der Fachbegriff für ein Ei mit gesprungener Schale, jedoch unverletzter Haut.

Knickerbocker Ein interessantes Mixgetränk, das aus viel Crash-Eis und Rum, Curaçao, Zitronensaft und Himbeersirup gemischt wird.

Knoblauch Auch Knobloch, Knufloch, Knofel, Stinkerzwiebel, Liebeswurz, franz. Ail, engl. Garlic. Der aromatische Lauch, der neben seinen vielen positiven Auswirkungen auf unsere Gesundheit auch den kleinen Fehler hat, seinem Konsumenten eine etwas penetrante Geruchsaura zu verleihen, ist eines der wichtigsten Würzkräuter in der Küche weltweit. Zu vielen Gerichten aus Lamm-, Hammel-, Wild- und Schweinefleisch ist er nicht wegzudenken, und vielen Salatsaucen, Meeresfrüchten und Suppen verleiht Knoblauch das gewisse Etwas. Ob als Knolle, Zehe, zerdrückt, mit Salz zerrieben, gepreßt, getrocknet, geräuchert, als Knoblauchsalz, -öl, -essig, -essenz, oder -pulver: Die Angebotsformen sind vielfältig. Genauso variantenreich wird der Knoblauch dann auch bei der Wurstherstellung, für Buttermischungen oder als Saucengrundlage, z.B. für ➛ Aïoli, verwendet.

Knoblauchsauce ➛ Aïoli

Knochen Sie fallen als Abfall beim Parieren von Schlachtfleisch automatisch an und enthalten viele Aromastoffe, die durch Auskochen für Suppen, Fonds und Saucen genutzt werden. In der Gastronomieküche werden sie meist für eine Knochenbrühe ausgekocht, dann herausgeschöpft und weiter zerkleinert zusammen mit Wurzelgemüse und Gewürzen stark angeröstet zu den verschiedenen Grundsaucen verarbeitet. Markknochen enthalten noch zusätzlich das weiße Knochenmark, das, gewässert, blanchiert oder zu ➛ Markklößchen verarbeitet, sehr beliebt ist.

Knochenmark ➛ Markknochen

Knochenschinken Ein kompletter Schinken wird mit Knochen, Speck und Schwarte, zum Teil sogar mit Fuß und Klaue, gepökelt und langsam kalt geräuchert.

Knöcherlsulz Ein bayerischer Begriff für im eigenen Kochgelee erstarrte Kalbs- oder Schweinefüße.

Knödel ➛ Klöße

Knöpfle Auch Knöpfli. Nicht nur die Schwaben, die Süddeutschen und auch die Schweizer lieben diese Nudelspezialität, bei der ein dickflüssiger, gut geschlagener Teig durch ein Sieb in kochendes Salzwasser gedrückt wird. Dort müssen dann die kleinen, runden Teigknöpfchen garziehen, um abgetropft und in Butter geschwenkt als wunderbare Beilage zu saucenreichen Braten oder Ragouts serviert zu werden.

Knofel ➛ Knoblauch

Knollensellerie Die großen runden Wurzelknollen mit dem festen, hellen Fleisch und dem zarten Geschmack können so vielfältig verwendet werden, daß eigentlich kein Abfall entsteht. Die Blätter, Stiele und die gereinigte Schale eignen sich hervorragend als Wurzelgemüse für Suppen- und Saucenansätze. Das eigentliche Fleisch wird zu feinen Salaten verarbeitet, zu Suppen verkocht, als Gemüse gekocht oder als Hauptgericht vorgekocht, in Scheiben geschnitten, paniert und fritiert zubereitet.

Knollenziest ➛ Stachys

Knorpelkirsche Eine Süßkirschsorte mit kräftigem Aroma und festem Fleisch.

Knufloch ➛ Knoblauch

Knurrhahn Auch Seehahn, Seeschwalbe, Petermann, franz. Grondin. Der Knochenfisch mit dem stacheligen Äußeren besitzt einen kantigen, quadratischen Kopf, an dem man ihn gleich erkennt. Er existiert als rote und graue Sorte und läßt sich gut in grätenarme Filets aufteilen. Das magere, feste Fleisch macht ihn zu einem begehrten Seefisch, ohne den eine Bouillabaisse, aber auch andere Fischgerichte nur unvollständig bleiben. Man kann das weiße Fleisch auch pochieren, grillen, räuchern, braten, marinieren und fritieren.

Kobe-Rind Japaner sind Perfektionisten, auch beim Rindfleisch: Im japanischen Kobe werden speziell gezüchtete Rinder mit besonderem Futter ernährt und besonders liebevoll, angeblich auch mit Massagen, betreut. So wundert es nicht, daß diese kostbaren Edelrinder angeblich das teuerste Fleisch der Welt liefern.

Kobichi Bhaji Die indische Gemüsespezialität besteht aus geschmortem Weißkohl, der mit viel Koriander, Curry und Zitronensaft pikant gewürzt wird.

Koch Österr. für ➛ Auflauf

Kochbanane Auch Plante, Pisang, Pferde-, Gemüse-, Mehlbanane. Diese

Bananenart, die etwas grünlicher als unsere normale Banane aussieht, muß vor dem Verzehr gegart, also gebraten oder gekocht werden. In den Anbauländern Afrika und Südamerika wird sie in der Küche wie Gemüse verarbeitet.

Kochbuch Aus ursprünglich persönlichen Rezeptsammlungen entwickelten sich Kochbücher zu einer eigenen Fachbuchgattung für alles, was mit Kochen, Essen und Trinken zu tun hat.

Kochen Wir verstehen normalerweise unter Kochen generell das Zubereiten von Gerichten. Im Besonderen wird darunter das Garen in siedenden Flüssigkeiten verstanden.

Kochfertig Diese Bezeichnung steht auf fertig zubereiteten Konserven, die vor dem Verzehr nur noch erhitzt werden müssen.

Kochkäse Ein zum Teil mit Kümmel gewürzter Sauermilchkäse mit relativ wenig Kalorien, der in Förmchen gefüllt angeboten wird.

Kochsalat ➛ Römischer Salat

Kochsalz ➛ Salz

Kochschinken Der gepökelte und gekochte Jungschweineschinken, der in vielen Varianten angeboten wird.

Kochwürste Diese Würste, zu denen solche beliebten Sorten wie Blut- und Leberwürste oder Schwartenmägen zählen, werden mit unterschiedlichen Bestandteilen wie Fleisch, Innereien, Blut oder Gewürzen gefüllt und dann gekocht, zum Teil auch geräuchert.

Köcheln Die Bezeichnung für das sanfte, nur leicht sprudelnde Kochen bei mittlerer Hitze.

Köfte Die türkische Spezialität aus frisch durch den Fleischwolf gedrehtem rohen Hammel-, Lamm- oder Rindfleisch wird mit geriebener Zwiebel, Knoblauch und vielen Gewürzen abgeschmeckt und, zu Klopsen oder Rollen geformt, gegrillt.

Köhler ➛ Seelachs

Kölle ➛ Bohnenkraut

Kölsch Das im Raum Köln gebraute obergärige Vollbier hat eine helle Färbung und einen hopfigen, herben Geschmack. Es wird aus dünnwandigen, schmalen Gläsern, den sogenannten Stangen, getrunken.

Königinpastete Franz. Bouchée à la reine. Diese bekannte und beliebte Blätterteigpastete, die man meist mit einem Ragout aus Geflügel- oder Kalbfleisch, Champignons und einer cremigen, hellen Geflügelrahmsauce füllt, wird gerne zu Silvester oder ähnlichen Anlässen serviert. Man kann sie zusätzlich noch mit einigen Trüffelscheibchen verfeinern.

Königinsalat Dieser helle Salat aus Streifen von Bleichsellerie und gebratener Hühnerbrust wird in einer Joghurtmayonnaise angemacht und mit hartgekochten Eiern und gehackten Trüffeln dekoriert.

Königinsuppe Für diese königlich zarte Suppe wird eine Hühnerkraftbrühe mit Reismehl gebunden, mit Eigelbsahne verfeinert und mit gekochten Hühnerbrustwürfeln als Einlage vervollständigt.

Königliche Suppe Diese besser unter ihren französischen Namen „Consommé à la royale" bekannte kräftige Geflügelkraftbrühe erhält als einzige Einlage fein gewürfelten oder ausgestochenen Eierstich.

Königsberger Fleck Die ostpreußische Version der in saurem Wurzelsud gekochten ➛ Kutteln.

Königsberger Klopse Die weltbekannte Klops-Spezialität aus Königsberg, die aus gemischtem Hackfleisch, Zwiebeln, Eigelb und Sardellen hergestellt und, zu runden Klößen geformt, in einem gewürzten Sud gegart wird. Man richtet die abgetropften Königsberger Klopse mit einer Kapernsauce an, die aus dem Kochsud, Eigelbsahne und etwas gehackter Petersilie zubereitet wird.

Königsberger Marzipan ➛ Marzipan

Königskrabbe Auch Japankrabbe, Königs-, Kamtschatka-, Kronenkrebs, engl. King Crab. Die großen Arten der Steinkrabben, die bis zu 12 kg schwer werden können, werden in mehreren hundert Metern Tiefe gefangen. Ihr delikates Fleisch befindet sich hauptsächlich in den Beinen des stacheligen Tieres und wird bei uns meist als King Crab Meat in der Konserve angeboten.

Königskraut ➛ Basilikum

Königskuchen Den feinen Kuchen mit Rosinen und Zitronat, der gern zum Nachmittagstee gereicht wird, bäckt man aus einem Rührteig in einer Kastenform und bestreut ihn nach dem Stürzen mit Puderzucker.

Körbelkraut ➛ Kerbel

Kofer Eine spezielle, schwäbische Waffelform, die leicht gewölbt gebacken wird.

Koffein Kaffeebohnen, Teeblätter oder Kolanüsse enthalten jenes auf Herz und Kreislauf anregend wirkendes Alkaloid, das in geringen Mengen unschädlich ist und mittlerweile zum täglichen Frühstück vieler Millionen Menschen gehört.

Koffeinarmer Kaffee Für Menschen, die krankheitsbedingt kein Koffein vertragen, wird den Kaffeebohnen das Koffein bis auf winzige Reste entzogen. Angeblich leidet der Geschmack darunter nicht.

Kognak ➛ Cognac

Kohl Auch Kraut. Sammelbegriff für eine der bekanntesten Gemüsegattungen, die bei uns weitverbreitet und wegen ihres hohen Gehaltes an Vitaminen, Mineral- und Ballaststoffen auch sehr gesund sind: Blumenkohl, Brokkoli, Chinakohl, Grünkohl, Kohlrabi, Mangold, Rosenkohl, Rotkohl, Spitzkohl, Weißkohl, Wirsing.

Kohlenhydrate Vor allem in zucker- und stärkehaltigen Nahrungsmitteln sind diese Stoffe – so lebensnotwendig wie Fett und Eiweiß – enthalten, die wir durch unsere Ernährung täglich zuführen müssen.

Kohlensäure In Tafelwasser, Limonade, Bier, Schaumwein und vielen anderen Getränken durch natürliche Gärung entstandenes oder künstlich zugesetztes Gas, das das Perlen der Getränke zur Folge hat und eine erfrischende Wirkung hervorruft.

Kohlrabi Auch Oberrüben, Oberkohlrabi. Die schmackhaften Knollen, die oberhalb der Erde wachsen und blau oder grün gefärbt sind, schmecken jung und klein am besten. Kohlrabi werden geschält, in Scheiben, Würfel oder Stifte geschnitten, gedünstet und einfach mit Butter oder mit hellen Saucen anrichtet. Sie eignen sich auch zum Füllen oder für Aufläufe und können püriert oder eingesalzen verarbeitet werden.

Kohlroulade Auch Krautroulade, -wickel. Weißkohlblätter, manchmal auch Wirsingblätter, werden von den dicken Rippen befreit, gebrüht und mit Hackfleisch oder Brät gefüllt, gerollt, gebunden und geschmort. In der hellen Version werden die Kohlpakete in ausreichend Brühe gegart, in der knusprigen, dunklen Variante werden sie zuerst kräftig angebraten und dann im Backofen mit wenig Flüssigkeit fertig geschmort.

Kohlrübe ➛ Steckrübe

Kohlsprossen ➛ Rosenkohl

Kohlsuppe Eine kräftige, klare Fleischbrühe, die mit gepökeltem Schweinebauch gekocht wird und als Einlage Weißkohlstreifen, Lauchringe und Kartoffelstückchen erhält.

Kokkelini Geharzter, kräftiger Rotwein aus Griechenland.

Kokosfett Weißes, hartes Fett, das aus den Kokospalmsamen gewonnen wird und sich wegen seines hohen Schmelzpunktes zum Braten und Fritieren eignet.

Kokosflocken ➛ Kokosraspeln

Kokosmakronen ➛ Makronen

Kokosmilch Diese Milch, die keine ist, kann direkt aus der frisch von der Palme geernteten, noch grünen Kokosfrucht getrunken werden. Dann ist der Saft milchig bis klar und leicht süß schmeckend. Aus der bei uns normalerweise angebotenen dunklen, hartschaligen Kokosnuß wird die Kokosmilch aus dem harten, geraspelten weißen Fruchtfleisch gepreßt und mit Wasser vermischt. Eine weitere Version besteht darin, frisch geraspeltes Kokosfleisch mit heißer Milch zu übergießen, nach einigen Stunden durch ein Tuch zu drücken und zu kühlen.

Kokosnuß Die Frucht der Kokospalme ist etwa fußballgroß und wächst in den Küstenregionen der meisten tropischen Länder. Frisch wird sie meist geköpft und die erfrischende Milch an Ort und Stelle getrunken. Zu uns kommt meist nur die hölzerne Samenschale mit dem harten weißen Fruchtfleisch, das auch industriell zu Kokosfett verarbeitet wird. Beim Kauf sollte man die Frucht stets schütteln, denn nur wenn die Schale Wasser enhält, wird das Kokosfleisch noch angenehm frisch schmecken. Die faserige Hülle zwischen hölzerner Samenschale und ledriger Außenhaut wird als Sisal in den Erzeugerländern zu Teppichen, Seilen und Matten verarbeitet.

Kokosnußmilch ➛ Kokosmilch

Kokosraspeln Auch Kokosflocken. Hier ist das getrocknete weiße Fruchtfleisch der Kokosnuß gemeint, das geraspelt und getrocknet im Handel angeboten wird.

Kokotte ➛ Cocotte

Kolatschen Eine böhmische Gebäckspezialität, die aus kleinen, runden Hefekuchen besteht, die mit Quark oder Mohn, Himbeermarmelade oder Pflaumenmus gefüllt werden.

Kolombine Kleine Mandel-Eiweiß-Plätzchen, die mit Buttercreme gefüllt, mit Fondant überzogen und mit kandierten Kirschen dekoriert werden.

Komarowski-Salat Eine interessante Salatkombination aus gebratener Geflügelbrust, Hummerfleisch, Champignons und Chicorée, die zusammen in einer Kräutermayonnaise mit Estragon angemacht werden.

Kombu Ein japanisches Gewürz aus getrocknetem Seetang, das in vielen asiatischen Gewürzmischungen Verwendung findet, aus dem aber auch Suppen oder Tees gekocht werden.

Kommißbrot Das dunkle Kastenbrot aus Roggenmehl, das mit Sauerteig gebacken wird.

Kompott Obststücke werden in etwas Wein oder gezuckertem Fruchtsaft vorsichtig gedünstet und abgekühlt als Dessert verwendet.

Kondensmilch Eine im Handel als Konserve erhältliche, durch Wasserentzug eingedickte, gezuckerte oder ungezuckerte Milch, die meist als Kaffeemilch Verwendung findet.

Konditorcreme Franz. Crème pâtissière. Eine in der Konditorei sehr wichtige Füllcreme für Torten und Gebäckstücke, die aus einer mit Mehl gebundenen Vanillecreme besteht, aufgekocht, kaltgerührt und dann je nach Verwendungszweck mit verschiedenen Aromaten verfeinert wird.

Konditorfarbe Eine unschädliche Lebensmittelfarbe, die zum Färben von Kuchen, Glasuren oder Fruchtsaucen verwendet wird.

Konfekt Die Sammelbezeichnung für die feinen süßen Kleinigkeiten, wie z.B. Pralinen, die in der „Confiserie" hergestellt werden.

Konfitfrüchte Auch Belegfrüchte. Durch Einlegen in konzentrierte Zuckerlösung verzuckerte Früchte, wie z.B. Kirschen, die zur Garnitur verwendet werden.

Konfitüre Auch Confitüre, engl. Jam. Die Bezeichung für eine Marmelade mit kleinen Fruchtstückchen, die aus nur einer Obstart hergestellt wird.

Konservieren Das Haltbarmachen von Lebensmitteln durch schockartiges Tiefkühlen, langes oder intensives Erhitzen, nasses oder trockenes Pökeln und das Trocknen durch Räuchern oder Dörren.

Konservierungsstoffe Diese Zusätze machen Lebensmittel haltbar und dürfen nur in ganz bestimmten Mengen zugeführt werden. Das gilt für die künstlichen, deklarationspflichtigen Stoffe wie bestimmte Säuren oder Salze genauso wie für natürliche Mittel wie z.B. Salz, Zucker, Essig oder Öl.

Konto-Mire Ein afrikanisches Fleischgericht, bei dem Gulaschfleisch gegart und mit Spinat, Tomaten, Speck und Kürbiskernen fertiggeschmort wird.

Kopenhagener Auch dän. Wiener brød. Ein Gebäck aus Blätterteig, manchmal auch aus Strudel- oder Plunderteig, das in vielen kleinen, unterschiedlichen Formen gebacken und vorher mit Konfitüre, Früchten oder Pudding gefüllt wird.

Kopfsalat Auch Blatt-, grüner Salat, Lattich, österr. Häuptlsalat. Der grüne Salatkopf, der als Freiland- oder Treibhaussalat im Handel erhältlich ist und mit seinen kräftigen grünen Außenblättern und dem hellgelben Salatherz zwei Geschmacksrichtungen verbindet. Bei uns eigentlich nur als Salat in Verbindung mit vielen verschiedenen Marinaden und Dressings verarbeitet, wird Kopfsalat in der klassischen französischen Küche vielseitiger als gefüllte Suppeneinlage oder Gemüse zubereitet.

Kopra Das fetthaltige Fruchtfleisch der Kokosnuß wird getrocknet, um dann das hochwertige Kokosfett daraus zu gewinnen.

Korallenpilz ➛ Ziegenbart

Korbkäse Niedersächsische Käsespezialität, die aus Sauermilch hergestellt und mit Kümmel gewürzt wird.

Koriander Auch Wanzenkraut, Hochzeitskügelchen, Schwindel-, Karpfenkörner. Die ursprünglich aus dem Orient stammende Gewürzpflanze, die wegen ihres aromatischen, süßlichen Geruchs und Geschmacks sehr geschätzt wird, findet in der Weihnachtsbäckerei genauso Verwendung wie als Fleisch- und Fischgewürz oder als Bestandteil vieler Gewürzmischungen, wie unter anderem auch dem Curry. Die ganzen, dem Pfeffer ähnelnden Körner, werden in Marinaden oder als Brotgewürz verarbeitet. Das Koriandergrün kann man für viele exotische Gerichte oder wie Kerbel für Salate benutzen.

Korinthen Aus Griechenland und der Türkei kommende kleine, an der Luft getrocknete schwarzblaue Weinbeeren ohne Kerne, die als Backzutat Verwendung finden.

Korkgeschmack Wenn sich am Korken einer Weinflasche durch falsche Lagerung oder mangelhafte Korkqualität Schimmel bildet, bekommt der Wein einen dumpfen, leicht fauligen bis muffigen Geschmack und ist verdorben. Einen solchen Wein kann man ohne Bedenken im Restaurant reklamieren, er wird sofort zurückgenommen werden.

Korn Auch Kornbranntwein. Der klare, aus Getreide ohne weitere Aromaten hergestellte Branntwein muß mindestens 32 Vol.-% Alkohol, als Doppelkorn sogar mindestens 38 Vol.-% Alkohol enthalten.

Kornellen ➛ Herlitzen

Korsische Weine Korsika liefert kräftige und alkoholreiche Weiß-, Rot- und Roséweine mittlerer bis einfacher Qualität, die zu einem großen Teil als Massenware für den französischen Tafelweinverschnitt produziert werden. Seit 1976 gibt es eine Appellation Vin de Corse, die die

Bestrebungen einzelner Winzer, eine höhere Qualität zu erzielen, durch Kontrolle und Ertragsbeschränkung fördern soll.

Kosakenblut Gesüßter, heißer Kaffee wird mit Rotwein und Wodka gemischt und heiß serviert.

Koscher Eine jüdische Bezeichnung für Gerichte und Getränke, die von den jüdischen Religionsgesetzen erlaubt und nach ganz bestimmten Vorschriften zubereitet wurden. Ein gläubiger Jude darf nur koschere Nahrungsmittel zu sich nehmen.

Kotelett Auch Rippchen, Karbonade. Die beliebte Fleischscheibe mit Knochen aus dem Rippenteil von Schlachtvieh oder Wild, die natur oder paniert, gebraten, gebacken, gepökelt oder gegrillt zubereitet wird.

Kouskous ➛ Couscous

Kowalke, Rüdiger Geboren 1947. Der gebürtige Lübecker machte sich einen Namen durch den Aufstieg des traditionsreichen Fischereihafen-Restaurants in Hamburg zu einer der besten kulinarischen Adressen, wenn es um Fisch geht. Die richtige Balance zwischen traditioneller hanseatischer Kochkunst und seinen Kreationen im Geist der Neuen Küche mit regionalen Produkten erster Qualität hat ihn so erfolgreich gemacht.

Krabben Im Gegensatz zu den Garnelen, zu denen man auch die fälschlicherweise so bezeichneten „Puhl-Krabben" der Nord- und Ostsee zählt, gehören Krabben zur Familie der Krebse. Sie haben einen kurzen Schwanz, so daß der größte Fleischanteil meistens in den Beinen bzw. Scheren liegt. Die bekanntesten eßbaren Krabben sind der ➛ Taschenkrebs, die ➛ Königskrabbe und die amerikanischen ➛ Softshell-Crabs.

Krabbenbrot ➛ Kroepoek

Krabbenfleisch ➛ Crab Meat

Krabbensalat ➛ Garnelensalat

Krachmandel Auch Knackmandel. Eine süße, dünnschalige Mandelsorte von hoher Qualität, die vor allem in Spanien und Südfrankreich angebaut wird.

Krachsalat Auch Eis-, Eisberg-, Icebergsalat. Eine ursprünglich aus Italien kommende Kopfsalatzüchtung mit besonders knackigen, festen Blättern.

Kräcker ➛ Cracker

Kräuter Küchenkräuter sind meist unverholzte, oft einjährige Grünpflanzen, deren Blüten, Blätter, Samen, Stengel oder Wurzeln als aromatische Würzmittel den Gerichten beim Kochen hinzugefügt werden. Sie sind schon seit Urzeiten als religiöse, kultische oder medizinische Kräuter bekannt; ihre Verwendung wird durch das Klima und die kulinarischen Traditionen der einzelnen Länder bestimmt. Minze z.B. ist in England, im nahen und mittleren Osten und in Thailand sehr beliebt. Im letztgenannten Land sind aber auch Zitronengras oder Koriander in fast jedem Gericht zu finden, während Dill in Skandinavien gerne für Fischgerichte verwendet wird. Italien und der ganze Mittelmeerraum liebt die Kombination von Rosmarin, Thymian und Basilikum zu Tomaten und Lamm. In Deutschland sind der Kümmel und Wacholder typische Gewürze, in Frankreich Estragon zu Geflügel und Fisch oder die vielen Kräuter der Provence. Den intensivsten Geschmack erzielt man durch die Verarbeitung frischer Kräuter. Die beste Konservierungsart ist das Tiefgefrieren. Manche Kräuter lassen sich auch ohne große Aromaverluste trocknen.

Kräuterbündel ➛ Bouquet garni

Kräuterbutter Salzige Butter wird mit feingehackten frischen Kräutern wie Petersilie, Kerbel und Schnittlauch vermischt und je nach Geschmack mit Pfeffer, Curry oder Cayennepfeffer abgeschmeckt. Serviert wird die gut gekühlte Buttermischung meist zu gebratenem oder gegrilltem Fleisch oder Fisch.

Kräuteressig Weinessig wird mit frischen oder getrockneten Kräutern oder Kräutermischungen aromatisiert.

Kräuterkäse Ein cremiger Frisch- oder Magerkäse, der mit frischen, gehackten Kräutern verfeinert wird.

Kräuterliköre Oft zum ersten Mal in Klosterküchen nach Geheimrezepten hergestellte Liköre, die häufig auch bitter schmecken können.

Kräutermarinade Eine Salatsauce auf der Basis von Essig und Öl, die mit feingehackten, frischen Kräutern wie Petersilie, Kerbel, Dill, Brunnenkresse, Schnittlauch usw. vermischt und mit Salz und Pfeffer abgeschmeckt wird.

Kräutersauce Für diese warme Sauce zu Fisch und hellem Fleisch läßt man frische Kräuter in erhitzem Weißwein ziehen, bindet dann den passierten Auszug mit ➛ Beurre manié oder Mehlschwitze und schmeckt mit Gewürzen und ein paar frischen, gehackten Kräutern ab. Bei der schnelleren Variante wird eine cremige Weißweinsauce mit Kräuterbutter aufmontiert und mit gehackten frischen Kräutern bestreut.

Kräutersträußchen ➛ Bouquet garni

Kraftbrühe ➛ Consommé

Kraftbrühe Dante Eine berühmte, mit Safran gelb gefärbte Taubenconsommé, die als Einlage Trüffel- und Pökelzungenstreifchen erhält.

Kraftsauce ➛ Demiglace

Krakauer Eine ursprünglich schlesische Wurstspezialität, die heute vor allem in Bayern als Brühwurst aus gepökeltem Rind- und Schweinefleisch hergestellt, deftig mit Kümmel oder Knoblauch gewürzt und geräuchert wird.

Krake ➛ Octopus

Krammeln ➛ Grieben

Krammetsvogel Auch Wacholderdrossel. Bei uns steht dieser kleine Wildvogel, der zu den Drosseln gehört und sehr schmackhaftes Fleisch besitzt, unter ganzjähriger Schonung, während er in einigen unserer Nachbarländer noch mit Netzen gefangen wird und dort als Pastete verarbeitet oder gebraten wird.

Kranbeere ➛ Preiselbeere

Kranzkuchen Dieser in einer besonderen Ringform gebackene Kuchen erinnert nach dem Stürzen an einen geflochtenen Rundkranz.

Krapfen ➛ Beignets

Kratokbohne ➛ Limabohne

Kratzbeere ➛ Herlitze

Kratzete Bad. für ➛ Stubenküken

Krausbeere ➛ Preiselbeere

Krauseminze Diese Minzeart ähnelt der Pfefferminze, ist jedoch noch intensiver im Geschmack.

Krausgebackenes Fritierte Streifen aus Mürbeteig, die ein paarmal eingekerbt wurden und nach dem Abtropfen mit Zimtzucker bestreut werden.

Krauskohl ➛ Grünkohl

Krauspetersilie Die krausblättrige Petersilieart, die meist zur Dekoration verwendet wird, da sie weniger aromatisch ist als die glattblättrige.

Kraut Südd. für ➛ Kohl und ➛ Sauerkraut

Krautkrapfen Eine echt schwäbische Spezialität: Eine Nudelteigplatte wird mit Sauerkraut, Speck und Zwiebeln belegt, aufgerollt und in Scheiben geschnitten. Diese werden in Schmalz und etwas Flüssigkeit gargedünstet.

Krautrouladen ➛ Kohlrouladen

Krautsalat Der Salat aus in Julienne geschnittenem Weiß- oder Rotkohl, der roh oder blanchiert mit Essig und Öl mariniert und zum Teil mit Apfelschnitzen verfeinert wird.

Krautspätzle Eine der vielen schwäbischen Gerichte mit Spätzle; hier werden die geschabten, angeschwitzten Nudeln mit Sauerkraut, Schinken- und Zwiebelwürfeln kombiniert.

Krautstiele Schweiz. für ➛ Mangold

Krautstrudel Dieses österreichische Weißkrautgericht kombiniert knusprigen Strudelteig mit einer saftigen Füllung aus Schinken und gedünsteten Weißkohljulienne.

Krautwickel ➛ Kohlroulade

Krebs Auch Fluß-, Süßwasserkrebs. Das selten gewordene, in sauberem Süßwasser lebende Krustentier, das man allmählich wieder in einigen Gewässern erfolgreich züchtet, wird gekocht oder gedünstet zu Salaten und Suppen verarbeitet. Die ausgebrochenen Schwänze kann man auch als Auflauf anrichten.

Krebsbutter Mit feinster Butter werden feingemahlene Krebsschalen vermischt, durch ein Sieb passiert und als Geschmacksverstärker in Krebssaucen oder Suppen eingesetzt.

Krebsnasen Die geputzen Krebskörper ohne Schwanz werden gerne zu Dekorationszwecken verwendet.

Krebsschwänze Die gekochten, geschälten Krebsschwänze sind als Konserve erhältlich und werden für Vorspeisen, Salate oder als Suppeneinlage verwendet.

Krebssuppe Frisch wird Krebssuppe wie ➛ Hummersuppe, eben nur mit Krebsschalen, zubereitet. Sie wird aber auch als fertige Suppenpaste zum Anrühren angeboten.

Kren Südd. und österr. für ➛ Meerrettich

Krenfleisch Österreichische Kochfleischspezialität: Im gewürzten Wurzelsud wird Schweinefleisch gekocht und mit Gemüse und Kartoffeln, die mitgegart wurden, und geriebenem Meerrettich angerichtet.

Krensauce ➛ Meerettichsauce

Kreolenreis In Butterwasser gekochter, körniger Reis, der abgetropft, nochmals mit Butter vermischt und aufgelockert wird. Nach dem Originalrezept wird Karolinareis aus den USA verwendet.

Kreolensalat Ein würziger Salat, für den Julienne von Bleichsellerie und grünen Paprikaschoten mit körnig gekochtem Reis gemischt, mit Mayonnaise angemacht, pikant gewürzt und auf Kopfsalat angerichtet werden.

Kreolensauce Eine Ableitung der ➛ Demiglace, die mit gedünsteten Zwiebeln, Chilis, Tomatenfleisch und Knoblauch vervollständigt und mit Wein, Cayennepfeffer und Zitronensaft pikant abgeschmeckt zu Bratfisch serviert wird.

Kreolische Suppe Zu Püreesuppe verkochte Okraschoten werden mit Kalbsvelouté aufgefüllt und erhalten eine Einlage aus Julienne von roten Paprikaschoten und ➛ Tomates concassées.

Kresse ➛ Brunnenkresse, ➛ Gartenkresse

Kretische Suppe Eine Tomatensuppe wird mit Kürbispüree verkocht, kräftig abgeschmeckt und kurz vor dem Anrichten mit gerösteten Weißbrotwürfeln bestreut.

Kreuzkümmel Auch Cumin, Kumin, Mutter-, Pfeffer-, Pfaffenkümmel, Römischer, Welscher Kümmel. Ein in warmen Ländern wachsenes kümmelähnliches Kraut, dessen bitterscharfe Sichelfrüchte ganz oder gemahlen vor allem in der orientalischen, afrikanischen, indischen und chinesischen Küche eine Rolle spielen.

Krevetten ➛ Garnelen

Krickenten Eine besondere, sehr kleine ➛ Wildentenart.

Krim Schwere, vollmundige und meist sehr süße Schaum- bzw. Rotweine kommen aus diesem Anbaugebiet auf der gleichnamigen russischen Schwarzmeer-Halbinsel.

Kroatische Suppe Eine Maisrahmsuppe wird zart abgeschmeckt und erhält gedünstete Maiskörner als Einlage.

Kroatzbeere Ein schlesischer Name für Brombeeren und für einen ursprünglich schlesischen Brombeerlikör.

Kroepoek Auch Krabbenbrot, -chips, Krupuk. Das fritierte Gebäck, das man von der indonesischen Reistafel her kennt, besteht aus gemahlenen Krabben, Gewürzen und Stärkemehl. Die kleinen, glasigen Blättchen gehen im heißen Fritierfett um ein vielfaches auf und werden knusprig und locker luftig. Am besten schmecken sie frisch und heiß, direkt aus der Friteuse.

Krokant Mandeln oder Nüsse werden gehackt oder gehobelt, geröstet, mit Karamel vermischt und bis zum Erstarren abgekühlt.

Krokanteis Fein gestoßener Krokant wird in Vanille- oder Karameleis eingearbeitet.

Kroketten Auch Krusteln. Fritierte Kleinigkeiten, als Beilagen oder Vorspeisen, in den unterschiedlichsten Formen und Geschmacksrichtungen. Die Krokettmasse kann auf der Basis von Fleisch, Geflügel, Schalentieren, Pilzen, Kartoffeln usw. bestehen, die mit stärkehaltigen Bindemitteln wie gekochtem Reis, Kartoffelteig, Grieß oder einer dicken Sauce Festigkeit bekommen. Wenn die Masse erkaltet ist, wird sie geschnitten, ausgestochen, geformt und paniert, um dann fritiert zu werden.

Kromeskis Kroketten werden zusätzlich noch durch einen Backteig gezogen und dann fritiert. Diese deftigen Kleinigkeiten sind sehr gehaltvoll und werden genau wie Kroketten als Vorspeise oder Beilage angerichtet.

Kron ➛ Kronfleisch

Kronenbraten ➛ Lammkrone

Kronfleisch Auch Kron. Die österreichische Kochfleischspezialität bereitet man aus gekochter Rinderbrust oder gekochtem Rinderzwerchfell zu und serviert sie mit Gurken, Schnittlauch und grobem Salz auf Versperbrettchen.

Kronsardine Auch russische Sardine. Kleine Sprotten, die in einem würzig-pikanten Essigsud mit vielen Zwiebelringen mariniert angeboten werden.

Kronsbeere ➛ Preiselbeere

Kronsbeersauce ➛ Cranberrysauce

Kroß Eine knusprig gebratene oder gebackene Haut oder Kruste, hauptsächlich bei einem Braten oder Geflügel.

Krüllbohnen ➛ Grüne Bohnenkerne

Krupuk ➛ Kroepoek

Krusebeere ➛ Stachelbeere

Krustaden Der Begriff für kleine, pikant gefüllte Portionspasteten, die als Vorspeise Verwendung finden.

Krusteln ➛ Kroketten

Krustenpudding ➛ Charlotte

Krustentiere Auch Kruster. Der Sammelbegriff für die hartschaligen Meereslebewesen, die durch die modernen Transportsysteme auch in unseren Breiten immer öfter frisch angeboten werden. Typische Vertreter sind: Krebse, Hummer, Langusten, Garnelen oder Krabben.

Kuanabana Südamerikanische Art der ➛ Cherimoya.

Kuchenrad Wellen- oder zackenförmiges Rad an einem Griff, mit dem Formen aus Teigplatten (aus)geradelt werden.

Küchengarn Festes, unbehandeltes Baumwollgarn, das schwer brennbar ist und zum Binden oder Nähen von Braten oder Gemüsen Verwendung findet.

Küchengewürze ➛ Gewürze

Küchenkräuter ➛ Kräuter

Küken ➛ Stubenküken

Kümmel Auch Karbei, Wiesen-, Feld-, Fischkümmel. Ein verdauungsförderndes, aromatisches Gewürzkraut mit braunen sichelförmigen Früchten, die ganz oder gemahlen zum Würzen von Gemüse, Käse, Gebäck, Fisch- und Hummersud sowie diversen Wurstsorten dienen. Auch zur Herstellung von Branntwein wird Kümmel verwendet.

Kümmelkartoffeln In einer mit Kümmel kräftig gewürzten Fleischbrühe werden mit Zwiebeln und Wurzelgemüse grobgewürfelte Kartoffeln gegart.

Kürbis Auch Bebe, Plutzer. Das Fruchtfleisch dieser Gemüsepflanze, die im Herbst Riesenfrüchte mit bis zu 2 Zentnern Gewicht hervorbringt, wird meist entweder süßsauer als eine Art Mixed Pickles eingelegt oder zu feinen Suppen, Saucen, Gemüse, Kompotts oder Füllungen verarbeitet.

Kürbischen ➛ Zucchini

Kürbiskerne Die getrockneten, mandelförmige Samenkörner des Kürbis werden als Knabberei geröstet angeboten oder wegen ihres hohen Fettgehaltes zu feinem, dunklen Kürbiskernöl mit nußartigem Geschmack verarbeitet.

Kürbisorange ➛ Pampelmuse

Kürbissuppe Die feine Herbstsuppe läßt sich besonders effektvoll im Kürbis selbst zubereiten: Der ausgeschabte Kürbis wird mit Sahne, Käse, Brühe, Weißwein und Weißbrotwürfeln gefüllt und im Backofen geschmort, bis sich alle Zutaten harmonisch miteinander verbunden haben.

Kufta ➛ Köfte

Kugel Auch Nuß. Ein großer, runder Muskel aus der Keule von Schlachtvieh.

Kugelausstecher Auch Parisienne-Ausstecher. Ein halbrunder, löffelartiger Ausstecher mit scharfem Rand zum Ausstechen von Kugeln aus Melonen, Gemüsen oder Kartoffeln.

Kugelfisch ➛ Fugu

Kugelhupf ➛ Gugelhupf

Kuheuter ➛ Euter

Kukumer Schweiz. für ➛ Gurke

Kukuruz Mex. für ➛ Mais

Kulebiaka Auch Kulebjaka, Kulibjika. Die berühmten russischen Pasteten, die meist aus Hefeteig hergestellt werden, mit Kohl, Eiern, Reis, Fisch, Fleisch, Wild oder Geflügel gefüllt und gebacken werden. Sie können heiß oder kalt gegessen werden.

Kulitsch Der russische Feiertagskuchen zu Ostern wird aus einem schweren Hefeteig mit reichlich Rosinen, Orangeat, Zitronat, Mandeln, Rum, Safran und anderen Gewürzen gebacken und mit einer Zuckerglasur und kirchlichen Motiven verziert.

Kullerpfirsich Besonders aromatische, kleine Pfirsiche werden in spezielle, etwas kugelig ausgeweitete Sektgläser gegeben, nachdem sie mehrfach mit der Gabel eingestochen wurden. Dann wird mit Sekt aufgegossen, und die Pfirsiche beginnen sich durch die anhaftenden Kohlensäureteilchen zu drehen, eben zu kullern. Ein Spaß für heiße Sommerabende.

Kumin ➛ Kreuzkümmel

Kumquats Auch Cumquats, Goldorangen, japanische Orangen, Limequat. Die kleinen orangeroten Zitrusfrüchte, die meist aus Südafrika zu uns kommen, werden entweder roh mit der Schale gegessen oder als gekochte, in Zuckersirup eingelegte Zuckerfrüchte für Torten, Desserts, Fruchtsalate oder Cocktails verwendet.

Kumys Auch Kumyß. Ein asiatisches Milchgetränk, das ähnlich wie Kefir durch Vergären entsteht und ebenfalls säuerlich schmeckt, aber mehr Alkohol enthält.

Kunsthonig ➛ Honig

Kuri yokan Japanisches Bohnengelee, das gerne als Teekonfekt serviert wird.

Kurkuma Auch Gelbwurz, Gilbwurz, chinesische Gelbwurzel, indischer Safran. Das asiatische Ingwergewächs kommt bei uns meist nur zu Pulver zermahlen auf den Markt. Als wesentlicher Bestandteil des Curry und für viele aromatische Saucen findet Kurkuma Anwendung.

Kurpflaumen Reife Pflaumen werden gedörrt, bis sie nur noch 1/3 ihrer Feuchtigkeit besitzen, aber noch schön weich sind.

Kurzbraten Dünne Fleischscheiben, Geflügelbrüste oder kleine Koteletts von Lamm oder Wild werden bei großer Hitze kurz in der Pfanne gebraten, so daß sich die Poren schließen und kein Fleischsaft mehr austreten kann. ➛ Garstufen

Kusa ➛ Zucchini

Kuski bil lham ➛ Couscous mit Rindfleisch und Gemüse.

Kutteln Kaldaunen, Fleck, Pansen, franz. Tripes, ital. Busecca. Der vordere Teil des Wiederkäuermagens vom Rind wird gesäubert, vom inneren Talgbelag befreit, gewässert und etwa 1/2 Tag lang weichgekocht, bevor er weiterverarbeitet wird. Beim Metzger sind die Kutteln meist fertig vorbereitet erhältlich. Bei uns vor allem in den ländlichen Küchen Süddeutschlands verwendet, sind die Kutteln in der feinen Küche der Mittelmeerländer als Delikatesse sehr beliebt. Berühmt sind die Kutteln nach der Art von Caen (franz. ➛ Tripes à la mode de Caen), aber auch zahlreiche suppenartige Zubereitungen oder die Verarbeitung in gesäuerten Salaten.

Kuttelkraut Österr. für ➛ Thymian

Kuttern Für die Wurst- und Pastetenherstellung wird Fleisch in einem großen Blitzhacker zerkleinert, je nachdem, welche Konsistenz gewünscht ist, von groben Stücken bis zum feinem Mus.

Kuvertüre Auch Couverture. Das Fertigprodukt wird im Handel meist als dunkle, hellbraune und weiße Kuvertüre angeboten und findet als Schokoladenüberzugsmasse vor allem bei der Torten-, Gebäck- und Pralinenherstellung Verwendung.

Kuzu Etli Pilav Die türkische Version eines Lammgulaschs, das mit

Zwiebeln und Tomaten geschmort und mit Reis fertiggegart wird.

Kwas Auch Kwaß. Das leichte „Brotbier“ aus Rußland, das durch Vergären von Schwarzbrot und mit Hilfe von Hefe leicht selbst hergestellt werden kann.

L

Lablab-Bohnen Auch Ägyptische Bohnen. Schwarze, ursprünglich indische Bohnen mit harter Schale, die heutzutage vor allem in Ägypten verwendet werden.

Laberdan Auch franz. Morue. Der in Fässern eingesalzene Kabeljau wird vor dem Kochen einen Tag und eine Nacht lang gewässert, dann in Wasser gargeköchelt und zu verschiedenen Saucen, als Auflauf oder mit frisch gekochtem Gemüse zubereitet. Gerichte mit Laberdan sind vor allem im Mittelmeerraum und in Südamerika beliebt. Die ungesalzene, getrocknete Version ist der ➛ Stockfisch.

Labskaus Das in unzähligen Varianten existierende Seemannsgericht aus dem Norden gelingt nach dem Urteil von vielen Schiffsköchen am besten, wenn man es am Vortag zubereitet. Gekochtes Pökelfleisch wird durch den Fleischwolf gedreht und mit grob gehackten, gewässerten Salzheringen zusammen angerichtet. Je nach Tradition werden dann noch Zwiebeln, Kartoffelpüree, Rote Bete und Salzgurken untergearbeitet oder dazu gelegt.

Lachs Der forellenähnliche Wanderfisch, der in Europa und Amerika gleichermaßen beheimatet ist und zum Laichen aus dem Meer die Flüsse hinauf zu seiner ehemaligen Geburtsstätte zurückwandert. Sein rosagefärbtes, grätenarmes Fleisch erreicht in dieser Zeit, in der man ihn auch Salm nennt, die höchste Qualität. Angeboten wird er zwischen 2 und 10 kg. Wildlachse werden eher selten, normalerweise dagegen Zuchtlachse aus Schottland, Irland, Norwegen oder Kanada angeboten. Die Zubereitungen dieses besonders delikaten Fisches sind unzählbar: Kalt oder warm, pochiert, gegrillt, gebacken, geräuchert, mariniert oder als Bestandteil feiner Fischpasteten. Der grobkörnige Rogen liefert den erfrischenden ➛ Ketakaviar.

Lachsauflauf ➛ Potted Salmom

Lachsbückling Unter dieser Bezeichnung werden Heringe angeboten, die gesalzen, geköpft und geräuchert werden.

Lachsersatz Kabeljau wird, unter der Bezeichnung Seelachs, gesalzen, rötlich gefärbt und in Speiseöl als Konserve angeboten.

Lachsforelle Auch Meerforelle, Weißforelle. Diese Kreuzung aus Lachs und Regenbogenforelle kommt meist aus großen Zuchtanstalten in den nordischen Fjorden. Sie ist kleiner und gedrungener als der echte Lachs, besitzt ebenfalls rötliches

Fleisch, aber weniger Fett, weshalb sie besonders gut verträglich ist. Sie läßt sich wegen ihres Schlachtgewichts von etwa 1–4 kg ideal im ganzen für eine Familie zubereiten und wird ansonsten wie Lachs oder Forelle verarbeitet.

Lachskaviar ➛ Ketakaviar

Lachskoteletts Der ganze Lachs wird quer in kotelettförmige Scheiben geschnitten, die sich ideal zum Grillen, Braten oder Pochieren eignen.

Lachspüree Ein Mus aus gekochtem Lachs, weicher Butter und Sahne, das kräftig gewürzt und als feiner Brotaufstrich verwendet wird.

Lachsröllchen Auch Lachstüte. Ähnlich wie bei Schinkenröllchen werden dünne Scheiben geräucherten oder marinierten Lachsfleisches um gekochte Spargelenden wie kleine Tütchen geschlagen, so daß die Spargelspitzen noch herausschauen. Oft wird das Ganze auch mit Mayonnaisetupfern oder Sahnemeerrettich und Dillzweigen ausgarniert.

Lachsschinken Die ausgelösten und von jedem Fett befreiten Rückenmuskelstränge des Schweinekarrees werden mit fettem Speck umwickelt, mild gepökelt und geräuchert. Zum Anrichten wird diese Schinkenart in hauchdünne Scheibchen mit dem charakteristischen weißen Fettrand geschnitten.

Lachsschnittchen Als Aperitifhäppchen oder als einfache Vorspeise werden auf kleine, gebutterte Toaststücke hauchdünne Räucherlachsscheiben gegeben und mit Mayonnaisespritzern, Meerrettichsahnehäubchen oder Dillzweigen dekoriert.

Lachstüten ➛ Lachsröllchen

Lacrima Christi Die vulkanischen Böden der Gegend um den Vesuv in Italiens Campania liefern einen berühmten, aber qualitativ sehr unterschiedlichen Wein. Beliebt sind die trockenen Rotweine und die lieblichen, goldgelben Weißweine.

Lady Curzon Eine sehr bekannte, klassische Suppengarnitur, die aus einer Currysahnehaube besteht, die meist noch überbacken wird.

Ladyfinger ➛ Okra

Läutern ➛ Klären

Läuterzucker Eine klar gekochte Zuckerlösung, die je nach Verwendungsart verschieden stark konzentriert wird. Die einzelnen Konzentrationsgrade werden mit einer Zuckerwaage in Beaumégraden gemessen oder man prüft die Konsistenz und kann dadurch auf den ungefähren Zuckergehalt schließen. So steigert sich der Läuterzucker vom sogenannten Kleinen Faden über weitere 6 Grade bis zum Großen Bruch, was besagt, daß Läuterzucker beim Erkalten zu festen Platten erstarrt. Kocht man den Sirup jetzt noch weiter ein, verfärbt er sich und wird zu ➛ Karamel.

Lafer, Johann Geboren 1957. Der geborene Grazer hat sich durch die ersten Adressen deutscher und internationaler Kochkunst hindurchgearbeitet, bis er mit dem Restaurant „Val d'Or" im Guldental bei Bad Kreuznach sein eigenes kulinarisches Arbeitsfeld schuf. Bei Witzigmann in München schon als Chef Patissier berühmt, kann er hier in seinen eigenen Wänden nun auch sein Können in allen anderen Bereichen der Kochkunst zeigen. Und so wie er es tut, nämlich in bodenständiger Verbindung zur regionalen Küche, aber auf dem küchenmeisterlichen Niveau mehrerer Sterne, wird man auch weiterhin ohne Vorbestellung keinen Platz im kulinarischen Mekka des pfälzischen Provinzstädtchens bekommen.

Lafitesuppe Die nach der berühmten Medocweinlage in Bordeaux benannte Suppe besteht aus einer Hühnerconsommé, die vor allem mit Madeira gewürzt wird und als Einlage in Streifen geschnittene Hahnenkämme, Hahnennieren, Champignons und Trüffel, sowie kleine, ausgestochene Gurkenkugeln und Minioliven ohne Steine erhält.

Lagerbier Ein meist helles, vor allem in Großbritannien sehr beliebtes, untergäriges Vollbier, dessen Namen von der langen Lagerzeit herrührt, in der es geklärt wird und reift.

Lagmi ➛ Dattelwein

Lahana dolmasi Die türkische Variante der Kohlrouladen, die mit einer Mischung aus „Nicht-Schweinefleisch", Reis, Zwiebeln, Kräutern und Gewürzen gefüllt und im Fleischfond mit Gemüsen gedünstet werden.

Lahm lhalou Ein algerisches, süßliches Lammragout, das mit Mandeln, Zucker, Zimt und süßlichen Aromaten geschmort und mit Couscous oder Reis serviert wird.

Lahmé Ein arabischer Fleischkuchen aus Hammelhackfleisch, Zwiebeln, Tomaten und Gurken. Die Zutaten werden mit Mehl und Gewürzen zu einer zähen Masse verknetet, als Platte im Ofen gebacken und mit Fladenbrot serviert.

Lake Eine gekochte Salzlösung von hoher Konzentration, in die Schinken oder Fisch zum Naßpökeln eingelegt wird.

Lakritze Die bei Kindern sehr beliebte schwarze Süßigkeit wird auf der Basis von eingekochtem Süßholzwurzelsaft mit verschiedenen Zusätzen hergestellt und ist in stärkerer Konzentration auch als Hustenmittel nutzbar.

Lamb Chops ➛ Lammchops

Lambertnuß Eine spezielle Haselnußsorte, die länglich geformte Nüsse hervorbringt.

Lambrusco Dieser italienische Wein, meist ein Rotwein, kommt aus der Emilia Romagna und wurde durch seinen häufigen Ausschank in Pizzerien erst in Europa, dann auch in den USA sehr verbreitet. Er ist ein einfacher, leicht moussierender Massenwein, der meist lieblich, zum Teil aber auch trocken zu einem niedrigen Preis angeboten wird.

Lamm Das zarte Fleisch junger Schafe, die noch kein Jahr alt geworden sind, findet auch bei uns wegen der saftigen Qualität immer mehr Liebhaber. Früher wurden sie oft zu

Ostern mit 3–4 Monaten geschlachtet, heute bekommt man Lammfleisch frisch oder tiefgefroren das ganze Jahr über. Besonders wertvoll sind die Milchlämmer, die noch kein festes Futter zu sich genommen haben oder die Salzlämmer, die auf den Deichwiesen der Küstengebiete Europas weiden und so durch Meersalz und Kräuter kräftig aromatisiertes Fleisch bekommen. Lammfleisch spielt in der südländischen und arabischen Welt eine sehr große Rolle, aber auch in England oder Australien gehört es zu den beliebten Spezialitäten. Es kann als gerollter und geschmorter Braten, als würziges Ragout, als rosagegrillte Keule oder als gebratene Lammkoteletts vielfache Verwendung finden.

Lammblatt ➛ Lammschulter

Lammbries Die Wachstumsdrüse des Lamms, die bei uns selten angeboten wird, wird wie Kalbsbries verwendet.

Lammbrust Wenn sie nicht in Stücke geschnitten als Ragout verwendet wird, kann sie auch gefüllt und gebraten oder gekocht werden.

Lammchop Bei Chops wird der entbeinte, halbierte Lammrücken samt Bauchlappen in Scheiben geschnitten, zu Spiralen gerollt, gebunden oder mit einem Spieß gehalten. Die Chops werden gegrillt oder gebraten und mit kräftigen Grillsaucen oder Kräuterbutter serviert.

Lammcurry Ein Ragout aus Lammkeule oder -schulter wird mit Currypulver gewürzt, angeröstet, in Joghurt weichgeschmort und dann mit Reis und angedünsteten Mandeln angerichtet.

Lamm-Epigramm ➛ Epigramm

Lammfüße Die Zubereitung entspricht der von ➛ Kalbsfüßen.

Lamm-Galantine Die pochierte Rollpastete wird aus entbeinter und flachgeklopfter Lammschulter zubereitet, die mit feinstgemahlenem Lammhackfleisch mit Leber- und Zungenwürfeln vom Lamm sowie Kräutern und Gewürzen belegt wird, bevor man sie rollt und bindet. Danach läßt man das Ganze in Brühe garziehen, glasiert es nach dem Abkühlen mit Gelee und präsentiert es aufgeschnitten.

Lammgulasch Die Zubereitung entspricht einem normalen ➛ Gulasch, wobei die Fleischstücke klein gewürfelt und Streifen von roten Paprikaschoten hinzugefügt werden.

Lammkarree Das Stück vom längsgeteilten Lammrücken, an dem die Rippen angesetzt sind.

Lammkeule Dieser Schlegel gehört zu den feinsten Fleischstücken, die es gibt. Normalerweise wird die Keule von Fett und Häuten befreit, gewürzt, eventuell mit Kräutern, wie z.B. Rosmarin, und Aromaten, z.B. Knoblauchzehen, gespickt und dann am Spieß gegrillt oder im Rohr gebraten. Auch pochiert und geschmort wird eine Lammkeule zur Delikatesse. In die verschiedenen Muskelteile zerlegt, läßt sich eine Lammkeule auch als Einzelportion für wenige Personen optimal zubereiten.

Die verschiedenen Küchen servieren Lammkeule ganz unterschiedlich: England mit Kapern- oder Pfefferminzsauce, Frankreich mit einer kräftig gewürzten Senfkräuterkruste und Italien mit viel Knoblauch und Rosmarin.

Lammkoteletts Die Scheiben vom Rippenstück werden oft eingelegt und dann gegrillt, gebraten und mit vielerlei Saucen, Gemüsen und Beilagen kombiniert.

Lammkrone Auch Kronenbraten. Eine spezielle Zubereitungsart des Lammkarrees: Vom Metzger wird der Rückgratknochen entfernt und die Bereiche zwischen den Rippenknochen so eingeschnitten, als wenn man Koteletts schneiden wollte. Dann wird dieses bewegliche Kotelettband zur Innenseite gedreht und zu einer Krone gebunden. Die Lammkrone wird im Ofen gebraten und mit Gemüse gefüllt angerichtet.

Lammnieren Die Zubereitung dieser als Delikatesse gehandelten Innereien entspricht der von Kalbsnieren.

Lammnüßchen Auch Medaillons. Die Scheiben aus den Rückenfilets, deren Breite ungefähr dem Durchmesser der Filets entspricht, sind eine begehrte Delikatesse zum Grillen oder Braten. Sie können mit feinen Saucen oder den gleichen Garnituren wie Kalbsmedaillons zubereitet werden.

Lammpilaw Für dieses Gericht mit Pilawreis werden grobe Lammfleischstücke, Zwiebeln, Paprikaschoten, getrocknete Aprikosen, etwas Joghurt und viele Gewürze geschmort.

Lammrippchen ➛ Lammkoteletts

Lammrücken Auch Lammsattel. Das Rückenstück beginnt dort, wo das Rippenstück endet und wird normalerweise ohne Innenfilets und Nieren angeboten. Dieses Stück wird gern im ganzen gebraten. Die Rückenfilets werden nach dem Braten tranchiert und wieder auf das Sattelstück gesetzt. Vor dem Servieren wird der ganze Braten mit einer Decksauce oder Reibekäse gratiniert.

Lammschulter Dieses Schlachtstück eignet sich, nachdem es von den Knochen befreit wurde, hervorragend zum Rollen und Füllen und danach zum Braten, Backen oder Schmoren.

Lammsteaks Im Prinzip handelt es sich hier um Lammkoteletts ohne Knochen. Sie werden normalerweise aus den Lammrückenfilets, manchmal auch aus der Keule geschnitten und können wie Lammnüßchen oder Lammkoteletts zubereitet werden.

Lammzunge Diese Delikatesse wird, wie die meisten Innereien vom Lamm, genau wie das entsprechende Teil beim Kalb zubereitet.

Lancashire Cheese Dieser weißliche, krümelige Käse aus der englischen Grafschaft Lancashire wird aus gemahlenem, kräftig gesalzenem und gepreßtem Käsebruch hergestellt und muß etwa 3 Monate reifen. Dann erinnert er an den weißen Cheshire-Käse, der auch fälschlicherweise oft als Lancashire angeboten wird.

Landbutter Auch Bauernbutter. Diese Butter wird nicht industriell in der Molkerei hergestellt und ist daher auch relativ unterschiedlich in Qualität und Konsistenz. Sie sollte nur frisch verarbeitet und möglichst schnell verbraucht werden, da sie nicht so lange haltbar ist wie die Molkereibutter.

Landjäger Diese kantig gepreßte Rohwurst, die man aus grobgemahlenem Rind- und Schweinefleisch sowie Speck herstellt, wird geräuchert, meist paarweise angeboten und ist als Begleiter bei Wanderungen oder auf der abendlichen kalten Wurstplatte sehr beliebt.

Ländlicher Salat Ein einfacher grüner Salat aus knackigen Kopfsalatherzen, die in einer Sauce aus Öl, Essig, Senf, Knoblauch und viel Schnittlauch und Kerbel kurz vor dem Anrichten angemacht werden.

Landsknechtsalat Ein sehr gehaltvoller Kartoffelsalat mit einem hohen Anteil an gekochtem Rindfleisch, Pökelzunge, Schinken und Salami, der mit gehackten Gewürzgurken, Zwiebeln und Kräutern in einer Senfsauce angemacht und mit Eierstücken dekoriert wird.

Landwein Franz. Vin de Pays. Ein mittlerweile sehr beliebter Wein aus Deutschland und Frankreich, der qualitätsmäßig über dem einfachen Tafelwein liegt und aus einem bestimmten, auf dem Etikett angegebenen, Anbaugebiet stammen muß.

Langfisch ➛ Lengfisch

Langkornreis Diese Reissorte, die, wie der Name schon sagt, eine längliche Körnerform besitzt, kommt vor allem aus Pakistan und Indien unter dem Namen Patnareis und aus den USA als Karolinareis zu uns. Die geschälten und polierten Körner bleiben beim Kochen locker, fest und kleben nicht zusammen.

Langostino Auch Chilekrabbe. Von diesen südostpazifischen Furchenkrebsen wird bei uns nur das geschälte, konservierte Schwanzfleisch angeboten. Wegen des delikaten Geschmacks ist das Langostinofleisch sehr begehrt.

Langoustines Franz. ➛ Kaisergranat

Languste Auch Stachelhummer, engl. Spiny Lobster, franz. Langouste, ital. Aragosta. Dieser langschwänzige Bodenkrebs, der für den Laien aussieht wie ein Hummer ohne Scheren, kommt in Europa im Mittelmeer und an den Küsten der Bretagne, Großbritanniens und Irlands vor. Im Handel wird die Konkurrenz durch Langusten aus dem pazifischen Raum oder Afrika immer stärker. Langusten können 5–6 kg schwer werden, werden aber meist mit einem Gewicht zwischen 500 und 1000 g angeboten. Sie haben ihr delikates, festes Fleisch wie der Hummer im Schwanz versteckt und werden wie dieser zubereitet.

Langustenbutter Sie wird genauso wie ➛ Hummerbutter, allerdings mit Langustinenschalen, zubereitet.

Langustine ➛ Kaisergranat

Laos-Fischsauce Für diese asiatisch-würzige Dipsauce zu gekochtem Fisch und Meerestieren mischt man Fischfond mit Kokosmilch, Limonensaft, Zucker, Erdnüssen, Chilischoten, Knoblauch, Ingwer und Zitronengras und läßt das Ganze eine Zeitlang marinieren.

Lap cheong Die haltbare chinesische Wurst mit einer Füllung aus grobem Schweinefleisch, das mit Paprikapulver und Sojasauce abgeschmeckt wird.

Lappenpickert Westfälisch für ➛ Kartoffelpuffer

Lapsang Souchong Schwarzer Tee aus Taiwan, der einen typischen Rauchgeschmack besitzt.

Lardieren Der Spezialausdruck bedeutet das Spicken von mageren Fleischstücken, wie z.B. von Wild oder Rind, mit Speckstreifen, damit das Fleisch beim Schmoren nicht austrocknet. Ladiertes Fleisch sollte nicht eingefroren werden, da das Spickfett ranzig werden könnte.

Lasagne Die berühmte italienische Pastaspezialität aus breiten Teigplatten, die auch mit Spinat gefärbt sein können. Sie werden vorgekocht und meist mit Hackfleischragout, Tomaten- und Béchamelsauce, manchmal auch mit Gemüsen oder Fisch schichtenweise gefüllt, gebacken und mit Reibkäse gratiniert. Dieser Nudelauflauf ist ein Renner in allen Pizzerien.

Lasagnette Kleine italienische Bandnudeln, oft mit gewelltem Rand, die zu gehaltvollen Saucen oder Ragouts beliebt sind.

Lattich ➛ Kopfsalat

Lattichsuppe Eine bei uns eher seltene Zubereitungsart für Kopfsalat. Er wird kurz gekocht und in einer Hühnerrahmsuppe püriert. Einige Streifen der Blätter werden als Einlage kurz vor dem Anrichten in die heiße Suppe gegeben.

Latwerg Weit bekanntes Pflaumenmus aus dem Südwesten Deutschlands, das ungesüßt, mit vielen Gewürzen, für deren Mischung jede Hausfrau ihr Geheimnis hat, abgeschmeckt wird und stundenlang gekocht werden muß. Früher wurde dazu meist der kupferne Waschkessel benutzt, in dem dann sogar nachts das Pflaumenmus ununterbrochen gerührt wurde, bis es die richtige Konsistenz hatte.

Lauben ➛ Ukelei

Laubfrösche Bei dieser gehaltvollen Spezialität aus der Schweiz wird eine gewürzte Hackfleischmasse wie für Frikadellen zubereitet, in blanchierte Spinatblätter gewickelt, gebunden und in einer kräftigen Fleischbrühe gedünstet. Meist werden Laubfrösche in einer hellen Sahnesauce serviert.

Lauch Auch Beißkraut, Breißlauch, Brißlauch, Porree. Dieses Zwiebelgewächs mit weißem Stengel und Lauchgrün wird gekocht als Gemüse, für Aufläufe, als Bestandteil von Wurzelgemüse oder zur Suppenherstellung verwendet. Pochierte Lauchstangen lassen sich auch gut kalt als

Salat marinieren. Sehr junge, zarte Lauchpflanzen kann man wie ➛ Frühlingszwiebeln verwenden. Man muß bei diesem Gemüse auf die Reinigung großen Wert legen, da sonst in den Stangen ein Rest Sand oder Erde zurückbleiben kann. Aus diesem Grund spaltet man die Lauchstangen längs und spült sie unter fließendem, kaltem Wasser ab.

Lauchpastete ➛ Flamiche

Lauchsauce Diese raffinierte warme Sauce zu Fisch und Kochfleisch wird aus gedünstetem Lauch zubereitet, der mit einer hellen Sahnesauce püriert und kräftig mit Cayennepfeffer abgeschmeckt wird.

Lauchsuppe In Butter gedünstete Lauchscheiben werden mit einer kräftigen Sahnebéchamel verkocht, püriert und mit Sahnehäubchen oder gerösteten Croûtons garniert.

Lauchzwiebeln ➛ Frühlingzwiebeln

Laugenbrezel ➛ Brezel

Laurasalat Eine erfrischende Salatmischung aus Julienne von grünen Paprikaschoten und Apfelstückchen, die in Mayonnaisedressing angemacht und auf Kopfsalatherzen angerichtet werden.

Lavallièresauce Eine klassische Wildsauce, die auf der Grundlage einer ➛ Demiglace mit Wildfond und Crème fraîche verkocht wird und kurz vor dem Anrichten als Einlage Julienne von Trüffeln und Estragonblättchen erhält.

Lavendel Die jungen Lavendelblätter werden frisch oder getrocknet als Gewürz verwendet und sind ein wichtiger Bestandteil der berühmten Herbes de Provence, einer ➛ provencalischen Kräutermischung.

Lavendelhonig Ein vor allem in Südfrankreich produzierter, gelblicher bis grünlicher, aromatischer Honig, der eine butterweiche Konsistenz besitzt.

Lebensmittel Alles, was pflanzlichen oder tierischen Ursprungs ist und was wir im ursprünglichen Zustand oder bearbeitet zu uns nehmen können, wird als Lebensmittel bezeichnet. Darunter fallen auch die Genußmittel, nicht aber die zu Heilzwecken benötigten Arzneien.

Leber Diese Innerei hat sicherlich einen bevorzugten Platz bei den Feinschmeckern. Nicht nur die gestopfte Gänse- oder Entenleber, sondern auch andere Geflügellebern passen hervorragend zu herbstlichen Salaten oder feinen Fleischgerichten. Die edelsten Pasteten und Würste werden mit Kalbsleber zubereitet, die sich genauso wie Rinder-, Schweine-, Wild- oder Lammleber auch gebraten, gebacken oder gedünstet verwenden läßt. Mit Ausnahme von Kalbs- und Geflügellebern werden die Leberstücke vor dem Zubereiten in Milch eingelegt, um den herben Geschmack etwas zu mildern. Leber sollte man immer erst nach dem Garen salzen, damit sie nicht während der Zubereitung hart wird.

Leberauflauf Ein traditionelles Gericht, bei dem pochierte Kalbsleberstücke püriert, mit Eigelb und Béchamelsauce vermischt und gewürzt werden. In diese Lebermasse wird steifer Eischnee eingearbeitet, bevor man sie in einer Auflaufform pochiert, wo sie wie ein Soufflé aufgeht und sofort heiß serviert werden muß.

Leber auf Berliner Art Die traditionelle Zubereitung aus Berlin, die aber in Deutschland überall auf den Speisekarten zu finden ist: Daumendicke Leberscheiben werden mit in gleicher Stärke geschnittenen Apfelringen gebraten und mit gerösteten Zwiebeln und Kartoffelpürree serviert.

Leberkäse Ein Fleischkäse mit Leberanteil, der in rechteckigen Formen gebacken wird und kalt oder warm gern als zweites Frühstück oder Vesper gegessen wird. In Bayern darf der Leberkas ohne Leber zubereitet werden, was darauf hindeutet, das man den Namen nicht von der Leber, sondern von der traditionellen Form des Fleischbratens, einem Laib (bayr. Loib), herleiten könnte.

Leberknödel Auch Lebernocken. Je nachdem, ob man die Knödel als Suppeneinlage (Bayrische Leberknödelsuppe) oder als Hauptgericht (Pfälzer Lewerknepp mit Sauerkraut) serviert, werden sie in kleineren oder größeren Durchmessern hergestellt. Aus Rinder-, Schweine- oder seltener Kalbsleber wird ein Fleischteig zubereitet, der mit Hackfleisch, Mehl oder Brot als Bindemittel und Eiern, Speck, Kräutern und Gewürzen zubereitet, geformt und in einer Brühe gegart wird.

Leberknödelsuppe Bayerische Spezialität. Ein bis zwei Leberknödel in einer kräftigen Rindsbouillon, die mit Schnittlauchröllchen garniert werden.

Leberknöpfli ➛ Leberspätzle

Lebernocken ➛ Leberknödel

Leberpastete Eines der französischen Spitzenerzeugnisse, das aus Leber, magerem Fleisch und Speck hergestellt und in Steingutformen grob- oder feingemahlen in streichbarer Konsistenz angeboten wird.

Leberschöberl Diese Suppeneinlage aus Österreich besteht aus einem würzigen, salzigen Biskuitteig, der mit pürierter Kalbsleber, Zwiebel und Petersilie vermischt und dünn gebacken wird. Nach dem Abkühlen wird er in Rauten geschnitten und in Rindsbrühe serviert.

Leberspätzle Auch Leberspatzen, schweiz. Leberknöpfli. Bei dieser Variante der schwäbischen Spätzle wird Kalbsleberpürree in Spätzleteig eingearbeitet, der in kochendes Salzwasser geschabt wird. Die fertig gegarten Spätzle werden mit abgebräunten Zwiebeln und brauner Butter angerichtet.

Lebersuppe Diese gehaltvolle gebundene Suppe wird aus pürierter Kalbs- oder Rinderleber, Wurzelgemüse, Weißwein und Rinderbrühe hergestellt und mit Salz und Pfeffer abgeschmeckt. Kurz vor dem Anrichten wird die Suppe noch mit frisch gehackter Petersilie bestreut.

Leberwurst Diese Kochwurst, die in unseren Breiten sehr beliebt ist, besteht zu etwa 1/8 aus Leber, der Rest sind Fleisch, Speck und eine Gewürzmischung mit verschiedene Anteilen von Majoran, Muskatblüte, Pfeffer, Thymian und Zimt. Es gibt zahlreiche bekannte, regional unterschiedlich gewürzte Sorten. Oft werden sie zusammen mit Blutwürsten der Region angeboten. Das Repertoire geht von der Kalbsleberwurst bis zur groben Leberwurst mit großen Speck- und Fleischstücken.

Lebkuchen Das stark gewürzte Weihnachtsgebäck, das sehr haltbar ist und aus einem schweren Teig mit vielen Zutaten wie Mandeln, Nüssen, Orangeat, Zitronat und verschiedenen Glasuren besteht. Meist wird der Lebkuchen auf Obladen gesetzt und mit Mandeln verziert gebacken. Gesüßt wird mit Honig und gewürzt mit einer Lebkuchengewürzmischung, die vor allem aus gemahlenem Anis, Ingwer, Kardamom, Koriander, Muskatblüte, Muskatnuß, Nelken, Piment und Zimt besteht. Traditionell haben sich viele Formen herausgebildet. Berühmt sind die Nürnberger Elisenlebkuchen.

Leckerli Eine süße schweizerische Honigkuchenspezialität aus Basel.

Leclercsauce Eine pikante Saucenkombination aus einreduziertem Champignonfond und mit Weißwein ergänzter, reduzierter ➛ Demiglace, die mit Cayennepfeffer und Senf abgeschmeckt wird.

Lederkarpfen ➛ Karpfen

Ledvinková polevká Diese pikante tschechische Suppenspezialität wird aus gedünsteten, pürierten Nieren hergestellt, die mit Kartoffeln und Zwiebeln verkocht und mit Brühe aufgegossen werden. Diese kräftig abgeschmeckte Suppe erhält kurz vor dem Anrichten als Einlage noch einige gedünstete, in Scheiben geschnittene Kalbsnierchen.

Leerbacken ➛ Blindbacken

Legieren ➛ Binden

Leicester Der englische, auffallend orangerote Käse aus Leicestershire wird ebenso wie der Lancashire Cheese gern zum Überbacken von Toast verwendet. Er besitzt einen milden Geschmack und eine feste Konsistenz.

Leiden ➛ Leyden

Leineweber Traditionelle Hausmannskost aus roh gebratenen Kartoffeln, Speckwürfeln und Zwiebeln, die mit einem Pfannkuchenteig übergossen werden. Das Ganze läßt man stocken und serviert es mit goldbrauner Kruste.

Leinöl Ein erstklassiges Salatöl, das aus den Körnern der Leinsamenpflanzen gepreßt wird. In Sachsen wird mit Quark vermischtes Leinöl als Spezialität zu Pellkartoffeln serviert.

Leinsamen Die in der modernen Ernährung sehr gern verwendeten Samenkörner einer Flachspflanze, die außerdem zur Brotherstellung und zur Ölgewinnung genutzt werden.

Leipziger Allerlei Feines Gemüse, z.B. Spargel, grüne Erbsen oder Erbsenschoten, junge Karotten, frische

Morcheln und Teltower Rübchen, wird getrennt knackig gegart, in Butter geschwenkt, gewürzt und auf klassische Art zusammen mit gekochten Flußkrebsen in Krebssauce serviert.

Lemon Cheese Überall in England als Fertigprodukt erhältlicher Brotaufstrich aus Zitronensaft, Butter, Eiern und Zucker.

Lemon Curd Eine warm aufgeschlagene Buttersauce aus England, die mit Zitronenschale, Zitronensaft, Butter, Zucker und Eigelb zubereitet wird und auch als Fertigprodukt erhältlich ist.

Lemon-Dressing Eine Salatsauce, die aus gesüßter, geschlagener Sahne, Mayonnaise und Zitronensaft zubereitet wird und in England sehr beliebt ist.

Lemonsauce Eine Buttermischung aus den USA, die mit Zitronensaft, Zitronenschale, Cayennnepfeffer und feingehackter Petersilie zubereitet wird und besonders gut zu Meeresfrüchten und Fisch paßt.

Lende Eine andere Bezeichnung für Rinder-, Schweine- oder Kalbsfilet.

Lendenschnitte. Auch Medaillon, Tournedo. Eine Fleischscheibe aus der Filetspitze oder dem Filetkopf, die oft rund gebunden, rosa gebraten und erst nach dem Braten gewürzt wird. Am besten wird dieses typische Kurzbratstück mit kleinen Saucen, feinsten Gemüsen und würzigen Beilagen kombiniert. Viele der zahlreichen Varianten mit Lendenschnitten sind in die klassische Küchengeschichte eingegangen: Mit Markscheiben belegt auf ➛ Macairekartoffeln (Katharina), mit ➛ Choronsauce und Spargelspitzen auf Artischockenböden (Choron), gratiniert mit angereichertem Zwiebelpüree bestrichen, mit Parmesan bestreut (Cäsar) oder als ➛ Tournedos Rossini.

Lendenspitzen ➛ Filetspitzen

Leng Auch Lang-, Lengfisch. Der längliche Fisch mit einem langen Bartfaden am Unterkiefer ist in den Gewässern vom Ärmelkanal bis zum Kattegat beheimatet und wird bei uns meist als Filet angeboten. Sein festes, weißes Fleisch, das ähnlich wie das des Kabeljaus schmeckt, wird auch getrocknet verarbeitet.

Lerchen Die prächtig gefärbten Singvögel dürfen bei uns und vielen Nachbarn nicht mehr gefangen werden. In Frankreich werden allerdings nach alten Rezepten noch einige Gerichte mit diesen wohlschmeckenden kleinen Vögeln zubereitet, vor allem Lerchenpasteten und Lerchenpfannen.

Lescovacka muckalica Das pikant gewürzte Schweinefilet, das mit Knoblauch und Pfeffer geschmort oder mit Zwiebelscheiben gegrillt wird, ist eine deftige Balkanspezialität.

Letchi ➛ Lychees

Leyden Der niederländische Käse aus der gleichnamigen Stadt besitzt eine feste Konsistenz und einen pikanten Geschmack. Manchmal wird auch Kümmel zu Würzung beigemischt.

Liaison Eine mit Eigelb angerührte Flüssigkeit, die zum Binden von Suppen oder Saucen dient: Sahne, Milch oder Weißwein.

Lichees ➛ Lychees

Liebesäpfel ➛ Tomaten

Liebesknochen ➛ Éclair

Liebesperlen Kleine, bunte Kugeln aus gefärbtem Zuckerguß zum Verzieren von Kuchen oder Desserts.

Liebfrauenmilch Auch Liebfraumilch. Ein Qualitätswein aus unterschiedlichen Anbaugebieten, der meist aus verschiedenen Sorten verschnitten wird und als, zum großen Teil lieblicher, Massenwein nach Übersee und England exportiert wird.

Liebstöckel Auch Maggi-, Badekraut, Lab-, Lob-, Leber-, Neunstock. Die anspruchslose, mehrjährige Pflanze besitzt ein intensives Aroma und wird als Würzkraut in Eintöpfen und Fleischgerichten verwendet.

Liederkranz Diesen poetischen Namen trägt die amerikanische Variante des deutschen ➛ Limburger Käses, die sehr weich ist und ebenso wie ihr europäisches Äquivalent kräftig bis streng riecht.

Liegnitzer Bombe Ein schlesischer Honigkuchen, der mit Marzipan gefüllt und mit Schokoladenglasur überzogen wird.

Liesen ➛ Flomen

Liesenschmalz ➛ Schweineschmalz

Likör Ein süßliches, alkoholhaltiges Mischgetränk aus Branntwein, Zukker oder zuckerhaltigem Sirup sowie Essenzen, Säften oder anderen Aromaträgern, die dem jeweiligen Likör seinen charakteristischen Geschmack verleihen.

Likörwein ➛ Süßwein

Lilienknospen Auch Lotusknospen, goldene Nadeln, chin. Khim Chiam. Die kantonesische Gemüsespezialität besteht aus goldgelben, getrockneten Lilienknospen, die mindestens 1 Stunde in heißem Wasser eingeweicht werden müssen, bevor sie halbiert und, meist in Öl gedünstet, als raffinierte Beilage zu Gebratenem aller Art serviert werden.

Limabohnen Auch Kretabohnen. Die südamerikanischen Bohnenkerne sind nach der peruanischen Hauptstadt Lima benannt und bei uns meist nur als Vollkonserve im Angebot. Sie können wie unsere, etwas kleineren Bohnenkerne zubereitet werden.

Limande ➛ Rotzunge

Limburger Ein eigentlich belgischer Rotschmierenkäse, der mittlerweile auch in Deutschland hergestellt wird und wegen seines pikanten Aromas und seines würzigen Geschmacks sehr beliebt ist. Er wird rund oder in rechteckiger Form angeboten; man erkennt ihn sofort an seinem kräftigen Geruch.

Limejuice Ein englischer Limonensirup, der als Grundlage von Erfrischungsgetränken oder als Basis für Mixgetränke benutzt wird.

Limquat ➛ Kumquat

Limette ➛ Limone

Limfjord-Auster ➛ Auster

Limonaden Alkoholfreie Erfrischungsgetränke aus natürlichen Aromastoffen, Wasser und Zucker. Das Wasser kann kohlensäurehaltig sein. Zusätze von Koffein oder Chinin sind zulässig. Ursprünglich wurde Limonade nur aus Limonensaft hergestellt.

Limone Auch Limette, Limonelle, Limonette. Die feine, aus Ostasien stammende, grünschalige Zitrusfrucht besitzt ein sehr saftiges Fruchtfleisch und eine aromatische, dünne Schale.

Limone Bitter Ein bitterer Auszug aus Limonenschalen, der zum Abschmecken von Desserts oder Mixgetränken verwendet wird.

Linsen Die stärke- und eiweißhaltigen, flachen Hülsenfrüchte gibt es nicht nur in der bei uns üblichen bräunliche Färbung, sondern auch in gelb, grün, orange, schwarz, grau oder rot. Für alle Sorten gilt, daß man die Kochzeit wesentlich abkürzt, wenn man die gewaschenen Linsen am Vortag einweicht. Außerdem sollte man Essig, wenn man ihn zum Würzen z.B. einem Linseneintopf zufügen möchte, erst gegen Ende der Kochzeit hinzugießen, weil sonst das Linseneiweiß hart werden und die Kochzeit sich dadurch wieder verlängern könnte. Die Verwendungsarten sind vielfältig: Mit Speck als Eintopf, gesäuert, in Rotwein geschmort und mit Mehlschwitze gebunden oder gekocht in einer einfachen Vinaigrette als Salat.

Linsenbohne ➛ Mungobohne

Linsensuppe Die bekannteste Zubereitungsart der beliebten Hülsenfrüchte, bei der die eingeweichten Linsen mit Wurzelgemüse und Speckwürfeln gekocht, mit Fleischbrühe aufgefüllt, zum größten Teil püriert und mit den restlichen Linsen als Einlage serviert werden.

Linsen und Spätzle Die ganz offensichtlich schwäbische Kombination von mit Speck und Wurzelgemüse geschmorten Linsen und frisch in Butter geschwenkten Spätzle ist eine deftige und sehr schmackhafte Hausmannskost.

Linzer Torte Diese relativ flache Torte aus süßem Mandelmürbeteig, der mit roter Marmelade bestrichen und mit einem Gitternetz aus dem gleichen Teig belegt wird, ist weit über die Grenzen der oberösterreichischen Stadt bekannt geworden.

Liptauer Käse Der Karpaten-Streichkäse wird im Original auf der Grundlage des Lipto, eines Schafkäses, hergestellt. Bei uns wird dieser quarkähnliche Käse meist aus Kuhmilch mit verschiedenen Zutaten, wie z.B. Paprika, Zwiebeln, Kräutern oder Knoblauch, angeboten.

Lisettesuppe Staudensellerie wird mit Brühe und Sahne zu einer sämigen Rahmsuppe verkocht und mit Juliennne von Trüffeln garniert.

Litowski Sup Auch Litowskyj Sup, Litauische Suppe. Eigentlich handelt es sich hier um ein eintopfartiges Hauptgericht. Grundlage ist eine Kartoffelsuppe, die mit saurer Sahne püriert wird. Diese Suppe erhält als

Einlage Streifen von Sauerampfer, Sellerie, geräucherter Gänsebrust und gebratenen Schweinswürstchen sowie gekochte, dann panierte und fritierte Eihälften.

Litschipflaume ➛ Lychees

Livarot Der rechteckige Weichkäse aus der Normandie, der mit einem rotbraunen Schimmelbelag versehen ist, wird zum Transport in Riedgras eingewickelt.

Livländer Vorschmack Diese baltische Spezialität ist ein Fischauflauf, der aus Heringswürfeln besteht, die mit einer Auflaufmasse aus Eigelb, Butter, Gewürzen und steifgeschlagenem Eiweiß vermischt werden. Er wird in einer Souffléform im Ofen gebacken und muß sofort heiß serviert werden.

Liwanzen Das tschechische Hefegebäck, das aus einem würzigen Eierkuchenteig mit Hefezusatz besteht, wird wie Pfannkuchen gebacken. Typische Beilagen sind ➛ Powidl oder ➛ Topfen.

Lobster Engl. ➛ Hummer

Lobster Chowder Der berühmte amerikanische Hummereintopf: So „normale" Gemüse wie Lauch, Zwiebeln, Paprikaschoten, Kartoffeln und Tomaten sowie Speckwürfel werden mit gebundener Fischbrühe verkocht. Vor dem Servieren wird dann das edle Hummerfleisch hinzugefügt und kräftig abgeschmeckt.

Löffelbiskuits Auch Biskotten, Fingerbiskuits. Zur Herstellung wird Biskuitteig auf Backpapier gespritzt und gebacken. Die fingerbreiten Gebäckstengel werden noch warm in Zucker gewälzt und zu mehreren abgepackt angeboten.

Löffelente Eine europäische Wildentenart, die durch ihren länglichen Schnabel in Löffelform auffällt. Sie wird wie andere Wildenten verarbeitet.

Löffelerbsen Ein Eintopfgericht, das mit gelbschaligen Erbsen und gekochten Schweinsohren in gewürzter Brühe gekocht wird. Man richtet es mit Speck- und gerösteten Brotwürfeln an.

Loempia ➛ Frühlingsrolle

Löser ➛ Kutteln

Löwenzahn Auch Bettseecher, Hundeblume, franz. Dent-de-lion, Pissenlit. Die wildwachsende, gelbblühende Wiesenpflanze, die die bekannten Pusteblumen produziert, wird auf dem Land in den Wiesen gestochen, solange sie noch keine Blütenknospen gebildet hat. Später werden die Blätter hart und bitter. Mittlerweile wird auch gezüchteter, meist gebleichter Löwenzahn mit langen, gelblichen Blättern angeboten, die etwas zarter im Geschmack sind. Die etwas uncharmanten Dialektbezeichnungen deuten darauf hin, daß dem Löwenzahn eine starke entwässernde Wirkung nachgesagt wird.

Logan Eine Kreuzung von Himbeere mit Brombeere ist diese dunkelrote Beerenfrucht, die konserviert oder im Sommer in den USA auch frisch erhältlich ist.

Lokum Die türkische Süßspeise wird aus Nüssen, Kokosrapeln oder kandierten Früchten und mit Rosenwasser aromatisiertem Gelee hergestellt. Nach dem Erstarren wird die Masse in Würfel geschnitten und mit Puderzucker bestäubt angeboten.

Lombok Getrocknete scharfe Chilischoten, die in der indonesischen Küche Verwendung finden.

Lombardische Sauce Eine einfache Ableitung der Sauce ➛ Hollandaise, die mit gehackter Petersilie und Champignons vervollständigt wird.

Longan Auch Drachenauge, Longanpflaume. Eine besonders saftige und aromatische Art der ➛ Lychees mit einer sehr dünnen Schale.

Longdrink Engl. Langes Getränk. Lang bedeutet hier hohes Tumbler-Glas, das eine Mischung aus wenig Alkohol und viel Saft, Eis oder Mineralwasser enthält.

Loose vinken Auch Lose Finken. Ein recht deftiger, flämischer Fleischtopf, bei dem Rinderrouladen in Malzbier mit vielen Zwiebeln und Gewürzen geschmort und anschließend in ihrer gebundenen Sauce mit Petersilienkartoffeln angerichtet werden.

Loquats Auch Japanische Mispel, Wollmispel, Brasilianische Aprikose. Diese ursprünglich ostasiatische Frucht besitzt eine dünne, gelborange Schale und ein aromatisches Apfelaroma. Sie wird bei uns selten frisch, meist nur als konserviertes Kompott angeboten.

Lorbeer Der herbe, würzige Geschmack der grünen Blätter des Lorbeerbaumes ist sehr beliebt. Sie werden daher oft frisch und getrocknet für Braten, Marinaden, Fisch- und Meeresfrüchtesud, Eintöpfe, Gewürzgurken oder Sauerkraut verwendet.

Lorchel Auch Speiselorchel, Stockmorchel. Der rundlich geformte Speisepilz hat je nach Erntezeit eine braune bis helle Färbung. Der Frühjahrspilz wird erst durch Abkochen verwertbar.

Lorenzosalat Eine raffinierte, herbstliche Salatkombination von Kopf- und Feldsalat, der mit Rote Beten und Birnen in Lorenzosauce angemacht wird.

Lorenzo-Dressing Eine einfache Vinaigrette wird durch eingerührten englischen Senf, Chilisauce und gehacktes Eiweiß und Eigelb zu einer gehaltvollen Salatsauce.

Lorettekartoffeln ➛ Dauphinekartoffelmasse wird mit Reibkäse vermengt, zu kleinen Kegeln gespritzt und ausgebacken.

Lorettesalat Ein Rohkostsalat aus Julienne von Sellerie und Rote Beten wird in einem Feldsalatbett angerichtet und mit einer einfachen Vinaigrette beträufelt.

Lorettesuppe Eine unkomplizierte, aber durchaus edle Zubereitungsart einer Hühnerconsommé, die, mit Paprika gefärbt und gewürzt, als Einlage Spargelspitzen und Trüffeljulienne erhält. Lorettekartoffeln werden à part serviert.

Lothringer Specktorte ➛ Quiche lorraine

Lotosnüsse Auch Lotusnüsse. Die mandelähnlichen Samen einer Lilienpflanze aus Asien, die ebenso wie

Mandeln geschält angeboten und verwendet werden.

Lotosnuß-Congee Die chinesische Süßspeise wird mit Milchreis, Zucker und gehackten Lotosnüssen (aus der Dose) hergestellt.

Lotospflaumen Auch Lotusfrucht, schwarze Datteln, Dattelpflaumen, Götterpflaumen. Die blauschwarzen Früchte, die ursprünglich aus Asien stammen, werden auch im mediterranen Raum angebaut und wie Kirschen verwendet.

Louisesalat Ein leichter Fruchtsalat aus geschälten, entkernten Weinbeeren, die mit Grapefruitfilets vermischt, mit einer Mayonnaise angemacht, auf Salatblättern arrangiert und mit Haselnußblättchen vollendet werden.

Louisianasalat Der Golf von Mexico läßt mit einem farbenfrohen Salatarrangement grüßen: Scheibchen von Bananen, Blutorangen und Tomaten werden mit einem Sahnedressing aus Tomatenmark, Öl, Zitronensaft, Schlagsahne und Gewürzen sehr pikant angemacht.

Louisiana Soup Die Vielfalt des amerikanischen Südens drückt sich auch in dieser Geflügelconsommé aus, die mit Safran gefärbt wird und als Einlage rote Paprikaschotenstreifen, Hummerfleisch, Okraschoten und gekochten Reis erhält.

Loup de mer ➛ Seewolf

Love in disguise Engl. Verborgene Liebe. Ein traditionelles Gericht, das typisch für die gehaltvolle englische Küche ist: Ein weichgekochtes, wenn nötig gespicktes Kalbsherz wird abgekühlt, mit gewürztem Brät bestrichen, mit zerbröselten Nudeln paniert und fritiert oder in Butter gebacken.

Lucca-Auge Ein klassisches Hors d'oeuvre, das aus angemachtem Tatar auf einer runden, getoasteten Weißbrotscheibe besteht und mit einer Auster und Kaviar vollendet wird. Eine Kreation aus dem berühmten altberliner Hotel Kempinski zu Ehren der schönen Augen einer Opernsängerin.

Lucullussuppe Eine Rindsconsommé mit einer Einlage aus entsprechend zugeschnittenen Frühlingsgemüsen und Fischbrätklößchen, die zum Teil mit Safran und Tomatenmark gefärbt wurden.

Lübecker Marzipan Traditionell in großen Mengen in der Hansestadt hergestelltes Marzipan von hoher Qualität.

Lübecker Schwalbennester Dieses Schmorgericht aus Schleswig-Holstein besteht aus mit gekochten Eiern gefüllten Kalbsrouladen, die mit Frühlingsgemüsen, Kartoffelpüree und dem gebundenen Bratensatz als Sauce angerichtet werden.

Lüttje Lage Der norddeutsche Ausdruck für die Angewohnheit, ein Bier und einen Schnaps gleichzeitig in einem Zug miteinander auszutrinken.

Luftspeck Luftgetrockneter, leicht geräucherter Schweinespeck.

Luganeghe Eine längliche, mit Schweinebrät gefüllte Wurst aus Italien, die sich hervorragend zum Grillen oder Kochen eignet.

Lummelbraten Auch Lungenbraten. Die österreichischen Begriffe bezeichnen einen Braten aus einem im ganzen zubereiteten Rindsfilet.

Lumpfisch ➛ Seehase

Lumpia ➛ Frühlingsrolle

Lunch Engl. Mittagessen. Mittlerweile auch bei uns auch immer gebräuchlicher für ein schnelles, leichtes Geschäftsmittagessen oder ein ausgedehntes, spätes zweites Frühstück. ➛ Brunch

Luncheon Meat Eine mit Frühstücksspeck umlegte, gebackene Fleischpastete, die in England und Amerika sehr beliebt ist und bei uns als Konserve angeboten wird.

Lunge Die gekochte Kalbs- oder Lammlunge wird beim Metzger schon vorgekocht und in Streifen geschnitten angeboten. Obwohl im allgemeinen bei uns nicht sonderlich beliebt, lassen sich aus Lüngerl, wie die Bayern diese Innerei nennen, sehr schmackhafte Gerichte zubereiten, die oft mit einer gebundenen Sauce und etwas gesäuert zubereitet werden.

Lungenbraten ➛ Lummelbraten

Lungenschmarrn Die österreichische Spezialität verbindet einen schweren Eierteig mit Rosinen und pürierte Kalbslunge zu einer Masse, die, mit Eiweiß gelockert, in einer Auflaufform gebacken, und, wie es sich für einen Schmarrn gehört, vor dem Anrichten mit Gabeln in Stücke zerpflückt wird.

Lungenstrudel Ein Lungengericht aus Österreich, bei dem auf einen Strudelteig eine gebundene, gewürzte und pürierte Lungenmasse aufgestrichen wird. Das Ganze wird gerollt und im Backofen wie ein normaler Strudel goldbraun gebacken.

Lunja ➛ Mungobohne

Lupine Bei uns nur bekannt als Befestigungspflanze auf Autobahnrandstreifen, wird sie in Südeuropa als Hülsenfrucht gern gekocht und mariniert als Salat zubereitet.

Lutfisk Bei dieser norwegischen Fischspezialität wird Kabeljau oder Leng als ungesalzener, aber luftgetrockneter Stockfisch haltbar gemacht.

Luxorsalat Dieser feine, gleichermaßen erfrischende und gehaltvolle Salat wird aus gekochtem Geflügelfleisch, Tomaten, roten Paprikaschoten, Sellerie und grünen Bohnen zubereitet und in einer mit Zitronensaft gesäuerten einfachen Vinaigrette angemacht.

Lychees Auch Lichees, Litschipflaumen, chinesische Haselnüsse. Die braunen, genoppten Kugelgewächse aus Ostasien oder Südafrika werden immer häufiger frisch, aber auch als verzehrfertige Konserve bei uns angeboten. Dabei ist die frische Ware mit dem saftigen weißen Fruchtfleisch und dem nicht eßbaren dunklen Kern in der Mitte der gezuckerten Ware wegen ihrer saftigen Fruchtigkeit auf jeden Fall vorzuziehen.

Lyoner Eine gebrühte Fleischwurst von höchster Qualität, die meist aus feingemahlem, gemischtem Rind- und Schweinefleisch sowie Speck hergestellt wird und in Südwestdeutschland gern in Wasser aufgewärmt oder einfach am Stock gegrillt als Zwischenmahlzeit verzehrt wird.

Lyoner Kartoffeln Feine, in Butterschmalz gebratene Röstkartoffeln werden mit gewürfelten, gerösteten Zwiebeln und etwas gehackter Petersilie angerichtet.

Lyoner Sauce Diese kräftige französische Zwiebelsauce existiert in einer hellen und dunklen Version. Für die letztgenannte wird eine Reduktion aus gerösteten Zwiebeln in Weißwein und Essig eingekocht und dann mit ➛ Demiglace aufgefüllt. Bei der hellen Variante wird die Demiglace durch Kalbsvelouté ersetzt.

M

Macaire-Kartoffeln Kleine Kartoffelkuchen oder -plätzchen, die aus zerdrückten Ofenkartoffeln zubereitet werden, die zuvor mit Butter, Salz und Muskatnuß gewürzt wurden.

Maccheroni Auch Makkaroni. Dicke, außen glatte, längliche Hohlnudeln, die sich ideal mit dicken Fleisch- oder Tomatensaucen kombinieren lassen. Kurze Makkaroni heißen „Maccheroncini".

Macdonaldsuppe Eine kräftige Rindsconsommé mit einer Einlage aus kleinen Spinatravioli, Gurkenstückchen und speziellem Eierstich aus Kalbshirnmasse.

Macédoine Ein aus unterschiedlichen, kleingeschnittenen Früchten oder Gemüsen zusammengesetztes Gericht. Meist handelt es sich um einen Fruchtsalat.

Macerieren ➛ Mazerieren

Machandel ➛ Wacholder

Macis ➛ Muskatblüte

Mâcon Diesen Namen tragen vor allem hochqualitative französische Weißweine aus der burgundischen Region nördlich vom Beaujolais. Während die weißen Weine vor allem aus Chardonnay-Trauben produziert werden, teilen sich bei den roten die Gamay- und die Pinot-Noir-Trauben die Vorherrschaft.

Madeira Der interessante, weltbekannte Süßwein von der portugiesischen Insel westlich der marokkanischen Küste wird in großen Fässern auf 45°C erhitzt und durch diesen Wasserentzug weich und aromatisch. Gute Qualitäten werden erst Jahrzehnte in Fässern, dann einige Jahre in Glasballons und dann – je länger, desto besser – noch einige Jahre bis Jahrzehnte in der Flasche gelagert. Die bekannte Madeirasauce wird mit feinem Madeirawein hergestellt.

Madeirasauce Die klassische Sauce besteht im Grundrezept aus einer ➛ Demiglace, die vor dem Anrichten noch mit Madeira aromatisiert wird.

Madeleines Ein feines, französisches Kaffeegebäck, das aus einem lockeren Butterteig gebacken wird und stark mit Zitronenaroma und/oder Vanille parfümiert wird.

Madelon Spritzgebäck in der Form eines S, das mit Hagelzucker bestreut und mit Konfitüre oder Gelee gefüllt wird.

Madrider Suppe Eine kräftige Geflügelconsommé wird mit Tomaten und roten Paprikaschoten verkocht, gewürzt und mit gewürfeltem Tomatenfleisch als Einlage serviert.

Märkische Rübe ➛ Navet

Märzenbier Ein kräftiges Saison-Vollbier mit 14% ➛ Stammwürze und entsprechend etwa 5-6 Vol.-% Alkohol, das ursprünglich in der Fastenzeit zur Stärkung etwas „gehaltvoller" gebraut wurde.

Magellansuppe Eine kräftige, gebundene Rebhuhnsuppe, die mit Madeira abgeschmeckt und mit gerösteten Weißbrotwürfeln bestreut wird.

Magen ➛ Kutteln

Magenbitter Hochprozentige, bitter aromatische Kräuterbranntweine, die aufgrund ihrer Inhaltsstoffe verdauungsfördernd und belebend wirken sollen und deshalb prophylaktisch vor und/oder nach einem schweren Essen gereicht werden, aber auch ohne besonderen Anlaß gern getrunken werden.

Magenbrot Kleine, längliche Schokoladenlebkuchen, die, im Gegensatz zu Weihnachtslebkuchen, das ganze Jahr über an Kirmesständen oder Dorffestbuden erhältlich sind.

Magentasauce Eine Ableitung der Sauce ➛ Béarnaise, die mit ➛ Tomates concassées und frischen, gehackten Kräutern verarbeitet wird.

Magerfische Diejenigen Fischsorten, deren Fleisch einen geringen Fettanteil besitzt, wie z.B. Schellfisch oder Kabeljau, tragen diese Bezeichnung. Im Gegensatz zu den Fettfischen eignen sich diese Seefische sehr gut zum schonenden Dünsten und Pochieren, in der Regel weniger gut zum Grillen oder Räuchern.

Magerkäse Ein Käse mit einem sehr geringen Fettanteil von höchstens 10% F.i.Tr. ➛ Käse

Magermilch Diese Fettstufe von Frischmilch enthält maximal 0,3% Fett in der vorher entrahmten Milch.

Maggi Der Familienname des Erfinders der gleichlautenden dunklen Würzsauce. Außer dieser alltäglichen Suppenwürze hat er auch noch Fleischextrakt, Suppenwürfel und Fertigsuppen in Deutschland eingeführt.

Maggikraut ➛ Liebstöckel

Magnum Eine Flasche mit doppeltem Volumen (1,5 l), die meist bei Schaumwein oder auch bei Burgundern verwendet wird. Das größere Volumen wirkt sich positiv auf die Haltbarkeit der Weine aus.

Magsamen ➛ Mohn

Magyar gulyásleves ➛ Ungarische Gulaschsuppe

Maibock Ein ➛ Bockbier, das außerhalb der Starkbiersaison, die im wesentlichen den früher üblichen Fastenzeiten entspricht, gebraut wird.

Maibowle Mit ➛ Waldmeisterkraut aromatisierte Bowle aus Weißwein, Sekt, Zitronenschale und Zitronensaft.

Maifisch ➛ Alse

Maikraut ➛ Waldmeister

Mailänder Diesen Namen tragen kleine runde Mürbteiggebäcke, die mit Mandeln und kandierten Früchten dekoriert werden.

Mailing ➛ Äsche

Mainauer Käse Ein halbfetter bis fetter Weichkäse, der einen zarten Geschmack und eine Rinde mit kräftiger Rotschmiere besitzt.

Maine Lobster Die nicht weit von den amerikanischen Küsten gefangenen ➛ Hummer werden an Ort und Stelle, sogar am Straßenrand, in einfachen Gaststätten unter freiem Himmel angeboten.

Mainzer Käse ➛ Handkäse

Mainzer Rippchen Ein deftiges und zugleich zartes Gericht der ländlichen Küche, bei dem Weinsauerkraut mit Kartoffelpüree und einem mild eingepökelten Rippchen angerichtet wird.

Mairam ➛ Majoran

Mairekartoffeln Auch Bürgermeisterkartoffeln. In Brühe gekochte Kartoffelscheiben werden mit wenig gewürzter Milch aufgefüllt und mit einigen Butterflocken fertiggegart.

Mairenke Auch Schiedling, Seeanke. Ein karpfenartiger Süßwasserfisch, der im Aussehen, im Geschmack und in der Zubereitung einem ➛ Blaufelchen ähnelt.

Mairübe ➛ Navets

Mais Auch Gemüse-, Zuckermais, engl. Indian Corn, Welschkorn. Das ursprünglich amerikanische Grasgewächs wird heute weltweit angebaut. Es produziert die bekannten Kolben, an denen die zum Zeitpunkt der Ernte noch unreifen, weichen gelben Körner sitzen. Sie werden vom Kolben gelöst und gedünstet als Gemüsebeilage, gekocht für Salate, aber auch gemahlen für Brot oder Gebäck als Mehl oder Grieß verwendet. Die Kolben können allerdings auch im ganzen zubereitet werden. Vor allem bei Kindern beliebt sind Cornflakes, also Maisflocken, die durch ein Spezialverfahren hergestellt werden, und Popcorn, gebrannter Puffmais, der sich durch Erhitzen in abgedeckten Pfannen zu weißen, luftig aufgeblähten Zuckerpaketchen entwickelt.

Maiskeimöl Ein beliebtes Öl mit vielen mehrfach ungesättigten Fettsäuren, das sich am besten als Bratöl eignet.

Maischolle ➛ Scholle

Maismehl ➛ Polenta

Maitrank ➛ Maibowle

Majoran Auch Mairan, Meiran. Unter diesem Namen werden neben dem gezüchteten Küchenmajoran auch „wilde" Sorten wie Oregano zusammengefaßt. Sein typisches, kräftiges Aroma ließ ihn zu einem beliebten Würzkraut für die Wurst- und Pastetenherstellung werden. Aber auch in Ragouts, Eintöpfen, Suppen und Bratengerichten wird er oft verwendet.

Majoranfleisch Ein mit Majoran als Hauptgewürz abgeschmeckter Rindfleischeintopf aus Österreich, bei dem das in Scheiben geschnittene Rindfleisch mit Zwiebeln in gesäuerter Rindsbrühe gekocht und in dem gebundenen Kochsud mit etwas Sahne serviert wird.

Makai Eine rheinische, süße Spezialität, die aus Sahnequark, Zucker, Zimt und Pumpernickelstreuseln besteht.

Makkaroni ➛ Maccheroni

Makrele Dieser schmackhafte Seefisch aus Nordsee und Atlantik ist leicht an seiner silbrigen, am Rücken dunklen Haut und den charakteristischen, senkrechten schwarzen Streifen zu erkennen. Der relativ fette Fisch kann gebraten, geschmort, geräuchert, gekocht sowie in Öl oder andere Marinaden eingelegt werden. Bei uns bekannt ist die Makrele als bevorzugte Fischsorte für den bayrischen Steckerlfisch, wo die Fische, die auf Holzspieße gesteckt wurden, über Holzkohlenglut traditionell am Münchner Oktoberfest oder auch bei anderen Gelegenheiten im Freien gegrillt und gegessen werden.

Makrone Ein Eiweißgebäck aus einer Mischung aus Zucker, gemahlenen Mandeln, Haselnüssen oder Kokosflocken, die auf Oblaten gespritzt und im Ofen mehr getrocknet als gebacken wird. Makronen werden als Teegebäck oder zu Weihnachten angeboten.

Malaga Süßer, seltener auch einmal trockener Südwein aus Spanien, der dort unter Hitzeeinwirkung zu dem auch als Würze für Suppen und Saucen verwendeten, intensiven Aroma gelangt.

Malakoff-Torte Eine Torte aus sich abwechselnden Löffelbiskuit- und Cremeschichten wird mit Schokoladenglasur überzogen und mit Schlagsahne dekoriert.

Malayenspieß Gewürzte Medaillons verschiedener Fleischsorten werden am Spieß gebraten und mit gedünsteten Ananas- und Bananenstückchen garniert.

Mallorquina Die spanische Fischsuppe mit dem Namen der Urlaubsinsel besteht aus einem würzigen Fischfond, der mit Fischstückchen, Gemüsen, Kräutern und Weißwein verkocht wird. Abschließend werden gebratene Croûtonwürfel kurz vor dem Servieren über die Suppe gestreut.

Malmsburysuppe Die würzige, gebundene Fischsuppe besitzt eine Einlage aus Hummerwürfeln, Fisch- und Muschelfleisch.

Malossol Russ. wenig gesalzen. ➛ Kaviar

Malteser Melone ➛ Melone

Malteser Reis Auch Maltareis. Dieses als kalte Nachspeise angerichtete Reisdessert wird aus gekochtem Milchreis, Blutorangensaft und Sahne zubereitet.

Malteser Sauce Auch franz. Sauce maltaise. Diese berühmte Ableitung einer Sauce ➛ Hollandaise wird mit Blutorangensaft und Julienne von Orangenschale verfeinert.

Malvasia Die auf Sizilien angebauten weißen Süßweine sind alkoholreich, lieblich und erinnern im Geschmack ein wenig an Portwein.

Malz Einer der wichtigsten Grundstoffe zur Bierproduktion wird meist aus gekeimter, dann getrockneter Gerste hergestellt, die mit Wasser vermischt die Grundlage für den Brausud bildet.

Malzbier Das dunkle, süßliche Bier enthält wenig Alkohl, da es kaum vergoren ist, dafür aber viel Zucker und Malz, weshalb es bei Kindern sehr beliebt ist.

Malzessig Dieser in der englischen Küche weitverbreitete dunkle Essig auf der Basis vergorener Gerste wird gerne zum Einlegen verwendet und ist Bestandteil vieler Würzsaucen.

Malzkaffee Gebrannte Gerste wurde in Notzeiten als, koffeinfreier, Kaffee-Ersatz verwendet.

Mamaliga Für diese typisch rumänische Beilage wird Grieß mit etwas Salzwasser zu Brei gekocht, Butter hinzugefügt und zum Anrichten noch mit etwas flüssiger Butter beträufelt.

Mamey Auch Sapote. Die tropische Frucht besitzt eine dunkle Schale, nicht eßbare, schwarze Kerne und enthält in reifem Zustand ein cremiges Fruchtfleisch mit zuckrigsüßem Aroma.

Mandalaysalat Ein würziger Reissalat, der mit gewürfelten Tomaten, roten Paprikaschoten- und Frühlingszwiebelringen gemischt und mit Mayonnaise, Ketchup, Chutney und Currypulver angemacht wird.

Mandarine Auch Tangerine. Die kleine, kernreiche Frucht mit dünner Schale und kräftigem Orangengeschmack wird bei uns vor allem in der Kreuzungsform der „Satsuma" angeboten, die fast kernlos und sehr saftig ist. Die Verwendungmöglichkeiten sind vielfältig: als Eis oder Saft, zu Puddings und Reisgerichten oder als Bestandteil von Obstsalaten.

Mandel Diese Nußart ist der Samen einer Mandelbaumfrucht, die in den USA und im Mittelmeerraum angebaut wird. Die ölhaltigen Kerne kann man im wesentlichen in zwei Sorten aufteilen: Zum einen in die Bittermandeln, die wegen der in ihnen enthaltenen gesundheitschädlichen Blausäure meist als destillierte Aromaessenz angeboten werden. Zum zweiten in die süßen Mandeln, die geröstet, gesalzen, gezuckert, glasiert, gestiftet, gehobelt und zu Kroketten verarbeitet angeboten werden.

Mandelkren Eine österreichische Würzmayonnaise, bei der eine normale Mayonnaisebasis mit geriebenen Mandeln und Meerrettich verarbeitet wird.

Mandioka ➛ Maniok

Mandragorasalat Der Geschmack dieses würzigen Salats wird im wesentlichen durch die kräftige Salatsauce aus einer einfachen Vinaigrette und Senf, Chilisauce und Ketchup bestimmt. In dieser Sauce werden Tomaten-, Bananen- und Olivenwürfel sowie gekochte Schwarzwurzelstücke mariniert und angerichtet.

Mange-tout ➛ Zuckererbse

Mango Die längliche, gelbfleischige Exotenfrucht besitzt eine grüngelbe bis rötliche, dünne Schale und einen dunklen Kern. Ihr hoher Vitamingehalt und das süße und saftige Fruchtfleisch sind die Gründe für die Beliebtheit der hauptsächlich aus Indien importierten Frucht. Sie kann frisch als Fruchtsalat, Fleischbeilage oder Chutneybestandteil Verwendung finden. Sie wird aber auch als Kompott oder Saft, getrocknet und als Konserve verarbeitet.

Mangold Auch Beißkohl, Bette, Blattmangold. Diese mit der Rote Bete verwandte Pflanze hat im Winter und Frühling Saison und ist gleich zweifach zu verwenden. Zum einen werden die grünen, fleischigen Blätter wie Spinat verarbeitet und zum anderen werden die weißen, breiten Stiele wie Schwarzwurzeln in gesäuertem Mehlwasser gekocht zubereitet. Die weitere Verwendung reicht von der Beilage bis zum Auflauf; Mangold wird in Sahnesauce gekocht oder mit Markscheiben gratiniert.

Manhattan Der weltbekannte Cocktail aus Whisky, Wermut und etwas Angostura Bitter wird mit einer Kirsche oder Olive dekoriert. Wenn man ihn sehr trocken mag, verwendet man trockenen Wermut.

Manhattan Clam Chowder Ein sehr deftiger Muscheleintopf, bei dem Speck, Zwiebeln, Paprika, Tomaten, Kartoffeln und ➛ Clams in Fischfond gekocht und kräftig gewürzt werden. Vor dem Servieren werden einige Cräcker über der dampfenden Suppe zerbröselt.

Manhattansalat Ein Gemüsesalat aus Julienne von roter Paprikaschote, Staudensellerie und Apfelscheiben, der mit Mayonnaise angemacht und mit gehackten Nußkernen sowie grünen Paprikawürfelchen garniert wird.

Maniok Auch Cassave, Manihot, Mandioka, Maranta. Die sehr stärkehaltige Knollenpflanze wird in Mittelamerika und auf einigen westindischen Inseln angebaut, zu Stärkemehl verarbeitet und in Form von ➛ Tapiokakörnern oder als ➛ Pfeilwurzelmehl bei uns angeboten.

Manna Der getrocknete Baumsaft aus dem vorderen Orient besitzt eine gelbliche Färbung, einen zuckrigherben Geschmack und ein sehr intensives Aroma. In den Ursprungsländern wird er gern wie Bonbons gelutscht, ansonsten verwendet man ihn in der Küche wie Zucker.

Manonpastetchen Heiße Blätterteigpasteten werden mit einer Farce aus Kalbfleisch- und Pökelzungenwürfeln, die mit Madeirasauce gebunden wurde, gefüllt.

Manonsalat Ein einfacher Zitrusobstsalat aus gezuckerten Pampelmusenfilets, die auf Salatblättern angerichtet und mit einer Sauce aus feinstem Öl und Zitronensaft beträufelt werden.

Mansaf Dieses Hammelragout aus Jordanien wird mit Joghurt geschmort, kräftig gewürzt und mit gerösteten Pistazienkernen und Safranreis angerichtet.

Manzanilla Die spanischen Sherrys mit diesem Namen werden meist jung als helle, trockene Weine mit einem eigentümlich scharfen Aroma getrunken. Ältere Sorten bekommen einen leichten Nußgeschmack.

Manzanillas ➛ Oliven

Maple Sirup ➛ Ahornsirup

Maqluba Das würzige Geflügelgericht aus Jordanien, das hauptsächlich mit Auberginenscheiben und Reis geschmort und mit einer gut gepfefferten Gurken-Joghurtsauce serviert wird.

Maracuja Auch Passionsfrucht. Das saftige Fruchtfleisch dieser im besten Reifezustand etwas verschrumpelt aussehenden Tropenfrucht wird wegen des intensiven Aromas roh ausgelöffelt oder zu Saft verarbeitet.

Maranta ➛ Maniok

Maraschino Der aromatische Kirschlikör, der auf dem Balkan und in Italien aus Maraskakirschen hergestellt wird, ist für das Parfümieren vieler Süßspeisen, Fruchtsaucen oder Mixgetränke unverzichtbar.

Marc Die französische Bezeichnung eines ➛ Tresterschnapses, meist mit der Angabe der Produktionsregion, wie z.B. Marc de Champagne oder Marc de Bourgogne. Er besitzt ein strenges Parfum und entspricht in seiner Herstellung dem italienischen ➛ Grappa.

Marcellin Ein regionaler Ziegenkäse aus der Gegend um die französische Stadt Saint-Marcellin.

Marcillysuppe Für diese gehaltvolle Suppe werden grüne Erbsen mit einer Geflügelvelouté aufgekocht, püriert, abgeschmeckt und mit einer Einlage aus Tapiokaperlchen und Nocken aus Geflügelfarce versehen.

Marengo Dieser kleine oberitalienische Ort gab den Namen für ein feines Hühnerragout, das weltbekannt wurde. Die interessante Kombination von einer in Wein geschmorten Poularde, die mit Tomaten, Champignons und Knoblauch zubereitet und mit Eiern, Krebsschwänzen und Petersilie garniert wird, entstand der Legende nach dadurch, daß der Leibkoch Napoleons dem hungrigen Feldherrn für sein Siegesmahl nach der erfolgreichen Schlacht in dieser ärmlichen Gegend alles zusammensuchte, was er bekommen konnte.

Marenne Eine französische ➛ Auster.

Margaretensalat Ein leichter Kartoffelsalat, der mit Tomaten- und Gurkenwürfeln aufgelockert, mit Mayonnaise angemacht und mit Garnelenschwänzen vervollständigt wird.

Margaretensuppe Eine einfache, gebundene helle Kalbsbrühe wird mit Nocken aus Hühnerfarce angereichert. Vor dem Anrichten werden noch goldbraun geröstete Croûtons darübergestreut.

Margarine Aus einem Notprodukt der Nachkriegszeit wurde ein starker Konkurrent zur Butter: das industriell aus pflanzlichen oder tierischen Fetten hergestellte Speisefett, das als Brotaufstrich, zum Kochen und zum Backen Verwendung findet.

Margaux Der berühmte Ort im Bordeaux-Gebiet, aus dem so viele wundervolle Rotweine der höchsten Klassifizierungsstufe stammen.

Margeritesalat Ein gehaltvoller Gemüsesalat aus gekochten Bohnen, Blumenkohlröschen, Kartoffelscheiben und Spargelstücken, die in einer einfachen Vinaigrette mariniert, dann mit Mayonnaise angemacht und mit Eierscheibchen dekoriert werden.

Margotsuppe Eine einfache Hühnerconsommé, die als Einlage grüne Nocken aus mit Spinat gefärbter Geflügelfleischfarce enthält.

Marguerysauce Eine Ableitung der Sauce ➛ Hollandaise zu Fisch und Muscheln, die mit dem Saft frisch geöffneter Austern aromatisiert wird und die pochierten, geputzten Austern als Dekoration erhält.

Marhagulyás Das berühmte ungarische Gulaschgericht, bei dem Zwiebeln und Knoblauch angedünstet, mit Rindfleischwürfeln geschmort und schließlich mit Paprikaschoten, Tomaten und vielen Gewürzen wie Kümmel, Paprika und Majoran fertiggegart werden.

Mariannesuppe Eine raffinierte Kartoffelpüreesuppe, die mit Kürbisfleisch und Sahne püriert und beim Anrichten auf Julienne von Sauerampfer und Kopfsalat gegossen wird. Gerne werden dazu kleine, mit Reibkäse gratinierte Brötchen gereicht.

Maribo Ein mild bis würzig gereifter, dänischer Schnittkäse.

Marie-Antoinette-Suppe Eine Kalbsvelouté wird mit Spargel verkocht, püriert und erhält eine Einlage aus Spargeleierstichwürfeln.

Marie Brizard Ein bekannter französischer Likör, der sehr süß ist, gerne nach dem Essen, aber auch zum Kaffee getrunken wird.

Marie-Louise-Salat Die Gemahlin Napoleons I. war Namenspatin für diese Salatkreation aus hauchdünnen Scheiben von Äpfeln, Bananen, gegarten Sellerieknollen und Trüffeln, die in einem Mayonnaisedressing angemacht werden.

Mariengras Eine aromatische Grasart, die zum Parfümieren von verschiedenen Wodka-Marken eingesetzt wird.

Mariettesalat Die ungewöhnliche Salatkombination besteht aus Birnen, Gurken und verschiedenen, sauer eingelegten Gemüsen, die in Würfel geschnitten und mit Mayonnaise angemacht werden.

Marignan Ein leichter Hefeteig wird in Schiffchenformen gebacken, dann mit Läuterzucker, Rum oder anderen aromatischen Spirituosen getränkt und wie ➛ Éclairs mit den verschiedensten Crèmes gefüllt.

Marille Österr. für ➛ Aprikose

Marillenknödel Als süßes Hauptgericht oder als deftige Nachspeise wird in Österreich gerne diese Spezialität serviert. Reife, kleine Aprikosen werden entsteint, mit einem Zuckerwürfel gefüllt, mit ausgerolltem Hefeteig umhüllt und mit den Händen zu Knödeln geformt. Genau wie andere Knödelarten werden sie in Wasser gegart, dann aber mit gebräunten Semmelbröseln und Zucker bestreut und manchmal auch mit flüssiger Butter serviert.

Marillenlikör Die österreichische, süßaromatische Version eines Aprikosenlikörs.

Marinade 1. Kräftig gewürzte Salatsauce.

2. Die einer Beize ensprechende, mit Wein, Zitronensaft oder Essig gesäuerte Einlegeflüssigkeit für Fisch, Fleisch oder Gemüse, die mit Kräutern und Gewürzen stark aromatisiert wird und zur längeren Haltbarkeit, zarteren Konsistenz und geschmacklichen Verbesserung des eingelegten Nahrungsmittels beiträgt.

3. Die Fachbezeichnung für begrenzt haltbare Fischkonserven, die meist mit einem Essigsud gesäuert werden.

Marinebraten Dieser Filetbraten wird auf einem Bett von Wurzelgemüse erst gebräunt, dann mit Weißwein aufgegossen und geschmort und schließlich mit einer Sahnesauce, die aus dem Schmorfond zubereitet wird, angerichtet.

Marinieren Der Fachausdruck für das Einlegen von Fleisch, Fisch und Gemüsen in eine ➛ Marinade.

Mark 1. Die weiche Fettsubstanz aus den inneren Röhren der Markknochen.

2. Der passierte und oft auch reduzierte Obst- oder Gemüsebrei, z.B. Tomatenmark.

3. Die cremigen Innereien von Hummern oder Langusten.

Markerbse Ein besonders mehlige, am besten jung zu verarbeitende Erbsensorte.

Markgräfinsauce Diese bekannte Sauce Marquise ist eine einfache Ableitung der Sauce ➛ Hollandaise, die vor dem Anrichten mit Kaviar vermischt wird.

Markklößchen Auch Markknödel. Gewässertes Knochenmark wird mit frischem Weißbrot, Eiern, Gewürzen und Kräutern zu einer halbfesten Masse verarbeitet und zu kleinen Kugeln geformt, die man dann in Brühe oder Salzwasser garziehen läßt, um sie als Suppeneinlage zu verwenden.

Markknochen ➛ Mark

Markknödel ➛ Markklößchen

Markkromeskis Ein traditionelles, sehr gehaltvolles Gericht, bei dem aus Kalbsmark, Champignons, Trüffeln und dicker Béchamelsauce eine zähe Masse zubereitet wird, die dann in Form von runden oder länglichen Kroketten durch Backteig gezogen und fritiert wird.

Markkürbis ➛ Kürbis

Markplätzchen Würfel von pochiertem Rindermark werden mit Schinkenwürfeln, gekochtem Reis, Eiern und Gewürzen zu einer festen Masse verknetet und als Plätzchen in Fett gebacken.

Marksauce Eine ➛ Bordelaiser Sauce, die zum Teil auch mit Weißwein anstatt Rotwein hergestellt wird.

Markschöberlsuppe Für diese österreichische Suppeneinlage wird ein salziger Biskuitteig mit Rindermarkstückchen hergestellt, als dünne Platte ausgerollt, gebacken und in Rauten oder andere Formen geschnitten für klare Suppen verwendet.

Marlysauce Eine helle Kalbs- oder Geflügelvelouté wird mit Sahne und Butter verfeinert, mit Cayennepfeffer pikant gewürzt und mit Champignonsstückchen dekoriert.

Marmelade Der Brotaufstrich aus den unterschiedlichsten Obstarten, die mit Zucker zu Mus verkocht werden und so sehr lange haltbar sind.

Marmite Franz. Kochtopf. Im eigentlichen Sinne ist der große Suppentopf gemeint, im weiteren Sinne alle Eintopf- und Suppengerichte, die man am besten in eben diesem Suppentopf kocht. Auch einige Köche bezeichnen sich als „Marmiten".

Marmoriert Diesen Ausdruck verwendet man in der Küche vor allem für hochqualitatives Fleisch, das mit Fettadern durchzogen ist, die sich – ähnlich wie beim Marmor – durch die unterschiedlich helle Färbung von der umgebenden Masse abzeichnen.

Marmorkuchen Ein beliebter Rührkuchen, der in einer Napfkuchenform gebacken wird. Ein Drittel des Teiges wird mit Kakaopulver gefärbt und mit dem restlichen, in die Form gefüllten Teig grob vermischt, so daß sich beim Anschnitt des gebackenen Kuchens ein Aussehen ergibt, das einem Stück Marmor ähnelt.

Maroilles Der kräftige französische Weichkäse besitzt eine cremige Konsistenz, eine trockene, rote Rinde und wird in Quadratform angeboten.

Marokkanischer Salat Eine etwas exotische Kombination von gewürfelten Tomaten, Pellkartoffeln, Bananen und Datteln, die auf Salatblättern mit gewürzter Mayonnaise angerichtet werden. Als Dekoration werden Julienne von Staudensellerie und roter Paprikaschote darüber gegeben.

Marone ➛ Eßkastanie

Maronenröhrling Auch Braunhäubchen, Maronenpilz. Der im Geschmack hervorragende Speisepilz ist leicht zu erkennen. Er besitzt einen braunen Hut und einen gelblichen Schwamm, der sich auf Druck bläulich verfärbt. Anfang Herbst wird er in lichten, alten Wäldern geerntet und als Beilagepilz, zu Pilzsaucen oder als Trockenpilz verarbeitet. Große Exemplare kann man auch in Scheiben schneiden und panieren.

Maroni ➛ Eßkastanien

Marrons glacés Franz. glasierte Eßkastanien. Diese französische Spezialität besteht aus gekochten und mit Zucker glasierten Kastanien, die oft als Garnitur Verwendung finden.

Marsala Ein kräftiger Südwein aus Sizilien, der, ähnlich wie spanischer

Sherry, von süß bis trocken in verschiedenen Qualitäten angeboten wird. Für die Küche ist er als wichtiger Bestandteil der ➛ Sabayon von Bedeutung.

Marsh-mallow Eine typisch amerikanische Süßigkeit in Rollenform aus einer luftigen Zuckermasse.

Martini Diese weltbekannte Aperitifmischung aus italienischen Rot- oder Weißweinen, Wermut und verschiedenen Kräutern wird als Fertigprodukt angeboten.

Martinisalat Der fruchtige Salat aus gewürfelten Orangen, Äpfeln, Stangensellerie, Weintrauben und Haselnußkernen wird mit Mayonnaise angemacht, in leere Orangenschalen gefüllt und mit Sahne und gehackten Nußkernen garniert.

Martinsfisch ➛ Petersfisch

Martinsgans Der traditionelle Gänsebraten zum Sankt-Martins-Tag am 11. November gehört zu diesem Fest wie das Lampiontragen der Kinder. Die Gans wird mit Beifuß und Majoran gewürzt, im Backofen knusprig gebraten und mit regional unterschiedlichen Beilagen angerichtet.

Marzipan Seit dem Mittelalter wird das „Brot des Markus" aus feingemahlenen Mandeln, Rosenöl und Puderzucker bei uns zubereitet.

Mascarpone Der italienische, sahnig-cremige Frischkäse wird meist für Desserts und Saucen verwendet.

Mashimono no tori Das Reisgericht aus Japan wird mit Geflügelfleisch, Sojasauce, Sake und ➛ Nori-Blättern zubereitet.

Maskieren Dieser französische Küchenfachbegriff bezeichnet das Überziehen von Gerichten mit Decksaucen, Gelees oder steifen Cremes.

Masthähnchen ➛ Hähnchen

Masthahn ➛ Hahn

Masthuhn Auch Poularde. Ein etwa 2 kg schweres, junges Huhn wurde mit Mais oder Weizen gemästet und besitzt dadurch weißes, festes Fleisch. Die erstklassigen Bresse-Poularden kommen aus der Gegend um Lyon, die Brüsseler Poularden sind ebenso berühmt. Die Masthühner sind das Geflügel der klassischen Küche, das gebraten, geschmort, pochiert, in Teilen oder im ganzen gegrillt werden kann.

Mastika Ein starker, griechischer Anisschnaps, der in seinem Heimatland sehr beliebt ist.

Mastix Das Harz der griechischen Strauchsorte wird als Aromastoff für Spirituosen oder Gebäck verwendet.

Mastkalb Gemästetes ➛ Kalb.

Mastochse Der kastrierte Rinderbulle entwickelt durch die Mästung besonders schnell viel kräftiges Muskelfleisch von zarter Konsistenz.

Mate Auch Yerba. Die Blätter einer in Südamerika angebauten Stechpalmenart werden zu grünem, relativ bitterem Tee verarbeitet, der sehr anregend auf den ganzen Organismus wirkt.

Matelote ➛ Matrosengericht

Mateus Ein durch den Export auch im Ausland bekannter portugiesischer, kräftiger Rosé, der in Bocksbeutelflaschen abgefüllt wird.

Matignon Eine dickflüssig einreduzierte Würze für Grillbraten, die sonst keine Sauce hätten. Eine Mischung aus Zwiebeln, Mohrrüben, Champignons, Schinkenwürfeln, Kräutern und Gewürzen wird kräftig angeschwitzt und mit Wein eingekocht, bis eine dickliche Sauce entstanden ist.

Matjeshering Die jungen, mild gesalzenen ➛ Heringe, die besonders zartes Fleisch besitzen und vor allem in Holland eine lange Tradition aufweisen. Beliebt ist das Anrichten von Matjes auf Apfelscheiben, mit Sahnemeerrettich oder auf gekochten grünen Bohnen.

Matrosengerichte Franz. Matelotes. Einfache Fischgerichte, bei denen Ragoutstücke aus verschiedenem Fischfleisch wie dem von Aal, Seezunge oder Hecht mit verschiedenen Gemüsen, vielen Kräutern und Gewürzen in Rot- oder Weißwein geschmort werden.

Matsutake In Japan sehr beliebte Zuchtpilze, die dort frisch, bei uns aber meist nur getrocknet angeboten werden.

Matte Auch Matz. ➛ Quark

Matze Auch Matzenbrot. Das Brot zum jüdischen Passahfest wird aus einem einfachen Mehlteig gearbeitet, der zu dünnen, runden Fladen gebacken wird.

Maulbeere Die Beerenfrüchte des ursprünglich asiatischen Maulbeerbaums, der früher als Futterpflanze und als Grundstoff zur Papierherstellung diente, können schwarz, weiß oder rot sein und werden meist wegen ihres aromatisch süßen Geschmacks zu Marmelade oder Kompott verarbeitet.

Maulschellen Kleine Äpfel werden von Schale und Kernhaus befreit, gezuckert und in Blätterteig gehüllt gebacken. Man serviert sie noch warm, oft mit frischer Schlagsahne.

Maultaschen Für die schwäbische Version der Ravioli wird eine Fleisch- oder Spinatfarce zwischen zwei Nudelteigplatten gegeben. Aus den Platten werden kleine oder große Teigtaschen in verschiedenen Formen ausgeradelt, in Brühe gekocht und oft auch in ihr angerichtet.

Maus Ein runder, großer Muskel der ➛ Keule vom Schwein.

Maximiliansauce Eine einfache Ableitung der Sauce ➛ Hollandaise, die mit Sardellenpaste oder -essenz aromatisiert wird.

Mayonnaise Die kalte Sauce, die aus einer Emulsion von Eigelb, Öl, Essig, Zitronensaft oder Senf besteht und mit vielen verschiedenen Zutaten abgewandelt werden kann, ist eine wichtige Grundlage für Dressings, kalte Saucen und Salate aller Art. Z.B. werden unter die fertige Mayonnaise gerne Schlagsahne, Sahnemeerrettich, verschieden aromatisierte Gelees oder die unterschiedlichsten Spirituosen gerührt. Auch werden kleine Vorspeisengerichte, die mit steifer Mayonnaise überzogen wurden, einfach selbst als Mayonnaisen bezeichnet. Wichtig ist bei der Mayonnaisenzubereitung, daß alle Hauptzutaten die gleiche Temperatur besitzen und daß man am Anfang das Öl in ganz kleinen Portionen in das Eigelb einrührt.

Mazerieren Mit diesem französischen Küchenfachausdruck wird das Tränken von Früchten mit Spirituosen oder das Begießen von Gebäck, wie z.B. Savarins, mit aromatisiertem Läuterzucker bezeichnet. Diesem Einlegen in aromatische, süßliche Flüssigkeiten entspricht bei pikanten Gerichten das ➛ Beizen.

Mazis ➛ Muskatblüte

Mazza Der arabische Begriff bezeichnet, genau wie das türkische Meze, eine Auswahl von gemischten Vorspeisen.

Medaillon Medaillenähnliche, runde Scheiben von Fleischfilets, die oft noch zusätzlich gebunden werden, oder entsprechend große Scheiben von Hummer- oder Garnelenschwänzen werden mit diesem Begriff bezeichnet. Die klassische Küche kennt viele Zubereitungen der unterschiedlichen Medaillons, die oft kurzgebraten und mit selbstständigen Saucen oder Buttermischungen, auf Toast oder mit kleinen Gemüsen angerichtet werden.

Medium Rosa gebraten. ➛ Garstufen

Medium dry Engl. ➛ Halbtrocken

Médoc Dieses berühmte Anbaugebiet französischer Bordeaux-Rotweine liegt nördlich der Stadt Bordeaux zwischen der Gironde und der Atlantikküste. Die eleganten, trockenen Rotweine stammen von so bekannten Weingütern wie Château Margaux, Lafite, Latour oder Mouton-Rothschild, die mit die besten Bordeauxweine produzieren, die man überhaupt erhalten, aber leider dann meist nicht bezahlen kann.

Meeraal Auch franz. Congre. Der gefräßige Raubfisch sieht ähnlich aus wie ein Flußaal, lebt aber in den Küstenbereichen von Atlantik und Mittelmeer und wird 2-3 m lang. Dieser Fisch, der oft in häuslicher Höhlengemeinschaft mit Hummern lebt, besitzt ein grätenarmes Fleisch, das nicht so fett ist wie das des Flußaals und einen nicht ganz so intensiven Geschmack hat. Meeraale müssen nicht gehäutet werden. Man verwendet sie gern in Paella, Fischeintöpfen, Suppen oder Matrosengerichten.

Meeräsche Auch Granäsche, franz. Mulet. Dieser im Aussehen an ein ➛ Blaufelchen erinnernde Seefisch wird bis zu 5 kg schwer, besitzt fettes, aber sehr schmackhaftes Fleisch und wird gebraten, pochiert, gegrillt und sogar geschmort zubereitet.

Meerbarbe Auch Rotbarbe, franz. Rouget. Dieser feine, vor allem im Mittelmeerraum gefangene Fisch mit rötlicher Färbung und zwei Barteln besitzt einen sehr angenehmen, charakteristischen Geschmack. Neben dem mageren Fleisch ist die Rotbarbenleber ohne Gallenblase ein begehrter Leckerbissen. Man kann sie im ganzen braten, grillen, in Folie garen oder filetiert als Beilage zu feinen Salaten anrichten.

Meerbrasse Auch Dorade rose. Dieses Mitglied der großen Brassenfamilie ist leicht rötlich gefärbt, kommt in Atlantik und Mittelmeer vor und besitzt mageres, festes Fleisch mit feinem Geschmack. ➛ Goldbrasse

Meerbricke ➛ Neunauge

Meeresfrüchte In Frankreich bestellt man als luxuriöse Vorspeise gerne ein kaltes „Plateau de Fruits de Mer", eine Meeresfrüchteplatte auf Eis, mit allem, was es außer Fischen noch an eßbaren Delikatessen im Meer gibt: Garnelen, kleine Langusten oder Hummer, Seeigel, Austern, Muscheln, Schnecken etc.

Meerforelle ➛ Lachsforelle

Meerhase Auch Lumpfisch, Seehase. Der in den nördlichen Meeren lebende Fisch ist bei uns fast nur durch seinen Rogen bekannt, der schwarz gefärbt als Kaviarersatz angeboten wird. In seiner nordischen Heimat wird er meist zu Räucherfisch verarbeitet.

Meerhecht Auch Seehecht, franz. Colin, span. Merluza. Der Seefisch, der vorwiegend aus Atlantik und Mittelmeer zu uns kommt, besitzt festes, mageres Fleisch ohne ausgeprägten Geschmack. Beim Zubereiten ist darauf zu achten, daß man die schwarze Haut in der Bauchhöhle gut entfernt, um das Bitterwerden zu verhindern.

Meerigel ➛ Seeigel

Meerkohl Auch See-, Strandkohl. An Inselküsten wachsendes Wildkraut, dessen Blattsprossen wie Spargel zubereitet werden.

Meerneunauge ➛ Neunauge

Meerohr ➛ Abalone

Meerrettich Auch Gren, Kren, engl. Horseradish. Die scharf aromatische Wurzelpflanze wurde im Mittelalter als Heilpflanze verwendet und findet heute vor allem als Bestandteil von scharfen Würzsaucen Anwendung. Meerrettich wird frisch gehobelt zu Kochfleisch gegeben, fein gerieben mit Mayonnaise oder Sahne vermischt oder in Stücke geschnitten als Würze zu eingelegten Essiggemüsen gegeben.

Meerrettichsauce Grundlage der verschiedenen unter diesem Namen angebotenen Saucen ist immer fein geriebener Meerrettich. Entweder wird er mit Schlagsahne und Gewürzen zu einer kalten Meerrettichsahne vermischt oder mit Sahne und geriebenem frischem Weißbrot verkocht und gewürzt. Man kann auch eine helle Einbrenne mit Brühe ablöschen und mit Meerrettichsahne binden.

Meersalz Aus Meerwasser gewonnenes, meist grobkörnig angebotenes Speisesalz.

Meerspinne Auch Seespinne. Diese der amerikanischen King Crab sehr ähnliche europäische Krabbenart wird relativ selten in Mittelmeer und Atlantik gefangen. Deshalb und wegen ihres feinen Fleisches ist sie ein begehrtes und nicht gerade preiswertes Meerestier auf dem Tisch von Gourmets.

Meertau ➛ Rosmarin

Meerwolf ➛ Seewolf

Mehallabia Die kalte ägyptische Nachspeise wird mit Milch und Stärkemehl verkocht, gesüßt und mit Rosinen und Pistazien vermischt. Dieser Brei wird überbacken, bis eine Kruste entstanden ist, dann umgerührt und gut gekühlt serviert.

Mehl Dieser Begriff bezeichnet das Endprodukt der verschiedenen gemahlenen, stärkehaltigen Getreide wie Roggen, Hafer, Mais, Reis usw. Das bei uns bekannteste Mehl wird aus Weichweizen hergestellt. Je nachdem, ob das ganze Korn oder nur Teile davon vermahlen werden, bekommt das Mehl eine dunkle oder hellweiße Färbung; je mehr vom ganzen Korn verwendet wird, desto höher ist die Typennummer und natürlich auch die ernährungsphysiologische Wertigkeit. Mehl sollte immer dunkel und verschlossen gelagert werden.

Mehlbanane ➛ Kochbanane

Mehlbutter ➛ Beurre manié

Mehlieren ➛ Einmehlen

Mehlnocken Aus Mehl, Butter, Eiern und Salz wird ein Teig geknetet, den man kurz ruhen läßt. In kochendes Salzwasser werden kleine Nocken abgestochen, gegart und als Beilage in Butter geschwenkt angerichtet. Die etwas länglichere Nockenversion nennt sich im Süden Deutschlands Mehlspatzen und wird mit angerösteten Semmelbröseln bestreut serviert.

Mehlpanade Mehl, Butter, Wasser und Salz werden miteinander zu einem homogenen Brei verkocht, der zum Abbinden von Klößchen und Füllungen dient.

Mehlschwitze Auch Einbrenne, franz. Roux. Für diese bekannte Saucenbindung wird, je nach gewünschtem Färbungsgrad, Mehl in heißer Butter oder Schmalz hell oder dunkel angeröstet und dann mit dem entsprechenden Fond oder einer Brühe aufgegossen.

Mehlspatzen ➛ Mehlnocken

Mehlspeise Die Sammelbezeichnung für vor allem in der österreichischen Küche bekannten Gerichte mit großen Mehlanteil wie Aufläufe, Knödel, Nocken, gefüllte Nudeln, Schmarrn oder Strudel.

Mehlwasser In gesalzenes Kochwasser wird etwas Mehl eingerührt; zum einen, damit sich leicht verfärbendes Gemüse wie Schwarzwurzeln seine Farbe behält, zum anderen, damit das Wasser stärkegesättigt ist und die eingelegten Knödel weniger schnell ausgelaugt werden und auseinanderfallen.

Meiran ➛ Majoran

Mekabu Eine in Japan beliebte Algenart, die als gebundener Zopf angeboten wird und als Suppeneinlage oder Gemüsebeilage dient.

Mekkabrötchen Die Brandteigbrötchen werden mit Zucker bestreut, gebacken und nach dem Abkühlen mit Marmelade oder Creme gefüllt.

Melange Ein österreichischer Begriff für einen Milchkaffee aus gleichen Teilen Milch und Kaffee.

Melba ➛ Pfirsich Melba

Melieren Ein französischer Fachbegriff für das Vermengen von Stoffen verschiedener Konsistenz, ohne daß die vollkommene Vermischung erzielt wird.

Melisse ➛ Zitronenmelisse

Melone Von diesem süßlichen Kürbisgewächs gibt es unzählige Sorten, die sich grob in die grünschaligen Wassermelonen mit dem roten Fruchtfleisch und die Zuckermelonen einteilen lassen. Letztere werden meist in Netzmelonen (Schale mit Netzstruktur, gelb-grünes Fruchtfleisch), glatte Melonen wie die Honig- oder Casabasorte (weiche Schale und grünliches Inneres) sowie die Cantaloupemelonen (gerippte Schalenstruktur, rötlich-gelbes Fruchtfleisch) bzw. die Ogensorte mit grünlicher Fleischfarbe unterschieden. Die Melonen werden entweder halbiert und ausgelöffelt, mit Portwein oder Sherry mariniert oder in Kugeln, Stücke oder Schiffchen geschnitten und als Bestandteil von Fruchtsalaten verwendet. Weiterhin kann man das erfrischende Aroma mit vielerlei anderen, kräftigen Delikatessen wie Parmaschinken oder Garnelen kombinieren. Ebenso gut lassen sich Eis oder Cocktailgarnituren daraus zubereiten.

Melonenorange ➛ Pampelmuse

Menazzeleh Ein Hackfleischauflauf aus dem Nahen Osten, der mit verschiedenen Gemüsen, Knoblauch, Eiern und vielen Gewürzen zubereitet und gebacken wird.

Menemen Ein anatolisches Gemüsegericht, bei dem Zwiebeln, Paprikaschoten und Tomaten gedünstet und mit geschlagenen Eiern gebunden werden.

Menü Auch Menu. Die sinnvolle Speisefolge war in früheren Zeiten der klassischen Zehn-Gänge-Festessen eines der schwierigsten Arrangements der Küchenkunst. Heute hat sich diese übergroße Speisenfolge auf 3–5 Gänge reduziert, wobei die wichtigsten Kriterien aber nach wie vor Geltung haben: Von leichten Speisen zu schweren; von kleinen Vorspeisen zu gehaltvollen Hauptgerichten; keine Zutat sollte sich wiederholen; Farben und Zubereitungsarten sollten jeweils nur einmal auftauchen.

Merguez Die in Frankreich sehr beliebte nordafrikanische Hammelwurst, die mit ➛ Harissasauce gewürzt und normalerweise gegrillt oder gebraten wird.

Merian ➛ Majoran

Meringe Auch Meringue. ➛ Baiser

Merk ➛ Knollensellerie

Merlan ➛ Wittling

Mescal Der starke, dem Tequila ähnliche Agavenbranntwein aus Mexiko mit zum Teil strengem Geschmack wird vor allem im Land selbst getrunken.

Messalinasuppe Eine Hühnerconsommé wird mit Tomatenmark gefärbt und erhält Julienne von roten Paprikaschoten, gekochten Reis und Hahnenkämme als Einlage.

Met Das alkoholhaltige „Honigbier" der alten Germanen, ein Gemisch aus Honig, Malz und Wasser, findet auch heute noch seine Liebhaber.

Méthode champenoise ➛ Champagner

Methusalem Eine selten angebotene Champagner-Flasche mit dem Riesenvolumen von 6 Litern.

Mett ➛ Hackepeter

Mettwurst Die würzige, geräucherte Rohwurst aus Schweinefleisch, die in unterschiedlicher Körnung bis hin zur Streichwurst gemahlen wird, ist bei uns als Brotaufstrich sehr beliebt.

Metzelsuppe Auch Schlacht- oder Wurstsuppe. Die beliebte Suppe entsteht aus der Kochbrühe, in der die Würste am Schlachttag gekocht werden, und die – je nachdem, wie viele Würste aufgeplatzt sind – sehr gehaltvoll sein kann.

Metzgersauce Für diese kräftige dunkle Sauce wird eine ➛ Demiglace mit in Weißwein gedünsteten Zwiebeln verkocht und mit einer Einlage aus Julienne von Gewürzgurken gegart.

Mexican Slaw Der beliebte Krautsalat aus dem südlichen Amerika wird aus Streifen von Weißkohl, Zwiebeln und Paprikaschoten zubereitet und in einer einfachen Vinaigrette einige Zeit mariniert, bevor er zu Steaks oder kräftigen Fleischeintöpfen serviert wird.

Mexikanische Sauce Ein Variante der Mayonnaise, die mit Sardellenpaste würzig abgeschmeckt wird und als Einlage gehackte rote und grüne Paprikaschoten erhält.

Meze ➛ Mazza

Miamisalat Filets von frischen Mandarinen und Scheiben von geschälten Tomaten werden abwechselnd auf Salatblättern angerichtet und mit einer Marinade aus Öl, Zitronensaft und Zucker beträufelt.

Midder ➛ Kalbsbries

Midinettesalat Ein kräftiger Salat aus in Julienne geschnittenem Sellerie, säuerlichen Äpfeln, geraspeltem Gruyère-Käse und Scheiben von gekochter Geflügelbrust, die locker mit etwas Joghurtmayonnaise angemacht werden.

Mie Der chinesische Begriff weist auf ein Gericht mit Nudeln hin, z.B. Mie goreng = gebratene Nudeln.

Mie de pain Auch geriebenes Brot. Für leichte Füllungen, Farcen oder als Panade wird frisches Weißbrot von der Rinde befreit und durch ein Sieb gedrückt, so daß es in kleine Brösel zerkrümelt.

Miesmuschel Auch Pfahlmuschel. Die blauschwarze, längliche Muschel wuchs ursprünglich an Felsenküsten, wird heute aber in europäischen und amerikanischen Zuchtkulturen produziert. Die Zuchtmuscheln haben meist viel helles, etwas fettes Muschelfleisch und zwei gewölbte Muschelschalen. Die Wildformen sind weniger fett und lassen sich daran erkennen, daß nur eine Schale gewölbt ist. Die Zubereitungsarten sind vielfältig: mit Gemüsesud gekocht, gedämpft, paniert, mit Kräuterbutter, Knoblauchsauce oder als Suppenbestandteil serviert.

Mignon Die kleine Steakform, ähnlich wie Medaillons, die meist aus dem spitz zulaufenden Teil des Filets geschnitten wird.

Mignonnettesauce Die „kleine" würzige Sauce, die zu kaltem Braten von Schwein und Wild angerichtet wird und aus Schalotten, Essig, Salz und frisch gemahlenem, grobem Pfeffer besteht.

Mignonsalat Ein feiner Salat aus kleingewürfelten Garnelen und Artischockenböden, die in einer Marinade aus Mayonnaise, Schlagsahne, Cayennepfeffer und Salz angemacht und mit in Scheiben gehobelten Trüffeln dekoriert werden.

Mignonsuppe Die kräftige Fischconsommé erhält als Einlage kleine, pochierte Garnelenschwänze, Nocken aus Fischfarce und winzige, ausgestochene Trüffelkugeln.

Mijotieren Der französische Fachbegriff bezeichnet das langsame Garen bei niedrigen Temperaturen.

Mikrowellenherd Elektrische Wellen auf sehr hohen Frequenzen bewegen in einem abgeschirmten, verschlossenen Herd gleichzeitig viele kleinste Teilchen im Gargut, so daß dieses in extrem kurzer Zeit je nach Einstellung erhitzt, fertig gekocht oder aufgetaut wird. Die Kombination mit der üblichen Back- und Grilltechnik liefert einige Vorteile. So ist z.B. ein Braten in kürzester Zeit gegart und erhält durch den eingebauten Grill trotzdem eine braune Kruste.

Milch 1. Unter dieser Bezeichnung versteht man heutzutage die Kuhmilch, die als gesundes und – was die Inhaltsstoffe angeht – weitgehend naturbelassenes Nahrungsmittel angeboten wird und aus Wasser, Eiweiß, Fett, Zucker und Mineralstoffen besteht. In der industriellen Verarbeitung wird die Milch sterilisiert, dadurch teilkonserviert und in verschiedene Milchsorten und -produkte verarbeitet: Vollmilch, Trinkmilch, H-Milch, Vorzugsmilch, Magermilch, Buttermilch, Dickmilch, Kondensmilch, Trockenmilch sowie Sahne, Butter und Käse.

2. Auch Milchner. Der männliche Fisch, bzw. die Bezeichnung der Samenflüssigkeit der männlichen Fische.

3. ➛ Kalbsbries

Milchbrötchen Weiche, luftige Brötchen, bei denen der Teig mit Milch statt Wasser zubereitet wird.

Milcher ➛ Kalbsbries

Milchfladen ➛ Elsässer Milchfladen

Milchkaffee Ein vor allem in Frankreich als „café au lait" sehr beliebter Frühstückskaffee, der aus den gleichen Teilen erhitzter Milch und starkem Kaffee zubereitet wird.

Milchknöpfle Für diese schwäbische Spezialität werden kleine Klößchen aus Brandteig abgestochen und in mit Butter und etwas Salz angereicherter Milch gegart.

Milchlamm Im engeren Sinne wird mit diesem Begriff ein Lamm von etwa 7–9 Wochen bezeichnet, das sich im Idealfall noch mit Muttermilch ernährt. Oft werden aber auch Lämmer unter dieser Bezeichnung angeboten, die schon feste Nahrung zu sich nehmen und bis zu 8 Monate alt geworden sind.

Milcher ➛ Milch

Milchpanade Eine spezielle Form der Panade, bei der Mehl mit Milch und Butter wie ein dicker Brandteig verarbeitet und als Bindemittel für Farcen oder Decksaucen verwendet wird.

Milchpulver ➛ Trockenmilch

Milchpunsch Ideal für kalte Winter ist dieses gehaltvolle Getränk, bei dem in einem hitzebeständigen Glas Rum und Zucker vermischt und mit heißer Milch aufgegossen werden.

Milchreis Der weiße, polierte Rundkornreis wird gern mit Milch verkocht, wobei er schnell weich wird und an Volumen zunimmt. Meist wird er mit Zimt und Zucker oder mit gekochten Früchten kombiniert.

Milchsauce Sauce ➛ Béchamel

Milchschwein ➛ Spanferkel

Milken ➛ Kalbsbries

Millefanti Die berühmte italienische Brotsuppe wird auf der Basis einer kräftigen Fleischbrühe hergestellt, in die eine Mischung aus ➛ Mie de pain, Eiern, Parmesan und Gewürzen eingerührt und verkocht wird.

Millerighe Diese italienischen, stark gerillten, kurzen Hohlnudeln werden in verschiedenen Stärken angeboten.

Mille-feuilles Die französische Bezeichnung für verschiedene Arten von meist gefüllten Blätterteiggebäcken.

Millionärssalat Ein interessanter, gehaltvoller Salat, bei dem geschälte Avocados in Scheiben geschnitten und mit Trüffelscheiben auf Salatblättern angerichtet werden. Anschließend rührt man aus dem Trüffelfond und etwas Mayonnasie ein Dressing und mariniert den Salat damit. Zum Abschluß wird das Ganze mit Mandelblättchen oder -stiften bestreut.

Milz Ein Organ, das in unserer Küche meist nur zur Wurstherstellung verwendet wird und selten in der Metzgereivitrine zu sehen ist. In manchen regionalen Küchen wird aus der Milz noch Suppe oder Suppeneinlage hergestellt.

Mimolette Ein bekannter, feiner französischer Hartkäse aus der Normandie mit leicht nußartigem Aroma.

Mimosasalat Für diese interessante Salatkombination werden in einem Dressing aus Crème double und Zitronensaft Kopfsalatherzen, Orangenfilets, Bananenscheiben und enthäutete kernlose Trauben mariniert und angerichtet.

Mincemeat Die englische Weihnachtsspezialität, bei der Würfel von Rinderfilet und Äpfeln mit den einige Wochen in Weinbrand marinierten Zutaten Nierenfett, Zitronat, Orangeat, Rosinen, Korinthen und Gewürzen vermischt und mit Teig abgedeckt zu den typisch englischen

Fleischpasteten, den Pies, gebacken werden.

Mince Pie ➛ Mincemeat

Mineralstoffe So bezeichnet werden die für das Funktionieren des menschlichen Organismus notwendigen Nährsalze, die der Körper nicht selbst herstellen kann und die deshalb in geringen Mengen, dafür aber regelmäßig, von außen über die Nahrung zugeführt werden müssen.

Mineralwasser Meist in Flaschen abgefülltes, klares Quellwasser, mit oder ohne Kohlensäure, das, je nach Ursprung, verschiedene und unterschiedlich große Mineralstoffmengen enthält.

Minervasalat Ein gehaltvoller Gemüsesalat mit zwei Saucen: zum einen werden grüne Bohnen und Tomaten in einer einfachen Vinaigrette angerichtet, zum anderen werden in Julienne geschnittene rote Paprikaschoten und Pellkartoffeln in einer Joghurt-Mayonnaise serviert. Das Ganze wird mit gefüllten Oliven, Kapern und Sardellenfilets dekoriert.

Minestra al pomodoro Die italienische Tomatensuppe wird aus frischem Tomatenfleisch, Knoblauch, Zwiebeln, vielen Sommerkräutern und Gewürzen so lange gekocht, bis sie sehr sämig geworden ist und mit gekochtem Reis als Einlage und etwas frisch geriebenem Parmesan à part serviert.

Minestrone Für diesen typischen italienischen Gemüsetopf werden Räucherspeck und Suppengemüse in Olivenöl gedünstet, mit Knoblauch und Kräutern gewürzt und mit Fleischbrühe behutsam gekocht. Gegen Ende der Garzeit werden Nudeln oder Reis hinzugefügt und gegart. Die Suppe wird mit geriebenem Parmesan bestreut angerichtet.

Minneola Eine der vielen Zitrusfruchtzüchtungen, die in diesem Fall aus Grapefruit und Mandarine entstanden ist, wenige Kerne und saftiges Fruchtfleisch besitzt.

Mint Jelly Auch Mintjelly. Eine berühmte, amerikanische Geleespezialität aus frischer Pfefferminze, die mit Zucker gesüßt und mit Gelatine gebunden wird.

Mintsauce ➛ Minzsauce

Minutenfleisch Dünne Fleischscheiben, vom Filet oder Rücken geschnitten, werden kurz, aber sehr heiß von beiden Seiten gebraten. Als Beilagen- und Saucenkombinationen sind die gleichen wie bei Steaks oder anderem kurzgebratenem Fleisch möglich.

Minzkartoffeln Die ersten, neuen Kartoffeln werden geschält, zusammen mit frischer Pfefferminze gekocht und einigen Minzblättern garniert.

Minze ➛ Pfefferminze

Minzsauce Auch engl. Mintsauce. Die kalte, grüne Minzsauce zu Hammelbraten macht in England jede Hausfrau selbst. Man stellt aus Pfefferminzblättern, Wasser, Essig und Zucker einen Auszug her, den man vor dem Anrichten mit frisch gehackten Pfefferminzblättern noch anreichert.

Mirabeau-Art Diese klassische Garnitur für kurzgebratene Fleischstücke wurde nach dem französischen Staatsmann Graf Mirabeau benannt und hat sich als eine der wenigen klassischen Garnituren bis heute gehalten: Auf das gegrillte oder gebratene Fleisch wird ein Netz aus Sardellenfilets gelegt, die Zwischenräume werden mit Olivenscheiben und Estragonblättchen ausgelegt, und dazu wird Sardellenbutter serviert.

Mirabelle Die stark aromatische, gelbe Pflaumensorte mit ihrem süßen, festen Fruchtfleisch wird gerne zu Branntwein, aber auch zu Kompott oder Konserven verarbeitet.

Miramontsuppe Die kräftige, gebundene Geflügelsuppe wird mit Eigelb und pürierten Kartoffeln angereichert und vor dem Anrichten mit gebräunten Weißbrotcroûtons bestreut.

Mirepoix Dieser Küchenfachausdruck bezeichnet die in Würfel geschnittene Röstgemüsemischung aus Zwiebel, Sellerie, Karotte und Lauch sowie Lorbeer, Pfefferkörnern, Nelken, Thymian und Rosmarin. Sie dient als Grundlage vieler Saucen und wird je nach speziellem Verwendungszweck abgewandelt. Beispielsweise fehlt einem Mirepoix für dunkel angeröstete Braten Lauch und Knoblauch, die durch das starke Anbraten verbrennen und bitter werden würden.

Mirettekartoffeln Gewürfelte, blanchierte und dann gebratene Kartoffeln werden mit etwas ➛ Demiglace und Trüffeljulienne vermischt angerichtet.

Mirin Ein japanischer Reiswein, der süßer als Sake schmeckt und eigentlich nur zum Kochen verwendet wird.

Mischbrot Das weitverbreitete, aus unterschiedlichen Anteilen von Roggen- und Weizenmehl gebackene Brot, das von hellgelb bis dunkelbraun angeboten wird.

Mischfrüchte ➛ Macédoine

Mischgemüse Unter diesem Begriff werden die schon vor dem Anrichten gemischten Gemüse verstanden, im wesentlichen solche mit gleicher Garzeit. Mischt man Gemüse unterschiedlicher Garzeiten, so muß man diese nacheinander oder separat garen.

Miso Die berühmte japanische Paste aus gekochten und fermentierten Sojabohnen, die unterschiedlich stark gesalzen und in verschiedenen Färbungen erhältlich ist. Diese Paste dient in der asiatischen Küche oft als Verdickungsmittel für vielerlei Suppen.

Mispel Die heutzutage seltene, pflaumengroße Frucht entwickelt nach den ersten Frösten ein süß-bitteres Aroma und wird dann zu Marmelade oder Gelee verarbeitet.

Mistinguettesuppe Eine kräftige Geflügelconsommé wird mit frischen Erbsen püriert, abgeschmeckt, mit ➛ Tapioka verkocht und gebunden.

Mistkratzerle ➛ Stubenküken

Mitonnage Auch Brotpanade. Ein zu der klassischen Küche gehörendes Bindemittel für Saucen und Farcen, das im wesentlichen aus frischer Weißbrotkrume besteht, die mit Milch verkocht und mit so viel Butter verrührt wird, bis sich eine homogene Masse gebildet hat. Da diese Art Bindemittel nicht eben sehr kalorienarm sind, werden sie in der „Nouvelle Cuisine" selten angewandt.

Mitonnée Eine gehaltvolle Brotsuppe, die mit Milch und Zwiebeln verkocht und mit Eigelb legiert wird.

Mitonnieren Dieser Fachausdruck bedeutet das langsame Verkochen von Flüssigkeit.

Mittelrippenstück ➛ Entrecôte

Mixed Grill Aus der englischen Vorliebe für Gegrilltes entstand dieses überall bekannte Angebot der internationalen Hotel- und Restaurantküche: Verschiedene Filetsstückchen, kleine Würstchen, Innereien und Speckstreifen werden direkt vom Grill mit verschiedenen Saucen und Beilagen, wie z.B. gratinierten Tomaten, fritierten Kartoffeln aller Art und Kräuterbutter serviert.

Mixed Pickles Auch Essiggemüse. Die unterschiedlichen, kleinen Gemüse werden in einer würzigen Sauermarinade aus Weinessig, Gewürzen, Kräutern und Salz eingelegt und konserviert.

Mixgetränk ➛ Cocktail

Mocca ➛ ➛ Türkischer Mokka

Mockturtlesuppe Die als exquisite Konkurrenz zur echten Schildkrötensuppe bekannte, englische Rindsconsommé wird mit weißem Wurzelgemüse und ➛ Schildkrötenkräutern durchgekocht, mit Cayennepfeffer und Madeira kräftig abgeschmeckt und mit Farcenocken aus feingemahlenem Kalbfleisch und Stückchen aus gekochtem Kalbskopf angereichert.

Model Die altbewährten Holzformen, in die Lebkuchenteig vor dem Backen gepreßt oder Butter zum Anrichten in bestimmten Formen gedrückt wird, sind heute u.a. wegen der beschichteten Metallformen aus der Mode gekommen.

Modenasuppe Für diese feine Suppe wird blanchierter Spinat mit einer Kalbsvelouté püriert, abgeschmeckt und vor dem Anrichten mit gebräunten Weißbrotcroûtons serviert.

Möhre Auch Mohrrübe. Diese in der ganze Welt verbreitete Kulturpflanze ist als Wurzelgemüse so wichtig geworden wie die Zwiebel. Sie liefert als wichtigsten Inhaltstoff das Carotin, eine Vorstufe des Vitamins A, weshalb sie ein Bestandteil vieler Babybreie wurde. Leicht zu unterscheiden von der kugelförmigen Karotte, ist die langwachsende Möhre zu einer wesentlichen Zutat von Eintöpfen, Gemüsemischungen, Säften, Rohkostsalaten, Suppen und Saucen geworden.

Mönchskäse ➛ Tête de moine

Mörser Dieses Gerät ist ein wichtiges Werkzeug, wenn man Gewürze wirklich frisch und mit der höchstmöglichen Würzkraft benutzen möchte. Für die indische Curry-Küche ist dieses Rundbodengefäß unverzichtbar, bei dem die Gewürz- und Kräutermischungen, aber auch Saucen mit einem harten Stößel zerrieben werden.

Möweneier Eine Spezialität aus Norddeutschland, wobei das Sammeln und der Verzehr einiger Möwenarteneier aus ernährungshygienischen oder Artenschutzgründen verboten wurde. Auf jeden Fall müssen gesammelte Eier etwa 12 Minuten gekocht werden, damit die Bakterien abgetötet werden können. Regional werden sie gerne mit gebuttertem Toast, grüner Sauce, Kresse oder Schnittlauch als kleine Vorspeise angeboten.

Mogadorpastetchen Diese berühmten klassischen Pariser Pastetchen sind das Produkt der Luxusküche des letzten Jahrhunderts und enthalten eine Füllung aus gewürfelter, geräucherter Pökelzunge, kombiniert mit Bratgeflügelfleisch, das mit einer dicken Hühnervelouté gebunden wird. Abwechselnd mit Gänseleberpüree wird die Mischung in die Pastetchen eingefüllt und aufgebacken.

Mohn Auch Magsamen. Der blauschwarze Mohnsamen ist stark ölhaltig, wird in der Brotbäckerei verwendet und für Kuchen, Gebäck und Saucen eingesetzt.

Mohnbeugel Dieses österreichische Hörnchengebäck wird mit einer Mischung aus Mohn, Zucker, Butter, Zimt und abgeriebener Zitronenschale gefüllt und mit Eigelb bestrichen im Ofen gebacken.

Mohnkuchen Ein klassischer Blechkuchen aus Hefeteig, der mit Mohn, Zitronat, Rosinen, Gries, Zucker und Zimt bestreut, mit Milch beträufelt, mit Rum oder Arrak parfümiert und dann mit Butterstreuseln bestreut im Ofen gebacken und nach Belieben mit Glasur überzogen wird.

Mohnnudeln Diese süße, böhmische Variante eines Nudelauflaufs wird aus gegarten Bandnudeln hergestellt, die in einer Auflaufform mit Mohn und Zucker gemischt und noch heiß zu einer Vanillesauce serviert werden.

Mohnstrudel Eine Abwandlung des unerschöpflichen, österreichischen Strudelthemas: Hier wird der hauchdünn ausgezogene Teig mit gemahlenem, gebrühtem Mohn, Zucker und Rosinen bestreut. Aufgelöste Butter und zahlreiche Aromaten werden hinzugefügt, bevor das Ganze zusammengerollt, gebacken und erkaltet serviert wird.

Mohrenkopf Bei Kindern sehr beliebt ist diese kleine, halbkugelförmige Schokoladensüßigkeit, die mit gesüßter Schlagsahne gefüllt und mit Schokoladenglasur überzogen ist. Der Mohrenkopf wird heute meist als Fertigprodukt angeboten.

Mohrrübe ➛ Möhre

Mokka ➛ Türkischer Mokka

Molbo Dieser dänische Schnittkäse wird als Kugel produziert und hat einen sehr milden Geschmack.

Mole Die pikante, gehaltvolle mexikanische Würzsauce besteht aus vielen Gewürzen, Kräutern, Zwiebeln, Knoblauch, Tomaten und Schokolade. Sie wird gerne zu Geflügel gereicht.

Molke Die wässrig-milchige Flüssigkeit, die bei der Käseproduktion durch den Wasserentzug anfällt, enthält viele wertvolle Mineralstoffe, ist kalorienarm und sehr erfrischend.

Moltebeere ➛ Multbeere

Monatsrettich ➛ Radieschen

Mondbohne ➛ Limabohne

Mongolischer Feuertopf ➛ Feuertopf

Mongolische Suppe Eine kräftige Tomatensuppe wird mit gekochten gelben Erbsen püriert, abgeschmeckt und mit Julienne von Karotten, Lauch und Sellerie garniert.

Montasio Der italienische Hartkäse aus Vollmilch wird jung als aromatischer Schnittkäse, älter als pikanter Reibkäse angeboten.

Mont-d'Or-Kartoffeln Ein gut gebuttertes Kartoffelpüree wird auf eine Gratinplatte aufgespritzt, mit geriebenem Käse bestreut, mit flüssiger Butter beträufelt und im Backofen gratiniert.

Monte-Christo-Salat Ein exklusiver Kartoffelsalat, der mit Hummerfleisch, Trüffeln, gekochten Eiern und Kopfsalatherzen angerichtet und mit einem würzigen Senfdressing auf Mayonnaisebasis angemacht wird.

Monterey Ein Schnittkäse aus den USA, der große Löcher besitzt und eine cremige Konsistenz hat.

Montesquieu-Suppe Die feine Rindsconsommé erhält als kräftige Einlage Julienne von Champignons, Blumenkohl sowie gekochtem Hühnerfleisch und Schinkenscheiben.

Montieren Auch aufmontieren, aufschlagen. Eine Bindungstechnik der Neuen Küche: Eine Sauce stark einkochen und dann auf reduzierter Hitze eiskalte Butterstückchen nacheinander einrühren, bis die Sauce Glanz und Bindung zeigt. Diese moderne Art der Bindung hat den Vorteil, daß sie die Sauce geschmacklich nicht beeinträchtigt wie Mehl oder Sahne, aber den großen Nachteil, daß die Bindung nicht von großer Stabilität ist, so daß man die Sauce erst kurz vor dem Servieren aufmontieren kann.

Montpellierbutter Eine interessante Kräuterbuttermischung, die neben frischer Butter aus einem Püree von Schalotten, Spinat, Gartenkräutern, Sardellenfilets, Gewürzgurken, Eigelb und Kapern besteht und pikant gewürzt zu Bratfisch oder kalten Fischplatten serviert wird.

Montrosepastetchen Für diese Pastetenkomposition der klassischen Küche wird in feine Blätterteigpastetchen eine pürierte Masse aus Hühnerbratfleisch, gekochtem Schinken, Sahne, Gewürzen, Salz und Cognac eingefüllt und gebacken.

Moosbeere Eine wildwachsende, rote Preiselbeerart der nordischen Länder und der USA, die meist zu

Saft, Marmelade, Kompott oder Likör verarbeitet wird.

Moppen ➛ Pfefferkuchen

Morchel Den begehrten, würzigen Frühsommerpilz erkennt man an seinem braunen, langgezogenen, schwammähnlichen Hut. Er wird meist getrocknet oder als Konserve, in der Saison manchmal auch frisch angeboten. Die Morchel, die frisch mehrmals gewaschen und dadurch entsandet werden muß, ist ein schmackhafter Speisepilz, eignet sich aber auch zum Würzen vieler Saucen, Suppen oder als Beilage von Wildgerichten.

Morelle Eine beliebte dunkelrote bis schwarze Sauerkirschenart.

Morgenrotsauce ➛ Aurorasauce

Mornaysauce Eine der wichtigsten, oft benutzten Gratiniersaucen, die aus einer Ableitung der Sauce ➛ Béchamel entsteht, die mit würzigem Reibkäse angereichert wird.

Mortadella Die berühmte italienische Brühwurst mit dem Riesendurchmesser von bis zu 40 cm besteht aus Kalb- oder Schweinefleisch mit großen Speckwürfeln. Manchmal enthält sie auch Pistazien.

Morue ➛ Stockfisch

Mosel Das Flüssedreieck und alte deutsche Weinanbaugebiet Mosel-Saar-Ruwer hat viele Höhen und Tiefen erlebt. Seit man sich vom süßen Massenwein entfernt hat, werden wieder höchste Qualitäten säurebetonter, blumiger Riesling- und Elblingweine angeboten.

Mosimann, Anton Geboren 1947. Der heutige Chefkoch des Dorchester Hotels in London liefert das Musterbeispiel für eine Kochlaufbahn, die ihn vom heimatlichen, schweizerischen Herd über viele internationale Hotels in verschiedene Küchenpositionen führte. Er betreute für die Schweiz mehrere Weltaustellungen kulinarisch und gelangte durch zahlreiche Preise, Qualifikationen und Zusatzausbildungen zu der Erfahrung, ein Luxushotel auf höchstem Küchenniveau zu führen. Eine leichte, geschmackvolle Nouvelle Cuisine, bei der Vitamine sowie Eigengeschmack und Farbe der Lebensmittel möglichst erhalten werden, sind die Eckpfeiler seiner auf Harmonie und Vollkommenheit ausgerichteten Kochkunst.

Most Unter diesem Begriff wird sowohl der vergorene Obst- oder Weintraubensaft (Federweißer) verstanden, als auch der naturtrübe, unvergorene Saft.

Mostarda ➛ Senffrüchte

Mostert ➛ Senf

Mostrich ➛ Senf

Motten ➛ Möhren

Moules Der französische Fachbegriff für Kuchen- oder Puddingformen.

Moules marinière Franz. Muscheln auf Seemannsart. Diese beliebte Zubereitungsart von Miesmuscheln in einem gewürzten, mit Kräutern und Schalotten angereicherten Weinsud, existiert in zwei Varianten: Bei der einfachen Version werden die fertig gegarten Muscheln im Sud serviert und am Tisch aus der Schale genommen, in der exklusiven Variante werden in der Küche die gegarten Muscheln von der oberen Schale befreit, die Sauce passiert, mit Butter montiert und wieder über die schön angerichteten Muschelhälften gegeben.

Moussaka ➛ Mussaka

Mousse Das fein pürierte Mus kann z.B. von gekochtem Schinken stammen, der mit Sahne und Gelatine gebunden wurde. Aber auch luftige Süßspeisen wie die Schokoladencreme „Mousse au chocolat" werden mit diesem Begriff bezeichnet.

Mousseline-Kartoffeln Auch Schaumkartoffeln, Sahnepüree. Für diese Edelvariante des Kartoffelpürees werden gekochte Kartoffeln mit Butter und Sahne püriert und gewürzt.

Mousselinesauce Die feine, luftige Sauce ist eine Ableitung der Sauce ➛ Hollandaise, die mit geschlagener Sahne verfeinert wird.

Moussierpunkt Dieser „Kribbelpunkt" ist ein spezieller Schliff am Innenboden des Sekt- oder Champagnerglases, der ein gleichmäßiges Moussieren, also Aufsteigen der Kohlensäureperlen, ermöglicht.

Mozzarella Der im Geschmack sehr milde, in kleinen Kugeln abgepackte Frischkäse aus Italien wurde ursprünglich aus Büffelmilch hergestellt, mittlerweile verwendet man auch Kuhmilch oder Milchmischungen. Er ist wegen seiner angenehmen Konsistenz in der Kombination mit Tomaten und Basilikum in den letzten Jahren bei uns sehr beliebt geworden.

Mozzarella in carozza Ein klassisches italienisches Gericht, bei dem mit Mozzarella belegte Weißbrotscheiben paniert und fritiert werden.

Mühlviertler Klöße Auch Michels Beste. Diese deftige Hausmannskost besteht aus Kartoffelklößen, die mit einer Masse aus geräuchertem Bauchspeck und Zwiebeln gefüllt werden. Die Klöße werden dann in einer feuerfesten Auflaufform gebacken, mit einer gewürzten Eiersahne übergossen und nochmals gratiniert.

Müsli ➛ Bircher Müsli

Müllerin Art Auch franz. à la meunière. Bei dieser weltbekannten Garnitur wird Fisch oder Fischfilet in Mehl gewendet, in Butter gebraten und mit frisch gehackter Petersilie bestreut. Etwas braune Butter wird noch über den Fisch gegossen, der Rest wird dazu serviert. Typische Beispiele: Forelle Müllerin oder Seezunge Müllerin.

Müller-Thurgau Diese in Deutschland weit verbreitete Traubensorte verbindet die Vorteile eines frühen Erntezeitpunkts und hoher Erträge mit den Vorzügen der Geschmacksqualitäten eines Rieslings. Sie bringt Weine aller Qualitätsstufen hervor.

Münchner Bier Das süffige, wenig gehopfte, untergärige Vollbier, das in der und um die bayerische Landeshauptstadt herum gebraut wird, kann man jedes Jahr ab Ende September auf dem Oktoberfest in Maßen, also Literkrügen, genießen.

Münchner G'schwollene ➛ Geschwollne

Münchner Weißwurst Die weltbekannte Spezialität ist eine Brühwurst aus Kalbfleisch und Speck, die mit geriebener Zitronenschale und weiteren Gewürzen abgeschmeckt und jeden Tag frisch zubereitet wird. Der Münchner, der seine Weißwurst aus Tradition vor 12 Uhr mittags und ohne Besteck aus der Hand ißt, läßt sich dazu meist eine Brezen, also Laugenbrezel, und mittelgroben, süßen Senf servieren. Ein kühles bayrisches Bier gehört selbstverständlich auch dazu.

Münster Auch franz. Munster. Ein runder Rotschmierkäse mit kräftigem Aroma und cremiger Konsistenz, der im deutschen und französischen Münstertal noch auf einigen Höfen genau wie früher produziert wird und gerne mit Zwiebeln und Kümmel gegessen wird. Natürlich wird dieser Käse heutzutage in der ganzen Welt auch in Großproduktion hergestellt.

Mürbebraten ➛ Rinderfilet

Mürbteig ➛ Geriebener Teig

Mu-Err Auch Holzohr. Würzige chinesische Morcheln, die bei uns meist getrocknet angeboten werden und vor der Verwendung über Nacht eingeweicht werden müssen.

Muffins Die kleinen, noch warm servierten Brötchen aus Milchhefeteig gehören zum englischen Sonntagsfrühstück einfach dazu.

Muhallebi Die türkischen Reismehlpuddings sind ein beliebtes Dessert. Das Mehl wird mit ein wenig Milch oder Wasser angerührt, mit Milch aufgekocht, mit Eigelb und Zucker fertiggekocht und in Portionsförmchen gefüllt. Man kann dieses Gericht auch mit Zwieback oder zusätzlichen Kokosraspeln variieren.

Mulato-Pfefferschote Die in der lateinamerikanischen Küche benutzte Pfefferschotenart ist äußerst scharf, aber sehr beliebt und leider bei uns kaum erhältlich.

Mulet ➛ Meerbarbe

Mulligatawny Diese Kombination indischer Kochkunst mit angelsächsischem Geschmack ist einen Versuch wert: Eine kräftige, gebundene Geflügelsuppe wird mit Kokosmilch, Sahne und Portwein verfeinert, mit einer indischen Curry-Gewürzmischung abgeschmeckt und erhält das gewürfelte, gekochte Hühnerfleisch und Reis als Einlage.

Multbeere Auch Moltebeere, Torfbeere, Kranichbeere, arktische Brombeere. Diese der Brombeere ähnliche Frucht kommt in den nordischen Moorregionen vor, wächst dort an niedrigen Büschen und wird meist zu Marmelade, Kompott oder Likör verarbeitet.

Mundbissen ➛ Bouchée

Mungobohne Auch Linsenbohne. Die kleinen grünlichen Bohnen werden zum einen Teil als normale Hülsenfrucht für Suppen und Eintöpfe verwendet. Wertvoller ist sie uns in den letzten Jahren aber als frischer

Sojabohnenkeimling geworden, als der sie aus der vollwertigen Salatküche nicht mehr wegzudenken ist.

Munster ➛ Münster

Muräne Der große schlangenförmige Fisch mit bis zu 3 m Länge wird im Mittelmeer und Atlantik gefangen und besitzt ein wohlschmeckendes, etwas fettes Fleisch. Man bereitet Muränen am besten wie Aale gebraten, gegrillt, in einer Suppe oder geschmort zu.

Murgersalat Ein deftiger Salat aus entbeintem, gekochtem Kalbsfußfleisch und Artischockenböden, die in einer kräftigen Senf-Vinaigrette angemacht und etwas mariniert werden. Zum Anrichten bestreut man den Salat mit frisch gehackten Salatkräutern.

Mus ➛ Pürée

Musaka ➛ Mussaka

Muscadet Diese Bezeichnung steht für die Traubensorte, die Anbaugebiete und den Wein. Unter diesem Weißwein versteht man meist den „Muscadet de Sèvre et Maine" aus dem Gebiet östlich von Nantes, obwohl es auch noch weitere Muscadets entlang der Loire gibt. Für alle Gebiete gilt, daß die Mehrzahl der Weine jung und damit spritzig und fruchtig getrunken werden sollte.

Muschel Von den mehreren tausend Arten dieser Weichtiergruppe kommen nur wenige in unsere Küchen. Doch diese Tiere, die in der Meerzahl im Meer leben, aber in früheren, „saubereren" Zeiten auch im Bachbett anzutreffen waren, liefern uns wertvolles Eiweiß, Fett und Mineralsstoffe. Die zweischaligen Tierchen werden entweder wie die Austern roh gegessen oder gekocht, geschmort oder als Bestandteil von Suppen verarbeitet.

Muschel-Pilaki Auch türk. Midye Pilaki. Die türkische Vorspeise besteht aus einem Muschelragout mit vielen Gemüsen, wie z.B. Sellerie und Karotten, Knoblauch und Gewürzen. Die Zutaten werden gegart, abgekühlt, mit Zitronensaft mariniert und kalt serviert.

Muskatblüte Auch Macis, Mazis. Der rötlichgelbe Samenmantel um die Muskatnuß, der dünnschalig und spröde ist, meist als Pulver angeboten und vor allem in der Wurstherstellung verwendet wird.

Muskateller Diese würzige kleine Traubensorte ist typisch für gehaltvolle Dessertweine, aber auch für liebliche Spumante oder einen trokkenen Elsäßer Muscat.

Muskatnuß Der dunkelbraune Kern einer aus Indien, Indonesien oder von den Molukken stammenden Baumfrucht, der hart und fest sein muß und als Würze für Suppen, Ragouts, Saucen, Glühwein oder Pilze Verwendung findet.

Mussaka Auch Moussaka, Mousaka. Das im gesamten Balkangebiet beliebte Hackfleischgericht ist ein pikant gewürzter Auflauf, bei dem schichtweise Auberginen- oder Kartoffelscheiben mit angedünstetem Hackfleisch abwechselnd in eine Form gegeben werden und alles am Schluß mit gewürzter Eier-Käse-Milch begossen und gebacken wird.

Mutschelmehl ➛ Paniermehl

Mutterkümmel ➛ Kreuzkümmel

Mutton Broth Der berühmte schottische Hammelsuppentopf wird aus eingekochter Hammelbrühe, gewürfeltem Hammelfleisch, Graupen, grob gewürfelten Wurzelgemüsen, Zwiebeln und Lauch gekocht und zum Anrichten mit Petersilie bestreut.

Mutton Chop Die englische Grillspezialität besteht aus, oft aufgespießten, Hammelrückenscheiben, die mariniert und gegrillt, mit Pommes frites und grünen Bohnen serviert werden.

Mutzenmandeln Auch Muzemandeln. Zu Karneval gibt es diese rheinische Spezialität, die aus einem süßen Butterteig mit Mandeln, Eiern, Mehl und Zucker hergestellt wird. Der Teig wird mandelförmig abgestochen, fritiert und mit Puderzucker bestäubt.

Mysost Der leicht süßliche, feste Kuhmilchkäse aus Norwegen wird aus Molke hergestellt, ist bräunlich gefärbt und wurde früher unter dem Namen Gjetost aus Ziegenmilch produziert.

N

Nachtigallennester Türk. Bülbül Yuvasi. Ein kleines süßes Gebäck, das wie eine Schnecke geformt, gebacken, dann mit einem Zuckersirup getränkt und mit gehackten Pistazien bestreut wird.

Nachtisch ➛ Dessert

Nackerte ➛ Geschwollne

Nägelchen ➛ Nelke

Nagami ➛ Kumquat

Nagelrochen ➛ Rochen

Nahe In diesem durch Müller-Thurgau-, Silvaner- und Rieslingtrauben geprägten Anbaugebiet werden die höchsten Qualitäten im Nahetal von Bad Kreuznach bis zur Mündung der Nahe in den Rhein angebaut. Sie werden gerne als reichhaltig, gewichtig und gleichzeitig zart und nervig beschrieben und können durch ein wundervoll blumiges Bukett bestechen.

Nalesnikis Die kleinen, dünnen Eierpfannkuchen kommen ursprünglich aus Polen. Sie werden mit einer Quarkmasse bestrichen, dann entweder aufgerollt und mit Zucker bestäubt oder in beliebige Formen, meist Rauten, ausgeschnitten und fritiert.

Nam pla Die thailändische Krabbenpaste wird als Würzmittel in der asiatischen Küche verwandt.

Nanettesuppe Tomaten- und Geflügelrahmsuppe werden gemischt und mit Erbsen, gehobelten Trüffeln und grünen Bohnen als Einlage vervollständigt.

Nansensuppe Eine gehaltvolle Rinderconsommé wird mit Wodka aromatisiert. Damit man die Suppe auch bewältigt, werden kleine Kaviarcanapés dazu gereicht.

Nantais Der bretonische quadratische Kuhmilchkäse wird auch „fromage du curé" genannt, da ihn angeblich ein Pfarrer im letzten Jahrhundert erfunden hat.

Nantaiser Salat Spargelspitzen, Räucherlachsstreifen und Garnelen werden auf Kopfsalat arrangiert, mit einer einfachen Vinaigrette beträufelt und mit Eischeiben und Petersilie verziert.

Nantuasauce Diese feine Ableitung einer Sauce ➛ Béchamel wird mit Sahne, Krebsbutter und Cayennepfeffer verfeinert und bevorzugt zu Flußkrebsschwänzen serviert.

Napfkuchen Auch Topfkuchen. Der bekannte Kuchen wird aus Hefe- oder Rührteig gearbeitet, mit Rosinen oder Mandeln vermischt und in einer hohen, meist spiralig gedrehten Backform gebacken.

Napoleons Ein mit Mandelcreme gefülltes und mit Puderzucker bestäubtes, ovales Blätterteiggebäck.

Napoleonsuppe Eine kräftige Geflügelconsommé bekommt mit Gänseleberpüree gefüllte Ravioli als Einlage.

Nappieren Ein Gericht mit einer dickflüssigen Sauce gleichmäßig überziehen oder bedecken.

Nashi Auch Chinesische Birne. Eine sehr süße, saftige Frucht, die mit oder ohne Schale gegessen wird.

Nasi Die indonesische Bezeichnung für Reis, die meist aber ein ganzes Reisgericht bezeichnet: z.B. Nasi uduk (gewürzter Reis in Kokosmilch) oder Nasi kuning lengkap (gelber Reis).

Nasi Goreng Was zu deutsch einfach „gebratener Reis" bedeutet, ist zum bekanntesten indonesischen Klassiker geworden: Ein raffiniert gewürztes Reisgericht, das mit Hühner- und Schweinefleisch, Scampis, exotischen Früchten und Gewürzen verfeinert wird und so populär wurde, daß es nun auch als Fertiggericht im Handel erhältlich ist.

Nassausalat Für diesen Salat werden in Julienne geschnittene Paprikaschoten und Bleichsellerie sowie Tomatenscheiben in einer Sahnemayonnaise mariniert.

Natives Ein bestimmte ➛ Austernart.

Natron Das meist als Pulver angebotene Natriumbikarbonat dient in der Küche als Backtriebmittel. Es wirkt sich als Beigabe auch günstig auf überschüssige Säure beim Obsteinkochen, die Farberhaltung beim Kochen von Gemüse oder das Weichkochen von Erbsen oder Bohnenkernen aus.

Natto Diese in der japanischen Küche als Saucenbräuner und -würze eingesetzte Bohnenpaste wird aus gekochten, vergorenen Bohnen hergestellt.

Naturell Die Bezeichnung bezieht sich auf eine möglichst den Eigengeschmack des Ausgangsstoffes erhaltende Zubereitungsart, der keine weiteren Ergänzungen wie Saucen oder Panade nachfolgen. Ein Gemüse naturell zuzubereiten bedeutet, es zu dünsten oder auch in Butter zu schwenken, im Gegensatz zum Panieren, Fritieren oder dem Begießen mit ➛ Béchamelsauce.

Naturschnitzel Ein naturell, in Butter zubereitetes Schnitzel, das meist vom Kalb stammt.

Navarin Unter dieser Bezeichnung versteht man ein kräftiges Hammelragout in dunkler Sauce, das je nach Saison mit Gemüse wie ➛ Navets, Karotten, Zwiebeln, Erbsen oder Kartoffeln angereichert wird.

Navarrasauce Eine mit gehackten Kräutern und Knoblauch abgeschmeckte Tomatensauce.

Navel Eine bekannte Orangensorte mit saftigem Fruchtfleisch und ohne Kerne.

Navet Auch Wasserrübe, Jettinger Rübe, Teltower Rübe, Weiße Rübe. All die vorgenannten Rübenarten sind nicht genau identisch, sondern variieren in Größe und Umfang unterschiedlich stark. Gemeinsam ist diesen beliebten Rüben der erfrischend aromatische, leicht an Meerrettich erinnernde Geschmack, die Zartheit und Vielfältigkeit der Zubereitungsmöglichkeiten.

Neapeler Art Auch ital. alla Napoletana. Die Zubereitung eines Gerichts mit einer Sauce aus Zwiebeln, Knoblauch, Tomaten, Olivenöl und Gewürzen, auf die mediterrane Weise der Bewohner Napolis.

Nebukadnezar Eine riesige und sehr seltene Champagnerflasche mit einem Volumen von ca. 14 l.

Negrescosalat Die exquisite Salatkomposition mit dem Namen des legendären, französischen Luxushotels besteht aus Avocadoscheiben und Mandel- und Trüffelblättchen, die auf Kopfsalat angerichtet und mit einer mit Trüffelessenz abgeschmeckten Mayonnaise überzogen werden.

Negritas Mit Schokoladencreme gefülltes und mit Schokoladenfondant überzogenes kleines Schokoladengebäck, das durch die farblich unterschiedlichen Lagen eine interessante Schichtenstruktur bekommt.

Nektar Ein Fruchtsaft, in dem Fruchtmark enthalten ist.

Nektarine ➛ Pfirsich

Nelke Auch Gewürznelke, Nägelchen, Nelkenkopf. Die intensiv, ja streng aromatischen Knospen eines Tropenbaumes werden getrocknet und dann ganz oder gemahlen als Gewürz verwendet. Sie sind ein wichtiger Würzbestandteil von Beizen, Kompott, Essiggemüse, dunklen Bratensaucen, Fischsud, Ragouts, Glühwein oder Lebkuchen.

Nelkenpfeffer ➛ Piment

Nelson-Art Diese Fleischgarnitur mit dem Namen des englischen Admirals besteht aus Kalbsfarce und Zwiebelmus, die nacheinander auf das angeröstete Fleischstück gestrichen werden, um dann mit frisch geriebenem Weißbrot bestreut und im Ofen goldbraun gratiniert zu werden.

Neptunsalat Pochierter Seefisch wird entgrätet und zerteilt, mit einer scharfen Kräutersauce angemacht und auf Kopfsalat angerichtet.

Nerandzaki ylyko Die griechische Zubereitung von unreifen Orangen und Zitronen, die mit Zucker eingekocht werden, stammt ursprünglich von der Insel Chios. Durch das Verzuckern bleiben sie lange haltbar.

Nerfling ➛ Döbel

Nesselrode-Art Der Hauptbestandteil dieser Garnitur, nämlich glacierte Eßkastanien, sind als Beilage zu großen Braten üblich. Richtig bekannt wurde der Name des russischen Grafen durch den Eisbecher gleichen Namens, bei dem Vanilleeis mit gesüßtem Maronenpüree, glasierten Maronen und Schokoladensauce kombiniert wird.

Netz ➛ Schweinenetz

Netzmelone ➛ Melone

Netzwürstchen ➛ Crépinette

Neufchâtel Der beliebte Weichkäse aus Frankreich wird aus Vollmilch und Sahne hergestellt. Er wird oft in Herzform, aber auch als Würfel oder Quader verarbeitet, reift auf Strohmatten, besitzt ein cremiges, gelbes Inneres, eine weiße Schimmelrinde und je nach Reifegrad einen milden bis kräftigen Geschmack.

Neugewürz ➛ Piment

Neujahrssalat Würfel von Knollensellerie und roten Paprikaschoten werden auf Salatblättern angerichtet, mit Mayonnaise gebunden und mit Kapern verziert.

Neunauge Auch Bricke, Pricke, Lamprete. Der schlangenartige Seefisch wird in der Nordsee und vor den südwestlichen Küsten Frankreichs gefangen. Er hat seinen Namen von den seitlichen Punkten, die an das Aussehen von Augen erinnern. Der schuppenlose Fisch wird nach dem Fang direkt gehäutet und kann wie Aal zubereitet werden. Sein fettes, zartes Fleisch eignet sich auch zum Räuchern, Marinieren und Grillen.

Neverser Sauce Eine Ableitung der ➛ Deutschen Sauce, die mit ausgestochenen, gegarten ➛ Navet- und Möhrenkugeln angereichert wird.

Newasalat Chicorée-, Trüffel- und Rote Betestreifen werden auf Salatherzen angerichtet und mit einer einfachen Vinaigrette beträufelt.

Newburg-Sauce Auch Newburghsauce. Eine der klassischen Hummersaucen. Sie wird aus dem Bratsatz von Hummerfleisch hergestellt, der mit Weinbrand abgebrannt, mit Fischfond abgelöscht und mit den zerkleinerten Hummerschalen verkocht wird. Diese Mischung wird mit Sahne verfeinert, passiert, mit Hummerbutter ➛ montiert und kräftig mit Sherry abgeschmeckt. Die Sauce wird traditionell natürlich zu Hummer, aber auch zu feinen Seefischen oder Muscheln serviert.

New Orleans Salat Ein erfrischender, auf Salatblättern angerichteter Fruchtsalat aus Bananen-, Avocado-, Pampelmusen- und Orangenwürfeln. Er wird mit einer einfachen, kräftig mit Cayennepfeffer abgeschmeckten Vinaigrette vermengt und mit geschälten, entkernten Weintrauben garniert.

Niere Eine beliebte Innerei, vorzugsweise von Kalb und Schwein, die absolut frisch sein muß, damit sie optimal schmeckt. Nierchen werden immer gut gewässert und dann entweder ganz gebraten oder in Scheibchen geschnitten und nur kurz gedünstet. Macht man den Fehler und läßt sie in der Sauce kochen, so werden sie zäh. Eine bewährte Kombination sind in Butter gebratene Kalbsnierchen und Senfsauce. Sie können aber auch zu Ragouts, Füllungen oder Suppen verarbeitet werden.

Nierenbraten ➛ Kalbsnierenbraten

Nigiri-Sushi Diese japanische Vorspeise besteht aus kleinen, gesäuerten Reispastetchen, die mit unterschiedlichen rohen Fischstücken dekorativ belegt sind.

Nilsonsuppe Eine feine Geflügelconsommé, die leicht gebunden wird und als Einlage dreierlei verschiedene Geflügelklößchen erhält.

Nimeser Suppe Eine weiße Grundsauce, die mit Fischfond aufgefüllt, mit Tomatenpüree verfeinert und mit Weißbrotcroûtons garniert wird.

Nimrodsalat Gebratene Wildfleisch-, Rote Rüben- und Salatstreifen werden in einer einfachen Vinaigrette mariniert und mit gekochten Eierscheiben garniert.

Nimrodsuppe Eine mit Sherry gewürzte, leichte Wildsuppe, die als Einlage kleine Windbeutel aus Brandteig, die mit Wildpüree gefüllt sind, erhält.

Ninettesalat Auf Salatblättern angerichtete Pellkartoffelwürfel und gekochte weiße Bohnen werden mit einer einfachen Vinaigrette beträufelt und mit gehacktem Estragon bestreut.

Ninis Mit gehackten kandierten Kirschen und ➛ Konditorcreme gefüllte kleine Windbeutel. Sie werden mit einer Kirschwasserglasur überzogen und mit einer halben kandierten Kirsche verziert.

Ninonkartoffeln Eine mit Schinkenwürfeln und Tomatenmark vermischte Herzoginkartoffelmasse, die in kleinen Häufchen auf ein Backblech gesetzt und goldgelb gebacken wird.

Niolo Der korsische Käse wird aus Ziegen- oder Schafskäse hergestellt. Ganz frisch ist er noch cremig und mild, mit zunehmendem Alter wird er immer pikanter und kräftiger im Geschmack.

Nisslsalat ➛ Feldsalat

Nitritpökelsalz Das zum Pökeln verwendete Kochsalz enthält etwa 0,5% Natriumnitrit, wodurch das gepökelte Fleisch haltbarer wird und eine leichte Rötung bekommt.

Nizamperle Klare ➛ Tapiokakugeln als Suppeneinlage.

Nizza-Salat Auch Nizzaer Salat, franz. Salade niçoise. Der Klassiker unter den Gemüsesalaten besteht aus geviertelten Tomaten, Prinzeßböhnchen und Kartoffelwürfeln, die mit Kapern, Oliven und Sardellenfilets in einer einfachen Vinaigrette, oft auf Salatblättern, angerichtet werden.

Nocken Auch Nockerl, ital. Gnocchi, franz. Quenelles. Aus Mehl, Mais oder Gries, Eiern, Butter und Gewürzen wird ein Teig hergestellt, von dem mit einem Löffel Klößchen abgestochen und in Salzwasser gegart werden. Sie werden als Beilage zu Fleisch oder als Einlage in der Suppe gegessen. In Italien wird dem Teig fast immer Parmesankäse untergemischt. Es gibt auch Süßspeisengerichte mit Nocken.

Noémisalat Gebratenes Stubenkükenfleisch wird mit Krebsschwänzen und Kopfsalatherzen angerichtet, mit einer Salatsauce aus Crème fraîche und Zitronensaft angemacht und mit frisch gehacktem Kerbel bestreut.

Nögelost Ein norwegischer „Nagelkäse", der eine ähnliche Konsistenz wie ein Edamer aufweist und mit Kümmel und Nelken, auch Nägelchen genannt, gewürzt wird.

Noilly-Prat Der bekannte Wermutwein aus Frankreich wird im Herkunftsland gern als sanfter Aperitif gereicht und ist für die Fisch- und Saucenküche als Würzmittel unverzichtbar.

Noisette 1. ➛ Medaillon
2. Ein beliebter Kakaolikör mit Haselnußgeschmack.

Nonnenfürzchen Fettgebackenes aus Brandteig, das mit Creme oder Konfitüre gefüllt, mit Zucker bestreut und am besten heiß serviert wird.

Nonnensalat Hühnerbruststreifen werden für diese Salatkombination in einer Senfvinaigrette mit körnig gekochtem Reis vermischt und mit Trüffelwürfeln bestreut.

Nonpareilles 1. Die kleinste und teuerste ➛ Kapernsorte.
2. Aus buntem Zuckerguß hergestellte, winzige Kügelchen, die zum Bestreuen und Verzieren von Gebäck Verwendung finden.

Norasauce Mit Zitronensaft und Worcestershiresauce abgeschmeckte Pfeffersauce, deren Schärfe durch Preiselbeerpüree gemildert wird.

Nordischer Salat Der gehaltvolle Salat aus Sellerie- und Kochfleischstreifen, grünen Oliven, gewürfelten Tomaten und grünen, grob geschnittenen Bohnen wird in einer Senfmayonnaise mit Zwiebelwürfeln angemacht.

Nordseekrabbe ➛ Garnele

Nori Der getrocknete Seetang gehört in Japan zum täglich Speisegewürz. Die eßbaren Algen werden in Form schwarzer Blätter angeboten, die vor der Verwendung erhitzt werden.

Normannische Kartoffeln Dieser kräftige Kartoffeleintopf wird aus Speckwürfeln, Zwiebelvierteln und Lauchstreifen zubereitet, die in Butter angebraten werden, zusammen mit rohen Kartoffelscheiben mit Fleischbrühe aufgefüllt und fertiggeschmort werden. Vor dem Anrichten wird noch Sahne und frisch gehackte Petersilie hinzugefügt.

Normannischer Salat Im Land des Apfelweins wird ein Kartoffelsalat mit Apfelscheiben in einer einfachen Zwiebel-Vinaigrette angerichtet.

Normannische Sauce Diese wichtige Grundsauce zu Kochfisch besteht aus einer weißen Mehlschwitze, die mit Fischfond, Champignonfond und Austernwasser verkocht, mit Eigelb und Sahne gebunden und mit Butter montiert wird.

Normannische Suppe Eine Püreesuppe aus hellem Gemüse wie Kartoffeln, Lauch, weißen Bohnen und weißen Rüben, das mit Brühe verkocht, püriert, mit Sahne gebunden und mit gehackten Kerbelblättern bestreut wird.

Norwegischer Salat Ein gehaltvolles Hauptgericht liefert dieser nordisch geprägte Salat, der einige Stunden vor dem Servieren durchziehen sollte. Er besteht aus gekochtem Rindfleisch, Äpfeln, Pellkartoffeln, Räucherhering und Rote Beten. Die Zutaten werden in Streifen geschnitten, mit einer einfachen Vinaigrette angemacht und nach Belieben mit Sardellenfilets dekoriert.

Norwegische Sauce Eine Mayonnaise, die statt mit flüssigem mit gekochtem Eigelb und natürlich mit Senf, Essig und Öl aufgeschlagen wird.

Norwegisches Brötchen Die nordischen Länder sind berühmt für ihre belegten Brötchen. Weißbrotscheiben werden gebuttert und mit Ei- und Tomatenscheiben belegt. Darüber gibt man noch Räucherlachs und Meerrettichsahne und dekoriert das Ganze mit Dill.

Nougat Mandeln und Haselnüsse werden zunächst feingemahlen, geröstet und dann mit flüssigem Karamel vermischt. Es gibt weißen und braunen Nougat.

Nouvelle cuisine Franz. Neue Küche. Höchstes Gebot dieser modernen kulinarischen Strömung ist eine Zubereitung von Nahrungsmitteln, die den Eigengeschmack, die Inhaltsstoffe und die Farben weitestgehend schont. Wichtig ist die leichte Weiterverarbeitung mit kurzen Garzeiten, wobei für die Saucenbindung z.B. kein Mehl verwendet wird, man nur wenig hochwertiges Fett einsetzt und auf nicht eßbare Garnituren verzichtet.

Nudelauflauf Gekochte Nudeln werden mit gewürfeltem Fleisch und Gemüsen vermischt, in eine gefettete feuerfeste Form gegeben, mit gewürzter Eiermilch übergossen und im Backofen bis zum vollständigen Stocken gebacken.

Nudelholz ➛ Rollholz

Nudelig schneiden In ➛ Julienne schneiden.

Nudeln Getrocknete Teigwaren in vielen verschiedenen Größen und Formen, die auch mit Spinat, Safran, Tintenfischtinte oder Tomatensaft gefärbt angeboten werden. Die Nudeln bestehen aus einem Teig, der aus Weizenmehl, Hart- oder Weichweizengrieß, mit und ohne Eier gearbeitet wird und dünn ausgerollt in verschiedene Formen gepreßt oder geschnitten wird. Nudeln werden im Salzwasser mit etwas Öl bißfest gekocht; im italienischen Fachjargon heißt dies, die Pasta „al dente" garen. Dann werden sie abgetropft und in etwas Butter geschwenkt als Beilage gereicht. Man kann sie genauso gut mit Saucen und Ragouts als Hauptgericht oder abgekühlt als Salat verwenden.

Nudelröllchen,gefüllt ➛ Canneloni

Nürnberger Rostbratwürste Kleine, kurz gebrühte Würstchen aus Schweine- und Kalbfleisch, die sich besonders gut zum Grillen eignen und meistens im halben Dutzend serviert werden.

Nüßlisalat ➛ Feldsalat

Nugat ➛ Nougat

Nuß Der runde, kräftige Muskel aus der Keule von großem Schlachtvieh, der sich gut als Bratenfleisch eignet.

Nußbeugerl Auch Nußhörnchen, Nußkipferl. Ein in Süddeutschland beliebtes Gebäck, das aus einem mit Mürbeteig zubereiteten und mit süßer Nußmasse gefülltem Hörnchen besteht.

Nußbutter 1. Franz. Beurre noisette. Erhitzte Butter wird durch ein Sieb gegossen und dann weiter erhitzt, bis sie nußfarben ist.

2. Franz. Beurre d'avelines. Eine Buttermischung mit frischen, gemahlenen Haselnußkernen.

Nußkartoffeln Mit einem großen Kugelausstecher werden nußgroße Kartoffelkugeln ausgestochen und in Butter gebraten.

Nußkipferl ➛ Nußbeugerl

Nußöl Ein kaltgepreßtes, wertvolles Speiseöl mit starkem Nußaroma, das nur in kleinen Mengen angewendet wird.

Nußschinken Ein Schinken, der aus der entbeinten Schweineschulter geschnitten, dann gepökelt und geräuchert wird.

O

Obatzta Bayr. Angemachter. Diese bayerische Käsespezialität besteht aus zerdrücktem, reifem Camembert, der mit Butter, Pfeffer, Paprika, Kümmel, Zwiebeln und manchmal auch etwas Bier vermischt wird.

Oberjägermeistersalat Für diesen würzigen Salat werden gebratenes Fasanenbrustfleisch, rohe Champignons, Bleichsellerie und Trüffel in Julienne geschnitten und mit einem Dressing aus Mayonnaise, Johannisbeergelee, geriebenem Meerrettich und Senf angemacht.

Oberjägermeistersauce Eine kräftige Pfeffersauce wird mit einreduziertem Wildfond verkocht und mit Sahne und Johannisbeergelee abgeschmeckt.

Obers Die österreichische Bezeichnung für süße ➛ Sahne.

Oberschale Der große Muskel der Hinterkeule von Schlachtvieh, der sich besonders als Braten- und Steakfleisch eignet.

Oberskren Die österreichische Version des Sahnemeerrettichs, die aus einer mit Mehlschwitze gebundenen Sahnesauce besteht, die mit Meerrettich und etwas Brühe verkocht und zu Rinderkochfleisch serviert wird.

Oblaten Die geschmacksneutralen, papierdünnen Teigplättchen werden als Backunterlage bei Kleingebäck wie Makronen oder Lebkuchen oder, um das Durchweichen zu verhindern, bei großen Torten als Trennschicht benötigt.

Obst Unter diesem Begriff werden alle eßbaren Früchte zusammengefaßt. Obst besitzt fast immer niedrige Nährwerte, dafür aber viele Vitamine und Mineralstoffe, so daß es sich ideal für die gesunde Zusatzernährung des modernen Menschen eignet. Die verschiedenen Sorten wie Beerenobst (Erdbeeren, Heidelbeeren, Himbeeren, Johannisbeeren etc.), Steinobst (Kirschen, Pfirsiche, Pflaumen etc.), Kernobst (Äpfel, Birnen etc.), Schalenobst (Eßkastanien, Mandeln, Nüsse etc.), Südfrüchte, tropische Früchte und Exoten (Ananas, Bananen, Zitrusfrüchte, Feigen etc.) schmecken am besten frisch. Die Verarbeitungsmöglichkeiten in der Küche sind vielfältig: zu Kompott dünsten, blanchieren und tiefgefrieren, einkochen, trocknen, verzuckern, süßsauer oder pikant einlegen, versaften, zu Wein vergären oder zu Spirituosen brennen, als Bestandteil von Torten, Kaltschalen, Obstsalaten, Cremes oder Speiseeis.

Obstbranntwein Bei Hochprozentigem aus gebranntem Obst gibt es zwei Herstellungsvarianten: Ein Branntwein aus vergorener Obstmaische oder vergorenem Obstsaft wird als „Obstwasser" deklariert, wohingegen das Destillat aus der Mischung von frischen, unvergorenen Früchten und zugeführtem Alkohol „Obstgeist" genannt wird.

Obstler Die bayerisch-österreichische Bezeichnung eines Branntweins aus Mischobst, meist aus Äpfeln und Birnen, der gerne als Verdauungsschnaps oder einfach zum Bier getrunken wird.

Ochse Das kastrierte männliche ➛ Rind liefert bei guter Mast besonders hohe Fleischqualität und -quantität.

Ochsenaugen ➛ Spiegeleier

Ochsenmaulsalat Gekochtes, gepökeltes Rinder- und Ochsenmaul wird in hauchdünne Blättchen gehobelt und in einer kräftigen Sauermarinade mit Zwiebeln und Kräutern als Fertigsalat beim Metzger angeboten.

Ochsenschlepp Österr. für ➛ Ochsenschwanz

Ochsenschwanz Der kräftige, mit starken Wirbelknochen besetzte Schwanz eignet sich wegen seines kräftigen Aromas für gebundene und klare Suppen oder Ragouts. Man kann ihn auch als entbeinten, gefüllten Schmorbraten zubereiten.

Ochsenschwanzsuppe Auch engl. Oxtail. Die kräftige Suppe gibt es in einer klaren und einer gebundenen Version. Für die klare wird eine dunkle Rindsconsommé mit Sherry kräftig abgeschmeckt und mit kleingeschnittenem Ochsenschwanzfleisch als Einlage versehen. Für die zweite Variante wird ein Ragout aus Ochsenschwanzstücken hergestellt, mit Brühe aufgefüllt, mit Wurzelgemüse, Wein, Kräutern und Gewürzen verkocht und mit Mehlbutter gebunden. Auch hier kann man zum Schluß noch mit Sherry oder Madeira abschmecken.

Ochsenzähne Ein süßlicher Bohneneintopf aus Thüringen, der mit Schweinefleisch angereichert und mit Rübensirup abgeschmeckt wird.

Ochsenzungen 1. Ein ovales Blätterteiggebäck mit gezacktem Rand, das mit Puderzucker bestreut gebacken wird.
2. ➛ Rinderzunge

Octopus Auch Oktopus, Krake, Polyp. Ein achtarmiger Kopffüßler, der im Mittelmeer gefangen wird und dessen Fleisch nach dem Fang geschlagen werden muß, damit es weich und genießbar wird. Er wird wie die anderen Tintenfische zubereitet, also gekocht und eingelegt als Salat, gefüllt und geschmort, fritiert und in deftigen Saucen angerichtet.

Öchslegrad Eine spezielle Mostwaage mißt in dieser Grad-Einheit den Zuckergehalt von Traubenmost, der in Deutschland als Kriterium für die Einteilung in bestimmte Qualitätsstufen und Prädikatsklassen eine wichtige Beurteilungsgröße darstellt.

Oedang Getrocknete Garnelen, die ein wichtiger Bestandteil der indonesischen ➛ Reistafel sind.

Œuf basque Für diese baskische Spezialität wird ➛ Bayonner Schinken in Butter gebraten, mit einem Spiegelei belegt, mit Tomaten- und Paprikaschotenstreifen garniert und mit gehackter Petersilie bestreut.

Œufs à la neige ➛ Schnee-Eier

Öl ➛ Speiseöl

Ölsardinen Von Innereien und Kopf befreit, aber mit der Haut, werden Sardinen gekocht, in Olivenöl eingelegt und in meist flachen Dosen konserviert.

Ölsauce ➛ Mayonnaise

Österlicher Salat Auf der Basis von Romanasalat werden Julienne von roten Paprikaschoten, Avocadoscheiben und Pampelmusenfilets in einer einfachen Vinaigrette angerichtet.

Ofenkartoffeln Auch Folienkartoffeln, engl. Baked Potatoes. Große, ungeschälte Kartoffeln werden bei dieser einfachen Zubereitungsart in Aluminiumfolie eingeschlagen und bei mittelgroßer Hitze im Backofen gegart. Zum Anrichten wird die einzelne Kartoffel in der Folie einmal kreuzweise eingeschnitten, etwas geöffnet und mit Quark oder Crème fraîche gefüllt.

Ofennudel ➛ Rohrnudeln

Ofenschlupfer Eine Backofenversion der ➛ Armen Ritter aus Schwaben. Weißbrot ohne Rinde wird in eine Form gegeben, mit Rosinen und gehackten Mandeln bedeckt, mit verschlagenem, gezuckertem Ei begossen und goldgelb gebacken.

Ogenmelone ➛ Melone

Ogu ruloung Diese ceylonesische Variante eines Rühreis wird mit Scheiben von Frühlingszwiebeln vermischt und mit gerösteten, gemahlenen Curryblättern, Salz und Pfeffer in Öl gebacken.

Ohio Ein geschüttelter Cocktail aus Curaçao, Whisky, Maraschino und Angostura, von dem man nicht mehr als zwei auf einmal genießen sollte.

Okra Auch Bamia, Bamieh, Gombo, Gumbo, Ladyfinger, Eibischfrucht. Die pelzige, unreife Schote einer afrikanischen Hibiskuspflanze wird beim Kochen klebrig und schleimig. Sie wird traditionell in der indischen und orientalischen Küche als Gemüse, Suppengrundlage oder Bindemittel in Ragouts verwendet. Auch die moderne europäische Küche hat sie für sich entdeckt, kocht sie allerdings sehr kurz, damit sie Form und Farbe behält. Während des Sommers gibt es Okra in einigen Spezialgeschäften frisch. Ansonsten ist sie getrocknet oder eingemacht erhältlich.

Okroschka Die interessante russische Traditionssuppe mit säuerlichem Geschmack. Sie wird aus saurer Milch und Sahne sowie dem russischen Leichtbier Kwass gekocht und mit Senf abgeschmeckt. Je nachdem, welche Zutaten gerade verfügbar sind, besteht die Einlage aus Kalbsbratenstücken, gebratener Haselhuhnbrust, Schinken, Pökelzunge oder Krebsschwänzen. Das Ganze wird mit frischem Dill bestreut und in der klassischen Version mit einem Eiswürfel in der Mitte jedes Tellers serviert.

Oktopus ➛ Octopus

Old Fashioned Ein klassischer Cocktail aus Bourbon Whisky, Zucker, Angostura Bitter, Maraschinokirschen und einer Apfelsinenscheibe.

Olgasalat Dieser einfache Gemüsesalat aus Julienne von gekochten Rote Beten, Knollensellerie und Chicorée wird in einer einfachen Vinaigrette angemacht und einige Zeit vor dem Servieren mariniert.

Olgasuppe Die gehaltvolle Rindsconsommé wird mit Portwein kräftig abgeschmeckt und erhält als Einlage Julienne von Trüffeln, Lauch, Möhren und Sellerie.

Oliven Die beliebten Früchte des Olivenbaumes, der erst nach etwa 30 Jahren zu tragen beginnt, werden von uns vor allem aus den Mittelmeerländern importiert. Die bekanntesten Sorten wie die Manzanillas, Sevillanas, Gordales, Ascolane und Corate werden hauptsächlich in Spanien bzw. Italien kultiviert. Grüne und schwarze Oliven unterscheiden sich nur im Reifegrad. Grüne, unreife Oliven werden in einem Solebad mariniert und oft entkernt mit verschiedenen Füllungen angeboten. Schwarze, vollreife Oliven werden meist in Öl oder Salzlake angeboten, aber auch mit verschiedenen Kräutern, Schafskäse oder Knoblauch eingelegt. In der Küche sind sie bei deftigen, südlichen Gerichten unverzichtbar, z.B. auf Pizza oder in Bauernsalaten. Sie werden auch zu

Käse und als klassische Beigabe zu manchen Drinks serviert. Neben der Produktion von Speiseoliven ist die Herstellung von Olivenöl eine sehr wichtige Verwertung dieser kleinen, fetthaltigen Steinfrüchte.

Olivenente Bei dieser Zubereitungsart wird eine Ente kräftig gewürzt und in einer Sauce mit schwarzen Oliven geschmort.

Olivenöl Griechenland, Frankreich, Italien und Spanien sind die europäischen Hauptproduzenten dieses feinen Öls aus der extrem fetthaltigen Steinfrucht. Farbe und Duft variieren von dunkel bis hell, von grün bis gelb und von neutral bis zu starkem Olivengeruch. Wichtig ist die Art der Herstellung, die die Wertigkeit und den Preis des Olivenöls bestimmt. Das beste und teuerste Öl ist das kaltgepreßte Native Olivenöl Extra, auch Jungfernöl (franz. huile vierge, ital. extra vergine) genannt, das ohne Hitzezufuhr mit begrenztem Druck in der sogenannten ersten Pressung hergestellt wird. In weiteren Abstufungen nach unten in der Qualitätshierarchie werden die Oliven hitzebehandelt, mehrmals unter erhöhtem Druck gepreßt, raffiniert und verschnitten.

Olivensauce Für diese kräftige dunkle Sauce zu Bratenfleisch werden grüne Oliven entsteint und in ➛ Demiglace gegart. Die Sauce wird vor dem Anrichten mit Sherry kräftig abgeschmeckt.

Olivet Der französische Weichkäse aus Kuhmilch mit cremigem Teig kommt in zwei Versionen auf den Markt. Als Olivet bleu mit kräftiger Blauschimmelrinde und als Olivet cendré mit Asche bestäubt.

Olla Podrida Der spanische Fleischeintopf wird je nach Region und Marktangebot recht unterschiedlich zubereitet. Es gilt jedoch immer: Grobe Stücke von Schweine-, Kalb- und Wildfleisch, verschiedenen Schinken sowie Würste, wie z.B. ➛ Chorizos, und viel Gemüse werden in einem Tontopf geschmort und serviert.

Olmützer Quargel Ein Sauermilchkäse, der, ähnlich wie der Harzer Käse, in kleinen Scheiben angeboten wird.

Oloron Sainte-Marie Der französische Schafskäse aus dem Baskenland mit cremigem Inneren und ockerfarbener Rinde.

Oloroso ➛ Sherry

Olympia Eine vorwiegend mehlig kochende Kartoffelsorte, ideal für Kartoffelpüree oder -knödel.

Omelett Die einfache Kombination von Eiern, Salz und Butter ist dank der beschichteten Pfannen heute relativ einfach zuzubereiten. Trotzdem wird in manchen Kochbruderschaften als Aufnahmeprüfung die Anfertigung eines Omeletts verlangt: Die verquirlten, gewürzten Eier werden in einer gebutterten Pfanne kurz gerührt und dann gegen eine Pfannenseite hin zu einem halbmondförmigen Pfannkuchen zusammengeschoben. Das ideale Omelett ist innen cremig und außen goldgelb. Süße, salzige, deftige und zarte Füllungen sind zu hunderten bekannt.

Omelette surprise Überraschungsomelett. Dieses bekannte Dessert ist gar kein Omelett, sondern ein Speiseeisblock, der auf getränktem Biskuitboden steht, mit festem Eischnee überzogen und dekoriert wird. Man gratiniert ihn kurz im Backofen und serviert ihn sofort.

Onionsauce Die englische Zwiebelsauce zu gekochtem Fleisch wird aus Zwiebelscheiben in gewürzter Milch gekocht und mit heller Einbrenne gebunden, püriert und abgeschmeckt.

On the rocks Der englische Begriff bedeutet, daß Getränke mit Eiswürfeln serviert werden.

Ooroomas rathu curry Für dieses sehr pikante, rote Schweinefleischcurry werden dünn geschnittene Schweinefleischstreifen mit den in Wasser pürierten Zutaten Tamarinde, Chilis, Kurkuma, Zwiebeln, Knoblauch, Ingwer , Zimt, Zitronengras und Curryblättern so lange gekocht und anschließend noch gebraten, bis sämtliche Flüssigkeit verdampft ist und die Gewürze vom Fleisch aufgenommen wurden.

Oportozwiebel Auch Spanische Zwiebel. Die große, milde Gemüsezwiebel wird meist im ganzen blanchiert, ausgehöhlt und gefüllt.

Orange Auch Apfelsine. Wie alle anderen Zitrusfrüchte stammt auch die wichtigste ursprünglich aus China und wird heute rund um den Globus in den warmen Zonen kultiviert. Die vitaminhaltigen Früchte unterscheiden sich in Größe, Saftigkeit, Schalendicke, Zucker- und Kerngehalt, Färbung von Schale und Fruchtfleisch. Bittere Sorten wie Bergamotte oder Pomeranze werden zu Duftölen oder Extrakten verarbeitet. Die süßen Sorten werden zu Saft, als Frischobst, für Eis und Desserts verwendet. Hier sind als die bekanntesten Sorten die Navel, Jaffa oder die Moro zu erwähnen.

Orangeat Die kandierte Schale von Bitterorangen, die vor allem in der Weihnachtsbäckerei bei uns sehr beliebt ist.

Orange Bitter Ein Extrakt aus der Schale von Bitterorangen, der in geringen Mengen zum Würzen von Likören, Cocktails, Desserts, Speiseeis und Cremes benötigt wird.

Orange, japanische ➛ Kumquat

Orangenblütenwasser Das hocharomatische Destillat aus den geschlossenen Orangenblüten, das zum Parfümieren in der Backwarenindustrie oder zum Aromatisieren von Cremes und Getränken Verwendung findet.

Orangenblütenhonig Dieser aus den Zitrusblüten gewonnene Honig ist vor allem in Amerika und Südafrika sehr beliebt.

Orangenbutter Eine süße Buttermischung, bei der feiner Puderzucker, Orangensaft und -schale in die Butter gemischt werden.

Orangenente ➛ Canard à l'orange

Orangen-Mandarinen ➛ Mandarin-Orangen

Orangensauce Die fruchtige Variante einer ➛ Demiglace oder Portweinsauce, die mit Orangensaft verkocht wird und Julienne von pochierter Orangen- und Zitronenschale als Einlage erhält.

Orange Pekoe Die zweite Blattqualität bei Hochlandtees: Der Begriff bedeutet, daß die Knospen und das oberste Blatt zusammen abgeerntet werden. Dieser Tee wird auch oft mit Jasminblüten parfümiert angeboten.

Orecchiette Ital. Öhrchen. Diese kleinen italienischen Nudeln werden gerne zu gehaltvollen Gemüsesaucen oder mit dicken Ragoutsaucen serviert.

Oregano Auch Origano, Dost, wilder Majoran, Bergmajoran. Das ursprünglich in Asien und Europa wild wachsende aromatische Kraut ist ein Verwandter des Majoran und wird bei uns frisch, getrocknet und gerebelt verwendet. Wegen seines intensiven Geschmacks ist er vor allem in der deftigen südeuropäischen Küche beliebt, und jedes provenzalische Lammragout, süditalienische Hackfleischgericht, die Pizza, viele Saucen und auch manche aromatische Beize sowie gegrillter Fisch sind ohne Oregano unvollständig gewürzt.

Orientalische Sauce Eine Ableitung einer kräftigen Hummersauce, die mit Curry und Schlagsahne verfeinert wird.

Origano ➛ Oregano

Orleaneser Sauce Eine Ableitung einer zarten Fischvelouté, die mit Weißwein und Champignonfond aufgefüllt, mit Cayennepfeffer pikant abgeschmeckt und mit Krebsbutter aufmontiert wird.

Orlow-Art Auch Orloff. Diese Garnitur ist untrennbar verbunden mit der klassischen Zubereitung des ➛ Kalbsrücken Orlow. Sie besteht aus Zwiebelpüree, das zwischen Fleischscheiben gestrichen wird, die dann wieder auf den Kalbsrücken gesetzt, mit Trüffelscheiben belegt und glaciert werden.

Ortolanen ➛ Fettammern

Ossietr Auch Ossiotr. Die mittelgroße Störart liefert den gleichnamigen, beliebten russischen ➛ Kaviar mittlerer Körnung.

Osso buco alla Milanese Die berühmte Zubereitung der Kalbshachsenscheibe auf Mailänder Art hat zu Recht ihren Platz in der internationalen Spezialitätenküche: Die gewürzten, mit Mehl bestäubten Beinscheiben werden angebraten und in Gemüse-Tomatensauce fertiggeschmort. Mit vielen Gewürzen und Knoblauch kräftig abgeschmeckt werden die geschmorten Scheiben mit Risotto serviert.

Ostendes Eine berühmte, belgische ➛ Austernsorte.

Osterbrot ➛ Kulitsch

Oude Klare ➛ Genever

Ouzo Der beliebte griechische Branntwein mit Anisgeschmack, der mit Wasser vermischt gern als Aperitif gereicht wird.

Oxfordsalat Für diesen gehaltvollen Salat werden gewürfelte, gekochte Geflügelbrust, Gewürzgurken, Tomaten, Eier- und Trüffelscheiben auf Kopfsalat angerichtet und mit einer einfachen Estragon-Vinaigrette mariniert.

Oxford Sausage Die englische Bratwurst, die aus Kalb- und Schweinefleisch, Gewürzen, Talg und Kräutern zubereitet wird.

Oxtail ➛ Ochsenschwanzsuppe

Oyster Chowder Die Austernsuppe aus den USA besteht aus einer Gemüsesuppe auf der Basis von Paprikaschoten, Okra, Zwiebeln und Tomaten, die mit Brühe verkocht, mit Pfeilwurzelmehl gebunden und mit kurz pochierten Austern als Einlage serviert wird.

Oyster Cocktail ➛ Austerncocktail

Oyster Shell Roast Frische, geschlossene Austern werden auf die heiße Ofenplatte gesetzt. Wenn sie sich geöffnet haben, werden die oberen Schalen entfernt, die Austern mit Butter beträufelt und sofort angerichtet.

P

Pächterinsuppe Eine traditionelle, deftige Gemüsebrühe, bei der Zwiebeln, Lauch, Möhren, ➛ Navets und Weißkraut dünn geschnitten, in einer kräftigen Bouillon gekocht und angerichtet werden.

Paella Das bekannte, ursprünglich aus dem spanischen Valencia stammende Reisgericht, das in der großen Spezialpfanne am besten am offenen Feuer gegart wird, kann je nach Angebot und Vorliebe mit verschiedenen Zutaten zubereitet werden. In der Regel gehören Hühnerfleisch, Kaninchenteile oder Lammfleisch dazu, ebenso wie Zwiebeln, Knoblauch, Reis, Erbsen, Paprikaschoten sowie Muscheln, Garnelen oder Fischstücke. Das Fleisch wird angebraten, mit Brühe aufgegossen, das Gemüse und der mit Safran gefärbte Reis hinzugegeben und zum Schluß der Fisch oder die Meeresfrüchte, je nach Garzeit, daruntergemischt. Die Paella wird dann in der Pfanne heiß serviert.

Paksoi Auch Japankohl, Pak-choi. Ein in der asiatischen Küche vielfältig verwendetes Kohlgemüse, das in Blattstruktur und Geschmack dem Mangold ähnelt.

Palatschinken Die österreichische Version des Eierpfannkuchens, der als Nachspeise mit süßen Füllungen, wie z.B. Marmelade, als kleines Gericht oder Vorspeise auch mit Deftigem, wie z.B. einer Schinkenfüllung, kombiniert werden kann.

Palbohne Auch ➛ Flageolet. Aus der Hülse geschälte Bohnenkerne.

Pale-ale ➛ Ale

Palerbsen Auch Pahlerbsen. Aus der Hülse geschälte ➛ Erbsen.

Palermitaine-Sauce Auch Palermoer Sauce. Eine gehaltvolle Sauce in zwei Varianten. Eine Ableitung der ➛ Demiglace, die mit Rotwein verkocht, mit Schalottenbutter montiert und mit gebrühten Julienne von

Orangenschale verfeinert wird, wird heiß serviert. Bei der kalten Version wird eine Knoblauchmayonnaise mit Salz und Cayennepfeffer pikant abgeschmeckt.

Palette Das nützliche Küchengerät aus Edelstahl, seltener aus Holz, ist ein flacher, breit auslaufender Spatel zum Wenden von Fleisch-, Fisch- oder Gebäckstücken.

Palmenherzen Auch Palmenmark, -sprossen, Palmitos. Die Delikatesse aus den Tropen wird aus den eßbaren, zarten Sprossen bestimmter Palmenarten hergestellt, d.h. vorgekocht, und ist bei uns nur als Konserve erhältlich. Viele verschiedene Zubereitungsarten sind möglich: Man kann sie mit ➛ Béarner Sauce überziehen oder mit Parmesan bestreut im Ofen überbacken. Meist werden sie aber als Bestandteil von Salaten oder asiatischen Gerichten verwendet.

Palmenherzensuppe Eine exotische Suppe, die einfach herzustellen ist. Sie besteht aus kräftig gewürzter Geflügelconsommé, in die als Einlage Palmenherzenscheiben gegeben werden und die kurz vor dem Servieren mit in Butter gebräunten Kokosflocken bestreut wird.

Palmenmark ➛ Palmenherzen

Palmfett ➛ Kokosfett

Palmkohl Noch geschlossene Palmknospen werden von den Palmen geschnitten und als Gemüse oder Salat zubereitet.

Palmwein ➛ Toddy

Palo Auf der Basis von ➛ Johannisbrot stellt man auf der spanischen Insel Mallorca diesen für diese Region typischen Likör her.

Pampelmuse Auch Adamsapfel, Kürbis-, Melonenorange, Pomelo, Pumelo, Riesenorange, Schaddock. Die größte Zitrusfruchtsorte, mit gelber, dicker Schale und grapefruitähnlichem, etwas herben Geschmack wird heute zum großen Teil aus Südostasien importiert. Die Kreuzung mit der Orange ergab die ➛ Grapefruit.

Panade 1. Die klassische Bindung durch einen mit Flüssigkeit angewirkten, stärkehaltigen Brei aus Mehl, Brot oder Reis, der für traditionelle Klöße und Nocken aus Fisch- und Fleischfarce notwendig ist.

2. Eine trockene Hülle, z.B. aus Semmelbröseln oder Kokosflocken, mit der die Speise bedeckt und fritiert wird und die ihr ein knuspriges Äußeres und saftiges Inneres verleiht.

Pan de muerto Ein in Kreuzform gebackenes und mit farbigem Zucker bestreutes Totenbrot, das in Mexiko zu Allerheiligen gebacken wird.

Panettone Der berühmte italienische Hefekuchen, der vor allem zu Weihnachten gebacken wird und mit vielen kandierten Früchten und Rosinen oder Sultaninen zubereitet wird.

Panhas Auch Panhans, Pannas. Das westfälische Gericht wurde ursprünglich am Schlachttag zubereitet, da man frisches Schweineblut und Wurstbrühe benötigt. Sie werden mit gedünsteten Zwiebeln, Hackfleisch, frischer Blut- und Leberwurst gemischt und mit Buchweizenmehl gebunden. Das Ganze kann dann warm zu Sauerkraut oder erkaltet, in Scheiben geschnitten, zu Brot gegessen werden.

Panierbrot Eine ➛ Panade aus Semmelbröseln.

Panieren Auch einbröseln. Ein Speise mit einer ➛ Panade umhüllen.

Paniermehl Auch Mutschelmehl, Semmelbrösel. Eine ➛ Panade aus geriebenem Weißbrot.

Pankokenkraut ➛ Schnittlauch

Pannas ➛ Panhas

Pannfisch Für diese traditionelle Hamburger Spezialität wird Dorsch gekocht, enthäutet, von den Gräten befreit und in Stücke zerzupft. Der Kochsud wird mit Senf verrührt, mit gedünsteten Zwiebeln und Kartoffelscheiben verkocht und zusammen mit dem Fisch im Backofen gegart.

Pannhas ➛ Panhas

Pansen Ein Wiederkäuermagen, aus dem die ➛ Kutteln hergestellt werden.

Panzerkrebs ➛ Languste

Papanasi cu Smantana Kleine, flache rumänische Quarkkuchen, die in Butter gebraten und mit saurem Rahm angerichtet werden.

Papayas Auch Papaifrüchte, Baummelonen, Mannao, Papaw, Pawpaw. Die aus Mittelamerika stammende und in allen Tropengebieten angebaute längliche Frucht ist in unreifem Zustand ähnlich wie Kohlrabigemüse zu verarbeiten. Voll ausgereift ist sie aromatisch süß und eignet sich zum Rohessen, zur Verarbeitung in Obstsalaten, als Vorspeise in Kombination mit Schinken oder Krabben oder zur Saftgewinnung. Die gelb-grüne Schale umschließt ein orange-rötliches, in reifem Zustand sehr druckempfindliches Fruchtfleisch, in dessen Mitte sich wacholderbeergroße nicht eßbare, schwarze Kerne befinden.

Papiermanschette Die zu Schlingen gefaltete Aufsteckmanschette aus Papier wird über Hähnchenschlegel oder Kotelettknochen gestülpt und dient sowohl als zusätzliche Verzierung, als auch als Griffschutz zum Anfassen.

Papillote Auch Papierhülle. Die klassische Zubereitung „en papillote" von fertig gewürzten Fischen, Geflügel oder kleinen Braten im eigenen Saft und unter Einschluß aller Aromastoffe in einer abgeschlossenen Pergamentpapierhülle ist durch das Braten oder Schmoren in Aluminiumfolie bzw. klarer Bratfolie ersetzt worden. Trotzdem wird diese traditionelle Zubereitungstechnik in vielen Restaurants noch praktiziert, zum einen, weil dem Pergamentpapier geschmacksneutralere Eigenschaften zugeschrieben werden, zum anderen aus optischen Gründen.

Paprika Auch roter, spanischer, türkischer, ungarischer Pfeffer. Das kräftig rote Pulver wird aus verschiedenen Paprikaschotenarten hergestellt. Das Nationalgewürz Ungarns wird heute vor allem auch in Spanien, Frankreich und Italien angebaut. Die schmalen Paprikaschoten werden getrocknet, gemahlen und in verschiedenen Schärfegraden angeboten: Milder Delikateßpaprika, mittelscharfer edelsüßer Paprika und der äußerst pikante Rosenpaprika. Paprika wird hauptsächlich zum Würzen von deftigen Gerichten wie Gulasch oder Ragouts sowie für verschiedene Saucen, Käse- und Kartoffelgerichte benötigt.

Paprikamus ➛ Ajvar

Paprikás Die ungarische Bezeichnung für ein mit Paprika gewürztes Gulasch, das aus Kalb-, Rind- oder auch Geflügelfleisch zubereitet werden kann.

Paprikaschote Auch Gemüsepaprika. Die gelben, grünen, roten oder gemischtfarbigen, großen Schoten sind sehr vitaminreich und werden sowohl roh für Salate, mariniert, aber auch gegart als Beilage, Eintopf- oder Ragoutbestandteil gedünstet, geschmort, püriert oder gefüllt zubereitet.

Paprikaspeck Luftgetrockneter, leicht gepökelter Bauchspeck, der dick mit Paprika eingerieben wird.

Paprizieren Stark mit Paprika würzen bzw. ein Gericht damit bestäuben.

Papua-Macis Muskatblüte

Paquitasuppe Die cremig pürierte Erbsensuppe wird mit ➛ Tapioka oder ➛ Sago gebunden und erhält gewürfelte Tomaten als Einlage.

Paradeiser Österr. für ➛ Tomate

Paradiesapfel ➛ Tomate

Paradiessauce Die österreichische Tomatensauce wird auf der Basis von gedünstetem Wurzelgemüse und gedünsteten Zwiebeln, Tomaten und Brühe zubereitet, süßsauer abgeschmeckt und mit heller Einbrenne gebunden.

Paradise-Cocktail Dieses erfrischende Mixgetränk wird aus Apricot Brandy, Orangensaft und Gin gemischt.

Paranuß Auch Brasilnüsse, Amazonenmandeln, Brasilkastanien, Hickorynuß, Tucanüsse. Die sehr fetthaltige, dreiseitige Nußfrucht wird von einer Amazonasbaumart geerntet. Die Nuß steckt in einer sehr harten, dunklen Schale. Sie wird roh oder geröstet geknabbert oder zu Mehl verarbeitet als Bestandteil von Kuchen verwendet.

Parasolpilz Auch Riesenschirmling, Schirmpilz. Der vielseitig verwendbare Speisepilz ist leicht an seinen dunklen, großen Schuppen auf dem flachen, schirmartig verbreiterten Hut erkennbar. Schmale, junge Pilze werden gebraten zubereitet, ältere, große Schirme können wie ein Schnitzel paniert und gebacken oder getrocknet und zermahlen als Würzpulver für Pilzsaucen verwendet werden.

Parboiled Reis Bei dem nach einer speziellen Dampfdruckmethode aus den USA vor dem Schälen behandelten Reis werden wertvolle Inhaltsstoffe erhalten und die Kocheigenschaften verbessert. Es wird weißer, geschälter und brauner, ungeschälter

Reis angeboten, der nach diesem Verfahren behandelt wird.

Parfait Die zarte, feinporige Konsistenz ist das deutlichste Merkmal eines Parfaits, das geschmacklich pikant (Leber-, Hummerparfait) oder süß und gefroren (Eisparfait) sein kann. Die Bindung der Parfaitmasse erfolgt durch aufgeschlagenes Eigelb oder Gelatine. Das Ganze wird durch geschlagene Sahne gelockert, mit Spirituosen aromatisiert und in Kegel- oder Pyramidenformen verschiedener Größen abgefüllt.

Parforcekohl Ein delikates Apfelrotkraut, für das in Streifen gehobelter Rotkohl und gespickte Zwiebel in Gänseschmalz angedünstet und mit Äpfeln, Rotwein, Essig und Zucker fertiggegart werden. Zum Teil wird dieses Rotkraut, das am besten am Tag nach der Zubereitung schmeckt, auch mit angerührtem Mehl gebunden.

Parfümieren Das intensive Parfum von Spirituosen, Essenzen und Extrakten dient als Würzstoff, der Gerichte aromatisieren und geschmacklich positiv verändern soll. Hauptsächlich werden Süßspeisen, Gebäcke, Saucen und Farcen parfümiert.

Parieren Der französische Fachausdruck bezeichnet das exakte Vorbereiten von Fisch- und Fleischstücken, so daß der parierte Teil bratfertig hergerichtet ist. Die entfernten Teile wie Haut, Sehnen, Knochen, Fett, Knorpel oder Gräten nennt man Parüren oder Abgänge, aus denen oft Brühen oder Fonds zubereitet werden.

Parüren ➛ Parieren

Pariser Creme Die feine und leider sehr gehaltvolle Schokoladencreme wird mit aufgekochter, süßer Sahne und Kuvertüre gemischt und dann bis zum Abkühlen gerührt.

Pariser Erbsen Feinste, kleine junge Palerbsen, die ganz kurz mit feiner Salatjulienne in Butter geschwenkt werden.

Pariser Kartoffeln Franz. Pommes Parisiennes. Rund ausgestochene, rohe Kartoffelkugeln werden gebraten, mit Fleischglace überzogen und vor dem Anrichten mit frisch gehackter Petersilie bestreut.

Pariser Nougat Ein brauner ➛ Nougat aus Mandeln.

Pariser Pfannkuchen Für diese französische Spezialität werden ➛ Crêpes, mit Aprikosenmarmelade und Mandeln gefüllt, aufgerollt und mit Puderzucker bestreut serviert.

Pariser Pfeffersteak Für diese klassische Pariser Filetsteakzubereitung wird das Fleischstück mit grob geschrotetem Pfeffer eingerieben, in Butter gebraten, flambiert und mit dem mit Butter montierten Bratfond angerichtet.

Pariser Salat Ein Hummer- oder Krebssalat wird mit sehr fester Mayonnaise gebunden und in eine mit gewürztem Gelee ausgekleidete Portionsform gefüllt. Gut gekühlt wird das Ganze kurz vor dem Anrichten gestürzt und nach Belieben garniert.

Pariser Sauce Die kräftige, dunkle Sauce besteht aus einer Reduktion von Schalotten, Weißwein und Fleischglace, die mit ➛ Demiglace aufgefüllt und mit Zitronensaft und Gewürzen verfeinert wird.

Pariser Zwiebelsuppe ➛ Zwiebelsuppe

Parisienne-Ausstecher Ein kleines halbkugelförmiges Messer, mit dessen scharfem Rand Kartoffel-, Gemüse- und Melonenkugeln ausgestochen werden.

Parmaschinken Ein weltbekanntes Qualitätsprodukt aus Oberitalien, wo aus den Hinterkeulen von speziellen Schweinen mild gesalzene Schinken entstehen, die länger als 1 Jahr in den aromatischen Bergwinden dieser Region trocknen müssen, bevor sie mit eingebranntem Qualitätssiegel im Handel angeboten werden und in der Küche mit Melonen, Weintrauben, Artischocken und frischem Bauernbrot verarbeitet werden. Auch viele italienische Fleischgerichte werden mit Parmaschinken kombiniert, was diesen den typischen, leicht süßlichen Schinkengeschmack verleiht.

Parmentierkartoffeln Der französische Apotheker Parmentier war wesentlich für die Einführung der Kartoffel als Volksnahrungsmittel im Frankreich des 18.Jahrhunderts verantwortlich, weshalb viele Kartoffelgerichte nach ihm benannt wurden. Hier sind es gewürfelte, gebratene Kartoffeln, die gesalzen und mit Schnittlauch oder gehackter Petersilie serviert werden.

Parmentiersalat Ein lauwarmer Kartoffelsalat aus gewürfelten, gekochten Kartoffeln, der mit Mayonnaise angemacht und mit Kerbelblättchen angerichtet wird.

Parmentiersuppe Eine kräftige Kartoffel-Lauch-Suppe, die mit Kräutern gekocht, mit Brühe aufgefüllt und mit Sahne gebunden wird.

Parmesan Auch ital. Parmigiano Reggiano. Der berühmte, aus Kuhmilch hergestellte Hartkäse aus der italienischen Provinz Parma wird in großen, tonnenförmigen Laiben produziert. Parmesan reift dann mindestens 2 Jahre und wird als Reibkäse nicht nur für italienische Gerichte verwendet. Junger, milder wird ebenso wie alter, kräftiger Parmesan auch gern in Stücke gebrochen und zusammen mit Obst, Oliven oder ohne Begleitung pur zum Wein geknabbert sowie als Dessert angeboten.

Parmigiana Alle mit Parmesan gratinierten, gekochten oder auch bestreuten Gerichte können mit dem Zusatz „alla Parmigiana" bezeichnet werden.

Parrillada mixta Die argentinische Grillspezialität besteht aus marinierten Fleisch- und Innereistücken, die auf dem Rost gegrillt und meist mit Salat und Brot angerichtet werden.

Parsley-Sauce Diese Ableitung einer ➛ Englischen Buttersauce wird mit einem passierten Auszug von Petersilie in heißer Brühe verrührt und mit gehackter, gebrühter Petersilie vollendet.

Partybrötchen Kleine Brötchen mit unterschiedlichen Belägen wie Mohn, Sesam, Salz etc. werden auf Partybuffets als Beilage oder aufgeschnitten und garniert angeboten.

Parüren ➛ Parieren

Paska Auch Paskha, Passcha. Ein traditionelles, russisches Osterdessert, das aus gepreßtem Schichtkäse und Sahne, Eigelb, Butter, Zucker, Vanille und kandierten Früchten gemischt wird. Das Ganze wird in eine Kegelform gepreßt, dann gestürzt und mit kandierten Früchten in religiösen Motiven und Dekorationen verziert. Aufgeschnitten und serviert wird die Paska in waagerechten, möglichst dünnen Scheiben.

Passieren Dieser Fachbegriff französischen Ursprungs bezeichnet einen sehr wichtigen Vorgang in der Küchentechnik, nämlich das Filtern von Flüssigkeiten, indem man sie durch Siebe oder durchlässige, feste Textiltücher gießt und so die Rückstände zurückbehält. ➛ Étamine

Passierstab Ein stabförmiges Küchengerät, an dessen unterem Ende eine rotierende Scheibe oder rotierende Messer sitzen, die sich mit hoher Geschwindigkeit drehen und Flüssigkeiten und weiche Feststoffe miteinander zu Mus verreiben können.

Passionsfrucht ➛ Maracuja

Pasta Mit diesem Überbegriff werden die vielen italienischen Nudelsorten bezeichnet, die es in dieser Vielfalt nur in Italien gibt. Sie werden frisch oder getrocknet in speziellen Nudelgeschäften angeboten und dort täglich neu, meist aus Hartweizengrieß, Wasser, Salz und mit oder ohne Ei hergestellt. Die Nudeln können mit Safran, ➛ Spinatmatte, Tomatenmark, Kakaopulver, Tintenfischtinte etc. gefärbt werden und müssen immer in einer ausreichenden Menge kochendem Salzwasser noch bißfest (ital. al dente) gegart werden. Unterteilen kann man die Pasta der Form nach in Bandnudeln (Fettuce, Lasagnette ricce, Linguine, Papardelle, Tagliarellini, Trenette etc.), Hohlnudeln (Bucatini, Cornetti, Maccheroni, Penne, Rigatoni etc.), kurze Formen (Astri, Cavatellucci, Conchiglie, Eliche, Farfalle, Fusilli, Orecchiette, Stellette etc.), lange Formen (Fidelini, Spaghettini, Vermicelli, Cappeli d'angelo, Quadretti etc.) und Nudeln zum Füllen (Agnolini, Cannelloni, Ravioli, Lasagne, Tortellini etc.).

Pasta e fagioli Die Nudeln in diesem italienischen Gericht sind meistens Bucatini, die separat zu einem Bohneneintopf mit Fleischeinlage gekocht werden. Kurz vor dem Anrichten wird alles miteinander vermischt.

Pasternake ➛ Pastinake

Pastetchen ➛ Bouchées

Pasteten Franz. Pâté, engl. Pie. Dieser Überbegriff für in Teigkrusten gehüllte Farcen unterschiedlichster Zusammensetzung wird im Gegensatz zu Terrinen (in Steingut ohne Teigkruste) oder Galatinen (Rollpasteten ohne Teig oder Terrinenform) verwendet. Pasteten können warm oder kalt, mit grober oder feiner Füllung, als Vorspeise oder Hauptgericht angerichtet werden. Die längste Pastetentradition hat zweifellos Frankreich, das durch solche Meisterwerke wie die Straßburger Gänseleberpastete in der Kruste (Pâté de foie gras en croûte) in der ganzen Feinschmeckerwelt bekannt wurde. Die mit Pastetenteig ausgelegten, meist rechteckigen Formen werden mit der Farce gefüllt und mit Teig, in den ein ➛ Kamin eingesetzt wird, vollkommen abgedeckt. Nach dem Backen wird oft ein gewürztes Gelee in die entstandenen Hohlräume der Pastete eingefüllt. Bevor man sie anschneidet, läßt man eine kalte Pastete mindestens 24 Stunden ruhen.

Pastetengewürz Eine fertige Gewürzmischung, die je nach Region oder Hersteller unterschiedlich ausfällt, aber in der Regel verschieden große Anteile von gemahlenem Lorbeer, Pfeffer, Ingwer, Muskatblüte, Kardamom und Piment enthält.

Pastetenhaus ➛ Vol-au-vent

Pastetenteig Ein sehr fetter, fester Teig, der zum Auslegen von Pastetenformen geeignet ist und wegen seines hohen Fettgehalts nicht so schnell aufweicht, wie ein normaler Teig dies tun würde.

Pasteurisieren Die Bezeichnung für das Erhitzen von Flüssigkeiten auf etwa 70°C, wodurch schädliche Keime abgetötet werden, leitet sich vom Namen des französischen Chemikers Pasteur ab, der dieses Verfahren erfand.

Pastinaken Auch Hammelmöhren, Hirschmöhren, Pasternaken. Die den Petersilienwurzeln ähnliche Wurzelart, die bei uns recht selten angeboten wird, ist in Frankreich und England wegen ihres süßlich-aromatischen Geschmacks als gebackenes, gekochtes oder gedämpftes Gemüse sehr beliebt.

Pastis Ein berühmter, vor allem in Südfrankreich sehr beliebter Anisschnaps, der mit Eiswasser aufgefüllt gern als Aperitif getrunken wird.

Pastorenstück ➛ Nuß

Pastry Der englische Begriff bezeichnet allgemein alles mit Teig Gebackene.

Pâté ➛ Pastete

Pâtissier Der Hotel- und Restaurantkonditor, der in feinen Häusern die Gäste mit Gebäck, Torten und Desserts versorgt. Sein Arbeitsbereich ist die Pâtisserie.

Patlican kebabi Die türkische Küche ist sehr vielseitig in der Verwendung von Auberginen (türk. Patlican). Bei diesem Gericht handelt es sich um Fleischwürfel, die entweder als Ragout mit Auberginen geschmort werden oder die man abwechselnd mit Auberginenscheiben aufspießt, kräftig würzt und grillt.

Patlican Sarmasi Der türkische Auberginenauflauf, bei dem Auberginen in Scheiben geschnitten, geröstet, mit einer kräftig gewürzten Tomaten-Hackfleisch-Mischung belegt, aufgerollt und nebeneinander geschmort werden.

Patlican Salatasi Ein Salat mit Mus aus gebratenen Auberginen, Knoblauch, Öl und Zitronensaft.

Patnareis Der indische Langkornreis wird weltweit in der Küche verwendet und ist wegen seiner körnigen Konsistenz sehr beliebt.

Pattisuppe Eine Geflügelconsommé erhält als Einlage gewürfelte Trüffeln und Artischockenböden. Die Suppe kann auch gebunden oder als Sahnesuppe angeboten werden.

Patty Engl. ➛ Pastetchen

Pauchouse Der deftige Fischeintopf aus dem Süden Frankreichs wird mit verschiedenen Fischsorten zubereitet, die mit Speck, Knoblauch, Zwiebeln und Champignons in Weißwein und Fischfond gegart und im gebundenen Sud angerichtet werden.

Pauer Sauce Eine Ableitung der Sauce ➛ Béarnaise, bei der, bei Reduktion und Einlage, der Estragon durch Pfefferminze ersetzt wird.

Paul-Bert-Sauce Die dünnflüssige Ableitung der Sauce ➛ Béarnaise, die mit Weißwein aufgefüllt und mit Tomatenmark gerötet wird.

Paulette-Salat Dieser feine Kartoffelsalat in Mayonnaisedressing wird aus streifig geschnittenen Pellkartoffeln, Stangensellerie, Trüffeln und grünen Bohnen zubereitet.

Paupiettes Französischer Begriff für gefüllte Minirouladen aus Gemüse, Fisch oder Fleisch.

Pavesen Auch Pofesen, Povesen. Die böhmische Version gefüllter ➛ Armer Ritter, die auch in Bayern sehr beliebt ist: Brötchenscheiben werden mit Marmelade bestrichen, aufeinandergesetzt, paniert, gebacken und dann oft noch mit Zimtzucker bestreut.

Pavesensuppe ➛ Zuppa alla Pavese

Pavillonsuppe Eine feine Püreesuppe aus Brunnenkresse und ➛ Stachys, die mit Kalbsvelouté aufgefüllt wird und blanchierte Karotten- und Bleichselleriewürfelchen als Einlage erhält.

Pawpaw Karibische Bezeichnung für ➛ Papaya

Peach Brandy Ein Pfirsichlikör aus Pfirsichsaft, Pfirsichbranntwein, Zukkersirup, Alkohol und Wasser.

Peas and rice Gepökeltes Schweinefleisch, Erbsen, Reis, Kokosmilch und zahlreiche Gewürze sind die wesentlichen Bestandteile dieses auf Jamaika beliebten Gerichts.

Pecannuß Auch Hickory-Nuß, Pekannuß. Die hellbraunen Nüsse der Hickorybäume enthalten einen Kern mit walnußähnlichem Geschmack. Die vor allem im Süden der USA, in Indien und China angebauten und auch konsumierten Nüsse werden entweder als Knabberei angeboten oder für Salate, Kuchen und Saucen verwendet.

Pecorino sardo Der italienische Schafskäse von der Insel Sardinien ist ein ausgesprochener Würzkäse, der nußartig mild schmeckt, wenn er jung ist und pikant kräftig, wenn er trocken und älter geworden ist.

Pekingente Diese aufwendige chinesische Entenspezialität wird man kaum zuhause zubereiten, denn die Ente muß über Nacht mit der mehrere Stunden lang mit Honiglösung marinierten Haut, die kunstvoll aufgeblasen wird, aufgehängt trocknen. Das Gericht selbst besteht aus drei Teilen: einmal aus der besonders knusprigen Haut, die in Pfannkuchen gewickelt als eigentliches Hauptgericht serviert wird; zum zweiten aus dem Entenfleisch, das mit Chilischoten, Frühlingszwiebeln und Sojasprossen angerichtet wird und zum dritten aus der aus der ➛ Karkasse gekochten Suppe, die allerdings sehr lange kochen muß.

Pekingkohl ➛ Chinakohl

Pekingsauce Auch Hoisinsauce. Die süßliche, im wesentlichen aus Soja bestehende, dunkelbraune chinesische Würzsauce wird zu den meisten chinesischen Gerichten aus Fleisch, Fisch und Geflügel verwendet und schmeckt trotz ihrer Süße etwas salzig und pikant.

Pekoe ➛ Tee

Pektin Der beim Kochen von Marmelade und Gelees unverzichtbare Gelierstoff, der heute meist dem entsprechenden Zucker schon beigemischt ist, wird aus Pflanzen gewonnen und ist in flüssiger oder pulverisierter Form erhältlich.

Pellkartoffeln Auch Quellkartoffeln. Gleichgroße, festkochende Kartoffeln werden in Salzwasser gekocht und dann entweder von jedem einzeln zum sofortigen Verzehr oder in der Küche geschält und für Bratkartoffeln oder Kartoffelsalat verwendet.

Pelmeni Die sibirischen Maultaschen werden mit feinem oder grobem Fleisch- oder Wildragout gefüllt und in Salzwasser gekocht. Zum Anrichten werden sie mit heißer Butter übergossen.

Penne Ital. Federn. Die schräg geschnittenen Hohlnudeln haben unterschiedliche Durchmesser und können außen glatt oder gerillt sein.

Peperonata 1. Die italienische Paprika-Tomatensauce sollte musig sein, kann warm und kalt gegessen werden und wird auch als Grundzutat für Suppen, Eintöpfe und Schmorgerichte verwendet. Paprika und Tomaten werden mit Zwiebeln, Chilis, Kräutern und Gewürzen mild geschmort, bis ein Großteil der Flüssigkeit verdampft ist.

2. Der Schweinefleischeintopf aus dem ehemaligen Jugoslawien wird mit Chilis, Zwiebeln und Tomaten pikant gewürzt und geschmort.

Peperoni Ital. ➛ Chilis

Peperoncini Die italienische Bezeichnung für getrocknete, kleine ➛ Chilis.

Perigorder Sauce Diese feine Sauce zu dunklem Fleisch oder Wild besteht aus einer mit Trüffelsaft verkochten ➛ Demiglace, die als Einlage gehackte Trüffeln erhält.

Perigordtrüffel ➛ Trüffel

Perlgraupen Kugelig geschälte ➛ Graupen.

Perlhuhn Ein ursprünglich aus Afrika stammendes Wildgeflügel, das bei uns schon lange gezüchtet wird, sein mageres und würziges Fleischaroma aber behalten hat. Die gelbe, kräftige Haut schützt das Fleisch, das schonend gebraten oder geschmort wird und sowohl eine Zubereitung wie beim ➛ Fasan als auch wie beim ➛ Masthuhn erlaubt.

Perlsago ➛ Sago

Perlwein Engl. Prickling Wine, franz. Vin Pétillant, ital. Vino Frizzante. Der leicht perlende Wein steht unter wesentlich niedrigerem Druck als Schaumwein und kann daher in normalen, unverstärkten Flaschen angeboten werden.

Perlzwiebel Auch Silberzwiebel, Perllauch. Die kirschgroßen, glasigsilbrigen Zwiebelchen sind die Sonderzüchtung eines Lauchgewächses und werden gern zu Essiggemüse, wie z.B. Mixed Pickles, verarbeitet.

Pernod Die bekannte französische Aperitifmarke ist ein Anislikör, der mit Eiswasser verdünnt getrunken wird.

Persille Dieser kräftige Blauschimmelkäse aus Savoyen wird aus einer Mischung aus Kuh- und Ziegenmilch hergestellt und ist in zwei Versionen erhältlich: Persille des Aravis und Persille du Mont-Cenis.

Persipan Eine aus gemahlenen Pfirsich- oder Aprikosenkernen und Zucker hergestellte marzipanähnliche Masse.

Pesto Die berühmte aromatische Basilikumsauce aus Italien, die mit feinem Olivenöl, ➛ Pecorino, gerösteten Pinienkernen und Knoblauch am besten in einem großen Mörser hergestellt wird und sich zu vielen italienischen Nudelgerichten ideal kombinieren läßt.

Petermännchen Auch Drachenfisch. Ein länglicher Fisch mit rundem, kleinen Kopf, der mit seinen giftigen, an den Flossen sitzenden Stacheln erhebliche Verletzungen verursachen kann. Dafür besitzt er mageres, aromatisches Fleisch, das gut in Filets geschnitten werden kann und sich ausgezeichnet für Fischsuppen eignet.

Petersfisch Auch Heringskönig, franz. Saint Pierre. Ein sogenannter falscher Plattfisch, d.h. ein aufrecht schwimmender Hochseefisch, aus Mittelmeer und Atlantik, der wohlschmeckendes, weißes Fleisch besitzt. Der bis zu 50 cm große Fisch ist durch kräftige Stacheln geschützt und deutlich durch den großen schwarzen Punkt auf beiden Seiten zu erkennen. Der Legende nach hat ihn Petrus an diesen Stellen festgehalten, bevor er ihn wieder ins Wasser warf. Hätte Petrus diesen Fisch schon einmal mit Kräutern gespickt im Ofen gebraten gegessen oder die Bouillabaisse, in die Petersfisch unbedingt hineingehört, gekannt, vielleicht wäre die Geschichte anders verlaufen.

Petersilie Auch Peterle, Peterli, Silk. Das beliebte Küchenkraut gibt es als Wurzelpetersilie und Blattpetersilie. Die Petersilienwurzel ist ein ideales Suppen- und Beilagengemüse, die blättrige Schnittpetersilie existiert als krause Dekorationspetersilie und als glattblättrige Würzpetersilie, die kleingeschnitten über Suppen und Kartoffeln gestreut oder als Bestandteil von Buttermischungen oder Saucen sehr beliebt ist.

Petits fours Von keinem feinen Dessert- oder Kaffeetisch mehr wegzudenken: Die kleinen, gebackenen Biskuittörtchen, die schichtweise mit Cremes oder Konfitüren bestrichen und dann mit den verschiedensten Glasuren überzogen und mit Mandeln, Krokant oder kandierten Früchten ausgarniert angeboten werden.

Petracasuppe Eine kräftige Rindsconsommé, die eine Einlage aus Lauchjulienne, gerösteten Blättchen von Pistazien und kleinen, gratinierten Käsecroutons erhält.

Pfaffenkümmel ➛ Kreuzkümmel

Pfahlmuschel ➛ Miesmuschel

Pfannenrühren Diese asiatische Kochtechnik, bei der das Gargut in einem hocherhitzten ➛ Wok in kleinen Portionen mit wenig Fett schnell gerührt wird, dadurch rasch gart und die Aromastoffe, Farbe und Konsistenz optimal erhalten bleiben. Aus diesen Gründen findet das Pfannenrühren bei uns immer mehr Anhänger.

Pfannkuchen ➛ Eierkuchen

Pfau Ein Prunkfasan, der bei uns heute nicht mehr in der Küche verarbeitet wird, aber im Mittelalter auf jedem Buffet einen attraktiven Höhepunkt bildete. Junge Tiere sollen im Geschmack Truthähnen ähnlich sein.

Pfeffer Diese kleinen tropischen Beeren gehören zu den wichtigsten Gewürzpflanzen der Welt. Der aus Indien kommende, kräftig scharfe schwarze Pfeffer wird unreif geerntet und zu schwarzen Beeren getrocknet. Weißen Pfeffer erntet man in Indonesien als rote, reife Fruchtkörner, bei denen man dann das Fruchtfleisch entfernt und den weißen, mild pikanten Kern freilegt. Der unreife grüne Pfeffer wird in Salzlake eingelegt oder frisch angeboten und wird vor allem aus Madagaskar importiert. Pfeffer sollte stets frisch gemahlen werden, damit er sein volles Aroma entfalten kann.

Pfeffergürkchen ➛ Cornichon

Pfeffergurken ➛ Gewürzgurken

Pfefferkraut ➛ Bohnenkraut

Pfefferkuchen Die dünnen, in verschiedenen Formen angefertigten Lebkuchen sind kräftig gewürzt und werden in der Adventszeit gebacken. Aus dem gleichen Teig werden auch Pfeffernüsse oder Moppen hergestellt, die dann als kleine Häufchen gebacken werden.

Pfefferkümmel ➛ Kreuzkümmel

Pfefferling ➛ Pfifferling

Pfefferminze Auch Minze. Die bei uns vor allem als Teeaufguß bekannte Minze ist nur eine der vielen verschiedenen wilden Minzarten, die durch ihr angenehm frisches Aroma auch als Würzmittel für Saucen, Desserts, Gelees, Salate und Mixgetränke beliebt sind. Minze läßt sich einfrieren oder trocknen. Sie ist vor allem in der arabischen und angloamerikanischen Küche ein wichtiger Würzstoff geworden.

Pfefferminzgelee Ein beliebtes, durch Auszüge von Pfefferminzblättern gefärbtes und aromatisiertes Gelee, das gern zu englischen Lamm- und Hammelgerichten serviert wird.

Pfefferminzsauce ➛ Minzsauce

Pfeffernüsse ➛ Pfefferkuchen

Pfefferpothast ➛ Westfälischer Pfefferpothast

Pfeffersauce 1. Aus Pfefferkörnern, Thymian, gehackten Zwiebeln, Butter und Weißwein wird eine Reduktion hergestellt, mit ➛ Demiglace aufgefüllt, mit Zitronensaft und Johannisbeergelee gewürzt und zu dunklem Fleisch serviert.
2. ➛ Mignonnette

Pfeffersteak ➛ Pariser Pfeffersteak

Pfeilwurzelmehl ➛ Arrowroot

Pferdebohnen ➛ Dicke Bohnen

Pfifferling Auch Dotterpilz, Eierschwamm, Gelbling, Gelbfüßchen, Gelbohr, Gelbschwämmchen, Gänschen, Galuschel, Geelchen, Pfefferling, Reherl, Rehfüßchen, Rehling, franz. Girolle. Der gelbe, würzig schmeckende Trichterpilz, dessen festes Fleisch ein angenehmes, pfeffriges Aroma entwickelt, ist ein sehr beliebter Beilagen- und Saucenpilz, der am besten in der kleinen, geschlossenen Jugendform, in Butter gebraten und mit Petersilie bestreut, schmeckt. Er läßt sich auch als Ragout zu Knödeln oder als Füllung für Pfannkuchen verarbeiten. Aber auch kurz gebraten und in einer Vinaigrette mariniert, ist er als Pilzsalat eine Delikatesse.

Pfirsich Diese aus China stammende Steinfrucht gibt es angeblich in mehreren tausend Zuchtformen. Ihnen gemeinsam ist die samtige, weiche Haut, die festes, in reifem Zustand sehr aromatisches, hellgelbes Fruchtfleisch mit einem großen Stein umschließt. Glatthäutige, meist etwas kleinere Pfirsiche nennt man Nektarinen. Sie werden frisch gegessen, eingekocht oder zu Desserts, Torten oder Eis verarbeitet.

Pfirsich Melba Das berühmte Dessert des Küchenmeisters Escoffier, der es der Sängerin Melba widmete, hat sich bis in die heutige Zeit erhalten: Vanilleeis wird mit einer in Zuckersirup eingekochten Pfirsichhälfte bedeckt und mit Himbeersauce und Schlagsahne dekoriert.

Pfister, Pierre Geboren 1948. Der Straßburger Meisterkoch, der in seiner Laufbahn bis zur jetzigen Position eines Direktors der Gastronomie im Luxus-Hotel Bayerischer Hof in München gelangt ist, sammelt Auszeichnungen und Goldmedaillen wie andere Leute Briefmarken. Küchenchefs wie er sind die Garanten für die Renaissance des Hotelrestaurants, das ja im letzten Jahrhundert die Hochburg der Haute Cuisine darstellte. Und er beweist sein kulinarisches Talent und seine organisatorische Begabung täglich, ob er nun für tausend Gäste große Banketts und Buffets komponiert oder in einem der Hotelrestaurants sternewürdige Einzelmenüs kreiert.

Pflanzenfett Unter dieser Bezeichnung versteht man diejenigen Fettstoffe pflanzlichen Ursprungs, die bei Zimmertemperatur in fester Form vorliegen und normalerweise hocherhitzbar sind, wie z.B. Kokosfett.

Pflanzenöl Die aus pflanzlichen, fetthaltigen Kernen oder aus Fruchtfleisch gewonnenen Fettstoffe, die bei Zimmertemperatur dickflüssig sind und sich vor allem als Salatöle, wie z.B. Traubenkernöl, aber zum Teil auch als hocherhitzbare Fette, wie z.B. Olivenöl, verarbeiten lassen.

Pflanzerl Bayr. für ➛ Deutsches Beefsteak

Pflaume Diese Steinobstart läßt sich leicht mit den Zwetschgen verwechseln. Die rötlich-blauen Pflaumen, die vor den Zwetschgen reifen, haben eine Fruchtnaht und sind wegen ihres weichen, aromatischen Fruchtfleisches besonders zum Frischverzehr geeignet.

Pflaumenbranntwein ➛ Zwetschgenwasser

Pflaumenmus Auch Powidl. Entsteinte Früchte werden mit Zucker zu einer zähflüssigen Masse eingekocht und als Brotaufstrich oder Füllmasse verwendet.

Pflaumenröster ➛ Zwetschgenröster

Pflümli Schweiz. für ➛ Zwetschgenwasser

Pharisäer Das friesische Getränk, das seinen gehaltvollen Inhalt – mit Rum vermischter, gesüßter Kaffee – unter einer Sahnehaube verbirgt, hat seinen Namen angeblich von dem entrüsteten Ausspruch eines friesischen Dorfpfarrers, der erst nach mehreren Tassen Kaffee mit Sahne durch eine Verwechslung der Tassen bei einer Hochzeitsgesellschaft gewahr wurde, daß seine Schäfchen den verteufelten Rum im Kaffee versteckten und ihm immer nur eine alkoholfreie Tasse Kaffee zukommen ließen.

Physalis Auch Ananas-, Erdkirsche, Kapstachelbeere. Eine leicht säuerliche, gelbliche Kugelfrucht, die in einer laternenförmigen Hülse verborgen ist und als Dekoration, aber auch eingemacht oder als Kompott Verwendung findet.

Piccadillysauce Die nach dem berühmten Platz in London benannte, englische Ableitung einer ➛ Mayonnaise wird mit Sauerrahm, Zitronensaft und gehacktem Fenchelgrün gewürzt und zu Fischpasteten oder kaltem pochiertem Fisch serviert.

Piccalilli Das englische Senfgemüse, Mixed Pickles in einer exotisch gewürzten Senfsauce, paßt zu deftigen, kalten und warmen Fleischgerichten. Kleingehackt und mit Sauce ➛ Hollandaise vermischt, erhält man eine Piccalillisauce.

Piccata Die italienischen Kalbfleischschnitzelchen werden in einer Parmesan-Ei-Panade gewendet und gebraten. Dazu passen italienische Pasta, Tomatensauce und nochmals Parmesan.

Pichelsteiner Topf Das berühmte Eintopfgericht ist – richtig zubereitet – eine Delikatesse, denn es enthält verschiedene Fleischsorten wie Lamm, Rind, Kalb und Schwein, die in Würfel geschnitten und zusammen mit grob zerteilten Karotten, Zwiebeln, Sellerie, Kartoffeln und Weißkohl in Brühe in einem Topf geschmort werden, der fest verschlossen ist, weshalb sich Aroma- und Geschmacksstoffe optimal miteinander verbinden.

Pickert ➛ Kastenpickert

Pickled Englische Bezeichnung für eingemacht; z.B. Mixed Pickles.

Picodon Der Ziegenkäse aus Frankreich wird in verschiedenen Gegenden produziert und zeichnet sich durch einen würzig-pikanten bis nußartigen Geschmack, eine dünne rötlich-gelbe Rinde und einen festen glatten Teig aus.

Pie Die angloamerikanische Tradition der Schüsselpasteten, die in speziellen Backformen, den „pie-dishes" gebacken werden, hat sich bis heute trotz Fastfood erstaunlicherweise gehalten. Ragoutgroße Fleisch- und Gemüsestücke, auch Reste von Bratfleisch, werden gewürzt und in die Form gegeben, um dann mit einem Teigdeckel abgeschlossen zu werden. Nach dem Backen im Ofen kann die Pastete warm oder abgekühlt verzehrt werden.

Piemonteser Salat Der feine Reissalat wird mit gewürfelten Tomaten in einer einfachen Vinaigrette mariniert und mit gehobelten weißen Trüffeln angerichtet.

Pignolisauce Für diese italienische Saucenkreation werden geröstete Pinienkerne mit einer süßsauer gewürzten Pfeffersauce vermischt.

Pikante Sauce Die beliebte dunkle Sauce auf der Basis einer ➛ Demiglace wird mit einer Weißweinessig-Zwiebel-Reduktion verkocht, pikant gewürzt und mit einer Einlage aus gehackten Pfeffergurken und verschiedenen Kräutern verfeinert.

Pikkolo Die kleinste Schaumweinflasche mit einem Fassungsvermögen von 0,2 l.

Pilaw Auch Pilaf, Pilav, Pilau. Das ursprünglich aus dem Orient stammende Gericht, das als Hauptzutat körnigen Reis enthält und je nach spezieller Zubereitungsart mit verschiedenen Fleisch-, Gemüse- oder Fischragouts kombiniert wird.

Pilawreis Bei diesem speziellen Garverfahren für Reis werden gehackte Zwiebeln und Langkornreis in Butter angedünstet, gewürzt, mit Brühe aufgefüllt und zugedeckt im vorgeheizten Ofen, ohne gerührt zu werden, gegart.

Pilchard ➛ Sardine

Pilgermuschel ➛ Jakobsmuschel

Pillkaller Die ostpreußische Kombination eines mit Korn gefüllten Schnapsglases, auf das eine Scheibe Leberwurst, mit etwas Senf bestrichen, gelegt wird.

Pils Auch Pilsener. Ursprünglich war dies die Bezeichnung für das herbe, untergärige Bier aus dem tschechischen Pilsen. Heute werden alle Biere, die nach dieser Brauweise produziert werden, als Pils(e)ner bezeichnet.

Pilze Die heimischen Speisepilze waren in Notzeiten ein wichtiger Bestandteil des täglichen Nahrungsangebots. In unseren modernen Überflußzeiten sind sie, vor allem die Waldpilze, eine willkommene Abwechslung auf dem Speiseplan und eine hervorragende Ergänzung vieler Gerichte. Diese Spezies vereint so unterschiedliche Gebilde wie die gezüchteten, preiswerten Champignons oder Austernpilze, die wildwachsenden Pfifferlinge und Steinpilze oder die fast unbezahlbaren, unterirdisch wachsenden Trüffeln. Pilze enthalten viel Wasser, weshalb sie frisch zubereitet scharf gebraten und nicht gekocht werden sollten. Als Konservierungsmethoden eignen sich das Trocknen oder die Verarbeitung zu Chutneys oder Relishs.

Pilzfarce ➛ Duxelles

Pilzpulver Getrocknete, aromatische Wildpilze, wie Steinpilze oder Maronenpilze, werden getrocknet, gemahlen und als Würze für Suppen und Saucen verwendet.

Piment Auch Allgewürz, Gewürzkörner, Nelkenpfeffer, englisches Gewürz, Jamaikapfeffer, Neugewürz. Die vor allem aus Jamaika, Südamerika und von den Antillen stammenden dunkelroten bis gelblichen Fruchtbeeren eines tropischen Baumes enthalten kleine Samen, die ein nelkenartiges Aroma besitzen, das auch etwas an Zimt und Pfeffer erinnert. Sie werden als Gewürz für die Wurstherstellung, für Fleischpasteten und Fischkonserven benötigt, aber auch in Beizen oder zur Weihnachtsbäckerei verwendet.

Pimolas Diese Bezeichnung tragen die entsteinten, mit rotem Paprika gefüllten grünen Oliven.

Pimpernelle Auch Pimpernell, Pimpinelle, Bibernelle. Ein wildwachsendes Gewürzkraut, dessen junge Blätter zartbitter und gurkenähnlich schmecken und frisch oder eingesalzen für Suppen, Saucen, Gemüse, Blattsalate und Fischgerichte verwendet werden.

Piña Colada Ein südamerikanischer Cocktail auf Rumbasis, der mit Ananassaft und Kokosmilch aufgefüllt und gern in einer Kokosnuß serviert wird.

Pineau de Charentes Dieses leicht süße Mischgetränk aus der Cognac-Gegend trinken die Franzosen gern als Aperitif. Es besteht aus einer Mischung aus Traubenmost und ➛ saft, die mit Cognac vermischt wird.

Pinienkerne Auch Piniennüsse, Piniolen, Zirbelnüsse. Die fetthaltigen Samen der Pinienzapfen haben ein leicht harziges, nußartiges Aroma. Sie werden einfach geknabbert und in vielen Gerichten orientalischer Prägung verwendet.

Pinkel Die ostfriesische Grützwurstspezialität ist eine unverzichtbare Zutat zu dem Traditionsgericht Grünkohl mit Pinkel, das vor allem im Herbst und Winter in ganz Norddeutschland gern gegessen wird.

Pink Lady Ein amerikanischer Cocktail, der aus Gin, Eiweiß und Grenadine gemixt wird und eine kräftige Pinkfärbung besitzt.

Pinot Die Weintrauben dieser Familie sind überall in den europäischen Weinanbaugebieten anzutreffen. Der Pinot Blanc oder Weißburgunder liefert wie der Grauburgunder oder Pinot Grigio quantitäts- wie qualitätsmäßig zum Teil hervorragende erfrischende Weine. Der Pinot Noir oder Spätburgunder bzw. Portugieser läßt kräftige und fruchtige Weine entstehen, ob im Burgund oder der Champagne, in Italien, Deutschland oder Amerika. Der Pinot Meunier oder Schwarzriesling bringt große Mengen unterschiedlichster Qualität hervor.

Pipérade Ein provenzalisches Omelett. In Olivenöl werden gewürfelte Paprikaschoten und Tomaten gedünstet, kräftig gewürzt, mit verschlagenen Eiern begossen und wie ein Omelette fertiggerührt.

Piri-Piri Die kleinen roten Chilischoten, die es frisch oder eingelegt zu kaufen gibt, sind sehr scharf und nur als würzende Zutat geeignet.

Piroggen Die Hefeteigtaschen, die in Russland zuhause sind, werden mit deftigen Farcen aus Fleisch, Fisch, Gemüse oder Pilzen gefüllt und können warm oder kalt angerichtet werden. Kleine Piroggen, die als Vorspeise, bei Kalten Buffets, oder zu Suppen angeboten werden, heißen Piroschki.

Pisang ➛ Plante

Pissaladière Aus Sardellenfilets, Oliven, Tomaten und Zwiebeln besteht der Belag dieser traditionellen provenzalischen Variante der Hefeteigpizza, die genau wie die italienische gebacken und angerichtet wird.

Pissenlit ➛ Löwenzahn

Pistazien Auch grüne Mandeln, Pimpernüsse. Die grünen Früchte eines mediterranen Baumes, die roh leicht süßlich schmecken, aber meist geröstet, gehackt oder gehobelt angeboten und für Farcen, Wurstfüllungen, Gebäck und Desserts verwendet werden.

Pistou ➛ Pesto

Pita Das immer frisch gebackene, mit Sesam bestreute Fladenbrot der Türken und Griechen wird bei uns oft als Beilage zu ➛ Döner Kebap bzw. ➛ Gyros angeboten.

Pizza Dieser weltbekannte und überall beliebte Hefeteigfladen, der mittlerweile oft mehr Belag als Teigboden besitzt, wurde von italienischen Bäckern erfunden, die ihren Lehrlingen zur Stärkung beim Brotaustragen einen kleinen Brotteigrest flach auswalzten, mit etwas gewürzter Tomatensauce bestrichen und dieses Gebilde in der Restwärme des Brotbackofens fertigbackten.

Plätzchen Sammelbegriff für kleines, feines Gebäck, das vermehrt an Weihnachten gebacken wird.

Plätzli Schweiz. für ➛ Schnitzel

Plante Auch Pisang, Gemüse-, Koch-, Mehl-, Pferdebananen. Die stärkehaltige Bananenart mit der grünen Schale wird erst gekocht oder gebraten genießbar und stellt in Afrika eine der wichtigsten Nahrungsmittelquellen, vergleichbar unserer Kartoffel, dar.

Planter's Punch Ein beliebter karibischer Crash-Eis-Cocktail, der aus braunem Rum, Zucker und Limonensaft geschüttelt wird.

Plattfische Die flachen Fische, die sich so extrem an das Leben am Meeresgrund angepaßt haben, daß in ihrer Entwicklung das eine Auge auf ihre Oberseite wandert, gehören zu den Delikatessen unter den Fischen: Seezunge, Rotzunge, Glattbutt, Steinbutt. Neben dem Geschmack ist ein weiterer Vorteil die problemlose Zubereitung, da ihr Fleisch leicht von den stark verbreiterten Gräten zu lösen ist.

Plattieren Fleisch- oder Fischstücke können je nach Größe und Geschick mit der Hand, dem Messerrücken oder dem speziellen Plattiereisen flachgeklopft werden.

Plavač Ein kräftiger dalmatischer Rotwein, der am besten jung getrunken wird.

Plaza-Dressing Eine einfache Essig-Öl-Sauce, die mit Estragonessig hergestellt wird und durch Senf, Salz, Chilipulver und Pilz-Chutney ihre besondere Note erhält.

Plinsen Die ursprünglich russischen Buchweizenpfannkuchen werden aus recht flüssigem Teig wie normale Pfannkuchen gebacken. ➛ Blini

Pljeskavica Die jugoslawischen flachen Frikadellen aus Schweine- und Lammhackfleisch werden mit Knoblauch, Zwiebeln und Paprika stark gewürzt, gegrillt und zu Salat aus weißen Bohnen, Krautsalat oder gehackten, rohen Zwiebeln serviert.

Plockfinken ➛ Hamburger Plockfinken

Plockwurst Auch Blockwurst. Die meist aus Rindfleisch produzierte rohe Dauerwurst erhält ihren kräftigen Geschmack durch das Räuchern.

Plötze Auch Rotauge. Der Weißfisch besitzt einfaches Fleisch von gutem Geschmack, aber eine Unzahl an Gräten, weswegen er nicht sonderlich beliebt und eigentlich nur gebacken zubereitet wird.

Plotzer ➛ Kirschenmichel

Plukfisk Dieser Fischeintopf, der im wesentlichen aus Kabeljau- und Kartoffelwürfeln besteht, kommt aus Dänemark. Man bindet den Eintopf mit einer weißen Sauce und bestreut das Ganze mit frisch gehackter Petersilie.

Plumpudding Auch Christmas Pudding. Der schwere englische Weihnachtskuchen, den man aus Weißbrot, Rosinen, Orangeat, Äpfeln, Zucker, Rindernierenfett, vielen Gewürzen und Weinbrand zubereitet und im Wasserbad pochiert, wird lange vor dem Weihnachtsfest gegart, damit er, luftdicht eingepackt, bis zum Heiligabend gut durchziehen kann.

Plundergebäck Eine Mischung aus Hefe- und Blätterteig, die nicht so stark aufgeht wie Blätterteig, dafür aber auch nicht so fett ist und für viele Gebäckstücke verwendet wird.

Plunzen Österr. für ➛ Blutwurst

Pochieren Diese schonende Zubereitungsart wird bei besonders empfindlichen Gerichten wie Fischfleisch oder Meerestieren, Eiern, Pasteten oder manchen Puddings angewandt, wenn man vermeiden will, daß durch zu große Hitze Inhaltsstoffe des Gerichtes gerinnen. Deshalb wird beim Pochieren direkt unter dem Siedepunkt gegart, d.h. das Wasser darf nicht sprudelnd kochen, ja nicht einmal simmern, sondern höchstens ab und zu leicht wallen.

Pochierte Eier ➛ Verlorene Eier

Pökeln Das Konservieren durch Pökelsalz, indem man Fleisch oder Fisch damit einreibt oder in vorher zubereitete Salzlaken einlegt. Eisbein, Rippchen, Zunge oder Schinken sind bevorzugte Pökelstücke.

Pökelrinderzunge Gepökelte Zungen werden vor der Verwendung gewässert und dann entweder wie Wurst oder Schinken aufgeschnitten und als Bestandteil von Wurstplatten verwendet oder in dickere Scheiben geschnitten, in Wasser erwärmt und in Sherry- oder Madeirasauce serviert.

Poelieren Auch hellbraun dünsten. Die scheinbar umständliche deutsche Übersetzung trifft die Besonderheit dieser Zubereitungstechnik relativ gut: Ein Fleischstück wird auf Wurzelgemüse angedünstet und im Ofen zugedeckt gegart. Kurz vor Ende der Garzeit wird der Deckel entfernt und das Fleischstück kann noch etwas Farbe annehmen. Diese Gartechnik eignet sich für alle empfindlichen, leicht austrocknenden Fleischspeisen.

Pofese ➛ Pavesen

Polack ➛ Pollack

Polenta Die gelbliche Beilagenspezialität aus Italien wird aus einem Maisbrei zubereitet, der mit Wasser aufgekocht und dann abgekühlt wird. Wenn die Masse fest geworden ist, wird sie in Scheiben geschnitten oder ausgestochen, in Butter gebraten oder mit Parmesan bestreut gratiniert und als Beilage zu saucenreichen Gerichten serviert.

Polignacsuppe Die kräftige Fischconsommé mit dem Namen eines französischen Staatsmannes erhält als Einlage Würfel von Pariser Champignons und kleine Hummerfarcenocken.

Pollack Auch Polack, Pollak, Steinköhler. Ein Verwandter des Seelachses, der weißes, zartes und mageres Fleisch besitzt und sich gut für Fischpasteten, - suppen und -eintöpfe sowie als Bratfisch eignet. Er kommt seltener vor als der Seelachs und wird meistens zusammen mit diesem unter der gleichen Bezeichnung angeboten, da er sich von diesem nur durch eine hellere Seitenfärbung unterscheidet.

Polnische Diese kräftig mit Knoblauch gewürzte, geräucherte Rohwurst, die in Süddeutschland sehr beliebt ist, wird aus gemischter Schweine- und Rindfleischfarce mit kleinen Fleischstückchen hergestellt.

Polnische Kartoffeln Frisch geriebenes Weißbrot wird kurz in Butter geröstet und über Salzkartoffeln gegeben.

Polnische Meerrettichsauce Diese Apfel-Meerrettichsauce wird auf der Basis einer einfachen Vinaigrette zubereitet und kräftig mit Zitronensaft und Gewürzen abgeschmeckt.

Polnischer Salat Ein deftiger Heringssalat, der mit gewürfelten, gewässerten Salzheringen, Champignons, Salzgurken, gekochten Kartoffeln, Karotten und ➛ Navets in einer Mayonnaisesauce angemacht und mit gekochtem Ei dekoriert wird.

Polsterkartoffeln ➛ Souffléekartoffeln

Pomelo Auch Tangelo. Die besondere Grapefruitsorte besitzt leicht säuerliches, sehr saftiges Fruchtfleisch, das unter einer dicken, weichen Schale verborgen ist. Wenn die Außenhaut etwas eingetrocknet ist, ist die Vollreife erreicht.

Pomeranzenlikör ➛ Curaçao

Pommerscher Kaviar Geputztes, gewässertes und enthäutetes Gänsebauchfett wird mit Salz, Pfeffer, Thymian und Majoran gewürzt, mit geriebener Zwiebel vermischt, in Gläser gefüllt und als beliebter Brotaufstrich verzehrt.

Pommes frites Die weltbekannte Kartoffelspezialität hat wegen ihrer knusprigen Hülle und dem schmackhaften Inneren überall Freunde gefunden, vor allem bei Kindern, die Pommes frites gern mit Ketchup kombinieren. Vorwiegend festkochende Kartoffeln werden in Stäbchen geschnitten, kurz getrocknet und in heißem Fett fast gar fritiert, dann vor dem Anrichten bei höherer Temperatur fertig fritiert und gesalzen serviert.

Pompadour-Salat Ein feiner Kartoffelsalat, der mit Selleriewürfeln und Blumenkohlröschen gemischt wird und mit einem Mayonnaise-Senf-Dressing angemacht wird.

Pompadour-Sauce Die berühmte Geliebte Ludwigs XV. war Namenspatin für diese Saucenkreation, die die Ableitung einer ➛ Weißweinsauce darstellt, die mit Krebsbutter aufmontiert wird, eine Einlage aus Krebsschwänzen und Trüffeljulienne erhält und mit gehackten Kerbel- und Estragonblättchen bestreut wird.

Pont l'Évêque Der normannische, quadratisch geformte Weichkäse zeichnet sich durch einen cremigen Teig und eine gelbliche feste Rinde mit Streifenmustern aus, die von den Rohrgrasunterlagen stammen, auf denen der Käse gereift ist.

Pont-Neuf-Kartoffeln Diese Beilage wird wie Pommes frites zubereitet, die Kartoffelstäbe sind allerdings etwas breiter geschnitten.

Popcorn Die speziellen Puffmaiskörner, die ursprünglich aus den USA stammen, werden in einer verschlossenen Pfanne mit wenig Öl erhitzt, bis sie aufplatzen. Vor dem Verzehr werden sie mit Salz oder Zucker bestreut.

Porree ➛ Lauch

Porridge Der mit Wasser oder Milch zubereitete Haferbrei ist ein wesentlicher Bestandteil des typisch englischen Frühstücks und eigentlich auch nur auf der Insel richtig beliebt.

Porter Das starke Dunkelbier aus Irland hat einen kräftigen Geschmack und einen hohen Alkoholgehalt.

Porterhouse Steak Die Originalversion dieser riesigen, dicken Roastbeefscheibe, die am besten mit dem Knochen gegrillt wird, kann bis zu 1 kg schwer sein und ist eigentlich nur noch von einem hart arbeitenden, amerikanischen Cowboy zu schaffen. Wer sich diesen gegrillten Hochgenuß nicht entgehen lassen will, teilt ihn am besten je nach Größe mit noch ein bis zwei Personen. Als Beilagen werden meist Ketchup, Kräuterbutter, gedünstete oder gegrillte Maiskolben und im Ofen gebackene Kartoffeln serviert.

Portugieser ➛ Pinot

Port-Salut Der milde französische Kuhmilchkäse, der ungekocht etwa 2 Monate gepreßt wird und eine glatte Rinde sowie einen blaßgelben Teig entwickelt.

Portugiesische Sauce Aus angedünsteten Zwiebeln wird für diese kräftige Sauce eine Weißweinreduktion zubereitet, mit ➛ Tomates concassées, Tomatensauce, Gewürzen und frischen Kräutern sowie Fleischglace verkocht und pikant abgeschmeckt.

Portulak Auch Bürzel-, Purzelkraut, Kreusel. Die grüne Sommerpflanze läßt sich jung mit den aromatischen kleinen Blättern als Gewürz für kalte Saucen und Quarkspeisen, ausgewachsen als Blattsalat und wie Spinat als Gemüse verwenden.

Portwein Dieser gehaltvolle Dessertwein, ursprünglich aus der portugiesischen Hafenstadt Porto, der in England die meisten Anhänger hat, wird als braunroter, halbvergorener Rotwein durch Alkohol in der Gärung gestoppt und muß dann einige Jahre in Holzfässern reifen, bevor er in die dunklen, typischen dickbauchigen Flaschen abgefüllt wird. Erstklassige Qualitäten können mehrere Jahrzehnte alt werden. In der Küche wird dieser süßliche, alkoholreiche Wein vor allem für die Saucenherstellung und zur Aromatisierung und Färbung von Farcen oder Gelees verwendet.

Pot au feu Franz. Feuertopf. Neben dem großen Suppentopf werden unter dieser Bezeichnung viele regional unterschiedlich zusammengestellte Eintöpfe in Frankreich verstanden. Meistens sind aber grob geschnittenes Wurzelgemüse, Kohl und Rübchen sowie Markknochen und Geflügel, Rind- oder Kalbfleisch darin enthalten.

Potée Vaudoise Ein kräftiger Gemüseeintopf, der mit Kochfleisch, Speck und Waadtländer Würsten angereichert wird.

Pothast ➛ Westfälischer Pfefferpothast

Potpourri Unter diesem Begriff versteht man, ähnlich wie in der Musik, eine Zusammenstellung von allerlei guten Stücken. Das können verschiedene kleine Fleisch- oder Fischteile sein, ausgewählte kleine Gemüse oder Miniportionen von unterschiedlichen Desserts, die auf einem Teller angerichtet werden.

Pottasche Das altbekannte Backtriebmittel aus Kaliumkarbonat wird vor allem bei Weihnachtsgebäck, z.B. Lebkuchen, verwendet.

Potted Beef Ein in England sehr beliebtes Pastetengericht aus Rindfleisch, das gern als Brotaufstrich gegessen wird. In der gleichen Pastetenart werden Huhn (Potted Chicken), Schweineschinken (Potted Ham) und Lachs (Potted Salmon) angeboten.

Poularde ➛ Masthuhn

Poularde en vessie Eine französische Spezialität, bei der eine Poularde in einer Schweinsblase gekocht und aufgetragen wird.

Poularde en demi-deuil Dieses „Masthuhn in Halbtrauer" ist eine Spezialität der französischen Haute Cuisine, bei der zwischen Brusthaut und Brustfleisch dünne Trüffelscheiben gelegt werden, die ihr Aroma während des Garens in Geflügelbrühe an die Geflügelbrust abgeben.

Poulardenbrust Auch Hühnerbrüstchen, franz. Suprême. Das beste Stück junger Masthühner mit einem Gewicht von etwa 130–150 g pro Brust. Dieses zarte Fleisch läßt sich mit den unterschiedlichsten Zutaten kombinieren.

Poule-au-pot Henri IV. ➛ Huhn im Topf

Poulet ➛ Hähnchen

Pouligny-Saint-Pierre Der pikante, pyramidenförmige Käse aus der französischen Landschaft Berry wird aus Ziegenmilch hergestellt und schmeckt am besten im Sommer.

Pourly Ein Ziegenkäse aus dem Burgund, der eine weiche Konsistenz und einen nußartigen Geschmack besitzt, in Zylinderform angeboten wird und an einer natürlichen, leicht bläulich gefärbten Rinde zu erkennen ist.

Pousse Café Diese kleinen, starken Mischgetränke zum Kaffee bestehen aus unterschiedlich gefärbten Likören oder Schnäpsen, die so vorsichtig in hohen, schmalen Likörgläsern aufeinander gegossen werden, daß sie sich nicht vermischen. Eine typische Mischung besteht beispielsweise aus gleichen Teilen von grüner Chartreuse, Maraschino, rotem Cherry-Brandy und Kümmelschnaps.

Poutarge Auch Boutarge. Ein provenzalischer Seebarbenrogen, der wie Kaivar gesalzen und gepreßt wird und mit Zitronen und Zwiebeln in einer Marinade angeboten wird.

Povese ➛ Pavese

Powidl Böhm. und österr. für ➛ Pflaumenmus

Powidltatschkerl Auch Powidltascherl. Die berühmten böhmisch-österreichischen Kartoffelplätzchen werden mit gesüßtem und aromatisiertem Pflaumenmus (Powidl) gefüllt, in Salzwasser gegart und in abgeschmelzten Semmelbröseln und etwas Puderzucker gewälzt.

Prädikatswein Die deutschen Qualitätsweine erhalten bei bestimmten Mindestmostgewichten und Ernteauflagen Prädikate, die sich in Kabinett, Spätlese, Auslese, Beerenauslese und Trockenbeerenauslese gliedern.

Prärieauster Ein klassisches Getränk für den Morgen nach der durchzechten Nacht. Dafür werden Tomatenketchup, ein Eigelb und Worcestersauce in ein Glas gefüllt und Salz, frisch gemahlener Pfeffer, Zitronensaft und Öl hinzugefügt. Das Ganze wird nur leicht vermischt und in einem Schluck getrunken.

Prager Schinken Ein mild geräucherter Schinken, der vor allem als Backschinken, z.B. in Brotteig, oder geschmort in reichlich Sauce zubereitet wird.

Praline Das Erzeugnis der feinen Konditorei besteht aus den vielfältigen süßen Kleinigkeiten in den unterschiedlichsten Formen, die oft mit Marzipan, marinierten Früchten, Nougat, Nüssen oder Cremes gefüllt und mit einem Schokoladeüberzug oder Kakaomantel bedeckt werden.

Prawn Engl. ➛ Garnele

Preiselbeeren Auch Bernitschken, Kronsbeeren, Preißelbeeren, Riffelbeeren, Steinbeeren, Grandeln, engl. Cranberries. Die wildwachsenden dunkelroten Beerchen aus Wald- und Heidegebieten, die an niedrigen Sträuchern wachsen, eignen sich durch ihren hohen Gerbsäureanteil ideal zur Herstellung von Kompott oder Konfitüre. Sie werden auch gern in Wildsaucen oder zu dunklen Braten serviert.

Preiselbeermeerrettich Eine Variante des Sahnemeerrettichs, der mit Preiselbeerkompott vermischt gern zu Räucherfisch angeboten wird.

Preiselbeersauce Auch Cranberrysauce. Diese fruchtige Sauce zu Wildmedaillons wird aus dem entsprechenden Bratensatz hergestellt, der mit Preiselbeeren, Kräutern, Portwein und Cassis aufgekocht und mit Butterstückchen montiert wird.

Preißlauch ➛ Lauch

Pré-salé Franz. Vorgesalzen. Mit diesem Begriff bezeichnet man Lämmer, Schafe, Ziegen und Kälber, die auf Deichen grasen oder auf Wiesen an der Küste weiden und durch die salzige Luft und das aromatische Futter einen besonders kräftigen Fleischgeschmack entwickeln.

Preßkaviar Die niedrigste Qualitätsstufe von Rogen, der gepreßt, meist stark gesalzen und als Dekoration und Brotbelag verwendet wird.

Preßkopf ➛ Schweinesülze

Preßsack ➛ Schweinesülze

Pricke ➛ Neunauge

Primeur Franz. Erster. War es früher lediglich ein regionales Ereignis, bezogen auf Burgund und den Beaujolais, so haben sich heute viele Weinregionen den erfolgreichen Trend angeschlossen, kurz nach der Ernte einen jungen, vergorenen Wein herauszubringen. Diese Weine kommen erstmals im November auf den Markt und sollten noch im gleichen Jahr getrunken werden.

Printen Auch Aachener Printen. Die süßliche, kräftig gewürzte Lebkuchensorte wird mit Rübenkraut gesüßt und mit oder ohne Schokoladenüberzug angeboten.

Prinzeßbohne Auch Delikateßbohne. Diese Bezeichnung erhalten nur junge, zarte Böhnchen höchster Qualität.

Prinzessinsalat Für diesen leichten Salat werden Salatgurken und Trüffel in Würfel geschnitten und mit einer Remoulade angemacht.

Prinzeßkartoffeln Ein delikates Kartoffelgericht, bei dem Pellkartoffelscheiben mit angedünsteten Zwiebeln und Salzheringen gemischt und mit Fleischbrühe fertig geschmort werden.

Prinzeßpastetchen Für dieses traditionelle Gericht werden Blätterteigpastetchen mit einer Masse aus Hühnerfleischwürfeln und grünen Spargelspitzen in einer kräftigen ➛ Deutschen Sauce gefüllt.

Prinzregententorte Diese berühmte Schichttorte wird aus etwa 7 hauchdünnen Rührteigböden zubereitet, die mit Schokoladenbuttercreme bestrichen und aufeinander gesetzt werden. Das Ganze wird mit Schokoladenkuvertüre überzogen.

Prise Eine altertümliche Angabe für eine ganz kleine Menge, d.h. weniger als eine Messerspitze. Der Begriff, der meist bei Gewürzen verwendet wird, entspricht dem, was man zwischen Zeigefinger und Daumen über ein Gericht streuen kann.

Profiteroles Auch Profiterolen. Kleine Brandteigkugeln, die mit deftigen oder süßen Farcen oder Cremes gefüllt werden und als Suppeneinlage oder Bestandteil von Desserts Verwendung finden.

Prosecco Unter dieser Bezeichnung versteht man normalerweise den leicht moussierenden Schaumwein aus der gleichnamigen, italienischen Weißweintraube. Er wird aber auch als stiller Wein ohne Kohlensäure oder auch nur leicht perlend als Schaumwein angeboten.

Protein Der Fachbegriff für ➛ Eiweiß.

Provenzalische Kräutermischung Auch Herbes de Provence. Eine sehr beliebte und viel verwendete Mischung aus den in der Provence wachsenden Kräutern Thymian, Majoran, Basilikum, Rosmarin und Salbei. Abhängig von dem jeweiligen Produzenten kann die Mischung unterschiedliche Bestandteile haben.

Provenzalische Kartoffeln Für diese Kartoffelzubereitung werden rohe Kartoffelscheiben in Olivenöl gebraten und mit Knoblauch und Herbes de Provence gewürzt.

Provenzalischer Salat Dieser herzhafte Gemüsesalat aus Artischockenböden, Tomaten und Oliven wird mit einer einfachen Vinaigrette angemacht, die mit Basilikum, Knoblauch und Sardellenpaste pikant abgeschmeckt wurde.

Provola ➛ Mozzarella

Provolone Der italienische Käse, der in vielen Formen hergestellt wird, kommt aus der Region Campagnia, besitzt einen festen strohigen Teig und hat ein, abhängig vom Alter, mildes bis kräftiges Aroma. Er ist besonders als Hartkäse sehr beliebt.

Puchero Ein argentinischer Fleischeintopf, der je nach Angebot und Vorlieben mit verschiedenen Fleischstücken von Rind, Hammel oder Schwein und unterschiedlichem, grob geschnittenen Gemüse wie Mais, Kartoffeln, Karotten, Sellerie, Kohl, Lauch, Paprikaschoten und Tomaten zubereitet und mit aromatischen

Gewürzen und Knoblauch abgeschmeckt wird. Zusätzlich enthält er meistens noch gekochte Eier, Oliven, gekochte Schweineohren und verschiedene Würste.

Pudding Die traditionelle Süßspeise, die mit Bindemitteln wie Gelatine oder Stärkemehl eine cremige bis feste Konsistenz erlangt und auf der Basis von Milch, Sahne, Früchtemus oder Schokoladeauszug hergestellt wird. Die Puddings werden kalt oder warm angerichtet. Die angloamerikanische Küche kennt auch zahlreiche deftige Puddings, die meist in speziellen verschließbaren Formen im Wasserbad gegart werden.

Puderkakao ➛ Kakaopulver

Puderzucker Auch Staubzucker. Ein sehr fein gemahlener Zucker, der vor allem zum Bestäuben von Gebäck und Kuchen dient.

Püree Auch Mus. Rohe und gekochte Nahrungsmittel werden mit einem Pürierstab gemahlen, mit einem Stampfer zerdrückt, durch ein kräftiges Sieb passiert oder im Mörser zerrieben.

Puffbohne ➛ Dicke Bohne

Puffer ➛ Kartoffelpuffer

Puffmais ➛ Popcorn

Pulcianella Ital. Kleine mit Bast umwickelte Flasche für den Orvieto.

Pulpe Auch Pulp. Das aus Früchten oder Gemüse gewonnene Fleisch wird roh oder gekocht als Basis von Füllungen, Saucen oder Eingemachtem verwendet.

Pulque Auch Agavenwein. Dieser süßlich schmeckende, alkoholreiche Wein aus Kakteenknospensaft ist eine Spezialität in Südamerika und vor allem in Mexiko.

Pumelo ➛ Pomelo

Pumpernickel Ein dunkles, süßliches Roggenbrot aus grobem Schrot, das stundenlang unter starkem Dampf gebacken wird und ursprünglich aus Westfalen kommt.

Pumpkin Pie Der Kürbiskuchen aus den USA. Eine aromatisch süß abgeschmeckte Kürbismasse wird auf einen Mürbteigboden gestrichen, gebacken und mit Schlagsahne bedeckt.

Punsch Ein aus Tee, Zucker, Wasser, Zitronensaft und einem alkoholischen Getränk, z.B. Rum oder Arrak, zubereitetes Heißgetränk.

Punsch royal ➛ Feuerzangenbowle

Pute ➛ Truthahn

Puttaal ➛ Aalquappe

Puy-Linse Eine französische Linsenart von hoher Qualität.

Pyramidenkäse In Frankreich werden Ziegenkäse gern in Pyramidenform angeboten, sowohl als milder, weicher Frischkäse als auch kräftiger, gereifter Käse. Sie werden oft mit Asche eingerieben, um ein Austrocknen zu verhindern.

Pyrenäenkäse Die ursprünglich aus den französischen Pyrenäen stammende Käsespezialität mit festem, gelblichen Teig wird aus Kuh- oder Schafsmilch hergestellt und mit einer schwarzen Rinde umgeben. Zum Teil wird er auch mit ganzen grünen Pfefferkörnern gemischt angeboten.

Q

Quadretti Viereckige lange Vollnudeln aus Italien, die haarnadelförmig gebogenen Spaghetti ähnlich sehen und wie diese verwendet werden.

Quackelbeere ➛ Wacholderbeere

Qualitätswein Weine unterliegen in den verschiedenen europäischen Weinanbauländern je nach Region und Weinsorte unterschiedlichen Anforderungen, die aber in jedem Fall durch eine Prüfung nachgewiesen werden müssen, wenn ein Wein diese Bezeichnung tragen soll. In Deutschland liegt der einfache Qualitätswein zwischen den Tafelweinen und den Qualitätsweinen mit Prädikat. Er muß aus einem festgelegten Anbaugebiet stammen und ein bestimmtes Mindestmostgewicht nachweisen. Diese Weine sind meist einfache Schoppenweine, die im offenen Ausschank angeboten werden bzw. als Literweine konsumiert werden.

Quappe ➛ Aalquappe

Quargel ➛ Olmützer Quargel

Quark Auch Topfen, Glumse, Bibbeleskäs, Matte, Matz, Weißkäse. Ein Frischkäse, dessen Geschmack leicht säuerlich ist und der in verschiedenen Fettstufen, in kleinen Gebinden abgepackt, angeboten wird. Er wird als Dessert, pur oder mit Früchten vermischt, oder als herzhafter Brotaufstrich mit Zwiebeln und Kräutern angerichtet. Außerdem wird er für die Kuchenbäckerei und für manche Füllungen, wie z. B. von gebackenen Kartoffeln, benötigt.

Quarkklöße Aus einer Mischung aus Butter, Eiern und Quark, die gewürzt und mit etwas Paniermehl vermischt wird, werden kleine Nocken abgestochen. Diese Klößchen werden in Salzwasser gegart und mit Käse und geschmolzener Butter angerichtet.

Quarkstrudel ➛ Topfenstrudel

Quarktorte ➛ Käsekuchen

Quart Maroilles Ein kleiner Käse aus Kuhmilch mit einer glatten, tiefrot glänzenden Rinde und einem blaßgelben, geschmeidigen Teig mit kräftigem Erdgeschmack.

Quellen Auch einweichen. Durch Trocknen konservierte Lebensmittel wie Obst, Gemüse, Pilze, Fisch oder Fleisch müssen vor dem Kochen für längere Zeit gewässert werden. Reis, Hülsenfrüchte usw. vergrößern dabei ihr Volumen.

Quellkartoffeln ➛ Pellkartoffeln

Quellwasser ➛ Mineralwasser

Quendel ➛ Thymian

Quenelles de brochet Diese bekannten französischen Hechtklößchen werden aus einer gebundenen Hechtfarce mit Löffeln abgestochen, in kochendem Fischfond gegart und mit einer hellen Sauce serviert.

Querrippe Ein kräftig durchwachsenes Fleischstück aus dem Bruststück des Rindes, das vor allem als Kochfleisch verwendet wird.

Queso de cabrales Ein halbfester spanischer Blauschimmelkäse, der aus der Milch von Schafen, Kühen und Ziegen hergestellt, in der Nähe des Herdfeuers getrocknet wird und dann in dunklen Berghöhlen reift. Er hat einen leicht pikanten Geschmack, wird in feuchte Ahornblätter gewickelt und so auch verkauft.

Queso de San Simón Dieser Hartkäse mit fester Rinde und Konsistenz trägt den Namen des Ortes in Spanien, in dem er zum ersten Mal hergestellt wurde. Er wird aus Kuhmilch gearbeitet und in ein birnenförmiges Holz gepreßt, was ihm seine charakteristische Form gibt. Seinen unverwechselbaren Geschmack erhält er durch das Räuchern über Birkenholz.

Quetsch Elsäss. für ➛ Zwetschgenwasser

Quetschkartoffeln ➛ Kartoffelpüree

Quiche aux oignons ➛ Zwiebelkuchen

Quiche lorraine Auch Lothringer Specktorte. Ein herzhafter, mit geräucherten Speckwürfeln belegter, flacher Kuchen aus Mürbeteig, der mit einer gut gewürzten Mischung aus Eiern, Milch und Käse im Ofen überbacken wird.

Quinoa-Eintopf Das im Reformhaus erhältliche Getreide Quinoa ist besonders reich an Ballaststoffen und Vitaminen und wird hier ebenso wie in seiner südamerikanischen Heimat in einem Eintopf aus schwarzen, kleinen Bohnen, Wurzelgemüsen, roten Paprikaschoten, vielen Gewürzen und Gemüsebrühe zu einem sehr schmackhaften Gericht verarbeitet.

Quirlen Unter dieser Bezeichnung versteht man das Vermischen von Zutaten mit einem elektrischen Mixer oder einem Schneebesen.

Quitte Auch Kitte, Kütte. Eine der ältesten bekannten Früchte, die es in zahlreichen Sorten gibt und die wegen ihres bitteren Geschmacks nur als Kompott, Gelee und, nach der Weiterverarbeitung, für Süßwaren verwendet wird, zum Rohessen jedoch nicht sehr beliebt ist.

R

Rabbit ➛ Welsch Rarebit

Rabinschen ➛ Feldsalat

Rack ➛ Arrak

Raclette Ein schmackhaftes Gericht, das sich ähnlich wie Fondue als Gesellschaftsessen durchgesetzt hat. Diese Spezialität aus dem Wallis kann man dank der modernen elektrischen Raclettegeräte einfach am Tisch zubereiten. Der Raclette-Käse wird geschmolzen und mit den unterschiedlichsten Zutaten, die jeder Gast selbst bestimmen kann, verspeist.

Radi ➛ Rettich

Radicchio Eine Salatsorte, die mit ihrem leicht bitteren Geschmack und den dunkelroten krausen Blättern gern wegen des Kontrasts mit grünem Salat gemischt wird, aber auch alleine, mit einer einfachen Vinaigrette angemacht, einen erfrischenden Salat ergibt.

Radieschen Auch Radis, Radiserl. Jeder kennt die roten kleinen Knollen mit dem pikant-würzigen Geschmack, die in keinem gemischten Salat fehlen. Ganz, in Scheiben oder zu Röschen geschnitten, sind sie als Dekoration für kalte Platten oder Vorspeisen geeignet.

Radieschensalat Radieschen werden, gekocht oder roh, in Scheiben geschnitten, mit einer einfachen Vinaigrette als Salat angemacht und mit verschiedenen gehackten Kräutern serviert.

Radlermaß Die bayerische Version von ➛ Alsterwasser, die in 1-Liter-Krügen serviert wird.

Räbe ➛ Navet

Räderkuchen ➛ Hobelspäne

Räucheraal Auch Spickaal. Frischer Aal wird heiß geräuchert und ganz oder in Stücke geschnitten mit frischem Brot serviert.

Räucherlachs Einer der edelsten Räucherfische, der vor dem Kalträuchern trocken eingesalzen wird. Die geräucherten, entgräteten Filets werden meist in hauchdünne Scheiben aufgeschnitten und mit Zitronenachteln oder Meerrettichsahne und Toastbrot serviert.

Räuchern Eine Methode, Nahrungsmittel wie Fleisch, Fisch oder Geflügel durch kalten oder heißen Rauch zu konservieren.

Räucherspeck Auch Rauchspeck, Dörrfleisch, Dürrfleisch, geräuchertes Wammerl. Trocken gesalzener, kaltgeräucherter Schweinespeck, der zum Umwickeln von ➛ Tournedos, als Einlage von Rouladen oder gebraten als Frühstücksspeck verwendet wird.

Räucherstrauch ➛ Wacholder

Räucherzunge Eine geräucherte ➛ Pökelzunge, die aufgeschnitten zu kalten Platten oder zum Abendbrot gereicht wird.

Raffel Auch, Reibe, Reibeisen, Raspel. Ein mit scharfen Schneiden verschiedener Größe besetztes Küchengerät zum Reiben, Raspeln und Hobeln von Gemüse, Kartoffeln, Käse oder Obst.

Raffinade Gereinigter, weißer ➛ Zucker.

Rafraichieren Aus dem Französischen abgeleitetete Bezeichnung für ➛ Abschrecken.

Ragout Auch Würfelfleisch, Würzfleisch. Eine aus groben Fleisch-, Fisch- oder Geflügelwürfeln bestehende Speise, die meist in gehaltvollen Saucen serviert wird. Es gibt vielerlei Ragoutgerichte aus den unterschiedlichsten Zutaten. Eines der bekanntesten ist das Ragout fin, bei dem kleingeschnittene Würfel aus Kalbfleisch oder Geflügel in einer ➛ Deutschen Sauce erwärmt und in Blätterteigpastetchen angerichtet werden.

Ragoutnäpfchen ➛ Cassolettes

Rahm ➛ Sahne

Rahmkartoffeln ➛ Sahnekartoffeln

Rahmsauce ➛ Sahnesauce

Rahmschnitzel Ein bemehltes Schweineschnitzel, das kroß gebraten wird und dessen Bratensatz mit saurer Sahne abgelöscht wird.

Rahmsuppen ➛ Sahnesuppen

Rahne ➛ Rote Bete

Raki Ein dem griechischen Ouzo ähnlicher, klarer Branntwein mit Anisgeschmack aus der Türkei, der oft mit Wasser verdünnt getrunken wird.

Rambutan Auch behaarte Litchi. Eine kleine Baumfrucht mit aromatischem, süßen Fruchtfleisch unter einer dünnen Schale mit weichen, orangeroten Borsten. Sie wird wie Litchi roh verzehrt oder zu Kompott verarbeitet.

Ramequin Mit gewürzter Eiermilch übergossene und im Ofen goldbraun gebackene Weißbrot- und Emmentalerscheiben, die schichtweise abwechselnd schräg in eine Auflaufform gesetzt wurden.

Ramequins Windbeutel, die aus einem mit geriebenem Parmesankäse und Käsewürfeln vermischten Brandteig hergestellt, mit Käse gefüllt und gebacken werden.

Rampé Das indonesische Gewürz wird als Geschmacksstoff und Färbemittel für Curries, Reisgerichte und, ähnlich wie bei uns Vanillezucker, für Süßspeisen verwendet

Rampollasuppe Eine gehaltvolle Fischconsommé, die mit Wein und Krebsfond abgeschmeckt und mit Stückchen von Krebsschwänzen, Austern, ➛ Aalquappen und Champignons verfeinert wird.

Rand ➛ Bordüre

Rande ➛ Rote Bete

Rangunbohne ➛ Limabohne

Ranne ➛ Rote Bete

Rapunzel ➛ Feldsalat

Rare Englische Bezeichnung für blutig. ➛ Garstufen

Rarebit ➛ Welsch-Rarebit

Rascasse Auch Roter Drachenkopf. Ein im Atlantik und Mittelmeer lebender roter Fisch mit einem riesigen Kopf und stacheligen Rückenflossen, an denen man sich leicht verletzen kann. Er wird meist filetiert zubereitet und ist ein unverzichtbarer Bestandteil der Bouillabaisse.

Rastegai Für diese russische Spezialität werden aus Hefeteig gebackene Pastetchen mit einer Mischung aus rohen Lachswürfeln, gehacktem hartgekochtem Ei, Zwiebeln und frischen Kräutern gefüllt und im Backofen überbacken.

Ratatouille Für diese Gemüsespezialität aus Nizza werden gewürfelte Auberginen, enthäutete, gewürfelte Tomaten, in Scheiben geschnittene Zucchini und Paprikaschoten mit Knoblauch und Zwiebeln in Öl angebraten, gewürzt und geschmort, wobei das Gemüse nicht zu einem Brei verkochen darf. Ratatouille eignet sich auch als kalte Vorspeise.

Ratsherrentopf ➛ Zürcher Ratsherrentopf

Rauchbier Fränkisches Spezialbier, das seinen würzig-rauchigen Geschmack durch das Räuchern des Braumalzes erhält.

Rauchfleisch Rind- oder Schweinefleisch, das durch Pökeln und Kalträuchern für längere Zeit haltbar gemacht wird und einen würzigen Geschmack erhält.

Rauchsalz Ein Gewürzsalz mit Raucharoma, das auch nicht gegrillten Speisen Holzkohlengeschmack verleiht.

Rauchspeck ➛ Räucherspeck

Rauhe Scholle ➛ Rotzunge

Rauschbeeren ➛ Grambeeren

Rauscher ➛ Federweißer

Raute ➛ Weinraute

Ravigotesauce Eine Sauce, von der es verschiedene Varianten gibt. Zum einen wird Weißwein, Estragonessig und Kalbsvelouté stark eingekocht, mit gehackten Kräutern vermischt und mit ➛ Schalottenbutter aufmontiert. Bei der zweiten Version werden gehackte Kräuter, kleingeschnittene Zwiebeln und Kapern mit einer einfachen Vinaigrette vermischt.

Ravioli Eine rechteckige, runde oder halbmondförmige Teigwarensorte aus Italien, die je nach Region mit Käse, Gemüse, Fleisch oder Pilzen gefüllt wird. Sie wird in Salzwasser oder Brühe gekocht und dann mit Käse, Butter oder flüssiger Sahne überbacken oder auch mit würziger Tomatenauce serviert.

Raw Englische Bezeichnung für Blau. ➛ Garstufen

Raznjiči Für diese jugoslawische Grillspezialität werden Schweine- und Kalbfleischstücke mit Zwiebeln und Öl gemischt und etwa 4 Stunden mariniert. Danach werden die Fleischwürfel auf Spieße gesteckt, knusprig gegrillt und mit rohen Zwiebelwürfeln serviert.

Rebeln Das Zerkleinern von getrockneten Kräutern in kleinste Stücke.

Rebhuhn Die heute selten gewordenen Rebhühner gehören zu den in ganz Europa heimischen Feldhühnern. Sie werden im Ofen gebacken, gebraten oder geschmort, wobei man die Vögel mit Speck umwickeln sollte, damit sie nicht zu trocken werden.

Reblochon Ein aus Kuhmilch hergestellter, sehr milder, sahniger Käse mit glatter, gelbfarbener Rinde.

Récamiersuppe Eine gebundene Hühnerconsommé, die als Einlage Hühnernocken und Trüffelkugeln enthält.

Rechaud Elektrischer oder mit Brennspiritus beheizter Tischkocher für Fondues, Glühwein, Feuerzangenbowle usw., den man auch als Warmhalteplatte nutzen kann.

Reduktion ➛ Reduzieren

Reduzieren Die Fachbezeichnung für das starke Verringern von Flüssigkeiten durch längeres Einkochen. In dieser sogenannten Reduktion werden Aroma- und Geschmacksstoffe konzentriert und wie Würzmittel zum geschmacklichen Verändern von Gerichten verwendet.

Refraichieren ➛ Rafraichieren

Regenbogenforelle ➛ Forelle

Regensburger Regensburger sind dicke kurze Brühwürste mit feingemahlener Füllmasse, die in warmem Wasser heißgelegt werden und meist paarweise mit Senf und Semmeln zum Aus-der-Hand-Essen serviert werden.

Regensburger Braten Ein Hackfleischbraten, der aus Rind- und

Schweinefleisch mit eingeweichten Brötchen, Nierenfett und verschiedenen Gewürzen gemischt und laibförmig auf dem Backblech gebraten wird. Der Bratensatz wird anschließend mit Brühe aufgekocht und mit saurer Sahne gebunden.

Regentensalat Ein erfrischender Salat aus in Julienne geschnittenem römischen Salat, der in einer mit Kräutern verfeinerten Mayonnaise angerichtet wird und eine Dekoration aus Tomaten- und Blumenkohlstückchen erhält.

Reggiano ➛ Parmesan

Reh Rehe sind neben Rotwild das typische Wild der deutschen Wälder und das meistverarbeitete Schalenwild. Rehe werden mit einem Durchschnittsgewicht von 15–20 kg angeboten und sollten nicht älter als zwei bis drei Jahre sein. Die wertvollsten Teile sind die Keule und der Rücken, die geschmort und gebraten zubereitet werden. Aber auch das Blatt und die Innereien finden in vielen Gerichten, wie z.B. Rehpfeffer, gebratene Rehleber oder Rehragout, ihre Liebhaber. Das lange Abhängen zur Entwicklung eines ➛ Hautgouts ist nicht mehr üblich. Im Normalfall werden die Tiere frisch verarbeitet, bzw. bei älteren Stücken in würzigen Rotwein- oder Essigbeizen mariniert.

Reherl ➛ Pfifferling

Rehkeule Die Keule wird ➛ pariert, eventuell mit Speck gespickt, rosa gebraten und mit Pfifferlingen, Waldpilzen oder Preiselbeeren serviert.

Rehling ➛ Pfifferling

Rehpfeffer Dieses Gericht wird wie ➛ Hasenpfeffer zubereitet, lediglich mit Rehfleisch.

Rehrücken Auch Rehsattel. Der Rehrücken ist der Teil zwischen Karree und Hinterkeulen, wobei für größere Portionen das Karreestück auch für den Rücken mitverwendet werden kann. Aus diesem Karreestück werden normalerweise die Rehkoteletts bzw., ohne Knochen, die Rehmedaillons und -nüßchen geschnitten. In jedem Fall wird der Rehrücken enthäutet, von allen Fett- und Sehnenteilen befreit und dann im Rohr rosa gebraten und mit unterschiedlichen Garnituren angerichtet. Die bekannteste ist die traditionelle Badener-Art, bei der der Rehrücken von preiselbeergefüllten Birnen und einer gehaltvollen dunklen Rehsauce begleitet wird.

Rehrücken In der Konditorei bezeichnet man einen Kuchen aus Rührteig, der in einer gewellten, halbrunden Blechform gebacken, mit Schokolade glasiert und mit Mandeln verziert wird, als Rehrücken.

Reibebrot ➛ Paniermehl

Reibeisen ➛ Raffel

Reibekäse Ein Hartkäse, der meist als Zutat zu verschiedenen Gerichten oder zum Überbacken gerieben verwendet wird.

Reibeknödel Eine bayerische Art Knödel, bei der geriebene rohe und gekochte Kartoffeln mit Brot und Gewürzen vermischt und im Salzwasser gegart werden.

Reibekuchen ➛ Kartoffelpuffer

Reiberdatschi ➛ Kartoffelpuffer

Reinbraten ➛ Schmorbraten

Reindl ➛ Bratreine

Reindlrostbraten Eine österreichische Spezialität, bei der ein dickes Entrecôte angebraten und, kräftig abgeschmeckt, mit Zwiebeln, Tomaten und Gewürzen fertig geschmort wird.

Reineclaude Auch Reneklode, Ringlotte. Eine Pflaume mit gelbgrüner Haut, die sehr süß ist und einen intensiven Geschmack hat.

Reinetten ➛ Renetten

Reis Jeder Reistyp ist ideal für bestimmte Nationalküchen. In China ist der klebrige Rundkornreis sehr beliebt, der leicht mit Stäbchen zu essen ist, in Indien der trockene Pilawreis, in Italien der klebrige, weiße Risottoreis und in der europäischen und amerikanischen Küche der körnig kochende Langkornreis. Reis nimmt beim Kochen je nach Sorte das zwei- bis vierfache seines Volumens durch Wasseraufnahme zu. Er wird auch zu Reismehl, Reisflocken und Reisblättern verarbeitet und ist, neben den Spirituosen, die Grundlage des japanischen Sake. Die bekanntesten Sorten sind Weißer Reis, Naturreis, Parboiled Reis, Langkornreis, Patnareis, Rundkornreis, Karolinareis, Siamreis, Basmati-Reis, Duftreis, Avorio-Reis. Sogenannter wilder Reis ist ein Steppengras, dessen dunkle Körner so lange gekocht werden, bis sie aufplatzen.

Reis auf kreolische Art ➛ Kreolenreis

Reis auf Malteser Art ➛ Malteser Reis

Reis Condé Das berühmte Milchreisgericht wird aus in Vanillemilch gekochtem Rundkornreis zubereitet und, mit Butter und Eigelb verrührt, meist lauwarm mit Früchtekompott oder -saucen serviert.

Reis Trauttmansdorff Die klassische Nachspeise mit dem Namen eines österreichischen Staatsmannes wird aus gekochtem Milchreis hergestellt, der mit geschlagener Sahne vermischt, mit Maraschinolikör aromatisiert und mit einer Fruchtsauce angerichtet wird.

Reisauflauf Körnig gekochter Langkornreis wird mit gewürzter Eiersahne vermischt und abwechselnd mit einer Masse aus Brät, Petersilie, Oliven, Eiern und Gewürzen schichtweise in eine Auflaufform gefüllt, mit gewürfeltem Speck bedeckt und im Ofen gebacken.

Reisbohne Die braun gefärbte ➛ Bohne aus Asien besitzt eine längliche Form mit einem weißen Mittelstrich.

Reisbranntwein ➛ Arrak

Reisessig Den in China sehr beliebten, würzigen Essig gibt es in weißer, schwarzer oder roter Färbung, wobei jeder einzelne für verschiedene Gerichte verwendet wird. Für den allgemeinen Gebrauch ist der weiße Essig der begehrteste, der zum Würzen von Suppen und süßsauren Speisen benötigt wird und am besten durch Apfelessig zu ersetzen ist.

Reisfleisch auf indische Art ➛ Indisches Reisfleisch

Reisfleisch auf serbische Art ➛ Serbisches Reisfleisch

Reiskroketten Für dieses feine Fritiergericht wird klebrig gekochter Reis gewürzt, falls erforderlich mit Eigelb gebunden, zu kleinen Klößchen geformt, in Semmelbröseln paniert und fritiert.

Reismehl Das Mehl aus meist weißen, aber auch aus braunen Reiskörnern wird als Bindemittel für Kuchen und Plätzchen benötigt. In der chinesischen Küche wird das Mehl auch zur Nudelherstellung verwendet.

Reisnudeln Chinesische Nudeln aus Reismehl.

Reispapier Leicht milchig-glasig gefärbte, aus Reisstärke produzierte hauchdünne Blätter, mit denen in der asiatischen Küche viele Füllungen aus Fleisch, Gemüse oder Fisch eingewickelt und dann roh, gedämpft oder fritiert angerichtet werden.

Reispudding Für diesen Pudding werden die miteinander verkochten Zutaten Milch, Zucker, Salz und Milchreis mit etwas Butter, Eigelb und steifgeschlagenem Eiweiß vermischt und im Ofen gebacken.

Reisrahmsuppe Eine Einbrenne aus Reismehl und Butter wird mit Geflügelconsommé aufgefüllt, abgeschmeckt und mit Eigelbsahne legiert.

Reisrand Auch Reisring. Eine traditionelle Servierweise vieler klassischer Reisgerichte, wobei der gekochte Reis in eine runde Bordürenform gepreßt, dann gestürzt und die Füllung in die Mitte gegeben wird.

Reissockel Die Fachbezeichnung für eine geformte Unterlage aus gekochtem Reis, auf dem dann das Fleisch – oder Fischgericht ansprechend angerichtet werden kann.

Reistafel Die Basis jeder indonesischen Mahlzeit ist der Reis, der meist gedämpft zubereitet wird. So entwickelten sich die berühmten indonesischen Reistafeln, bei denen traditionellerweise die pikant exotisch gewürzten Hauptgerichte alle gleichzeitig serviert werden, im Idealfall so viele verschiedene, wie es Gäste gibt: Würzige Fisch-, Geflügel- oder Fleischcurries, verschiedene Gemüsegerichte und viele unterschiedliche Sambals, was bedeutet, daß z.B. Garnelen, Geflügel oder Rindfleisch mit Chilies pikant gebraten wurden. Nebenbei werden oft noch ➛ Kroepoek oder Erdnüsse zum Knabbern oder eine Gemüsesuppe zum Anfang angeboten. Nur die süßen Nachspeisen und das Obst folgen in der Speisefolge am Ende.

Reiswein ➛ Sake

Reizker Auch Brätling, echter Reizker. Der beliebte Speisepilz mit dem trichterförmigen Hut entfaltet gebraten einen milden Geschmack und ist nicht nur an seiner äußeren Form, sondern auch an seinem karottenroten Saft gut zu erkennen.

Relish Die aus Großbritannien stammenden Würzsaucen von meist süßsaurem, pikantem Geschmack sind in vielen Variationen als Fertigprodukte erhältlich.

Remoulade Die feine Mayonnaiseableitung, die mit nicht zu fein gehackten Sardellenfilets, Gewürzgurken, Kapern, Petersilie, Estragon, Kerbel sowie Salz und Pfeffer angereichert wird.

Rempah-rempah Die kleinen indonesischen Fleischbällchen werden aus Rindstatar, Kokosflocken, Eiern und indonesischen Gewürzen wie Shrimppaste, Kreuzkümmel, Ingwer, Koriander sowie Knoblauch, Peffer und Salz zubereitet und knusprig braun gebraten. Sie eignen sich besonders als warme Beilage zu Reis oder kalt als Snack zum Knabbern.

Ren Auch Rentier. Diese mächtige, in den nordischen Gebieten lebende Hirschart wird dort ähnlich wie bei uns die Rothirsche zubereitet. Die beliebtesten Teile sind der Rücken und die Keulen junger Tiere, die meist gebeizt und geschmort werden. Es werden aber auch die Rückensteaks gebraten und mit Pilz- oder Beerensauce serviert sowie Schinken und Zunge geräuchert, eine Delikatesse, die selten auch hierzulande angeboten wird.

Rendang Dieses Rindfleischcurry wird in Indonesien in vielen Varianten zubereitet. Meist wird aus aromatischen Gewürzen, Knoblauch, Kokosmilch und Tamarindensaft eine Würzmischung zubereitet, in der dann das Fleisch, in Streifen oder Würfel geschnitten, mit anderen Zutaten gegart wird, bis sämtliche Flüssigkeit verdunstet ist und die Inhaltsstoffe vom Fleisch aufgenommen worden sind.

Reneklode ➛ Reineclaude

Renette Auch Reinette. Die spätreifende, haltbare Apfelsorte wird wegen ihrer festen Konsistenz und ihrem würzigen Aroma in der Küche gern zum Dünsten, Backen oder für Füllungen verwendet.

Renke ➛ Blaufelchen

Rentier ➛ Ren

Retsina Der einfache, griechische Weißwein aus Attika, der seinen typischen strengen Geschmack durch die Beimischung von Pinienharz während der Gärung erhält.

Rettich Auch Radi. Eine bekannte eßbare Wurzel, die es in verschiedenen Formen und Größen gibt. Ihr würzig-pikanter Geschmack macht sie zum beliebten Begleiter von Salaten oder zu Brot.

Rhabarber Die dicken Stiele einer großen Pflanze, die als Obst verwendet werden. Sie sind von angenehm säuerlichem Geschmack, saftig und werden zu Kompott, Marmelade oder als Kuchenbelag verwendet. Sie werden auch als Konserven angeboten.

Rheinanke ➛ Blaufelchen

Rheinischer Sauerbraten Für einen schmackhaften Sauerbraten wird ein gut durchwachsenes Stück Rindfleisch zwei bis drei Tage in eine Marinade aus Essig, Wasser und Gewürzen eingelegt. Beim Braten wird mit der Marinade immer wieder abgelöscht. Die Sauce wird mit Aachener Printen oder Schwarzbrot gebunden.

Rheinisches Weißkraut Ein Sauerkraut, das mit Zwiebeln, Gewürzen und Apfelscheiben angedünstet und mit Wasser und Wein geschmort wird.

Rheinsalm ➛ Lachs

Ribisel ➛ Johannisbeere

Ricard Eine bekannte französische Marke eines Anislikörs, der mit Eiswasser verdünnt als Aperitif getrunken wird.

Richelieusauce Eine Sauce, die in verschiedenen Varianten hergestellt wird. Zum einen wird eine Tomatensauce mit festem Bratensaft verfeinert und mit gewürfelten Tomatenstückchen vervollständigt. Zum anderen wird Fischfond mit Wein und Trüffeln eingekocht, mit einer dunklen Grundsauce gebunden und mit Madeira gewürzt. Bei der dritten Version wird Zucker mit Kirschwasser aufgekocht, gebunden und mit zerkleinerten Kirschen serviert.

Ricotta Ein unserem Quark ähnlicher Frischkäse, der aus Kuh- oder Schafsmilch hergestellt wird und in Italien auch für Füllungen von Nudeln benutzt wird.

Riefen Auch Cannelieren, Kannelieren. Mit einem Spezialmesser den oberen Teil der Schale von Zitrusfrüchten und anderem Obst zur Verzierung einkerben, so daß linienförmige Muster entstehen. Das gleiche Verfahren wird auch bei Gemüse wie Champignons oder Gurken angewendet.

Riesengarnelen ➛ Garnelen

Riesenorangen ➛ Pampelmusen

Riesenschirmling ➛ Parasolpilz

Riesling Die klassische, deutsche Weißweintraube, die Wein mit fruchtiger Frische und Klarheit hervorbringt. Er wird überall dort in der Welt angebaut, wo das Klima dies zuläßt. Typische Weine liefern Deutschland und das Elsaß, wo der Riesling von leichten, hellgrünen bis zu gold-gelben, gehaltvollen Weinen angeboten wird.

Riffelbeeren ➛ Preiselbeeren

Rigatoni Eine italienische Nudelsorte in Form von kurzen, dicken Hohlnudeln.

Rilletten Auch Rillettes. Eine französische Pastete aus zerkleinertem Fleisch und Fett, die, kräftig gewürzt und mit Schmalz bedeckt, meist als Brotaufstrich Verwendung findet.

Rind Das seit altersher geschätzte, kräftige Rindfleisch kommt von gemästeten Jungrindern (Kalb), Jung-Bullen, Ochsen, seltener von Kühen, d.h. von weiblichen Tieren, die schon einmal gekalbt haben. Die Qualität des Fleisches hängt im wesentlichen von der Nahrung, dem Alter des Tieres und der Zuchtsorte ab. Beim täglichen Einkauf in der Metzgerei sollte man darauf achten, daß das Fleisch möglichst dunkel, trocken und ansatzweise mit Fettadern durchzogen ist.

Rinder-Beefsteak ➛ Filetsteak

Rinderbrust Ein relativ fettes Stück aus dem Vorderteil des Tieres, das, mit oder ohne Knochen, frisch oder gepökelt, mit Gewürzen und Gemüse langsam gekocht wird und meist mit einer pikanten Meerrettichsauce und Salzkartoffeln serviert wird.

Rinder-Clubsteak ➛ Club Steak

Rinderfilet Das Filet oder auch die Lende stammt aus dem Rücken des Tieres und ist der zarteste Teil. Es gibt die unterschiedlichsten Zubereitungsarten. Man kann das Filet in kleine Steaks schneiden, die kurzgebraten oder gegrillt werden, oder man füllt die Lende und brät sie im ganzen.

Rinderfleck ➛ Kutteln

Rinderhachse Auch Rinderhaxe. Das Beinfleisch, meist in Bein-Scheiben geschnitten, wird am häufigsten gekocht oder geschmort.

Rinderherz Das Herz wird gewässert und muß dann längere Zeit bei schwacher Hitze gegart oder, gespickt, langsam geschmort werden.

Rinderhirn Das Hirn wird gesäubert, gewässert und dann gebraten oder in Wurzelsud geschmort, in Ausbackteig fritiert oder als Suppe zubereitet.

Rinderkaldaunen ➛ Kutteln

Rinderkraftbrühe Eine einfache Fleischconsommé, die durch langes Köcheln aus Rindfleisch und Suppengemüse hergestellt und zusätzlich mit Klärfleisch geklärt wird. Für die Consommé double, die doppelte Rinderkraftbrühe, wird die doppelte Menge an Klärfleisch benötigt.

Rinderleber Rinderleber wird meist zu Wurst oder zu Leberknödeln verarbeitet, da sie aufgeschnitten und gebraten nicht so zart ist wie z.B. Kalbs- oder Schweineleber.

Rindermark ➛ Mark

Rindermedaillon ➛ Tournedos

Rindermilz ➛ Milz

Rindernieren Wegen ihres strengen Geschmacks und ihrer festen Konsistenz können Rindernieren nur nach langer Schmorzeit, z.B. in Pasteten, verarbeitet werden. Kalbs- oder Lammnieren werden bevorzugt verwendet, da sie zarter sind und weniger streng schmecken.

Rindernierenfett Bei uns wird dieses schwerverdauliche Fett kaum verwendet. In Großbritannien und Amerika wird es für traditionelle Gerichte wie den Plumpuddig verarbeitet.

Rinderschnitte ➛ Filetsteak

Rinderschwanz ➛ Ochsenschwanz

Rindersteak Eine aus der Hüfte oder dem Rücken geschnittene Fleischscheibe, die meist kurz gebraten wird.

Rinderzunge Auch Ochsenzunge. Die Rinderzunge kann frisch, geräuchert und gepökelt gekauft werden. Es gibt viele Gerichte, bei denen sie gekocht und aufgeschnitten, heiß oder kalt, mit oder ohne Sauce serviert wird.

Rindfleisch ➛ Rind

Rindsbeere ➛ Brombeere

Ringform Eine kreisrunde Backform, die für Sandkuchen oder Rührkuchen benötigt wird.

Ringkuchen ➛ Baba

Ringlotte ➛ Reineclaude

Rippchen ➛ Kotelett

Rippchen mit Kraut Ein Stück ➛ Kassler oder ein leicht gepökeltes Stiel- oder Kammkotelett wird auf Sauerkraut gelegt und gegart. Dazu wird Kartoffelpüree serviert.

Rippenkohl -Mangold

Rippenspeer ➛ Kasseler

Rippenstück vom Rind ➛ Roastbeef

Risibisi Eine italienische Spezialität, bei der Risottoreis mit grünen Erbsen gegart und mit Butter und Parmesan serviert wird.

Risotto Ein in vielen Varianten gekochter Rundkornreis, der mit verschiedenen Zutaten gemischt wird. Risotto alla Milanese enthält Hühnerleber und Champignonstückchen; Risotto con prosciutto gekochten, gehackten Schinken, grüne Erbsen und Tomatenmark; Risotto con sepie Tintenfischchen in Tomatensauce.

Rissolen Auch Halbmondpastetchen. Das gefüllte halbmondförmige Blätter- oder Hefeteiggebäck wird schwimmend in heißem Fett fritiert.

Ritscher Eine österreichische Eintopfspezialität, die aus Kochschinkenscheiben, Räucherspeck, Zwiebeln, Bohnen und Graupen zubereitet wird.

Rivierasalat Ein erfrischender Salat, für den Julienne von Knollensellerie und Ananas, kleine Erdbeeren, Orangen- und Mandarinenfilets und gehackte Paprikaschoten vermengt und in Mayonnaise angemacht werden.

Rivolisuppe Eine kräftige Fischconsommé, die als Einlage kleingeschnittene Hohlnudeln und Fischklößchen erhält.

Roastbeef Das begehrte Fleischstück des Rinderrückens zwischen Rippenteil und Hinterkeulen ist an Zartheit kaum zu überbieten. Deshalb wird es meist schonend am Stück rosa gebraten und dann warm als Braten oder auch abgekühlt in Scheiben geschnitten als Bestandteil vieler Kalter Buffets präsentiert.

Roastbeeftüten Windsor Für Kalte Platten oder Bufetts werden zu Tüten gedrehte, dünne Roastbeefscheiben mit Windsorsalat gefüllt.

Robertkartoffeln Eine Abwandlung der ➛ Macaire-Kartoffeln, bei der die Masse mit Eiern und zerkleinertem Schnittlauch vermischt und in der Pfanne gebacken wird.

Robertsauce Eine pikante Sauce, die aus gehackten Zwiebeln, Mehl und Wein gekocht und würzig mit Salz, Pfeffer und Senf abgeschmeckt wird.

Robespierresuppe Eine Rindsconsommé, die mit Tomatensaft verfeinert wird.

Rochen Ein knorpeliger Plattfisch, der mit seinen großen, breiten Flügeln am Meerboden entlanggleitet. Dieser edle Fisch, der bei uns recht selten zu bekommen ist, hat hervorragendes, zartes weißes Fleisch mit leichtem Nußgeschmack, das allerdings sehr empfindlich und leicht verderblich ist. Die beste Qualität liefert der Nagelrochen. Rochenflügel werden meist in Portionsstücke geschnitten, gehäutet und dann kurz gedämpft oder gebraten. Besonders gut harmoniert Rochen in der klassischen Kombination mit brauner Kapernbutter. Er läßt sich aber auch fritieren, räuchern oder als Salat verarbeiten.

Rock an Rye Ein erfrischendes Mischgetränk aus Whisky, Zitronensaft, etwas Grenadine und zerstoßenem Eis.

Rodonkuchen Ein gehaltvoller Kuchen aus einem Rührteig, dem abgebrühte Rosinen, Korinthen und geriebene Mandeln beigemischt wurden. Nach dem Erkalten wird er oft mit einem Überzug versehen.

Römerbraten Ein Bratenstück aus gepökeltem und leicht geräuchertem Schweinefleisch, das gekocht und dann im Backofen kroß gebraten oder zu rustikalen Fleischaufläufen verarbeitet wird.

Römertopf ➛ Tontopf

Römischer Kohl ➛ Mangold

Römischer Kümmel ➛ Kreuzkümmel

Römische Nocken ➛ Gnocchi

Römischer Salat Die beliebte, hochwachsende Salatzüchtung mit ihren lanzenförmigen Blättern ist sehr schmackhaft und wird roh und gekocht verarbeitet.

Römischer Salat mit Sahne Bei dieser Salatkreation wird ➛ Römischer Salat überbrüht, gehackt und in Butter gedünstet, mit Sahne abgelöscht, würzig abgeschmeckt und zum Schluß mit ➛ Béchamelsauce gebunden.

Römische Sauce Eine süßsaure würzige Sauce, die aus Zucker, Essig, ➛ Demiglace und ein wenig Wildfond gekocht und mit Rosinen, Korinthen und Pinienkernen verfeinert wird.

Rösch Auch Resch. Ein süddeutscher und österreichischer Ausdruck für knusprig oder kroß.

Röschti Auch Rösti. ➛ Berner Röschti

Röstbrotscheiben ➛ Toast

Rösten Das Erhitzen bei hohen Temperaturen ohne Flüssigkeits- oder Fettzugabe, wobei das Gargut gebräunt wird und durch die entstehenden Röststoffe ein starkes Raucharoma erhält.

Röster ➛ Zwetschgenröster

Röstgemüse ➛ Mirepoix

Röstkartoffeln ➛ Bratkartoffeln

Röthel ➛ Zuger Röthel

Rötling ➛ Saibling

Rogen ➛ Fischrogen

Rogeret des Cévennes Ein aus Frankreich stammender Ziegenkäse mit weichem, zartem Teig, leicht pikantem, haselnußartigem Geschmack und kräftigem Geruch nach Ziegenmilch.

Roggen Das kräftige beliebte Getreide, das reich an Proteinen ist, wird zur Brot- und Branntweinherstellung verwendet.

Rohkost Rohe Früchte oder Gemüse, die im ganzen oder zerkleinert, auch als Zutat für Müslis, serviert werden.

Rohkostsalate Ein Salat, der aus einer oder mehreren rohen Gemüse-

oder Obstsorten hergestellt und mit einer Marinade oder einem Dressing angerichtet wird.

Rohmilch ➛ Milch

Rohne ➛ Rote Bete

Rohrnudeln 1. Den Namen „Rohrnudeln" hat eine besondere Art Hefeteigschnecken in Süddeutschland, weil sie in eine feuerfeste Form gesetzt und im Backofen knusprig gebacken wird.

2. ➛ Makkaroni

Rohrzucker ➛ Zucker

Rohwurst Rohwurst wird meist aus grob- oder feinkörniger Fleischmasse und Gewürzen hergestellt und muß zur Konservierung geräuchert oder getrocknet werden.

Rohzucker ➛ Farinzucker

Rollgerste Österr. für ➛ Graupen

Rollholz Auch Nudelholz, Wellholz. Ein rundes, meist aus Holz, mittlerweile auch aus Kunststoff, bestehendes Küchengerät mit zwei Griffen und einer beweglichen Rolle, das dazu dient, Teig dünn auszurollen.

Rollmops Auch Rollhering. Ein bekanntes „Katerfrühstück", bei dem Heringsfilets mit Gurken und Zwiebeln gefüllt und zusammengesteckt längere Zeit in einer Essigsauce mariniert werden.

Rollot Ein französischer Käse mit pikantem, starkem Erdgeschmack. Er ist als kleiner, flacher Weichkäse in zylindrischer Form im Handel.

Rollpastete ➛ Ballotine

Rollschinken Bei dieser Schinkenart wird der Knochen aus der Hinterkeule entfernt, das Fleisch festgerollt und dann leicht gepökelt und/oder geräuchert.

Romadur Auch Romadour. Ein weicher Käse, der aus Kuhmilch hergestellt wird, mild bis leicht pikant schmeckt und eine streng aromatische Rotschmierrinde hat.

Romanow Der Name dieser russischen Herrscherfamilie hat sich vor allem als Garniturbezeichnung für die „Erdbeeren Romanow" erhalten. Hierfür werden Erdbeeren in Curaçao und Orangensaft mariniert und mit einer Haube aus Vanilleschlagsahne verziert.

Romeosuppe Für diese schmackhafte Suppe werden Kartoffeln und Zwiebeln püriert und vermischt, mit Sahne gebunden und mit gehacktem Kerbel, Schinkenstückchen und zerkleinertem, gekochtem Eiweiß garniert.

Roosevelt-Sauce Eine Tomatensauce, die mit Apfelmus verfeinert und mit blanchierten Zitronenschalenstreifen vervollständigt wird.

Roquefort Einer der bekanntesten und wahrscheinlich ältesten Edelpilzkäse mit kräftigem, ausgeprägtem Schafsmilchgeschmack aus dem Südwesten Frankreichs, den Pyrenäen und Korsika. Die frischen, zylindrischen Käse werden zum Reifen in die natürlichen Höhlen unter dem Hochplateau des Combalou in das Städtchen Roquefort gebracht. Dort entwickelt sich der spezielle grünliche Innenschimmel, der dem Käse sein unverwechselbares, pikantes Aroma gibt.

Roquefortbutter Eine Mischung aus Butter und Roquefort im Verhältnis 1:2, die mit Portwein gewürzt wird und als Brotaufstrich oder zur Saucenverfeinerung dient.

Roquefort-Dressing Bei diesem würzig-pikanten Dressing wird Roquefort zerkleinert und mit Zitronensaft, Mayonnaise, Sahne und Gewürzen verrührt. In einer anderen Version wird eine einfache Vinaigrette mit zerkleinertem Roquefortkäse verrührt.

Roquefort gebacken Für diesen leckeren Würzbissen werden Roquefortstückchen mit Dörrfleisch umwickelt, in einem Ausbackteig gewendet und in heißem Fett ausgebacken.

Rosa ➛ Garstufe

Rosamunde-Salat In einer einfachen Vinaigrette werden schön zugeschnittene grüne Bohnen und grüne Spargelspitzen mariniert und mit Mayonnaise angemacht.

Rosa Pfeffer Die milden, leicht süßlich schmeckenden Körner haben nichts mit dem normalen Pfeffer zu tun, sondern sind die getrockneten Kerne einer tropischen Baumfrucht.

Rosato Ital. ➛ Rosé

Rose ➛ Nuß

Rosé Ein Wein, der durch das schnelle Keltern roter oder blauer Trauben hergestellt wird, wodurch nur ein kleiner Teil Farbstoff aus den Traubenschalen gelöst wird und er so seine helle rosa Farbe erhält. Regional unterschiedlich wird er auch Klarettwein oder Schillerwein genannt.

Rosenapfel ➛ Hagebutte

Rosenblütenblätter Wegen ihres aromatischen Parfums und ihres dekorativen Aussehens werden Rosenblütenblätter kandiert und zum Verzieren verschiedener Speisen und Getränke benutzt.

Rosenessig Mit Rosenblättern aromatisierter milder Weinessig.

Rosenkohl Auch Sprossenkohl. Ein herzhaftes Gemüse, das durch Frosteinwirkung im Geschmack noch verbessert wird. Er wird in einzelnen kleinen runden Röschen gekocht und mit verschieden Saucen oder nur mit Butter angerichtet.

Rosenpaprika ➛ Paprika

Rosenwasser Rosenwasser wird häufig in Indien, Persien und der Türkei für Süßspeisen und Desserts verwendet. Bei uns wird meist Gebäck oder Marzipan mit einigen Tropfen aromatisiert.

Rosige Sauce ➛ Aurorasauce

Rosinen Die Bezeichnung für Weintrauben, die getrocknet und, um sie haltbar zu machen, meist auch geschwefelt werden. Besondere Sorten sind die Sultaninen, die golbraun, kernlos und sehr süß sind oder die Korinthen, die schwarz, kernlos und sehr aromatisch angeboten werden.

Rosinensauce Eine Ableitung der weißen Grundsauce, die mit Weißwein aufgefüllt, mit Zitronensaft und Zucker gewürzt und mit Rosinen und gehobelten Mandelblättern verfeinert wird.

Rosmarin Auch Weihnachtskraut. Ein aromatisches Gewürzkraut, das aus dem Mittelmeerraum stammt. Die harten spitzen Blätter werden zum Würzen von Fleischgerichten, Huhn oder Fisch verwendet. Im Handel gibt es Rosmarin frisch, getrocknet oder gemahlen.

Roßkartoffel ➛ Topinambur

Rosso Ital. ➛ Rotwein

Rostbraten Österr. für ➛ Entrecôte

Rostbraten Esterhåzy ➛ Esterhàzy rostélyos

Rostbratwurst ➛ Thüringer Rostbratwurst

Rotauge ➛ Plötze

Rotbarbe ➛ Meerbarbe

Rotbarsch Auch Bergilt, Goldbarsch. Ein langsam wachsender Fisch, der in den nördlichen Meeren vorkommt und leicht rötliches, ziemlich fettes Fleisch besitzt. Es wird meist filetiert und pochiert, gebacken, gebraten oder gegrillt zubereitet.

Rote Bete Auch Bete, Rote Rüben, Rande, Rahne, Ranne, Rohne. Ein Wurzelgemüse, das, wie der Name sagt, rotes Fruchtfleisch besitzt. In der klassischen russischen Borschtsuppe darf es nicht fehlen. Außerdem werden Rote Bete abgekocht und geschält zu Salaten oder Gemüse verarbeitet. In Hessen bekommt man Rote Bete auch eingelegt als Beilage zu gekochtem Rindfleisch, Bratwurst oder Frikadellen. Wichtig ist, die Rote Bete erst nach dem Kochen zu schälen, damit sie nicht ausbluten, d.h. den Saft verlieren.

Rote Bohne ➛ Kidney-Bohnen

Rote Grütze Für dieses besonders im Norden bekannte Gericht wird aus verschiedenen Obstsorten, wie z.B. Erdbeeren, Himbeeren, Johannisbeeren und entsteinten Schattenmorellen, ein Mus gekocht, passiert, mit Zucker abgeschmeckt und mit ➛ Sago gebunden. Abgekühlt wird es mit flüssiger Sahne oder Vanillesauce als Dessert serviert.

Rote Meerbarbe ➛ Meerbarbe

Roter Kaviar ➛ Ketakaviar

Rote Rübe ➛ Rote Bete

Rotforelle ➛ Saibling

Rôtisserie Die Bezeichnung für ein spezielles Restaurant, in dem an einem großen Grill vor den Gästen das Fleisch zubereitet wird.

Rotkohl Auch Rotkraut, Blaukabis, Blaukraut. Ein Gemüse, dessen rotviolette Färbung beim Kochen wesentlich intensiver wird und das meist kleingeschnitten, mit Apfel, Zwiebeln und Nelken gewürzt, geschmort und oft als Beilage zu Bratenfleisch oder kalt, roh oder gekocht, als Salat serviert wird.

Rotkraut ➛ Rotkohl

Rotolo di spinaci Diese italienische Nudelrolle wird aus grünem und weißem Nudelteig hergestellt, der mit einer Mischung aus gewürzter Spinatfarce, gekochtem Schinken und Frischkäse belegt wird. Das Ganze wird gerollt, in einer Serviette gegart und aufgeschnitten mit Tomatensauce serviert.

Rotwein Dieser Wein erhält sein typisches Aussehen dadurch, daß man blaue Trauben in der Maische vor dem Pressen (Keltern) länger liegen läßt, so daß sich aus den Beerenschalen die Farbstoffe und auch die Gerbstoffe lösen können. Auch die erstklassigen Rotweine, die früher lange Lagerzeiten hatten, werden in jüngster Zeit immer mehr für den baldigen Verbrauch, d.h. innerhalb der ersten 5 Jahre nach der Lese, produziert. So liegen frische und fruchtige Weine, meist trocken, immer stärker im Trend. Rotweine trinkt man etwas temperiert, d. h. einige Grade wärmer als Weißweine, damit sich die Inhaltsstoffe zu einem harmonischem Ganzen entwickeln können.

Rotweinbutter Für diese Sauce wird eine Reduktion aus Schalotten und Rotwein hergestellt, die mit viel kalter Butter gemischt, gewürzt und mit Petersilie meist zu Kurzgebratenem serviert wird.

Rotweinsauce ➛ Burgundersauce

Rotwild ➛ Hirsch

Rotwurst ➛ Blutwurst

Rotzunge Auch Aalbutt, Eisflunder, Glahrke, Gliesche, Kliesche, Rauhzunge. Der mit der Seezunge verwandte Plattfisch besitzt festes weißes Fleisch. Beim Häuten von Rotzungen beginnt man, anders als bei den anderen Plattfischen, mit dem Abziehen der Haut beim Kopf.

Rouenaiser Ente Auch Blutente. Diese besondere Entenzüchtung aus Frankreich wird beim Schlachten erstickt, so daß das Blut im Körper verbleibt. Dementsprechend wird die Ente meist blutig gebraten, die Brüste abgelöst und die Entenkarkasse in einer speziellen Presse ausgedrückt. Der enstandene Blutsaft wird in eine vorbereitete Sauce gerührt und zusammen mit den Brustfilets angerichtet.

Rouget ➛ Meerbarbe

Rouille-Sauce Eine kalte Sauce, bei der enthäutete Paprikaschoten, Knoblauch und Chilis zu einer glatten Paste verarbeitet und mit Öl und Fischbrühe vermischt werden, bis eine dickflüssige Konsistenz erreicht ist. Diese scharfe, rote Sauce wird in der französischen Küche traditionell zur ➛ Bouillabaisse gereicht.

Roulade Auch Fleischvögerl. Ein Gericht aus dünnen Fleisch- oder Fischscheiben oder Gemüseblättern, die mit verschiedenen Mischungen belegt, gerollt, zusammengebunden und geschmort werden. Meist werden sie in einer Sauce angerichtet.

Roux ➛ Mehlschwitze

Royale ➛ Eierstich

Rubens-Suppe Eine gehaltvolle Hühnerconsommé, die mit Tomatenmark verfeinert wird und als Einlage Hopfensprossen erhält.

Rübchen ➛ Navets

Rübenkraut ➛ Zuckerrübensirup

Rübenzucker Aus der Zuckerrübe hergestellter ➛ Zucker.

Rücken Auch Ziemer. Das Rückenteil der Schlacht- und Wildtiere enthält die feinsten Fleischteile: Einmal die wertvollen Rückenfilets, auch Lende genannt, auf den Rückgratwirbeln, zum anderen die echten (Innen-)Filets, die als zartfleischige, längliche Muskelstränge an den Rückenknochen zum Bauchraum hin liegen.

Rückenmark ➛ Mark

Rügenwalder Teewurst ➛ Teewurst

Rühreier Für dieses Gericht werden Eier aufgeschlagen, gewürzt und in der Pfanne in Butter gebraten. Sie sind mit vielerlei Zutaten wie Schinken, Pilzen, Zwiebeln usw. kombinierbar.

Rührteig Ein beliebter Kuchenteig, der aus Butter, Eiern, Zucker, Mehl, Backpulver und Milch gerührt wird, mit Kakao, Zitronensaft oder Nüssen verfeinert werden kann und in einer Spring- oder Kastenform gebacken wird.

Rum Rum gibt es in farblosen und in dunklen Varianten. Er wird aus Zuckerrohr oder aus den Rückständen der Zuckerverarbeitung hergestellt und zum Backen und in Desserts verwendet. Drinks, die mit Rum vermischt werden, können heiß oder kalt getrunken werden. Der Rumtopf, bei dem der Jahreszeit entsprechend Früchte in hochprozentigen Rum und Zucker eingelegt werden, ist ein beliebtes Winterdessert.

Rumänischer Salat Ein würziger Salat aus Julienne von Paprikaschoten, gewürfelten Tomaten und Maiskörnern, die in einer mit Knoblauch und gehackter Zwiebel verfeinerten Vinaigrette gemischt und mit schwarzen Oliven angerichtet werden.

Rumfordsuppe Eine Suppe aus gelbem Erbsenpüree, die mit Gemüse und Kartoffeln verfeinert und mit Perlgraupen und gebratenen Speckwürfeln vervollständigt wird.

Rumkugeln Eine alkoholreiche runde Praline, die aus verschiedenen Zutaten hergestellt, anschließend mit Rum getränkt und in Schokostreuseln gewälzt wird.

Rumpsteak Eine gut abgehangene Scheibe, die aus der Rinderhüfte geschnitten und mit einem weißen Fettrand gebraten oder gegrillt wird. Beliebte Kombinationen dazu sind Sauce ➛ Bérnaise, Kräuterbutter oder Röstzwiebeln.

Rumpunsch Ein Gemisch aus heißem Wasser, Weißwein und Rum, das mit Zitronensaft und Zucker abgeschmeckt wird und nicht nur bei eisiger Kälte von innen wärmt.

Rumtopf Ein Früchtetopf, der aus einwandfreien Früchten besteht, die in Zucker und Rum getränkt werden. Durch die unterschiedlichen Erntezeiten der Früchte erstreckt sich die Herstellung eines Rumtopfs über mehrere Wochen. Man fängt meist mit den Erdbeeren an und füllt das Ganze weiter auf mit roten Johannisbeeren, Sauerkirschen, Himbeeren, Stachelbeeren usw.

Rundkornreis ➛ Reis

Rundstück In Norddeutschland die Bezeichnung für ein großes rundes Brötchen.

Ruote Eine der vielen italienischen Pastasorten, die zu einem wabenartigen Kreis geformt wurde.

Russe Dieser bayrisch-österreichische Begriff bezeichnet das Gemisch aus Limonade und Weizenbier, das in 1-Liter-Krügen serviert wird.

Russian Dressing Eine Ableitung einer Mayonnaise, die mit fein zerkleinerten Rote Beten, Paprikaschoten und Kräutern gemischt und mit Paprikapulver und Chilisauce abgeschmeckt wird.

Russische Brotsauce ➛ Brotsauce

Russische Creme Ein Dessert, das eiskalt serviert wird und aus einer Masse aus Eiern, Zucker und Alkohol besteht, die im Wasserbad schaumig geschlagen wird, bevor man die Sahne unterrührt.

Russische Eier Das beliebte kalte Vespergericht, das aus Fleisch- oder Kartoffelsalat besteht, der mit gekochten Eiern und Preßkaviar garniert und mit knusprigem Weißbrot serviert wird.

Russische Hefeteigpasteten ➛ Vatruschki

Russische Kohlsuppe ➛ Schtschi

Russische Kroketten Geflügel- und Wildhackfleisch wird mit gehackter gepökelter Zunge und Pilzen gemischt, mit einer Madeirasauce gebunden, zu kleinen Kroketten geformt, in Paniermehl gewälzt und in heißem Fett fritiert.

Russische Plinsen ➛ Blini

Russischer Salat Ein sehr gehaltvoller Gemüsesalat in Mayonnaisedressing, der mit gewürfeltem Hummerfleisch, Sardellenfilets, Pökelzunge, Eiern und Kapern vollendet und kräftig gewürzt wird.

Russische Sauce Eine Ableitung einer Velouté, die mit saurer Sahne verfeinert und mit Kräutern, Würzessig und Meerrettich vervollständigt wird.

Russisches Brot Ein sehr beliebtes, süßes Gebäck, das aus Mehl, Zucker und Eiweiß hergestellt und in Form von Buchstaben goldbraun gebacken wird.

Russisches Steak Ein in Rußland bekanntes Gericht, bei dem ein Filetstück gespickt, in Butter gebraten und mit Weißwein abgelöscht wird. Nachdem noch Steinpilze hinzugefügt wurden, wird das Ganze fertiggeschmort. Mit einer russischen ➛ Brotsauce übergossen, wird das Gericht sehr heiß angerichtet.

S

Saale-Unstrut Vor allem Silvaner, Müller-Thurgau und Weißburgunder werden in dem kleinen Anbaugebiet in Sachsen-Anhalt um die Orte Freyburg und Naumburg kultiviert. Sie bringen meist frische, säurebetonte Weißweine hervor, die bisher in genossenschaftlicher Regie vermarktet werden.

Saarwein Den Moselweinen vergleichbare Weine aus dem Anbaugebiet Mosel-Saar-Ruwer, die in guten Jahren von hervorragender Qualität sind. Die Saar-Sekte zählen zu den besten deutschen Schaumweinen.

Sabayon Auch Chaudeau, Weinschaum, Zabaione. Eigelb, Zucker, Weißwein und evtl. aromatische

Sprituosen wie Crème de Menthe oder Amaretto werden im Wasserbad zu einer cremigen Sauce erst heiß und dann meist auf Eis wieder kalt geschlagen. Diese schaumige Sauce dient als Begleitung von Desserts oder auch frisch gebackenen Dampfnudeln.

Saccharin Der künstliche Diätsüßstoff hat wenig Kalorien, aber hohe Süßkraft und in hoher Dosierung einen bitteren Nachgeschmack.

Sachertorte Die Wiener Spezialität mit dem Namen des berühmten Hotels Sacher: Eine mit Aprikosenmarmelade bestrichene und mit Schokoladenfondant überzogene Schokoladentorte, die mit viel Obers, also Schlagsahne, serviert wird.

Sächsische Quarkkeulchen Ein Teig aus Quark, Pellkartoffeln, Zucker, Honig, Eiern, Rosinen und Mehl wird in Butter zu kleinen Plätzchen gebacken.

Sächsischer Speckkuchen Eine sächsische Version der ➛ Quiche lorraine, die als Unterlage einen hellen Roggenteig erhält, auf dem dann Speckwürfel in Eiermilch gebacken werden.

Sägegarnelen ➛ Garnelen

Sämig Flüssigkeiten werden mit Bindemitteln oder durch Einkochen so verändert, daß die gewünschte sämige, d.h. dickflüssige Konsistenz entsteht.

Sättigungsbeilagen Die Fachbezeichnung für die meist ballaststoffreichen Teile einer Speise, die Fleisch oder Fisch, Sauce und Gemüse ergänzen, den Hunger stillen und die Sauce aufnehmen sollen. Typische Beispiele sind Nudeln, Reis, Kartoffeln, Hirse und Mehlspeisen.

Safran Den Farb- und Geschmacksstoff Safran, der als Pulver oder in kleinen Fäden angeboten wird, stellt man aus den Blütennarben einer Krokusart her. In der orientalischen Küche ist er sehr wichtig, während er bei uns eher selten verwendet wird. Früher benutzte man ihn zum Färben von Kuchen, heute dient er als Gewürz für Reis, Saucen, Fischsuppen oder -pasteten, wo man mit nur 1 g Safran eine intensiv gelbe Färbung erreichen kann.

Saftgulasch Der, wie der Name schon andeutet, sehr saftige Gulasch aus Rindfleisch wird nicht gebunden und mit vielen Zwiebeln herzhaft zubereitet.

Sago Auch Perlsago. Das pflanzliche Bindemittel wird aus der Stärke von Pflanzen wie Sagopalmen oder Kartoffeln gewonnen, in Form von Pulver oder kleinen Kugeln angeboten und zum Binden von Kaltschalen, als Suppeneinlage oder für das Gelieren von Desserts verwendet. Die Kügelchen quellen beim Kochen zur dreifachen Größe auf und werden glasig.

Sahne Auch Rahm, Obers, Schmant. Die aus der Milch durch Zentrifugieren gewonnene Sahne hat einen hohen Fettgehalt und dient als Ausgangsstoff für die Butter- und Käseherstellung. Sie wird als Schlagsahne für Cremes und Desserts verwendet, in flüssiger Form für Salat- und

Sahnesaucen oder zum Verfeinern von Suppen benötigt. Die saure Sahne wird durch Milchsäuregärung gewonnen und kann ähnlich verwendet werden.

Sahneeis ➛ Speiseeis

Sahnekartoffeln Auch Rahmkartoffeln. Halb gargekochte, geschälte Kartoffeln werden in Scheiben geschnitten und in gewürzter Sahne fertiggekocht.

Sahnemayonnaise ➛ Chantillymayonnaise

Sahnemeerrettich ➛ Meerrettich

Sahnequark Ein cremiger, fetthaltiger Quark, dem Sahne zugesetzt wurde.

Sahnesauce Auch Rahmsauce. Diese einfache helle Sauce besteht aus einer Einbrenne, die mit Sahne und Milch aufgegossen und mit Butter und Gewürzen fein abgeschmeckt wird. Sie dient als Begleitsauce zu Gemüse oder auch zu Fleisch- und Fischragouts.

Sahneschnitzel ➛ Rahmschnitzel

Sahnesuppen Auch Rahmsuppen. Diese weit verbreitete Suppenzubereitung erfolgt auf der Basis von Fonds oder gekochten Gemüsen, die mit einer ➛ Béchamelsauce vermischt und mit Brühe oder Kalbsfond aufgekocht werden. Am Schluß wird nochmals Sahne zum Verfeinern hinzugefügt.

Sahnetorte Diese beliebte Kalorienbombe kann man aus verschiedenen Teigen anfertigen. Dazu werden einzelne, flache Scheiben gebacken oder geschnitten und mit Schlagsahne, die evtl. gefärbt oder aromatisiert wurde, bestrichen, aufeinandergesetzt und mit Sahne bedeckt und ausgarniert.

Sahnetrüffel Runde, feine ➛ Trüffelpralinen, die mit Sahnefüllungen verfeinert werden.

Saibling Auch Rötel, Rötling, Seesaibling, Salmling, Rotforelle. Ein mittlerweile seltener Lachsfisch mit festem, rosafarbigem, sehr gut schmeckendem Fleisch, der wie Forelle zubereitet wird.

Saignant Franz. für blutig. ➛ Garstufe

Saint-Émilion Das Gebiet um die französische Kleinstadt im Bordeaux produziert wunderbar kräftige, runde Rotweine, die meist gut lagerfähig sind und weltweit hohes Ansehen bei den Weinliebhabern genießen.

Saint-Forentin Der burgundische Käse mit rötlich-brauner Rinde hat einen geschmeidigen Teig mit pikantem Geschmack.

Saint-Germain-Suppe Eine Gemüsepüreesuppe auf der Basis von Erbsen, Karotten, Lauch und Zwiebeln, die mit Kräutern und etwas geräuchertem Bauchspeck gewürzt und mit Rindsconsommé verkocht werden. Die pürierte Suppe wird vor dem Anrichten noch mit ein wenig Sahne vermischt.

Saint-Honoré-Torte Eine berühmte Torte aus einer Kombination aus Blätter- und Brandteig, die mit Vanillecreme gefüllt wird und auf die karamelisierte Brandteigkugeln als Garnitur aufgesetzt werden.

Saint-Jean-Salat Der feine Gemüsesalat wird aus Bohnen, Artischockenböden, Gurken und grünem Spargel zubereitet, mit einem Dressing aus Mayonnaise, Zitronensaft und Kerbel angemacht und mit Eierachteln und Cornichons garniert.

Saint-Malo-Sauce Die feine Ableitung einer Weißweinsauce wird mit Sardellenpaste und Senf kräftig abgeschmeckt und mit Sahne und Eigelb legiert.

Saint-Marcellin Ein französischer, pikanter Käse aus Ziegen- oder Kuhmilch mit graublauer Rinde und geschmeidigem Teig.

Saint-Maure Ein französischer Ziegenkäse mit weichem, etwas trockenem Teig und kräftigem Geschmack, der in Rollenform angeboten wird.

Saint-Nectaire Ein gepreßter und auf Strohmatten gelagerter Kuhmilchkäse aus der französischen Region Auvergne, der einen recht milden Geschmack und eine rötlichgelbe Rinde besitzt.

Saint-Pierre ➛ Petersfisch

Sai-nun ➛ Feuertopf

Sake Der berühmte japanische Reiswein Sake wird warm aus winzigen Porzellanschälchen sowohl zum Essen als auch danach in kleinen Portionen getrunken. Er wird zum Würzen von Speisen und für Cocktails verwendet und kann am besten durch Sherry oder Weinbrand ersetzt werden.

Sakouski ➛ Zakouski

Salam Indische Sorte des ➛ Lorbeers.

Salamander Ein starkes Grillgerät mit großer Hitze, das in der Gastronomie zum Gratinieren, Bräunen oder Überglänzen verwendet wird.

Salami Ursprünglich aus Italien oder Ungarn stammende harte, luftgetrocknete Rohwurst aus Rind-, früher meist aus Esels- und Schweinefleisch sowie Speck, auf deren Haut sich beim halbjährigen Trockenvorgang ein Edelschimmelbelag bildet. Deutsche Salami wird mit Kleie, Magnesium oder Kalk geweißt. Bekannte Sorten sind z.B. die Edel- und Landsalami aus Deutschland, die Calabrese-, Genova-, Milano-, Napolisalami aus Italien oder die Arlessalami aus Frankreich. Zum Garnieren von kalten Platten werden Salamischeiben oft zu Tüten gedreht und mit Senfmayonnaise oder Meerrettichsahne gefüllt.

Salat Zum einen die Sammelbezeichnung für die vielen verschiedenen zarten Blattpflanzen, die in unterschiedlichsten Saucen angemacht und roh verzehrt werden. Zum anderen die fertigen Gerichte, die meist als Vorspeise gereicht werden und auch aus gekochten Gemüsen, Fleisch, Fisch oder Obst bestehen können.

Salatgurke Die Zuchtgurke, die in großer Zahl vor allem aus Holland importiert wird, ist erfrischend im Geschmack, besitzt eine längliche Form und eine dunkelgrüne Schale.

Salatherzen Die inneren, gelben Blätter des Kopfsalats.

Salatkartoffeln Vorwiegend festkochende Kartoffeln, die sich gekocht ideal für die Zubereitung eines Kartoffelsalats eignen.

Salatkräuter ➛ Kräuter

Salatmayonnaise Eine mittlere Qualität der Mayonnaise, die neben Fett auch Dickungsmittel enthalten darf.

Salatrübe ➛ Rote Bete

Salatsauce ➛ Dressing

Salbei Auch Kreuz-, Rauch- Königssalbei, griechischer Tee, Muskatellerkraut. Ursprünglich aus dem nördlichen Mittelmeerraum stammend, ist diese Gewürzpflanze mit den flaumigen, lanzettartigen Blättern auch bei uns ein sehr geschätztes Küchenkraut geworden, das frisch und getrocknet verwendet wird. Der intensive Geschmack, der bei Saucen und sogar bei Tees sehr beliebt ist, gibt vielen Gerichten aus südlichen Ländern ihren eigenen Geschmack.

Salbeimäuschen Einzelne, schöne Salbeiblättchen werden durch zähflüssigen Bierteig gezogen und fritiert, mit Puderzucker bestäubt und in Weinschaumsauce serviert.

Salm ➛ Lachs

Salmi Auch Salmis. Das dunkle Ragout aus blutig gebratenem Wildgeflügel, vor allem Schnepfen oder Bekassinen, wird mit einer kräftigen dunklen Sauce aus reduzierter ➛ Demiglace und Wildfond serviert.

Salmling ➛ Saibling

Salpeter Ein Zusatz im Pökelsalz, der die Fleischfarbe erhält und nur in kleinen Mengen verwendet werden darf.

Salonbeuschel Für diese österreichische Spezialität werden gekochte Kalbslungenstreifen in einer gewürzten, dunklen sauren Sauce angerichtet und mit Knödeln serviert.

Salpicon Auch Salpikon. Ein traditioneller französischer Name für kleinwürflige Ragouts von Fleisch, Fisch, Gemüse oder Obst, die mit wenig gehaltvoller Sauce angerichtet werden.

Salsa verde Eine berühmte italienische grüne Sauce, die kalt zu Fleisch serviert wird. Hierzu werden frische Kräuter mit Knoblauch, hartgekochten Eiern, Kapern und Olivenöl zerkleinert und vermischt.

Saltimbocca Diese italienische Kalbsschnitzelspezialität springt einem förmlich in den Mund – so die wörtliche Übersetzung – und besteht aus der feinen Kombination von Kalbfleisch, Schinken, Salbei und wieder Kalbfleisch, die in Mehl gewendet und kurz gebraten eine ideale Ergänzung zu Weißweinsauce und Nudelbeilage darstellt.

Salz Auch Kochsalz, Speisesalz, Tafelsalz. Der lebensnotwendige Stoff Natriumchlorid wird unserem Körper durch die Nahrung zugeführt. In unserer heutigen täglichen Ernährung befindet sich genug Salz, da wir Salz in der Küche zum Würzen und Konservieren verwenden. Je nach Herkunft unterschieden wird Meersalz, das sich durch Verdunsten von zurückgehaltenem Meerwasser absetzt, Siedesalz, das durch Eindampfen salzhaltiger Lösungen entsteht und Steinsalz, das im Untertagebau gewonnen wird.

Salzburger Goldhühner Der österreichische Leckerbissen besteht aus Brandteigkrapfen, die frisch fritiert werden.

Salzburger Nockerln Die berühmte, sogar oft besungene Salzburger Mehlspeise besteht aus einem frisch zubereiteten gehaltvollen Eischneedessert, das mit Mehl, Eigelb und Zucker hergestellt und dann im Ofen zu der typischen Nockenform gebacken wird. Beim Anrichten werden die luftigen Nockerln noch mit Puderzucker bestäubt.

Salzgurken Auch Sauergurken. Junge Gurken werden, mit verschiedenen Kräutern und Gewürzen abgeschmeckt, in Salzlake eingelegt und konserviert.

Salzhering Heringe werden in großen Mengen gefangen. Um die Zeit auf dem Fangschiff sinnvoll zu nutzen, werden die Fische schon an Bord ausgenommen und in Salz eingelegt. An Land werden sie dann zu den verschiedensten Konserven weiterverarbeitet.

Salzkartoffeln Gleichgroße, geschälte Kartoffeln werden in gesalzenem Wasser aufgesetzt, gar gekocht, abgegossen, trocken abgedampft und, oft mit Petersilie bestreut, angerichtet.

Salzlake ➛ Pökeln

Salzmandeln Enthäutete, geröstete Mandeln werden in Salz gewendet und als Knabberware angeboten.

Sambal Der indonesische Begriff bezeichnet zum einen jene scharfen, würzigen Gerichte, die traditionell den Höhepunkt der Reistafel darstellen. Im engeren Sinne sind die verschiedenen Sambals pikante oder süßlich-scharfe Würzpasten auf Chilibasis.

Sambuca Die italienische Likörspezialität mit Anisgeschmack, die z.T. mit Kaffeebohnen brennend im Glas serviert wird.

Samos Die gleichnamige Insel liefert den gehaltvollen, süßlichen Dessertwein mit hohem Alkoholgehalt.

Samowar Schon seit Jahrhunderten im Gebrauch ist dieses geniale „Heißwassergerät", das vor allem in Rußland und Persien benutzt wird. Es besteht aus einem großen, aufheizbaren Wasserbehälter, auf dessen Oberseite eine kleine Metallkanne steht, die mit starkem Tee gefüllt ist. Wenn man nun den Tee genießen will, gießt man sich etwas Tee in die Tasse und füllt nach Belieben heißes Wasser aus dem dafür vorgesehenen kleinen Wasserhahn am unteren Ende des Samowars zu.

Samsø Ein relativ harter Schnittkäse aus Dänemark mit einem blaßgelben Teig und kleinen Löchern. Sein Aroma ist mild und nußartig.

Samtsauce ➛ Velouté

Samtsuppe ➛ Velouté

Sancerre Die fruchtigen Weißweine von der Loire sind beliebte Begleiter zu allem, was aus dem Meer kommt. Sie werden im Normalfall jung getrunken, damit ihre Spritzigkeit zum Ausdruck kommen kann.

Sandbutt ➛ Flunder

Sanddorn Die rötlich-gelben Beerchen eines Strauchgewächses, das an rauhen Standorten wächst, werden zu Saft, Mixgetränken und Marmeladen verarbeitet.

Sandgebäck Kleines Gebäck aus Sandteig.

Sandteig Einer einfacher Teig für Plätzchen oder Kuchen, der ausgebacken relativ trocken ist und aus schaumiger Butter, aufgeschlagenem Eiweiß, Eigelb, Zucker und gesiebtem Mehl zubereitet wird.

Sandwich Typischerweise ein Engländer, der Earl of Sandwich, ist der geistige Urvater dieses Vorläufers der Fastfoodkultur. Zumindest sind seine belegten, entrindeten Weißbrotscheiben berühmt geworden, die er sich mit allem Feinem belegen ließ und die er am Spieltisch verzehrte, was den Vorteil hatte, daß er sein Spiel nicht unterbrechen mußte.

Sandwich Spread Eine englische Fertig-Remoulade, die aus Kräutern, Gurken, Kapern, Oliven und Gemüse besteht. Die Zutaten werden feingehackt und mit kräftig gewürzter Mayonnaise vermischt.

Sangria Die mehr oder weniger starke spanische Rotweinbowle wird mit reifen Früchten der Saison und leichtem spanischen Rotwein zubereitet. Ein ideales Getränk für einen warmen Sommerabend.

Sangrita Das pikante mexikanische Nationalgetränk besteht aus Tomatensaft und verschiedenen Fruchtsäften sowie zahlreichen Gewürzen.

Santen Die dicke Kokosmilch wird in Indonesien zum Abschmecken vieler verschiedener Gerichte benötigt.

Sapote Auch Mameys, Matasano, Mexikoapfel, Zapotes. Diese tropischen Früchte in der Größe von ausgewachsenen Zitronen sind gelblichgrün gefärbt, schmecken nur voll ausgereift und besitzen dann ein süßliches, aromatisches Fruchtfleisch von weicher, cremiger Konsistenz.

Sardelle Auch Anchovis. Der kleine schlanke Fisch mit den silbrig schimmernden Seiten wird im Mittelmeer und Atlantik gefangen und schmeckt frisch ausgezeichnet als Grillfrisch. Normalerweise kennt man Sardellen aber eingelegt in Salz- oder Öllaken, filetiert um eine Kaper herumgewickelt oder als Bestandteil von Pasten, Saucen oder Buttermischungen.

Sardine Auch Pilchard. Die im Mittelmeer und Atlantik lebende, dem Hering verwandte Fischart wird immer häufiger tiefgekühlt in guter Qualität angeboten. Das leicht fette, schmackhafte Fleisch eignet sich hervorragend zum Grillen oder zum Braten im Ofen.

Sarlader Kartoffeln Auch franz. Pommes à la Sarladaise. Diese Edelversion der Röstkartoffeln wird mit in Scheiben geschnittenen, rohen Kartoffeln zubereitet, die in Butter gebraten und mit Trüffelscheibchen vermischt werden.

Sarma Die jugoslawische Version der ➛ Kohlrouladen.

Sataraš Das Kesselgulasch aus dem ehemaligen Jugoslawien wird mit Rind-, Hammel- und magerem Schweinefleisch, vielen Gemüsen und Knoblauch sowie Salz, Kümmel und Paprika zubereitet. Nach dem Schmoren wird noch etwas saure Sahne untergemischt.

Satay Auch Sateh. Die Fleischspießchen werden in Bangkok genauso wie in Singapur oder auf den malaiischen Inseln von Straßenhändlern zum Direktessen angeboten. Sie werden dort auf einem fahrbaren Holzkohleherd gegrillt und bestehen meist aus Rindfleisch, können aber auch aus Schweine- oder Geflügelfleisch zubereitet sein. Wichtiger Bestandteil ist die scharfe Sataysauce, in die man (Europäer aber bitte ganz vorsichtig!) die fertig gegrillten Spießchen beim Essen taucht.

Satsuma ➛ Mandarine

Sattel Der hintere Teil des ➛ Rückens von Schlacht- oder Wildtieren, der oft als Schaustück bei Kalten Buffets im ganzen gebraten präsentiert wird.

Saturei ➛ Bohnenkraut

Saubohne ➛ Dicke Bohne

Saucen Auch Soßen, Tunken. Oft die wichtigste Ergänzung von Fleisch- oder Fischgerichten, aber auch von Gemüse- oder Dessertkompositionen sind diese schmackhaften Flüssigkeiten, die entweder aus den Grundstoffen der Gerichte gekocht und einreduziert (Jus), extra hergestellt (Buttersaucen) oder aus verschiedenen Bestandteilen als Marinade zusammengesetzt (Salatsaucen) werden. Sie sind vielfältiger Ausdruck jeder Nationalküche und bedeuten in höchster Vollendung eine küchenfachliche Meisterleistung.

Saucier Der Fachausdruck für den Saucenkoch, der in einem Feinschmeckerrestaurant für alle Saucenkreationen verantwortlich ist und dessen Position meist nur von einem erfahrenen Koch besetzt wird.

Sauciere Das kleine praktische Geschirr, oft mit einer Ausgußnase versehen, in das die Saucen zum Servieren eingegossen werden.

Sauerampfer Das säuerlich schmekkende Wildkraut wird meist in Saucen oder Suppen verarbeitet oder als Bestandteil von Füllungen, Omeletts, Gemüsebeilagen oder auch Salaten verwendet.

Sauerbraten Rindfleisch wird während eines Zeitraums, der mehrere Tage bis zu zwei Wochen dauern kann, in einer Sauerbeize aus Essig und Gewürzen mariniert, dann trockengetropft und gebraten. Die Sauce wird meist mit der Marinade zubereitet. Besonders beliebt ist der ➛ Rheinische Sauerbraten, dem noch Rosinen hinzugefügt werden.

Sauerdattel ➛ Tamarinde

Sauergurken ➛ Salzgurken

Sauerkirschen ➛ Kirschen

Sauerkraut Auch Sauerkohl. Die deutsche Spezialität wird aus hauchdünn geschnittenem, in Salz mariniertem Weißkohl hergestellt, der durch Gärung zu einer leicht bekömmlichen, vitaminreichen Sauerkonserve wird, die als Salat, mit Äpfeln und Zwiebeln gedünstet oder auch mit Fleischbrühe, Speck und Weißwein geschmort, gern als Beilage gegessen wird.

Sauermilchkäse Sorten wie Harzer Roller oder Handkäse werden unter dieser Bezeichnung, die alle auf der Basis von gesäuerter Magermilch produzierten Käse zusammenfaßt, gesammelt.

Sauerteig Dieses natürliche Lockerungsmittel wird meist bei Roggenbrotteig anstelle von Hefe eingesetzt und verleiht dem Gebackenen ein leicht säuerliches Aroma.

Saumagen Diese Pfälzer Spezialität wird aus einem gesäuberten und gewässerten Schweinemagen zubereitet, der mit verschiedenen Fleischsorten oder Wurstmasse, gewürfeltem Vorderschinken und Kartoffelstückchen gefüllt und in Salzwasser gegart wird. Anschließend wird er im Ofen knusprig braun gebraten und in Scheiben geschnitten serviert.

Saure Gurken ➛ Salzgurken

Saure Kutteln ➛ Kutteln

Saure Lunge ➛ Wiener Lungenbeuschel, ➛ Saures Lüngerl

Saure Nierchen In feine Scheibchen geschnittene, gewässerte Schweinsnieren werden in Butter kurz scharf angebraten, mit Sahne und etwas Brühe abgelöscht und mit Essig, Salz und viel Pfeffer gewürzt.

Saure Sahne ➛ Sahne

Saures Lüngerl Für diese bayerische Spezialität wird streifig geschnittene, gekochte Kalbslunge in einer Beize aus Essig und Gewürzen eingelegt, mit einer Einbrennsauce gekocht und mit Semmelknödeln als Beilage angerichtet.

Saure Zipfel Auch blaue Zipfel. Kleine Nürnberger Rostbratwürste werden in einem mit Essig gesäuertem Zwiebelsud gekocht und auf Kraut mit Brot serviert.

Sauser ➛ Federweißer

Sautieren In einer dickbodigen Schwenkpfanne mit hohen Rändern werden unter großer Hitze kleine Fleisch-, Fisch- oder Gemüsestücke gebraten, gedünstet und dabei immer wieder mit einer schwenkenden Bewegung in der Pfanne herumgewendet.

Sautoir Der französische Fachbegriff für die Schwenkpfanne zum ➛ Sautieren.

Savarin Auch ➛ Brillat-Savarin. Ein meist ringförmiger, mit alkoholischer Flüssigkeit getränkter Hefekuchen. ➛ Baba

Sbrinz Der Kuhmilchkäse aus der Schweiz ist eine mehrere Jahre reifende Spezialität mit gelber Rinde und hartem Teig, die gern als Reibkäse verwendet wird.

Scampi ➛ Kaisergranat

Schabefleisch ➛ Tatar

Schäberl Auch Schöberl. Die österreichisch-süddeutsche Version von ungesüßten, in verschiedene Formen geschnittenen Biskuitteigstückchen, die als Suppeneinlage benutzt werden.

Schabziger Die schweizerische Käsespezialität ist ein Kräuterkäse aus gesäuerter Milch, der mit Schabzigerklee, einer aromatischen Kleeart, gewürzt wird.

Schaddock ➛ Pampelmuse

Schaden ➛ Wels

Schäufele, Schäuferl Ein im alemannischen Sprachgebiet gebräuchlicher Begriff für das gepökelte und geräucherte Schulterstück vom Schwein.

Schaf Das äußerst nützliche und gleichzeitig anspruchslose Tier lebt in allen Erdteilen und wird in der Küche als Lammfleisch von jungen Tieren oder Schaffleisch von Böcken, Hammeln oder Mutterschafen verwendet. Da das Fleischaroma, vor allem bei männlichen Tieren, mit zunehmendem Alter immer strenger wird, hat bei uns das zarte Lammfleisch das Schaffleisch weitgehend von der Speisekarte verdrängt. Neben dem Fleisch wird auch die Milch dieses Tieres genutzt und zu Schafkäse verarbeitet, den es in vielen Variationen vom Frischkäse bis zum berühmten Blauschimmelkäse ➛ Roquefort gibt.

Schalentiere Auch Schaltiere. Durch Kalkschalen geschützte Seetiere wie Austern und Muscheln.

Schalotte Auch Aschlauch, Askalonzwiebel, Eschlauch. Diese von Meisterköchen so gern verwendete Lauchzwiebelart besitzt eine ovale Form und ein zart aromatisches Aroma. Sie wird gekocht für Fischsaucen genauso benutzt wie in roher Form für feine Salate.

Schalottenbutter Zerkleinerte Schalotten werden kräftig mit feiner Butter verarbeitet und anschließend wieder durch ein Sieb passiert, damit nur das zarte Aroma in der Butter verbleibt.

Scharbe ➛ Rotzunge

Schaschlik Die ursprünglich aus dem Orient stammenden Fleischspießchen werden heute nicht nur mit dem traditionell üblichen, kräftig gewürzten Hammelfleisch gespickt, sondern auch mit allen anderen Fleischsorten. Die Spießchen, auf die auch abwechselnd zum Fleisch noch Gemüse oder Innereien gesteckt werden, grillt man auf dem Holzkohlenrost und serviert sie mit einer kräftig gewürzten Grillsauce.

Schattenmorelle ➛ Kirsche

Schaufel ➛ Schweineschulter

Schaumbrot ➛ Mousse

Schaumgebäck ➛ Baiser

Schaumkartoffeln ➛ Mousselinekartoffeln

Schaumlöffel Ein Küchenwerkzeug, das aus einem flachen Schöpflöffel mit Löchern besteht, mit dem man aus der Kochflüssigkeit das gekochte Gargut herausheben kann.

Schaumomelett Dieses Omelett wird wie ein Soufflé zubereitet, indem Eigelb und Eiweiß getrennt werden, die Eigelbmasse mit Zucker und Aromaten schaumig gerührt und mit dem steifgeschlagenen Eischnee vermischt wird. Schließlich wird das Ganze in einer Auflaufform gebacken.

Schaumsauce ➛ Sauce Mousseline

Schaumwein Auch Sekt. Diese Bezeichnung gilt für Weine, die durch eine zweite Gärung in Tank oder Flasche, oder einfach durch Kohlensäurezusatz, beim Öffnen perlend aufschäumen. Als Sekt wird deutscher Schaumwein mit einer Mindestlagerung von 9 Monaten bezeichnet, ➛ Champagner kommt aus der französischen Region Champagne und muß in der Flasche zum zweitenmal vergoren werden. ➛ Perlwein unterscheidet sich von Schaumwein rein äußerlich schon durch die Flaschenform, da Schaumwein durch den wesentlich höheren Druck nur in verstärkten, dickwandigen Flaschen angeboten wird.

Scheibenhonig ➛ Wabenhonig

Schellfisch Dieser wichtige Vertreter aus der Familie der Dorsche, der sehr groß werden kann, wird vor allem in Nordsee und Nordatlantik gefischt. Er ist an seiner schwarzen, leicht im Bogen laufenden Seitenlinie gut vom verwandten Kabeljau zu unterscheiden, wird in Filets angeboten und bevorzugt zum Kochen oder Dünsten verwendet. Aber auch geräuchtere Teile vom Schellfisch finden ihre Liebhaber.

Scherbet ➛ Sorbet

Schichtkäse Eine beliebte Quarksorte, dessen mittlere Schicht sahniger als die beiden umgebenden ist und die eine etwas festere Konsistenz als normaler Quark besitzt.

Schiel ➛ Zander

Schildkrötenkräuter Die berühmte Kräutermischung, die meist in Suppen, aber auch in Gerichten aus Kalbskopf Verwendung findet: Basilikum, Bohnenkraut, Koriander, Lorbeer, Majoran, Petersilie, Pfeffer, Rosmarin, Salbei, Thymian und gewaschene, abgeriebene Zitronenschale.

Schildkrötensauce Eine Ableitung einer ➛ Madeirasauce, die mit einem Auszug von Schildkrötenkräutern und etwas Tomatenmark eingekocht und kräftig abgeschmeckt wird.

Schildkrötensuppe Aus getrocknetem Schildkrötenfleisch, Wein und Kräutern wurde eine gehaltvolle Consommé hergestellt, die dann in der Konserve ihren Weg in die Delikatessengeschäfte der feinen Welt antrat. Seit die Schildkröte vom Aussterben bedroht ist, wird auch der Feinschmecker davon Abstand nehmen, eine echte Schildkrötensuppe zu essen, nicht zuletzt deswegen, weil es den hervorragenden Ersatz in Form der ➛ Mockturtle-Suppe gibt, die im Geschmack ihrem Vorbild sehr nahe kommt.

Schill ➛ Zander

Schillerlocke 1. Der fette Bauchlappen des ➛ Dornhais rollt sich beim Räuchern in dieser Form ein und wird unter diesem Namen angeboten.

2. Trichterförmig geformte, gebackene Blätterteigstücke, die mit verschiedenen Cremes, Sahne oder auch Eis gefüllt werden.

Schillerwein Ein ➛ Rosé aus Baden-Württemberg.

Schimmelkäse ➛ Blauschimmelkäse

Schinken Die gesamte oder Teile der Schweinehinterkeule werden eingesalzen und dann weiterverarbeitet. In den trockenluftigen Höhen bei Parma in Italien wird der Schinken getrocknet, im Schwarzwald wird er geräuchert, und die gekochten Schinken aus der Gegend von Paris sind weltberühmt. Die Varianten dieser Hauptzubereitungsarten Pökeln, Kochen, Räuchern und Trocknen sind zahlreich und dementsprechend groß die Sortenvielfalt. Schinken wird meist in Scheiben geschnitten angeboten und so als Brotbelag verwendet. In der Küche wird er im Stück geschmort oder gebacken. Oft wird aber auch nur ein kleines Stück Schwarte einer Schmorsauce beigegeben, um das spezielle Aroma des Schinkens auf das Gericht zu übertragen.

Schinkennudeln Gekochte Nudeln werden mit angedünsteten Schinken- oder Speckwürfeln und gehackten Zwiebeln gebraten und als kräftige Vespermahlzeit vor allem im süddeutschen Raum angeboten.

Schinkenspeck Frischer oder eingesalzener durchwachsener Schweinespeck, der meist vom Kotelettstück stammt und geräuchert angeboten wird.

Schirmpilz ➛ Parasolpilz

Schlachtplatte Die beliebte große Fleischplatte, die es ursprünglich nur am Schlachttag gab, wird mit frisch zubereitetem Schlachtfleisch und frischen Würsten angerichtet. Als Beilage zu Bauchfleisch, Würsten und gekochtem Eisbein werden oft Sauerkraut, Kartoffelpüree, frischgebackenes Brot oder Salzkartoffeln angeboten.

Schlachtsuppe ➛ Metzelsuppe

Schlackwurst ➛ Cervelat

Schlagobers Österr. für ➛ Schlagsahne

Schlagsahne Auch Schlagrahm, Schlagobers. Die meist mit elektrischen Handrührgeräten zu einer cremigen Masse aufgeschlagene frische Sahne wird zur Dekoration und Beilage für Kuchen, Torten, Desserts oder Eis verwendet.

Schlangenkraut ➛ Estragon

Schlegel ➛ Keulen

Schlehe Auch Dornschlehe, Schlehdorn, Schlehenpflaume, Schwarzdorn. Die kleinen schwarzblauen Kugelfrüchte des stacheligen Schlehenstrauchs werden zu Gelee, Saft, vor allem aber zu Branntwein oder Likör verarbeitet.

Schleie Der im Süßwasser lebende Karpfenfisch bevorzugt Teiche oder ruhige Bäche. Er zeichnet sich durch schmackhaftes, aber etwas fettes Fleisch aus, das gekocht, geräuchert, gegrillt oder als Bestandteil von Suppen zubereitet wird. Lebte die Schleie in Schlammgewässern, sollte man sie einige Tage lebend in klarem Wasser wässern.

Schleimsuppe ➛ Velouté

Schlepp ➛ Schwanz

Schlesische Hefeklöße Bei dieser traditionellen schlesischen Spezialität werden aus Hefeteig runde Klöße geformt und in einem Tuch über kochendem Wasser gargedämpft, wobei sie stark aufgehen. Zum Anrichten werden die fertigen Klöße mit zwei Gabeln auseinandergerissen und zusammen mit Backobst serviert.

Schlesisches Himmelreich Dieses Traditionsgericht besteht aus einem Eintopf aus geräuchertem Schweinebauch, der mit Backobst und Gewürzen gekocht wird. Die Flüssigkeit wird mit einer Einbrenne gebunden, das Ganze leicht süßsauer abgeschmeckt und zu Kartoffelklößen serviert.

Schleuderhonig Der „normale" Honig, der durch Ausschleudern in einer Zentrifuge aus den Waben entfernt wird. ➛ Wabenhonig

Schlögel Österr. für ➛ Keule

Schlosserbuben Die österreichische Spezialität wird aus entkernten Backpflaumen hergestellt, die mit Mandeln gefüllt, durch Backteig gezogen und fritiert werden. Zum Anrichten werden sie noch mit Puderzucker bestreut.

Schloßkartoffeln Eine wichtige Kartoffelvariante der klassischen Gastronomie: Gleichmäßig geschnittene mittelgroße Kartoffeln, die blanchiert, gebraten und mit Petersilienbutter serviert werden.

Schlüterbrot Ein tief dunkelbraunes, aromatisches Roggenbrot, das mit speziell aufbereiteter Kleie gebacken wird.

Schmälzen ➛ Abschmelzen

Schmalz Zum einen ist das ausgelassene Schweine- oder Gansfett gemeint, das sich ideal zum Braten eignet. Zum anderen bezeichnet dieser Begriff die von der Molke getrennte Butter.

Schmalzgebäck Der Sammelbegriff für alles in der Fritüre schwimmend Ausgebackene wie Berliner oder Spritzkuchen.

Schmalzrübe ➛ Steckrübe

Schmand Auch Schmant. ➛ Sahne

Schmarrn ➛ Kaiserschmarrn

Schmelzglasur ➛ Fondant

Schmelzkäse Dieser cremige Käse wird meist in Block- oder Portionsformen angeboten und aus einer oder mehreren Käsesorten unter Zusatz von Gewürzsalzen und mit Zutaten wie Champignons, Paprika, Schinken oder Zwiebeln produziert.

Schmetterlingssteak Um die Bratzeit zu verkürzen werden entbeinte Schweinekoteletts tief eingeschnitten, so daß das Fleischstück wie Schmetterlingsflügel auseinanderklappt und, da es dann nur noch halb so dick ist, schneller durchgebraten werden kann.

Schmoren Ein durchwachsenes, nicht zu mageres Schmorbratenstück wird in erhitzem Fett angebraten und unter Zusatz von Wasser, Wein, Fond oder Brühe bei geschlossenem Deckel des Schmortopfes fertig gegart.

Schmortopf ➛ Braisière

Schnaps Mit diesem Ausdruck sind die einfachen Kornbranntweine gemeint, die meist zum Bier getrunken werden oder zur besseren Verdauung nach einem opulenten Mahl angeboten werden.

Schnecken ➛ Weinbergschnecken

Schneckenbutter Ein besondere Variante der Kräuterbutter, die aus Butter, Schalotten, Petersilie, Knoblauch, Salz und Zitronenschale geknetet und bevorzugt zu Weinbergschnecken angeboten wird.

Schnee ➛ Eischnee

Schneebällchen Die pfälzische Kartoffelkloßvariante aus gekochten Kartoffeln, die als kleine runde Kugeln serviert werden.

Schneebesen Ein wichtiges Küchenwerkzeug, das aus in einem Griff zusammengebundenen Edelstahlschlingen besteht, mit denen man Massen miteinander verrühren oder aufschlagen kann.

Schnee-Eier Auch Œufs à la neige. Die vor allem in Frankreich sehr beliebte Nachspeise wird aus mit Zucker aufgeschlagenen Eischneeklößchen zubereitet, die auf heißer Vanillemilch gegart werden.

Schneerute ➛ Schneebesen

Schneetorte ➛ Vacherin

Schneiderkarpfen ➛ Karausche

Schnellkochtopf Ein abgedichteter Topf, bei dem das Gargut unter hohem Druck im Dampf gegart wird. Der Vorteil dieser Kochmethode liegt in der kürzeren Garzeit und dem Erhalt vieler wichtiger Vitamine.

Schnepfe Auch Himmelsziege. Das kleine, in unserer Küche selten gewordene Wildgeflügel wird bei der klassischen Zubereitung gerupft, vom Magensack befreit, mit Räucherspeck umwickelt und am Spieß leicht blutig gebraten. Die ungeputzten Eingeweide, der sogenannte Schnepfendreck, werden dann entfernt, gemahlen und auf Toastecken gestrichen zusammen mit der Schnepfe angerichtet.

Schnittchen ➛ Canapé

Schnittlauch Auch Binsen-, Spalt-, Graslauch, Schnittlich. Das in vielen dünnen Röhrchen wachsende Lauchgewächs ist eines der beliebtesten Gartenkräuter und sollte nur roh verwendet werden. Schnittlauch wird meist kleingeschnitten über Salate, Gemüse, Beilagen oder Saucen gestreut.

Schnittlauchsauce Eine Ableitung der ➛ Englischen Buttersauce, der nach der Zubereitung eine große Menge Schnittlauchröllchen hinzugefügt wird und die sofort serviert werden muß.

Schnittling ➛ Schnittlauch

Schnittmangold ➛ Mangold

Schnittsellerie ➛ Sellerie

Schnitzel Die beliebte Version einer flachen Fleischscheibe von Kalb oder Schwein, die natur oder paniert mit zahlreichen Saucenkombinationen zubereitet wird.

Schöberl ➛ Schäberl

Schöps Österr. für ➛ Hammel. Daraus abgeleitet wird Hammelgulasch zu Schöpsengulasch und Hammelfleisch zu Schöpsernem.

Schokolade Schokolade wird aus den Samen der mexikanischen Kakaobohnen hergestellt, aus denen durch Fermentieren, Trocknen und Rösten Kakaobutter bzw. Kakaopulver entsteht. Der gezuckerten Kakaomasse wird noch Milch oder Sahne und viele andere Zutaten wie Gewürze, Nüsse oder Früchte zugesetzt. Anschließend wird sie dann meist in Tafelformen gepreßt. ➛ Kakao

Schokoladenbuttercreme Eine mit Schokoladenpulver aromatisierte ➛ Buttercreme.

Schokoladencreme Die Ableitung der ➛ Bayerischen Creme, die mit flüssiger Schokolade verfeinert wird.

Schokoladenguß ➛ Kuvertüre

Schokoladensauce Die feine Süßspeisensauce wird meist heiß zu Eis, Puddings oder Fruchtdesserts serviert. Man stellt sie mit geschmolzener Schokolade, Sahne und Butter her und würzt mit Vanille oder Zimt.

Scholle Auch Goldbutt, Maischolle, Platteisen. Der an seinen orangebraunen Flecken leicht erkennbare Plattfisch aus dem Nordatlantik wird meist als Portionsfisch angeboten. In den Augen der Feinschmecker weist die Scholle nicht die geschmackliche Qualität der Seezunge auf, besitzt aber wohlschmeckendes, festes Fleisch und wird deshalb häufig gebraten und gebacken angeboten.

Schonkost ➛ Diät

Schorrippe ➛ Hochrippe

Schotenpfeffer ➛ Cayennepfeffer

Schotten Österr. für ➛ Quark

Schottischer Eintopf ➛ Hotpot

Schrot Bei dieser Zerkleinerungsform von Getreide wird das einzelne Korn nicht zermahlen, sondern nur grob in kleinere Teile zerbrochen. Daraus werden herzhafte Schrotbrote gebacken, die reich an Ballaststoffen sind.

Schtschi Die einfache russische Kohlsuppe, die je nach Angebot mit geräuchertem Schweinebauch oder auch Rindfleisch gekocht und mit Gemüsen wie Petersilienwurzel und Sellerie angereichert wird.

Schüsselpastete ➛ Pie

Schüttelbecher ➛ Shaker

Schuhbeck, Alfons Geboren 1949. Nach zahlreichen Stationen in den feinsten Restaurants übernahm Alfons Schuhbeck den elterlichen Betrieb in Waging am See und machte ihn zu einer der ersten kulinarischen Adressen in Deutschland. Schuhbeck hat es von Anfang an genial verstanden, regionale Produkte und traditionelle Gerichte mit modernster Nouvelle Cuisine zu kombinieren. Zahlreiche Auszeichnungen und persönliche Ehrungen belegen die Qualität seiner Küche.

Schuhsohlen ➛ Ochsenzungen

Schupfnudeln Auch Bubenspitzle. Ein mit Mehl und Eiern gebundener gekochter Kartoffelteig wird zu kleinen, spitz zulaufenden Röllchen geformt und in Butter gebraten oder in Schmalz fritiert.

Schuppen Auch Abschuppen. Das Entfernen der Fischschuppen durch kräftiges Reiben mit der Rückseite eines großen Messers, wobei man darauf achten muß, daß man nicht zu großen Druck ausübt, der das empfindliche Fischfleisch beschädigen könnte.

Schuppenfisch ➛ Ukelei

Schusterjunge Der Berliner Ausdruck für ein Roggenbrötchen.

Schusterkraut ➛ Oregano

Schwabenkorn ➛ Dinkel

Schwal ➛ Plötze

Schwalbennestersuppe Die chinesische Suppenspezialität, für die die Nester bestimmter Schwalbenarten verwendet werden und die bei uns als Konserve erhältlich ist.

Schwammerl Bayer. und österr. für ➛ Pilze

Schwartenmagen Auch Schwartenwurst. Meist mit viel Majoran kräftig gewürzte Kochwurst, die aus Kochfleisch, gekochten Schwarten und Speck hergestellt wird und zum Teil auch in Schweinemägen gefüllt wird.

Schwarz, Manfred Geboren 1956. Seit Küchenchef Schwarz die Gesamtverantwortung für die Küche des Deidesheimer Hofs übernahm, ist der kleine Winzerort an der Weinstraße zu einem kulinarischen Anziehungspunkt für Gourmets geworden. Weltbekannte Politiker lassen es sich im Sternelokal „Schwarzer Hahn" genauso schmecken wie andere Prominente aus Sport und Showbusiness. Die einmalige Verbindung von regionalen traditionellen Gerichten mit frischsten Zutaten höchster Qualität und meisterlicher moderner Zubereitungsart hat Manfred Schwarz weit über die Grenzen der Pfalz hinaus bekannt gemacht.

Schwarzbeere ➛ Heidelbeere

Schwarzbrot Dieser regional unterschiedlich verwendete Begriff bedeutet zum einen ➛ Vollkornbrot, zum anderen auch dunkles Sauerteigbrot.

Schwarze Dattel ➛ Lotospflaume

Schwarze Johannisbeere Auch Ahl-, Gicht-, Wanzenbeere, franz. Cassis. Kulinarisch ist die schwarze, kleine Wildbeere durch den aus ihr produzierten Likör bekannt geworden, der als Ergänzung zu ➛ Kir oder Fruchtsauce Verwendung findet. Die streng aromatischen Früchte lassen sich aber auch hervorragend zu Saft, Konfitüre oder Branntwein verarbeiten.

Schwarzer Heilbutt Der Plattfisch aus dem Nordatlantik besitzt fettes, sehr wohlschmeckendes Fleisch, das meist geräuchert angeboten wird.

Schwarzgeräuchertes Das mit einer dunklen Räucherschicht überzogene Schweinefleisch, das meist über Wacholder geräuchert wird und dessen Aroma annimmt.

Schwarzwälder Kirschtorte Eine traditionelle deutsche Torte, die aus mehreren, mit Kirschwasser getränkten, dunklen Biskuitböden besteht, zwischen die Schlagsahne und Kirschen gegeben werden. Zum Schluß werden als Garnitur noch Sahne, Kirschen und Schokoladenspäne dekorativ angerichtet.

Schwarzwälder Schinken ➛ Schinken

Schwarzwild ➛ Wildschwein

Schwarzwurst ➛ Blutwurst

Schwarzwurzel Langes Wurzelgemüse für den Winter, dessen Name von der dicken schwarzen Rinde stammt, die das feste, spargelähnliche Fruchtfleisch verbirgt. Die geschälten Stangen werden in kurze Stücke geschnitten, in gesäuertem

Mehlwasser gekocht und mit einer hellen Sauce, in Suppen, als Gemüsebeilage oder kalt als Salat angerichtet.

Schwedenplatte Unter diesem Namen verbirgt sich normalerweise eine Auswahl an kalten Fischdelikatessen wie Räucherfisch, in Öl oder Lake eingelegte Fische, Graved Lax, Garnelen oder gekochter Hummer.

Schwein Auch Hausschwein. Dieser beliebte Fleischlieferant wird heute zunehmend wieder in artgerechter Umgebung gehalten und entwickelt auch demzufolge wieder kräftiges, von Fettadern durchzogenes Fleisch mit charakteristischem Geschmack, der in den Jahren der Massenproduktion verloren gegangen war. Das junge Spanferkel wird meist im ganzen am Spieß gebraten, das rosige Fleisch der nach einem halben bis ganzen Jahr ausgewachsenen Mastschweine wird gekocht, geräuchert, gebraten, verwurstet oder gegrillt. Die begehrtesten Teile sind die Filets (in Butter geschwenkt, ganz oder als Medaillons), die Hinterschinken (für die Schinkenverarbeitung), die Rippenstücke (oder Karree), die Bratenstücke (aus Keule, Bug, Halsstück oder Karree), die Koteletts (aus dem Karree geschnitten), das Eisbein (Vorder- oder Hinterhaxe) und der Schweinebauch (zum Grillen, Pökeln oder Kochen).

Schweinefett ➛ Schweineschmalz

Schweineinnereien Leber, Herz, Hirn, Zunge und Lunge werden meist verwurstet, da sie geschmacklich nicht die gleiche Qualität wie Kalbsinnereien besitzen.

Schweinskarree Das Rippenstück, das entlang des Rückgrats gespalten wird.

Schweinerippchen ➛ Kasseler

Schweineschnitzel ➛ Schnitzel

Schweinerollbraten Das gerollte und gebundene, ausgebeinte Schweinskarree wird kräftig gewürzt und geschmort oder gebraten angerichtet.

Schweineschinken ➛ Schinken

Schweineschmalz ➛ Schmalz

Schweinesülze Auch Sulzfleisch, Tellersulz. Eine geliertes, meist leicht gesäuertes Kochfleisch aus Schweinsfüßen, Kopffleisch und Schwarten, das mit Eierscheiben und verschiedenen Essiggemüsen dekoriert wird.

Schweinsfüße Auch Spitzbeine. Entweder werden die Füße gekocht und abgeknabbert oder nach dem Kochen entbeint, paniert und gebraten.

Schweinshachse ➛ Hachse

Schweinsnetz Das fetthaltige Bauchfell wird als Hülle für Gehacktes oder auch feine Pasteten verwendet.

Schweinsnieren Sie werden meist als ➛ Saure Nierchen zubereitet.

Schweinsohren Ein beliebtes, mit Hagelzucker bestreutes Blätterteiggebäck.

Schweizer Kartoffeln Eine Kartoffelzubereitung, bei der in Milch fast gar gekochte Kartoffelscheiben mit Reibkäse bestreut fertiggebacken und dabei gratiniert werden.

Schwemmklöße ➛ Brandteigklöße
Schwenkbraten Kräftig gewürzte Schweinefleischscheiben werden auf einem an Ketten aufgehängten, schwingenden Rost über Holzkohle gegrillt.
Schwenken ➛ Sautieren
Schwenkkartoffeln Gleichgroße Salzkartoffeln werden in frischer Butter geschwenkt und mit gehackter Petersilie bestreut.
Schwenkpfanne ➛ Sautoir
Schweser ➛ Kalbsbries
Schwimmend ausbacken ➛ Friteuse
Schwitze ➛ Mehlschwitze
Scones Das berühmte englische Gebäck aus fettem Knetteig, das gern mit cremig geschlagener Sahne und Konfitüre zum Tee angeboten wird.
Scotch Haggis ➛ Haggis
Scotch Hotchpotch ➛ Hotpot
Sea-Kale ➛ Meerkohl
Sec Franz. Trocken. Diese Bezeichnung findet man auf den Etiketten vor allem französischer Weine. Sie kennzeichnet einen niedrigen Zuckergehalt und entspricht der deutschen Geschmacksbezeichnung trocken.
Seebarbe ➛ Meerbarbe
Seebarsch ➛ Rotbarsch
Seeforelle Eine Forellenart der kalten Alpenseen, die sehr groß werden kann und wohlschmeckendes Fleisch besitzt.
Seegurke ➛ Trepang
Seehahn ➛ Knurrhahn
Seehase Auch Lumpfisch, Lompe. Das Fleisch dieses stachelflossigen Seefischs der nordischen Meere wird geräuchert, sein gefärbter Rogen als Kaviarersatz angeboten.
Seehecht Auch Meerhecht, Hechtdorsch. Diese Dorschart aus dem Atlantik und dem Mittelmeer hat etwas fade schmeckendes Fleisch. Man muß vor dem Zubereiten die schwarze innere Bauchhaut entfernen, da der Fisch sonst bitter schmecken könnte.
Seeigel Auch Meerigel. Die wenigen eßbaren der über 800 Seeigel-Arten werden meist roh, ähnlich wie Austern nur mit etwas Zitronensaft, verspeist. Dazu wird rund um das Mundstück mit einer Schere eingeschnitten, Kiefer und Innereien abgehoben, und der eßbare Teil, das sogenannte Corail, ist freigelegt.
Seekohl ➛ Meerkohl
Seekrebs ➛ Kaisergranat
Seelachs Auch Köhler, Kohlfisch. Diese weitverbreitete Schellfischart der nordeuropäischen Meere liefert schmackhaftes, aber empfindliches Fleisch, das schnell zerkocht. Getrocknet wird er als Stockfisch, ansonsten in Filetform angeboten und meist für Fischsuppen, Ragouts oder Füllungen verwendet.
Seesaibling ➛ Saibling
Seeschwalbe ➛ Knurrhahn
Seespinne ➛ Meerspinne
Seeteufel Auch Anglerfisch, franz. Lotte. Von dem Knochenfisch mit dem riesigen Kopf wird im Handel meist nur das Schwanzstück angeboten, das gehäutet und in Filets geteilt eine der begehrtesten Fischdelikates-

sen ist, die es gibt. Er kann gebraten, gegrillt und mit den verschiedensten Saucen kombiniert werden.

Seewolf Auch Meerwolf, Wolfsbarsch, franz. Loup de mer. Einer der teuersten Nordseefische, der festes, aromatisches Fleisch besitzt und sich ausgezeichnet grillen, pochieren und auch räuchern läßt.

Seezunge Der beliebte Plattfisch, der vor fast allen Küsten Westeuropas in vielen Größen gefangen wird. Das weiße zarte Fleisch und sicher auch die unkomplizierte Zubereitung haben die Seezunge zu einem der begehrtesten Edelfische in der feinen Küche werden lassen.

Seezunge Colbert Die klassische Zubereitungsart, bei der eine Tasche in die oberen Filets einer Seezunge geschnitten und die panierte Seezunge fritiert wird. Danach werden die Gräten durch die Taschenöffnung entnommen und die Seezunge mit ➛ Colbertbutter gefüllt.

Sekt ➛ Schaumwein

Sellerieknolle ➛ Knollensellerie

Selleriekohl ➛ Chinakohl

Selters Der Name eines Mineralwassers aus dem gleichnamigen hessischen Ort, der häufig auch als allgemeiner Überbegriff für Mineralwasser verwendet wird.

Semmel ➛ Brötchen

Semmelbrösel ➛ Paniermehl

Semmelknödel Die bayerische Beilagenspezialität zu Schweinebraten wird aus trockenen Semmelscheiben hergestellt, die mit Milch eingeweicht und mit gedünsteten Zwiebelwürfeln, Eiern und etwas Mehl zu Knödeln geformt und in Salzwasser gargezogen werden.

Semmelmehl ➛ Paniermehl

Senf Senf ist eine Würzsauce, die aus den Samenkörnern verschiedener Senfpflanzen hergestellt wird. Die Farbe der Körner gibt den Senfsorten ihren Namen: Es existiert gelber, schwarzer oder brauner Senf, der in vielen Varianten mit unzähligen Zutaten und verschiedenen Ausmahlgraden hergestellt wird. So gibt es süßen Weißwurstsenf, scharfen Dijonsenf oder Löwensenf aus Düsseldorf. Als Gewürz werden die ganzen Körner oft im Einmachsud bei Gurken verwendet.

Senffrüchte Kleine Früchte werden in einer besonders würzigen, süßsauren Marinade eingelegt und zu kalten Platten oder als Beilage zu Pasteten verwendet.

Senfgemüse ➛ Piccalilli

Senfgurken Gemüsegurkenstücke, die wie Gewürzgurken in einem kräftig gewürzten Essigsud eingelegt werden.

Senfkörner ➛ Senf

Senfpickles ➛ Piccalilli

Senfpulver Ein berühmtes Gewürzpulver aus England, das vor der Benutzung angerührt werden muß.

Senfsamen ➛ Senf

Senfsauce Zum einen wird mit diesem Begriff eine Ableitung der Sauce ➛ Hollandaise bezeichnet, die mit Senf kräftig abgeschmeckt wird, zum anderen versteht man darunter die würzige Version einer ➛ Mayonnaise, die mit Senf und etwas Sahne verfeinert wird.

Sepia ➛ Tintenfisch

Serbisches Reisfleisch Eine bekannte Ragoutspezialität aus Österreich, bei der angebratene Kalbfleischstücke zusammen mit Zwiebeln, Knoblauch, Paprika, Tomatenmark und Reis in Brühe geschmort werden.

Sereh Ein in der indonesischen Küche unentbehrliches Gewürz, das aus gemahlenem getrocknetem ➛ Zitronengras besteht.

Serranoschinken Eine luftgetrocknete spanische Schinkenspezialität aus Schweineschinken, vergleichbar dem ➛ Parmaschinken.

Serviettenknödel Ein ➛ Semmelknödelteig wird bei dieser Zubereitungsart in eine Stoffserviette gewickelt, wie ein Bonbon an beiden Seiten zugebunden und in Salzwasser gegart. Die entstandene Rolle wird in Scheiben geschnitten, in Butter geröstet und als Beilage zu Braten oder Schmorragouts angerichtet.

Sesam Auch Sesamkörner, Leindotter. Die Samen eines tropischen Krautes bekommen durch Rösten ihren angenehm nussigen Geschmack, weshalb sie gern in orientalischen Gerichten und europäischen Brotsorten verwendet werden.

Sesamöl Das aus Sesamkernen gepreßte, wertvolle Öl, das in der asiatischen Küche unentbehrlich ist.

Setzei ➛ Spiegelei

Shaker Auch Schüttelbecher. Dieser Becher aus Glas oder Metall wird zum Mixen von Cocktails verwendet und ist in allen Bars der Welt zu Hause.

Sherbet Die orientalische eiskalte Erfrischung aus Fruchtsaft und Aromaten, aus der sich das ➛ Sorbet entwickelt haben soll.

Sherry Auch Xérés. Der berühmte Aperitif- und Dessertwein aus Spanien, der süß bis trocken angeboten wird und auch in der Küche vielen Saucen und Suppen sein kräftiges Aroma vermittelt.

Shiitake Auch Tongku. Eine fernöstliche Pilzsorte, die einer Mischung aus Austernpilz und Stockschwämmen gleichkommt.

Shrimps ➛ Garnelen

Siam-Ingwer ➛ Galgant

Siamreis ➛ Reis

Sieden Österr. für ➛ Kochen

Silberkarausche ➛ Karausche

Silberlachs ➛ Seeforelle

Silberzwiebeln ➛ Perlzwiebeln

Sild Die dänische Variante eingelegter, junger Heringsfilets, die in kräftigen Saucen mariniert angeboten werden.

Sis kebab Auch Shish Kebab. Pikant gewürzte Fleisch- und Gemüsespieße, die im gesamten orientalischen Raum gegessen werden.

Slibowitz Auch Sliwowitz. Der jugoslawische Branntwein auf Zwetschgenbasis ist in unterschiedlichen Qualitäten und Alkoholstufen erhältlich und sollte immer ein kräftiges Fruchtaroma besitzen.

Smoked Haddock Der englische, geräucherte ➛ Schellfisch, der auf der Insel zum Frühstück serviert wird.

Smørgåsbord Das berühmte Kalte Buffet der Schweden, das neben allen erdenklichen Fischspezialitäten auch Fleisch sowie Gemüsesalate beinhalten kann.

Smørrebrød Die dänische Sandwich-Variante, bei der die verschiedenen Brotscheiben mit Pasteten, Fisch, Geflügel, Salaten oder kaltem Braten belegt werden.

Soave Der blaßgelbe, leichte Weißwein aus Venetien findet auch bei uns immer mehr Anhänger.

Sofrito Eine spanische Gemüsemischung, die gedünstet als Basis für Eintöpfe oder als Beilage zu Fleischgerichten dient.

Softeis Aus den USA kommt dieses sahnige ➛ Speiseeis, das aus speziellen Eisautomaten abgezapft wird.

Sojabohnenkeim ➛ Mungobohne

Sojasauce Vergorene Sojabohnen und Salz bilden die Basis dieser meist dunklen, fast schwarzen Sauce, die in China und im Fernen Osten als wichtigster Würzstoff dient und als hellere Sorte mit mildem Geschmack, dunkle herzhafte Sorte und dunkle süße Sorte angeboten wird.

Solei In Zwiebelschalenwasser hartgekochte Eier werden in Salzlake eingelegt, zum Anrichten geteilt und vor dem Verzehr mit Essig und Öl beträufelt.

Sommelier Der Weinkellner im feinen Restaurant.

Sorbet Halbgefrorenes aus konzentriertem Fruchtsaft, das mit Wein oder Sekt aufgegossen wird und als sogenanntes Trennsorbet in großen Menüs zur Neutralisation des Gaumens gern zwischen Fisch- und Fleischgang serviert wird.

Soße ➛ Sauce

Soufflé Auch Auflauf. Eine mit Eischnee gelockerte Masse, die beim Backen aufgeht und sofort serviert werden muß, damit sie nicht zusammenfällt.

Soufflékartoffeln Auch Polsterkartoffeln. Zweimal fritierte Kartoffelscheiben, die beim abschließenden Fettbad wie ein Ballon aufgehen und sofort serviert werden müssen.

Soupe à l`oignon Die berühmte französische Zwiebelsuppe wird mit Käsecroutons überbacken serviert.

Soyasauce ➛ Sojasauce

Spätzle Der Stolz jeder schwäbischen Hausfrau: selbstgeschabte Spätzle, die aus einem halbflüssigen Nudelteig mit einem Messer vom sogenannten Schabebrett in schmalen Stücken in das kochende Wasser abgeschabt werden.

Spaghetti Die dünne, lange, klassische italienische Vollnudel, die meist mit den traditionellen Nudelsaucen auf Tomatenbasis mit Fleisch, Fisch, Meeresfrüchten oder Gemüse kombiniert wird.

Spaghettini Auch Vermicelli. Extrem dünne Fadennudeln, die meist als Suppeneinlage benutzt werden.

Spanferkel ➛ Schwein

Spanische Artischocke ➛ Karde

Spanische Grundsauce ➛ Braune Grundsauce

Spanischer Pfeffer ➛ Paprika

Spanische Zwiebel Auch Bermudazwiebel. Eine große, milde Gemüsezwiebel, die sich gut zum Füllen eignet.

Spareribs Schweineschälrippchen, die in einer kräftigen Sauce mariniert und dann gegrillt oder gebraten werden. Sie gehören zu jedem Barbecue dazu.

Spargel Die Spargelpflanze bringt 3 Jahre nach dem Pflanzen die ersten Erntesprossen hervor, je nach Sorte mit weißer, grüner oder violetter Färbung. Spargel wird sorgfältig geschält, gebündelt, in Salzwasser knackig gekocht und mit brauner Butter, Sauce ➛ Hollandaise oder gekochtem Schinken serviert.

Spargelkohl ➛ Broccoli

Speck Die sehr fetthaltigen Teile von Schweinerücken oder -brust, die eingesalzen und/oder geräuchert angeboten werden und in vielerlei Gerichten als würzende Zutat in der Küche verwendet werden.

Speisecouleur ➛ Karamel

Speiseeis Die wahrscheinlich ursprünglich chinesische Erfindung ist eine feste, unter ständigem Rühren gefrorene Creme aus Sahne und verschiedenen Zutaten, die je nach Geschmack zugefügt werden. In neuester Zeit werden auch für den Privathaushalt kleinere Eismaschinen angeboten, die gute Ergebnisse erzielen. ➛ Sorbet

Speisefarben Lebensmittelfarben auf chemischer Basis, die besonderen Zulassungsbedingungen genügen müssen und die meist durch natürliche Färbemittel wie Safran, Spinatmatte, Karamel oder Rote-Bete-Saft ersetzt werden können.

Speiselorchel ➛ Lorchel

Speisenfolge ➛ Menü

Speisequark ➛ Quark

Speisesenf ➛ Senf

Speisestärke Das gängige Bindemittel aus Reis-, Kartoffel- oder Maisstärke, Reismehl, das bei der Zubereitung von Klößen, Teigen, Suppen oder Saucen verwendet wird.

Spekulatius Die flachen, aromatisch gewürzten Gebäckstücke, die in allerlei Formen gepreßt und dann auf dem Backblech, meist in der Adventszeit, gebacken werden.

Spicken Damit magere Fleischstücke beim Braten nicht Austrocknen, werden sie mit Speckstreifen gespickt, die nach Belieben vorher z.B. in Cognac eingelegt werden können. Rinderbraten werden in Italien gern mit Gemüse, Lammkeulen in Frankreich oft mit Knoblauch und Pasteten mit Trüffelstücken gespickt.

Spickzwiebel ➛ Gespickte Zwiebel

Spiegelei Auch Setzei. Ein Ei wird aufgeschlagen und vorsichtig, am besten in einer gebutterten, beschichteten Pfanne so lange gebraten, bis das Eiweiß fest, aber auf der Unterseite noch hell und das Eigelb noch flüssig ist (ca. 2–3 Minuten).

Spiegelkarpfen ➛ Karpfen

Spinat Das Blattgemüse wird als Salat, Gemüse oder Auflauf zubereitet und ist als Beilage, Füllung oder Hauptgericht vielseitig verwendbar.

Klassisch ist gedünsteter Spinat, der mit verlorenen Eiern serviert wird.

Spinatmatte Auch Spinatfarbe. Der grüne Farbstoff, den man z.B. zum Nudelfärben verwendet, wird durch das Pürieren von Spinatblättchen gewonnen.

Spitzkohl Auch Filderkohl. Die schwäbische Kohlsorte, die in Spitzhutform gezüchtet wird.

Spitzlaube ➛ Ukelei

Sprengling ➛ Äsche

Springerle Ein altes, in Modeln geformtes Weihnachtsgebäck, das, meist mit Anis bestreut, im Backofen gebacken wird.

Spritzbeutel Auch Spritzsack, Dressiersack. Der spitz zulaufende Leinensack, dem verschieden große Spritztüllen aufgesetzt werden und der sowohl zum Verzieren von Kuchen, Desserts und Torten verwendet wird als auch zur Dekoration feiner pikanter Speisen benutzt werden kann.

Spritzgebäck Dieses beliebte Weihnachtsgebäck wird aus einem leichten Sandteig hergestellt, der mit einem Spritzbeutel direkt auf ein Backblech gegeben wird. Die unterschiedlich geformten Plätzchen werden oft zur Hälfte in Schokoladenglasur getaucht.

Spritzkuchen Auch Auflaufkrapfen. Aus zähflüssigem Brandteig werden Kringel oder andere Formen mit dem Spritzbeutel direkt in das heiße Fritierfett gegeben und ausgebacken.

Spritzsack ➛ Spritzbeutel

Sprossenkohl ➛ Rosenkohl

Sprotte Auch Breitling, Sprat. Eine sehr kleine Heringssorte, die manchmal frisch, meist aber geräuchert oder eingelegt verzehrt wird.

Sprudel ➛ Mineralwasser

Stachelannone ➛ Cherimoya

Stachelbeere Auch Agrasl, Hecken-, Kraus-, Kloster-, Krusebeeret. Diese in reifem Zustand roh genießbare, meist leicht behaarte Strauchfrucht enthält viel Vitamin C. Sie wird besonders gern zu Kompott, Konfitüre oder Kuchenbelag verarbeitet, wofür sie aber unreif geerntet wird.

Stachelhummer ➛ Languste

Stachelrochen ➛ Rochen

Stachy Auch Knollenziest, japanische Artischocke, Japanknolle. Das eher seltene Knollengemüse, das ursprünglich aus Japan stammt, wird gekocht und als Beilage, zu Salaten oder in Saucen verarbeitet.

Stäbchenkartoffeln ➛ Pommes frites

Stärkemehl ➛ Speisestärke

Stammwürze Der so benannte Extraktstoffanteil, der vor der Biergärung gemessen wird, gibt den 3- bis 4-fachen Wert des später entstehenden Alkoholgehalts an. Normales Exportbier besitzt einen Stammwürzegehalt von etwa 12 %.

Stampfkartoffeln ➛ Kartoffelpüree

Stangensellerie ➛ Bleichsellerie

Stangenzimt ➛ Zimt

Staubiger Die österreichische Version des ➛ Federweißen.

Staubzucker ➛ Puderzucker

Staudensellerie ➛ Bleichsellerie

Steckerlfisch ➛ Makrele

Steckrübe Auch Wruke-, Kohl-, Erd-, Schmalzrüben, Bodenkohlrabi, Dorschen, Kullochen. Diese Gemüserübe ist während und nach dem Krieg als Notessen etwas in Verruf gekommen, in letzter Zeit allerdings sogar wieder auf den Speisekarten feiner Restaurants zu finden. Das gelbliche Rübenfleisch hat einen angenehmen Geschmack und wird traditionell in Stifte oder Scheiben geschnitten, mit Butter gedünstet oder geschmort, mit Saucen gebunden oder püriert zubereitet.

Steifmachen Dieser Fachbegriff bezeichnet das kurze Einlegen von Fleisch oder Fisch in heißes Fett oder kochende Flüssigkeit, um die Poren zu schließen bzw., bei kleinen Stükken wie Austern, um das gesamte Garstück kurz zu garen und in der Konsistenz zu festigen.

Steinaal ➛ Dornhai

Steinbeere ➛ Preiselbeere

Steinbeißer ➛ Seewolf

Steinbutt Franz. Turbot. Der große Plattfisch, dessen Namen von den Steinen unter der Haut herrührt, gehört zu den besten Edelfischen. Er kann pochiert, gebraten, geschmort und gut mit Saucen kombiniert werden, da er festes, weißes Fleisch besitzt.

Steinobst Der fachliche Überbegriff, der Früchte wie Aprikosen, Kirschen oder Pfirsiche zusammenfaßt.

Steinpilz Auch Herrenpilz, Herrling. Der begehrte wildwachsende Waldpilz besitzt einen keulenförmigen Stengel mit einem dunkelbraunen, dicken Hut und einem angenehm nussigen Geschmack. Er wird gebraten, getrocknet oder gebacken in Saucen angerichtet und kurz sautiert auch in Salaten verwendet.

Stelze Österr. für ➛ Hachse

Sternanis Auch China-Anis. Dieses für viele asiatische Gerichte typische Gewürz, das wie ein kleiner Stern aussieht, ist Bestandteil zahlreicher Würzmischungen.

Sternfrucht ➛ Karambole

Stew Der englische Begriff steht für Dünst- und Schmoreintöpfe aus Fleisch und/oder Gemüse.

Stielmangold ➛ Mangold

Stierenauge Schweiz. für ➛ Spiegelei

Stielsellerie ➛ Bleichsellerie

Stille Wasser Ein Bezeichnung für Mineralwasser, das wegen seines niedrigen Kohlensäuregehalts nicht sprudelt.

Stillwein In Gegensatz zum perlenden Wein moussiert der Stillwein nicht.

Stilton Der grauschalige, aus England stammende Blauschimmelkäse wird gern mit Portwein mariniert angerichtet.

Stinkfrucht ➛ Durian

Stint Auch Spierling. Ein relativ seltener kleiner Küstenfisch, der aromatisches, zartes Fleisch besitzt und meist im ganzen gebraten wird.

Stockente Die bei weitem am häufigsten vorkommende ➛ Wildente.

Stockfisch Seelachs, Kabeljau oder Schellfisch werden filetiert, gesalzen und in der Seeluft getrocknet. Der Trockenfisch muß vor der Verarbeitung gewässert werden.

Stockschwämmchen Kleiner heimischer Blätterpilz mit leicht seifigem Geschmack, der auf Holzstümpfen bündelweise wächst und mittlerweile auch gezüchtet wird.

Stör Der russische Binnenfisch, von dem es viele Arten gibt, z.B. Beluga oder Sterlet, ist uns vor allem als Kaviarfisch bekannt. Er liefert aber auch hervorragendes Räucherfischfleisch.

Stollen Auch Christ-, Weihnachtsstollen. Ein schwerer Hefeteig, der mit Rosinen, Zitronat, Orangeat, Mandeln und Marzipan in Laibform gebacken und zu Weihnachten in Scheiben geschnitten angeboten wird.

Stopfleber ➛ Gänseleber

Strandkohl ➛ Meerkohl

Straßburger Gänseleberpastete ➛ Gänseleberpastete

Strauben Süddeutsche ➛ Spritzkuchen in Ringform.

Straußwirtschaft Die deutsche Version der österreichischen ➛ Buschenschenke.

Streichholzkartoffeln Streichholzgroß geschnittene rohe Kartoffeln werden wie Pommes frites in Fett ausgebacken und mit Salz gewürzt.

Streusel Aus Butter, Mehl und Zucker vermischte Krümel, die auf den Streuselkuchen als Belag aufgestreut werden.

Strohkartoffeln In ganz feine Streifen geschnittene Kartoffeln, die wie Pommes frites fritiert und gesalzen werden.

Strohwein Ein kräftiger, aromatischer Süßwein, der aus Trauben gewonnen wird, die nach der Lese noch zusätzlich auf Strohmatten getrocknet werden, um den Zuckeranteil zu erhöhen.

Strudel Die österreichische Mehlspeisenspezialität, die pikant oder süß gefüllt, auf jeden Fall aber mit einem hauchdünnen Teig gebacken wird.

Stubben ➛ Blaufelchen

Stubenküken Auch Mistkratzerle. Die jungen, etwa 7 Wochen alten Küken werden ungefähr 450 g schwer und sind gefüllt, geschmort, gebraten oder hellbraun gedünstet eine Delikatesse.

Stufado Das griechische Ragout aus Lammfleisch und viel Gemüse zeichnet sich dadurch aus, daß es mit Zimt gewürzt wird.

Sturm ➛ Federweißer

Subrowka Ein leicht grünlicher polnischer Wodka, der mit einem Büffelgrashalm in der Flasche angeboten wird.

Südwein Weine aus südlichen Ländern wie Italien, Spanien usw., die süß oder trocken sein können, erhalten diese Bezeichnung.

Sülze ➛ Schweinesülze

Süßdruck Schweiz. und südtirol. für ➛ Rosé

Süßkartoffel ➛ Batate

Süßkirsche ➛ Kirschen

Süßspeisenreis ➛ Milchreis

Süßstoff ➛ Saccharin

Süßwasserkrebs ➛ Krebs
Süßwein ➛ Südwein
Sukiyaki Japanische Spezialität in zwei Varianten: Bei der ersten Art werden kleingeschnittene Fisch-, Fleisch- und Gemüsestücke in Brühe oder Fischfond gegart. Bei der zweiten Zubereitungsart werden die gleichen, vorbereiteten Zutaten in Butter und Öl gebraten. Bei beiden Versionen werden zahlreiche Dipsaucen und -tunken sowie Reis dazu serviert.
Sultanine ➛ Rosinen
Sulz ➛ Gelee
Sulzgericht ➛ Aspik, ➛ Gelee
Sulzsauce ➛ Chaudfroidsauce
Suppe Dieses beliebte Gericht kann als Vor- oder Hauptspeise gereicht werden. Man teilt die Suppen in klare und gebundene Arten ein. Kräftige Hauptgerichtsuppen mit deftigen Einlagen nennt man Eintöpfe. Es gibt auch noch süße Kaltschalen aus Obst oder Milch, die ebenfalls zu den Suppen gezählt werden.
Suppeneinlage Eine sättigende Beilage, die der Suppe zugefügt wird und oft als charakteristische Garnitur verwendet wird. Typische Beispiele sind Eierstichwürfel (Consommé royale) oder Pfannkuchenstreifen (Flädlesuppe).
Suppengrün Meist Petersilienstengel, Lauch, Karotten und Sellerie, die gebündelt als Suppengemüse angeboten werden.
Suppennuß ➛ Muskatnuß
Suprême Franz. das Höchste. Die Fachbezeichnung für das beste Teilstück bei Tieren, vor allem bei Geflügel, wo dann die Brüste gemeint sind.
Suprême-Sauce ➛ Geflügelrahmsauce
Surfines Bezeichnung für eine ➛ Kaperngröße.
Surhaxe Südd. für ➛ Eisbein
Suser ➛ Federweißer
Sushi Die klassische japanische Vorspeise, bei der kleine Appetithäppchen aus rohem Fisch, Meerestieren oder Gemüse auf gesäuertem Reis angerichtet werden.
Suzettepfannkuchen ➛ Crêpes Suzette
Szegediner Gulasch Das ungarische Schweinefleischragout wird mit Zwiebeln und viel Paprika angebraten und auf Sauerkraut fertiggeschmort. Zum Anrichten wird das Gericht mit saurer Sahne begossen.
Szipetke ➛ Csipetke

T

Tabasco Diese aus dem Extrakt scharfer Chilischoten und Essig hergestellte Würzsauce benutzt man meist nur tropfenweise zum Abschmecken von Drinks oder feurigen Gerichten. Sie ist in kleinen Flaschen im Handel erhältlich.
Tabbouleh Ein Schrotsalat, bei dem gequollenes Weizenschrot mit Tomatenwürfeln, kleingeschnittener Zwiebel und frisch gehackter Petersilie in einer Schüssel vermischt, mit Zitro-

nensaft, Salz und Öl abgeschmeckt und mit frischen Pfefferminzblättern auf Salatblättern serviert wird.

Tablieren Auf einer Mamorplatte so lange flüssigen ➛ Fondant ausstreichen, bis die weiße Färbung zum Vorschein kommt.

Tacos Eine mexikanische Spezialität, bei der runde kleine Pfannkuchen aus Maismehl und Wasser kroß gebacken werden. Sie werden dann zur Tasche gebogen, meist mit Chilli, Gemüse, Salaten und Käse gefüllt und heiß gegessen.

Tafelfertig Eine Bezeichnung für fertige Gerichte, die nur noch erhitzt werden müssen. Sie sind tiefgekühlt oder als Konserve im Handel.

Tafelobst In Deutschland eine Bezeichnung für die Qualität von Obst, die fehlerfreies Aussehen und gleiche Form voraussetzt.

Tafelsalz Feines ➛ Salz.

Tafelsauce ➛ Würzsauce

Tafelspitz Österreichische Spezialität, für die ein besonderer Teil der Keule gedünstet oder mit Wurzelgemüse gekocht wird. Man serviert ihn, mit oder ohne Sauce, mit Serviettenknödeln oder gerösteten Kartoffeln.

Tafeltrauben Weintrauben, die speziell für den Verzehr gezüchtet wurden. Sie haben besonders große, oft kernlose Beeren.

Tafelwasser ➛ Mineralwasser

Tafelwein Die unterste Qualitätsstufe für klassifizierten Wein, der in Deutschland aus dem Inland stammen muß.

Tagliatelle Die beliebte grüne oder weiße Bandnudel von etwa 5 mm Breite, die zu Spiralen oder Nestern gewickelt angeboten werden. Sie werden mit Käse-, Fisch- oder Gemüsesaucen serviert.

Tagliolini Kleinere, schmalere Form der ➛ Tagliatelle.

Tahina Auch Tahin, Tahine, Tahini. Eine im Mittleren Osten und in Lateinamerika beliebte weiße Sesampaste, die aus rohen Sesamsamen hergestellt wird, einen leicht bitteren Geschmack hat und in ihren Ursprungsländern als Küchengewürz Verwendung findet. Sie ist in Konserven oder Gläser erhältlich.

Takenoko Die japanische Bezeichnung für Bambusschößlinge, die bei uns in Konserven erhältlich sind.

Taleggio Ein kräftig und saftig schmeckender, weicher Käse aus Kuhmilch mit hellgelbem geschmeidigem Teig und einer glatten, leicht rosafarbenen Rinde.

Tamarillo Auch Baumtomate. Kolumbien, Madeira, Neuseeland und die Kanarischen Inseln exportieren die braunroten bittersüßen Früchte, aus denen meist Marmelade hergestellt wird.

Tamarinde Auch Asem oder Sauerdattel. Der pikante Saft der Schoten des in Indien wachsenden Tamarindenbaumes wird meist zum Würzen von vielen exotischen, vor allem aber indischen Currygerichten benutzt.

Tameya In Ägypten bereitet man dieses schmackhafte Gericht zu, für das dicke Bohnen püriert, mit Koriander und jungen Zwiebeln gewürzt, in kleine Klößchen geformt, in Sesamsamen gewälzt und fritiert werden.

Tangelo ➛ Pomelo

Tangerine Auch Mandarine. Eine kleine süße Orange mit saftigem Fruchtfleisch. Die äußere Schale sitzt lose und ist leuchtend orangerot. Tangerinen sind frisch und als Konserven erhältlich. Man bekommt sie aber auch kandiert oder glasiert.

Tannin Ein Gerbsäurestoff, der vor allem in französischen trockenen Rotweinen enthalten ist und eine ➛ adstringierende Wirkung im Gaumen zeigt.

Tapas Die spanische Bezeichnung für würzige kleine Vorspeisen, die zum Appetitanregen in jeder spanischen Bar gereicht werden.

Tapioka Dieses ideal zum Binden von Suppen und Saucen geeignete Stärkemehl wird aus der Maniok- oder Cassavewurzel hergestellt. Es ist in Form von Flocken, Pulver oder kleinen Kügelchen, den Nizamperlen, im Handel erhältlich.

Tapiokasuppe Eine gehaltvolle Rindsconsommé, die Tapiokaperlen als Einlage erhält.

Taramo Eine griechische Vorspeise, für die Fischrogen, eingeweichtes Weißbrot, Olivenöl und Zitronensaft zu einer geschmeidigen Masse verrührt und mit Brot serviert werden.

Tarator Eine typisch bulgarische Suppe, die mit Joghurt, Eiswasser, Gurken, Knoblauch, Olivenöl und Walnußkernen zubereitet wird.

Tarhana Eine Mischung aus getrocknetem Gemüse, Joghurt und Mehl gibt der in der Türkei beliebten Wintersuppe ihre spezielle Note. Sie ist bei uns in Pulver- oder Pastenform erhältlich.

Tarhani corbasi Eine anatolische Spezialität, die aus frischen Tomaten, Knoblauch, Hackfleisch von Hammel, Lamm oder Kalb und aufgelöstem ➛ Tarhanapulver hergestellt, mit Paprika gewürzt und mit viel Petersilie bestreut wird.

Tarhonya Eine ungarische Nudelspezialität, die oft als Beilage zu Gulasch serviert wird. Die kleinen graupenförmigen Nudeln werden mit Zwiebeln und Paprikawürfeln angedünstet, mit Brühe aufgegossen und so lange darin gegart, bis keine Flüssigkeit mehr vorhanden ist.

Tartar ➛ Tatar

Tarte Franz. Bezeichnung für flache Kuchen, die meist mit Obst belegt sind, z.B. Tarte aux Pommes.

Tartelettes ➛ Tortelettes

Tarte Tatin Bei dieser Apfeltorte wird der Boden einer Tortenform mit Zucker bestreut, dann werden die Apfelstücke eingefüllt und nochmals gut gezuckert. Das Ganze wird mit Teig abgedeckt, gebacken und anschließend gestürzt.

Tartuffesalat Dieser würzige Salat ist eine Mischung aus Paprikaschoten, Artischockenböden und Tomatenwürfeln, die in einer einfachen Vinaigrette angemacht, mit Knoblauch gewürzt und mit Sardellenfilets und Oliven garniert wird.

Taschenkrebs Der Taschenkrebs kommt in verschiedenen Arten in der Nordsee, im Atlantik und im Mittelmeer vor. Sein weißes, festes Fleisch, aber auch die Leber und andere Innereien haben viele Freunde unter den Feinschmeckern.

Tasso Eine für Kartoffelpüree und Krokettenteig geeignete, vorwiegend mehlig kochende Kartoffelsorte.

Tastevin Die Bezeichnung einer silbernen Probierschale für Rotwein, die meist bei Weinproben im Burgund an einem Band um den Hals getragen wird. Auch Sommeliers, die Weinkellner in feinen Restaurants, tragen solche Tastevins. Sie werden benutzt, weil man die Farbe in einer flachen Schicht über dem silbernen Grund besser beurteilen kann als in einem Glas.

Tatar Auch Tartar. Hack- oder Schabefleisch von hochwertigem Rindfleisch wird mit gehackten Zwiebeln, Gewürzen und Würfeln von Gewürzgurken gemischt und in flache Klopse geformt, die dann mit einem rohen Eidotter, gehackten Kapern und Zwiebeln, Sardellenfilets und Julienne von Gewürzgurken garniert und mit gehackter Petersilie bestreut serviert werden.

Tatarensalat Ein schmackhafter Salat aus gedünsteten Zwiebelringen, Scheiben von Pfeffergurken und Stückchen von Salzheringen, die in einer einfachen Vinaigrette mariniert und auf Salatblättern serviert werden.

Tatarensauce Eine frische Mayonnaise wird mit hartgekochtem Eigelb und Schnittlauch gemischt.

Tatarenspieß Ein Gericht, bei dem abwechselnd Lammfleischwürfel und roher Schinken auf einen Spieß gesteckt, mit Öl und Kräutern gewürzt und gegrillt werden.

Taterkorn ➛ Buchweizen

Taube Die zahme Haustaube, die mit ungefähr 4 Wochen und etwa 500 g als Täubchen angeboten wird, besitzt weißes, zartes und sehr magerers Fleisch und muß daher äußerst schonend zubereitet werden. Täubchen werden gefüllt und gebraten oder in Wurzelsud und Geflügelbrühe pochiert. Klassisch werden sie mit kleinen Frühlingsgemüsen wie Karotten, Erbsen, Champignons oder mit leichten hellen Saucen serviert. ➛ Wildtauben besitzen wesentlich dunkleres Fleisch und werden in der Regel wie Wildgeflügel zubereitet.

Tausendblätterkuchen Ein gehaltvoller Kuchen, der aus mehreren Lagen von Blätterteigböden besteht und mit Konfitüre, ➛ Konditorcreme oder Schlagsahne gefüllt ist.

Tausend-Inseln-Sauce ➛ Thousand-Islands-Dressing

Tausendjährige Eier Auch chinesische Eier. Eine Delikatesse in China. Frische Eier werden mit einer Mischung aus Kalk, Salz und Holzasche überzogen und in der Erde vergraben. Nach etwa 100 Tagen entwickelt sich das Eiweiß zu bräunlicher Gelatine und das Eigelb wird grün und verdickt sich. Die so behandelten Eier sind sehr haltbar. Sie werden ohne Kruste und Schale als Vorspeise mit Sojasauce und gehacktem Ingwer serviert.

T-Bone-Steak Dieses berühmte Rindersteak wird aus dem Ende des Lendenstückes geschnitten, ist kleiner als das ➛ Porterhouse-Steak und enthält auch das Filetstück. Es eignet sich gut zum Grillen und Braten. Den Namen hat das in Amerika besonders geschätzte Steak aufgrund der T-Form seines Knochens.

Tee Das beliebte Aufgußgetränk wird aus den Blättern eines tropischen Strauchgewächses hergestellt, das vor allem in China, Taiwan, Indien, Sri Lanka und Südostasien angebaut wird. Die Handelssorten, die nach der Blattqualität eingeteilt werden, beginnen mit dem Flowery Orange Pekoe, bei dem nur die ersten, noch nicht geöffneten Blattknospen verwendet werden. Dann folgt der Orange Pekoe, der Pekoe und der Earl Grey, die aus dem zweiten bis vierten Blatt gewonnen werden. Den meisten Tees ist gemeinsam, daß sie gerollt, getrocknet und mit Ausnahme der grünen chinesischen Tees auch fermentiert werden, d.h., daß sich die grünen Blätter beim Trocknen durch den Luftsauerstoff in schwarze aromatische Blätter umwandeln. Ein weiteres Unterscheidungmerkmal ist die angebotene Blattstruktur: zum einen gibt es die Blatt-Tees, dann die Broken-Tees, bei denen die Blatteile in größere Stücke gebrochen sind und die ganz kleinteiligen Sortierungen wie ➛ Fannings oder sogar ➛ Dust, mit dem Teebeutel gefüllt werden. Die Qualität des Tees wird wesentlich durch seine Herkunft bestimmt: der feine aromatische Darjeeling wächst im Hochland des Himalaja, der milde Ceylontee im tropischen Ceylon, der kräftige Assamtee kommt aus Indien. Grüner Tee wird vor allem in China, Taiwan und Japan getrunken. Aus all diesen Tees werden Mischungen hergestellt, die zum Teil noch parfümiert werden. In allen Ländern, in denen traditionell gern und viel Tee getrunken wird wie Großbritannien, Rußland, Japan und China haben sich bestimmte Zeremonien entwickelt, die den Genuß des Tees noch steigern sollen. Generell gilt: Je kürzer der Tee zieht, desto anregender ist er, je länger und stärker er zieht, desto extraktreicher und beruhigender ist er. Eine durchschnttliche Aufgußzeit sind 3-4 Minuten, danach wird der Tee abgeseiht und mit Zitrone, Milch, Zucker, Kandis oder einfach solo getrunken.

Tee-Extrakt Ein Extrakt, den es getrocknet, parfümiert als Instantpulver zu kaufen gibt.

Teegebäck Dieses zarte, kleine Gebäck, meist aus Sandteig, wird, seinem Namen entsprechend, meist zum Tee gereicht.

Teelikör Ein aromatischer japanischer Likör, der auf der Basis von grünem Tee hergestellt wird.

Teepunsch Ein besonders in der Winterzeit angenehm wärmendes

Getränk aus heißem schwarzen Tee, Rotwein, Zucker und Gewürzen, das nach Bedarf zusätzlich mit Rum ergänzt werden kann.

Teewurst Eine Streichwurst aus rohem, magerem Schweinefleisch und Fett, die gewürzt und leicht geräuchert wird.

Teig Eine aus den unterschiedlichsten Zutaten hergestellte Masse, z.B. Hefeteig, Blätterteig, Biskuitteig, Brandteig, Nudelteig, die zur Herstellung von Kuchen, Gebäck oder Nudeln benötigt wird.

Teigwaren Eine Bezeichnung für Waren, bei denen die Grundbestandteile Mehl oder Gries, Wasser und Eier sind und aus denen Nudeln wie Spaghetti, Makkaroni, Spätzle usw. hergestellt werden.

Tein Tein ist der anregende Inhaltsstoff im Tee, der ähnlich wie das Koffein im Kaffee belebend auf den Organismus wirkt.

Tellerfleisch Ein bekanntes Gericht aus Bayern und Österreich, bei dem gekochte Rindfleischscheiben mit gehobeltem Meerrettich und Schnittlauchröllchen garniert werden.

Tellergericht In der neueren Küche werden zunehmend auch in feinen Restaurants die Gerichte nicht mehr auf großen Platten arrangiert, sondern auf einzelnen Tellern angerichtet.

Tellerprobe Um festzustellen, ob Marmelade, Gelee, Pudding oder Creme nach dem Erkalten die gewünschte Konsistenz erreicht, nimmt man von der heißen Masse einen Löffel ab und verstreicht ihn auf einem kleinen Teller.

Teltower Rübchen ➛ Navets (de Teltow)

Temperieren Dieser Begriff bezeichnet das schonende Erwärmen oder Abkühlen von Flüssigkeiten auf eine bestimmte, vorgegebene Idealtemperatur; z.B. wird kühler Kellerwein auf Raumtemperatur erwärmt.

Tempeh Fermentierte Paste aus Bohnen.

Tempura Ein Gericht aus Japan, bei dem Fisch, Fleisch, Meeresfrüchte und Gemüse in kleine Mundbissen geschnitten werden, die in einen mit eiskaltem Wasser frisch verrührten Ausbackteig getaucht und in heißem Öl goldgelb ausgebacken werden.

Tenderloinsteak Angloamerik. für ➛ Filetsteak

Teppichmuscheln ➛ Vongole

Tequila Bezeichnung eines mexikanischen Branntweines, der hochprozentig ist und aus Agaven gebrannt wird. Tequila wird als Bestandteil von Cocktails benutzt oder pur, eisgekühlt mit etwas Salz und Zitronenscheiben getrunken.

Terlaner Der Südtiroler Weißwein, der zum Großteil trocken angeboten wird, ist ein idealer Begleiter zu den kräftigen Fleischgerichten dieser Region.

Terrine Eine Terrine besitzt im Gegensatz zur Pastete keine Teigkruste, sondern besteht aus einer meist mit Speck ausgelegten feuerfesten Form, die mit einer Farce gefüllt, meist mit fettem Speck abgedeckt und im Wasserbad im Ofen gegart wird. Nach dem Abkühlen wird oft der Speck entfernt und der Inhalt mit Aspik übergossen. Die saftigen Terrinen werden immer kalt serviert, als Vorspeise oder auch als Brotbelag. Es gibt unzählige Terrinenarten, die aus den verschiedensten Fleisch- oder Fischsorten und Beilagen enstehen, z.B. Enten-Terrine, Gänseleber-Terrine, Fisch-Terrine oder auch Lachs-Terrine.

Tête de moine Auch Mönchskäse. Eine Schweizer Spezialität ist dieser feine würzige Käse, der aus einer festen, braunen Rinde und zartem Teig besteht. Dieser Käse wird gern mit einem Spezialhobel zu fächerartigen Spänen abgeschält und mit Trauben serviert.

Teufelsgurke Eine besonders scharf eingelegte Gewürzgurke

Teufelskrabbe ➛ Meerspinne

Teufelsremoulade Eine Mischung aus Remoulade und einem Fond aus in Essig eingekochten Pfefferkörnern und Wacholderbeeren. Sie wird mit Zucker, Senf und Cayennepfeffer abgeschmeckt und zu kaltem Roastbeef oder Bratenfleisch gereicht.

Teufelssauce Auch Sauce Diable. Für diese bekannte Sauce werden gehackte Schalotten und Gewürze mit Estragonessig und Weißwein eingekocht, mit einer dunklen Grundsauce verkocht, passiert und mit gehackten Kräutern verrührt. Die Sauce kann auch mit Tomatenpüree vermischt und mit Cayennepfeffer und ➛ Harveysauce abgeschmeckt werden.

Thein ➛ Tein

Theodora-Suppe Eine gehaltvolle Geflügelconsommé, die mit Julienne aus Hühnerfleisch und Trüffeln verfeinert wird und grüne Spargelspitzen sowie Eierstichwürfel als Einlage enthält.

Theresasuppe Diese schmackhafte Hühnerconsommé mit kleinen Hühnerfarcenocken und Kerbelblättchen als Einlage wird kalt serviert.

Thorner Kathrinchen Ein aus Honigkuchenteig hergestelltes, ursprünglich ostdeutsches Weihnachtsgebäck.

Thousand-Islands-Dressing Auch Tausend-Insel-Sauce. Bei diesem amerikanischen Salatdressing werden gehackte gelbe, rote und grüne Paprikaschoten mit (Joghurt-)Mayonnaise vermischt und mit Paprika und Chilisauce gewürzt.

Thüringer Klöße Auch Hütes, Höbes. Für diese Klöße wird eine Masse aus rohen geriebenen Kartoffeln mit gekochtem Kartoffelpüree vermischt, gesalzen und zu Klößen geformt, die mit Weißbrotcroûtons gefüllt und in Salzwasser gegart werden.

Thüringer Leberwurst Eine gekochte Streichwurst, die grobe Stücke von Schweinefleisch und Schweineleber enthält.

Thüringer Rostbratwurst Herzhaft gewürzte Grillwürstchen aus Kalbfleisch und Schweinebauch.

Thunfisch Ein Makrelenfisch, der frisch und in Konserven erhältlich ist und sich wegen seines fetten, aromatischen Fleisches besonders zum Grillen, Backen oder Schmoren eignet. Er ist Bestandteil vieler Salate und eine unverzichtbare Zutat bei zahlreichen mediterranen Gerichten.

Thymian Auch Quendel. Ein bekanntes Küchenkraut mit starkem Aroma, das zum Würzen von Suppen, Saucen und Beizen verwendet wird. Thymian ist frisch oder getrocknet im Handel erhältlich.

Tia Maria Ein dunkler, aromatischer Mokkalikör, der zum Parfümieren von Eis, Cremes, Konfekt, Cocktails und Saucen verwendet wird.

Tiefkühlung Auch Einfrieren, Gefrieren, Tieffrieren. Eine Methode, Nahrungsmittel schonend zu konservieren. Die Lebensmittel werden in Kunststoffschalen oder Folien luftdicht verschlossen, schockgefrostet und tiefgekühlt aufbewahrt.

Tilliliha Ein in Finnland beliebtes Hammelragout, das mit Essig abgeschmeckt und mit gehacktem Dill garniert wird.

Tilsiter Ein halbfester, leicht herber bis fruchtiger Schnittkäse, der meist eine längliche Form hat und manchmal mit Kümmel oder Pfefferkörnern angeboten wird.

Timbale Auch ➛ Becherpastete. In den gleichnamigen, metallenen Pastetenförmchen gebackene klassische Vorspeisenpasteten.

Tintenfisch Auch Sepia, Calamari, Calmar. Ein Sammelname für ein im Mittelmeer lebendes Weichtier, dessen Körper im Gegensatz zum Kalmar oval bis rund ist. Kleinere Tiere können ganz in Öl gebraten oder gefüllt und pochiert werden. Bei den längeren Tintenfischen wird der Körper in Ringe geschnitten, durch Bierteig gezogen und fritiert. Mit der Tinte kann man die Tintenfischsauce färben, würzen und leicht binden.

Tiramisu Die berühmte italienische süße Nachspeise, die aus mit Alkohol und sehr starkem Kaffee beträufelten Biskuitböden oder Löffelbiskuits besteht, die im Wechsel mit einer Mascarpone-Eier-Mischung aufgeschichtet werden. Das Ganze wird dick mit Kakao bestäubt und gut gekühlt in Scheiben geschnitten.

Tiroler Graukäse Ein in Österreich und Südtirol hergestellter, glasiger pikant-scharf gewürzter Sauermilchkäse mit Grauschimmeleinschlüssen.

Tiroler Rostbraten Eine mit einer Masse aus kleingeschnittenen gekochten Kartoffeln, gehackten hartgekochten Eiern und ➛ Béchamelsauce gefüllte Entrecôterolle wird kräftig gewürzt und im Ofen geschmort.

Tiroler Sauce Eine Ableitung der ➛ Sauce Béarnaise, bei der die Sauce nicht mit Butter, sondern mit Öl aufgeschlagen wird. Für die kalte Version wird eine Mayonnaise mit konzentriertem Tomatenpüree gefärbt und kräftig abgeschmeckt.

Tiroler Speckknödel Aus einer Mehl-Milch-Eier-Mischung mit Weißbrotwürfeln, gerösteten Zwiebeln und Speckwürfeln werden Knödel geformt, die in siedendem Salzwasser gegart werden.

Tiroler Strudel Das gehaltvolle, traditionelle Gebäck aus Tirol besteht aus einen Strudelteig, der eine Mischung aus Zucker, Butter, Eigelb, Rosinen, gehackten Datteln, Feigen, geriebenen Nüssen, Zitronenschale, Zimt und Eischnee umschließt.

Tiropitta Ein griechisches Gericht, bei dem Schafskäse in Blätterteig gehüllt, im Ofen goldgelb gebacken und warm serviert wird.

Tivolisuppe Eine schmackhafte Geflügelconsommé, die mit Grieß angereichert wird und mit kleinen, mit Käse überkrusteten Ravioli als Einlage eine interessante Ergänzung erhält.

Toastbrot Auch engl. Toast. Ein aus luftigem Hefeteig gebackenes helles Kastenbrot, das frisch in Scheiben geschnitten und getoastet ein unverzichtbarer Bestandteil des englischen Frühstücks ist.

Toddy Ein tropischer Palmwein, der aus Blütennektar gewonnen und vergoren wird und als Basis vieler Cocktails dient.

Törtchen ➛ Torteletts

Toffee Eine aus Zucker, Butter und Sahne hergestellte feine Bonbonsorte.

Tofu Japanische Bezeichnung für ➛ Bohnenquark.

Tokajer Der ungarische Exportschlager, ein kräftiger Weißwein aus der Furmittraube, wird in vielen Qualitäten, je nach Jahrgang, süß oder trocken angeboten. Die einfachste Qualität stellt der Tokaji Szamorodni dar. Die höchste Qualitätsstufe erreicht der ölige, gehaltvolle etwa 25 Jahre alte Tokaji Eszencia.

Tollatschen Die süßlichen Mehlklöße, die ursprünglich aus Pommern stammen, werden zunächst gegart und dann in Scheiben geschnitten, gebraten und als süßes Hauptgericht serviert.

Tomate Auch Liebesapfel, Paradiesapfel oder Goldapfel. Ein Nachtschattengewächs, das mit seinen meist roten saftigen Früchten in allen Küchen gern verwendet wird. Es gibt runde, ei-, flaschen- oder birnenförmige Tomaten mit unterschiedlicher Konsistenz und auch winzige Cocktailtomaten. Tomaten werden roh zu Salaten, als Brotbelag oder zur Dekoration benutzt. Gekocht, geschmort oder gegrillt werden sie als Suppe, Sauce, Gemüse oder auch ➛ Chutney verarbeitet.

Tomatencoulis Aus frischen Tomaten hergestellter, konzentrierter Tomatensaft, der oft als Grundlage für kalte Saucen oder als Basis für Suppen dient.

Tomates concassées Auch geschmolzene Tomaten. Enthäutete und entkernte reife Tomaten werden in Würfel geschnitten, in Butter gedünstet, gewürzt und dienen so als Basis vieler Gerichte der feinen Küche.

Tomatenketchup Ein mit vielen Gewürzen, Essig und Zucker verarbeitetes Tomatenmark, das in Flaschen abgefüllt, manchmal in Abwandlungen als Curry-Ketchup oder pikanter Hot-Ketchup im Handel ist.

Tomatenmark Das fruchtige Mark, für das Tomaten bis zur dreifachen Konzentration einreduziert werden, ist im Handel in Tuben oder Dosen erhältlich.

Tomatensalat Frische Tomatenscheiben werden mit gehackter Zwiebel, frisch gehackter Petersilie und einer einfachen Vinaigrette vermischt.

Tomatensauce Kleingeschnittene Tomaten werden mit Röstgemüse und Speckwürfeln angebraten, mit heller Brühe abgelöscht, mit Knoblauch und anderen Gewürzen abgeschmeckt, langsam eingekocht und passiert.

Tomatensuppe ➛ Minestra al pomodoro

Tomatieren Die Fachbezeichnung für das Mischen mit Tomatenmark oder Tomatensauce.

Tom Collins Ein ➛ Collins, der aus Gin, Zitronensaft, Zucker und Mineralwasser besteht.

Tomme Ein französischer Bergkäse, der eine weiche Konsistenz hat und aus Kuh- oder Ziegenmilch, zum Teil auch gemischt, produziert wird. Die Rinde wird gewaschen und getrocknet. Der Käse wird in verschiedenen Geschmacksrichtungen angeboten.

Tonellosalat Eine herzhafte Salatmischung aus Tomaten, Paprikastreifen und grünen Bohnen, die mit Thunfischwürfeln in einer einfachen Vinaigrette angemacht und mit schwarzen Oliven und hartgekochtem Ei garniert wird.

Tongku ➛ Shiitake-Pilz

Tonic Water Die ursprünglich aus England stammende Limonade enthält geringe Mengen Chinin und eignet sich zum Auffüllen von vielen Drinks.

Tontopf Auch Römertopf. Eine feuerfeste Form, die meist aus unglasiertem Ton hergestellt wird. Sie muß vor der Benutzung erst gewässert werden und kann nur im Backofen verwendet werden.

Topfen ➛ Quark

Topfengolatschen Das österreichische Blätterteiggebäck hat als Füllung eine Quarkmischung, die mit Zitrone, Vanille, Butter, Eigelb, Zucker und Korinthen zubereitet wird.

Topfenpalatschinken Eine typische Spezialität aus Österreich, die aus einer schaumig gerührten Quarkmischung mit Rosinen und saurer Sahne besteht und wie ein Pfannkuchen gebacken, aufgerollt und gefüllt, oft nochmals überbacken serviert wird.

Topfenstrudel Ein Strudelteig wird fein ausgezogen, mit einer Quarkmischung gefüllt, mit flüssiger Butter bestrichen, eingerollt und gebacken.

Topfkuchen ➛ Napfkuchen

Topinambur Auch Erdartischocke, Jerusalemer Artischocke. Leicht süßlich und nußartig schmeckende Knolle, die oft als Kartoffelersatz gegessen wird. Man kann sie in Backteig ausbacken, mit Käse überbacken oder wie Kartoffeln garen.

Torfbeere ➛ Multbeere

Tori teriyaki Japanische Spezialität, für die ein mit Sojasauce, ➛ Mirin,

Ingwer, Knoblauch und Zucker mariniertes, zerteiltes Huhn gegrillt, gebraten oder gebacken, warm oder kalt serviert wird.

Torte Das Meisterwerk eines jeden Konditors besteht meistens aus mehreren Schichten von unterschiedlichen Teigböden und Cremes, die mit Spirituosen getränkt, verziert und mit verschiedenen Mustern dekoriert werden. In der heutigen Zeit der schlankheitsbewußten Ernährung geht der Trend von den traditionellen Buttercreme-Sahne-Torten hin zu den leichten Joghurt- oder Quark-Torten.

Torteletts Auch Tartelettes, Törtchen. In kleinen Tortelettförmchen aus unterschiedlichen Teigsorten gebackene Törtchen, die als Vorspeise mit vielfältigen Farcen gefüllt werden und auch warm serviert werden können. Als süße Version, gefüllt mit Kompott oder Cremes, werden sie auch auf der Kaffeetafel angeboten.

Tortellini Kleine Teigtaschen, die meist mit einer Fleisch-Parmesan-Ei-Mischung gefüllt sind und in Brühe angerichtet werden.

Tortelloni Diese italienische Spezialität hat eine größere Form als Tortellini. Die gefüllten, oft mit Spinat oder Tomatenmark gefärbten Teigtaschen werden meist mit flüssiger Butter und Reibkäse überbacken oder mit einer Sauce serviert.

Tortenboden Eine aus Biskuit-, Hefe- oder Mürbeteig gebackene Teigplatte, die mit verschiedenen Obstsorten belegt wird.

Tortenguß Gemahlene klare oder gefärbte Gelatine, die in heißem Wasser aufgelöst wird und mit der man das frische Obst der Tortenböden überzieht.

Tortilla Eine mexikanische Spezialität, bei der kleine Maispfannkuchen gebacken werden, die mit verschiedenen frischen und gekochten Zutaten sowie scharfen Saucen serviert werden. Im Unterschied dazu bezeichnet man in Spanien mit diesem Begriff ein Omelett mit gebratenen Kartoffeln und Zwiebeln, das auf beiden Seiten goldgelb gebacken wird.

Toskanische Suppe Eine gehaltvolle Rindsconsommé, die als Einlage ausgebackene Auberginenstücke, Würfel von Tomaten und Champignons sowie kleingebrochene Makkaroni erhält.

Totentrompete Ein pfifferlingähnlicher, trompetenförmiger Waldpilz, der im Alter immer dunkler und weicher wird, frisch ein besonders gutes Aroma besitzt und ideal zu Wildgerichten paßt.

Tourainer Püreesuppe Eine pürierte Suppe aus weißen Bohnenkernen, die als Einlage weiße und grüne Bohnen erhält.

Tourainer Salat Ein Kartoffelsalat, der mit grünen Bohnen und Sahnemayonnaise vermischt, pikant abgeschmeckt und mit gehacktem Estragon bestreut wird.

Touren Unter diesem Fachbegriff versteht man das Ausrollen und erneute Übereinanderschlagen von Teigplatten zur Herstellung von Blätterteig. Bis ein solcher Teig fertig ist, muß man ihm mehrere Touren geben, dabei die Teigplatten immer wieder um 90° drehen, abkühlen, bis genügend einzelne Lagen entstanden sind.

Tournedos Kleine, etwa 100 g schwere Rinderfiletscheiben, die rund gebunden, manchmal auch mit Speck umwickelt werden und gegrillt oder gebraten, auf ausgestochenes Toastbrot gesetzt und mit einer kleinen Sauce aus dem Bratensatz serviert werden. Die traditionelle Küche hat eine große Anzahl Kombinationsmöglichkeiten dieser beliebten Fleischstücke mit vielerlei Saucen, Beilagen und Zubereitungsarten entwickelt. Am bekanntesten sind wohl die „Tournedos Rossini", bei denen auf die gebratenen Fleischstücke Stopfleber- und Trüffelscheiben gesetzt werden und das Ganze mit einer dunklen Trüffelsauce serviert wird.

Tournieren Unter diesem Küchenfachbegriff versteht man das Zurechtschneiden oder auch Ausstechen von Gemüse, Kartoffeln oder Obst. Tournierte Lebensmittel verwendet man zur Dekoration von Gerichten.

Träber ➛ Trester

Tränken Unter diesen Fachbegriff versteht man das Benetzen von gebackenem Kuchen oder von Törteletts mit Sirup, Fruchtsaft oder alkoholischen Flüssigkeiten.

Tranche Französischer Fachbegriff für (Fleisch-)Scheibe.

Tranchieren Das fachgerechte Zerlegen von rohem und gebratenem Geflügel, Schlachtfleisch, Fisch und Wild. An Festtagen ist es die traditionelle Aufgabe des Hausherrn, den Gänse- oder Entenbraten am Tisch zu tranchieren.

Trappistenkäse Ein mild-säuerlicher Schnittkäse von fester Konsistenz und länglicher Form, der früher in Trappistenklöstern hergestellt wurde und daher seinen Namen hat.

Trassie Auch Trasie. Eine Shrimppaste, die in der asiatischen Küche als wichtige Zutat bei vielen Gerichten nicht fehlen darf. Man bekommt sie bei uns meist in China-Geschäften.

Traubenkernöl Das leuchtend gelbe Öl wird aus Traubenkernen gewonnen und für Salatmarinaden verwendet.

Traubenmost ➛ Most

Traubensauce Für die polnische Version der Traubensauce wird Mehl in Butter angeschwitzt und mit weißem Fond und Traubensaft verkocht. Für die saure Traubensauce wird eine dunkle gebundene Grundsauce mit Traubensaft verkocht, mit Sherry abgeschmeckt und mit Butter montiert.

Traubenzucker Auch Dextrose. Die natürliche Zuckerart, die in zahlreichen Naturprodukten wie Früchten oder Honig vorkommmt und bei Sportlern als Energielieferant durch die schnelle Freisetzung im Blut sehr beliebt ist.

Treber Die Bezeichnung der Rückstände des Malzes bei der Bierherstellung.

Trédernsalat Ein schmackhafter Salat aus gegarten Austern, grünen Spargelspitzen und halbierten Krebsschwänzen wird mit einem Dressing aus Sahne, Mayonnaise, Krebspüree, Salz und Pfeffer vermischt und mit gehobelten Trüffeln serviert.

Treibmittel ➛ Backtreibmittel

Trenette Auch Tagliarellini. Ca. 3 cm breite Bandnudeln, die oft mit leichten Kräutersaucen und Meeresfrüchten serviert werden. Im Handel bekommt man häufig auch grün gefärbte und weiße Nudeln zusammen in einem Päckchen.

Trepang Auch Seegurke, Seewalze. Ein hauptsächlich in China begehrtes Meerestier, das dort getrocknet auf Märkten angeboten und auf verschiedene Weise zubereitet wird. Bei uns ist es nur in Konserven als „Trepang-Suppe" im Handel.

Trester Auch Träber, franz. Marc, ital. Grappa. Beim Keltern entstehender Rückstand der Weintrauben, der oft zu Branntwein vergoren wird. Der daraus resultierende gelbliche milde Tresterbranntwein muß längere Zeit lagern. Er wirkt verdauungsanregend.

Trevisosuppe Diese gehaltvolle Rindsconsommé wird mit Julienne von Pökelzunge, Hühnerfleisch und Trüffeln verfeinert.

Trianonsauce Dieses Dressing besteht aus Mayonnaise, die mit geriebenen Zwiebeln und Tomatenmus vermischt und mit gehackten Paprikaschoten und Pfeffergurken angereichert wird.

Trianonsuppe Die kräftige Hühnerconsommé bindet man mit ➛ Tapioka und vervollständigt sie mit Würfeln aus Karotten, Hühnerfleisch und aus mit Spinat gefärbtem Eierstich.

Trichterling Auch Graukappe, Herbstblattel. Ein eßbarer Blätterpilz mit trichterförmigem Hut. Es empfiehlt sich, den Pilz, der in sogenannten Hexenringen wächst, nur zuzubereiten, solange er noch jung ist.

Trifle Ein aus Großbritannien bekanntes süßes Dessert, das aus verschiedenen Schichten von Löffelbikuits und Vanillecreme besteht, mit süßem Sherry getränkt und mit kandierten Früchten und kleinen Makronen dekoriert serviert wird.

Trinkbranntwein ➛ Branntwein

Trinkmilch ➛ Milch

Tripes ➛ Kutteln

Triple sec Die Angabe eines Mindestalkoholgehalts auf den Etiketten von Zitruslikören.

Tripmadam Auch Steinkraut, Taubenweizen. Ein Kraut, dessen junge Blätter zum Würzen von Salaten, Saucen und Rohkostspeisen nur frisch verwendet werden können.

Tripoline Eine beliebte Bandnudelsorte, die einseitig der Länge nach gewellt ist und mit gehaltvollen Saucen angerichtet wird.

Trockenpökeln Im Gegensatz zum Naßpökeln wird hierbei das Fleisch oder der Fisch nicht in Pökelflüssigkeit eingelegt, sondern nur mit Pökelsalz und Gewürzen bestreut und längere Zeit mariniert.

Trockenbeerenauslese Ein ganz und gar nicht trockener Wein, sondern einer, der seinen Namen von den eingetrockneten Beeren hat, aus denen er gekeltert wird. Die hohe Konzentration von Inhaltsstoffen sowie die geringe Ertragsmenge machen diesen kräftigen, süßen Dessertwein zu einem beliebten und teuren Genuß.

Trockenhefe Fast unbegrenzt haltbare, durch Gefriertrocknung konservierte Backhefe, die in der Backindustrie wegen der einfachen Handhabung sehr häufig verwendet wird.

Trockenmasse Die nach vollständigem Flüssigkeitsentzug noch enthaltenen Stoffe in einem Lebensmittel.

Trockenmilch Auch Milchpulver. Um Milch dauerhaft haltbar zu machen, wird ihr Wasser entzogen. Sie wird so als Trockenmilch oder Milchpulver bezeichnet und meist als Kindernahrung verwendet.

Trockenobst Obst, das durch Wasserentzug haltbar gemacht wurde. ➛ Dörren

Trockenpilze Im Handel bekommt man getrocknete Pilze verschiedener Sorten fertig abgepackt. Sie sind sehr aromatisch und würzig und müssen vor dem Kochen, am besten über Nacht, eingeweicht werden.

Trouviller Suppe Eine gehaltvolle Fischvelouté, die mit verschiedenen Meerresfischen und Garnelenschwänzen angereichert und mit Garnelenbutter aufmontiert wird.

Trüffeln 1. Die unterirdisch wachsenden knollenförmigen Pilze gehören mit einem Kilopreis von etwa DM 900,- zu den teuersten Luxusartikeln der feinen Küche. Sie sind sehr selten und müssen aufwendig mit speziellen Trüffelschweinen oder -hunden gesucht werden. Die begehrten schwarzen Trüffeln kommen meist aus dem Périgord, die ockerbraunen (weißen) Trüffeln aus dem italienischen Piemont. Trüffeln werden frisch gehobelt mit Nudeln, feinen Saucen und Fleischspeisen kombiniert oder in kleinen Stücken als würzende Zutat zu Gänsestopfleberpasteten verwendet. Trüffeln werden auch eingekocht als Konserve angeboten, wo sie aber einen Großteil ihres Aromas einbüßen.
2. Wegen der den echten Trüffeln ähnlichen, äußeren Form, werden kugelförmige feine Pralinen auch mit diesem Namen bezeichnet.

Trüffelessenz Stark reduzierter ➛ Trüffelfond, der sich als konzentrierte Essenz zum Aromatisieren von Saucen eignet.

Trüffelfond Aus Trüffelschalen und Brühe stark eingekochter Sud.

Trüffelhobel Ein spezieller Hobel, mit dem man sehr dünne Scheiben von den Trüffeln hobeln kann.

Trüffelkartoffeln Ein schmackhaftes Gericht, bei dem sehr feingeschnittene, rohe Kartoffelscheiben leicht gesalzen und mit dünnen Trüffelscheiben in Butter gebraten werden.

Trüffelnägel Auch Trüffelsplitter. Spitze Trüffelstückchen, die man in Fleisch oder Pasteten stecken kann, so daß im Anschnitt schöne Strukturen entstehen.

Trüffelsalat Ein aus feingeraspelten Trüffeln und frisch gehackten Kräutern vermischter Salat, der mit einer Marinade aus Zitronensaft und Öl beträufelt wird.

Trüffelsauce ➛ Périgorder Sauce

Trüsche ➛ Aalquappe

Truthahn Auch Puter, Indian. Ein Geflügel, das bei uns als traditioneller Weihnachtsvogel und in den USA am Erntedankfest, an Thanksgiving, serviert wird. Im Handel sind die Tiere frisch oder tiefgefroren im ganzen oder als Einzelteile erhältlich. Das männliche Tier ist oft sehr groß und im Gegensatz zur kleineren Pute nicht so zart. Die jüngeren Vögel werden meist gefüllt und gebraten, während die älteren hauptsächlich zu Eintöpfen oder Suppen verarbeitet werden. Die fettarme Putenbrust wird gern zu Puten-Schnitzel verarbeitet.

Tsatsiki Auch Tzatziki. Ein aus Griechenland bekannter, inzwischen auch bei uns beliebter, erfrischender Vorspeisensalat, der aus Joghurt und kleingeschnittenen Gurken besteht und mit Knoblauch und gehacktem Dill gewürzt gut gekühlt serviert wird.

Tsuyo no moto In Asien die Bezeichnung für eine gehaltvolle Kraftbrühe, die als Grundlage für Dips und Nudelgerichte dient.

Tucanuß ➛ Paranuß

Türkenblut Bei diesem Mixgetränk wird ein hohes Sektglas zu einem Drittel mit Burgunder gefüllt und der Rest mit eisgekühltem Schaumwein aufgegossen.

Türkischer Honig Auch weißer, türkischer oder orientalischer Nougat. Eine an allen Kirmesbuden und Süßwarenständen erhältliche, sehr süße, aus Honig, Zucker, Eischnee, Gelatine, Nüssen oder Mandeln hergestellte Ware. Sie wird in Würfel geschnitten und in Sesamsamen oder Puderzucker gewälzt.

Türkischer Mokka Fein gemahlene Kaffeebohnen werden mit Zucker und kaltem Wasser dreimal aufgekocht, bevor man diesen besonderen Kaffee in kleine Mokkatassen abfüllt und mit einem Glas Wasser dazu serviert. Der Name dieser Spezialität stammt von der alten Hafenstadt Mokka im Jemen, aus der ursprünglich diese Art der Kaffeezubereitung stammt.

Türkischer Pfeffer ➛ Paprika

Türkische Pizza Ein Hefeteigfladen, der mit Zwiebeln, Tomaten, vielen Kräutern und Rinderhackfleisch belegt, gebacken und gern zum Frühstück oder am Nachmittag zum Tee serviert wird.

Türkissalat Ein erfrischender Salat aus Julienne von roter Paprika, Bleichsellerie und Chicorée sowie Stückchen von geschälten und entkernten Tomaten, die mit einer einfachen Vinaigrette angemacht werden.

Tüten Auch Cornets. Aus Nudelteig gebackene, panierte und fritierte Tütenformen werden mit verschiedenen Farcen gefüllt und als Vorspeise oder bei Kalten Buffets als eßbare Dekoration verwendet.

Tumbler Bezeichnung für ein hohes, oben breiter werdendes Glas, das für Longdrinks benutzt wird.

Tuna ➛ Kaktusfeige

Tunke ➛ Sauce

Turban Die Bezeichnung für eine Garnierung, die die Form eines Ringes oder Turbans hat, aus Reis oder anderen Zutaten besteht und in denen Gerichte wie Ragouts oder Frikassees angerichtet werden können.

Turbigosuppe Eine gehaltvolle Hühnerconsommé, die mit Julienne von Karotten und Geflügelfleisch und dünnen Fadennudeln verfeinert wird.

Turenner Salat Ein würziger Kartoffelsalat, bei dem dünne Scheiben von Kartoffeln, Knollensellerie und Äpfeln mit schmalen Streifen von Endiviensalat und einer einfachen Vinaigrette vermengt werden.

Turlu Eine Spezialität aus der Türkei, bei der in gulaschgroße Stücke geschnittenes Hammelfleisch mit vielen verschiedenen Gemüsen zu einem schmackhaftem Ragout geschmort wird.

Turron Ein spezieller spanischer Nougat, der aus gerösteten Mandeln, Pistazien, Walnüssen oder Zimt zubereitet wird.

Tuttifrutti Die italienische Bezeichnung für eine Mischung von verschiedenen Obstsorten, die, in kleine Würfel geschnitten, als Salat verarbeitet wird.

U

Überbacken ➛ Gratinieren

Überbrühen ➛ Blanchieren

Überflammen ➛ Flambieren

Übergießen ➛ Nappieren

Überglänzen ➛ Glacieren

Überkrusten ➛ Gratinieren

Überkrustete Kartoffeln Für dieses beliebte Gericht werden breiig gekochte Pellkartoffeln gewürzt, in eine feuerfeste Form gefüllt, mit geriebenem Käse bestreut und, mit Butterflöckchen belegt, im Backofen gratiniert.

Überläufer Der Fachausdruck für ein ein- bis zweijähriges Wildschwein.

Überraschungskartoffeln Auch franz. Pommes en surprise. Große Ofenkartoffeln werden ausgehöhlt, diese Kartoffelmasse mit Butter, Sahne und frischgehackten Kräutern vermischt und wieder in die Kartoffeln eingefüllt. Das Ganze wird im Backofen erhitzt und heiß serviert.

Überraschungsomelett ➛ Omelette surprise

Überzugschokolade ➛ Couverture

Udon Japanische Bezeichnung für dicke Nudeln aus Weizenmehl.

Ugli Eine aus Indonesien stammende Kreuzung aus Pampelmuse und Mandarine, die sehr süßes Fruchtfleisch hat. Sie wird als Konfitüre oder als Konserve angeboten; frisch kann man sie zum Backen verwenden.

Ukelei Auch Lauben, Uckelei. Diese Unterart der ➛ Renken lebt in den Seen nördlich der Alpen, besitzt helles festes Fleisch und wird wie die Renken meist gebacken oder gebraten zubereitet.

Ulmer Gerstlsuppe Eine österreichische Variante einer Rindsconsommé, die mit Eiermilch gebunden und mit ➛ Tapiokaperlen vervollständigt wird.

Umbrien Diese am Tiber gelegene Weinregion Italiens hat vor allem den weißen, lieblichen Orvieto und in neuerer Zeit auch einen kräftigen, roten Rubesco hervorgebracht.

Umrötung Die Bezeichnung für die Entstehung der rötlichen Farbe vieler Wurst- und Fleischwaren, die durch das Pökelsalz hervorgerufen wird.

Uncle Sam-Salat Eine amerikanische Salatkreation, bei der Kopfsalatherzen mit gehackten Eiern und einer Sauce ➛ Tatar serviert werden.

Ungarische Fischsuppe ➛ Halászlé

Ungarische Gulaschsuppe Auch Magyar gulyás. Für diese feurige Suppe wird kleingeschnittenes Rindfleisch mit Zwiebelringen angebraten, gewürzt, mit Fleischbrühe aufgefüllt und mit in Julienne geschnittenen roten Paprikaschoten, ➛ Csipetke und Kartoffelstückchen verfeinert.

Ungarische Kartoffeln Für diese ungarische Spezialität werden Kartoffelscheiben und Zwiebelringe angeröstet, mit kleingeschnittenen Tomaten vermischt, gewürzt, in hellem Fond gargedünstet und mit Schlagsahne vollendet.

Ungarischer Salat Für diesen würzigen Salat wird Weißkraut in Streifen geschnitten und blanchiert, gewürzt und mit einer einfachen Vinaigrette mariniert. Vor dem Auftragen werden knusprig gebratenen Speckwürfel darüber gestreut.

Ungarische Sauce Diese edle Sauce gibt es in verschiedenen Variationen. Zum einen wird Weißweinsauce kräftig mit Paprika gewürzt und mit eingereduziertem Kalbsfond und saurer Sahne verkocht. Die zweite Version besteht aus gerösteten Zwiebeln und mit Paprika gewürzten Räucherspeckstückchen, die mit einer dunklen Grundsauce gebunden und mit saurer Sahne vervollständigt werden.

Ungarisches Krautfleisch ➛ Szegediner Gulasch

Untergärig Die Fachbezeichnung für die Eigenschaft mancher Biere, während des Brauvorgangs die Hefe unten am Gärbeckenboden abzusetzen.

Unterschale Auch Schwanzstück. Der Begriff bezeichnet den hinteren Teil der Keule von Kalb oder Rind.

Unterziehen Auch unterheben. Dieser Fachausdruck bedeutet, daß zwei verschiedene Flüssigkeiten oder feste Stoffe unterschiedlicher Konsistenz vorsichtig durch Unterrühren miteinander verbunden werden.

Urdbohnen ➛ Mungobohnen

Uri Ein in Japan verwendetes Gemüse, dessen Geschmack und Aussehen an Gurken erinnert und das wie Mixed Pickles eingelegt wird.

USA-Wein Die amerikanischen Weine genießen im Erzeugerland mittlerweile ein hohes Ansehen, das sich auch im Ausland immer mehr festigt. Zum überwiegenden Teil in ➛ Kalifornien produziert, ist mit europäischen Rebsorten, dem Know-how der besten Weinbauern und Kellermeister sowie dem idealen milden Klima eine ernste Konkurrenz zu den hohen europäischen Qualitäten entstanden.

Uszka Eine polnische, mit Pilzen gefüllte Teigtaschenart, die in der Suppe gegart wird.

Uzés-Sauce Eine raffinierte Ableitung der Sauce ➛ Hollandaise, die mit Madeira und Sardellenpaste abgeschmeckt wird.

V

Vachard Ein kleiner, mittelfetter Käse aus Frankreich, der aus Kuhmilch hergestellt wird und einen pikanten Erdgeschmack hat.

Vacherin Auch Schneetorte, Himalajatorte. Mit Eis, Sahne oder Creme gefüllte Torte, deren Boden und Deckel aus Baisermasse gebacken werden und deren Außenseite mit vielen gespritzten Verzierungen dekoriert wird.

Vacherin Mont d'Or Im Schweizer Jura hergestellte Käsespezialität. Ein Weichkäse, der nur im Winter hergestellt wird und sehr zart im Geschmack ist.

Valençay Ein weicher kleiner Käse aus Ziegenmilch, der einen milden nußartigen Geschmack hat. Er wird meist mit einer mit Holzkohle bestäubten Rinde angeboten.

Valencia-Suppe Mit Streifen von Sauerampfer, Kopfsalat und Kerbelblättern sowie Grieß angereicherte Rinderkraftbrühe.

Valencienner Salat Auf Salatherzen angerichtete Würfel von gekochtem Sellerie, die in Mayonnaise angemacht und mit gehacktem Ei bestreut werden.

Valencienner Suppe Die leichte Geflügelconsommé hat als Einlage Kopfsalatstreifen, Kerbelblättchen und Geflügelklößchen.

Valentine-Sauce Eine mit Meerrettich, Senf und gehacktem Estragon vermischte Mayonnaise.

Valentinosuppe Eine Geflügel-Consommé mit einer interessanten Einlage: Geflügelklößchen in Herzform, Streifen aus Hühnerbrust und Trüffeln.

Valeria-Sauce Eine mit geriebenem Meerrettich, Senf und gehacktem Kerbel gewürzte Rotweinsauce.

Valoissauce ➛ Foyotsauce

Valoissuppe Die nach einem französischen Adelsgeschlecht benannte Fasanenconsommé hat als Einlage grüne Erbsen und gut gewürzte Fasanenklößchen.

Valpolicella Dieser weltbekannte italienischer Rotwein kommt aus Venezien und bringt einfache bis ausgezeichnete Qualitäten hervor, die sich alle als kräftige, gefärbte, gehaltvolle Weine meist trocken ausgebaut darstellen.

Vanderbilt Die nach dem nordamerikanischen Großunternehmer benannte Kreation zu Fisch, die aus Champignons, Trüffeln, Garnelen und Austern in ➛ Newburgsauce besteht.

Vanille Schon bei den alten Maya als Gewürz bekannt und geschätzt, wird bei uns die Vanille zum Würzen von Gebäck, Süßspeisen, Früchten und Eis benutzt. Die Vanille kommt bei uns in langen, schwarzen getrockneten Schoten als Bourbon-Vanille in den Handel.

Vanille-Essenz In einem speziellen Verfahren werden aus den Vanilleschoten die Geschmacks- und Aromastoffe herausgelöst und als Handelsware in kleinen Fläschchen angeboten.

Vanillekipferl Ein recht beliebtes, zartes Gebäck, das aus Sandteig mit Vanille- und Mandelpulver gebacken, zu kleinen Hörnchen geformt und noch heiß in viel Vanillezucker gewälzt wird.

Vanillemilch Vanillezucker wird in heißer Milch aufgelöst.

Vanillesauce Eine Sauce, die kalt oder warm gegessen wird. Sie paßt zu Schokoladenpudding oder roter Grütze ebenso wie zu anderen Fruchtkompotten. Sie ist eine wichtige Grundsauce für andere Cremesaucen und wird aus Milch, Zucker, Eigelb und Vanille gekocht und evtl. mit Sahne verfeinert.

Vanillezucker Im Unterschied zu dem mit dem künstlichen Aromastoff Vanillin hergestellten, überall im Handel erhältlichen Vanillinzucker muß man sich echten Vanillezucker selbst herstellen, indem man Zucker mit gespaltener und ausgeschabter Vanilleschote mischt und abgeschlossen längere Zeit stehen läßt.

Vanillieren Ein Fachausdruck der Konditoren, der das Aromatisieren einer Speise mit Vanillezucker bezeichnet.

Vanillinzucker ➛ Vanillezucker

Vassilopita Ein griechischer Neujahrskuchen aus Hefeteig mit Anisgeschmack, der mit geschälten Mandeln und Sesam in Kreuzform bestreut und im Ofen gebacken wird.

Vatapa Ein brasilianisches Eintopfgericht. In Schmalz gebräunte Zwiebel- und Knoblauchwürfel, geschnetzeltes, gekochtes Hühnerfleisch, Fischfiletstückchen, Pfefferschoten, Tomatenwürfel und Hummerkrabben werden pikant gewürzt und in kräftiger Geflügelbrühe fertiggegart.

Vatelsuppe Eine herzhafte Fischconsommé, die aus Seezungenkarkassen bereitet wird und als Einlage Hummer-Eierstich und in Rauten geschnittene Seezungenfilets erhält.

Vatruschki Eine russische Spezialität, die zu Borschtsch serviert wird. Aus Hefeteig gearbeitete Pastetchen werden mit Quark oder Käse gefüllt und im Ofen gebacken.

Vattalappam Eine ursprünglich malayische Kokosnußcreme, bei der Kokosraspeln mit Eiern, Zucker, Cashewnüssen und Gewürzen vermischt und in kleinen feuerfesten, eingefetteten Förmchen im Backofen im Wasserbad garen. Die erkaltete Creme wird gestürzt.

Vauban-Kartoffeln Gewürfelte Kartoffelstückchen werden blanchiert und in Butter gebraten.

V.D.Q.S. Abkürzung für das französische „Vin Délimité de Qualité Supérieure"; eine Weinklassifikation, die unter den Anforderungen der ➛ A.C. Einteilung liegt.

Vecchia Riserva Die „alte Reserve" ist die italienische Qualitätsstufe für Weine über dem „Superiore", die in langen Jahren gereift sind.

Vefoursuppe Die Geflügelrahmsuppe wird mit Tomatenpüree zubereitet und mit ➛ Nizamperlen und Geflügelklößchen als Einlage versehen.

Veilchen Um die Jahrhundertwende wurden die Blüten besonders stark duftender Veilchenarten als Naschwerk kandiert. Später zum Dekorieren von Torten und Süßspeisen benutzt, werden sie heute eher selten verwendet.

Velours ➛ Samtsuppen

Velouté Auch weiße Grundsauce. Für diese wichtige Sauce wird Mehl in Butter angeschwitzt, mit Kalbsfond aufgefüllt, gewürzt, eingekocht und passiert. Es gibt mehrere Abwandlungen, die daraus entstehen, daß mit verschiedenen Fonds wie Geflügelfond, Fischfond etc. aufgefüllt wird. Aus der weißen Grundsauce wird eine Samtsuppe, wenn die entsprechende zusätzliche Menge Fond hinzugefügt wird.

Veltliner Der aus Niederösterreich bekannte Grüne Veltliner wird meist trocken ausgebaut und bleibt hauptsächlich im eigenen Land.

Vendaloo Indische Bezeichnung für ein Gericht aus grob gehackten Zwiebeln und Schweinefleischwürfeln, das mit viel Curry gewürzt ist.

Venetien Der Wein aus dem interessanten Weingebiet zwischen Verona und Venedig wird in unzählbarer Vielfalt der Arten und Sorten angeboten. Wichtig ist der trockene Schaumwein mit dem Namen Prosecco, der von einfachen bis herausragenden Qualitäten produziert wird. Weiterhin bekannt sind auch Soave und Bardolino.

Venezianische Cremesuppe Unter dieser Bezeichnung wird eine delikate Hühnercremesuppe mit spinatgefüllten Tortellini als Einlage angeboten.

Venezianischer Salat Eine raffinierte Salatkreation aus Orangenfilets, Trüffel- und Staudenselleriescheiben, grünen entsteinten Oliven und Hühnerleberpüree sowie mit Spinat gefärbter Mayonnaise.

Venezianische Sauce Auch Sauce vénitienne. Essig, Kerbel, Estragonstiele und Schalotten werden aufgekocht und durchpassiert, mit Weißweinsauce vermischt, kurz vor dem Servieren mit Kräuterbutter aufgeschlagen und mit gehackten Estragonblättern und Kerbel garniert.

Venezianische Suppe Auch Minestra Veneziana. Diese Suppe aus blanchierten, entbeinten Kalbsfüßen und Kalbsohren wird mit Tomaten, fetten Speckwürfeln, Zwiebeln und Kohl in Wasser verkocht, mit einem Lorbeerblatt, Piment und Oregano gewürzt und passiert. Als Einlage wird Reis hinzugefügt.

Venusmuscheln Auch Praire. Die am Mittelmeer und an der Atlantikküste vorkommende Venusmuschel besitzt helle, porzellanartige Schalen mit konzentrischen Streifen. Das Muschelfleisch wird wie Austern roh gegessen oder gekocht zubereitet. Auch als Konserven sind sie im Handel.

Verdi-Sauce Bei dieser Kreation wird Mayonnaise mit Spinatsaft gefärbt, mit saurer Sahne verfeinert und mit gehacktem Essiggemüse und Kerbel bestreut.

Verdicchio Ein kräftiger Weißwein, der in der Gegend um Ancona wächst und meist trocken ausgebaut wird.

Vergé, Roger Geboren 1930. Der berühmte französische Meisterkoch, der sich der provenzalischen Küche mit ihren vielen Kräutern und Aromaten verschrieben hat. Sein mit Sternen hochdekoriertes Restaurant „Le Moulin de Mougins" bei Cannes brachte ihm Weltruhm und eine begeisterte Anhängerschar.

Verjus Aus unreifen Weinbeeren wird Saft ausgepreßt, der einen sehr herben Geschmack besitzt.

Verlorene Eier Auch pochierte Eier. Eier werden vorsichtig in siedendes Essigwasser eingeschlagen, nach ca. 4 Minuten behutsam herausgenommen und abgekühlt. Die Eier werden in Form geschnitten und vor dem Anrichten kurz erwärmt. Verlorene Eier werden mit den unterschiedlichsten Zutaten variiert,. z.B. mit Gänsleberscheiben und Madeirasauce, in Artischockenböden mit ➛ Béarner Sauce oder auf Croûtons mit Garnelensauce bedeckt und mit Garnelenschwänzen garniert.

Verlorenes Brot ➛ Arme Ritter

Verlorenes Huhn Eine gehaltvolle Suppeneinlage aus Eierstichwürfeln mit gekochtem, kleingeschnittenem Hühnerfleisch.

Vermicelles Eine schweizerische Süßspeise, für die Maronenpüree mit Milch, Butter und Zucker zu einem Teig gerührt und durch die Nudelpresse gedrückt wird. Es enstehen süße „Fadennudeln", die mit Schlagsahne serviert werden.

Vermicelli Italienische Bezeichnung für lange ➛ Fadennudeln.

Vermouth ➛ Wermut

Vernetsauce Bei dieser edlen Saucenvariante wird eine weiße Sahnesauce mit Kräuterbutter aufgeschlagen und mit gehackten Pfeffergurken, Trüffeln und Eiweiß verfeinert.

Verneuilsuppe Eine Erbsenpüreesuppe auf der Basis von Gerstensuppe mit einer Einlage aus Gemüse und Eierstichwürfel.

Veronika-Salat Ein erfrischender Salat aus Julienne von Rote Beten, Staudensellerie und Kopfsalat, der mit einer Essig-Öl-Sauce mariniert und mit Scheiben von geräuchertem Speck und gekochten Eierscheiben dekoriert wird.

Veronsuppe Eine gehaltvolle Rinderconsommé wird mit Portwein gewürzt, mit Trüffelessenz abgeschmeckt und mit Julienne von roter Paprikaschote und Eierstich-Würfeln als Einlage vervollständigt.

Verschneiden Vermischen von Weinen oder Branntweinen mit anderen Sorten des gleichen Produkts, um geschmacklich eine bessere oder gleichbleibende Endqualität zu erhalten.

Versetzter Wein Österr. Bezeichnung für mit Zusätzen angereicherte Weine wie Perl- und Schaumwein, Dessertwein und Wermut.

Versiegeln Um den Aromaverlust beim Zubereiten der Speisen in irdenen Schmorgefäßen zu verhindern, wird zwischen Topf und Deckel ein Ring aus Salzteig oder aus einfach mit Wasser verknetetem Mehl gelegt und dadurch ein hermetischer Verschluß erreicht.

Vert-pré-Suppe Eine kräftige Rindsconsommé, die grüne Spargelspitzen, grüne Bohnenstücke, Sauerampfer- und Kopfsalatjulienne als Einlage hat und mit ➛ Tapioka gebunden wird.

Verveine du Velay Französischer Kräuterlikör, der mit Honig gesüßt wird und mit grüner oder gelber Färbung angeboten wird.

Vesen ➛ Dinkel

Vesiga Eine gallertartige Masse aus dem Rückenbereich des Störs, die in Rußland getrocknet erhältlich ist und dort in der Nationalküche Verwendung findet.

Vesigasuppe, russische Eine mit Madeira gewürzte gehaltvolle Hühnerconsommé, die als Einlage verschiedene Klößchen und kleine Stückchen von gekochtem ➛ Vesiga hat.

Ve-Tsing Auch chin. Vetsin, jap. Ajinómoto. ➛ Glutamat

Vezzana Aus der Gegend der Vezza-Berge in den italienischen Alpen stammt diese würzige Hartkäsespezialität.

Vichy-Karotten Auch Carottes à la Vichy. Für diese beliebte klassische Zubereitung werden Karotten blättrig geschnitten und mit Butter, Zucker und Vichy-Sprudel oder Wasser gekocht, bis der Zucker verlaufen und das Gemüse damit überzogen ist.

Vichyssoise Die traditionelle Kartoffel-Lauch-Suppe der klassischen Küche. Sie wird im Sommer kalt serviert.

Vicomtesalat In diesem Salat findet man Paprikaschote und Sellerieknolle, Stückchen von Pökelzunge und Spargelspitzen. Er wird mit einer Marinade aus Tomatenpüree, Zitronensaft und Olivenöl angemacht.

Victor-Emanuel-Suppe Die kräftige Rindsconsommé hat als Einlage Makkaroni und Tomatenwürfel, meist wird dazu geriebener Parmesan gereicht.

Victoriabrötchen Die kleinen Hefebrötchen werden ausgehöhlt und mit Hummer- oder Geflügelbrustfleisch in Mayonnaise oder mit Gänseleberfarce gefüllt.

Victoria Highball Ein amerikanischer Cocktail, der aus Grenadine und Pernod gemixt und mit Soda aufgefüllt wird.

Victoria-Regina-Suppe Eine mit Hummeressenz abgeschmeckte Fischconsommé, die als Einlage grüne Spargelspitzen und Trüffelperlen hat. Dazu reicht man kleine Blätterteig-Pastetchen, die mit Hummerfleisch gefüllt sind.

Victoriasalat Diesen Salat gibt es in verschiedenen Variationen:

1. Langustenmus wird mit Mayonnaise verrührt, mit Gurkenstückchen, grünen Spargelspitzen, Langustenfleisch- und Trüffelwürfeln vermischt.

2. Ananas-, Apfel-, rohe Knollenselleriewürfel und grob gehackte Walnußkerne werden mit gut gewürzter Mayonnaise vermischt.

Victoriasauce Bei der beliebten englischen Portweinsauce werden alter Port, Johannisbeergelee, Orangenschale, Nelken und Pfefferkörner mit ➛ Demiglace verkocht, passiert und mit Cayennepfeffer und Orangensaft abgeschmeckt.

Victoriasuppe Eine leichte Hühnerconsommé, die Geflügelbruststreifen und -klößchen, grüne Erbsen, gehobelte Trüffeln und Kerbelblätter als Einlage erhält.

Viehhauser, Josef Geboren 1959. Der aus Kärnten stammende Österreicher zählt zu den herausragenden Persönlichkeiten unter den europäischen Spitzenköchen. Im Restaurant „Le Canard" kocht Viehhauser seine vollendeten Menükompositionen, die aus Kreationen wie Hummer auf Erdbeercreme oder getrüffeltem Kalbshirnsoufflé bestehen.

Vierfruchtmarmelade Eine sehr fruchtige Marmelade, die aus vier verschiedenen Obstsorten, wie Himbeeren, Erdbeeren, Brombeeren und Johannisbeeren, gemischt wird.

Vierländer Stubenküken Auch Hamburger Küken. Ein Gericht, bei dem Küken mit einer mit Madeira und Weinbrand gewürzten Farce aus pürierter Hähnchenleber, Schinken und in Julienne geschnittenen Trüffeln gefüllt und mit Speckscheiben umwickelt in einer feuerfesten Form im Backofen gegart werden.

Vier-Jahreszeiten-Salat Franz. Salade quatre saisons. Eine bunte Mischung aus Kopfsalat, Gurkenscheiben, Tomatenwürfel und Radieschen, die mit einer Marinade aus Essig und Öl beträufelt wird.

Viermus Ein ostdeutsches Kompott aus Preiselbeeren, Äpfeln, Birnen und Zwetschgen.

Viertelfettkäse Ein Käse mit einem Fettgehalt i.Tr. von mindestens 10 %.

Villarssuppe Eine kräftige Suppe aus pürierten Artischocken und grünen Bohnenkernen mit Croûtons als Garnierung.

Villeneuve-Suppe Diese raffinierte Hühnerconsommé hat als Einlage dünne, mit Schinkenfarce gefüllte Omeletts, die in Dreiecke geschnitten wurden, Eierstich-Würfel und Salatblättchen, die mit Geflügel- und Pökelzungenpüree gefüllt wurden.

Villeroisalat Dieser Salat wird mit Rote Bete- und Staudensellerie-julienne angerichtet, mit einer einfachen Senf-Vinaigrette angemacht und mit gehobelten Trüffeln garniert.

Vinaigrette Unter der berühmten Salatsauce versteht man zunächst einmal eine einfache Marinade aus Essig und Öl. Man kann aber auch die folgenden Zutaten sehr fein hacken und mit ihr verrühren: frische Kräuter, Zwiebeln, Kapern, Gewürzgurken, hartgekochtes Eigelb und Sardellenfilets.

Vincentsauce Für diese Sauce werden frische Kräuter püriert, mit Mayonnaise verrührt und mit Worcestershiresauce gewürzt.

Vinho Verde Port. Grüner Wein. Ein Gewächs, das im Norden Portugals angebaut wird. Die Bezeichnung grün deutet nicht auf eine ungewöhnliche Färbung hin, sondern darauf, daß der Weißwein jung und spritzig ist im Gegensatz zum Vinho maduro, der gereift, gelagert, also älter und gehaltvoller ist.

Vino da Tavola Italienische Bezeichnung für ➛ Tafelwein, der in der Weinhierachie eigentlich die unterste Stufe einnimmt. Durch die innovationsfeindliche Weinklassifikation Italiens hat dies aber zu dem für Laien undurchschaubaren Paradox geführt, daß die besten Gewächse des Landes in diese niedrige Stufe eingeordnet werden.

Vintage Port Roter Jahrgangsportwein aus einem besonders guten Erntejahr, der lange gelagert wird und deshalb eine große Menge ➛ Depot ansammeln kann, was hierbei als Qualitätszeugnis und Beweis der langen Lagerung zu bewerten ist.

Vintimillesuppe Eine edle Krebsrahmsuppe, die als Einlage ➛ Tapioka und Krebsfleisch enthält.

Visnischki Traditionell russische fritierte Hefeteigtaschen mit einer Füllung aus feiner gebundener Fischfarce.

Vitamine Vitamine sind lebenswichtige körperfremde Stoffe, die wir täglich zu uns nehmen müssen. Die wichtigsten Vitaminträger sind frisches Obst und Gemüse, Fisch und Fleisch. Die leichte Nouvelle Couisine hat durch die Verwendung von frischen Grundmaterialien, der Entwicklung kurzer Garzeiten und vitaminschonender Garmethoden in unserer ernährungsbewußteren, heutigen Zeit die Nachfolge der schweren Klassischen Küche mit ihren langen Garzeiten und aufwendigen Verarbeitungsvorschriften angetreten.

V.O. In England benutzt man für einen mindestens 4 Jahre alten Branntwein die Abkürzung V.O. (very old).

Vogelbeere Aus den Dolden der Eberesche wird Kompott oder Marmelade gekocht. Außerdem wird die Frucht bei der Herstellung von Fruchtlikör und Essig verwendet.

Vogelnest In einem zusammenklappbaren Spezialsieb fritierte Hüllen aus ➛ Strohkartoffeln, die unterschiedlich gefüllt werden können.

Vogerlsalat Österr. für ➛ Feldsalat

Voisin-Kartoffeln Eines der vielfältigen Kartoffelgerichte, bei denen rohe Kartoffelscheiben in eine feuerfeste Form geschichtet, lagenweise mit geklärter Butter und geriebenem Parmesan bestreut und im Backofen überbacken werden.

Voisinsuppe Eine Hühnerrahmsuppe, die als Einlage meist kleine grüne Bohnenwürfel und Erbsen enthält.

Vol-au-vent Auch Hohlpastete. Die angeblich von dem französischen Meisterkoch ➛ Carême erfundenen, hohen, runden gehaltvollen Blätterteigpasteten werden mit den unterschiedlichsten Füllungen angerichtet und stets heiß serviert.

Vollbier ➛ Bier

Vollfettkäse ➛ Käse

Vollkornbrot Ein besonders nahrhaftes, eiweißreiches Brot, das alle Bestandteile des Getreidekorns enthält und mit Schrot und Mehl gebacken wird.

Vollwertkost Die in den letzten Jahren propagierte Vollwerternährung basiert auf Grundsätzen, die eigentlich bei jeder guten Küche selbstverständlich sein sollten: Frische und hochwertige Qualität der Lebensmittel, Nahrungsmittel mit möglichst vielen Vitaminen, Mineral -und Ballaststoffen. Die schonende Zubereitung ist genauso typisch für diese gesundheitsbewußte Art zu kochen wie die bevorzugte Verwendung von unbehandelten Getreideprodukten, Hülsenfrüchten, Honig als Süßstoff, selbst gezogenen Keimen und der Verzicht auf raffinierten Zucker, Fertigprodukte und Gebäck aus feingemahlenem weißen Mehl.

Voltairesuppe Eine Geflügelconsommé, die als Einlage Hühnerbrust- und Tomatenwürfel sowie kleine Klößchen aus Geflügelfleisch hat.

Vongole Die bekannte italienische Bezeichnung für die vielen Sorten der Venusmuscheln, die unter anderem bei Nudelgerichten wie „Spaghetti Vongole" eine große Rolle spielen.

Voressen ➛ Schafsvoressen

Vorschmack In vielen Varianten bekannte, pikante kalte Fleischgerichte werden in Rußland zusammen mit in Essig eingelegtem Gemüse als Vorspeise gereicht.

Vorspeise Franz. Hors d'oeuvre. Kleine köstliche Leckereien unterschiedlichster Art werden vor dem Menü warm oder kalt gereicht, um den Appetit anzuregen.

Vorteig ➛ Dampferl

Vorzugsmilch Rohe ➛ Milch, die weitgehend naturbelassen angeboten wird.

V.S.O.P. Wenn Cognac länger als 4½ Jahre im Faß lagert, bevor er abgefüllt wird, darf er die Bezeichnung V.S.O.P, eine Abkürzung für „very superior old pale", tragen.

Vuillemotsuppe Eine sämige Suppe aus weißen Bohnen, die mit Sahne und Butter verfeinert wird und als Einlage gekochten Reis und Julienne von Sauerampfer enthält.

Vulcano Ein Sektcocktail, der aus Chartreuse grün, Kirschwasser, Curaçao blau und Curaçao weiß gemischt, flambiert und mit eiskaltem Sekt aufgefüllt wird.

W

Waadtländer Suppe Eine kräftige Rindsconsommé, die als Einlage Würfel aus gekochtem Rindfleisch und Suppengemüse erhält und mit Käsecroûtons serviert wird.

Wabenhonig Auch Scheibenhonig. Sehr feiner und teurer Bienenhonig. Er wird mit den frisch gebauten Waben, die mit dem Honig gefüllt sind, verkauft.

Wachau Das bekannte Weinanbaugebiet an der Donau liefert fruchtige, gehaltvolle und auch spritzige Weißweine aller Qualitätsstufen.

Wacholder Auch Machandel, Kronawett, Krammetbeere. Die blauschwarze runde Beere des Wacholderstrauchs, die als Würzmittel in vielen Gerichten, z.B. in Sauerkraut oder anderen Kohlsorten, zu finden ist. Außerdem sind Wacholderbeeren ein wichtiger Bestandteil von Beizen für Wildgerichte. Sie kommen getrocknet in den Handel und sind lange haltbar, ohne ihr würziges bitter-süßes Aroma zu verlieren.

Wacholderbranntwein Auch Machandel. Die wichtigsten Vertreter dieser Branntweine mit mehr oder weniger stark ausgeprägtem Wacholderaroma sind Genever, Gin oder Steinhäger.

Wacholderdrossel ➛ Krammetsvogel

Wacholdersauce Eine delikate Sauce aus zerdrückten Wacholderbeeren, Schinkenwürfeln und gehackten Zwiebeln, die in Butter gebräunt, mit Rotwein abgelöscht, eingekocht und passiert werden. Meist würzt man die Sauce mit Wildessenz und verkocht sie mit ➛ Demiglace.

Wachsbohnen Normalerweise wird unter diesem Namen die zarte gelbe Bohnensorte angeboten, die meist zu Salaten verarbeitet wird.

Wachseier Auch wachsweich gekochte Eier. Je nach Größe werden die Eier 4-6 Minuten gekocht, mit kaltem Wasser abgeschreckt und von der Schale befreit.

Wachtel Die kleine Wildgeflügelart wird bei uns nicht gejagt, sondern gezüchtet. Im Handel wird sie meist bratfertig angeboten. Wachteln zeichnen sich durch aromatisches, zartes Fleisch aus und werden gern gefüllt oder, in Brüstchen und Keulen geteilt, zu Salaten angeboten. Eine hervorragende Kombination sind auch Wachteln mit Mirabellen, die man gewürzt im Ofen zusammen schmort.

Wachtelbohne Die kleinen Bohnen mit dünner Schale, die wie Wachteleier gesprenkelt sind und sich nicht so gut als Eintopfbohnen eignen.

Wachteleier Nur aus Zuchtfarmen kommen heute die kleinen gesprenkelten Wachteleier. Sie sind in Feinkostläden frisch und in Dosen erhältlich. Sie werden in vielen Vorspeisen verwendet und gelten als Delikatesse. Obwohl in der feinen Küche auch Wachtelspiegeleier angeboten werden, sollte man aus ernährungshygienischen Gründen die kleinen Eier hart kochen.

Wackelpeter ➛ Geleespeise

Wähe Schweizerische Bezeichnung für einen Blechkuchen, der meist aus Hefeteig besteht und mit unterschiedlichen Füllungen, süß oder herzhaft, gebacken wird.

Wäschermädl Eine österreichische Spezialität, bei der kernlose getrocknete Aprikosen in Wein mit Zitronensaft weichgekocht, mit Marillenlikör getränkt, durch Weinteig gezogen und fritiert werden. Abschließend werden sie noch heiß in Puderzucker gewälzt.

Wässern Dieser Begriff bezeichnet das Ausschwämmen von Bitterstoffen, Blutresten oder anderen Stoffen aus Nahrungsmitteln. Zu diesem Zweck werden sie in Wasser gelegt, das häufig durch frisches ersetzt wird, wobei die unerwünschten Inhaltsstoffe entfernt werden.

Waffeleisen War das Waffelbacken früher ein umständliches Verfahren mit schweren, gußeisernen Waffeleisen, die auf offenem Feuer benutzt wurden, ist es heute durch die Entwicklung elektrischer, beschichteter Waffeleisen sehr viel einfacher geworden. Nun wird der Teig in die wabenförmigen kleinen Vertiefungen gedrückt und bleibt nicht kleben. Man bekommt im Handel Waffeleisen mit verschiedenen Segmenten: rund, herzförmig oder rechteckig, Hörncheneisen und Zimtwaffeleisen.

Waffeln Waffeln werden aus verschiedenen Arten von Kuchenteig in einem Waffeleisen gebacken. Sie werden mit allerlei Füllungen und Aufstrichen kalt oder heiß serviert. Waffeln aus dem Hörncheneisen sind sehr dünn und werden immer heiß zusammengerollt, um sie später mit Cremes, Kompott oder Sahne zu füllen.

Walanushaka Eine indische Spezialität aus getrockneten Bohnen, die eingeweicht und mit Salz weichgekocht, mit Chili und Kurkuma gewürzt, in Öl gedünstet, durch ein Sieb passiert und zum Schluß mit Öl zur richtigen Konsistenz verrührt werden. Das Püree muß sehr heiß serviert werden.

Waldbeere ➛ Heidelbeere

Walderdbeere Kleine, wildwachsende Erdbeere, die viel aromatischer als die kultivierte Erdbeere ist.

Waldhimbeere Wildwachsende ➛ Himbeere.

Waldmeister Auch Mai-, Sternleberkraut. Dieses wildwachsende Kraut, meist im Halbschatten zu finden, wird kurz vor der Blüte gepflückt und als Würzkraut für Bowlen, Süßspeisen, Gelees und Sirup verwendet.

Waldmeisterbowle Für die klassische Maibowle wird das Waldmeisterkraut einige Zeit in Weißwein gehängt, dann entfernt und die

Bowle anschließend mit Mineralwasser oder Sekt aufgefüllt.

Waldmeisterbraten Bei der österreichischen Variante des Sauerbratens wird das Rinderschwanzstück mit Essig und einem Bündel Waldmeisterkraut mariniert, anschließend mit Karotten, Sellerie und Lauch angebraten, mit braunem Fond und etwas Marinade geschmort, mit Rotwein abgelöscht, mit wenig Mehl gebunden und mit saurer Sahne vollendet.

Waldorfsalat Der berühmte Salat wurde in dem New Yorker Waldorf-Astoria-Hotel erfunden. Er besteht aus Julienne von säuerlichen Äpfeln und rohem Knollensellerie, wobei letzterer vor dem Mischen gesalzen und durchgeknetet wird, damit er Wasser und damit seine spröde Konsistenz verliert. Das Ganze wird in Mayonnaisedressing angerichtet und mit zerkleinerter Walnuß bestreut.

Waldschnepfe Auch Bécasse. ➛ Schnepfe

Walfleisch Eine bei uns nur selten, als Konserve, angebotene Spezialität der nordischen Länder, die aus den Filets des Wals hergestellt wird.

Walküren Art Diese Garnitur besteht aus einer ➛ Wildrahmsauce, gefüllten Champignons und Kartoffelkroketten und wird zu Wild gereicht.

Waller ➛ Wels

Walliser Art Für diese nach dem schweizerischen Kanton Wallis benannten Sauce wird eine ➛ Genfer Sauce mit zerkleinerten Kapern und süß-sauer eingelegten Gemüsestückchen verfeinert und zu Kochfisch serviert.

Walliser Käse Für Raclette und Käsefondue, zum Überbacken oder als Schnittkäse ist dieser vollfette Käse gut geeignet. Er hat einen milden und sahnigen Geschmack und kommt in runden flachen Laiben in den Handel.

Walnuß Auch Welsche Nuß, Baumnuß. Frucht des bei uns weit verbreiteten, ursprünglich aus Südasien stammenden Walnußbaumes. Die Nuß ist von einer grünen Außenhaut umgeben, die nach der Reifung abplatzt. Bei eigener Ernte sollte man die Gummihandschuhe nicht vergessen, da der Saft von Resten der grünen Außenhaut eine fast unlösbare Schwarzfärbung hervorruft. Die reife Walnuß ist auf allen Weihnachtstellern zu finden. Die unreife, grüne Walnuß wird mit der Schale gedämpft, in eine süß-saure Lösung eingelegt und als Beilage zu asiatischen Gerichten, zu kaltem Fleisch und im Elsaß zu jungem Wein serviert.

Walnußkäse Ein Weichkäse, der in marinierten Walnüssen gewälzt wird.

Walnußöl Ein kaltgepreßtes Pflanzenöl aus reifen Walnüssen, das einen angenehmen nußartigen Geschmack hat und stark jodhaltig ist. Es wird hauptsächlich als Salatöl verwendet und sollte nur in kleinen Mengen Anwendung finden.

Wammerl Mit Kartoffelbrei und Sauerkraut oder Linsen als Beilage wird geräucherter oder frischer Schweinebauch zu einer bayerischen Spezialität.

Wan-Tan Auch Won-Ton. Asiatische Nudelteigblätter aus Mehl und Ei, die in der Form Raviolis gleichen, meist tiefgekühlt im Handel angeboten werden und mit verschiedenen Füllungen aus Fisch, Garnelen, Gemüse oder Schweinefleischfarce versehen werden. Sie werden fritiert oder in Brühen gegart.

Wanzenkraut ➛ Koriander

Wareniki Diese russisch-polnische Ravioli-Spezialität besteht aus Nudeltaschen, die herzhaft mit Quark oder Kohl, Fleisch oder anderen Zutaten gefüllt, in Salzwasser gekocht und meist mit zerlassener Butter übergossen serviert wird. Dieses Gericht eignet sich gut zur Resteverwertung.

Wargelnudel ➛ Schupfnudel

Warmbier Ein altes Hausmittel gegen Erkältungskrankheiten ist helles Bier, das mit Zitronenschale, Zucker, Zimt und Ingwer erhitzt, mit geschlagenem Eigelb verrührt und warm getrunken werden sollte.

Warschauer Sauce Diese edle Saucenerfindung ist eine Ableitung der ➛ Béchamelsauce, die mit viel Sahne vervollständigt, mit geriebenem Meerrettich gewürzt und mit Orangensaft abgeschmeckt wird.

Warzenmelone ➛ Melone

Wasabi Auch Wasabe. Die Wasabiwurzel ist ein Gewürz, das in Japan als grüner Meerrettich frisch, gefroren, als Paste und in Pulverform im Handel ist. Er ist sehr würzig und hat ein feuriges Aroma. Die Pulverform ist vorzuziehen, da man sie mit Wasser aufrührt und leichter dosieren kann.

Washington-Art Bei dieser Garnitur wird Geflügel mit Maiskörnern gefüllt und vorsichtig in Hühnercremesauce gegart.

Washington-Salat Eine Salatkreation, die aus frischen Salatblättern, Rote Bete-Scheiben und hartgekochten Eiern besteht und mit einer einfachen Vinaigrette beträufelt wird.

Washington-Suppe Für diese Cremesuppe wird junger Mais gegart, püriert, mit Sahne verfeinert, mit Whisky und Portwein abgeschmeckt und mit jungen Maiskörnern als Einlage serviert.

Wasserbad ➛ Bainmarie

Wasserglasur Puderzucker wird mit wenig Wasser verrührt, dann oft noch aromatisiert oder gefärbt und als Dekorationsmasse für Gebäck oder Kuchen verwendet.

Wasserkastanien Auch Chinesische Kastanien. Es gibt verschiedene Arten von Wasserkastanien. Sie kommen aus China, Japan und Korea. Man verzehrt sie dort roh, gekocht, geröstet oder in Scheiben geschnitten als Gemüse. Bei uns sind sie als Konserven im Handel.

Wassermelone Auch Arbuse. ➛ Melone

Wasserspatzen Aus Milch, Mehl, Eiern, Muskat und Salz wird ein luftiger Teig geschlagen, von dem kleine Nocken abgestochen und im Salzwasser gegart werden.

Watane Gajarachi Bhaji Aus Indien kommt diese Leckerei, die aus Karottenscheiben und Erbsen besteht, die in heißem Öl gedünstet, mit viel Curry gewürzt, mit Salz abgeschmeckt, mit etwas Wasser gegart und mit körnig gekochtem Reis serviert werden.

Waterzooi Der nationale Eintopf wird in Belgien in verschiedenen Variationen gekocht. Für die Fischversion werden z.B. verschiedene Fische in Stücke geschnitten und mit in Julienne geschnittenem Wurzelgemüse in Butter und Wasser gargekocht, gewürzt, mit Paniermehl gebunden und mit Weißbrotcroûtons garniert. Dazu reicht man getoastetes Brot mit Butter.

Weck ➛ Brötchen

Weckkloß ➛ Semmelknödel

Weckmehl ➛ Paniermehl

Weichkäse Ein Überbegriff für cremige, gereifte Käse, wie Camembert oder Brie.

Weichsel Eine besonders dunkelfleischige Kirschensorte, aus der u.a. auch Likör hergestellt wird.

Weichtiere Bezeichnung für wirbellose Tiere. Die meisten kommen aus dem Meer, einige leben im Süßwasser oder an Land. Zu den eßbaren gehören u.a. Muscheln, Tintenfische und Schnecken.

Weihnachtsbaumstamm ➛ Baumstamm

Weihnachtsgebäck Wie der Name schon sagt, werden meist in der Weihnachtszeit kleine Plätzchen aus verschiedenen Zutaten und nach den unterschiedlichsten Rezepten gebacken, z.B. Anisplätzchen, Pfeffernüsse, Spekulatius, Lebkuchen, Vanillekipferl, Zimtsterne, Printen, Honigkuchen. Auch den Christstollen gibt es meist nur zu Weihnachten.

Weihnachtspudding ➛ Plumpudding

Weihnachtsstollen ➛ Stollen

Weihrauchkraut ➛ Rosmarin

Wein Überall in Regionen mit gemäßigtem Klima werden z.T. seit Jahrhunderten auf den verschiedenen Böden die unterschiedlichsten Rebsorten angebaut. Bei der Lese werden die Weintrauben gepflückt und dann zu Saft gepreßt, der zu Wein vergärt. Der Kellermeister entscheidet über Lagerung und Behandlung des Weines, so daß sich durch unterschiedliche Bodenbeschaffenheit und Traubensorte, die Kunst des Kellermeisters und jährlich wechselndes Klima eine Vielzahl verschiedener Weine aller Qualitätsstufen ergibt.

Weinbeere ➛ Weintraube

Weinbergschnecke Auch franz. Escargot. Die beliebten, früher in vielen Haushalten selbst zubereiteten Schnecken werden heute meist nur noch tiefgefroren als fertig mit Kräuterbutter vermischtes Schneckenfleisch mit den entsprechenden Häuschen angeboten. Schnecken bereitet man in einer speziellen Pfanne zu und verspeist sie mit einem speziellen Besteck, das aus einer Haltezange für das Gehäuse und einer kleinen Gabel für das Schneckenfleisch besteht. Ohne Häuschen werden die

Schnecken auch als Einlage von feinen Cremesuppen, als Bestandteil heller Ragouts oder als Füllung von Pasteten oder Gemüsen verwendet.

Weinblätter In den Sommermonaten werden auch bei uns frische Blätter von Weinstöcken angeboten. Sie müssen vor dem Füllen 2–3 Minuten blanchiert werden. Man verwendet sie für zahlreiche Gerichte der orientalischen Küche. Das ganze Jahr über kann man die Blätter in Salzlake eingelegt oder konserviert und fertig gefüllt erhalten.

Weinbrand Ausschließlich aus Wein hergestellter Branntwein, der in der Regel in Eichenfässern reift, bevor er in den Handel kommt. Er hat eine goldbraune Farbe und ist mild im Geschmack.

Weinbrandverschnitt Weinbrand wird mit Zusatz von reinem Alkohol vermischt.

Weinchaudeau Österr. für ➛ Sabayon

Weinessig Ein besonders aromatischer ➛ Essig, der, oft auch mit Zusätzen gewürzt, aus Rotwein, Weißwein, Dessertwein oder Apfelwein gewonnen wird.

Weingeist ➛ Alkohol

Weingelee Für herzhafte Gelees, aber auch süße Desserts wird oft die Gelatine in Fleischbrühe oder Wasser mit einem würzigen Rot- oder Weißwein aufgelöst.

Weinkäse Ein in Süddeutschland hergestellter, meist zu Wein verzehrter Weichkäse, der leicht und mild im Geschmack ist.

Weinkraut ➛ Sauerkraut

Weinmayonnaise Eine Mayonnaise, die mit Rot- oder Weißwein verfeinert wird.

Weinraute Auch Garten-, Edelraute, Weinrauke. Das würzige Aroma dieses Küchenkrauts mit den dicken, bläulichen Blättern wird für Salate oder Marinaden verwendet.

Weinschaum ➛ Sabayon

Weinsenf Der bekannteste Weinsenf ist wohl der Dijon-Senf, der sehr scharf ist und am besten zu milden Gerichten paßt. Es gibt noch Ableitungen des Dijon-Senfs, die grobkörnig, aber ebenso scharf sind. Milde Sorten sind der Bordeaux-Senf und der Florida-Senf, letzterer wird aus Wein aus der Champagne hergestellt.

Weinsuppe Wein und Wasser wird gemischt, mit Zucker und abgeriebener Zitronenschale gewürzt, aufgekocht, gebunden und eiskalt serviert.

Weinteig Ein Ausbackteig, der wie ➛ Bierteig zubereitet wird, allerdings wird kein Bier, sondern Wein oder Sekt als Lockerungsmittel verwendet.

Weintraube Auch Weinbeere. Weintrauben wachsen an den Reben der Weinstöcke und werden im Herbst geerntet. Sie werden als Frischobst verkauft, zu Wein, Saft oder Most verarbeitet und getrocknet als Rosinen und Korinthen verwendet. Es gibt sie in verschiedenen Sorten, Farben und Größen im Handel.

Weinviertel Die große Weinregion im Norden von Wien bringt beträchtliche Mengen kräftiger, sehr unterschiedlicher Weißweine hervor.

Weißbarsch Ein Fisch, der meist vor der atlantischen Küste Nordamerikas gefischt wird. Sein weißes und schmackhaftes Fleisch wird gern gegrillt oder gebacken.

Weißbier ➛ Weizenbier

Weißbrot ➛ Feinbrot

Weißburgunder Deutscher Name des ➛ Pinot Blanc

Weiße ➛ Berliner Weiße

Weiße Bohne Die nierenförmige weiße Bohne ist eine Variante der einfachen Gartenbohne und wird in unterschiedlichen Größen angebaut. Sie ist ein Bestandteil der klassischen Eintopfküche und wird auch als Salat serviert.

Weiße Dame ➛ Dame blanche

Weiße Decksauce ➛ Chaudfroidsauce

Weiße Fischgrundsauce Bei dieser Velouté de poisson wird die ➛ weiße Grundsauce mit Fischfond bereitet.

Weiße Geflügelgrundsauce Die ➛ weiße Grundsauce wird bei dieser Variation mit Geflügelfond abgewandelt.

Weiße Grundsauce ➛ Velouté

Weiße Nuß ➛ Ginkopflaume

Weiße Rüben ➛ Navets

Weißer Geflügelfond Hühnerklein und ➛ Parüren werden mit Karotten-, Lauch- und Selleriestücken kalt angesetzt, mit Zwiebeln und Champignons ergänzt, gewürzt, lange geköchelt, gut abgeschäumt, zum Schluß passiert und entfettet.

Weißer Kalbsfond Hier wird ebenso verfahren wie beim ➛ weißen Geflügelfond. Das Ganze wird allerdings mit kleingehackten Kalbsknochen zubereitet.

Weißer Pfeffer ➛ Pfeffer

Weißes Ragout ➛ Blankett

Weißforelle ➛ Lachsforelle

Weißherbst Die deutsche Version eines Rosé-Weines, der allerdings mehr einem blassen Rotwein ähnelt und aus einer einzigen Rebsorte kultiviert wird.

Weißkäse ➛ Quark

Weißkohl Auch Weißkraut, Kappes oder Kraut. Das bekannte Kohlgemüse, das auf sehr unterschiedliche Weise verwendet wird. Man benutzt die hellgrünen Blätter roh oder blanchiert als Salat und geschmort oder gedünstet als Eintopf. Die einzelnen ganzen Blätter werden als Hülle für Kohlrouladen mit regional variierenden Füllungen verwendet. Aus gehobeltem, gesalzenem Weißkraut wird ➛ Sauerkraut hergestellt.

Weißkraut ➛ Weißkohl

Weißlacker Auch Bierkäse. Ein deutscher Käse mit herzhaftem bis scharfem Geschmack, der in Würfelform abgepackt wird. Sein Teig ist hell und schnittfest, die Außenhaut ist, ähnlich wie bei Limburger, mit weißgelblicher Schmiere überzogen.

Weißling ➛ Wittling

Weißsauer Mit würzigem Gelee umgebenes, gekochtes Gänsefleisch, das warm oder kalt gegessen wird.

Weißwein Der beliebte, vergorene Traubensaft aus meist weißen Trauben wird nach dem Zerkleinern sofort gepreßt. Dieser Most wird dann der normalen Weinverarbeitung unterzogen und erhält je nach Bodenverhältnissen, Zuckergehalt, Jahresklima, und traditionellen Arbeitstechniken ganz unterschiedliche Charaktereigenschaften. Das Spektrum reicht vom spritzigen jungen Riesling über den geharzten griechischen Retzina bis zum gehaltvollen spanischen Sherry.

Weißweinsauce Diese Sauce ist eine Ableitung der Sauce ➛ Hollandaise, die mit Fischfond und Weißwein vermischt und oft zu gedünstetem Fisch gereicht wird.

Weißwurst ➛ Münchner Weißwurst

Weizen Auch Froment. Eine der wichtigsten Getreidearten, die auch bei uns angebaut wird. Es gibt verschiedene Zuchtformen von Weizen, z.B. Hartweizen, der zur Herstellung von Nudeln und Grieß dient, oder halbharten bis weichen Weizen, der zu Mehl und Stärkeerzeugnissen verarbeitet wird und beim Backen Verwendung findet. Auch Malz und Spirituosen werden aus Weizen hergestellt.

Weizenauszugsmehl Dieses Mehl, meist mit der Typenbezeichnung 405, enthält nur wenige Vitalstoffe, ist blütenweiß und wird als Backmehl bevorzugt verwendet.

Weizenbier Auch Weißbier. Dieses sehr erfrischende, typisch bayrische Bier ist mittlerweile in ganz Deutschland zu erhalten. Es schäumt sehr stark und muß deswegen vorsichtig eingeschenkt werden. Es hat ein deutliches Hefearoma und wird manchmal mit Zitronenscheiben serviert. Bis vor kurzem gab es Weizenbier nur in Flaschen. In der letzten Zeit wird mit unterschiedlichen Erfolg Weizenbier auch vom Faß angeboten.

Weizenflocken Für die Diät- oder Vollwertküche werden geschälte Weizenkörner gequetscht und gewalzt.

Weizengrieß ➛ Grieß

Weizenkeimöl Dieses Öl wird oft in Diätküchen benutzt und findet auch in der Vollwerternährung seinen Platz. Es ist kaltgepreßt, sehr gehaltvoll und hochwertig.

Weizenmehl ➛ Mehl

Weizenmischbrot Helle Brote, bei denen mindestens die Hälfte des verwendeten Teigs aus Weizenmehl besteht.

Weizenschrot Grob gemahlener Weizen. ➛ Bulgur

Well done Englische Bezeichnung für durchgebraten. ➛ Garstufen

Weller ➛ Wels

Wellfleisch Auch Kesselfleisch. Eine deftige Mahlzeit aus schlachtfrischem Schweinebauch, der in gewürztem Salzwasser gegart und meist mit Sauerkraut, Zwiebelwürfeln und Brot serviert wird. Als Beilage können auch Erbsenpüree oder Kartoffeln gereicht werden.

Wellholz ➛ Rollholz

Wellingtonsuppe Eine mit Selleriepüree verkochte ➛ weiße Grundsauce, die als Einlage Reis erhält.

Wels Auch Waller oder Weller. Ein großer Süßwasserfisch, der mittlerweile auch als Zuchtfisch gehalten wird und als Knochenfisch grätenloses weißes, aber etwas fettes Fleisch liefert. Er eignet sich besonders zum Braten, Fritieren, Grillen oder Räuchern. Oft wird er auch im Wurzelsud pochiert.

Welsche Nuß ➛ Walnuß

Welscher Kümmel ➛ Kreuzkümmel

Welscher Quendel ➛ Thymian

Welschkorn ➛ Mais

Welschkraut ➛ Wirsingkohl

Welsh Rarebit Eine in England besonders geschätzte Spezialität aus Cheddar- oder Chesterkäsewürfeln, die mit hellem englischen Bier geschmolzen, mit Worcestershiresauce, Cayennepfeffer und Senfpulver abgeschmeckt, über getoastetes Weißbrot gegossen und heiß serviert wird.

Wensleydale Aus dem englischen Yorkshire kommt der würzige, halbfette blaue Schimmelkäse, der heute meist aus Kuhmilch hergestellt wird, wohingegen man früher Ziegen- oder Schafsmilch verwendete. Die weiße Version des Käses – Withe Wensleydale – ist frischer, leicht salziger, noch nicht ausgereifter blauer Wensleydale, der meist in zylindrischer Form angeboten wird.

Wermut Auch Hilligbitter, Wormken-, Magen-, Wiegenkraut. Die Blätter der Wermutpflanze werden zu Beginn der Blüte gepflückt und getrocknet. Sie duften würzig, schmecken aromatisch, sind aber sehr bitter. Am häufigsten wird Wermut zur Herstellung von Tees mit heilender Wirkung und alkoholischen Getränken verwendet.

Wermut Auch Vermouth. Aus Italien und Frankreich kommen die besten Wermutweine. Wein wird mit Wermutkraut und anderen Würzstoffen angereichert, als Aperitif serviert oder als Bestandteil vieler Mixgetränke verwendet. Es gibt ihn in vielen Geschmacksstufen von lieblich bis trocken.

Westfälische Bohnensuppe Eine weiße Bohnensuppe wird püriert und mit zerkleinertem Wurzelgemüse, ganzen weißen Bohnen, Kartoffelwürfeln und kleine Scheiben von Plockwurst aufgefüllt.

Westfälischer Pfeffer-Potthast. Auch Pothast. Ein großgewürfeltes helles Ragout, das mit Wurzelwerk und Lorbeerblättern in kräftiger Brühe gekocht und gebunden wird. Oft werden dazu Kartoffelklöße und Gewürzgurken gereicht.

Westfälischer Schinken Die Schinkenspezialität aus Westfalen wird aus trocken gepökeltem Knochenschinken aus der Hinterkeule des Schweins hergestellt, der dann über Buchenholz geräuchert wird.

Westfälisches Blindhuhn Ein kräftiger Gemüseeintopf, der zusätzlich mit Äpfeln, Birnen und durchwachsenem Speck bereitet wird. Eine deftige Spezialität.

Westinghouse-Salat Ein erfrischender Salat aus Kopfsalat, Weintrauben, Julienne von Bleichsellerie und Scheiben von Avocados, der mit einer einfachen Vinaigrette angerichtet wird.

Westindischer Kürbis Auch Winterkürbis. Eine dem gewöhnlichen Gartenkürbis ähnliche Kürbisart, die aber einen viel größeren Umfang und eine hellgelbe Farbe hat. Der Kürbis kann gefüllt, als Gemüse oder zu Konfitüre gekocht oder in Scheiben geschnitten und gebraten werden.

Westmoreland-Art Geschmorte Pökelzunge oder anderes Fleisch, das mit Wein abgelöscht und eingekocht wird. Dem Ganzen werden Tomatenwürfel, zerkleinerte Mixed Pickles, Kapern und Champignonsstückchen beigefügt.

Westmoreland-Suppe Eine wohlschmeckende Consommé aus Kalbskopf und -fleisch, die als Einlage Scheiben von Pfeffergurken und Trüffeln sowie Fleischwürfel und Geflügelklößchen erhält.

Whiskey ➛ Whisky

Whisky Hauptsächlich aus Gerste, Weizen und Roggen hergestellter und mehrere Jahre gelagerter Getreidebranntwein. Die verschiedenen Schreibweisen bezeichnen zum einen den „Whiskey" aus Irland und Schottland, der meist aus Gerste gearbeitet wird und einen rauchigen Geschmack hat, zum anderen den „Whisky" aus Amerika und Kanada, der meist aus Mais gebrannt wird.

Whisky-Kirsch Feiner Kirschlikör wird mit Whisky aromatisiert.

Whisky Soda Ein international beliebter Cocktail, der aus Whisky besteht und mit Soda aufgefüllt wird.

Whisky Sour Dieser begehrte Longdrink wird aus Whisky Soda mit Zitronensaft und wenig Zucker gemixt.

White Castello Ein aus Dänemark kommender milder, vollfetter Weichkäse.

White Lady Ein berühmtes Mixgetränk aus Cointreau, der mit Gin, Zitronensaft und Eiweiß kräftig gerührt wird.

White Wensleydale ➛ Wensleydale

Wiegen Fachbegriff für das feine Zerhacken von Kräutern, oft mit einem speziellen „Wiegemesser", das halbrund geformt und meist mit zwei Klingen versehen ist.

Wiener Apfelstrudel Strudelteig wird hauchdünn ausgezogen, mit einer Mischung aus Äpfeln, Nüssen, Zucker, Zimt und Rosinen belegt, aufgerollt und mit Milch übergossen im Ofen gebacken.

Wiener Backhendl Ein Hähnchen wird geviertelt (Brust- und Keulenhälften), paniert und fritiert.

Wiener Brotknödel Würfel von trockenen Brötchen werden mit Ei, lauwarmer Milch und gerösteten Zwiebeln vermischt, gewürzt und zu Klößen geformt, die man in Salzwasser garziehen läßt.

Wiener Brød Dän. für ➛ Kopenhagener

Wiener Creme Der Vanillepudding mit Karamelgeschmack wird auf der Basis von Milch, Eiern und karamelisiertem Zucker hergestellt.

Wiener Hackbraten ➛ Hackbraten

Wiener Knödelsuppe Eine österreichische Spezialität, die aus einer kräftigen Rinderconsommé besteht und als Einlage kleine Semmelknödel erhält.

Wiener Krapfen Aus schwerem Hefeteig werden Scheiben ausgestochen, mit Konfitüre bestrichen, mit einer zweiten Scheibe abgedeckt, goldgelb fritiert und mit Puderzukker bestäubt.

Wiener Lungenbeuschel Bei dem aus Österreich bekannten Gericht wird vorgekochte Kalbslunge in Julienne geschnitten, unter eine helle Sauce gerührt, mit gehackten Sardellen, Zitronenschale, Kapern, Rosmarin und Petersilie vermischt und mit Grießknödeln oder Weißbrot angerichtet.

Wiener Masse Auch Genoise. Ein Mischteig, der aus Biskuit und Butter besteht.

Wiener Rostbraten Eine beliebte Mahlzeit, bei der Ochsenfleisch in Scheiben geschnitten, gut gewürzt und in Butter kroß angebraten wird. Zwiebelringe werden im gleichen Fett ebenfalls goldbraun gebraten und mit Knoblauch abgeschmeckt. Der Bratensaft wird mit Butter und Zitronensaft abgelöscht.

Wiener Sahnenudeln Bei dieser süßen Kreation werden Bandnudeln in Vanillemilch gekocht, mit einer Mischung aus Eigelb, Zucker, Butter und abgeriebener Zitronenschale verrührt und gebacken. Der fertige Auflauf wird in Scheiben geschnitten und mit Kompott serviert.

Wiener Schnitzel Diese weltbekannte österreichische Spezialität besteht aus zwei dünnen Scheiben Kalbfleisch, die leicht geklopft, gewürzt und in Mehl gewendet, paniert und knusprig gebraten werden. Die Garnitur besteht aus einem Sardellenring mit Kapernfüllung, der auf einer Zitronenscheibe dazu gereicht wird.

Wiener Suppe Eine kräftige Rindsconsommé mit einer Einlage aus Paprikanocken und Pfannkuchenflädle. Sie wird mit Reibekäse serviert.

Wiener Tafelspitz ➛ Tafelspitz

Wiener Würstchen Auch Würstl. Aus geräuchertem, gewürztem und feingemahlenem Kalb-, Rind- und Schweinefleisch hergestellte dünne Brühwürstchen, die meist im Paar angeboten werden.

Wiesenchampignon Wildwachsender ➛ Champignon.

Wild Dieser Überbegriff umfaßt alle dem Jagdrecht unterliegenden Wildtiere, die sich im allgemeinen von Haustieren durch kräftigeres, aromatischeres Fleisch dunkler Färbung mit geringerem Fettanteil unterscheiden.

Wildbeize Um das Wildfleisch mürber zu machen, gibt man es in eine Beize aus Rotwein, Essig, Öl, Gewürzen und Kräutern.

Wildbret Auch Wildpret. Das Fleisch vom Haar- und Federwild, das kurz abgehangen und evtl. gebeizt verarbeitet wird.

Wildente Franz. Canard sauvage. Unter diesen Begriff fallen verschiedene Entenarten, wie Stockenten, Knäkenten, Krickenten, Pfeifenten, Tafelenten, Löffelenten und Tauchenten. Das Fleisch schmeckt besonders gut, wenn man es auf dem Rost zubereitet.

Wilder Reis Auch Wildreis. Der dunkle, fast schwarze Grassamen wächst wild und wird in Nordamerika in den Sumpfgebieten geerntet. Die Erträge der Ernte sind sehr gering, weshalb dieser Reis zu den teuersten Getreidearten der Welt gehört. Er wird immer ungeschält zubereitet, hat einen angenehm nußartigen Geschmack und wird oft als Beilage mit weißem Reis gemischt gereicht.

Wildessenz Dieses Konzentrat wird aus ➛ Parüren und Knochen von Wild, Gewürzen und Zwiebeln durch Auskochen hergestellt.

Wildfarce Aus Wildfleisch hergestellte Füllung, die sich gut zur Restverwertung von Wildbraten eignet. Das Fleisch wird zerkleinert und mit Ei und Sahne gebunden.

Wildfond Ähnlich wie bei der Herstellung von Wildessenz werden Wildknochen kleingehackt, mit zerkleinertem Wurzelgemüse geröstet, mit Wasser aufgefüllt, mit Pilzabfällen ergänzt und dann stundenlang geköchelt. Abpassiert bildet dieser Fond die Grundlage vieler Saucen.

Wildfrüchte Sammelbezeichnung für wildwachsende, eßbare Früchte wie Preiselbeeren, Schlehen, Holunder, Hagebutten usw., aus denen Marmelade und Kompotte hergestellt werden oder die als Zutaten für alkoholische Getränke gebraucht werden.

Wildgeflügel Unter diesen Sammelnamen fallen hautpsächlich Wildente, -gans, -taube, Fasan, Wachtel, Schnepfe, Bekassine, Rebhuhn und Haselwild.

Wildgeflügelragout ➛ Salmi

Wildgeschmack ➛ Hautgoût

Wildgewürze Eine Zusammenstellung von kräftigen Gewürzen, z.B. Pfefferkörnern, Wacholderbeeren, Lorbeerblättern, mit der Wildfleisch eingerieben wird bzw. die der Beize zum Marinieren des Wildes zugefügt werden.

Wildkaninchen ➛ Kaninchen

Wildklößchen Für diese Beilage in Suppen oder zu Wildgerichten wird Wildfleisch zerkleinert, mit Ei und Gewürzen vermischt, mit Pfeffer und Salz gewürzt, mit eingeweichter Weißbrotmasse vermengt, in kleine Klößchen abgestochen und in Wildbrühe gegart.

Wildkraftbrühe Eine Wildconsommé wird aus ➛ Parüren und kleingehackten Knochen, Wurzelgemüsen und Aromaten hergestellt, die verkocht werden. Die Brühe wird ständig abgeschäumt, abpassiert, geklärt und entfettet.

Wildpfeffer Dieses feine Wildragout wird wie ➛ Hasenpfeffer zubereitet. Die Sauce wird zum Schluß mit dem entsprechenden Wildblut gebunden.

Wildpfeffersauce Diese Sauce wird wie ➛ Pfeffersauce zubereitet und mit Wildfond abgeschmeckt.

Wildpüreesuppe ➛ Wildsuppe

Wildrahmsauce Diese Kreation entsteht auf der Grundlage einer ➛ Béchamel, die mit Wildfond gewürzt und mit Zitronensaft und saurer Sahne abgeschmeckt wird.

Wildsauce Eine gehaltvolle ➛ Pfeffersauce in verschiedenen Varianten. Einmal kann man Johannisbeergelee und Sahne unterrühren. Bei der zweiten Version wird Wildessenz mit ➛ Demiglace verkocht, mit Cayennepfeffer gewürzt und mit Butter aufgeschlagen.

Wildschwein Das kräftige, aromatische Wildschweinfleisch ist sehr beliebt und wird gern zu Schinken geräuchert, zu Pasteten und natürlich auch zu Braten in der guten Küche verarbeitet. Am beliebtesten sind die jungen Frischlinge und die Überläufer mit einem Alter von höchstens zwei Jahren. Das Fleisch der älteren Keiler oder Bachen wandert meist in den Ragouttopf oder muß lange mariniert werden.

Wildschweinkopf Der Kopf wird, ohne die Haut zu verletzen, von den Knochen und Borsten befreit und gewässert. Anschließend wird er mit einer pikanten Farce gefüllt, gewürzt, gegart und auf Geleewürfeln mit ➛ Cumberlandsauce serviert.

Wildsuppen Eine wohlschmeckende Suppe, für die Wildfleisch gebräunt, mit Fond aufgegossen, mit Linsen, Rotwein und Butter verkocht, püriert und abgeschmeckt wird.

Wildtauben Die bekanntesten Wildtaubenarten sind: Ringeltaube, Türkentaube, Turteltaube und Hohltaube. Die Wildsorten sind etwas fester und rötlicher im Fleisch als die gezüchteten Tauben und werden deshalb häufiger gebeizt und geschmort.

Wilhelminasuppe Diese edle Geflügelrahmsuppe hat als Einlage in Julienne geschnittene Karotten und Trüffel, Spitzen von grünem Spargel und Reis.

Williamine Auch Williams. Der hochwertige Birnenbrand ist dadurch weltberühmt, daß die Birne in der Flasche wächst. Nach der Ernte wird die Flasche mit Williamsgeist aufgefüllt.

Wilstermarschkäse Dem Tilsiter ähnlicher, vollfetter Schnittkäse, der sich auch zum Überbacken eignet.

Windbeutel Ein luftiges Brandteiggebäck, das, mit süßer Sahne gefüllt, eine Bereicherung jeder Kaffeetafel darstellt.

Windbeutelchen Eine kleine Form der ➛ Windbeutel, bei denen der Teig evtl. mit Käse vermischt wird und die mit herzhafter Füllung als Vorspeise gereicht werden.

Windermere-Sauce Die interessante Variante einer Tomatensauce, die mit gedünsteten Champignonscheiben und gehacktem Estragon bestreut wird.

Windhamsuppe Junger Mais wird in Brühe gekocht, püriert, abgeschmeckt, gebunden, mit Reis vermischt und als Pürreesuppe angeboten.

Windlaube ➛ Ukelei

Windmasse ➛ Baiser

Windsorsalat Den königlichen Namen hat dieser vorzügliche Salat, den es in zwei Varianten gibt, verdient. Zum einen werden Julienne von Hühnerfleisch, Knollensellerie, Champignons und Salzgurken mit einer Meerrettichmayonnaise angemacht, mit Worcestershiresauce gewürzt und auf Feldsalat angerichtet. Die zweite Version besteht aus kleinen Ananas- und Apfelwürfeln, die mit Mayonnaise angemacht, in halbierte ausgehöhlte Äpfel gefüllt und auf grünem Salat mit Tomatenscheiben garniert werden.

Winkler, Heinz Geboren 1949. Der südtiroler Meisterkoch, der im Laufe seiner Karriere in den Küchen zahlreicher First-Class-Restaurants gewirkt hat, war 1981 mit 31 Jahren der jüngste Drei-Sterne-Koch der Welt im Münchner Restaurant „Tantris". Seit 1991 steht Heinz Winkler dem Restaurant seines Hotels in Aschau zur Verfügung, um dort die Reihe seiner erstklassigen kulinarischen Kreationen fortzusetzen.

Winterendivie ➛ Endivie

Winterkohl ➛ Grünkohl

Wintersalat Ein würziger Kartoffelsalat, der mit Streifen aus gekochtem Knollensellerie und Rote Beten vermischt, mit Meerrettich gewürzt und mit Mayonnaise angemacht wird.

Winzerinpastetchen Luftige Blätterteighüllen werden mit einer Farce aus Weinbergschnecken und Maronenpüree gefüllt.

Winzersuppe Für diese köstliche Suppe werden weiße Bohnen, Kürbis und Lauch mit Rotwein verkocht und abgeschmeckt.

Wirrteig Auch Blitzblätterteig. Blätterteigabfall wird schnell zusammen geballt, gekühlt, dann ausgestochen und für Käsestangen oder Salzgebäck verwendet.

Wirsingkohl Auch Welschkraut, Savoyer, Mailänder Kohl, Börschkohl, schweiz. Wirz. Dieser grüne krause Kohl wird sehr gern im Winter gegessen und so zubereitet wie ➛ Weißkohl.

Wittling Auch Weißling, franz. Merlan. Ein mittelgroßer Fisch, der im Atlantik oder auch im Mittelmeer zu finden ist und gutes, zartes, leider aber auch sehr druckempfindliches Fleisch besitzt. Er wird fritiert, pochiert oder für Füllungen verwendet.

Witzigmann, Eckart Geboren 1941. Die steile Karriere des Eckard Witzigmann nahm ihren Anfang in Frankreich bei Köchen wie Haeberlin und Bocuse, deren Einfluß dazu führte, daß der Österreicher 1979 das erste deutsche Restaurant, mit Namen „Tantris", mit drei Michelinsternen führte. Sein Können und seine kulinarische Kreativität macht ihn seitdem zu einer Instanz in Sachen Küche. 1978 eröffnete der Starkoch sein Lokal „Aubergine", das sofort ebenfalls mit den drei Sternen ausgezeichnet wurde.

Wladimirsalat Ein delikater Salat aus Krabbenfleisch, Räucherlachswürfeln, grünen Oliven, zerkleinerten Essiggurken und Mixed Pickles, der mit Mayonnaise angemacht und mit Meerrettich gewürzt wird. Als Dekoration werden meist hartgekochte Möweneier verwendet.

Wladimirsauce Eine gehaltvolle Hühnercremesuppe, die mit flüssiger Fleischglace vollendet wird.

Wodka Auch Vodka. Die weltbekannte russische, aus Kartoffeln oder Korn gebrannte Spirituosenspezialität. Er sollte möglichst eiskalt getrunken werden.

Wok In Asien benutztes Gerät zum ➛ Pfannenrühren, Dämpfen, Schmoren oder Ausbacken. In der ursprünglichen Form hat die Eisenpfanne einen kugelförmig gerundeten Boden und einen hochgezogenen Rand. Im Westen ist er mittlerweile in der Form leicht verändert worden, damit er für Elektroplatten verwendbar ist.

Wolfsbarsch ➛ Seewolf

Wolfsfisch ➛ Seewolf

Wolkenohrpilz Auch Mu-err, Chinesische Morchel oder Baumpilz. Ein Pilz, der meist getrocknet verkauft wird und hauptsächlich in asiatischen Gerichten Verwendung findet. Seine schwarze Farbe wird nach dem Einweichen bräunlich und glasig. Er wird kleingeschnitten oder ganz als Einlage für Suppen verwendet.

Wollmispel ➛ Loquat

Wollwurst ➛ Geschwollene

Wonton Eine chinesische Bezeichnung für kleine, gefüllte Nudelteigplätzchen, die in Öl knusprig ausgebacken oder als Einlage in einer Suppe gekocht werden. In Asienläden sind die Wonton-Hüllen erhältlich.

Worcestersiresauce Auch Worcestersauce. Eine bekannte, aus England stammende Würzsauce auf Sojabasis. Sie besteht aus ganz unterschiedlichen Zutaten und wird zum Verfeinern von Suppen, Fleisch, Fisch und anderen Speisen verwendet.

Woronzow-Cremesuppe Diese raffinierte Kreation wird aus einer Hühnercremesuppe hergestellt, die mit Gänseleberpüree vermischt, mit Madeira abgeschmeckt und zusätzlich mit Streifen von Staudensellerie und Karotten vervollständigt wird.

Würfelzucker In verschieden große Würfel gepreßte weiße oder braune Raffinade, die meist zum Süßen von Kaffee, Tee oder anderen Getränken verwendet wird.

Würzbissen Ihre Heimat haben die Würzbissen in Amerika und England. Dort werden die stark gewürzten Leckerbissen im Anschluß eines Essens anstelle von Käse serviert. Als Vorspeise müssen sie dezenter abgeschmeckt werden.

Würzbrühe ➛ Courtbouillon

Würzkräuter ➛ Kräuter

Würzsaucen Es gibt viele verschiedene fertige Würzsaucen im Handel.

Manche werden meist nur tropfenweise zum Abschmecken von Speisen benutzt, andere als spezielle Würzsaucen für Fisch, Fleisch oder Salate auch in größeren Dosen verwendet.

Wurst Unter dieser Sammelbezeichnung versteht man die aus verschiedenen Zutaten wie Fleisch, Fett, Innereien, Kräutern, Gewürzen, Wasser und vielem mehr hergestellten, meist in Därme oder Dosen abgefüllte Mischungen. Je nach Zutaten und Herstellungsart gibt es Roh-, Brüh-, Brat- und Kochwürste. Wurst wird kalt, in Scheiben geschnitten, meist als Brotbelag oder als Salatzutat und heiß als Suppeneinlage oder gebraten bzw. gegrillt gegessen.

Wurstkraut ➛ Majoran

Wurstsalat In verschiedenen Variationen existierender Salat, der sich gut zur Resteverwertung eignet. Wurstscheiben werden in feine Streifen geschnitten und mit einer einfachen Vinaigrette mariniert. Gehackte Zwiebeln und Kräuter werden darunter gemischt. Für die schweizerische Variante werden Knoblauchwurst, Emmentaler Käse und hartgekochte Eier dünn geschnitten und ebenfalls in einer einfache Vinaigrette mit viel kleingeschnittenem Schnittlauch mariniert.

Wurstsuppe ➛ Metzelsuppe

Wurzelbier Auch Rootbeer (amerik.). Ein alkoholfreies Aufgußgetränk aus Sassafraswurzel und Süßholz, das einen strengen, ingwerähnlichen Geschmack besitzt

Wurzelgemüse Auch Wurzelwerk. Sammelbegriff für Karotten, Zwiebeln, Sellerieknolle, weiße Rüben und Petersilienwurzeln, die zur Verfeinerung und Geschmacksabrundung von Saucen, Suppen, Fond u.a. dienen und meist mit Fleisch oder Fisch angebraten, eingekocht und passiert werden.

Wurzelpetersilie ➛ Petersilie

Wurzelsellerie ➛ Sellerie

X

Xaviersuppe Eine wohlschmeckende kräftige Suppe, die es in verschiedenen Versionen gibt. Zum einen eine Rindsconsommé, die mit Madeira abgeschmeckt wird und als Einlage in Julienne geschnittene Eierpfannkuchen erhält; zum anderen eine legierte Geflügelrahmsuppe mit Würfeln aus Hühnerfleisch und Eierstich.

Xérés ➛ Sherry

Xerotiyana Ein griechisches Teegebäck, dessen fester Teig aus Mehl, Eiern und Ouzo oder Orangensaft hergestellt, dünn ausgerollt und in heißem Öl ausgebacken wird. Anschließend werden die Plätzchen mit eingedicktem Sirup aus Honig und Zitronensaft eingestrichen und mit Zimt, Zucker und gehackten Nüssen garniert.

Xynisteri Ein sherryähnlicher Dessertwein, der auf der Insel Zypern wächst.

Xynomavro Der griechische Rotwein ist trocken und kräftig im Geschmack und stammt aus dem mazedonischen Teil des Landes

Y

Yakhni Eine würzige Consommé aus Rind-, Lamm- oder Hühnerfleisch mit Zwiebeln und Gewürzen wie Kardamomkapseln, Nelken oder Pfefferkörnern, die für ➛ Pilawgerichte benötigt wird.

Yaki Nasu Aus Japan kommt das köstliche Gericht, bei dem gegrillte Auberginen in eine Sauce aus Ingwer, Reiswein und Sojasauce getaucht werden.

Yakitori domburi Einen japanische Spezialität, bei der Hühnerstücke mariniert, gegrillt und auf heißem Reis serviert werden.

Yam Die amerikanische Süßkartoffel, die in den USA häufig verwendet wird.

Yambalaya ➛ Jambalaya

Yamwurzelstärke ➛ Arrowroot

Yam-Yam-Salat In Julienne geschnittene Gurken, Sellerieknollen und grüne Bohnen werden auf Kopfsalatherzen angemacht und mit einer einfachen Vinaigrette beträufelt.

Yaourtopita Eine griechische Variation eines Rührkuchens, bei dem Butter und Zucker schaumig geschlagen und Eier, Joghurt, Mehl und Backpulver unter ständigem Rühren zugegeben werden. Als Verfeinerung kann Zitronenschale oder Vanilleextrakt hinzugefügt werden. Der Kuchen ist sehr feucht, aber auch leicht.

Yaprak Dolmasi Eine Spezialität, die in der Türkei als kalte oder warme Vorspeise gereicht wird. Eingelegte Weinblätter, die in türkischen Geschäften erhältlich sind, werden mit Zwiebeln, Korinthen, Reis und Pinienkernen oder Hackfleisch gefüllt. Die gefüllten Weinblätter lassen sich im Kühlschrank bis zu zwei Wochen aufbewahren.

Yemas de San Leandro Aus Andalusien bekannte Pralinen, die aus Eigelb und Zucker hergestellt werden.

Yemistes yallopoules Ein Gericht, bei dem ein Truthahn mit einer Mischung aus Kastanien, Selleriestangen, Truthahnleber und Paniermehl gefüllt, zugenäht und im Ofen gegart wird. Dazu serviert man in Griechenland vom Rest der Füllung hergestellte, in Eier getauchte, panierte und gebratene Bällchen.

Yerba ➛ Mate

Ylang-Ylang Ein Öl, das durch Destillation der Blüten eines philipinischen Baums gewonnen wird und zur Aromatisierung von Eis, Süßwaren und Getränken verwendet wird.

Yoghourt ➛ Joghurt

Yorker Schinken Aus England, aus der Grafschaft Yorkshire, kommt der

Schinken, der in einer speziellen Pökellauge naß gepöckelt und geräuchert wird.

Yorkshire Pudding In England eine traditionelle Beilage zum Roastbeef, die den für uns verwirrenden Namen „Pudding“ trägt. Aus Eiern, Mehl und Salz mischt man einen Teig, der mit Muskat und weißem Pfeffer gewürzt wird und mindestens 1 Stunde im Kühlschrank ruhen muß, bevor er in Formen oder Pfannen mit heißem Fett in den Backofen kommt.

Yorkshiresauce Eine dunkle gebundene Kraftsauce, die mit Johannisbeergelee vermischt, mit Streifen von Orangenschalen, Cayennepfeffer und Zimt gewürzt, mit Portwein verfeinert und sehr gern zu Ente, geschmortem Schinken oder gegrilltem Fleisch gereicht wird.

Yorkshire Stout Das kräftige englische Spezialbier mit dem charakteristischen Rauchgeschmack, der leicht an Wacholder erinnert.

Yosenabe Eine Fisch-Gemüse-Suppe auf japanische Art, bei der Glasnudeln in Hühnerbrühe gekocht werden. Die Suppe wird mit ➛ Kombu und Sojasauce gewürzt, ehe man dann Fisch, Langusten, Karotten, Spinat, Pilze und Frühlingszwiebeln zugibt und gart. Dazu reicht man kleine Schälchen mit Dipsauce.

Youi tzi Die chinesische Bezeichnung für Haifischflossen. Sie sind die Hauptzutat der Haifischflossensuppe, die als Delikatesse gilt. Man bekommt sie in Dosen oder getrocknet. Letztere müssen vor Gebrauch über Nacht eingeweicht werden.

Youkan Auch Yokan. Diese süße japanische Spezialität wird aus Zucker, Mungobohnen und Algenpulver hergestellt und in kleinen Stückchen zu grünem Tee gereicht.

Ysop Dieses im Orient als Heilpflanze geschätze Gewürzkraut besitzt einen leicht bitteren Geschmack und wird in Salatsaucen, Marinaden und Ragouts eingesetzt.

Yufka Türkische Bezeichnung für Teigblätter, die man unterschiedlich, herzhaft oder süß, gefüllt als Vorspeise, Hauptgericht oder Dessert servieren kann.

Yumurta Dolmasi Eine kleine türkische Zwischenmahlzeit, die aus hartgekochten Eiern besteht. Diese werden halbiert, die Dotter mit Schafkäse und Petersilie vermischt, mit Paprika gewürzt und wieder in die Eihälften gefüllt, die in verquirlte Eiermilch getaucht und dann auf beiden Seiten in Öl braun gebacken werden. Die Eier können auch ungebraten serviert werden.

Yvette-Suppe Eine delikate Suppe, die es in zwei unterschiedlichen Variationen gibt. Zunächst eine kräftige Hühnerconsommé, die mit Spinat gefärbte Gefügelklößchen als Einlage hat und mit Basilikum, Majoran, Bohnenkraut, Rosmarin, Salbei, Thymian, Koriander, einem Lorbeerblatt, Pfefferkörnern und abgeriebener Zitronenschale gewürzt und mit frischer gehackter Petersilie bestreut wird. Die zweite Version ist eine

Fischsamtsuppe, die mit püriertem Hummer vermischt und mit Sahne verfeinert wird. Als Einlage erhält sie Trüffelstreifen, Fischklößchen und Hummerwürfel.

Z

Zabaione ➛ Sabayon

Zackenbarsch Ein sehr großer, hauptsächlich im Atlantik lebender Meerbarsch, der wie der ➛ Wolfsbarsch stachelige Rückenflossen hat. Er zeichnet sich durch kräftiges, schmackhaftes Fleisch aus, das meist in Scheiben pochiert, gebraten oder gegrillt zubereitet wird, aber auch in Ragouts oder Fischsuppen Verwendung findet.

Zahnbrasse Eine im Atlantik und Mittelmeer lebende Art von Brassen. Ihr Fleisch besitzt eine ähnliche Konsistenz wie das der Goldbrasse. Zahnbrassen kann man leicht an den besonders großen Augen erkennen. Ihr Fleisch ist sehr begehrt, aber auch nicht ganz billig.

Zakouski Auch Sakouski. Russische Variante eines großen Kalten Bufetts, bei dem Austern, Kaviar, Sardellenfilets, Sardinen, Stör, Lachs, Krebsvorspeisen, andere kalte, geräucherte oder marinierte Fische, außerdem verschiedene Käse- und Wurtsorten, feine Salate und viele andere Vorspeisen mehr dekorativ angerichtet werden.

Zampone Ein Schweinefuß wird entbeint und mit Schweinsfarce, die mit Gänseleber-, Pökelzungen-, Trüffel-, Speckwürfeln und mit Pistazien angereichert wird, gefüllt und pochiert. Serviert wird der Zampone abgekühlt als Pastete oder als eine Art Fleischwurst in Scheiben geschnitten.

Zander Auch Fogosch, Hechtbarsch, Schill, Amaul. Ein großer Barsch mit hechtähnlichem Kopf, der oft länger als 50 cm wird. Im Gegensatz zu Osteuropa, wo er eigentlich beheimatet, wird er bei uns hauptsächlich gezüchtet. Er hat sehr schmackhaftes weißes Fleisch von fester Konsistenz und wird pochiert, im Ofen geschmort und gegrillt serviert. Zander ist ein typischer Fisch für die Herstellung von Fischpasteten.

Zanzibarnuß Auch Sansibarnuß. Süße Knabberei, bei der die Haselnuß mit einem Zuckerüberzug versehen ist.

Zapfen Schweiz. für Weinkorken.

Zapote ➛ Sapote

Zarewitschsuppe Eine gehaltvolle Wildconsommé wird mit Haselhuhnklößchen und Trüffelstreifen angereichert und mit Sherry vollendet.

Zaru soba Ein japanisches Gericht, bei dem Buchweizennudeln kurz gekocht, abgeschüttet und abgekühlt, mit ➛ Nori gewürzt und in kleinen Schüsseln angerichtet werden. Aus einer Mischung aus Ingwer und gehackten Frühlingszwiebeln wird mit Sojasauce und Sherry eine Sauce hergestellt, die gewürzt, gekocht und dann abgekühlt als Dipsauce für die Nudeln verwendet wird.

Zarin-Kraftbrühe Eine Suppe, die zum einen als kräftige Rinderconsommé existiert, die als Einlage ➛ Vesiga-Würfel und Fencheljulienne enthält. Die zweite Version ist eine Samtsuppe aus Sellerieknollen, die mit püriertem Haselhuhn vermischt und mit Selleriestreifen vervollständigt wird.

Zarzuela In Spanien ein beliebter Eintopf aus Tintenfisch, Scampi, Miesmuscheln, Kabeljau, Tomaten, Kräutern und Gewürzen, der mit Weißwein abgelöscht und mit frisch gehackter Petersilie bestreut wird.

Zedrat Eine kopfgroße Zitronenart, die in Griechenland, Italien und auf Korsika angebaut wird, und aus deren Schalen ➛ Zitronat hergestellt wird.

Zeller Österr. für ➛ Knollensellerie

Zelná polevká Ein tschechisches Eintopfgericht, für das Weißkohl gehackt, blanchiert und mit weißer Mehlschwitze vermischt, mit Rinderbrühe aufgegossen, abgeschmeckt, gekocht und mit Eigelb und Milch gebunden wird.

Zephir Auch Schaumpudding. Aus Fisch, Wild, Geflügel oder Schalentieren wird eine feine Farce hergestellt, die dann mit Eischnee oder Sahne vermengt, in kleine Förmchen gefüllt, im Backofen gebacken und warm oder kalt serviert wird.

Zerde Die türkische Süßspeise, die aus Reis, Rosinen, Pinien- und Granatapfelkernen besteht wird mit Safran zubereitet. Zerde darf bei einer anatolischen Hochzeit nicht fehlen.

Zerealien Auch Ceralien. Vom Namen der römischen Göttin des Ackerbaus Ceres abgeleitet, die Gesamtbezeichnung für Getreide.

Zerlassen ➛ Auslassen

Zerlassene Butter Butter, die bei geringer Hitze geschmolzen und abgeschäumt, ohne Bodensatz abgeseiht und zu verschiedenen Gerichten, z.B. Spargel, gereicht wird.

Zerlegen ➛ Tranchieren

Zervelatwurst ➛ Cervelatt

Zeste Französische Bezeichnung für dünn in Julienne geschnittene Zitronen- oder Orangenschalen. Das Spezialmesser trägt den Namen „Zestenschneider" oder „Zesteur".

Zibarte Auch Zipparte. Eine für die Branntweinherstellung verwendete blaue oder gelbe Pflaumensorte, die im Westschwarzwald wild wächst.

Zibeben Diese Rosinenart kommt aus der Türkei und aus Kreta, wo die Weinbeere am Stock trocknet und eine braunschwarze Farbe annimmt.

Zibetfrucht ➛ Durian

Zickel Auch Gitzi. Das Jungtier der Ziege ist im Geschmack sehr zart. In der Regel wird es wie Lamm zubereitet. Traditionell kommt es bei uns zu Ostern gebraten oder geschmort auf den Festtagstisch.

Zichorie Die Zichorie kann zweifach verwendet werden: Die Knollenfrucht ist besser bekannt als ➛ Chicoreé, aus der Wurzel wurde in Notzeiten Kaffeersatz hergestellt.

Zider ➛ Cidre

Ziege Auch Geis. Sie wird als Haustier gehalten. Aus der Ziegenmilch wird Ziegenkäse hergestellt.

Ziegeltee In traditionelle asiatische Formen gepreßter schwarzer Tee.

Ziegenbarsch Dieser Fisch ähnelt dem ➛ Wolfsbarsch und kommt im Mittelmeer, Atlantik und Rotem Meer vor. Da sein Fleisch nicht so fein ist, wird es meist bei der Herstellung von Fischsuppen verwendet.

Ziegenbart Auch Korallenpilz, Hahnenkamm, -koralle, Bärentatze, Keulenpilz. Diesen Pilz mit dem korallenähnlichen Wuchs gibt es in zwei farbigen Variationen. Die gelbliche Sorte ist sehr schmackhaft, während die bleiche Koralle nicht genießbar ist.

Ziegenhirtensuppe Eine raffinierte Suppe aus Kartoffeln, Lauch, Kopfsalat, Sauerampfer und frischen Kräutern, die gekocht, püriert und mit gebratenen Kartoffelstückchen vervollständigt wird.

Ziegenkäse Der bekannteste Vertreter ist der aromatische ➛ Chèvre aus Frankreich, bei den z.T. auch Ziegenmilch mit Kuhmilch gemischt wird.

Ziehbutter Eine spezielle Buttersorte mit niedrigem Schmelzpunkt, die deshalb besonders gut für die Blätterteigproduktion geeignet ist.

Ziehen ➛ Pochieren

Ziemer ➛ Rücken

Ziestknollen ➛ Stachys

Ziger ➛ Schabziger

Zigeunersauce Eine dunkle gebundene Grundsauce wird mit pürierten Tomaten verkocht, mit Madeira abgeschmeckt und mit Cayennepfeffer gewürzt. Als Einlage erhält sie dünne Streifen von Trüffeln, Champignons, Pökelzunge und Schinken.

Zigeunersuppe Eine kräftige Hühnerconsommé mit verschieden gefärbten Würfeln von Eierstich als Einlage.

Zimt Auch Kanehl, Canehl, Caneel, Ceylonzimt. Wir kennen Zimt, der aus fermentierter, tropischer Lorbeerbaumrinde hergestellt wird, hauptsächlich als Gewürz für Gebäck, Getränke und Süßspeisen, aber auch in bestimmten Marmeladen, eingelegtem Gemüse oder Currygerichten. Er ist pulverisiert und als Stangenzimt im Handel.

Zimtsterne Diesem leckeren Gebäck begegnet man am häufigsten in der Weihnachtszeit. Es besteht aus steifgeschlagenem Eischnee, der mit geriebenen Mandeln und Gewürzen vermischt wird. Die ausgestochenen Sterne werden dünn mit Guß bestrichen und bei schwacher Hitze gebacken.

Zimtwaffeln Eine Süßigkeit, die aus einem festen Teig aus Butter, Eiern, Zucker, Mehl und Zimt besteht, der in einem speziellen Zimtwaffeleisen nacheinander zu hauchdünnen Plätzchen gebacken wird.

Zinfandel Diese typisch kalifornische Rotweinrebsorte bringt kräftige Rotweine, Schaumweine und z.T. auch Rosés hervor.

Zirbelnuß ➛ Pinie

Ziselieren Unter dem Begriff versteht man das schräge Einschneiden an Fisch- oder Fleischrändern und das Einritzen der Schalen von Zitrusfrüchten.

Zite Auch Ziti. Italienische Hohlnudelart, ähnlich den Makkaroni.

Zitronat Auch Succade, Zedrat. Aus der dicken Schale der ➛ Zedratzitrone wird in einem langem Verfahren Zitronat hergestellt, das meist in gehackter Form im Handel ist und in der Weihnachtsbäckerei oder auch für andere Gebäcke Verwendung findet.

Zitrone Die Zitrone kommt ursprünglich aus Indien, ist sehr vitaminreich und die vielseitigste aller Zitrusfrüchte. Fisch- und Huhngerichte, Salate oder Saucen, Kuchen, Cremes und Puddings werden mit einigen Tropfen Zitronensaft verfeinert. Die Säure dieses Saftes verhindert das Braunwerden von geschnittenem Obst oder Champignons. Gegen Erkältungskrankheiten hilft heißes Zitronenwasser mit Honig. Zitronensaft, gesüßt und mit Wasser aufgefüllt, ist ein beliebter und erfrischender Durstlöscher.

Zitronengelb Mit diesem Begriff bezeichnet man die abgeriebene Schale unbehandelter Zitronen, die das aromatische Zitronenöl enthält, das vor allem Gebäck, Süßspeisen und Getränken einen pikanten Zitronengeschmack verleiht und auch bei Gerichten mit Lammfleisch gern verwendet wird.

Zitronengras Auch Citronelle, indon. Sereh. Zitronengras ist in Südostasien beheimatet und wird in der dortigen Küche als Gewürz verwendet. Es ist sehr aromatisch und enthält Zitronenöl. Bei uns ist es meist getrocknet, manchmal aber auch frisch im Handel erhältlich. Man kann es verwenden wie Zitronenmelisse, allerdings sind die Grasstengel hart und nicht eßbar.

Zitronenmayonnaise Eine Mayonnaise, die mit Zitronensaft hergestellt wurde.

Zitronenmelisse Auch Bienen-, Zitronell-, Mutter-, Pfaffen-, Wanzenkraut, Grasspiritus, Hasenohr, Eberraute. Die jungen, frischen Blätter der Zitronenmelisse, die in ganz Europa beheimatet ist, werden wegen des zitronenähnlichen Geschmacks in Gemüsen, Obstsalaten, Suppen, Saucen, Bowlen und Kräutertees verwendet. Man sollte das Kraut immer frisch verwenden, da beim Trockenen viele Aromastoffe verlorengehen.

Zitronensäure Sie wird zum Einkochen und auch zum Backen verwendet und ist in kristallisierter Form erhältlich.

Zitronensauce Eine Ableitung der Sauce ➛ Hollandaise, die mit abgeriebener Zitronenschale und Zitronensaft gewürzt ist.

Zitronenschale Sie ist reich an ätherischen Ölen mit hoher Würzkraft; benutzt wird nur die dünne, äußere gelbe Schicht (➛ Zitronengelb), da die weiße Innenschale Bitterstoffe enthält.

Zitronenzucker Würfel- oder Hutzucker wird auf einer unbehandelten Zitrone abgerieben und zum Aromatisieren verschiedener Gerichte, z.B. Crêpes Suzette, benutzt. Orangenzucker kann man auf die gleiche Weise herstellen.

Zitrusfrüchte ➛ Citrusfrüchte

Znaimer Guljás Gulasch aus verschiedenem Fleisch, das mit Salz, Kümmel, Majoran und Knoblauch gewürzt und mit ➛ Znaimer Gurken fertig geschmort wird.

Znaimer Gurken Gurken, die mit Dill, Kräutern und Gewürzen abgeschmeckt und süßsauer eingelegt werden.

Zolasuppe Eine gehaltvolle Rindsconsommé, die Käsenocken und gehackte Trüffeln als Einlage erhält und zusammen mit geriebenem Parmesan serviert wird.

Zorillasuppe Eine Hühnerkraftbrühe wird mit Tomatenpüree verfeinert und mit Kichererbsen und Reis vervollständigt.

Zouavensauce Eine wohlschmekkende, mit Knoblauch und Senf gewürzte und mit Tomatenpüree verfeinerte dunkle Grundsauce, die mit gehacktem Estragon abgeschmeckt wird.

Zrázy Für dieses Gericht wird in Polen ein Stück Rindfleisch mit einer Masse aus Zwiebeln, Speck, Kräutern und Eiern bestrichen, gerollt und angebraten, mit Rotwein abgelöscht, gargeschmort und mit etwas Mehlbutter gebunden.

Zucchini Auch Kürbischen, Gemüsekürbis, schweiz. Zucchetti, franz. Courgettes. Eine gurkenähnliche Kürbisfrucht, die vitamin- und mineralstoffreich ist. Die Früchte sollten jung geerntet werden, so daß man Schale und Kerngehäuse, evtl. auch die Blüte noch mitverwenden kann. Zucchini sind relativ geschmacksneutral und werden gefüllt, als Gemüse oder Salat verarbeitet.

Zucker Hergestellt aus dem Saft der Zuckerrübe oder dem Zuckerrohr. Er kommt in verschiedenen Formen und Körnungen in den Handel, z.B. als Haushaltszucker, Puderzucker, Hagelzucker oder Kandiszucker. Durch Reinigung erhält der Zucker die weiße Farbe, der ungereinigte Zucker ist gelb bis braun. Wichtig ist der Zuckeranteil auch bei der Weinproduktion, da aus Zucker der wichtige Alkohol entsteht und im Zusammenspiel mit Säure und Gerbstoffen wesentlich zum geschmacklichen Charakter eines Weines beiträgt.

Zuckercouleur Ein stark eingekochter ➛ Karamel, der zum Färben von Speisen verwendet wird.

Zuckererbse Auch Kaiser-, Schotenerbsen, Zuckerschoten, Mange-touts. Eine Erbsensorte, bei der auch die Schoten eßbar sind. Zuckererbsen sollten so frisch wie nur irgend möglich sein. Damit sie schön knackig bleiben, empfiehlt sich als Zubereitungsmethode das blitzschnelle Pfannenrühren. Sie gehören zu den wenigen Gemüsen, die Einfrieren nicht gut vertragen.

Zuckerguß Auch Zuckerglasur. Für die Verschönerung von Torten und Gebäck wird diese dickflüssige Masse aus Puderzucker mit Wasser, ungeschlagenem Eiweiß oder Zitronensaft angerührt. Für farbige Glasuren kann auch Kirschsaft u.ä. verwendet werden.

Zuckerhut Auch Hutzucker.
1. Für die ➛ Feuerzangenbowle benötigter, in typischer Zuckerhutform gepreßter weißer Zucker.
2. Ein hellgrün bis weißliches, längliches ➛ Zichoriengewächs, das fast ausschließlich, quer in Streifen geschnitten, als Salat zubereitet wird.

Zucker kochen ➛ Läuterzucker

Zuckermais Auch Gemüsemais, amerik. Sweet Corn. Eine süßschmeckende Maissorte, bei der die Ernte vor dem Ausreifen stattfindet, damit die Körner noch weich sind. Sie werden roh, gekocht oder gegrillt gegessen.

Zuckermelone Auch Ananasmelone. ➛ Melone

Zuckerrübensirup Auch Rübenkraut, -saft. Zuckerrübensirup wird durch starkes Einkochen von Zukkerrübensaft erreicht. Er ist sehr zähflüssig, würzig, dunkel und süß und wird wie Marmelade als Brotaufstrich oder zum Kochen verwendet. Er wird außerdem in der Weihnachtsbäckerei für Pfefferkuchen und andere Plätzchen als Würzmittel gebraucht.

Zuckerschoten ➛ Zuckererbsen

Zuckersirup ➛ Läuterzucker

Zuckerteig Auch Trockenteig. Eine Bezeichnung für zuckerhaltigen Mürbeteig, der meist für Torteletts mit sauren Früchten verwendet wird.

Zuckerwaage Die Zuckerwaage ist ein Gerät, mit dem die Zuckerkonzentration in Beaumé-Graden gemessen wird und das in der feinen Konditorei benötigt wird.

Zürcher Geschnetzeltes ➛ Geschnetzeltes

Zürcher Ratsherrentopf Ein Eintopfgericht aus der Schweiz, das aus Erbsen, Karotten, Kartoffeln und Champignons besteht, mit Rind- und Kalbsmedaillons, Scheiben von Räucherspeck und Kalbsleber sowie Bratwürstchen vom Grill angerichtet wird.

Zuger Kirschwasser Obstbrannt aus den fruchtigen Kirschen des Schweizer Kantons Zug.

Zuger Röthel Ein schmackhafter Süßwasserfisch, der vor allem im Zuger See in der Schweiz vorkommt.

Zunge Frische Zungen oder auch Pökelzungen vom Rind, Schwein oder Kalb werden mit Gewürzen und Kräutern gekocht, abgezogen und geschmort. Sie werden vom Knorpel befreit und heiß oder kalt serviert. Kalt, in dünne Scheiben geschnitten, ist die Zunge ein exzellenter Brotbelag.

Zungenpastete Die Pastete, die aus einer Schweinefleischfarce mit Speck, Leber und Zungenstückchen hergestellt wird, kann man zu den feinsten Wurstspezialitäten des Metzgerhandwerks zählen. Sie wird in einfacherer Form auch als Zungenwurst oder Zungenroulade angeboten.

Zungenragout Das würzige Ragout aus Wurzelwerk, Champignonscheiben und gekochten Rinderzungenscheiben wird mit Rotwein verkocht und mit Sardellenpaste und Zitronensaft gewürzt.

Zungentüten Eine Dekorationsvariante für kalte Platten oder Bufetts. Eine dünne Scheibe Pökelzunge wird zur Tüte gedreht, mit Meerrettichsahne gefüllt und mit Madeiragelee überzogen präsentiert.

Zuppa alla Pavese Eine kräftige Rinderbrühe mit Eiern, die mit Brot gebunden und mit Käse überbacken serviert wird.

Zuppa dei Pescatori Eine italienische Fischsuppe, die mit vielerlei Arten von Fisch, Wurzelwerk und Gewürzen angereichert ist, mit Brot gebunden und mit geriebenem Parmesankäse, der separat gereicht wird, serviert wird.

Zuppa Genovese Diese Fischsuppe aus Genova wird im Gegensatz zur „Zuppa dei Pescatori" passiert, mit Eigelb gebunden und mit fritierten Fischklößchen vervollständigt.

Zuppa Inglese Auch Zuppa Romana. Bei dieser bekannten Süßspeise wird leichter Biskuitboden lagenweise mit Weinbrand getränkt, mit ➛ Englischer Creme und kleingeschnittenen kandierten Früchten gefüllt und mit einer Schlagsahnedecke vervollständigt. Sie wird gut gekühlt in Stücke geschnitten und serviert.

Zuppa Romana ➛ Zuppa Inglese

Zweibrücker Linsensuppe Für diesen kräftigen Linseneintopf werden Speck und Zwiebeln angedünstet, die eingeweichten Linsen mit dem Einweichwasser, Suppengrün und Kartoffelwürfeln zugegeben und weiter gegart. Nach dem Würzen, kurz vor dem Anrichten, wird das Ganze noch mit in Butter karamelisiertem Zucker und süßer Sahne verfeinert.

Zweikorn Dieser Ableger einer Dinkelart wird zur Herstellung von Graupen verwendet.

Zwergbrombeere ➛ Multbeere

Zwergorangen ➛ Kumquats

Zwetsche Auch Zwetschge, Zwetschke, Quetsche. Eine der Pflaume ähnliche Frucht mit einer etwas länglicheren Form. Sie wird gern zu Kompott und als Kuchenbelag verarbeitet, da sie beim Garen nicht zerfällt.

Zwetschentascherl ➛ Powidltascherl

Zwetschgendatschi Eine in Österreich und Bayern bekannte Bezeichnung für einen aus Hefeteig hergestellten Blechkuchen mit Pflaumenbelag.

Zwetschgenknödel Es gibt verschiedene Arten der Zwetschgenknödel: zum einen wird Kartoffelteig mit einer Zwetschge gefüllt, mit den Händen rund geformt, in Salzwasser gegart und nach dem Abschrecken in Semmelbröseln gerollt. Die andere Version, bei der Hefeteig mit Pflaumen gefüllt wird, bei denen der Kern durch ein Stück Würfelzucker ersetzt wurde, wird meist in Österreich zubereitet. Eine Abwandlung davon sind die Marillenknödel, bei denen Aprikosen statt Pflaumen genommen werden.

Zwetschgenmus ➛ Pflaumenmus

Zwetschgenröster Auch Zwetschkenröster. In Österreich wird so das Pflaumenkompott genannt, das meist zu Marillenknödeln serviert wird.

Zwetschgenwasser Ein gern getrunkener klarer Obstler, der aus Pflaumen gebrannt wird. Slibowitz, Quetsch oder Pflümli sind bekannte und sehr beliebte Zwetschgenwasser.

Zwieback ➛ Einback

Zwiebel Auch Bolle, Zipolle, Klöven. Die Zwiebel ist als Würz- und Gemüsepflanze in der Küche unentbehrlich. Man benötigt sie als Bestandteil des Röstgemüses beim Braten oder als würzige Grundlage für Gemüsesaucen und Salatmarinaden. Wegen ihrer Vielseitigkeit wird sie auch in verschiedene Sorten gezüchtet. Es gibt kleinere Winterzwiebeln, die früher geerntet werden und ➛ Frühlingszwiebeln, bei denen auch der Zwiebelschlauch verwendet wird; Haus- oder Sommerzwiebeln als normales Würzmittel oder die Gemüsezwiebeln, die sich zum Füllen eignen. Die Schalotten sind kleiner, innen meist violett gefärbt und milder im Geschmack. Kleine Perlzwiebeln werden gerne mit Rot- oder Weißwein, Honig, Zucker, Fleischbrühe oder Bratensaft glasiert und so als Garnitur verwendet.

Zwiebelfleisch Ein nicht nur im Ursprungsland Österreich beliebtes Gericht, bei dem Zwiebeln gut angeröstet, in Scheiben geschnittenes Rindfleisch hinzugefügt und alles in Fleischbrühe gedünstet wird. Bei der kalten Version wird aus Essig und Weißwein mit Zwiebeln und Gurkenscheiben eine Marinade hergestellt und gekochtes Rindfleisch darin eingelegt.

Zwiebelgemüse Ein Gemüse, das gerne im Winter serviert wird. Dafür werden in Scheiben geschnittene Zwiebeln in Butter gedünstet, mit Mehl und etwas Puderzucker bestäubt, mit Fleischbrühe abgelöscht, gewürzt, mit Wein oder Sahne verfeinert, weichgedünstet und mit frischen gehackten Kräutern bestreut.

Zwiebelkäse Kleingehackte Zwiebeln werden mit frischen gehackten Kräutern und Quark vermischt und als Brotaufstrich oder zu heißen Pellkartoffeln gereicht.

Zwiebelkartoffeln Für dieses Gericht werden kleine, rohe geschälte Kartoffeln in Fett angebraten, Zwiebelscheiben hinzugefügt und fertig gegart. Am Schluß wird das Ganze gewürzt und gesalzen.

Zwiebelkuchen Ein schmackhaftes Essen, das in vielen Variationen ausgeführt wird. Zum einen wird mit einem einfachen Mürbeteig eine Springform ausgelegt und gedünstete Zwiebelringe und Knoblauch darauf verteilt, gewürzt, mit einigen Sardellenfilets und entsteinten schwarzen Oliven garniert, mit Öl beträufelt und gebacken. Bei den anderen Versionen wird Hefeteig benutzt, und die Füllmasse besteht aus gerösteten Zwiebelringen mit Räucherspeckwürfeln, die mit einer Sahne-Eier-Mischung übergossen und im Backofen goldgelb gebacken wird.

Zwiebeln Parmentier Bei diesem Gemüse werden weich gekochte Zwiebeln passiert, mit Kartoffelpüree vermischt und mit einer ➛ Béchamelsauce vollendet.

Zwiebelomelett Auch Lyoner Omelett. Ein Omelett-Teig wird aus gedünsteten, abgekühlten Zwiebelringen, Eiern, Gewürzen und frisch gehackter Petersilie hergestellt, in der Pfanne ausgebacken und sofort serviert.

Zwiebelpfannkuchen In Schwaben werden Zwiebelringe in Öl geröstet, mit Eierkuchenteig bedeckt und auf beiden Seiten goldgelb gebacken.

Zwiebelpüree Soubise Ähnlich wie ➛ Zwiebel Parmentier werden die in Scheiben geschnittenen Zwiebeln in Butter gedünstet und mit ➛ Béchamel gebunden, gewürzt, gekocht, durchpassiert und mit Butter und Sahne verfeinert.

Zwiebelsaft Ein nicht unbedingt zum Trinken schmackhafter, aber als Würzmittel für feine Dressings und Saucen beliebter Saft. Um Zwiebelsaft zu gewinnen, muß man die ungeschälte Zwiebel halbieren und mit einer Obstpresse auspressen. Früher wurde Zwiebelsaft als Hausmittel bei Husten und Heiserkeit in einer Mischung mit heißer Milch und Honig oft genutzt.

Zwiebelsalat Ein vor allem in der Schweiz bekannter Zwiebelsalat besteht aus in Weinessig eingelegten gebratenen Zwiebelringen.

Zwiebelsamtsuppe Diese Suppe besteht aus einem ➛ Zwiebelpüree, das mit einer Kalbsvelouté vermischt und mit gerösteten Croûtons bestreut wird.

Zwiebelsaucen Es gibt verschiedene Geschmacksrichtungen: Die braune Zwiebelsauce wird hergestellt, indem man eine dunkle gebundene Grundsauce mit Zwiebelmus vermischt und mit Butter aufgeschlägt. Für die Wiener Variante werden Zwiebel, Knoblauch und Mehl gebräunt, mit Rinderbrühe verkocht und mit Essig und etwas Zucker gewürzt. Aus gedünsteten Zwiebelscheiben, die mit ➛ Béchamel gebunden, mit Cayennepfeffer, Muskat, Salz und Zucker gewürzt und zum Schluß passiert werden, wird die weiße Zwiebelsauce zubereitet. Für die englische Version der Zwiebelsauce werden in gewürzter Milch Zwiebelscheiben gekocht, herausgenommen und später wieder in den mit ➛ Béchamel verkochten Sud gemischt.

Zwiebelsuppe Eine Zwiebelsuppe wird aus hellgerösteten Zwiebelscheiben, die in Brühe gegart werden, hergestellt. Es gibt viele verschiedene Varianten: z.B. die arabische, die mit Hammelbrühe gut durchgekocht und mit Eigelb legiert wird, oder die Pariser Zwiebelsuppe, wo auf die Suppe ein geröstetes Croûton gelegt und mit Käse überbacken wird. Die Rheinische Zwiebelsuppe wird mit Karotten und Lorbeer gegart und mit Essig abgeschmeckt, die Version aus Straßburg wird mit Weißwein zubereitet und am Tisch über einen im Teller liegenden rohen Eidotter gegossen.

Zwiebeltorte ➛ Zwiebelwähe

Zwiebelwähe Auch Zwiebeltorte, Bölleflade. Gleichermaßen in den slawischen Ländern wie auch in der Schweiz beliebtes Zwiebelgericht, bei der ein Hefe- oder Mürbeteig mit gedünsteten Zwiebelringen, saurer Sahne, Eiern, Speck und Gewürzen belegt und im Ofen gebacken wird.

Zwiebelwurst Eine Kochwurst, die reichlich mit Zwiebeln gewürzt wird.

Zwischengericht ➛ Entrée

Zwischenrippenstück ➛ Entrecôte

Zypern In dieser Insellage gedeihen kräftige Rot- und Weißweine einfacher Qualität, preiswerte Sherrys und traditionell der gehaltvolle liebliche Dessertwein Commandaria.